KB165438

시스코 네트워크 보안 완전 분석

초급자를 위한
시스코 네트워크 보안 완전 분석

정철윤 지음

i!i
에이콘

지은이 소개

정철윤 (mrrock1415@gmail.com)

현재 호주 IT 업체에서 라우팅/스위칭 솔루션 및 네트워크 보안 솔루션, 부하 분산 솔루션 등을 통해 대형 기업망 고객을 지원하고 있다. KT의 네트워크 부문 강사로서 다양한 활동을 펼치며 학습 교재를 편찬했다. 또한 여러 사설 교육센터의 객원 강사로서 CCNA, CCNP, CCIE 과정을 진행하는 등 다수의 강의를 제공했고, 현재도 많은 네트워크 입문자의 멘토로서 네트워크 입문을 도와주고 있다. 저서로는 『시스코 라우팅 완전 분석』(에이콘출판, 2013)이 있다.

지은이의 말

어느덧 호주에 정착한 지 만 5년이 훌쩍 지났다. 처음 이곳에서 일하면서 나를 당황시킨 것은 영어뿐만이 아니었다. ISP 망과 기업망의 차이에서 오는 두려움이 나를 엄습했다. ISP에서만 일했던 나로서는 기업망에 대한 두려움이 컸다. 그 두려움의 대부분은 네트워크 보안이었다.

한국에서 방화벽이나 IPS, IDS에 대해 잠시 경험했었지만, 거의 대부분은 국산 장비로 이루어져 있었다. 그리고 보안에 그다지 관심이 없던 터라, 체크포인트^{CheckPoint}나 주니퍼 넷스크린^{Juniper NetScreen}과 같은 장비에 대한 경험이 전혀 없었다. 이곳에서 처음 접한 방화벽이 체크포인트 방화벽인데, 영어 실력도 부족한 데다가 생전 보지도 못한 장비를 다루려고 하다 보니 정신이 하나도 없었다. 물론 한국에서 고객을 대상으로 방화벽 지원 업무도 했었지만, 대부분의 장비는 시스코 PIX 장비였다. 그나마도 많은 경험을 하지 못했던 터였다.

한편, 시스코가 성능을 대폭 향상시킨 ASA 방화벽을 출시하면서, 많은 기업이 ASA 방화벽을 설치하기 시작했다. 고가의 체크포인트보다는 적절한 가격의 ASA를 선호하게 된 것이다. 그 이후 본격적인 ASA 방화벽을 공부하기 시작했다. 그러나 CCNA 보안 자격증을 중심으로 공부하려고 하다 보니, CCNA는 IOS 방화벽을 기준으로 이루어져 있는 것을 알게 되었다. 내가 필요한 부분을 공부하자니 CCNP 보안 교재를 참고해야 했다. 그것도 한 과목이 아닌 두 과목을….

이 과정에서 실제 업무에 필요한 부분을 잘 설명한 교재가 없다는 사실을 인지하고, 언젠가는 단순히 자격증 취득만이 아닌 실무자에게 정말 필요한 내용을 다루는 교재를 마련해야겠다는 생각을 하게 되었다.

이 책은 결코 완벽하지 않다. 그리고 전문가의 눈으로 볼 때 조금은 의아해할 만한 부분도 있을 것이다. 그러나 그런 부분은 입문자에게 조금이라도 더 쉽게 설명하기 위한 노력으로 봐주면 감사하겠다. 그리고 이 책은 시스코 보안 자격증뿐만 아니라, 네트워크 보안에 입문하는 실무자에게도 많은 도움이 될 것으로 확신한다. 네트워크 보안에 입문하는 과정에서 몸소 경험했던 입문 서적과 실무 사이에서의 괴리를 이 책 전반을 통해 절충하고자 노력했기 때문이다.

이 책을 저술하는 동안 조금 투덜거리긴 했지만 많이 이해해준 나의 가족, 아내 경희와 재훈, 유주에게 고맙고 사랑한다는 말을 전하고 싶다. 그리고 한국에 계시는 아버지, 어머니 그리고 장모님께도 늘 감사드린다. 그리고 어떤 일이 있어도 영원한 나의 사수인 공규식 실장님께도 감사의 말씀을 드리고 싶다.

마지막으로 기꺼이 이 책을 구입해주신 독자 여러분에게도 무한한 감사의 마음을 전한다.

– 시드니에서 정철윤(Justin)

차례

들어가며

오늘날 우리는 네트워크 침해 사고를 매우 빈번하게 접한다. 네트워크 침해 사고 소식을 접하면 접할수록 네트워크 보안의 필요성은 더욱더 절실해진다. 과거에는 네트워크 엔지니어라고 하면 라우팅/스위칭 엔지니어가 대부분이었다. 그리고 네트워크 엔지니어에게 네트워크 보안 기술을 요구하는 경우는 매우 드물었다. 오늘날에는 네트워크 엔지니어가 라우팅/스위칭과 더불어 네트워크 보안 기술을 알지 못하고 보안 장비를 다루지 못한다면 그 가치 면에서 미래가 밝지 못하다고 감히 말할 수 있다.

실제로 주변에서 네트워크 보안을 한없이 어렵게 생각하는 이들을 자주 접한다. 그 이유를 살펴보면 응용프로그램에 대한 이해도가 떨어져서, 그리고 암호화 등의 복잡한 수학적 공식에 지레 겁을 먹는 경우가 다반사다. 물론 네트워크 보안에서 응용프로그램, 일반적으로 말해 OSI 7계층의 상위 계층에 대한 이해도는 매우 중요하다. 그러나 네트워크 엔지니어로서 네트워크 보안을 접할 때 이들에 대한 이해도는 잠시 접어두는 것이 좋을 듯하다. 상위 계층 또는 응용프로그램의 세부적인 내용을 이해하기보다, 이들의 가장 일반적인 내용을 이해함으로써 접근하는 것을 권장한다. 그 이유는 이 책을 보는 독자는 네트워크 보안 분석가[Network Analyst]가 아닌 네트워크 엔지니어나 네트워크 보안 엔지니어이기 때문이다.

네트워크/보안 엔지니어는 보안 분석가가 권장하는 정책을 실제 장비에 적용하고 관리하는 업무를 담당하기 때문이다. 물론 네트워크 엔지니어도 실제 응용프로그램의 동작을 이해하고 이를 실제 장비 적용 시에 참고해야 한다. 그러나 응용프로그램의 종류도 매우 다양하고, 특히 자체 개발 응용프로그램의 경우에는 그 동작이 매우 독특할 수 있기 때문에 네트워크 보안 엔지니어가 독자적으로 관련 정책을 적용할 수 없다. 그러므로 네트워크 보안의 시작은 광범위한 응용프로그램에 초점을 두지 않고, 일반적인 라우팅/스위칭과 같이 정책을 적용하고 관리하는 것에 비중을 두고 접근하는 것을 권장한다. 각종 응용프로그램의 동작은 실무에서 정책을 적용하는 과정에서 하나씩 경험할 수 있을 것이다.

보안 장비 적용과 고장 복구와 관련해서는 각종 네트워크 보안 기술의 개념을 일반적이지만 구체적으로 이해하는 것이 중요하다. 대부분의 네트워크 보안 기술이 매우 논리적이기 때문에 기술을 이해할 때 우리의 실생활에서 일어날 법한 일들에 비유하는 것을 권장한다. 모든 네트워킹 기술의 모티브는 우리의 실생활이기 때문이다. 개념이 논리적일수록 이를 물리적인 무엇에 비유할 수 있다면 아무리 어려운 개념이라도 쉽게 이해할 수 있을 것이라 확신한다.

이 책의 모든 과정은 실습이 가능한 환경으로 이루어져 있다.

GNS3와 VMware 등을 활용해 IOS 라우터, ASA, 각종 서버 등을 직접 연결해보고 실습하길 바란다. 실습 환경에 대해 궁금한 점이 있다면 저자가 직접 운영하는 독자 지원 카페(http://cafe.naver.com/ciscorouting)로 문의하길 바란다.

이 책의 구성

이 책은 크게 네 개 파트로 나뉘며, 총 14개 장으로 구성되어 있다.

첫 번째 파트는 네트워크 보안의 기본편으로서 본격적인 네트워크 보안을 학습하기 전에 네트워킹의 기본과 네트워크 보안의 개념을 이해하기 위한 기본 지식을 설명한다. 네트워크 보안을 학습하는 데 꼭 필요한 기본적인 내용을 다루므로, 이 파트의 내용을 완전히 숙지한 후 본격적인 학습을 진행할 것을 권장한다.

1장, '네트워크 기본'에서는 네트워크 보안을 적용 및 관리하기 위해 반드시 알아야 하는 기본적인 네트워킹 이론을 설명한다. OSI 7계층 모델의 기본적인 이론을 비롯해 네트워크 기본 이론 중에서 네트워크 보안을 학습하는 데 반드시 선행되어야 하는 내용만 선별해 설명하므로, 네트워크 입문자는 이 장의 내용을 반드시 숙지하길 바란다.

2장, '네트워크 보안 기본'은 네트워크 보안에 대한 배경 지식을 전달하는 데 그 목적이 있다. 이 장에서는 네트워크 보안의 개념을 정의하고 대표적인 네트워크 공격 형태를 설명한다. 또한 네트워크 보안에 사용되는 장비의 종류와 네트워크 보안 기술에 대해 개략적으로 살펴본다.

3장, '액세스 리스트'에서는 가장 기본적인 네트워크 보안 메커니즘인 액세스 리스트에 대해 설명한다. 시스코 라우터와 스위치 같은 IOS 장비에서 액세스 리스트를 설정 및 수정하고 확인하는 방법을 알아본다. 또한 시스코 ASA에서의 액세스 리스트가 IOS의 액세스 리스트와 어떻게 다른지 살펴보고 설정 및 확인 방법을 알아본다.

4장, 'ASA 기본'은 시스코 ASA를 학습하는 데 꼭 필요한 선수 지식을 전파하는 데 목적을 둔다. ASA가 기존 IOS 장비와 어떻게 다르고, 어떻게 동작하는지 이해함으로써 이후 진행할 ASA를 활용한 네트워크 보안 정책을 적용하고 수행할 수 있게 한다. 또한 ASA 사용에 있어서 꼭 필요한 설정인 호스트 네임 지정, 인터페이스 설정, 라우팅 설정, 장비 접속 설정 등에 대해 알아본다.

두 번째 파트는 네트워크 장비 보호와 네트워크 분리에 대한 내용을 다룬다.

5장, '인증, 권한, 과금'에서는 시스템 접근 보안으로서 권장되는 패스워드 설정 및 장비 접근 제어에 대해 알아본다. 그리고 인증, 권한, 과금으로 구성되어 있는 AAA 설정 (TACACS+)을 통해 네트워크 장비로의 접근 제어를 구현한다. 복잡한 AAA 설정을 쉽게 설명하고 실제 운용 중인 장비에서 설정할 때 주의할 점 등을 살펴본다.

6장, 'NAT'에서는 네트워크 보안 기술이면서 동시에 IP 주소 고갈의 완화에 도움이 되는 기술인 NAT를 소개하고, IOS 장비에서 NAT를 설정 및 확인하는 과정을 살펴본다. 또한 NAT 동작과 여러 용어를 쉽게 설명함으로써 설정 및 분석 시에 대처할 수 있는 능력을 배양하는 데 초점을 맞춘다. 이 장은 IOS 라우터를 활용한 NAT 구현뿐만 아니라, 이어지는 7장에서 ASA 방화벽의 NAT 구현을 학습하는 데 필요한 선수 지식을 제공한다.

7장, 'ASA의 NAT 구현'에서는 ASA에서 NAT을 구현하고 확인하는 방법을 제시함으로써 방화벽을 활용해 NAT를 구현하는 방법에 대해 알아본다. ASA 장비에서의 매우 다양한 NAT 구현 방법을 모두 설명하고, 그들의 차이점을 이해하면서 ASA에서의 NAT 종류에 대한 우선도^{Priority}를 자세히 살펴본다.

세 번째 파트는 방화벽의 가장 대표적인 기능인 접근 제어 기술에 대해 주로 다룬다. 접근 제어의 정의뿐만 아니라 IOS 라우터와 ASA에서의 접근 제어 구현 및 확인 방법을 제공한다.

8장, '접근 제어의 기본'에서는 접근 제어의 정의와 원시적인 접근 제어 방법인 패킷 필터링 기법에 대해 설명함으로써 9장과 10장에서 이어지는 영역 기반 방화벽과 ASA 방화벽을 이해할 수 있는 배경지식을 갖게 한다.

9장, '영역 기반 방화벽'에서는 IOS 방화벽의 새로운 접근 제어 기술인 영역 기반 방화벽을 살펴본다. 이 장에서는 영역 기반의 자세한 개념을 설명하고 그 설정 및 확인 방법을 제공한다. 또한 영역의 개념과 트래픽 전달 방향, 그리고 C3PL을 활용한 트래픽 분류 및 적용 과정을 설명한다.

10장, 'ASA의 방화벽'에서는 ASA 방화벽 기능에 대해 설명한다. ASA 방화벽의 기본적인 동작과 액세스 리스트의 특징을 재학습하고, 실제 접근 제어 설정을 구현한다. 또한 오브젝트와 오브젝트 그룹을 활용한 설정 예를 통해 실무에 대비할 수 있게 한다.

마지막 네 번째 파트는 VPN 기술에 대해 설명한다. VPN의 정의를 시작으로, IPSec VPN과 원격 접속 VPN을 다루고, 이어서 웹 VPN으로 알려진 SSL VPN에 대해 살펴본다.

11장, 'VPN 개념'에서는 VPN에 대한 기본 이론을 설명한다. VPN의 기본인 터널의 개념과 그 동작 방식을 살펴보고, 가장 널리 사용되는 사이트 투 사이트 VPN에 대해 소개하며, 마지막으로 암호화의 정의와 그 동작 방식을 이해한다.

12장, 'IPSec 사이트 투 사이트 VPN'에서는 IPSec 기술을 이용한 VPN을 다룬다. IPSec의 개요와 특징, 동작 방식 등을 설명하고, 이를 VPN 터널에 적용해 데이터를 보호하는 과정을 학습한다. IOS 라우터에서의 IPSec 적용뿐만 아니라, ASA 방화벽에서의 적용 과정을 살펴본다.

13장, '원격 접속 VPN'에시는 개별 사용자의 내부 네트워크 접속을 위해 널리 사용되는 원격 접속 VPN에 대해 살펴본다. 원격 접속 VPN의 개념과 그 필요성에 대해 알아보고, IOS 라우터에서의 적용법을 다룬다. 또한 VPN 클라이언트 소프트웨어를 설치하고 설정하는 과정을 설명한다. 물론 ASA 방화벽에서의 구현법도 함께 소개한다.

14장, 'SSL VPN'에서는 일반 사용자에게 널리 사용되는 SSL VPN에 대해 알아본다. SSL VPN의 개요와 SSL의 동작 방식, SSL VPN의 종류를 살펴본다. 클라이언트 소프트웨어를 사용하지 않는 클라이언트리스 모드 SSL VPN 설정뿐만 아니라, 클라이언트 소프트웨어를 사용한 클라이언트 모드 SSL VPN 설정에 대해서도 학습한다.

아울러 **부록, '가상 실습 환경 구축'**에서는 네트워킹 가상 실습 환경을 구축할 수 있는 각종 소프트웨어를 소개한다. 그리고 새롭게 소개된 GNS3 버전 1.x의 최초 환경 설정 및 이 책의 실습을 위한 실습 환경 구성 과정을 살펴본다.

이 책의 특징

이 책의 주요 특징을 정리하면 다음과 같다.

- 네트워크 보안의 근본 기술과 시스코 보안 입문을 위한 체계적인 구성
- 네트워크 보안 실무와 CCNA 시큐리티에 반드시 필요한 보안 기술 설명
- IOS 방화벽은 물론 ASA 방화벽 설정에 대한 광범위한 설명
- ASA의 CLI 설정법과 GUI 환경의 ASDM 설정법 완벽 설명
- 국내 독자들에게 친근한 사례와 비유를 제시함으로써 좀 더 이해하기 쉽게 구성
- GNS3 버전 1.x 환경 설정에 관한 부록 수록

이 책의 대상 독자

이 책은 기본적으로 네트워크 관련 선수 지식의 유무에 상관없이 모든 독자를 대상으로 한다. 이 책은 시스코 환경의 네트워크 보안 업무를 새롭게 담당하는 독자에게 유용할 것이다. 그 외에도 시스코 네트워크 보안에 관심이 있거나, 네트워크 보안 엔지니어로 취업을 준비하는 학생에게 도움이 된다. 특히, CCNA 보안 자격증을 준비하면서 CCNP 보안까지 취득하고자 하는 독자라면 더욱 권장한다.

독자 의견과 정오표

이 책을 읽으며 의견이나 질문, 오탈자가 있다면 저자(mrrock1415@gmail.com)에게 메일을 보내거나 저자가 직접 운영하는 카페(http://cafe.naver.com/ciscorouting)를 통해 문의해주기 바란다. 또한 에이콘출판사 편집팀(editor@acornpub.co.kr)으로 문의 메일을 보내주셔도 좋겠다. 정오표는 에이콘출판사 도서 정보 페이지 http://www.acornpub.co.kr/book/cisco-network-security에서 찾을 수 있다.

1

네트워크 기본

네트워크 보안은 기본적으로 네트워크에 대한 기본 지식을 많이 요구한다. 라우팅 콘셉트는 물론 TCP/IP를 이해하지 않고서는 네트워크 보안을 이해하기 어렵다. 그 이유는 네트워크 보안이라는 것이 TCP/IP를 기본으로 이루어지기 때문이다. 쉽게 말하면, 불청객으로부터 우리 집을 보호하고자 할 때, 그 불청객이 어떤 유형이고 어떤 경로를 통해 침입하는지에 대한 고민 없이는 우리 집의 보안을 강구할 수 없다. 보안을 강구한다고 하더라도, 단순히 대문이나 현관문에 대한 자물쇠만 생각할 뿐이다. 그러므로 창문이나 그 외의 경로를 차단하지 못할 수 있다. 불청객의 유형이나 그들의 침입 방법 등을 파악해야 그들로부터 우리 집을 완전하게 보호할 수 있다.

원하는 방문객과 불청객을 구분해야 할 필요성이 있는 것과 같이, 네트워크 보안에서 허용해야 할 정보와 차단해야 할 정보를 구분하려면, 교환되는 정보의 형태와 성격을 이해해야 한다. 여기에 관련된 내용이 네트워크 기본에 해당되는 지식이다. 시스코 자격증을 보더라도, CCNA RS^{Routing & Switching}를 취득해야만 CCNA 시큐리티^{CCNA Security}를 취득할 수 있는 것 역시 같은 맥락에서 이해할 수 있다.

이 장에서는 네트워크 보안을 이해하기 위해 반드시 필요한 네트워크의 기본 지식을 학습하기로 한다.

1.1 네트워크는 우리 일상 생활의 또 다른 모습이다

네트워크는 다양한 종류의 네트워크 장비로 이루어져 있다. 일반 사용자 컴퓨터부터 스위치, 라우터, 방화벽을 비롯해 각종 전송 장비 등으로 네트워크를 구성한다. 이들 네트워크 장비는 네트워크 내 자신의 위치에서 사용자의 요구를 처리하기 위해 자신의 역할을 묵묵히 수행하고 있다. 오늘날 대부분의 네트워크 장비들이 컴퓨터로 이루어져 있기 때문에, 입문자가 이들 네트워크를 이해하는 데 어려움을 느끼는 것은 이상한 일이 아니다. 그 이유는 컴퓨터와 네트워크 장비 간의 상호 동작 등이 매우 특별하고 생소하게 보이는 그 어떤 메커니즘으로 이루어지기 때문이다.

그러나 나는 컴퓨터와 네트워크 장비 간에 상호 동작하는 일련의 모든 동작이 무작정 어렵다고 생각하지는 않는다. 이는 내가 그 모든 것을 모두 꿰뚫어 보는 능력을 가졌다고 말하는 것이 아니다. 나 역시 생소한 부분이 많고, 한 번도 들어보지 못한 용어도 많다. 아니, 아는 용어보다는 모르는 용어가 더 많다. 그런데 왜 나는 네트워크상의 시스템 간 동작을 어렵게 보지 않을까? 그것은 시스템 네트워크는 우리가 사는 사람들의 사회와 무척 닮아있기 때문이다.

우리는 모두 사회생활을 한다. 아무리 어린 아이라 하더라도, 그들 간에도 작은 사회가 있고 또 서로 간의 상호작용이 있다. 이런 서로 간의 상호작용이 얽혀 있기 때문에 우리 사회도 하나의 네트워크라 말한다.

그러면 왜 시스템 네트워크와 인간 네트워크가 서로 닮아있을까? 그 답은 시스템과 시스템 네트워크를 개발하고 구성한 주체가 누구인지에 있다. 사람이 시스템을 개발했고, 사람에 의해 시스템 네트워크가 형성되었다. 이는 당연하지만, 우리가 쉽게 간과하는 사실이다.

여기서 우리가 한 번쯤 생각해볼 수 있다. 시스템과 그로 형성된 시스템 네트워크는 그것을 개발한 사람들에 의해 만들어졌다. 그러면 그것을 개발한 사람들은 그 시스템과 시스템 네트워크 동작을 위한 메커니즘을 어떤 콘셉트로 만들었을까? 시스템만을 위한 그 특별한 무엇인가를 창조주와 같이 만들었을까? 내 답은 그렇지 않다는 쪽이다. 시스템 개발자는 사람이고, 또 그들은 우리의 사회생활에 익숙해져 있다. 그런 익숙한 사회생활을 그대로 시스템에 적용한 것이다. 다시 말하면, 시스템은 우리 개개인의 또 다른 모습이고, 그 시스템으로 이루어진 네트워크는 우리 사회의 또 다른 모습이다.

우리가 부모님이나 형제, 친구에게 안부 전화를 하듯이, 시스템도 다른 시스템에게 안부를 전하기 위한 그 어떤 정보를 보내고, 또 거기에 응답한다(그림 1.1). 우리 사회에 지도자나 리더가 있듯이, 시스템 네트워크에도 그 네트워크를 대표하고 관리하는 리더 시스템이 존재한다.

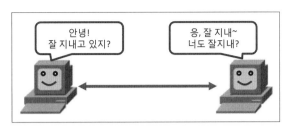

그림 1.1 시스템도 안부를 묻는 정보를 교환한다.

시스템에서 사용하는 것들 가운데 시스템 동작을 위해 특별히 만들어진 것은 하나도 없다. 그 어떤 시스템 동작의 메커니즘은 우리 사회의 어떤 메커니즘을 그대로 베껴 옮겨놓은 것일 뿐이다. 이런 사실을 인지하고 시스템과 시스템 네트워크를 바라본다면, 네트워크를 이해하는 데 많은 도움이 될 것이다.

1.2 OSI 7계층은 무엇인가

우리는 외출할 때 여러 가지 준비가 필요하다. 세수를 하고, 머리를 감고, 양말을 신고, 옷을 입고, 그리고 신발을 신고 행선지를 향해 출발한다. 이 모든 것이 외출을 위한 준비 과정이다. 우리가 특정 행선지로 가기 위해 외출 준비를 하듯, 시스템도 정보를 보내기 위해 준비 과정을 거친다. 준비 과정 없이 정보를 보내는 것은 우리가 알몸으로 외출하는 것과 같다. 따라서 아무런 준비 없이 보내진 정보는 목적지까지 도달할 수 없다.

시스템이 데이터를 보내고 받기 위해 준비하는 과정을 정의한 것이 OSI 7계층^{OSI 7} ^{Layers}이다. 데이터 통신의 시작이 데이터 전송을 준비하는 과정부터 시작되므로 OSI 7계층은 데이터 통신의 가장 기본으로 받아들여진다. 특히 네트워크 보안에서 OSI 7계층을 이해하지 못한다면, 이 책에서 설명되는 내용을 이해하기 어려울 수 있다. 이 절에서는 OSI 7계층에 대해 이해하기 쉽게 설명한다.

OSI 7계층은 ISO^{International Organization for Standardization}라는 국제 표준기구에 의해 제정되었다. OSI 7계층은 데이터 전송을 준비하는 과정에 대한 사항을 단계별로 정의한다. 그 단계는 사용자가 정보를 입력 또는 확인할 수 있는 환경을 제공해주는 단계를 비롯해 데이터 전송에 필요한 주소를 정의하는 과정 등 모두 7단계의 절차를 정의한다. 그러면 왜 ISO는 OSI 7계층을 제정했을까?

초기의 데이터 통신에서 IBM이나 제록스 등 유명 제조사는 그들의 자체 시스템 간의 통신을 위한 메커니즘을 개발해 사용했다. 그러므로 이들이 개발한 통신 기술은 동일 제조사 시스템 간의 통신만 지원했다. 그 이유는 시스템 간의 통신을 위해 사용되는 메커니즘이 개발된 제조사마다 달랐고, 또한 통신을 위한 단계도 다르기 때문이었다(그림 1.2).

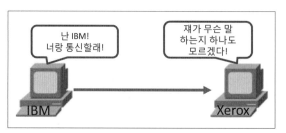

그림 1.2 다른 제조사 시스템 간의 통신이 지원되지 않았다.

쉽게 말하면, 어떤 사람은 바지만 입고 행선지로 향하고, 또 어떤 사람은 속옷에 신발만 신고 행선지로 향하는 것으로 비유할 수 있다. 좀 우스꽝스러운 모습일 수 있지만, 그들이 향하는 행선지에서는 그런 모습이 정상이라면 옷을 제대로 입고 가는 사람이 오히려 이상해 보일 것이다. 우스갯소리로 눈이 세 개인 세상에서는 두 개인 사람이 괴물로 보인다고 말하곤 한다. 그와 비슷한 논리로 속옷에 신발만 신은 사람이 향하는 행선지에서는 그것이 정상적이라 생각하고 출입을 허용하고, 다른 옷차림의 사람은 비정상적이라 생각하고 출입을 허용하지 않을 것이다. 그 반대의 경우도 마찬가지다.

그러므로 서로 다른 제조사의 시스템 간에 통신이 이루어지지 않았다. 다시 말해, 서로 다른 제조사 시스템 간의 호환성Compatibility에 문제가 있었고, 이를 해결할 필요가 있다. 이런 이유로 ISO는 통신 시에 요구되는 각 단계를 표준화해 다른 제조사 시스템 간의 호환성 문제를 해결하고자 했다.

또 다른 이유는 전문성 확보에 있다. 통신에 요구되는 모든 단계에 필요한 기술을 하나의 제조사가 모두 개발하는 데 무리가 있다는 판단에서다. 일반적으로 하나의 회사가 신발과 속옷, 양말, 겉옷을 모두 생산한다면 전문성이 떨어질 수 있다. 그래서 신발 회사는 신발만 전문적으로 개발하고, 속옷 회사는 속옷만 전문적으로 개발해 전체적인 기술 향상을 꾀할 필요가 있다. 이는 고장 복구와도 관련이 있다. 각 제조사마다 자신의 전문성을 바탕으로 시스템을 개발하므로 운용자가 고장을 복구하는 과정에서도 어떤 부분에 문제가 발생했는지 쉽게 찾을 수 있고 문제를 쉽게 해결할 수 있다.

이와 같은 이유로, ISO는 통신에 요구되는 7단계의 절차를 정의했다. 그러나 OSI 7계층은 규율 또는 규정이 아니므로 제조사가 반드시 지켜야 하는 의무사항이 아니다. ISO는 국제적으로 표준을 제정하는 기관이다. 표준이라는 것은 의무적으로 지켜야 하는 규정이 아니다. 우리 실생활에서도 표준과 규정은 엄연히 구분된다. 규정은 지키지 않으면 그것에 상응하는 불이익을 강제하지만, 표준이라는 것은 지키지 않더라도 그것에 대한 불이익을 강요할 수 없다. 표준은 지켜 달라는 부탁이며 권고사항이다. OSI 7계층도 단순한 권고사항이며, 제조사가 이를 반드시 지킬 의무는 없다. 그러나 모든 데이터 통신의 모습을 들여다보면, OSI 7계층의 단계를 따르며 이루어진다.

1.3 프로토콜은 무엇인가

미국 드라마, 특히 '24시'와 같은 수사물을 시청하다 보면 대사 중에 "프로토콜^{Protocol}을 따라야 한다."라는 말들을 자주 들을 수 있다. 네트워크나 통신 관련 책자를 보다 보면, 매우 빈번하게 프로토콜이라는 말을 접하게 된다. 프로토콜이라는 말의 의미가 무엇인가? 사전적인 의미로 프로토콜은 '규약' 또는 '규정'이라는 뜻을 가지고 있다. 이를 쉽게 말하면, 일반적인 '약속'의 의미라고 말할 수 있다.

미국 드라마에서 말하는 프로토콜은 그들이 업무를 수행하는 데 필요한 절차에 대한 상호간의 공식적인 약속을 의미한다. 이와 마찬가지로 통신 프로토콜도 통신을 위한 시스템 간의 약속을 의미한다. 그럼 통신 프로토콜의 대표적인 예는 무엇인가? 군 생활을 한 사람이라면 작전 중에 사용하는 수신호를 기억할 것이다. 수신호는 말이 아닌 손동작에 대해 특정 동작을 하기로 약속하고 그대로 행동하는 것이다. 이것이 프로토콜의 일종이다. 통신하고자 하는 상호간의 약속, 그것을 공식화한 것을 프로토콜이라 한다. 야구에서 주루코치가 타자에게 주는 수신호도 마찬가지다.

시스템에서 통신 프로토콜이라는 것은 무엇인가? 무선 통신이든 유선 통신이든, 시스템 간의 통신은 전기 신호를 주고 받으면서 이루어진다. 그러므로 전기 신호를 한 번 보내면 그것을 'a'로 인식하고, 두 번 보내면 'b'로 인식한다는 약속을 했다고 가정하자. 정보를 보내는 시스템이 한 번의 전기 신호와 두 번의 전기 신호를 받으면, 수신하는 시스템은 프로토콜(약속)대로 'ab'로 정보를 인식한다(그림 1.3).

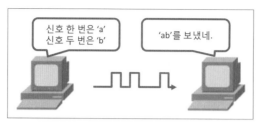

그림 1.3 올바른 프로토콜에 의한 통신

그러나 통신을 하고자 하는 시스템이 서로 다른 프로토콜을 사용한다면 어떻게 될까? 한 시스템은 한 번의 전기 신호를 'a'로 약속하고, 두 번의 전기 신호를 'b'로 약속했다. 그러나 다른 시스템은 한 번의 전기 신호를 '1'로, 두 번의 전기 신호를 '2'로 약속했다면, 'ab'를 보내고자 하는 정보는 '12'로 잘못 인식하게 될 것이다(그림 1.4).

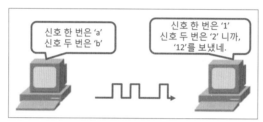

그림 1.4 프로토콜이 다르면 통신이 이루어지지 않는다.

통신 프로토콜의 대표적인 또 다른 예는 사람의 언어다. 언어라는 것은 긴 시간 동안 특정 사회에서 약속된 표현이다. 한국어는 한국에서 우리 상호간에 약속된 말을 배우고 사용하는 것이다. 영어는 영어를 사용하는 나라에서 그들 상호간에 약속된 말이다. 만일 한국어만 말하는 사람과 영어만 말하는 사람이 서로 대화를 한다고 가정하자. 어떻게 되겠는가? 우리 대부분은 이런 경험을 한 적이 있을 것이다. 이 경우에는 대부분 무슨 말인지 알지 못하고 숨어버리게 된다.

영어를 말하는 사람이 한국어만 할 줄 아는 사람에게 정말 중요한 정보를 주려고 한다. 그것이 대박 주식에 관련된 정보이든 무엇이든…. 하지만 한국어만 할 줄 아는 사람은 영어를 말하는 사람이 주는 그 정보가 얼마나 가치 있는 정보인지 전혀 알지 못한다. 다만 그것은 한낱 소음에 불과할 것이다. 이것은 에러^{Error}와 마찬가지다.

통신에서 에러가 발생한다는 말은 시스템이 사용하는 프로토콜(언어)이 아니기 때문에 한낱 소음으로 인식한다는 것이다. 이것이 시스템상에서 나타나는 에러다. 다른 프로토콜의 정보라서 인식하지 못해 발생되는 에러일 수 있고, 전송상에 문제가 발생해 어떤 정보인지 인식할 수 없어 발생되는 에러일 수 있다. 그러나 통신 에러라는 것은 시스템이 사용하는 프로토콜로 인지할 수 없는 모든 것을 의미한다. 이 정의는 네트워크를 학습하는 데 매우 중요한 사실이다. 반드시 인지하길 바란다.

세상에는 수많은 프로토콜이 존재한다. 이 책에서 설명하는 대부분의 내용이 통신에서 사용하는 프로토콜에 대한 내용일 것이다. 그러므로 프로토콜에 대한 정의를 확실하게 이해하길 바란다.

1.4 OSI 7계층의 동작

우리가 외출할 때는 외출 준비를 단계적으로 한다. 세수를 하고, 양말을 신고, 옷을 입고 신발을 신고, 그리고 집밖으로 나간다. 이와 유사하게, 시스템이 정보를 네트워크로 내보낼 때도 각 단계를 거쳐 전달한다. 우리가 외출 준비의 각 단계를 거칠 때마다 그 외형적인 모습이 달라지는 것처럼, 데이터도 각 준비 단계를 거칠 때마다 그 모습이 달라진다. 이는 앞 절에서 설명한 각 프로토콜의 동작 때문이다. 이 절에서는 데이터가 전송 준비 단계에서 OSI 7계층이라는 단계를 거치면서 어떻게 달라지는지를 살펴보고 또 이를 통해 OSI 7계층의 동작을 설명한다.

먼저 OSI 7계층의 각 계층의 역할에 대해 알아보자. 먼저 시스템상의 동작을 알아보기 전에, 우리가 외출하기 위해 집 밖으로 나갈 때까지의 모습을 한번 떠올려보자.

아침에 일어나서 오늘 할 일을 먼저 떠올린다. 그리고 그 일을 어떻게 어떤 식으로 할 것인지를 결정한다. 그리고 세수를 하고 옷을 입는 등의 외출 준비를 한다. 모든 준비가 끝나면, 그 일을 하기 위해 누구를 만나야 하는지 해당되는 사람의 이름이나 얼굴을 떠올리고, 그 사람을 만날 수 있는지 전화 등을 통해 확인한다. 그리고 그 사람이 있는 위치가 어디인지 알아보고, 동네의 어떤 길을 통해 그곳으로 갈지 결정한다. 모든 준비가 끝나면 집의 현관문을 열고 집 밖으로 나간다.

이 예는 어떻게 보면 좀 억지스러운 면이 있다. 그러나 우리가 하는 행동을 엄격하게 구분 짓는다면 위와 같이 말할 수 있다. 이 예를 잘 기억하자.

이번에는 컴퓨터 채팅에서 정보를 보내는 과정을 이야기해보자.

컴퓨터는 사용자의 채팅을 위해 채팅 창을 제공한다. 사용자가 입력한 정보를 컴퓨터 자신의 독특한 형태로 변경해 그 정보를 저장한다. 그 정보를 채팅 상대의 컴퓨터로 보내기 위해 전송 준비를 수행한다. 채팅 상대의 컴퓨터가 어디에 있는지, 그리고 그 컴퓨터로 정보를 보낼 수 있는지 확인한다. 그리고 상대 컴퓨터에 도달하기 위한 경로 검색을 하고, 그 경로를 사용하기 위해 자신이 연결된 네트워크를 확인한다. 모든 경로 확인이 완료되면 보내고자 하는 정보를 전기 신호로 변경해 시스템 밖으로 송출한다.

이 과정이 시스템의 입장에서 사용자 정보를 보내는 과정이다. 물론 좀 더 세부적인 동작 과정이 있고, 좀 더 엄격하게 구분될 수도 있다. 그러나 외출하는 우리 모습을 그린 예와 시스템이 정보를 보내는 예를 비교해보면 놀라울 정도로 비슷하다는 것을 알 수 있다. 데이터 통신의 동작은 우리의 모습을 모태로 개발되었기 때문이다.

이와 같은 시스템의 동작을 바탕으로 OSI 7계층의 계층별 역할을 알아본다. OSI 7계층을 그림으로 나타내면 그림 1.5와 같다.

7 계층	응용 계층
6 계층	표현 계층
5 계층	세션 계층
4 계층	전송 계층
3 계층	네트워크 계층
2 계층	데이터링크 계층
1 계층	물리 계층

그림 1.5 OSI 7계층

그림에서 볼 수 있듯이, OSI 7계층은 마치 7층 건물처럼 보인다. 각 계층마다 저마다의 역할을 수행하면서 결국 1계층까지 전달되고 전송 매체(유선 또는 무선)를 통해 전달된다. 이는 사람이 7층 건물 위, 즉 옥상에 위치해 각 층을 거쳐 내려오면서 결국 건물 밖으로 나오는 것에 비유할 수 있다.

OSI 7계층은 데이터 전송을 위해 마련된 권고사항이다. OSI 7계층은 크게 시스템 내에서 데이터를 취급하는 부분과 데이터를 전송하기 위한 부분으로 나눌 수 있다. 우리가 외출 전에 할 일이 무엇인지, 그리고 그 일을 어떻게 할 것인가를 생각하는 부분과 실제 그 일을 하기 위해 어떤 행선지로 어떻게 갈 것인가를 고민하는 부분으로 나누어진다는 것을 의미한다.

그림 1.6에서 볼 수 있듯이, 7계층부터 5계층까지는 상위 계층^{Upper Layer}이라고 부르고, 4계층부터 1계층까지를 하위 계층^{Lower Layer}이라고 한다. 상위 계층은 데이터가 시스템 내부에서 처리되면서 소프트웨어, 즉 애플리케이션에 직접적으로 관련된 동작이 이루어진다. 그러나 하위 계층은 소프트웨어(애플리케이션)의 직접적인 동작이 아닌, 오직 전송을 위해 요구되는 프로세싱이 이루어지는 단계다. 다시 말해, 데이터를 시스템 내부가 아닌 외부로 어떻게 내보낼 것인가 또는 받을 것인가에 대한 동작을 수행한다.

7 계층	응용 계층	상위 계층
6 계층	표현 계층	
5 계층	세션 계층	
4 계층	전송 계층	
3 계층	네트워크 계층	하위 계층
2 계층	데이터링크 계층	
1 계층	물리 계층	

그림 1.6 상위 계층과 하위 계층

이와 같이, 상위 계층과 하위 계층을 큰 의미로 이해한다면 각 계층의 세부적인 내용을 이해하는 데 도움이 될 것이다.

7계층: 응용 계층

응용 계층^{Application Layer}은 OSI 7계층의 가장 상위 계층으로서 사용자와 가장 가까운 위치에서 동작한다. 사용자가 7층 건물의 옥상에 위치하는 것에 비유할 때, 가장 먼저 접하는 층이다. 이 계층의 역할은 사용자 인터페이스^{User Interface}를 제공하는 것이다. 그럼 사용자 인터페이스라는 말은 무엇을 의미하는 것일까? IT 입문자에게 사용자 인터페이스라는 말은 조금 생소할 수 있다.

사용자 인터페이스는 사전적 의미로 사용자와 장비 간의 상호 대화를 위해 제공되는 사용자와 기계 사이의 공간을 의미한다. 다소 어려운 표현으로 설명했지만, 쉽게 말해 사용자 인터페이스는 사용자가 시스템을 사용할 때 시스템이 제공하는 명령 창이나 출력 창을 의미한다(그림 1.7).

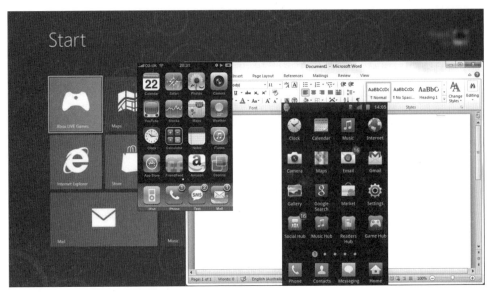

그림 1.7 흔히 볼 수 있는 사용자 인터페이스

쉬운 예로, 도스^DOS 명령 창이나 윈도우 화면, 그리고 각 스마트폰의 화면 등이 모두 사용자 인터페이스에 속한다. 그럼 각 운영체제^Operating System만 사용자 인터페이스를 제공하는가? 그렇지 않다. 모든 소프트웨어가 사용자 인터페이스를 제공한다. MS 워드도 새로운 버전이 나올 때마다 그 모습이 더 세련되고 사용자가 사용하는 데 더 편리한 모습으로 향상된다. 이를 사용자 인터페이스가 향상되었다고 말한다.

모든 프로그램은 사용자가 그 프로그램을 사용하기 위해 조작할 수 있는 사용자 인터페이스를 제공하는데, 이것이 바로 응용 계층에 속하는 것이다. 그래서 일반적으로 응용 계층이라 말하면 소프트웨어 또는 프로그램을 가리키는 것으로 볼 수 있다. 비록 100% 정확한 표현은 아니지만 그렇게 이해해도 큰 무리가 없다.

그러나 응용 계층이 사용자와 가장 가까이 위치하며 사용자가 시스템을 사용할 수 있는 환경을 제공해준다는 것은 사실이다. 이것이 응용 계층의 역할이다.

6계층: 표현 계층

표현 계층^Presentation Layer은 데이터를 어떤 형태로 표현할 것인지를 결정하는 계층이다. 이 절 앞부분에서 언급한 예에서, 우리가 어떤 행선지로 출발하기 전에 그곳에서 어떻게 일을 처리할지 생각하고 결정하는 부분에 해당된다. 시스템의 관점에서 살펴보면, 시스템이 사용자가 입력한 정보를 컴퓨터 자신이 사용하는 언어로 표현하는 부분에 속한다. 사용자가 한글이나 영문, 그림, 소리 등으로 입력한 정보를 컴퓨터 간, 엄격하게 말하면 소프트웨어의 약속된 (프로토콜) 정보로 변경하는 계층이다.

모든 소프트웨어는 개발자에 의해 결정된 약속된 언어를 사용한다. 소프트웨어에 따라 데이터를 저장하는 방식도 달라진다. 예를 들어, 포토샵을 사용한다고 가정하자. 포토샵은 그림을 편집하는 소프트웨어다. 그러므로 사진이나 그림을 표현하기 위한 약속된 언어를 사용한다. 그리고 그 파일은 jpg나 gif, png 등으로 표현된다. 문서 파일은 어떤가? MS 워드로 작성한 문서는 doc나 docx 파일로 저장된다. 또 아래한글에서 작성한 문서는 hwp로 저장된다. 우리가 같은 문장을 입력하더라도 MS 워드와 아래한글에서 표현하는 정보는 전혀 다르다. MS 워드에서 작성한 doc나 docx 파일을 아래한글로 열면 글씨가 깨진 것처럼 보이는 상황을 한 번 정도 경험했을 것이다(그림 1.8). 표현 계층은 각 소프트웨어, 즉 애플리케이션이 데이터를 약속된 (프로토콜) 형태로 저장하기 위해 그 형식을 결정하는 단계다.

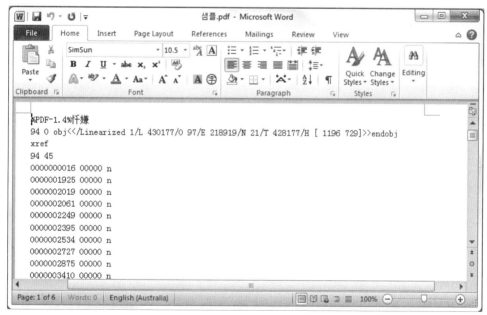

그림 1.8 표현 계층에서 결정한 데이터 형태가 상이하면 데이터를 정확하게 표현할 수 없다.

소리 파일에도 wav, mp3 등이 다양하게 존재하고, 동영상 파일도 mpeg, mkv, mp4 등이 다양하게 존재한다. 이렇게 각 소프트웨어에서 결정되는 파일 확장자는 표현 계층에서 결정된 데이터 포맷의 결정체라 이해하면 될 듯하다.

5계층: 세션 계층

세션 계층Session Layer은 조금은 어렵게 느껴질 수도 있는 약간 애매한 계층이다. 세션 계층이 상위 계층과 하위 계층의 경계에 위치하기 때문에 상위 계층의 성격을 가짐과 동시에 하위 계층의 성격도 갖추고 있기 때문이다.

세션 계층은 통신하고자 하는 두 시스템상에서 동작되는 응용프로그램을 서로 연결시켜주고, 상호 동기화하는 계층이다. 이것도 말이 무척 어렵다. 한국말이지만 다른 나라말보다 더 어렵게 느껴진다.

절 앞부분에서 제시한 예를 다시 보자. 예에서는 아침에 일어나서 오늘 할 일을 떠올리고, 그 일을 어떻게 할 것인지 결정한다고 했다. 그 일을 어떻게 할 것인지를 결정하는 것은 그 일에 대한 형태를 결정하는 표현 계층의 의미를 담고 있다. 그런데 일의 진행 방식을 결정하는 부분에서 나 혼자 결정하는 것이 아니라, 상대방을 직접 만나기 전에 전화를 걸어 그 업무에 대한 논의를 먼저 한다. 이 업무(애플리케이션)에 대한 논의를 하는 과정이 세션 계층에 비유할 수 있다.

사용자가 채팅을 한다고 가정할 때, 시스템은 채팅 응용프로그램을 동작시킨다. 채팅 프로그램은 사용자 시스템 내부에서 동작되는데, 어떻게 채팅 프로그램이 상대방 시스템에서 동작하는 채팅 프로그램을 인지할까? 인지하지 않고 그냥 보내는 것일까? 그렇지 않다. 응용프로그램 간에 어떤 일을 해야 하는지, 그리고 상대방 응용프로그램이 여전히 그 일을 수행할 수 있는지 여부를 지속적으로 확인해야 한다. 이런 확인은 세션Session이라는 통로에 의해 주고받는데, 세션 계층은 응용프로그램 간에 연결된 세션이라는 통로를 지속적으로 관리하는 역할을 제공한다.

4계층: 전송 계층

이제 본격적으로 데이터를 시스템 외부와 주고받기 위한 프로세스가 이루어지는 하위 계층으로 왔다.

전송 계층Transport Layer은 통신하고자 하는 두 원격 시스템이 서로 연결 가능한지를 확인하는 단계다. 앞서 세션 계층은 원격지의 두 시스템상에 동작하는 응용프로그램 간에 형성된 통로, 즉 세션을 관리하는 계층이라 했다. 전송 계층은 응용프로그램 간에 형성된 통로(세션)의 기반을 다지고, 통로를 연결하는 역할을 수행한다. 쉬운 예를 들면, 상대방에게 전화를 걸어 만나서 해야 하는 일에 대한 논의를 할 때 그 전화 연결 자체를 의미한다. 상대방이 부재중이면 전화 연결이 되지 않고 업무(애플리케이션)에 대한 논의도 이루어지지 않는다. 그러므로 상대방과 내가 위치적으로(물리적으로) 떨어져 있다고 하더라도, 상대방이 나와 대화를 나눌 수 있는 상태를 확보하기 위한 계층이다. 그래서 전송 계층의 역할을 사전적으로 표현하면 종단간 연결성End-to-End Connection을 확보하는 계층이라 한다(그림 1.9).

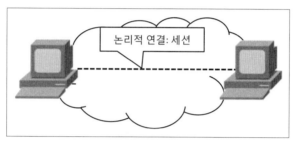

그림 1.9 통신을 원하는 시스템 간의 논리적 연결을 확립한다.

　전송 계층은 실제적으로 데이터 전송 준비를 시작하는 계층이다. 여기서 전송 계층은 중요한 역할을 수행하는데, 사용자의 데이터 전송 효율을 높이기 위한 역할을 수행하는 것이다. 전송 효율을 높이는 역할이란 무엇일까? 바로 상위 계층에서 만들어진 사용자 데이터를 작은 데이터 단위로 나누는 동작을 수행하는 것이다. 이를 세그멘팅Segmenting이라 한다. 세그먼트Segment란 우리말로 작은 조각이라는 의미를 가진다(그림 1.10).

그림 1.10 작은 데이터 조각 단위로 전송한다.

　사용자 데이터를 작게 조각내는 것이 왜 전송 효율을 높이기 위한 행위일까? 전송은 데이터가 목적지까지의 경로를 따라 여행하는 것이다. 우리 대부분은 여행하는 것을 좋아한다. 물론 여행은 즐겁고 유익하지만, 반면에 각종 사고의 위험에도 노출될 수 있다.

한 제조회사가 공장에서 제품을 생산했다고 가정하자. 그 제품을 출하하기 위해 생산한 제품을 모두 한 화물열차에 적재한다면, 화물 운송비는 절약할 수 있을 것이다. 그러나 만일 열차 사고가 발생해 모든 제품을 다시 보내야 한다고 가정하면 어떨까? 사업주로서는 상상하기도 싫을 만큼 끔찍한 상황일 것이다. 그래서 한꺼번에 모든 제품을 보내지 않고 그 물량을 나누어 여러 번 출하한다면, 만일의 사고가 발생하더라도 사고로 유실된 제품 수만큼만 다시 출하하면 되기 때문에 위험에 대한 부담은 줄어들 것이다.

데이터 통신도 마찬가지다. 전송할 사용자 데이터가 100MB라고 가정하자. 이 정보를 한꺼번에 모두 다 보냈다고 하자. 전송 중에 에러 발생이나 링크 문제 등의 예기치 않은 상황이 발생하면 100MB의 대용량 정보를 모두 다시 전송해야 한다. 우리 모두 한번 가정해보자. 자신의 인터넷 공간이나 그 어떤 곳에 100MB 용량의 파일을 업로드한다. 업로드를 모두 마쳤는데, 파일이 전송 도중에 에러가 발생되어 다시 업로드해야 한다. 화가 날 것이다. 그런데 다른 친구는 그 파일을 10MB 단위로 분리해 전송했다고 가정하자. 전송 중에 에러가 발생되어 다섯 번째 파일에서 에러가 발생되었다고 한다면, 다섯 번째 10MB짜리 파일만 다시 업로드하면 된다.

이렇듯 사용자에 의해 만들어진 큰 데이터를 작은 단위의 소규모 데이터 조각으로 분리해 전송함으로써 전송 효율을 높일 수 있는데, 이런 역할을 전송 계층이 수행한다.

3계층: 네트워크 계층

네트워크 계층Network Layer은 사전적 의미로 논리적인 주소와 라우팅을 규정하는 계층이다. 이 말도 어렵고 잘 이해되지 않는다. 다시 이 절 앞부분에서 언급한 예로 쉽게 이해해보자.

우리의 목적지로 가기 위해 집 밖으로 나온다. 그러나 무작정 나오지 않는다. 우리는 가고자 하는 행선지의 주소를 가지고 출발한다. 여기서 우리가 가고자 하는 행선지가 바로 네트워크 계층에서 정의하는 논리적인 주소를 의미한다. 그 행선지의 주소는 물론 행정 주소, 즉 국가가 규정한 대로 표현된 주소 체계를 가진 그런 주소일 것이다. 예를 들어, 서울시 강남구 역삼동 xxx번지, 또는 서울시 강남구 역삼동 xxx길 xxx번지 등으로 표현되는 주소일 것이다. 이런 행정 주소를 논리적 주소Logical Address라고 일컫는데, 논리적 주소라는 것은 물리적인 그 어떤 것에 구애받지 않는 주소를 의미한다.

'서울시 강남구 역삼동 1000번지'라는 주소의 집이 2층집이라고 가정하자. 2층집이라는 것은 실제로 눈에 보이는, 즉 실체가 있는 사물이다. 실체가 있다는 것은 물리적인 Physical 것으로 불린다. 만일 재개발을 위해 그 집을 철거하고 3층집을 새로 지었다고 하자. 물리적인 실체가 2층집에서 3층집으로 바뀌어도 그 집의 주소는 여전히 '서울시 강남구 역삼동 1000번지'라는 주소를 그대로 가진다. 여기서 알 수 있는 것이 있다. 논리적 주소는 물리적인 실체와 무관하게 그 주소를 그대로 유지한다는 것이다. 바로 물리적인 실체로부터 완전하게 독립된 주소를 논리적 주소라 말한다. 심지어 새로 지은 3층집을 철거해 집이라는 실체가 존재하지 않더라도 그 집이 있던 장소는 여전히 같은 주소인 '서울시 강남구 역삼동 1000번지'다. 바뀌지 않는다. 이런 주소를 논리적 주소라고 한다.

자신의 컴퓨터를 직접 교체해본 경험이 있는가? 만일 있다면, 컴퓨터를 교체한 후 자신의 IP 주소가 변경되었는지 생각해본 적이 있는가? 경험이 있는 독자는 컴퓨터를 교체하더라도 자신의 IP 주소는 변경되지 않는다는 사실을 알고 있을 것이다. 바로 IP 주소는 물리적인 시스템의 실체로부터 완전하게 독립되어 그대로 사용되므로 IP 주소를 논리적 주소라고 한다.

> **참고**
>
> 네트워크상에는 많은 논리적 주소가 존재한다. 비록 오늘날 TCP/IP가 가장 광범위하게 사용되기 때문에 IP 주소에 많이 익숙해져서 논리적 주소에는 IP 주소만 존재한다고 생각하는데, 그 외에 IPX 등과 같은 다른 논리적 주소들도 존재한다.

네트워크 계층에서 수행하는 또 다른 하나의 역할은 라우팅Routing이다. 라우팅은 행선지 주소, 즉 목적지의 논리적 주소에 도달하기 위한 경로를 안내하는 행위를 의미한다. 경로를 안내한다? 이 말의 의미는 무엇일까? 입문자에게는 고난의 연속이다. 자! 쉽게 알아보자.

우리가 업무를 보기 위해 특정 행선지를 향해 출발한다. 그러나 행선지를 향한 길이 초행이다. 어떻게 그 행선지까지 갈 수 있는가? 낯선 곳을 가다보면 어디로 가야할지 방향을 잃기 쉽다. 이런 경우에서 우리가 참고할 수 있는 것이 도로 이정표인데, 도로 이정표를 참고해 행선지 방향을 결정한다. 도로 이정표는 행정구역의 도시 이름 또는 동 이름으로 이루어진다. 이런 도로 이정표와 같은 정보를 라우터에서는 라우팅 테이블^{Routing} ^{Table}이라고 한다(그림 1.11).

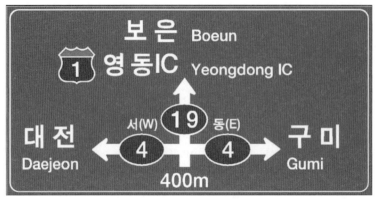

그림 1.11 도로의 이정표는 라우터의 라우팅 테이블과 동일하다.

라우터는 라우팅 테이블을 참조해 사용자 트래픽을 목적지로 전달한다. 물론 라우팅 정보가 존재하지 않는다면 해당 트래픽을 목적지 방향으로 전달할 수 없다. 그러므로 논리적 주소에 대한 라우팅 정보의 확보는 매우 중요하다. 네트워크 계층은 논리적 주소에 대한 정의를 할 뿐만 아니라, 논리적 주소에 대한 라우팅 정보 구축 등의 역할을 수행한다.

2계층: 데이터 링크 계층

데이터 링크 계층^{Data Link Layer}은 시스템이 물리적으로 직접 연결된 네트워크 관련 기술을 정의한다. 사전적으로 말하면, 물리적 주소 규정 및 인접한^{Adjacent} 시스템 간의 통신을 정의하는 계층이다. 완전하게 정확하진 않지만 쉽게 표현하면, 물리적으로 직접 연결된 시스템과의 통신을 정의하는 계층이다.

절 앞부분에서 제시한 예로 다시 알아보자. 우리가 가고자 하는 행선지에 도달하기 위해 집 밖으로 나선다. 그때 동네 골목길을 접하는데, 자신이 어떤 골목길을 지날 것인지를 고민해보자. 2층집 옆의 출구로 나가면 되는가, 아니면 3층집 옆 골목길로 가는 것이 더 나은가? 이것이 데이터 링크 계층을 우리 일상생활에 비유한 것이다.

자신의 동네 모습을 그려보자. 자신의 동네에 있는 어느 곳을 가려 한다. 이때 과연 우리는 그곳의 행정 주소(논리적 주소)로 찾아가는가? 아니다. '3층 건물 옆 치킨집' 또는

'큰 파란색 빌딩 옆 가게'처럼 행정 주소가 아닌 그 건물의 형태나 모습을 지칭한다. 이렇게 건물의 외형적인 모습을 표현하는 것이 바로 물리적 주소Physical Address다. 데이터 통신에서도 마찬가지다. 시스템이 위치하는 내부 네트워크Local Network에서는 물리적 주소를 이용해 통신한다.

그러면 네트워크에서는 어떻게 물리적 주소를 표현하는가? 도대체 물리적 주소라는 것이 무엇인지 정확하게 다가오지 않는다.

물리적 주소의 정확한 의미는 주소 정보가 물리적인 시스템에 종속되는지, 아니면 독립되어 있는지를 말하는 것이다. 종속된다는 의미는 시스템이 변경되면 해당 시스템이 가진 주소 정보도 같이 변경된다는 것을 의미한다. 독립되어 있다는 말은 시스템이 변경되더라도 그 주소는 시스템 변경과 무관하게 그대로 유지된다는 말이다. 주소 정보가 시스템의 물리적인 하드웨어에 의존 또는 종속된다면 그것은 물리적 주소이고, 물리적인 하드웨어로부터 독립되어 있다면 네트워크 계층에서 언급한 논리적 주소라고 한다.

'파란색 3층 건물'이라는 정보는 건물의 물리적인 외향 모습을 표현했다. 그러나 그 건물이 철거되고 새로운 '하얀색 10층 건물'이 들어섰다면 '파란색 3층 건물'이라는 주소 정보는 더 이상 쓸모가 없다. 시스템은 모두 자신의 물리적 주소 정보를 가지고 있는데, 대표적으로 MAC 주소를 예로 들 수 있다.

MAC 주소는 각 PC나 시스템의 NIC 카드 또는 LAN 카드에 이미 내장되어 있는 주소다. 물론 MAC 주소가 '은색 LAN 카드'라는 식의 물리적 외향의 모습을 표현하는 주소 정보는 아니다. 그러나 LAN 카드에 입력되어 있는 주소는 해당 LAN 카드의 물리적인 하드웨어에만 적용되는 주소 정보다. 다른 LAN 카드는 다른 주소 정보를 가지고 있다. 쉽게 말해서, 각 제품마다 시리얼 번호 혹은 제조번호가 기록되어 있다. 정확하지는 않지만 쉬운 이해를 위해, MAC 주소가 바로 해당 제품의 시리얼 번호나 제조 번호와 같거나 유사하다고 생각하면 된다. 다만 각 제조사마다 그 번호를 표현하는 방식이 다르기 때문에 이를 표준화해 모든 제조사가 동일한 형식의 제조 번호를 기록한다고 생각하면 된다.

그러므로 LAN 카드가 고장나서 교체를 했다면, 당연히 교체한 LAN 카드의 제조번호도 달라지고, MAC 주소도 달라질 것이다. 이렇게 주소 정보가 특정 물리적인 하드웨어에 고정되어 있으면 물리적 주소라고 한다. 데이터 링크 계층에서는 이에 대한 규정을 정의하고 있다.

또한 각자 동네의 외향적인 모습이 제각기 다르다. 어떤 골목길은 가장 일반적인 모양을 하고 있을 수 있지만, 어떤 골목길은 둥글게 형성되어 있는 경우도 있다. 동네의 골목길이 어떤 모양을 하고 있느냐에 따라 통행 방법도 다를 수 있다. 둥근 모양의 골목길 혹은 도로라면 원형 교차로와 같이 한 방향으로만 진행해야 하는 규정이 필요할 것이다. 이와 같이 네트워크에서도 내부 네트워크의 형태가 어떤 모양을 하고 있느냐에 따라 그 통신 방식이 달라질 수 있다. 그러므로 통신 방식에 대한 규정 역시 데이터 링크 계층의 역할이다.

1계층: 물리 계층

물리 계층^{Physical Layer}은 최하위 계층으로서, 하드웨어 형태 및 시그널에 대한 규정을 정의한다. 다시 말해, 하드웨어가 어떤 모양을 하고, 또 전기 시그널은 어떤 식으로 보내야 하는지에 대한 정의다. 한마디로 물리적 실체에 대한 규정이다.

독자들 모두 집에서 인터넷을 사용할 것이고, 인터넷을 연결하는 케이블을 본 적이 있을 것이다. 모뎀과 PC를 연결하는 그 케이블을 LAN 케이블이라고 하는데, 이를 전문적으로 UTP 케이블^{UTP Cable}이라고 한다(그림 1.12).

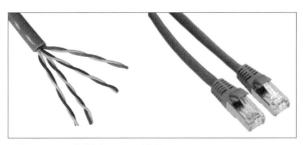

그림 1.12 UTP 케이블과 RJ-45 커넥터

UTP 케이블의 안을 들여다보면 모두 8가닥의 구리선으로 이루어져 있고, 두 개의 선이 서로 꼬여 있는 형태를 하고 있다. 이것이 물리 계층의 UTP 케이블에 대한 규정인 것이다. 그리고 UTP 케이블 끝에 보면 조그만 커넥터가 보이는데, 이것을 RJ-45 커넥터라고 한다. 이 역시 그 물리적인 외향을 물리 계층에서 정의한 것이다. 그 외의 모든 물리적인 실체를 정의한 것이 물리 계층에서 이루어진 것이다.

여기서 잠시 물리적 실체라는 말이 포함하는 범위는 어디까지인가를 고민해보자. 눈으로 그 실체를 확인할 수 있는 것은 의심할 여지없이 모두 물리적인 실체다. 그러나 나는 여기까지가 물리적인 실체라고 선을 긋고 싶지 않다. 부족하다. 나는 좀 더 나아가 물리적인 힘을 가진 모든 대상을 물리적인 실체라고 정의하고 싶다. 우리가 눈으로 확인할 수 없지만, 전기 시그널과 빛을 이용한 광 시그널 모두 저마다의 물리적인 힘을 가진다. 이런 모든 것이 물리적인 실체를 의미한다. 그러므로 물리 계층에서 정의하는 것이 단순히 눈에 보이는 물리적인 하드웨어 규정뿐만 아니라, 눈에 보이지 않는 전기 신호와 광 신호 등에 대해 모두 규정하는 계층이라는 사실을 반드시 숙지하길 바란다.

1.5 OSI 계층마다 데이터의 모습은 모두 다르다

우리가 집에서 외출 준비의 단계를 거칠 때마다 우리의 모습은 조금씩 달라진다. 세수를 할 때 그 모습이 달라지고, 옷을 입을 때 모습이 달라진다. 외출 준비를 하나씩 마칠 때마다 그 모습이 달라지는 것이다. 여성들의 화장하는 모습을 생각해보면 재미있을 것이다. 데이터 통신에서도 마찬가지다. 사용자 데이터가 OSI 7계층의 각 단계를 거칠 때마다 그 모습이 달라진다.

이 절은 OSI 7계층의 각 계층별 데이터의 형태에 대해 알아본다. 이 절에서 언급하는 용어와 계층별 데이터 형태Data Format는 매우 빈번하게 언급되므로 반드시 숙지하길 바란다.

원격 통신이란 무엇인가? 원격 통신이라는 것은 한 시스템으로부터 떨어져 있는 다른 시스템과 정보를 주고받는 것이다. 데이터 통신을 설명할 때 자주 언급되는 예가 있는데, 편지가 그것이다. 우리가 다른 곳에 위치한 누군가에게 편지를 보내고자 한다. 편지 내용이 중요한 내용이든, 가벼운 내용이든 간에 편지에서 가장 중요한 정보는 무엇인가? 편지 안의 내용물인가? 그 정보의 가치가 가장 중요한가? 그렇지 않다. 편지에서 가장 중요한 정보는 그것이 배달되어야 하는 곳을 나타내는 수신자의 주소다. 이것이 원격 통신의 기초이자 가장 중요한 정보다.

OSI 7계층은 데이터 통신을 위한 단계를 정의한다. 다시 말해, 자체 시스템 내부에서 처리되는 것을 정의한 것이 아니라, 외부 시스템과 정보를 주고받는 것을 의미한다. 그러므로 어떤 외부 시스템이 정보를 수신해야 하는지를 나타내는 수신 시스템의 주소는 매우 중요한 정보다.

OSI 7계층에서도 데이터 형태의 변화는 전송을 수행하기 위한 주소 정보를 추가함으로써 이루어진다. 그러므로 OSI 7계층의 전송을 담당하는 계층들에서 데이터의 형태에 변화가 발생하고, 그것을 부르는 용어도 계층별로 달라진다.

앞 절에서 OSI 7계층을 크게 두 부분으로 나눌 수 있다고 했다. 그림 1.13은 그림을 다시 보여준다.

7 계층	응용 계층	
6 계층	표현 계층	상위 계층
5 계층	세션 계층	
4 계층	전송 계층	
3 계층	네트워크 계층	하위 계층
2 계층	데이터링크 계층	
1 계층	물리 계층	

그림 1.13 OSI 7계층은 상위 계층과 하위 계층으로 나누어진다.

상위 계층은 시스템 내부에서 데이터가 처리되는 것을 정의하고, 하위 계층은 외부의 시스템과 송수신하기 위한 절차를 수행한다. 즉 하위 계층은 전송을 담당하는 부분이라는 것을 의미한다. 그러므로 데이터 단위의 변화도 전송을 담당하는 하위 계층에서 집중적으로 이루어진다. 그림 1.14는 데이터가 OSI 7계층을 경유하면서 이루어지는 변화를 전체적으로 보여준다.

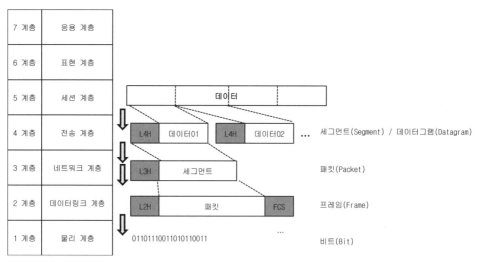

그림 1.14 데이터 캡슐화

어렵게 보인다면, 지금은 가볍게 보아도 무방하다. 다만 각 계층을 경유할 때마다 사용자 데이터에 새로운 정보가 더 추가되는 것을 확인하면 된다. 이 과정을 상위 계층으로부터 수신한 데이터를 캡슐화^{Encapsulation}한다고 말한다. 상위 계층으로부터 전달받은 데이터를 하위 계층이 마치 편지 봉투 또는 캡슐로 포장하는 것처럼 보이기 때문에 붙여진 용어다.

응용 계층에서 만들어진 사용자 데이터는 표현 계층에서 그 데이터의 표현 방식이 결정된다. 그리고 세션 계층을 경유해 4계층인 전송 계층으로 보내진다. 이때부터 본격적인 데이터 캡슐화가 진행된다.

데이터 캡슐화는 데이터 전송을 수행하는 각 계층의 동작에 요구되는 정보를 추가함으로써 이루어진다. 각 계층의 동작을 위해 세부적으로 많은 정보가 사용된다. 그러나 계층별 동작을 위한 가장 중요한 정보는 전송을 위한 주소 정보다. 그러므로 각 계층은 자신이 사용하는 주소 정보를 추가한다. 지금까지 우리가 알아본 주소의 종류는 기껏해야 논리적 주소와 물리적 주소밖에 없다. 각 계층에서 사용되는 주소 정보는 다음 절에서 자세히 설명한다.

하위 계층에서 이루어지는 계층별 캡슐화 과정을 알아보자.

앞 절에서 설명했듯이, 전송 계층은 상위 계층으로부터 데이터를 수신하면 전송 효율을 높이기 위해 작은 단위로 데이터를 조각낸다. 그리고 그 작은 데이터 조각마다 캡슐화를 진행한다. 캡슐화라는 거창한 말 대신에, 단순하게 전송 계층의 동작에 필요한 정보가 사용자 데이터 앞부분에 추가된다는 식으로 생각하면 된다.

그림 1.15에서 보듯이, 상위 계층으로부터 수신한 데이터를 잘게 조각내어 각 조각마다 전송 계층의 정보를 앞부분에 붙여준다. 이렇게 추가되는 정보가 데이터의 머리 부분에 위치한다고 해서 헤더^{Header}라고 한다. 전송 계층에서 추가되는 것이 4계층 정보이므로 이를 L4 헤더라고 부른다.

그림 1.15 전송 계층의 캡슐화

사용자 데이터에 전송 계층에서 추가되는 정보로 하나의 형태가 만들어졌다. 하나의 사용자 데이터 조각 앞에 L4 헤더가 붙은 형태의 것을 세그먼트^{Segment} 또는 데이터그램^{Datagram}이라고 부르며, 이는 4계층의 데이터 단위로서 사용된다. 큰 사용자 데이터를 전송 계층에서 조각내는 과정을 세그멘팅이라고 했는데, 마찬가지로 전송 계층의 데이터 단위도 그 조각을 의미하는 세그먼트^{Segment}다. 그러므로 특정 데이터를 세그먼트라고 부른다면 그것은 사용자 데이터에 L4 헤더가 추가된 것을 의미하고, 그것이 OSI의 4계층에서 동작하는 데이터 단위라고 생각하면 된다.

그러면 조각난 사용자 데이터 앞부분에 추가되는 L4 헤더에는 어떤 정보가 포함될까? 그것은 어떤 전송 계층의 프로토콜을 사용하는지에 따라 달라진다. 다만 각 프로토콜과 무관하게 반드시 포함되어야 하는 정보는 포트^{Port}라는 정보다. 전송에서는 주소 정보가 가장 중요한 정보라고 했는데, 전송 계층은 포트 번호$^{Port\ Number}$를 주소 정보로 사용한다. 그러므로 세그먼트는 목적지 포트 번호와 출발지 포트 번호를 반드시 포함해야 한다. 포트에 대한 자세한 내용은 이후 절에서 설명한다.

전송 계층에서 세그먼트가 만들어지면, 전송 계층은 세그먼트를 바로 아래 계층인 네트워크 계층으로 전달한다. 전송 계층과 마찬가지로, 세그먼트를 수신한 네트워크 계층은 자신의 동작에 필요한 정보를 세그먼트 앞부분에 추가한다. 이때 추가되는 정보를 앞부분에 추가되는 3계층 정보라는 의미로 L3 헤더$^{L3\ Header}$라고 한다(그림 1.16).

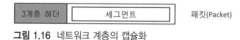

그림 1.16 네트워크 계층의 캡슐화

L3 헤더도 많은 정보를 포함한다. 그중에서 가장 중요한 정보는 마찬가지로 주소 정보다. 정확하게 말하면 논리적 주소 정보이고, 가장 대표적인 것이 IP 주소 정보다. 즉, 목적지 IP 주소와 출발지 IP 주소가 가장 대표적인 정보라 할 수 있다.

전송 계층에서 만들어진 세그먼트에 네트워크 계층에서 필요한 L3 헤더를 추가한 형태를 패킷^{Packet}이라 부른다. 아마 입문자도 많이 들어본 용어가 아닐까 생각된다. 앞으로 패킷이라는 용어를 듣거나 접하면, OSI 모델의 3계층, 즉 네트워크 계층을 떠올리면 된다.

데이터 링크 계층도 마찬가지다. 상위 계층인 네트워크 계층으로부터 수신한 패킷의 앞부분에 2계층의 동작을 위한 정보를 추가한다. 따라서 데이터 링크에서 추가되는 정보도 L2 헤더라고 부른다. L2 헤더도 데이터 링크 계층의 동작에 필요한 각종 정보들을 포함하고 있다. 그중에서 역시 가장 중요한 정보는 주소 정보다. 데이터 링크 계층이 물리적 주소를 정의하는 계층이므로, L2 헤더 정보 중에서 가장 중요한 정보는 목적지 물리적 주소와 출발지 물리적 주소가 된다.

한편, 데이터 링크 계층은 다른 상위 계층과 달리 데이터의 끝 부분에 에러 감지를 위한 CRC 정보를 추가하는데, 이를 FCS^Frame Check Sequence라고 한다. 그리고 FCS 정보는 가장 마지막 부분에 추가되기 때문에 이를 트레일러^Trailer라고 한다.

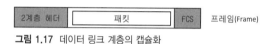

그림 1.17 데이터 링크 계층의 캡슐화

데이터 링크 계층에서 L2 헤더와 트레일러가 추가된 것을 프레임이라고 부른다. 이제부터 프레임이라는 용어를 접하면, 데이터 링크 계층을 떠올리길 바란다.

참고

데이터 링크 계층은 FCS를 통해 에러 감지를 할 수 있다. 그러나 이는 데이터 링크 계층만 가지는 기능은 아니다. 네트워크 계층과 전송 계층도 모두 각 프로토콜마다의 에러 감지 기능을 가지고 있다. 데이터 링크 계층 외의 다른 계층 정보는 에러를 감지하는 체크섬(Checksum) 필드가 헤더 내에 포함되어 있다는 점이 다르다고 할 수 있다.

마지막으로 물리 계층은 상위 계층으로부터 수신하는 프레임^Frame을 0과 1의 전기 신호로 변경해 송출하거나 수신한다. 이때 0이나 1의 전기 펄스 신호를 비트^Bit라고 부른다. 비트라는 용어는 매우 친숙할 것이다. 지금부터 비트라는 용어를 접하면 물리 계층을 떠올리길 바란다.

데이터를 보내는 송신자는 이와 같이 각 계층만의 특별한 정보를 추가해 전달한다. 이 과정을 데이터 캡슐화라고 한다고 했다. 반면에 데이터를 수신하는 수신자는 캡슐화의 역순의 프로세스를 수행한다. 수신자에 의해 추가된 정보를 각 계층별로 제거하는 작업이 이루어진다. 이를 데이터 비캡슐화^Decapsulation라 한다(그림 1.18).

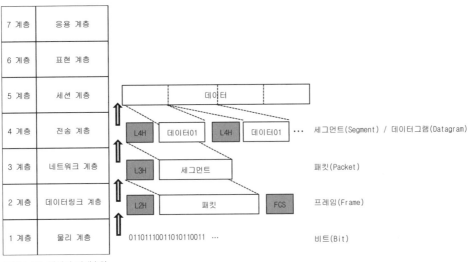

그림 1.18 데이터 비캡슐화

이 절에서는 OSI 모델의 각 계층에서 데이터에 어떤 정보가 추가되고, 그것을 무엇이라 부르는지 알아봤다. 어쩌면 네트워크를 처음 접하는 독자에게는 조금 어렵게 느껴졌을 수 있다. 그러나 이 내용은 네트워크에 몸담고 있는 동안 지속적으로 접할 것이다. 잘 이해되지 않는다면 최소한 두 번 정도 읽길 바란다.

1.6 유유상종

우리가 살면서 시쳇말로 '끼리 끼리 논다.'는 말을 많이 듣는다. 이 말은 데이터 통신에서도 마찬가지로 유효하다. 사회에서 상류 사회에 속하는 사람들은 상류 사회 사람들과 어울리며 교류한다. 우리 사회를 잘 들여다보면 내 주변에 있는 사람은 나와 비슷한 처지의 사람이라는 사실을 알 수 있다. 물론 그렇지 않은 경우도 있지만 대부분은 그렇다.

데이터 통신도 상위 계층은 원격 시스템의 상위 계층과 대화한다. 또 하위 계층은 다른 하위 계층과 대화한다. 자세히 말하면, OSI 모델의 각 계층은 상대 시스템의 동일한 OSI 계층과 대화한다. 이를 동등 계층 간 통신^{Peer-to-Peer Communication}이라 한다. 화가 난다. 안 그래도 서러운데, 데이터 통신에도 차별이 있다는 것이 서럽다. 그러나 마냥 서러워하지만 말고 그 이유를 들여다보자.

우리 사회든 데이터 통신이든 왜 동등한 계층 간의 교류만 이루어질까? 그 이유는 간단하다. 다른 계층과는 대화가 잘 되지 않기 때문이다. 만일 우리가 이런 것이 서럽다고 해서 지금 당장 상류 계층 사람과 어울린다고 가정해보자. 기본적인 인사나 그런 것에는 아무 문제가 없다. 그러나 본격적인 대화가 이루어지면 조금씩 이질감을 느낄 수밖에 없다. 그들이 하는 말을 알아듣긴 하지만, 나와는 너무 거리가 있는 대화 내용이라 마땅히 할 이야기가 없다. 마찬가지로 내가 가진 생각이나 고민 역시 상대방에게는 너무 하찮은 내용일 수 있다. 각 계층의 생각과 가치관에 너무 큰 차이가 있기 때문이다. 그래서 일반적으로 결혼은 비슷한 경제적 수준을 가진 집안끼리 하는 것이 가장 좋다라고 말하는 것 같다.

우리가 이질감을 느끼는 순간부터 모든 대화는 이루어지지 않는다. 대화란 통신이고, 통신이란 상호간에 약속된 그 무엇으로 이루어진다. 앞에서 그것을 프로토콜이라고 했다. 데이터 통신에서 OSI 모델의 각 계층은 그들만의 약속된 표현으로 통신한다. 그러므로 특정 계층에서 약속한 통신 방식을 다른 계층에서 이해할 수 없다. 서로 약속된 것이 없으므로 한낱 소음으로 밖에 느껴지지 않는다.

예를 들어, 하드웨어 주소나 로컬 네트워크를 정의하는 2계층인 데이터 링크 계층과 사용자 인터페이스를 정의하는 7계층 간의 대화가 이루어질까? 2계층에서 정의되는 MAC 주소와 7계층에서 동작하는 MS 워드가 서로 대화할 수 있을까? 대화가 된다 혹은 안 된다를 말하기 전에 이들이 무엇으로 어떻게 대화하는지에 대한 의문이 든다. 당연히 대화는 이루어지지 않는다. 2계층의 MAC 주소는 다른 시스템의 2계층에서 그 MAC 주소 정보를 인식할 수 있다. 그리고 3계층의 IP 주소는 다른 시스템의 3계층에서 그 IP 주소를 인식할 수 있다. 이렇게 상대방이 전달하는 정보를 이해하고 거기에 상응하는 액션을 취할 수 있는 것을 대화가 이루어진다고 말한다.

그림 1.19를 보면 동등 계층 간 통신을 그림으로 보여준다. 그림에서 보듯이, 각 계층은 서로 정확하게 원격지의 해당하는 계층과 관계가 있다. 1계층의 비트 정보는 다른 1계층에 의해 정확한 타이밍에 맞춰 수신되고, 2계층의 프레임 정보는 원격지의 2계층에 의해 읽혀져서 목적지 MAC 주소를 판단하고, 3계층의 패킷은 다른 3계층에 의해 헤더의 IP 주소 정보를 알게 된다. 마찬가지로 4계층의 세그먼트도 4계층에 의해 포트 번호를 인식하고, 5계층에서 이루어지는 세션 관리도 다른 5계층에 의해 똑같이 관리된다. 6계층에서 표현된 데이터 표현 방식도 6계층에 의해 사용자가 볼 수 있는 표현으로 다시 복구되어 보여줄 수 있게 하고, 이를 7계층의 동일한 응용프로그램에 의해 사용자에게 보여준다.

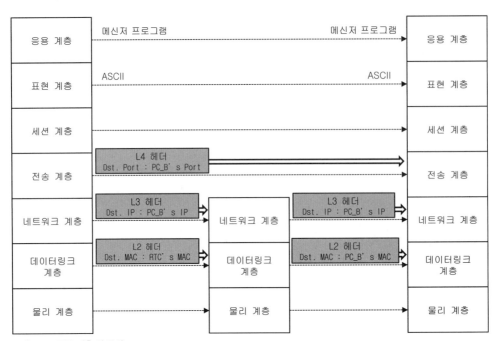

그림 1.19 동등 계층 간 통신

    동등 계층 간의 통신은 그림에서 보듯이 수평적으로 상대 계층과 대화한다. 비록 물리적으로는 송신자의 시스템에서 OSI 7계층부터 1계층을 거쳐 수신자의 1계층으로 전달되어 7계층까지 다시 거슬러 올라간다(그림 1.20). 물리적인 통신은 수직적으로 이루어지지만, 논리적으로는 수평적으로 이루어진다는 사실을 알 수 있다. 논리적이라는 말은 실제로 눈으로 보여지는 것이 아니라, 해당 정보를 이해할 수 있는 실체를 말하는 것이다.

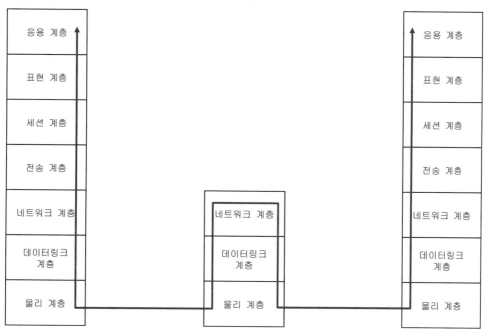

그림 1.20 OSI 계층의 물리적인 단계와 논리적인 통신

　이를 좀 더 쉽게 알 수 있는 예를 들어보자. 우리가 누군가와 카카오톡을 한다고 가정하자. 카카오톡도 의심할 여지가 없는 데이터 통신이다. 스마트폰은 우리가 보내는 정보를 OSI 계층의 단계를 거쳐 친구의 스마트폰에 설치된 카카오톡까지 전달함으로써 메시지를 주고받을 수 있다. 이것이 데이터의 물리적인 진행 방향이다. 그러나 논리적인 진행 방향은 다르다.

　카카오톡을 하는 사람을 본 적이 있는가? 스마트폰을 보면서 뭔가를 타이핑하고 혼자서 낄낄대고 웃는다. 참으로 웃긴 광경이 아닐 수 없다. 일반적으로 스마트폰을 보고 혼자서 낄낄대는 모습이 정상적으로 보이진 않는다. 그러나 이런 생각은 정말 옛날 생각일 것이다. 요즘 이런 광경을 볼 때 "저 사람 좀 이상한 거 아냐?"라고 생각하는 사람은 아무도 없다. 왜냐하면 그들이 물리적으로 쳐다보고 있는 것은 스마트폰이지만, 논리적으로 그들은 저쪽 너머 원격지에 있는 다른 사람을 상상하며 대화하고 있기 때문이다. 바로 OSI 모델의 단계를 모두 생략하고 사용자와 사용자만을 생각하기 때문이다. 그리고 카카오톡 앱은 카카오톡 앱끼리만 통신이 이루어진다. 그 밑에 무엇이 어떻게 동작하는지 모른다. 이것이 동등 계층 간 통신을 잘 보여주는 것이다.

　마지막으로 기술적으로 내용을 정리하고, 이 절을 마무리 짓겠다.

동등 계층 간 통신에서는 각 계층의 정보가 원격지의 동등한 계층에서 의미 있는 정보로 인식되는 것이 가장 중요하다. 예를 들면, 2계층의 프레임은 원격 시스템의 2계층에서 읽혀진다. 2계층에서 표현된 MAC 주소도 원격 시스템의 2계층에서 의미 있는 정보로서 인식된다. 다시 말해, 동등한 계층 간 상호 약속된 것에 대한 통신이므로 그것을 동등 계층 간 통신이라 하는 것이다.

좀 더 세부적으로 표현하면, 1계층의 비트 정보는 1계층에서 그 오류 등을 판단할 수 있고, 2계층에서 추가된 2계층 헤더와 트레일러 정보는 2계층에 의해 제거될 수 있다. 그리고 3계층에서 추가된 L3 헤더도 3계층에서 읽혀지고 제거된다. 4계층에서 추가된 L4 헤더도 4계층에서 읽혀지고 제거된다. 이와 같이 각 계층에서 추가된 정보는 반드시 동등한 계층에서 읽혀지고 제거된다는 것이 동등 계층 간 통신의 핵심적인 내용이다.

1.7 4계층의 주소인 포트는 무엇인가

네트워크 보안에서 다루는 정보 중 가장 빈번하게 다루어지는 정보가 포트 정보다. 그러므로 네트워크 보안을 담당하는 관리자는 IP 연결 정보보다 4계층의 포트 간의 연결 세션 정보에 더 많은 관심을 가지고 있어야 한다. 이 절에서는 4계층의 포트가 무엇인지 알아보기로 한다.

데이터 전송 역할을 수행하는 하위 계층 중에서 물리 계층(1계층)을 제외한 다른 모든 계층은 각 계층에 의해 정의되는 주소 정보를 추가한다. 네트워크 입문자라면 이 계층들의 주소 정보 중 유독 4계층의 주소인 포트를 주소 정보라고 부르는 것에 대해 조금 의아해할 수도 있다. 그래서 이 절에서는 4계층 주소인 포트에 대해 자세히 알아본다.

일반적으로 포트 정보를 주소로 생각하는 경우가 드물다. 그 이유는 포트 정보 자체가 매우 논리적인 정보이고, 하나의 시스템이 사용하는 수많은 포트 정보가 존재하기 때문이다. 이는 2계층 주소인 MAC 주소와 3계층 주소인 IP 주소가 일반적으로 하나씩 존재하는 것과 상반되기 때문이다. 그러면 왜 포트 정보가 필요하고, 나는 왜 그것을 4계층의 주소라고 이야기하는 것일까?

이해를 돕기 위해 우리 일상생활에서 흔히 볼 수 있는 은행을 예로 들어보자. 각자 자신이 거래하는 은행을 떠올려보자. 각자 은행에 용건이 있어 방문하고자 한다. 걸어가거나 전철 또는 버스를 이용하는 등 어떤 방식으로든 그 은행이 위치하는 동네에 도착한다. 이것은 1계층인 물리 계층을 정의하는 비유다. 그 은행이 어떤 건물에 위치하는가? 10층 건물에 위치하는가, 아니면 3층 건물에 위치하는가? 이것이 2계층의 물리적 주소를 의미한다. 그리고 xxx동 xxx번지라는 은행의 행정 주소가 있다. 이것이 3계층의 논리적 주소다. 자, 그럼 이제 은행을 찾아왔다.

은행에 들어가면 각 창구마다 창구 번호라는 것이 있다. 창구 번호에는 예금, 지로, 대출, 신규 및 해지 등 다양한 업무가 지정되어 있다. 이 창구 번호는 특정 업무를 지정하는 은행 내부의 업무 번호라 할 수 있다. 만일 내가 신규 통장 개설을 위해 은행을 방문했다면 해당하는 창구로 간다. 만약 엉뚱한 창구로 가면 내가 원하는 용건을 처리해주지 않을 것이다. 이것이 은행 내부의 업무 프로세스 번호라고 할 수 있다.

시스템도 마찬가지다. 시스템 내부에는 수많은 업무가 진행된다. 서버를 예로 들면, 하나의 서버가 웹 서비스를 제공하기도 하고, 메일 서비스를 제공하기도 한다. 또한 동시에 파일 전송 서비스^{FTP}를 제공하기도 하고, 게임 서비스를 제공할 수도 있다. 설령 서버가 아닌 일반 사용자 시스템이라고 해도 마찬가지다. 단일 물리적 시스템은 내부적으로 복수의 다양한 서비스 또는 프로세스를 제공하고 사용한다. 이들 서비스는 시스템 내부에서 프로세스 형태로 동작한다. 원격 서비스는 로컬 시스템의 프로세스와 원격 시스템의 프로세스 간의 연결로 이루어진다(그림 1.21).

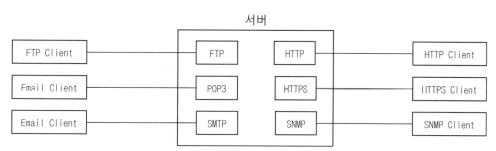

그림 1.21 원격 서비스는 원격 시스템 간의 프로세스와 프로세스 간의 통신이다.

그러므로 프로세스와 프로세스 간의 연결을 위한 특정 정보가 필요하다. 시스템의 입장이 되어보자. 시스템은 상대방으로부터 수신되는 전기 시그널을 수신해 그것을 프레임으로 재조립한다. L2 헤더를 확인하고 이를 제거한 후 3계층으로 전달한다. 3계층에서는 L3 헤더를 검사하고 이를 제거한 후 4계층으로 보낸다. 4계층은 L4 헤더를 살펴보는데, 이때 해당 세그먼트가 어떤 프로세스에서 사용되는지를 알아야만 그것을 올바른 상위 계층으로 전달할 수 있다. 이는 우리가 은행을 방문했을 때 안내하는 직원이 "어떤 일로 오셨어요?"라고 물으면 "신규 계좌를 개설하려고요."라고 답변하는 것과 같다. 그러면 직원은 "5번 창구로 가시면 됩니다."라고 안내할 것이다. 이와 같이 시스템이 데이터를 수신했을 경우 시스템 내부의 어떤 프로세스로 보내야 하는지를 결정하는 것이 바로 포트 번호다.

예를 들어 수신되는 데이터가 웹 서비스를 요청하는 것이라면, L4 세그먼트의 목적지 포트 번호가 '80'으로 되어 있을 것이다. 이 말은 해당 시스템의 프로세스는 'TCP 80'이라는 창구에서 웹 서비스를 제공하고 있다는 말이다(그림 1.22). 이는 각 사용자의 데이터가 보내져야 하는 해당 서비스 프로세스로 데이터를 보내기 위한 하나의 시스템 내부 주소에 비유할 수 있다.

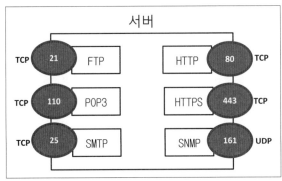

그림 1.22 포트 번호는 은행의 창구 번호와 유사하다.

출발지 시스템이 특정 서비스를 위해 통신을 시도하는 경우, 상대방 시스템이 사용하는 해당 서비스의 프로세스 번호를 목적지 포트 번호Destination Port Number라고 하고, 내 시스템, 즉 로컬 시스템에서 구동되는 해당 서비스를 위한 프로세스 번호를 출발지 포트 번호Source Port Number라고 한다. 그러므로 특정 서비스의 통신은 논리적으로 목적지 포트 번호와 출발지 포트 번호 사이의 통신이라 할 수 있다(그림 1.23). 이와 같이 포트 간의 논리적인 통신 통로를 바로 세션Session이라 하고, 이 세션을 형성하고 관리하는 역할을 OSI의 4계층인 전송 계층이 수행한다.

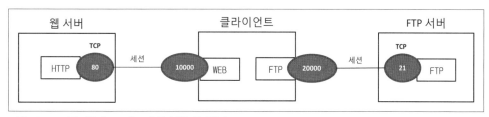

그림 1.23 포트를 이용해 프로세스 간 연결성을 확립한다.

정리하면, 포트 번호는 한 시스템 내부에 많은 응용프로그램의 프로세스가 동작하는데 그 하나하나의 통신 응용프로그램을 지정하는 프로세스를 각각 번호로 지정한 것을 의미하고, 이는 시스템의 내부 응용프로그램 주소로 받아들여진다.

그러면 각 응용프로그램의 포트 번호는 어떻게 결정될까? 응용프로그램의 포트 번호는 특정 응용프로그램의 서비스가 개발될 때 할당하는 방법과 시스템이 임의로 지정하는 방법이 있다.

각 서비스는 예약된 포트 번호를 가지고 있다. 예약된 포트 번호는 서비스를 위해 이미 알려진 포트 번호$^{Well-known Port}$라고도 한다. 즉 이미 공식적으로 할당되어 사용 중인 포트 번호를 의미한다. 대표적인 예로 TCP 포트 21은 FTP, TCP 포트 23은 텔넷, TCP 포트 25는 SMTP, 그리고 웹 서비스인 HTTP는 TCP 포트 80이다.

이들 서비스가 무엇인지 모르는 독자도 있을 것이다. 지금 당장 이들 서비스가 무엇이고 어떤 서비스를 제공하는지 알 필요는 없다. 다만 응용프로그램이 개발될 때 이미 지정한 4계층 포트 번호를 부여한 서비스라고만 이해하면 된다. 일반적으로 이미 알려진 포트는 포트 번호 0부터 1023까지 할당된다.

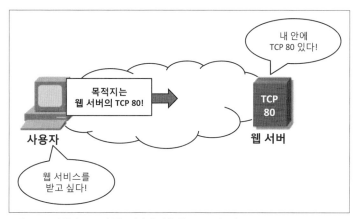

그림 1.24 예약된 포트 번호는 서버가 사용하는 포트 번호다.

한편 이와 같이 응용프로그램, 즉 각 통신 서비스가 개발될 때 부여한 이 포트 번호는 서비스를 제공하는 서버가 가지는 포트 번호다. 예약된 포트 번호Well-Known Port는 사용자가 해당 서비스를 요청할 때의 목적지 포트 주소라는 의미다(그림 1.24).

만일 서버가 제공하는 서비스의 포트 번호가 정해져 있지 않고 임의로 주어진다면, 사용자 시스템이 서버에게 해당 서비스를 요청할 때 목적지 포트 번호를 알지 못한다. 그러므로 서비스의 포트 번호를 미리 지정해놓고 사용자 시스템이 해당 서비스를 요청하고자 하는 경우에 미리 할당된 포트로 서비스 요청 정보를 보내는 것이다.

그러면 포트 번호를 시스템이 임의로 지정하는 방법은 언제 사용될까?

이는 사용자 시스템이 서비스를 요청할 때 시스템 내부에 해당 서비스의 사용자 응용프로그램이 갖는 포트 번호다. 이는 서비스를 제공하기 위한 포트가 아니므로 미리 지정할 필요가 없다. 그리고 상대 시스템이 사용자 시스템이 사용하는 포트 번호를 미리 알 필요도 없다. 그 이유는 서버가 먼저 사용자 시스템에게 4계층의 논리적 연결을 시도하지 않기 때문이다. 그러므로 사용자 시스템은 서버로 서비스를 요청할 때 포트 번호를 임의로 부여해 출발지 포트 번호로 사용한다(그림 1.25). 이를 임의 포트 번호Random Port Number라고 한다. 임의 포트 번호는 할당된 포트 번호(0~1023)를 제외한 나머지 번호에서 임의로 부여된다.

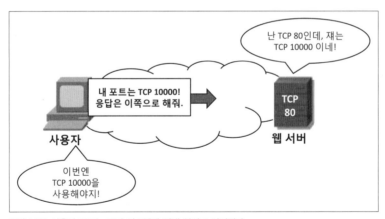

그림 1.25 사용자 포트는 로컬 시스템에 의해 임의로 지정된다.

포트 번호가 잘 이해되지 않는가? 쉽게 말해, 특정 서비스를 제공하는 서버가 가지는 포트를 예약된 포트Well Known Port라고 하고, 그 범위는 0부터 1023까지다. 그리고 서비스를 요청하는 사용자 시스템(클라이언트 시스템)이 사용하는 포트를 임의 포트Random Port라고 하고, 1024 이후의 번호를 사용한다고 이해해도 무방하다.

다만 앞에서 언급했지만, 예약된 포트는 서버의 응용프로그램에 할당된 포트 번호고 모든 사용자 시스템이 이미 알고 있는 서비스 포트 번호다. 그러므로 서비스를 요청할 때 이미 알려진 포트 번호를 목적지로 하여 서비스 요청 정보를 보낸다.

1.8 TCP/UDP

통신은 프로토콜이라는 약속된 그 무엇인가로 이루어진다. 전송을 담당하는 하위 계층은 물론이고, 상위 계층도 그들만의 정보 공유를 위한 약속이 있는 것이다. 매우 다양한 모든 상위 계층 프로토콜은 그들만의 약속된 방식으로 원격 시스템의 상위 계층 프로토콜과 대화한다. 로컬 시스템의 상위 계층의 프로토콜이 원격 시스템의 상위 계층 프로토콜과 통신할 수 있는 기반을 다지는 계층이 OSI 7계층의 4계층인 전송 계층이다.

이 절에서는 4계층인 전송 계층의 가장 대표적인 프로토콜인 TCP와 UDP를 알아본다. 오늘날 네트워크상에서 사용 중인 4계층 프로토콜은 TCP와 UDP가 전부라고 말해도 과언은 아니다. 물론 DCCP[Datagram Congestion Control Protocol]나 RSVP[Resource Reservation Protocol]와 같은 다른 프로토콜도 존재하지만 그리 일반적이지는 않다. 그러므로 이 절에서는 TCP와 UDP만 알아보기로 한다.

TCP와 UDP는 매우 상반된 특징을 가지고 있다. 그 상반된 특징은 바로 신뢰성이냐, 아니면 신속성이냐로 결정된다. 통신의 신뢰성, 즉 상대 시스템이 데이터를 아무 문제없이 성공적으로 수신했는지를 확인해야 하는 것이 중요하다면 TCP를 사용한다. 반면에 상대방이 반드시 수신할 수 있다는 전제하에 최대한 정보를 빨리 보내야 한다면 UDP를 사용한다.

이는 우편 시스템 중에서 등기 우편과 일반 우편에 많이 비유된다. 등기 우편은 수신하는 사람이 해당 우편물을 무사히 받았다고 수신 확인란에 서명함으로써 이루어진다. 이는 우체국이 내 우편물을 상대방에게 무사히 전달한다는 것을 보증하는 것이다. 반면에 일반 우편은 수신자가 해당 우편물을 수신하는 것을 우체국이 보증하지 않는다. 이와 같이 보증하고, 안 하고의 문제는 처리 속도와 관련된다. 이런 개념을 바탕으로 먼저 TCP에 대해 알아보자.

TCP

TCP는 정보 전달의 신뢰성을 중요시하는 프로토콜이다. 신뢰성을 중요시하다 보니 이에 따른 속도 저하를 어느 정도 감수해야 한다. 신뢰성은 수신자에 의해 확보된다. 이는 무전기를 통한 통신의 예를 들어 설명할 수 있다. 두 사람이 무전기로 정보를 공유한다고 가정하자.

A라는 사람이 어떤 정보를 주고 있다. "내 정보는 뭐라 뭐라 뭐라 뭐라다. 알아들었나? 오버"

B라는 사람은 "알아들었다. 오버"라고 응답한다.

그 후 A라는 사람은 그다음 정보를 보낸다. "그다음은 뭐라 뭐라 뭐라다. 수신했는가? 오버"

B라는 사람이 "잘 못 알아들었다. 오버"라고 응답한다.

A는 그 정보를 다시 보내고 "수신했는가? 오버"라고 한다.

이런 방식으로 송신자는 수신자에게 끊임없이 수신 여부를 확인한다. 이것이 TCP가 취하는 통신 방식이다. 그럼 시스템의 관점에서 TCP를 자세히 알아보자.

정보의 수신 여부 확인을 TCP의 가장 큰 특징으로 꼽을 수 있지만, 이외에도 신뢰성에 관련된 TCP의 다른 특징이 있다. TCP는 정보를 보내기 전에 반드시 수신자가 자신과 대화를 나눌 수 있는 상태인지 확인한다. 즉, 원격 시스템이 대화를 나눌 수 있는 가용 상태인지를 확인하는데, 이 과정을 TCP 세션 확립^{TCP Session Establishment}이라고 한다.

우리가 누군가에게 정말 중요한 정보를 우편으로 보낸다고 하자. 누구라도 그냥 등기 우편으로 단순히 부치는 경우는 드물 것이다. 그 우편이 정말 중요한 정보라면, 반드시 수신하는 사람에게 전화해서 "내가 너한테 중요한 우편물을 보낼 건데, 이 주소가 맞지?"라고 확인한다. 그리고 그 정보를 보낸다.

이와 마찬가지로, TCP로 통신하는 경우에는 송신자가 수신자에게 "수신자야. 너 거기 있니?"라고 묻는다. 만일 수신자가 네트워크에 연결되어 있다면 "응. 나 여기에 있어."라고 응답한다. 그 응답을 받은 송신자는 "알았어. 내가 정보를 보낼게."라고 말한다. 이렇게 세 번의 대화를 통해 두 시스템 간의 네트워크 연결성을 확보한 뒤에 비로소 보내고자 하는 정보를 보낸다. 이때 눈에 보이지 않지만 네트워크 연결성이 확보되므로, 이를 논리적인 연결성이 확보되었다고 한다.

이와 같이 상대방의 네트워크 연결성을 확인하는 과정은 세 번의 대화로 이루어진다. 상호간의 관계를 확립하기 위해 세 번의 '악수Handshake'를 한다는 의미로, 이를 3방향 핸드쉐이크3-Way Handshake라고 한다. 그림 1.26은 3방향 핸드쉐이크의 과정을 보여준다.

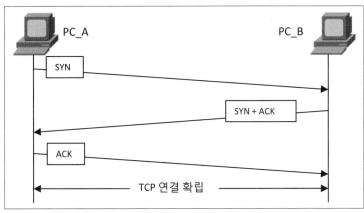

그림 1.26 TCP 3방향 핸드쉐이크

그림에서 볼 수 있듯이, 송신자인 PC_A가 "PC_B야. 너 거기 있니?"에 해당하는 "PC_B야. 우리 서로 통신을 위해 맞춰보자(동기화하자)."라는 정보를 보낸다. 동기화를 의미하는 영단어인 'Synchronization'의 앞 글자를 따서 SYN이라는 정보를 보내는 것이다.

이를 수신한 수신자 PC_B는 "응. 나 여기에 있어."에 해당하는 "그래. 알았다. 우리 동기화하자."라는 의미로 SYN과 ACK를 동시에 보낸다. PC_B가 보내는 SYN은 PC_A가 보낸 것과 동일한 정보로 "통신을 위한 동기화를 하자."라는 의미이며, ACK는 PC_A가 보낸 SYN에 대한 수신 확인Acknowledge을 의미한다.

그리고 마지막으로 PC_A는 PC_B가 보낸 SYN에 대해 수신 확인을 하기 위해 ACK를 보낸다.

3방향 핸드쉐이크가 무사히 성공적으로 이루어지면 두 시스템은 "아, 이제 우리는 서로 연결되어 있다."라고 인지하게 되는데, 이를 TCP 연결이 확립되었다TCP Connection Establishment라고 한다.

TCP 연결이 이루어지면 비로소 실제 사용자 데이터를 전송할 수 있다. 3단계 핸드쉐이크까지는 실제 사용자 데이터를 보내기 전 두 시스템 간의 연결성을 확보하는 과정이다. 이와 같이 TCP는 실제 사용자의 데이터를 주고받기 전에 반드시 상호간 연결성을 확인 또는 확보한다. 그래서 TCP를 연결형 프로토콜Connection-Oriented Protocol이라고 한다.

3방향 핸드쉐이크를 좀 더 자세히 알아보자. 3방향 핸드쉐이크는 통신하고자 하는 시스템 간의 단순한 연결성 확보다. 그러나 여기서 중요한 것은 4계층의 연결성 확보를 의미한다는 것이다. 자칫 두 IP 간의 연결성으로 잘못 이해하면 안 된다. IP 간의 연결성은 4계층의 연결성이 아닌 3계층의 연결성이기 때문이다. 4계층의 연결성 확보란 4계층의 주소 정보인 포트 간의 연결성을 의미한다. 만일 사용자가 웹 서비스를 원한다면, 서버의 웹 서비스 포트인 TCP 포트 80과 사용자의 웹브라우저가 사용하는 포트 간의 연결성을 확보한다는 것이다.

그림 1.27은 사용자가 웹 서버에 접속해서 웹브라우징을 하기 위한 TCP 연결을 보여준다. 사용자 시스템은 웹 서버에 접속하기 위해 목적지 TCP 포트 80으로 연결 요청을 한다. 3방향 핸드쉐이크를 시도한다는 말이다. 이때 서버에 웹 서비스 데몬, 즉 웹 서버가 활성화되어 있지 않다면, 다시 말해 웹 서버 프로세스가 존재하지 않는다면 서버에는 웹 서비스의 TCP 포트인 80이 존재하지 않는다. 그러므로 사용자 시스템이 서버의 TCP 80과 연결을 시도해도 연결되지 않는다.

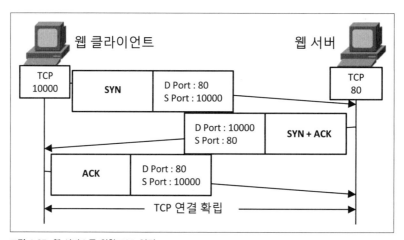

그림 1.27 웹 서비스를 위한 TCP 연결

TCP 연결이 이루어지려면 연결을 요청하는 시스템이 보내는 목적지 포트 번호에 해당하는 응용프로그램의 프로세스가 활성화되어야 한다. 프로세스가 활성화되어 있지 않다면, 해당 포트는 열려 있지 않았을 뿐만 아니라 그 포트의 실체도 존재하지 않으므로 TCP 포트 간의 연결도 이루어지지 않는다. 당연한 말이다(그림 1.28).

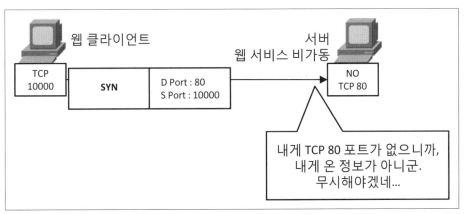

그림 1.28 웹 서비스를 가동하지 않으면 TCP 포트 80은 존재하지 않는다.

TCP 연결이 이루어지면 비로소 본격적인 통신이 이루어지는데, 이때 송신자는 수신자에게 정보를 전달하기 시작한다. 정보 전달은 무작정 이루어지는 것이 아니라, 신뢰성을 확보하기 위해 특정 세그먼트를 보낸 후 그 수신 여부를 확인하는 과정을 거친다. 수신자로부터 보낸 정보에 대한 수신 확인[ACK]을 수신하면, 다음 세그먼트 정보를 보내고 또 그에 대한 수신 확인을 기다린다. 이는 그림 1.29에서 볼 수 있듯이 보내는 모든 정보에 대해 수신자로부터 해당 수신 확인 정보를 기다린다. 이 방식은 송신자가 모든 정보를 모두 다 보낼 때까지 반복된다.

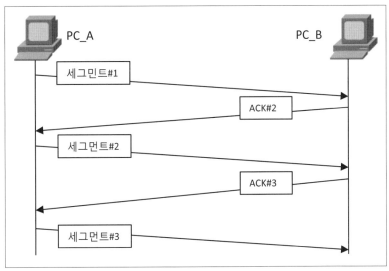

그림 1.29 수신이 확인되면 다음 세그먼트를 전송한다.

자, 상상해보자. 송신자가 수신자에게 정보를 보낼 때마다 그 수신 여부를 체크하고 수신이 확인되면 그다음 정보를 보낸다. 또 수신 여부를 확인하고 수신 확인이 되면 그 다음 정보를 보낸다. 따라서 상대에게 정보를 확실히 전달할 수 있고, 이 사실은 통신 신뢰성과 매우 밀접한 관계가 있다. 그러나 통신의 신뢰성은 높일 수 있는 반면에 통신 속도는 현저하게 느려진다.

믿었던 TCP가 속도가 느리다니…. 배신감이 들지만 어쩔수 없다. 독자 여러분은 어떤 것을 선택할 것인가? 느리지만 확실한 배송을 해주는 택배사를 선택할 것인가, 아니면 빠르지만 배송을 보장할 수 없는 택배사를 선택할 것인가? 아마도 대부분의 경우 전자를 택할 것이고, 이것이야말로 TCP가 존재하는 이유라고 할 수 있다.

그러나 아직 TCP에 대해 실망하지 말자. 이 정도로 TCP가 느리다면, 아마도 우리가 통신하는 데 있어서 많은 문제가 대두되었을 것이다. 이런 불편함을 그냥 내버려둘 개발자들이 아니다.

TCP의 속도가 느린 이유는 여러 가지가 있겠지만, 앞에서 언급한 수신 확인이 가장 큰 이유일 것이다. 그래서 느린 TCP의 속도를 보완하기 위한 방법으로 윈도우^{Window} 개념이 존재한다. 윈도우는 하나의 창문으로 하나의 물건을 넣을 수 있다는 개념으로 시작된다. 창문이 여러 개라면 여러 개의 창문을 통해 여러 개의 물건을 동시에 넣을 수 있기 때문에 윈도우잉^{Windowing}이라는 말이 붙여졌다.

아무튼 윈도우 개념에서는 모든 세그먼트에 대해 일일이 수신 확인을 하지 않고, 일정 수의 세그먼트를 동시에 수신한 후 일괄적인 수신 확인을 한 번만 수행한다. 이때 수신 확인 없이 동시에 수신하는 세그먼트의 양을 정의한 것이 윈도우 사이즈^{Window Size}다. 만일 윈도우 사이즈가 3이라면, 세 개의 세그먼트를 수신한 후, 한 번의 수신 확인을 수행한다. 이 한 번의 수신 확인은 동시에 수신한 세 개의 세그먼트 모두에 대한 수신 확인을 의미한다(그림 1.30).

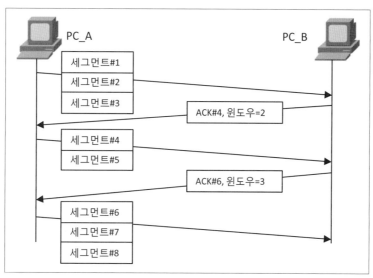

그림 1.30 윈도우 사이즈만큼 수신 확인 없이 동시에 전송한다.

그림에서 보듯이, PC_A는 세 개의 세그먼트를 수신 확인 없이 전달한다. 이를 성공적으로 수신한 PC_B는 수신 확인을 수행하는데, 이때 수신 확인은 수신해야 할 다음 세그먼트를 요청하는 형태로 이루어진다. 또한 수신 확인 시에 PC_B는 자신의 수신 버퍼 Buffer의 상황을 고려해 윈도우 사이즈를 2로 줄여 응답한다. PC_A는 PC_B에 의해 전달된 윈도우 사이즈 2를 참고해 두 개의 세그먼트(세그먼트#4와 세그먼트#5)를 동시에 전달한다. 이와 같이 송신자는 수신자가 요청하는 윈도우 사이즈만큼의 세그먼트를 수신 확인 없이 동시에 전달한다. 윈도우 사이즈는 수신자의 성능에 따라 유동적으로 변경될 수 있다. 만일 수신자의 버퍼가 가득찼다면 윈도우 사이즈를 줄여 버퍼가 넘치는 상황을 방지할 수 있다.

과거에는 시스템의 성능이 그다지 좋지 못했기 때문에 처리 속도도 느리고 버퍼 메모리도 작았다. 그래서 버퍼가 넘치는 경우가 많았기 때문에 윈도우 사이즈를 조정하는 경우도 많았다. 그러나 오늘날에는 시스템의 성능이 매우 뛰어나기 때문에 윈도우 사이즈를 조정하는 일은 그다지 많이 발생하지 않는다. 그러므로 기본적으로 윈도우 사이즈는 1로 시작해 배수로 증가하며 최대치까지 올라간다. 참고로 윈도우 사이즈의 최대치는 65536바이트다.

TCP는 신뢰성을 확보하기 위한 전송 프로토콜이다. 그러므로 위에서 언급한 TCP 동작을 위한 모든 정보는 L4 헤더인 TCP 헤더에 포함된다. 이외에 많은 TCP 동작을 위한 많은 정보 또한 TCP 헤더에 포함된다. 결론적으로 이는 헤더의 크기를 증가시키게 되고, 시스템이 처리해야 하는 정보도 많아지게 하는 요인이 된다. 이런 모든 요소가 신뢰성을 확보하는 데 필수적이지만, 전송 속도에 영향을 준다.

UDP

UDP는 그 동작이 매우 간단한 프로토콜이다. 데이터 전송 전에 논리적인 연결을 확립하는 TCP와 달리, UDP는 논리적인 연결을 확립하지 않고 바로 데이터를 전송한다. 실제 데이터 전송을 위해 사전의 논리적인 연결이 요구되지 않기 때문에, UDP를 비연결형 프로토콜Connectionless Protocol이라 한다.

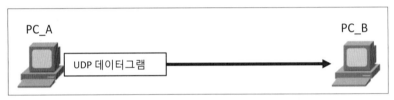

그림 1.31 UDP는 사전 준비(논리적 연결) 없이 본격적인 전송이 이루어진다.

비연결형 프로토콜은 본격적인 데이터 전송에 앞서 호스트 간의 논리적인 연결을 형성하지 않는다. 그러므로 비연결형 프로토콜을 사용하는 송신자는 상대방이 항상 자신이 보내는 트래픽을 수신할 준비가 되어 있다는 전제로 동작한다. 그리고 UDP는 통신의 신뢰성에 관심을 두지 않는다. 그러므로 수신하는 세그먼트, 엄격하게 말해 데이터그램Datagram에 대한 수신 확인을 하지 않는다. 수신 확인을 하지 않고 일방적인 전송이 이루어지므로 전송 속도는 TCP에 비해 훨씬 빠르다.

수신 확인이 없다는 사실은 통신 시에 전송 에러가 발생하지 않는다는 전제를 바탕으로 한다는 것을 의미한다. 그러므로 UDP는 장거리 전송보다는 전송 거리가 짧은 로컬 네트워크 내의 통신에서 주로 사용된다. 그러나 오늘날 UDP는 장거리 전송에도 많이 사용되는데, 아무리 전송 기술이 좋아졌다고 하더라도 전송 중 에러가 발생하는 경우는 반드시 존재한다. 그러면 발생될 수 있는 전송 에러는 어떻게 해결할까?

오늘날 UDP를 사용하는 서비스는 에러 감지나 재전송 요청이 OSI 4계층의 UDP가 아닌 응용프로그램에서 이루어진다. 다시 말해, UDP의 빠른 속도를 이용하고, 신뢰성은 해당 서비스의 응용프로그램에서 확보한다.

UDP는 그 동작이 매우 간단하므로, UDP 헤더에 추가되는 정보도 매우 적다. 그러므로 시스템에서의 지연도 적어 속도 측면에서 효과적이므로 신뢰성만 확보된다면 매우 활용도가 높은 프로토콜이라 할 수 있다.

1.9 4계층 세션 연결 정보

네트워크에는 수많은 통신을 위한 연결^{Connection}이 존재한다. 그것이 케이블과 같이 눈에 보이는 물리적인 연결 도구이든, 눈에 보이지 않는 논리적인 도구이든 간에 네트워크 통신은 이 모든 연결을 이용해 사용자에게 서비스를 제공할 수 있다.

IT에 관심 있는 독자라면 오늘날의 통신 서비스 대부분이 IP를 이용해 이루어진다는 것을 이미 알고 있고 짐작할 수 있다. 그러나 시스템의 통신이 IP를 이용한다는 것은 라우팅을 담당하는 네트워크 엔지니어의 관점이라 할 수 있다. 네트워크 엔지니어는 특정 시스템과 시스템 간의 통신이 이루어질 수 있도록 라우팅을 해결하는 등의 업무를 담당하기 때문이다.

그럼 이 절에서는 사용자가 사용하는 서비스의 관점으로 통신을 살펴보자.

서버 또는 PC 등과 같은 시스템은 여러 종류의 응용프로그램을 동시에 운용할 수 있다. 예를 들어, 서버가 웹 서비스를 제공하는 동시에 FTP와 같은 다양한 서비스를 동시에 제공할 수 있다. 동일 시스템 내에서 이러한 서비스는 프로세스 형태로 동작하고, 그 프로세스를 대표하는 통신 정보는 포트 번호로 표현된다. 이는 서버뿐만 아니라 일반 사용자 PC에서도 마찬가지로 동작한다(그림 1.32).

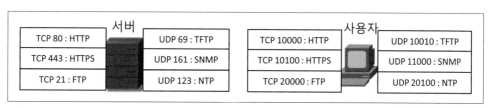

그림 1.32 서비스는 포트로 구분된다.

앞 절에서 언급했듯이, 우리가 일반적으로 알고 있는 포트 정보는 사용 중이거나 예약된 포트 정보^{Well-known Port Number}로서 서비스를 제공하는 서버가 사용하는 포트 번호다. 반면에, 서비스를 사용하는 사용자 PC 등에서 사용하는 포트는 번호 1024 이후의 임의 번호가 사용된다고 했다.

이런 통신 서비스는 원격 시스템의 특정 프로세스 간의 연결 통로를 통해 이루어진다. 예를 들어, 웹 서비스는 서버의 TCP 80 포트와 사용자의 임의 포트 간의 논리적인 연결선을 통해 이루어진다. 그리고 FTP 서비스는 서버의 TCP 21 포트와 사용자의 임의 포트 간의 논리적인 연결선을 통해 이루어진다. 이와 같이 서비스 포트 간의 논리적인 연결선을 세션이라 하고, 이를 기반으로 특정 통신 서비스가 이루어진다.

우리가 일반적으로 알고 있는 IP 라우팅이란 시스템 자체와 원격 시스템 자체 간의 연결을 의미한다. 그림 1.33을 통해 보듯이, IP는 특정 시스템 자체에 할당되고 사용된다. IP는 특정 서비스의 프로세스에 할당되는 주소가 아니라는 것이다.

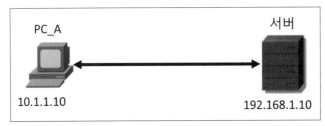

그림 1.33 IP 주소는 시스템 자체에 부여되는 논리적인 주소 정보다.

그러나 네트워크 보안은 IP 연결뿐만 아니라 좀 더 세부적인 서비스 단위의 관리가 필요하다. 그러므로 IP 통신이 아닌, 특정 서비스의 포트 통신인 세션 정보를 이해해야 한다.

그림 1.34를 보면 서버와 사용자 간에 이루어지는 통신 서비스가 포트별로 연결되는 것을 볼 수 있다. HTTP 서비스는 서버의 TCP 80 포트와 사용자의 임의 포트인 TCP 10000 간에 연결된 세션을 통해 이루어진다. 또한 FTP 서비스는 서버의 TCP 21 포트와 사용자의 임의 포트 TCP 20000 간의 세션을 통해 이루어지고, SNMP 서비스는 서버의 UDP 161과 사용자 임의 포트 UDP 11000 간의 세션을 통해 이루어진다.

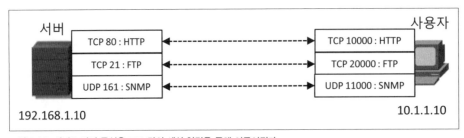

그림 1.34 서비스 간의 통신은 포트 간의 세션 연결을 통해 이루어진다.

이들 세션 정보는 IP와 포트 정보를 포함해 표현되는데, 예제의 세션 정보는 다음과 같이 표현된다.

TCP 192.168.1.10:80 〈——〉 TCP 10.1.1.10:10000 : HTTP 서비스

TCP 192.168.1.10:21 〈——〉 TCP 10.1.1.10:20000 : FTP 서비스

UDP 192.168.1.10:161 〈——〉 UDP 10.1.1.10:11000 : SNMP 서비스

이런 형태의 세션 정보는 방화벽과 같은 보안 장비를 다룰 때 매우 빈번하게 접하는 정보다. 이런 형태의 세션 정보를 확인할 때마다 이 정보가 의미하는 바를 이해할 수 있어야 한다.

세션 정보라는 것은 특정 서비스의 프로세스 간의 연결로 이해할 수 있고, 이는 시스템 자체 간의 연결보다 더 세분화된 정보다. 비록 세션 정보가 눈으로 확인되지 않는 매우 논리적인 연결 정보이지만, 보안 장비를 접할 때에는 포트 간의 연결되는 통신선으로 다룰 수 있다면 네트워크 보안을 구현하거나 문제를 해결하는 데 많은 도움이 될 것이다.

지금까지 네트워크 보안을 다루는 데 필요한 네트워크 기본 지식을 알아봤다. 어떤 독자는 네트워크인데 왜 IP를 다루지 않았나라고 의아해할 수 있다. 네트워크 보안에서 IP가 차지하는 부분 역시도 상당하다는 것을 부인할 수는 없다. 그러나 네트워크 보안은 IP 라우팅보다 실제 사용자의 애플리케이션 간의 통신에 더 많은 관심이 집중되고, 이에 대한 정책을 마련하고 구현한다. 그러므로 IP 및 라우팅보다는 TCP와 UDP 포트 간의 세션 정보 등을 다루는 일이 더 빈번하고 중요한 역할을 한다. 그러므로 이 책에서는 IP에 관련된 설명을 제외했으므로 참고하길 바란다.

IP 라우팅에 대한 설명과 함께 전문적으로 학습하길 원한다면, 내 저서인『시스코 라우팅 완전 분석』(에이콘출판, 2007)을 참고하길 바란다.

2

네트워크 보안 기본

우리 일상생활에서 보안^{Security}이라는 개념은 매우 널리 사용된다. 우리가 살고 있는 지역이 충분한 보안을 갖추고 있는지, 그리고 건물의 보안에 별다른 문제가 없는지 등에 대해 많이 이야기한다. 이렇게 보안에 대해 많은 이야기를 하면서도 네트워크 보안이라는 말이 나오면 어렵다는 식으로 지레 겁을 먹는 경우가 많다. 이 장에서는 네트워크 보안의 개요에 대해 설명한다.

2.1 네트워크 보안의 정의 및 목적

우리는 일상생활에서 아주 평범한 부분부터 의도적으로 관리하는 부분까지 항상 보안과 함께한다. 집에 대문 또는 현관문을 걸어 잠그거나, 회사 건물로 들어갈 때 카드키를 이용해 출입하는 등의 모든 행위가 보안과 관련 있다. 또한 PC의 화면보호기 패스워드를 설정하는 것도 모두 보안을 위한 행위다. 그럼 우리가 일상생활에서 접하는 일반적인 보안과 네트워크 보안에는 무슨 차이가 있는가?

결론은 모두가 동일한 보안 활동이라는 것이다. 보안이라는 것은 어떠한 위험으로부터 우리의 재산을 보호하기 위한 일련의 모든 행위를 말한다. 위험이라는 것은 부서져서 못 쓰게 되는 경우나, 분실 또는 도난 등의 모든 행위를 의미한다.

일상생활에서 우리가 집의 대문이나 현관문을 걸어 잠그는 이유는 무엇일까? 그리고 어떤 건물에 들어가기 위해 신분증이나 인가증 또는 전자키가 필요한 이유는 뭘까? 그 답은 매우 간단하다. 바로 보안 때문이다. 문을 열 수 있는 열쇠와 비밀번호 그리고 인가증은 어떤 내부로 진입하기 위해 필요한 도구다. 이렇게 일상생활에서 매우 자주 접하는 것이 보안이고, 이런 형태의 보안을 전형적인 표현으로 물리적 보안Physical Security이라고 한다.

이와 마찬가지로, 우리가 사용하는 컴퓨터나 서버 등은 다른 시스템과 그 어떤 정보를 교환하거나 공유하기 위해 서로 연결되어 있다. 이 말은 시스템 상호간에 접근이 매우 자유롭다는 것을 의미한다. 그러므로 원하지 않는 접근에 노출되고 시스템 내부의 정보가 유출되는 위험을 내포하는데, 이를 방지하기 위한 일련의 모든 것을 네트워크 보안Network Security이라고 하며 또한 논리적 보안Logical Security으로도 표현된다.

네트워크 보안은 네트워크 접근을 제한해 비승인 사용자의 네트워크 접근을 차단하고, 승인된 사용자만 해당 네트워크에 접근해 서비스를 사용할 수 있게 하는 것을 통칭한다. 조금 어렵게 설명했지만, 단순하게 생각하자. 네트워크 보안을 이해하기 위해서는 네트워크에 해당되는 보안의 그 특별함을 보기보다, 우리 일상생활에서의 보안을 떠올리면 좀 더 쉽게 네트워크 보안을 이해할 수 있다.

앞에서 언급했듯이, 집의 대문 또는 현관문을 잠궈 아무나 들어올 수 없게 하는 것도 보안이고, 회사 출근 시 출입증을 센서에 접촉해 자동문을 열리게 하는 것도 보안이다. 이런 우리 일상생활에서의 보안은 대부분 그 실체가 존재하므로 물리적 보안Physical Security이라 했다. 그러나 네트워크 보안은 실체가 눈으로 확인되지 않는 전기 시그널, 즉 사용자 트래픽을 차단 또는 허용한다는 의미에서 논리적 보안Logical Security이라고 하는 것이다.

앞에서 언급한 바와 같이, 네트워크 보안은 궁극적으로 시스템 내부에 있는 정보를 위험으로부터 보호하는 일련의 기술이다. 여기서 위험이란 정보 유출은 물론 정보 파괴도 포함한다. 그러므로 네트워크 보안의 목적은 세 가지로 축약할 수 있다. 바로 비밀성Confidentiality과 무결성Integrity, 그리고 가용성Availability이다. 이 세 가지 표현은 우리말임에도 불구하고 선뜻 이해하기가 어렵다.

비밀성과 무결성, 그리고 가용성을 설명하기 전에, 눈을 감고 우리 일상생활에서의 보안을 떠올려보자. 궁극적으로는 우리가 행하는 모든 보안 행위, 즉 자물쇠를 걸어놓고 현관문을 잠그는 등의 모든 행위가 과연 우리 재산이 도난당하는 것만 방지하기 위한 것일까? 그렇지 않을 것이다. 집의 문을 열어둔다면, 도둑이 들어와 물건을 훔쳐갈 수도 있지만, 길거리의 강아지나 고양이가 들어와서 집 안을 마구 더럽혀 놓을 수도 있다. 또 어쩌면 동네 꼬마들이 들어와 장난치다가 물건을 부술 수도 있다. 이 모든 위험을 방지하기 위해 우리는 보안을 행하는 것이다. 네트워크 보안의 목적인 비밀성, 무결성, 가용성은 우리 일상의 예에서 언급한 모든 위험을 좀 더 그럴싸하게 표현한 것일 뿐이다.

비밀성이란 정보를 은폐해 정보의 유출 및 도난을 방지하기 위함을 의미한다. 가장 일반적인 보안의 개념이라 할 수 있다. 우리가 도서관과 같은 공공장소에서 PC를 패스워드로 잠궈놓는 것과 같은 기능이다. 또한 개인적인 문서 파일에 비밀번호를 설정함으로써 다른 사람이 해당 파일을 열 수 없도록 하는 경우가 종종 있는데, 이런 일련의 행위가 비밀성을 확보하기 위함이다.

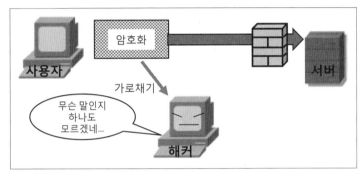

그림 2.1 비밀성

네트워크에서도 마찬가지다. 네트워크를 통해 정보를 전송하는 과정은 항상 안전할 수 없다. 특히 인터넷과 같은 공중망은 전송하려는 정보가 중요하든 중요하지 않든, 내가 보내는 정보가 타인에게 유출될 가능성이 매우 높다. 우리는 해킹에 의해 개인정보가 유출되었다는 뉴스를 자주 접하곤 한다. 또한 정보 전송 중에 해커에 의해 가로채기를 당해 정보가 유줄될 수도 있다. 이와 같이 우리는 정보 유출의 위험에 항상 노출되어 있다. 이런 위험을 최소화하기 위해 정보를 암호화하는 기술을 이용함으로써 정보의 비밀성을 유지할 수 있다.

두 번째 네트워크 보안의 목적은 무결성이다. 무결성은 데이터의 완전함을 의미한다. 완전함이란 송신자가 보낸 정보가 그대로 수신자에게 전달되어야 한다는 것을 의미한다. 어떤 독자는 "그건 너무나 당연한 말 아니야?"라고 반문할 수 있다. 그러나 데이터 전송 중에 악의적인 의도를 가진 사람에 의해 정보를 가로채기당해서, 원래 송신자가 보낸 정보가 수정되었다고 가정해보자. 인터넷 뱅킹을 예로 들어보자. 내가 누군가에게 인터넷 뱅킹으로 송금을 하려 한다. 수신자의 계좌에 금액을 이체하는 순간에 해커가 이 패킷을 가로채기해 수신자 계좌 정보를 자신의 계좌 정보로 변경했다면 어떨까? 상상하기도 싫다. 따라서 송신자가 보낸 데이터가 중간 경로에서 수정되지 않았는지를 확인하는 과정은 매우 중요하다. 데이터의 무결성, 즉 데이터의 완전함을 확인하기 위해 사용되는 것이 해시Hash 기능이다.

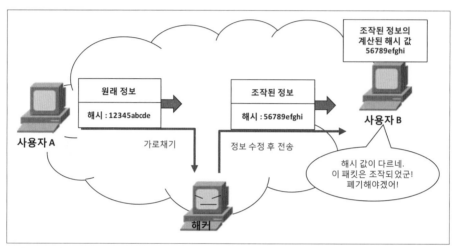

그림 2.2 무결성

해시는 데이터에 특정 수학적 알고리즘을 적용해 해시 값을 산출한다. 만일 데이터가 수정되면 상응하는 해시 값도 달라지므로, 이는 데이터가 전송 중에 어떤 이유로 인해 수정되었음을 의미한다. 그러므로 수신자는 그 정보를 신뢰할 수 없는 정보로 인지하고 그 정보를 폐기한다. 아마 MD5Message Digest 5를 들어본 독자들도 있을 것이다. MD5는 대표적인 해시 알고리즘Hash Algorithm 중 하나다. 이런 해시 기능의 목적은 네트워크 보안의 무결성을 보장하는 데 있다.

마지막으로 가용성이다. 가용성이란 승인된 사용자에 대해 데이터가 항상 사용 가능한 상태여야 함을 의미한다. 네트워크에 문제가 발생해 데이터에 접근하지 못하는 상황이 발생되어서는 안 된다. 대표적인 예로 DoSDenial-of-Service 공격을 들 수 있다. DoS 공격은 특정 서버로 동시에 수많은 서비스 요청을 보냄으로써 서버가 제 역할을 할 수 없도록 만드는 네트워크 공격 기술이다. DoS는 특정 서버를 비가용 상태로 만들 뿐만 아니라, 링크 대역폭도 모두 점유하므로 네트워크 전체를 마비시킬 수도 있다. 이런 형태의 공격을 차단함으로써 네트워크 및 특정 정보의 가용성을 확보해 승인된 사용자가 원활하게 데이터에 접근할 수 있어야 한다.

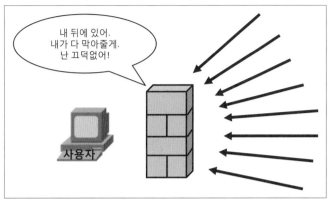

그림 2.3 가용성

　네트워크 보안은 정보 유출의 방지뿐만 아니라, 정보의 조작 유무 확인과 승인된 사용자의 정보 가용성 확보 등 광범위한 목적으로 적용된다. 여기에서 알 수 있듯이, 네트워크 보안은 여러 종류의 공격자와 공격 유형에 대처할 수 있어야 한다. 그러므로 공격 유형에 대해 알아볼 필요가 있다.

　도대체 누가 우리의 정보를 탐내는가? 이 질문에 대부분의 독자는 '해커^{Hacker}'라고 대답할 것이다. 그러면 과연 해커만이 우리 정보를 노리고 있는 것일까? 답은 그렇지 않다. 수많은 유형의 공격자가 있을 수 있다.

　물론 가장 대표적으로는 해커를 꼽을 수 있다. 해커는 시스템의 취약한 부분을 통해 시스템에 접속해 시스템 내부의 정보를 유출시킨다. 하지만 이런 이야기는 이미 너무 자주 접하고 있으므로 여기서는 덧붙여 설명할 필요가 없다. 해커 외의 또 다른 공격자는 스파이일 수도 있고, 우리 회사의 경쟁사일 수도 있다. 또한 사무실에서 같이 일하는 동료 중에 회사에 불만이 많은 동료일 수도 있다. 이처럼 그 유형은 너무나 다양해 일일이 나열할 수 없을 정도며, 이는 곧 누구나 공격자가 될 수 있음을 보여준다. 그리고 그 공격자에 의한 공격 유형도 매우 다양한 모습으로 나타나고, 그 대응책도 다양하게 적용된다.

　단순하게 네트워크의 공격은 어떤 특정인에 의해 이루어진다고 할 수 없고, 나 자신도 모르게 공격자가 되어 있는 경우도 있다. 상대를 알고 나를 알면 100전 100승이라 했다. 공격자의 유형에 따라 다양한 대응책이 강구되어야 하기 때문에 공격 유형의 파악은 매우 중요하다고 할 수 있다. 다음 절에서 네트워크 공격의 유형에 대해 알아보자.

2.2 네트워크 공격 유형

네트워크 보안에 익숙하지 않은 대부분의 사람들은 네트워크 공격을 해커가 로컬 네트워크에 접속해 정보를 유출하는 형태로만 생각하기 쉽다. 그러나 이와 같은 형태는 네트워크 공격의 가장 대표적인 유형 중 하나일 뿐이다. 이외에도 수많은 공격 방법이 존재하는데, 각 공격 방법에 따라 적절한 대처 방법도 다양하게 나타난다. 그러므로 네트워크 공격의 다양한 유형을 파악하고 있어야만 그 공격에 효과적으로 대처할 수 있다. 이 절에서는 대표적인 네트워크 공격의 유형에 대해 설명한다.

오늘날 인터넷 뱅킹은 일반화되어 있다. 자신이 인터넷 뱅킹에 접속해 금융 거래를 하는 상황을 머릿속에 그려보자. 인터넷 뱅킹을 마치면 거래가 성공적으로 이루어졌다는 안내문을 본다. 그런데 우리는 인터넷 뱅킹에 접속해 거래하는 동안 어떤 일이 벌어지는지 알 수 없다. 만일 우리가 인터넷 뱅킹에 접속해 거래하는 동안 은행 서버와 주고받는 데이터가 인터넷 경로상에 있는 악의적인 의도를 가진 누군가에 의해 유출되었다면 어떨까?

이런 종류의 공격 유형을 중간자 공격^{Man-in-the Middle Attack}이라 부른다. 중간자 공격은 사용자와 다른 사용자 혹은 서버 간의 통신을 해커가 중간에 가로채기해 정보를 수집하거나, 정보를 악의적인 의도로 수정하는 방식이다. 이때 중간자, 즉 해커는 사용자에 대한 대행자(프록시^{Proxy})의 역할을 하면서 사용자 정보를 수집한다. 사용자는 중간자의 존재를 인지하지 못한 채 자신이 통신하고자 하는 서버에 접속한 것으로 인지하므로 모든 서비스는 정상적으로 이루어진다(그림 2.4) 그러나 해커는 사용자가 입력한 정보를 모두 수집해 향후에 2차 공격, 즉 획득한 사용자 정보를 이용해 서버에 접속한 후 자신이 원하는 행위를 수행할 수 있다.

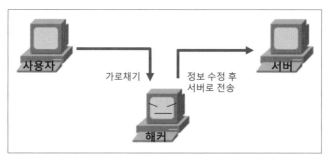

그림 2.4 중간자 공격

또한 중간자 공격은 로컬 네트워크 내부에서도 발생할 수 있는데, 디폴트 게이트웨이에 대한 ARP 응답을 해커의 MAC 주소로 응답해 로컬 네트워크의 트래픽이 해커로 보내지게 만듦으로써 모든 정보를 가로채기할 수 있다(그림 2.5). 또한 스패닝 트리 프로토콜을 이용해서도 중간자 공격이 이루어질 수 있는데, 해커가 자신의 스위치를 네트워크에 설치하고 그 스위치가 STP 루트 스위치가 되도록 함으로써 모든 트래픽을 수집할 수 있다. 이런 공격을 2계층 중간자 공격이라 한다.

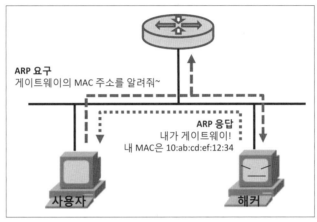

그림 2.5 2계층 중간자 공격

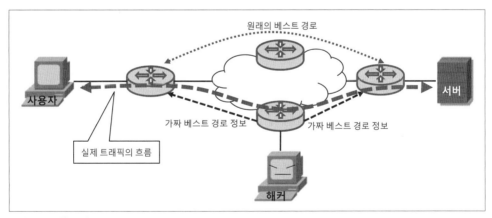

그림 2.6 3계층 중간자 공격

마찬가지로 해커가 라우터를 설치함으로써도 공격이 이루어질 수 있다. 네트워크상의 라우터들이 해커가 설치한 라우터가 전달한 경로를 우선하도록 해서 모든 트래픽이 해커의 라우터로 향하도록 만듦으로써 정보를 가로채는 것이다. 이를 3계층 중간자 공격이라 한다(그림 2.6). 그러므로 네트워크 장비에 의한 중간자 공격을 방지하기 위해 스위치나 라우터에도 보안을 적용해야 할 필요성이 있다.

다음은 IP 주소 스푸핑IP Address Spoofing 공격이다. 스푸핑 공격은 IP뿐만 아니라 ARP 스푸핑 등 다양하게 이루어지는데, 스푸핑Spoofing의 뜻인 도용에서 짐작할 수 있듯이 특정 IP 주소를 자신의 것으로 속여 전달하는 방식이다. 좀 더 정확하게 표현하면 공격자, 즉 해커는 공격하고자 하는 서버로 정보를 보낼 때 패킷의 출발지 주소를 자신의 것으로 보내지 않고 공격 대상 서버가 신뢰하는 호스트의 IP 주소로 변경해 보낸다(그림 2.7).

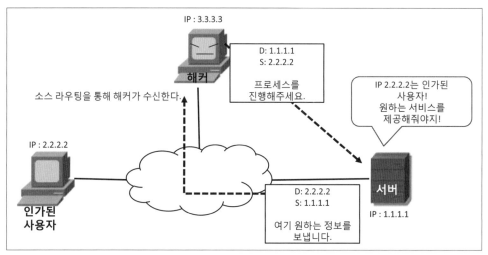

그림 2.7 IP 스푸핑 공격

이를 수신한 서버는 출발지 주소를 확인하고 이를 해커가 보낸 요청이 아닌 자신이 신뢰하는 호스트의 요청이라 생각해 이에 응답함으로써 공격이 이루어진다. 이 공격 방식은 침입자가 특정 영역으로 침입할 때, 자신의 신분을 이용하지 않고 인가된 다른 사람의 신분으로 건물에 침입하는 것과 유사하다. 서버가 사용자의 접근을 인가할 때 사용자의 IP로 인증하는 경우가 있는데, 이 경우 IP가 보안에 취약하다는 점을 악용한 공격 방식이다.

여기에 해커는 송신자의 패킷에 응답하는 수신 경로를 미리 지정하는 방식인 송신 경로 지정법, 즉 소스 라우팅Source Routing 기법을 사용해 서버가 응답하는 정보를 해커 자신이 수신하게 만듦으로써 정보를 가로챌 수 있다. 한편, IP 스푸핑 공격은 분산 서비스 거부 공격^{DDoS, Distributed Denial of Service}에서 사용되어 네트워크를 마비시키는 데도 사용된다.

분산 서비스 거부 공격은 공격자가 개발한 악의적인 클라이언트 프로그램이 설치된 다수의 사용자 PC를 이용한 공격이다. 공격자는 악의적인 프로그램을 개발하고, 이를 일반 사용자 PC에 감염시킨다. 일단 사용자 PC가 감염되면 이는 해커가 운용하는 제어 서버에 의해 조정된다. 그러므로 수많은 감염된 사용자 PC가 동시다발적으로 특정 서버로 많은 패킷을 송신함으로써, 서버가 이 패킷을 처리하는 과정에서 과부하로 인해 다운되게 만드는 기법이다(그림 2.8). 분산 서비스 거부 공격은 공격자 역할을 수행하는 일반 사용자 PC에 악성 바이러스 형태로 존재하므로, 사용자는 자신이 공격자에 의해 조정당하고 공격을 수행한다는 그 사실을 전혀 인지하지 못한다.

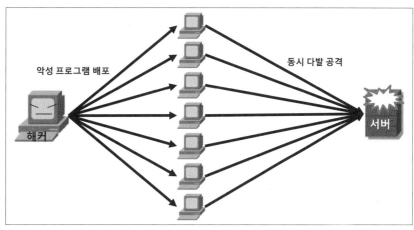

그림 2.8 분산 서비스 거부 공격

다음은 TCP 신플러드^{SYN-Flood} 공격이다. TCP 신플러드 공격은 정보를 가로채는 등의 공격이 아니라, 시스템을 마비시키는 것이 그 목적이다. 독자들은 이미 TCP 세션이 어떻게 연결되는지 그 과정을 알고 있을 것이다. TCP는 연결형 서비스이므로 본격적인 정보 교환에 앞서 먼저 연결하고자 하는 호스트와의 논리적 연결성을 먼저 확보한 후에 정보 교환이 이루어진다. TCP 연결은 SYN이라는 연결 요청 메시지를 보내고 그에 대한 응답 확인과 연결 요청 메시지로 응답한 후 다시 이에 응답 확인을 하는 세 번의 연결 요청과 응답 정보를 주고받으면서 이루어진다. 이를 TCP 3방향 핸드쉐이크라고 한다(그림 2.9).

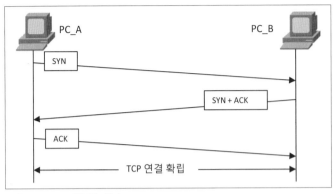

그림 2.9 TCP 3방향 핸드쉐이크

TCP 신플러드 공격은 서버가 사용자의 TCP 연결 요청에 응답해야 하는 점을 악용해 한꺼번에 의미 없는 대량의 TCP SYN 요청 메시지를 보내 서버가 응답하게 함으로써 서버의 CPU 부하를 가중시켜 서버를 마비시키기 위한 공격 방식이다(그림 2.10). 이 공격은 앞서 설명한 IP 스푸핑 공격을 병행해 대량의 SYN 요청 메시지를 보내게 한다. 이 공격 방식을 우리 일상생활에 비유하면 다음과 같다. 누군가 우리에게 정보를 전달하기 위해 전화를 걸면 벨이 울린다. 전화벨이 울리면 우리가 거기에 응답한다. 이때 전화벨을 연결을 요청^{SYN}하는 것에 비유할 수 있다. 정보를 전달하기 전에 전화벨만 수십 번 수백 번 울린다면 전화를 받기 전에 녹초가 될 것이다. 이와 같이 TCP 신플러드 공격은 연결 시도만 대량으로 요청해 서버를 비가용화 상태에 이르도록 한다.

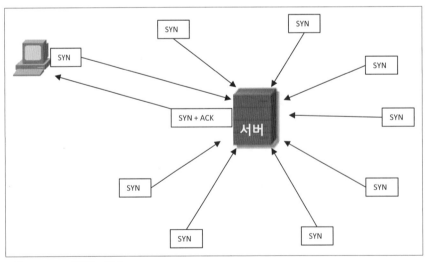

그림 2.10 TCP 신플러드 공격

이외에도 매우 세부적이고 다양한 네트워크 공격 유형이 있고, 날이 갈수록 그 공격 방식은 지능화되고 더욱더 다양해진다. 여기에서 언급한 네트워크 공격은 빙산의 일각이다. 그 공격의 종류가 너무 다양해서 일일이 모두 언급하기가 힘들 정도다. 다만 이것 하나만 꼭 기억하자. 네트워크 공격은 하나의 공격만으로 이루어지는 것이 아니라, 2차 공격을 위한 1차 공격을 먼저 수행하는 등의 복합적인 공격이 이루어진다. 또한 과거에는 전문화된 소위 해커라 불리는 사람들에 의한 공격이 이루어지지만, 오늘날에는 다양한 해킹 툴이 소개됨에 따라 누구나 손쉽게 해킹할 수 있는 여건이 조성되어 네트워크 보안이 더욱더 중요하게 고려될 수밖에 없다.

2.3 네트워크 보안의 종류

오늘날 네트워크 보안은 거의 모든 네트워크 장비에 의해 적용될 수 있다. 과거엔 네트워크 보안이 트래픽 필터링과 같은 제한적인 기능만을 의미했다. 그래서 보안 장비를 주로 화재가 번지는 것을 방지하는 방화벽Firewall이라 불렀다. 그러나 이제는 더 이상 보안 장비가 방화벽의 역할만 수행하는 것이 아니다. 대행자 역할을 하는 프록시 기능과 NAT 기능, 침입 방지IPS, 침입 탐지IDS, 그리고 VPNVirtual Private Network 관문 역할 등 네트워크 보안에 대한 수많은 기능을 수행한다. 그래서 오늘날은 네트워크 보안 장비를 단순히 방화벽이라 부르지 않고, 네트워크 보안 기기Network Security Appliance라고 부른다.

한편, 라우터도 하드웨어의 괄목할 만한 발전에 힘입어 통합 서비스형 라우터ISR, Integrated Service Router로 진화해 일반적인 라우팅뿐만 아니라 네트워크 보안, 무선과 음성 서비스Voice Service까지 모두 제공할 수 있다. 따라서 라우터는 기존에 라우팅 기능만 제공하는 것으로부터 발전해, 오늘날 거의 완벽에 가까운 네트워크 보안 기능을 제공한다. 이 절에서는 네트워크 보안 장비가 제공하는 각종 네트워크 보안 서비스의 종류에 대해 간략하게 알아보기로 한다.

방화벽(접근 제어)

가장 대표적인 네트워크 보안 기능은 방화벽 기능이다. 물리적 보안의 가장 대표적인 개념이 대문이나 현관문이다. 그 문을 통과해야만 내부로 들어갈 수 있기 때문이다. 이것과 같은 역할을 하는 보안 기능이 바로 방화벽 또는 접근 제어 기능이다. 악의적인 공격을 화재에 비유해 건물 내에 화재가 번지지 않게 하기 위한 철문인 방화벽이라는 용어를 사용한다.

　방화벽 기능은 네트워크 보안의 가장 기본적이고 근본적인 기술이다. 관리자가 허용하는 트래픽만 로컬 네트워크 내부로 허용하거나, 또는 외부 네트워크로의 접근을 허용하기 위해 방화벽이 사용된다. 바로 인가된 트래픽만 그 방화벽을 통과할 수 있다는 것을 의미한다(그림 2.11).

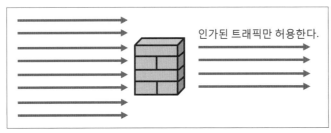

인가된 트래픽만 허용한다.

그림 2.11 방화벽 기능

　방화벽은 가장 기본적인 개념의 보안 장비다. 건물 관리자가 인가된 사람에게만 건물을 드나들 수 있는 열쇠를 제공하는 것과 같이, 네트워크 관리자는 승인된 사용자와 승인된 트래픽만 해당 네트워크로 접근할 수 있도록 방화벽을 통제한다. 승인된 사용자 또는 트래픽만 접근을 허용하고 승인되지 않은 사용자 및 트래픽의 접근을 원천적으로 봉쇄해 정보 유출과 같은 잠재적인 위험으로부터 네트워크를 보호한다.

　방화벽 기능은 MAC 주소와 같은 물리 주소(OSI 2계층) 또는 IP 주소와 같은 논리 주소(OSI 3계층)를 통해 이루어질 수 있고, TCP/UDP 포트(OSI 4계층)를 이용해 특정 서비스에 대해 이루어질 수도 있다. 더 나아가, 특정 응용프로그램(OSI 5~7계층)의 사용자 데이터에 대해서도 이루어질 수 있다. 이와 같이, 오늘날의 방화벽 기능은 포괄적인 보안 정책 적용부터 세부적인 정책 적용까지 다양하게 이루어진다.

VPN

네트워크 보안에는 인터넷과 같은 공중망을 이용해 사설망을 구축하기 위한 VPN^Virtual Private Network 기술도 존재한다. VPN은 정보를 암호화해 공중망으로 전송함으로써 외부 사용자에 의한 데이터 유출을 차단하는 기술이다. 암호화에 필요한 암호화/복호화 메커니즘을 이용해 공중망으로부터 데이터를 보호해 저렴한 비용으로 광범위한 사설 네트워크를 구축하게 한다(그림 2.12).

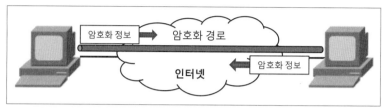

그림 2.12 가상 사설망(VPN)

또한 NAT^{Network Address Translation} 기술을 이용해 내부 네트워크와 외부 네트워크를 분리시켜 외부 침입자로부터 로컬 네트워크를 보호할 수 있다(그림 2.13). 이는 내부 호스트와 외부 호스트 간의 연결성을 논리적으로 분리시켜 해커가 내부 네트워크로 침입하는 것을 방지할 수 있게 한다.

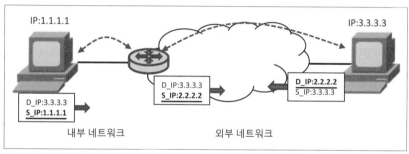

그림 2.13 NAT

침입 탐지 시스템

네트워크상에는 수많은 공격 방법이 존재한다. 그 공격은 트래픽 하나하나를 살펴볼 때 일반적인 트래픽과 크게 다르지 않다. 또한 네트워크 장비는 자신이 가진 정보에 근거해 단순하게 트래픽을 전달하거나 폐기시킨다. 그러므로 우리가 특정 공격의 시도를 인지하기가 쉽지 않다.

침입 탐지 시스템^{IDS, Intrusion Detection System}은 수많은 네트워크 공격 형태를 분석한 정보에 근거해 이상 트래픽이나 공격 트래픽을 감지한 후 관리자에게 알려주는 데 그 목적이 있다. 이상 트래픽의 감시는 실시간으로 이루어지며, 이에 대한 관리자의 사후 대처가 요구된다. 한마디로 말하면, 이상 트래픽의 유무를 실시간으로 모니터링해 관리자에게 통보해주는 역할만 수행한다(그림 2.14). IDS는 그 특성상 공격이 발생된 이후에 관리자의 적절한 대처가 요구되므로, 수동적인 보안 솔루션이라 할 수 있다.

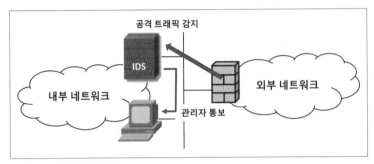

그림 2.14 침입 탐지 시스템

　네트워크 구성의 측면으로 볼때, IDS는 트래픽 경로에 직접적으로 관여하지 않는다. 이 말은 IDS가 트래픽 경로상에서 트래픽을 처리하지 않는다는 것을 의미한다. 그리고 IDS는 실제적인 트래픽 통제를 수행하지 않기 때문에, 단독으로 사용하기보다는 방화벽과 함께 사용되는 것이 일반적이다.

침입 방지 시스템

침입 방지 시스템IPS, Intrusion Prevention System은 실제로 침입 탐지 및 방지 시스템IDPS, Intrusion Detection & Prevention System으로 알려져 있다. 이 말에서 짐작할 수 있듯이, 앞에서 언급한 IDS의 탐지 기능뿐만 아니라, 방지 기능까지 모두 수행하는 장비다. 그러므로 이상 트래픽이 감지되면 즉각적인 대처가 자동으로 이루어진다(그림 2.15). 그래서 IPS를 능동적인 보안 솔루션이라 한다. 네트워크 공격이 이루어지면 실시간으로 이에 대처할 수 있으므로, 네트워크 공격을 사전에 방지할 수 있다는 장점이 있다.

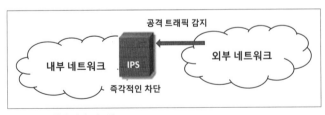

그림 2.15 침입 방지 시스템

그러나 즉각적인 대처를 수행해야 하기 때문에, IPS는 트래픽의 경로상에 위치해야 한다. 다시 말해, 트래픽에 대한 라우팅 등을 직접 수행해야 한다는 것을 의미한다. 또한 잘못된 공격 탐지로 인해 정상적인 서비스를 차단하는 등의 문제가 발생될 수 있다.

이와 같은 네트워크 보안 기능은 오늘날 통합 서비스형 라우터로도 구현할 수 있지만, 좀 더 강력하고 빠른 보안을 제공하기 위해 전문적인 보안 장비가 요구된다. 전문적인 네트워크 보안 제품으로는 시스코 사의 ASA와 체크포인트 사의 체크포인트^{CheckPoint}, 그리고 주니퍼의 넷스크린^{NetScreen}과 SRX 시리즈가 대표적이다. 시스코는 과거에 PIX라는 보안 장비를 출시했으나, 다른 제조사의 장비에 비해 취약한 성능 등으로 인해 시장에서 그다지 빛을 발하지 못했다. 그러나 새로운 보안 장비인 ASA를 출시함으로써 소규모 네트워크부터 대규모 네트워크까지의 시장을 점차 점유해가고 있는 상황이다. 현재 시스코 ASA는 물리적인 장비는 물론이고 시대적 흐름에 맞춰 가상화 솔루션까지 출시되고 있어서 클라우드 네트워크에 많이 설치되고 있다.

이와 같이 많은 제조사의 보안 장비가 있는데, 이 책에서는 통합 서비스형 라우터 ^{ISR, Integrated Service Router}와 시스코 ASA 설정 및 확인을 이용한 네트워크 보안 적용을 다룬다.

2.4 네트워크 보안은 무엇을 보호하는가

일상생활에서 보안이라는 것이 무엇을 의미하는지 생각해본 적이 있는가? 우리가 생활하면서 단순히 도둑이 집에 침입하지 못하게 현관문을 잠그는 것만 보안이라 생각하는가? 앞서 우리는 이 질문과 함께 이 장을 시작했다.

보안은 단순히 우리 재산이 도난당하는 것을 막기 위한 금고나 자물쇠만을 의미하지 않는다. 도둑이 아니더라도 원하지 않는 불청객이 방문할 수 있는데, 이를 방지하기 위한 모든 행위가 보안이다. 네트워크 보안도 마찬가지다. 네트워크 보안은 단순히 인가되지 않은 특정 사용자의 접근을 막고 사용자 정보의 유출을 방지하는 것에 국한되지 않는다. 보안의 가장 큰 목적이 금고를 마련해 우리 재산을 보호하고 또 현관문을 걸어 잠궈서 우리 집 자체를 보호하는 등의 포괄적인 의미를 가지듯이, 네트워크 보안도 정보 보안은 물론이며 시스템 자체에 대한 보호 및 시스템 간의 통신에도 포괄적으로 적용된다. 이런 포괄적인 개념의 네트워크 보안을 체계적으로 정리한 것을 네트워크 기반 방어Network Foundation Protection라고 한다.

네트워크 기반 방어는 어떤 것을 보호하는가에 따라 세 가지로 분류된다. 관리 평면 보안과 제어 평면 보안, 그리고 데이터 평면 보안으로 나누어진다. 이들 각 평면은 네트워크 보안에서만 정의되는 것이 아니라, 네트워킹 전반에 사용되는 분류다. 이 절에서 각 평면의 의미를 살펴보고, 네트워크 보안 측면에서 어떻게 각 평면을 보호하는지 알아보기로 한다.

관리 평면Management Plane은 시스템 자체 통신에 관련된 부분이다. 관리자가 시스템을 제어하기 위해 시스템에 접속해 각종 설정을 하고 확인하는 등의 행위를 하는데, 이때 관리자의 접근 등을 제공해주는 프로세스와 같은 것이 관리 평면에 속한다(그림 2.16). 예를 들어, 원격 접속 프로토콜인 텔넷 및 SSHSecure Shell 서비스를 제공해주는 평면이 관리 평면에 속한다. 관리 평면이 시스템 자체 통신에 관여하므로 네트워크 보안과 거리가 먼 것 같이 보이지만, 실제적으로 관리 평면 보안은 네트워크 보안에서 가장 중요한 부분이다. 그 이유는 네트워킹 장비로의 접근에 대한 보안이 행해지지 않는다면 모든 사용자의 접근을 허용하고, 만일 네트워킹 장비를 의도적으로 비활성화시킨다면 네트워크 전체가 마비될 가능성이 매우 높기 때문이다.

그림 2.16 관리 평면

관리 평면 보호는 시스템 접근 제한으로부터 시작된다. 일반적으로 기본적인 액세스 리스트를 이용한 접근 제어로 시작해 접근 제어 시스템ACS, Access Control System을 통한 AAA(인증Authentication, 인가Authorization, 과금Accounting) 적용 등으로 구현된다. 또한 원격 접속 프로토콜인 텔넷이 평문Plain Text 형태의 정보를 그대로 전달하기 때문에 시스템 정보가 그대로 노출될 위험이 있다. 그러므로 암호화 원격 접속 프로토콜인 SSH를 이용하는 방법 등을 예로 들 수 있다. 그 외 시스템의 타임 설정에 관련된 인가된 NTP 서버 사용, 그리고 보안이 적용된 시스템 관리 프로토콜^{SNMP}인 SNMPv3를 사용하는 등 많은 부분이 여기에 속한다. 여기에 나열한 각종 기술을 처음 들어보는 독자도 있을 것이다. 이런 네트워크 관련 응용프로그램 또는 서비스에 대한 내용은 네트워크 관련 학습을 지속적으로 하다 보면 자연스럽게 알게 될 것이다.

제어 평면^{Control Plane}은 라우터나 스위치와 같은 네트워크 장비가 사용자 트래픽 제어에 필요한 정보를 다루는 곳을 일컫는다(그림 2.17). 느낌이 아직 오지 않는가? 라우터는 사용자 패킷을 처리하기 위해 라우팅 테이블을 구축하는데, 라우팅 테이블을 구축하기 위해 RIP이나 OSPF 등의 각종 라우팅 프로토콜을 운용한다. 그 결과로 라우팅 테이블이 구축되는데, 이들 라우팅 프로토콜이 동작하는 곳이 바로 제어 평면이다. 또한 MPLS를 운용한다면 라벨 분배 프로토콜인 LDP^{Label Distribution Protocol}가 동작하는 부분을 의미한다.

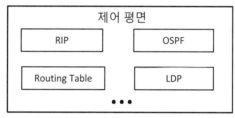

그림 2.17 제어 평면

만일 제어 평면 보호가 이루어지지 않는다면, 비정상적인 라우팅 업데이트로 인해 잘못된 라우팅 테이블을 구축하게 되고, 그로 인해 라우팅이 정상적으로 이루어지지 않는 결과가 발생하므로 네트워크 통신 전체가 마비될 위험을 내포한다. 그러므로 라우터 간 라우팅 업데이트를 하는 경우, 라우팅 프로토콜의 인증 기능을 사용해 인증된 라우터 간 정상적인 라우팅 업데이트가 이루어지도록 해야 한다. 한편 라우팅 업데이트는 라우터의 CPU 사용에 매우 민감하다. 그러므로 네트워크 공격자가 불필요한 라우팅 업데이트를 보냄으로써 라우터의 CPU 사용이 과도하게 높아질 수 있으므로 제어 평면 보호가 강력하게 권장된다.

마지막으로 데이터 평면^{Data Plane}은 실제 사용자 트래픽을 처리하는 부분이다. 제어 평면으로부터 만들어진 정보를 바탕으로 실제 사용자 트래픽을 처리하는 프로세싱이 이루어지는데, 이것이 데이터 평면에서 이루어진다(그림 2.18). 각 라우팅 프로토콜을 바탕으로 라우팅 테이블을 생성하면, 그 라우팅 테이블을 기반으로 포워딩 테이블^{Forwarding}을 생성한다. 네트워크 입문자들이 잘못 이해하는 부분이 패킷이 라우팅 테이블에 의해 목적지 방향으로 전달된다는 부분이다. 맞는 말이다. 그러나 엄격하게 말하면, 실제로 패킷은 라우팅 테이블을 바탕으로 전달되는 것이 아니라 포워딩 테이블을 바탕으로 전달된다. 라우팅 테이블은 포워딩 테이블을 구축하기 위한 정보이고, 실제 패킷은 포워딩 테이블에 의해 전달된다. 시스코의 포워딩 메커니즘인 CEF^{Cisco Express Forwarding}가 여기에 속한다. 이런 포워딩 테이블을 FIB^{Forwarding Information Base}라고 하는데, FIB는 데이터 평면에서 실제 트래픽을 제어하기 위해 마련된다.

그림 2.18 데이터 평면

데이터 평면의 보안은 실제 사용자 트래픽을 제어하는 것이므로 원하지 않는 트래픽이나 승인되지 않은 트래픽의 전달을 원천적으로 차단함으로써 구현된다. 가장 대표적인 예가 접근 제어 리스트^{ACL, Access Control List}다. 이는 간단한 형태의 ACL부터 복잡하고 강력한 형태의 ACL을 구현함으로써 이루어진다.

지금까지 네트워크 보안 전반에 대한 개요를 설명했다. 이 장에서 언급한 내용 외에도 알아야 할 더 많은 내용이 있다. 더 많은 네트워크 공격 형태, 그리고 이를 차단하는 각종 보안 기법들 등이 다양하게 존재한다. 이 장의 내용이 잘 이해되지 않는다고 해도 너무 크게 걱정하지는 말자. 이 내용의 대부분은 이 책에서 대부분 다시 다루어질 것이다.

3

액세스 리스트

액세스 리스트^{Access List}에 대해 잘 이해하고 있는가? 시스코 장비를 운용하고 있다면 액세스 리스트에 익숙할 것이다. 반면에 시스코 장비를 자주 접하지 않았다면 액세스 리스트에 익숙하지 않을 것이다. 액세스 리스트에 대해 익숙하지 않다면, 시스코 장비에 다양한 정책을 적용하는 데 어려움이 따른다. 특히 네트워크 보안에서 액세스 리스트는 더욱더 중요하다. 이 장에서는 액세스 리스트의 기본적인 내용을 다룬다.

이 장은 액세스 리스트의 일반적인 이해와 활용을 위해 시스코 라우터와 스위치 같은 IOS 장비에서의 액세스 리스트 설정을 알아본다. 그리고 시스코 ASA의 액세스 리스트 설정과 활용이 기존 IOS 장비와 어떻게 다른지 살펴보기로 한다.

3.1 시스코 액세스 리스트의 개요

액세스 리스트는 IPX나 DECnet 등 많은 프로토콜에서도 사용되었지만 현재는 그 사용 빈도가 매우 적으므로, 이 책에서는 IP를 위한 액세스 리스트만 언급하도록 하겠다. 시스코의 액세스 리스트에는 표준 액세스 리스트^{Standard Access List}와 확장 액세스 리스트^{Extended Access List}가 있다.

표준 액세스 리스트는 출발지 주소로만 이루어진 액세스 리스트다. 반면에 확장 액세스 리스트^{Extended Access List}는 출발지 IP 주소뿐만 아니라 목적지 IP 주소와 프로토콜, 출발지 포트 및 목적지 포트 정보까지 사용할 수 있으므로 좀 더 세부적인 정책을 적용할 수 있다. 그러므로 일반적으로 표준 액세스 리스트는 관리용 트래픽 등 네트워크 장비로 향하는 트래픽에 대한 정책 적용이나 라우팅 정보 필터링 등에 주로 사용된다. 반면에 확장 액세스 리스트는 사용자 트래픽을 필터링하는 데 사용된다.

복수의 액세스 리스트를 구분하기 위해 액세스 리스트 번호가 부여되는데, 표준 액세스 리스트와 확장 액세스 리스트는 이 번호로 구분된다. 시스코는 기본적으로 표준 액세스 리스트 사용 범위를 액세스 리스트 번호 1번부터 99번까지로 정해 놓았다. 또한 더 많은 액세스 리스트를 지원하기 위해 추가 번호를 지정했는데, 표준 액세스 리스트의 추가 범위는 1300번부터 1999번까지 할당되었다. 그러나 실무에서 추가 범위의 액세스 리스트는 잘 사용되지 않으므로, CCNA 시험을 준비하는 독자가 아니라면 크게 중요하지 않다.

한편, 확장 액세스 리스트의 번호는 100번부터 199번까지 할당되어 있고, 추가 범위는 2000번부터 2699번까지 할당되어 있다. 확장 액세스 리스트에 대한 추가 범위도 실무에서 사용 빈도가 매우 낮으므로 자격증을 준비하는 독자가 아니라면 크게 신경 쓸 필요가 없다. 실무를 위해서라면 표준 액세스 리스트는 1번부터 99번까지, 확장 액세스 리스트는 100번부터 199번까지라는 것만 기억해도 무방할 것이다. 표 3.1은 표준 액세스 리스트와 확장 액세스 리스트에 대한 요점을 정리한 도표이므로 참고하길 바란다.

표 3.1 표준 액세스 리스트와 확장 액세스 리스트

	사용 정보	할당 번호	용도
표준 액세스 리스트	출발지 IP 주소	1 ~ 99 1300 ~ 1999	라우팅 정보 필터링 시스템 접근 트래픽 필터링 매우 간단한 형태의 사용자 트래픽 필터링
확장 액세스 리스트	출발지 IP 주소 목적지 IP 주소 프로토콜 출발지 포트 주소 목적지 포트 주소	100 ~ 199 2000 ~ 2699	사용자 트래픽 필터링

먼저 표준 액세스 리스트의 설정 명령어 구문을 살펴보면 다음과 같다.

access-list *access-list-number* {**permit**|**deny**} *address* [*wildcard-mask*]

설정 3.1 표준 액세스 리스트 설정

```
RTA# configure t
RTA(config)# access-list 1 permit 10.1.1.0 0.0.0.255
```

설정 3.1은 시스코 라우터에서 표준 액세스 리스트를 설정한 예다. 예제 액세스 리스트의 의미는 10.1.1.0/24 네트워크로부터 출발한 모든 IP 패킷을 허용한다는 의미다. 여기서 관찰력이 좋은 독자는 마스크로 사용한 0.0.0.255에 대한 의구심을 가질 것이다. 0.0.0.255는 우리가 흔히 사용하는 서브넷 마스크가 아닌 와일드카드 마스크^{Wildcard Mask}다. 그러므로 이 액세스 리스트의 의미를 정확하게 표현하면 다음과 같다.

액세스 리스트 1번은 IP 패킷 헤더의 출발지 주소가 '10.1.1.'으로 시작하는 패킷, 즉 IP가 '10.1.1.'로 시작하는 호스트로부터 전달된 패킷을 모두 허용한다.

와일드카드 마스크는 네트워크 마스크와 달리 '0'을 관심 비트^{Care Bit}, '1'을 비관심 비트^{Don't Care Bit}로 사용한다. 이 말은 '0'으로 표현된 위치의 비트는 일치해야 하고, '1'로 표현된 위치의 비트는 무시한다는 의미다. 그러므로 위의 예의 10.1.1.0 0.0.0.255를 이진수로 변경해서 볼 때, 와일드카드 마스크 0.0.0.255는 첫 번째 비트부터 24번째 비트까지가 '0'이므로 여기에 해당하는 비트는 일치시키고, 25번째 비트부터 마지막 32번째 비트까지는 무시한다는 의미로 해석된다(그림 3.1).

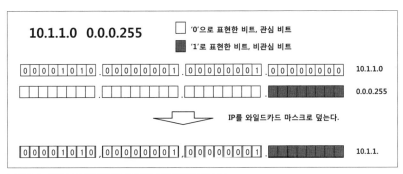

그림 3.1 이진수로 표현한 네트워크와 와일드카드 마스크

이 액세스 리스트를 인터페이스에 적용하면, 인터페이스를 통해 수신되는 패킷의 출발지 IP 주소가 '10.1.1.'으로 시작하는 패킷을 허용한다. 그러므로 10.1.1.1도 허용하고, 10.1.1.150도 허용하고, 10.1.1.210도 허용하는 등, '10.1.1.'로 시작하는 모든 출발지 패킷을 허용한다. 그러나 10.1.0.10이나 10.1.2.10 등 첫 번째부터 24번째에 해당되는 비트 정보가 다르다면, 그 어떤 출발지 주소로부터의 패킷도 이 액세스 리스트에 해당되지 않는다.

3.2 액세스 리스트의 동작 원리와 설정

액세스 리스트는 표준 액세스 리스트든, 확장 액세스 리스트든 간에 모두 접근 제어 리스트^{ACL, Access Control List}다. 용어의 의미에서도 알 수 있듯이, 접근 제어 리스트는 보안을 위한 메커니즘이다.

보안이라 함은 기본적으로 부정^{Deny}의 의미를 담고 있다. 예를 들어 우리 회사 건물에 보안을 적용한다고 가정하자. 그렇다면 출입 게이트를 잠그고 인가된 사람에게만 출입을 허용한다. 이 말은 기본적으로 모든 사람의 출입을 원천적으로 차단하고, 예외적으로 인가된 사람에게만 출입을 허용한다는 의미다. 그러므로 액세스 리스트는 기본적으로 거부의 의미를 바탕에 두고 있다. 그러므로 액세스 리스트는 그림 3.2와 같이, 부정 또는 거부를 의미하는 붉은색 바탕의 색종이 위에 허용^{Permit}을 의미하는 흰색을 표시하는 것으로 비유할 수 있다.

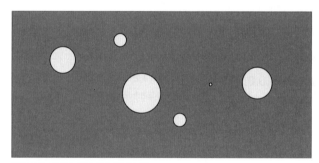

그림 3.2 액세스 리스트의 원리 비유

그러므로 앞의 예제에서 설정한 액세스 리스트를 시스템의 입장에서 표현하면 다음과 같다.

```
access-list 1 permit 10.1.1.0 0.0.0.255
access-list 1 deny any
```

위의 액세스 리스트에서 `access-list 1 deny any`는 실제 설정 값에서는 확인되지 않는다. 이것은 앞에서 언급한 액세스 리스트의 보안적인 개념인 기본 바탕의 부정(붉은색의 색종이)을 나타낸다. 이 부분은 실제 설정 값에서 확인되지 않고 시스템의 동작상에만 정의된 부분이므로, 이를 암묵적인 부정^{Implicit Deny}라고 한다. 모든 유형의 액세스 리스트, 즉 표준 액세스 리스트와 확장 액세스 리스트, 그리고 프리픽스 리스트^{Prefix List}뿐만 아니라 루트 맵^{Route-map} 등 모든 리스트 적용 관련 기능에 암묵적인 부정 개념이 적용된다.

한편, 시스코 장비가 액세스 리스트를 참고할 때 액세스 리스트가 설정된 순서대로 검사한다. 정확하게 말해서, 액세스 리스트 커맨드라인^{Command Line}의 순서대로 검사한다. 동일 액세스 리스트에 복수의 정책이 존재하는 경우, 첫 번째 커맨드라인을 확인하고, 패킷이 거기에 만족하지 않으면 다음 커맨드라인을 확인한다. 만약 패킷이 특정 커맨드라인에 만족하면 더 이상의 액세스 리스트 검사는 이루어지지 않는다. 설정 3.2를 예로 살펴보자.

설정 3.2 복수 라인의 액세스 리스트

```
RTA(config)# access-list 1 permit 192.168.1.0 0.0.0.255
RTA(config)# access-list 1 deny 192.168.1.32 0.0.0.0
% Access rule can't be configured at higher sequence num as it is part of the
existing rule at sequence num 10
```

설정 3.2를 보면, access-list 1은 두 개의 라인으로 설정되었다. 시스코 장비가 정책이 적용된 액세스 리스트를 검사할 때, 첫 번째 라인인 access-list 1 permit 192.168.1.0 0.0.0.255를 먼저 확인한다. 만일 이 커맨드라인의 조건에 충족되지 않는 경우, 두 번째 라인인 access-list 1 deny 192.168.1.32 0.0.0.0을 참고한다. 만일 첫 번째 라인을 만족한다면 더 이상의 액세스 리스트를 검사하지 않는다.

예를 들어, 액세스 리스트가 패킷 필터링에 사용되고 패킷의 출발지 주소가 192.168.1.100이라면, 이 패킷은 액세스 리스트의 첫 번째 라인을 만족한다. 그러므로 시스코 장비는 더 이상의 액세스 리스트 확인을 하지 않고, 첫 번째 라인에 명시한 대로 해당 패킷을 허용한다. 만일 패킷의 출발지 주소가 10.1.1.10이라면, 첫 번째 라인에 만족하지 않으므로 두 번째 라인을 확인하고, 거기에도 만족하지 않으므로 마지막에 위치하는 숨겨진 부정(암묵적 부정^{Implicti Deny})을 적용해 패킷을 차단한다.

이렇듯 액세스 리스트 확인은 순서대로 이루어지므로 액세스 리스트를 설정할 때 주의해야 할 점이 있다. 액세스 리스트의 설정 순서는 반드시 세부적인 정보로부터 시작해 가장 일반적인 리스트로 끝나야 한다. 이런 점에서 볼 때, 위 예제의 액세스 리스트는 잘못된 설정의 액세스 리스트다.

첫 번째 리스트는 192.168.1.0의 24비트 정보에 일치하면 허용하고, 두 번째 리스트는 192.168.1.32의 32비트 정보에 일치하면 부정하는 액세스 리스트다. 출발지 IP가 192.168.1.32인 패킷은 부정으로 정의되어 있으므로 허용되면 안 된다. 그러나 첫 번째 리스트는 출발지가 192.168.1.로 시작하는 모든 패킷을 허용하도록 정의되어 있으므로 출발지 주소 192.168.1.32로부터 수신한 패킷은 첫 번째 줄에 일치되므로 부정[Deny]되지 않고 허용된다. 그래서 예제에서 볼 수 있듯이, 두 번째 입력한 액세스 리스트를 설정할 수 없다는 에러 메시지를 접하게 된다.

이를 바로잡기 위해서는 세부 정보인 192.168.1.32를 부정하는 조건을 먼저 입력한 후에 192.168.1.0/24를 허용하는 조건을 입력해야 한다. 왜냐하면 32비트 정보가 24비트 정보보다 더 세부적인 정보이기 때문이다. 설정 3.3은 올바른 액세스 리스트 설정을 보여준다.

설정 3.3 올바른 액세스 리스트 설정

```
RTA(config)# access-list 1 deny 192.168.1.32 0.0.0.0
RTA(config)# access-list 1 permit 192.168.1.0 0.0.0.255
```

만일 특정 출발지로부터 수신되는 패킷을 부정하고 나머지 모든 패킷을 허용하려 한다면 어떻게 설정해야 할까?

설정 방법은 간단하지만, 내 경험으로 볼 때 입문자의 경우 실수하기가 쉽다. 그러나 액세스 리스트의 암묵적 부정만 이해한다면 전혀 문제가 되지 않는다.

예를 들어, 출발지 주소가 192.168.1.32와 200.200.1.10으로부터 수신하는 패킷만 부정하고 나머지를 다 허용하는 경우를 생각해보자.

일단 192.168.1.32/32와 200.200.1.10/32를 부정하는 액세스 리스트를 설정한다.

```
access-list 2 deny 192.168.1.32 0.0.0.0
access-list 2 deny 200.200.1.10 0.0.0.0
```

위의 액세스 리스트는 설정한 부정 리스트와 숨겨진 암묵적인 부정 리스트까지 모두 부정하는 조건만 존재한다. 이 부분이 입문자가 많이 실수하는 부분이다. 그 이유는 설정으로 확인되지 않는 access-list 2 deny any를 미처 생각하지 못했기 때문이다. 일부를 제외한 나머지 부분 모두를 허용해야 하므로 암묵적 부정 전체를 덮을 수 있는 허용 조건이 요구된다. 이는 부정을 의미하는 붉은색 바탕에 허용 의미의 흰색을 모두 덮는 것과 같은 개념으로 이해하면 된다. 그러므로 반드시 access-list 2 permit any를 설정해야 한다.

설정 3.4는 이 조건을 만족하는 완성된 액세스 리스트를 보여준다.

설정 3.4 특정 호스트만 부정하는 액세스 리스트 설정

```
RTA(config)# access-list 2 deny 192.168.1.32 0.0.0.0
RTA(config)# access-list 2 deny host 200.200.1.10
RTA(config)# access-list 2 permit any
```

설정에서 볼 수 있듯이, 마지막 줄의 access-list 2 permit any는 암묵적 부정인 access-list 2 deny any에 적용되지 않도록 설정된 것이다.

참고로 하나의 IP 호스트에 대한 액세스 리스트를 설정하는 경우, 32비트에 대한 와일드카드 마스크인 0.0.0.0을 사용해도 된다. 하지만 간편하게 host라는 옵션 명령어를 입력함으로써 와일드카드 마스크 0.0.0.0을 대신할 수도 있는데, 실무에서는 host 옵션 명령어가 좀 더 광범위하게 사용된다.

확장 액세스 리스트는 출발지 IP 주소만 사용하는 것과 달리, 출발지 IP 주소, 목적지 IP 주소, 출발지 포트 주소, 목적지 포트 주소 모두를 사용한다. 그러므로 표준 액세스 리스트보다 훨씬 더 세부적인 정의를 내릴 수 있고 세밀한 패킷 필터링을 구현할 수 있다. 확장 액세스 리스트 설정을 위한 명령 구문은 다음과 같다.

access-list *access-list-number* {**permit**|**deny**} *protocol source-address wildcard-mask* [*source-port*] *destination-address wildcard-mask* [*destination-port*]

원래의 확장 액세스 리스트 명령 구문은 위에서 제시한 구문보다 더 복잡하다. 아니, 복잡하다는 것보다 더 많은 종류의 트래픽을 제어하기 위해 더 세부적인 정보를 입력할 수 있는 옵션이 더 많다. 그러므로 위의 명령 구문이 100% 정확하다고 말할 수 없는 점을 이해해주길 바란다. 다만 실무에서 자주 사용되는 구문의 형태로 표현하고자 한 점을 양해해주길 바란다.

설정 3.5는 확장 액세스 리스트 설정의 예를 보여준다.

설정 3.5 확장 액세스 리스트 설정의 예

```
RTA(config)# access-list 100 permit tcp 192.168.2.0 0.0.0.255 host 192.168.1.50 eq www
RTA(config)# access-list 100 permit udp 192.168.2.0 0.0.0.255 host 192.168.1.10 eq
domain
RTA(config)# access-list 100 permit ip host 192.168.2.100 host 192.168.1.100
```

설정 3.5의 예는 액세스 리스트 번호가 100이므로 확장 액세스 리스트임을 알 수 있다. 액세스 리스트의 각 라인의 의미는 다음과 같다.

```
access-list 100 permit tcp 192.168.2.0 0.0.0.255 host 192.168.1.50 eq www
```

이 구문은 TCP 트래픽만 제어하는 용도로서 IP 주소가 192.168.2.로 시작하는 호스트로부터 192.168.1.50의 웹 서비스 포트인 80 포트로 향하는 TCP 트래픽을 허용한다는 의미다.

```
access-list 100 permit udp 192.168.2.0 0.0.0.255 host 192.168.1.10 eq domain
```

이 구문은 UDP 트래픽을 제어하는 용도로서 IP 주소가 192.168.2.로 시작하는 호스트로부터 192.168.1.10의 DNS 서비스 포트인 53번으로 향하는 UDP 트래픽을 허용한다는 의미다.

```
access-list 100 permit ip host 192.168.2.100 host 192.168.1.100
```

이 구문은 TCP와 UDP에 상관없이 모든 IP 패킷을 제어하는 용도로서 IP 주소가 192.168.2.100인 호스트로부터 192.168.1.100으로 향하는 모든 IP 패킷을 허용한다는 의미다.

확장 액세스 리스트도 트래픽의 성격과 방향을 신중하게 정의한다면, 설정에 어려움이 없을 것이다. 트래픽이 출발지로부터 목적지로 흘러간다는 이치만 이해하면 설정 구문도 쉽게 이해될 것이다.

참고로, 지금까지의 설정 예에서 표준 액세스 리스트와 확장 액세스 리스트 모두 액세스 리스트 번호를 사용했다. 그러나 최근의 추세는 액세스 리스트 번호를 사용하기보다 액세스 리스트 이름을 사용하는 네임드 액세스 리스트^{Named Access List}를 더 많이 사용한다. 그 이유는 시스템에 많은 액세스 리스트가 존재하는 경우, 액세스 리스트 번호만으로는 그 액세스 리스트가 어떤 용도로 사용되는지 인지하기 쉽지 않기 때문이다. 그러므로 액세스 리스트 이름을 사용해 많은 액세스 리스트가 설정되어 있더라도 액세스 리스트 이름만으로 무엇을 위한 액세스 리스트인지 가늠할 수 있다.

네임드 액세스 리스트의 설정은 일반 액세스 리스트의 설정과 크게 다르지 않다. 다만 액세스 리스트 설정 모드에서만 설정 가능한 점이 다르다고 할 수 있다. 네임드 액세스 리스트는 액세스 리스트 설정 모드에서만 가능하므로 ip access-list 명령만 사용가능하다.

설정 3.6은 네임드 액세스 리스트 설정의 예를 보여준다.

설정 3.6 네임드 액세스 리스트 설정의 예

```
RTA(config)# ip access-list standard LAN_TRAFFIC_FILTER
RTA(config-std-nacl)# deny host 192.168.1.32
RTA(config-std-nacl)# deny 192.168.2.0 0.0.0.255
RTA(config-std-nacl)# permit any

RTA# show ip access-list LAN_TRAFFIC_FILTER
Standard IP access list LAN_TRAFFIC_FILTER
    10 deny    192.168.1.32
    20 deny    192.168.2.0, wildcard bits 0.0.0.255
    30 permit any

RTA(config)# ip access-list extended FILTER_TO_INTERNET
RTA(config-ext-nacl)# permit tcp any any eq www
RTA(config-ext-nacl)# permit udp any any eq domain
RTA(config-ext-nacl)# permit ip 192.168.2.0 0.0.0.255 192.168.1.0 0.0.0.255

RTA# show ip access-list FILTER_TO_INTERNET
Extended IP access list FILTER_TO_INTERNET
    10 permit tcp any any eq www
    20 permit udp any any eq domain
    30 permit ip 192.168.2.0 0.0.0.255 192.168.1.0 0.0.0.255
```

지금까지 액세스 리스트의 종류와 그 설정법을 알아봤다. 액세스 리스트의 설정은 앞의 예제에서 제시한 것 외에 더욱더 세부적으로 설정이 가능하므로 실습을 통해 다양한 설정법을 익혀보길 바란다. 물음표(?) 기능을 활용해 더 많은 옵션을 사용한 액세스 리스트를 설정하고 확인해보길 바란다.

3.3 액세스 리스트의 편집

액세스 리스트를 새로 설정하는 경우에는 세부 정보부터 일반적인 정보 순서로 설정하면 문제가 되지 않는다. 그러나 사용 중인 액세스 리스트를 수정해야 하는 경우에는 잘못된 설정으로 인해 문제가 발생될 수 있으므로 주의해야 한다. 이 절에서는 액세스 리스트의 편집에 대해 알아보기로 한다.

앞 절에서 설정한 access-list 2의 두 번째 줄인 access-list 2 deny host 200.200.1.10을 삭제해야 한다고 가정하자. 일반적으로 시스코 장비의 설정을 삭제하기 위해 명령어 앞부분에 no를 붙인다.

access-list 2의 두 번째 줄을 삭제해보자.

설정 3.7 액세스 리스트를 잘못 삭제하는 경우 해당 액세스 리스트 전체가 모두 삭제된다.

```
RTA# show run | in access-list 2
access-list 2 deny    192.168.1.32
access-list 2 deny    200.200.1.10
access-list 2 permit any
RTA# conf t
RTA(config)# no access-list 2 deny   200.200.1.10
RTA# show run | in access-list 2
RTA#
```

설정 3.7에서 볼 수 있듯이, 액세스 리스트 2번의 두 번째 줄만 삭제했는데 access-list 2 전체가 삭제되는 결과가 발생한다.

참고

액세스 리스트가 패킷 필터링에 사용되는 경우, 다행스러운 점은 최근에 릴리스된 IOS 버전부터는 인터페이스에 적용된 액세스 리스트가 삭제되면 필터링 설정을 무효화시켜 모든 패킷을 허용한다는 것이다.

그러나 과거에는 인터페이스에 적용된 액세스 리스트가 존재하지 않으면 모든 패킷을 필터링해 통신이 두절되는 문제가 빈번하게 발생되었다. 보안적인 측면에서는 우려되는 점이지만, 단순한 시스코 라우터나 스위치 기능의 측면으로 볼 때 대규모 장애를 방지할 수 있다.

그럼 어떻게 원하는 액세스 리스트의 라인만 삭제할 수 있을까? 과거에는 액세스 리스트를 수정할 때마다 해당 액세스 리스트 전체를 삭제하고 다시 설정하는 방식으로 수정했다. 그러나 IOS 12.0부터 액세스 리스트의 편집 기능을 강화해 사용 중인 액세스 리스트의 수정을 가능하게 했다.

특정 라인의 수정을 위해 우선 show access-list 또는 show ip access-list로 설정된 액세스 리스트를 확인한다. 설정 3.8에서 볼 수 있듯이, show 명령어로 액세스 리스트를 확인하면 시스코 장비가 자동으로 부여한 일련번호^{Sequence Number}를 볼 수 있다. 액세스 리스트는 이 일련번호를 이용해 수정할 수 있다.

설정 3.8 액세스 리스트 확인

```
RTA# show ip access-lists 2
Standard IP access list 2
    10 deny    192.168.1.32
    20 deny    200.200.1.10
    30 permit any
```

액세스 리스트 편집은 수정하고자 하는 액세스 리스트 설정 모드에서 자유롭게 가능하다. ip access-list standard 2와 같이 입력하면 해당 액세스 리스트 설정 모드로 진입할 수 있다. 수정하고자 하는 액세스 리스트가 표준 액세스 리스트인지 확장 액세스 리스트인지를 지정하고 액세스 리스트의 번호 또는 이름을 입력해 해당 액세스 리스트 설정 모드로 진입한다(설정 3.9).

ip access-list {**standard** | **extended**} {*access-list-number*|*access-list-name*}

```
RTA(config)# ip access-list standard 2
RTA(config-std-nacl)# no deny 200.200.1.10
RTA# show ip access-lists 2
Standard IP access list 2
    10 deny    192.168.1.32
    30 permit any
```

기존에 사용 중인 액세스 리스트에 새로운 라인을 삽입하고자 하는 경우에는 액세스 리스트의 각 라인에 부여된 일련번호를 이용해 원하는 곳에 삽입할 수 있다.

예를 들어, 출발지 주소가 192.168.2.0/24에 속하는 호스트가 보낸 패킷을 부정하고자 한다. 새로운 라인의 명령어를 일련번호 없이 입력하면 해당 액세스 리스트의 가장 마지막 부분으로 삽입된다. 그러나 일련번호를 지정하면 자신이 원하는 곳에 삽입할 수 있다(설정 3.10).

설정 3.10 일련번호를 사용하면 원하는 곳에 새로운 액세스 리스트 라인을 삽입할 수 있다.

```
RTA(config)# ip access-list standard 2
RTA(config-std-nacl)# deny 192.168.2.0 0.0.0.255[1]
RTA# show ip access-lists 2
Standard IP access list 2
    10 deny    192.168.1.32
    30 permit any
    40 deny    192.168.2.0, wildcard bits 0.0.0.255[2]


RTA(config)# ip access-list standard 2
RTA(config-std-nacl)# 15 deny 192.168.2.0 0.0.0.255[3]
RTA# show ip access-list 2
Standard IP access list 2
    10 deny    192.168.1.32
    15 deny    192.168.2.0, wildcard bits 0.0.0.255[4]
    30 permit any
```

1. 일련번호 없이 설정했다.

2. 액세스 리스트의 마지막 라인으로 입력되었다.

3. 일련번호를 이용해 설정했다.

4. 원하는 위치로 삽입할 수 있다.

실무에서는 운용 중에 액세스 리스트를 추가하는 경우가 매우 많다. 그러므로 액세스 리스트의 라인 수가 상당한 경우도 자주 접하게 된다. 액세스 리스트의 새로운 라인을 삽입할 때 시스템이 부여한 일련번호를 사용한다고 했다. 그러나 잦은 라인 추가로 인해 입력할 여분의 일련번호가 없는 경우도 발생할 수 있다.

이런 경우 모두 삭제한 후 다시 입력해야 하는지에 대해 고민하지 말자. 시스코 IOS의 일련번호 재조정 기능을 통해 방대한 액세스 리스트 라인도 자유롭게 편집할 수 있도록 했다.

ip access-list resequence *{access-list-number|access-list-name}* starting-sequence-number incremental-sequence-number

*starting-sequence-number*는 새로운 일련번호의 시작 번호를 의미하고, *incremental-sequence-number*는 액세스 리스트의 각 라인 간의 간격을 의미한다. 설정 3.11에서 확인할 수 있듯이 시작 일련번호를 5로 했고, 각 라인 간의 간격을 5로 조정했다.

설정 3.11 액세스 리스트 일련번호 재조정

```
RTA# show ip access-list 2¹
Standard IP access list 2
    10 deny    192.168.1.32
    11 deny    192.168.1.40
    12 deny    192.168.1.41
    13 deny    192.168.1.45
    14 deny    192.168.1.47
    15 deny    192.168.2.0, wildcard bits 0.0.0.255
    30 permit any
```

```
RTA(config)# ip access-list resequence 2 5² 5³
```

```
RTA# show ip access-lists 2
Standard IP access list 2
    5 deny    192.168.1.41
    10 deny   192.168.1.40
    15 deny   192.168.1.45
    20 deny   192.168.1.47
    25 deny   192.168.1.32
    30 deny   192.168.2.0, wildcard bits 0.0.0.255
    35 permit any
```

1. 액세스 리스트 라인에 여유가 없다. 새로운 라인을 추가 삽입할 수 없다.
2. 일련번호 재조정 시. 일련번호 5번부터 시작한다.
3. 각 라인 간의 일련번호 간격을 5로 유지한다.

지금까지 설명한 액세스 리스트 관련 설정 및 동작 원리는 표준 액세스 리스트와 확장 액세스 리스트 모두에 적용된다는 점을 인지하길 바란다.

3.4 ASA의 액세스 리스트

ASA도 액세스 리스트의 동작 원리는 시스코 IOS에서와 동일하다. 다만 설정에 있어서 약간의 차이점이 있는데, 그것에 대해 알아보자.

ASA의 액세스 리스트 설정은 거의 모두 IOS 명령과 동일하다. 그러나 IOS가 액세스 리스트 번호와 이름을 모두 사용할 수 있는 것과 달리, ASA는 액세스 리스트 이름을 이용한 설정만 가능하다. 이는 ASA가 보안 장비이고 장비 특성상 많은 액세스 리스트를 사용할 수밖에 없으므로, 액세스 리스트의 확장성^{Scalability}을 위한 불가피한 선택일 것이다.

또 하나 다른 점은 IOS의 액세스 리스트가 와일드카드 마스크를 사용하는 것과 달리, ASA는 서브넷 마스크를 사용한다는 것이다. 이런 점을 제외하면 IOS와 ASA의 액세스 리스트 설정은 크게 다르지 않다고 할 수 있다. 설정 3.12는 ASA의 액세스 리스트 설정의 예를 보여준다.

설정 3.12 ASA의 액세스 리스트 설정의 예

```
ciscoasa(config)# access-list LAN_FILTER extended permit tcp 192.168.2.0 255.255.255.0
host 192.168.1.50 eq www
ciscoasa(config)# access-list LAN_FILTER extended permit udp 192.168.2.0 255.255.255.0
host 192.168.1.10 eq domain
ciscoasa(config)# access-list LAN_FILTER extended permit ip host 192.168.2.100
host 192.168.1.100
```

참고

ASA도 표준 액세스 리스트와 확장 액세스 리스트를 모두 지원한다. 그러나 ASA는 방화벽이라는 특수성으로 인해 패킷 필터링에 많이 사용된다. 그러므로 실무에서는 표준 액세스 리스트가 ASA에 설정되어 있는 경우를 접하기 쉽지 않을 것이다.

ASA도 액세스 리스트의 편집 기능을 제공한다. IOS 장비가 자동으로 부여하는 일련번호Sequence Number와 마찬가지로, ASA는 라인 번호Line Number를 제공하는데, 라인 번호를 이용해 특정 라인만 삭제하거나 특정 라인을 원하는 곳에 삽입하는 등의 편집이 가능하다. 액세스 리스트에 자동으로 할당된 라인 번호는 show access-list 명령어로 확인 가능하다(설정 3.13).

설정 3.13 ASA의 액세스 리스트 확인

```
ciscoasa# show access-list LAN_FILTER
access-list LAN_FILTER; 3 elements; name hash: 0xc5e8b1cf
access-list LAN_FILTER line 1 extended permit tcp 192.168.2.0 255.255.255.0 host
192.168.1.50 eq www (hitcnt=0) 0xea668d21
access-list LAN_FILTER line 2 extended permit udp 192.168.2.0 255.255.255.0 host
192.168.1.10 eq domain (hitcnt=0) 0x1c8c9120
access-list LAN_FILTER line 3 extended permit ip host 192.168.2.100 host
192.168.1.100 (hitcnt=0) 0x9f480473
```

ASA에서 액세스 리스트의 라인 번호가 IOS의 일련번호와 약간 다르다는 것을 확인할 수 있다. IOS에서는 일련번호가 액세스 리스트 라인 간의 간격을 둠으로써 편집 가능했는데, ASA의 라인 번호는 각 라인 간의 간격이 전혀 없고 1부터 연속된 번호를 가

진다. 그러므로 특정 라인을 삽입하고자 한다면 원하는 라인의 번호만 지정해 액세스 리스트 설정을 하면 된다. 수정하는 라인 이후의 라인 번호는 순차적으로 자동 부여된다.

예를 들어, 새로운 액세스 리스트 라인을 line 1 다음에 위치하게 하고 싶다면, line 2를 지정해 설정하면 되는데, 기존의 line 2는 line 3으로 밀려난다(설정 3.14).

설정 3.14 ASA의 액세스 리스트 라인 추가 설정

```
ciscoasa(config)# access-list LAN_FILTER line 2 extended permit tcp 192.168.3.0
255.255.255.0 host 192.168.1.50 eq www

ciscoasa# show access-list LAN_FILTER
access-list LAN_FILTER; 4 elements; name hash: 0xc5e8b1cf
access-list LAN_FILTER line 1 extended permit tcp 192.168.2.0 255.255.255.0 host
192.168.1.50 eq www (hitcnt=0) 0xea668d21
access-list LAN_FILTER line 2 extended permit tcp 192.168.3.0 255.255.255.0 host
192.168.1.50 eq www (hitcnt=0) 0x8e8fa158
access-list LAN_FILTER line 3 extended permit udp 192.168.2.0 255.255.255.0 host
192.168.1.10 eq domain (hitcnt=0) 0x1c8c9120
access-list LAN_FILTER line 4 extended permit ip host 192.168.2.100 host
192.168.1.100 (hitcnt=0) 0x9f480473
```

액세스 리스트의 특정 라인을 삭제하고자 한다면 해당 라인 번호를 지정해 삭제할 수 있다(설정 3.15).

설정 3.15 ASA의 액세스 리스트 특정 라인 삭제

```
ciscoasa(config)# no access-list LAN_FILTER line 2 permit tcp 192.168.3.0
255.255.255.0 host 192.168.1.50 eq www
ciscoasa# show access-list LAN_FILTER
access-list LAN_FILTER; 3 elements; name hash: 0xc5e8b1cf
access-list LAN_FILTER line 1 extended permit tcp 192.168.2.0 255.255.255.0 host
192.168.1.50 eq www (hitcnt=0) 0xea668d21
access-list LAN_FILTER line 2 extended permit udp 192.168.2.0 255.255.255.0 host
192.168.1.10 eq domain (hitcnt=0) 0x1c8c9120
access-list LAN_FILTER line 3 extended permit ip host 192.168.2.100 host
192.168.1.100 (hitcnt=0) 0x9f480473
```

IOS의 액세스 리스트 설정을 잘 이해하고 있다면, ASA의 액세스 리스트 설정에 큰 문제가 없을 것이다. 기본적인 개념은 동일하므로 약간의 차이점만 이해하면 ASA에서 액세스 리스트를 설정하는 것도 쉽게 느껴질 수 있다.

4 | ASA 기본

오늘날 네트워크 보안의 중요성이 대두됨에 따라 각 제조사는 보안 장비 개발에 박차를 가하고 있다. 또한 가상화 솔루션을 이용한 가상 보안 장비에 이르는 네트워크 전반의 기술 발전을 보고 있으면 실로 놀라울 따름이다. 과거 시스코는 PIX라는 방화벽 장비를 출시했고, 현재는 기존의 PIX가 지원하는 모든 보안 기능뿐만 아니라, 더 많은 기능을 추가한 ASA^Adaptive Security Appliance를 출시했다. 이 책을 저술하는 시점에서, ASA는 7~8년 전에 개발 및 출시되었지만 현재까지도 시스코가 지속적인 개발에 힘쏟고 있는 장비다. ASA는 PIX보다 한층 업그레이드된 장비로서 어떤 네트워크 환경과 요구에도 적용하는 Adaptive 보안^Security 장치^Appliance, 즉 통합 네트워크 보안장치라는 의미로 지어진 이름이다.

아마도 이 책을 읽고 있는 독자들은 시스코 라우터와 같은 IOS 장비에 대한 경험이 조금이라도 있을 것이다. 그러나 ASA를 접해본 독자는 그리 많지 않으리라 생각된다. 이 책은 독자들이 IOS 라우터의 기본적인 설정법을 이미 알고 있다는 전제하에 ASA의 기본 설정과 운용에 필요한 개념 등을 설명한다.

4.1 ASA 접근 모드 및 파일 관리

시스코 라우터 경험이 있는 독자라면 ASA 설정에 큰 어려움이 없을 것이다. ASA는 시스코 IOS 장비와 설정 명령어나 확인 방법이 조금 다르지만, 기본적인 명령어나 명령 체계는 일반 시스코 IOS 장비와 매우 유사하다. 그럼 ASA의 초기화 상태에서 권장되는 설정과 운용에 필요한 기본적인 설정을 알아보도록 한다.

일반적인 시스코 IOS 장비는 공장 초기화 상태에서 부팅할 때 NVRAM에 저장된 설정 파일이 없다면 설정 대화 모드로 진입한다. 그러나 ASA는 부팅 과정이 끝나면 바로 사용자 모드^{User Mode}로 진입한다(설정 4.1).

설정 4.1 설정 대화 모드가 존재하지 않는다.

```
- 생략 -
Copyright (c) 1996-2011 by Cisco Systems, Inc.

                Restricted Rights Legend

Use, duplication, or disclosure by the Government is
subject to restrictions as set forth in subparagraph
(c) of the Commercial Computer Software - Restricted
Rights clause at FAR sec. 52.227-19 and subparagraph
(c) (1) (ii) of the Rights in Technical Data and Computer
Software clause at DFARS sec. 252.227-7013.

                Cisco Systems, Inc.
                170 West Tasman Drive
                San Jose, California 95134-1706

config_fetcher: channel open failed
ERROR: MIGRATION - Could not get the startup configuration.
COREDUMP UPDATE: open message queue fail: No such file or directory/2

INFO: MIGRATION - Saving the startup errors to file 'flash:upgrade_startup_
errors_201410082219.log'
Type help or '?' for a list of available commands.
ciscoasa>
```

설정 4.1에서 볼 수 있는 사용자 모드는 ASA가 제공하는 프롬프트 중의 하나인데, ASA의 프롬프트 모드에 대해 알아보자.

ASA는 크게 다음 네 가지 프롬프트 모드를 제공한다.

1. 모니터 모드^{Monitor Mode}

2. 사용자 모드^{User Mode/Unpriviledged Mode}

3. 이네이블 모드^{Enable Mode} 또는 프리빌리지 모드^{Priviledged Mode}

4. 설정 모드^{Configuration Mode}

모니터 모드는 특수한 모드로서 일반적으로 운용 중인 장비에서는 확인되지 않는 모드다. 이 모드는 패드워드를 복구하거나 네트워크상에서 이미지를 업그레이드하는 경우에 확인된다. 이 모드는 운용에 필요한 명령어를 제공하지 않고 이미지 복구를 위한 TFTP 서버 지정 및 패스워드 복구 등에 대한 기본적인 명령어만 제공된다. 설정 4.2는 모니터 모드의 프롬프트를 보여준다.

설정 4.2 모니터 모드 프롬프트

```
monitor>
```

사용자 모드는 시스코 IOS 장비와 마찬가지로 매우 제한된 명령어만 제공하므로, 이 모드에서 운용에 필요한 그 어떤 조작도 할 수 없다. ASA는 일반적인 IOS 장비와 달리 보안 장비라는 특성상 더욱더 제한된 명령어만 제공한다. 장비 설정을 할 수 없음은 물론이고, 인터페이스 정보조차 확인할 수 없다. 단순히 핑^{Ping}이나 트레이스루트^{Traceroute}와 같은 3계층의 연결성 확인 정도만 가능하다. 그러므로 관리자라면 사용자 모드에서 할 수 있는 것은 아무것도 없다고 생각해도 무방하다. 설정 4.3은 사용자 모드의 프롬프트를 보여준다.

설정 4.3 사용자 모드 프롬프트

```
ciscoasa>
```

사용자 모드에서 enable을 입력하고 패스워드를 입력하면 이네이블 모드 또는 프리빌리지 모드로 진입한다. 이네이블 모드 또는 프리빌리지 모드는 관리자가 장비를 운용하는 데 필요한 모든 명령어를 제공한다. 설정이나 디버그 그리고 설정 정보 확인 등 모든 명령어를 사용할 수 있다. 한편, 이네이블 모드 진입을 위한 패스워드는 기본적으로 존재하지 않는다. 다만 패스워드 입력 라인을 만나면 그냥 엔터 키를 누르면 된다. 설정

4.4는 사용자 모드로부터 이네이블 모드의 진입 과정을 보여준다.

설정 4.4 이네이블 모드 진입 및 프롬프트

```
ciscoasa> enable
Password:[1]
ciscoasa#
```

1. 기본 패스워드는 '엔터 키'다.

이네이블 모드에서 config t를 입력하면 설정 모드로 진입한다. 설정 모드는 다양한
세부 설정 모드가 존재하며 장비 사용에 필요한 설정 작업을 수행할 수 있다. 설정 4.5
는 설정 모드 진입 과정을 보여준다.

설정 4.5 설정 모드 진입 및 프롬프트

```
ciscoasa# config t
ciscoasa(config)#
ciscoasa(config)# interface g0
ciscoasa(config-if)#
```

한편, 일반적인 IOS 장비는 설정 모드에서 show 명령어를 사용하려면, 설정 모드로
부터 벗어나거나 do 명령어를 사용해야 한다. 그러나 ASA는 이네이블 모드와 같은 실
행 모드에서뿐만 아니라, 설정 모드에서도 show 명령어를 자유롭게 사용할 수 있다(설정
4.6).

설정 4.6 ASA는 설정 모드에서 실행 명령어를 자유롭게 사용할 수 있다.

```
router(config)# show ip interface brief[1]
                     ^
% Invalid input detected at '^' marker.

router(config)# do show ip interface brief
Interface              IP-Address      OK? Method Status                Protocol
FastEthernet0/0        unassigned      YES unset  administratively down down
FastEthernet0/1        unassigned      YES unset  administratively down down
```

```
ciscoasa(config)# show interface ip brief²
Interface               IP-Address      OK? Method Status                  Protocol
GigabitEthernet0        unassigned      YES manual up                      up
GigabitEthernet1        unassigned      YES unset  administratively down   up
GigabitEthernet2        unassigned      YES unset  administratively down   up
GigabitEthernet3        unassigned      YES unset  administratively down   up
GigabitEthernet4        unassigned      YES unset  administratively down   up
GigabitEthernet5        unassigned      YES unset  administratively down   up
```

1. IOS 장비는 설정 모드에서 실행 명령어를 지원하지 않는다.
2. ASA는 설정 모드에서도 실행 명령어를 지원한다.

IOS 장비와 마찬가지로, ASA도 두 개의 설정 파일이 있다. 러닝 컨피규레이션[running configuration]과 스타트업 컨피규레이션[start-up configuration]이 그것이다.

러닝 컨피규레이션은 ASA에 실제 적용되어 운용 중인 설정 파일이고, 스타트업 컨피규레이션은 플래시 메모리에 저장된 설정 파일이다. 스타트업 컨피규레이션 파일은 관리자가 저장한 설정 정보로서 장비가 부팅되는 경우에 플래시에 지장된 설정 파일을 불러 램[RAM]으로 복사해 러닝 컨피규레이션 형태로 운용된다. 그러므로 설정 4.7에서 보는 것과 같이, 공장 초기화 상태에서 러닝 컨피규레이션은 확인되는 반면, 스타트업 컨피규레이션은 확인되지 않는다. 이는 플래시 메모리에 관리자에 의해 저장된 설정 파일이 존재하지 않기 때문이다.

설정 4.7 공장 초기화 상태에서 스디트업 컨피규레이션은 확인되지 않는나.

```
ciscoasa# show running-config
: Saved
:
ASA Version 8.4(2)
!
hostname ciscoasa
enable password 8Ry2YjIyt7RRXU24 encrypted
passwd 2KFQnbNIdI.2KYOU encrypted
names
!
interface GigabitEthernet0
```

```
 shutdown
 no nameif
 no security-level
 no ip address
!
interface GigabitEthernet1
 shutdown
 no nameif
 no security-level
 no ip address
!
interface GigabitEthernet2
 shutdown
 no nameif
 no security-level
- 생략 -

ciscoasa# show startup-config
ciscoasa#
```

관리자의 설정은 write 또는 wirte memory, copy running-config startup-config 명령어로 저장할 수 있다. 설정 저장 명령을 입력하면 램에서 구동되고 있는 러닝 컨피규레이션이 스타트업 컨피규레이션으로 저장된다(설정 4.8).

설정 4.8 운용 중인 설정 저장

```
ciscoasa# write
Building configuration...
Cryptochecksum: 37b6294d 6eb0aba3 76bfb48e 083c9e76

1632 bytes copied in 0.600 secs
[OK]
ciscoasa#

ciscoasa# show startup-config
```

```
: Saved
: Written by enable_15 at 04:17:57.049 UTC Thu Oct 9 2014
!
ASA Version 8.4(2)
!
hostname ciscoasa
enable password 8Ry2YjIyt7RRXU24 encrypted
passwd 2KFQnbNIdI.2KYOU encrypted
names
!
interface GigabitEthernet0
 shutdown
 no nameif
 no security-level
 no ip address
!
interface GigabitEthernet1
 shutdown
 no nameif
 no security-level
 no ip address
- 생략 -
```

4.2 인터페이스 보안 레벨

ASA는 다양한 보안 기능을 제공해주는 보안 장비다. 그러나 무엇보다도 가장 기본적인 보안 기능은 방화벽 기능이다. 방화벽은 인가된 트래픽만 허용하고, 인가되지 않은 트래픽은 원천적으로 차단하기 위한 장비 또는 기능이다. 그러므로 ASA의 인터페이스에는 이런 방화벽 기능이 기본적으로 적용되어 있는데, 그것이 바로 보안 레벨^{Security Level}이다. 보안 레벨은 0부터 100까지 관리자에 의해 설정될 수 있는데, 이 절에서는 보안 레벨에 대해 알아보자.

각 인터페이스에 설정 가능한 보안 레벨은 인터페이스로부터 유입되는 트래픽을 얼

마나 신뢰할 수 있는가를 나타내는 지수다. 그러므로 보안 레벨이 높을수록 더 신뢰할
수 있는 트래픽임을 의미한다.

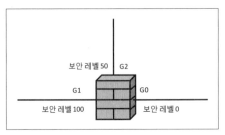

그림 4.1 보안 레벨

보안 레벨은 단순히 해당 인터페이스로 수신되는 트래픽의 신뢰도만을 의미하는 것
이 아니다. 실제로 ASA의 인터페이스는 보안 레벨이 지정되지 않으면 인터페이스 자체
가 활성화되지 않는다. 그 이유는 보안 레벨은 트래픽 전달에 큰 영향을 미치기 때문인
데, 보안 레벨에 따라 트래픽이 전달될 수도 있고 전달되지 않을 수도 있다. 기본적으로
보안 레벨이 높은 인터페이스로부터 수신되는 트래픽은 보안 레벨이 낮은 인터페이스
로 허용된다. 반면에 보안 레벨이 낮은 인터페이스로부터 수신되는 트래픽은 보안 레벨
이 높은 인터페이스로 허용되지 않는다.

그림 4.2는 앞의 그림을 보안 레벨의 기준으로 표현한 그림이다. 그림에서 보듯이, 인
터페이스 G1의 보안 레벨은 100이고 G0의 보안 레벨은 0이다. 인터페이스 G0과 G1을
상호 경유하는 트래픽을 생각해보자. 보안 레벨이 100인 G1과 보안 레벨이 0인 G0 간
의 트래픽은 그림에서 보이는 것과 같이 경사진 곳에서 구슬을 놓는 것에 비유할 수
있다.

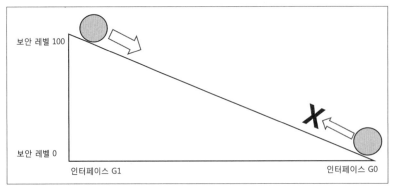

그림 4.2 인터페이스 간의 트래픽 전달을 중력의 법칙에 비유할 수 있다.

경사진 곳에서 구슬을 놓으면 중력의 법칙에 따라 높은 곳에서 낮은 곳으로 구슬이 굴러간다. 반대로 낮은 곳에서 높은 곳으로 굴러갈 수는 없다. 인터페이스의 보안 레벨은 이와 같은 이치로 동작한다. 매우 작은 경사라도 있으면 구슬은 높은 곳에서 낮은 곳으로 구른다. 이와 마찬가지로 보안 레벨도 단 1의 차이만 나더라도 보안 레벨을 거스르는 트래픽은 허용되지 않는다.

그럼 구슬을 낮은 곳으로부터 높은 곳으로 올리려면 어떻게 해야 할까? 그 어떤 힘이나 도구를 이용해야 한다. 손으로 밀어 올리든지 그림 4.3과 같이 컨테이너와 같은 도구를 이용해 올려야 한다. 그러므로 보안 레벨이 낮은 인터페이스로부터 보안 레벨이 높은 인터페이스로 트래픽을 전달하려면 액세스 리스트와 같은 도구를 이용해 전달해야 한다.

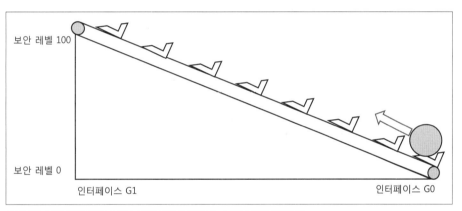

그림 4.3 낮은 곳으로부터 높은 곳으로 옮기기 위해서는 도구나 힘이 필요하다.

그러면 보안 레벨의 예를 살펴보자. 앞에서도 언급했듯이 보안 레벨은 0부터 100까지 관리자에 의해 설정 가능하다. 일반적인 보안 레벨을 살펴보면 다음과 같다.

내부 호스트가 위치하는 로컬 네트워크에 연결된 인터페이스는 내부 인터페이스라는 의미에서 인사이드Inside 인터페이스라고 부른다. 인사이드 인터페이스는 가장 신뢰할 수 있는 인터페이스이므로 보안 레벨은 100이 된다. 그리고 인터넷과 같은 외부 네트워크에 연결되는 아웃사이드Outside 인터페이스는 가장 신뢰할 수 없는 네트워크로 보안 레벨은 0이 된다. 한편, 서버팜이 연결되는 DMZ 인터페이스는 내부 호스트도 받아들이고 외부 호스트도 받아들이므로 내부 네트워크와 외부 네트워크의 중간 레벨인 1~99로 설정한다. 실무에서는 50 전후로 설정하는 것이 일반적이다.

한편, ASA는 인터페이스에 이름을 부여해 정책 적용 시 그 이름을 사용한다. 그래서 인터페이스의 이름이 Inside이면 기본적으로 보안 레벨을 가장 높은 100을 적용한다. 그리고 인터페이스 이름이 Inside가 아닌 다른 모든 인터페이스는 기본적으로 가장 낮은 보안 레벨 0을 적용한다. 그러므로 Outside 인터페이스를 제외한 DMZ 인터페이스의 경우 적절한 보안 레벨로 변경해야 한다.

지금까지 설명한 보안 레벨을 바탕으로 그림 4.4를 살펴보자. ASA의 Gi1은 Inside 인터페이스로서 보안 레벨 100이 부여되었고, Gi2는 DMZ 인터페이스로서 보안 레벨 50을, Gi0은 Outside 인터페이스로 보안 레벨 0을 부여했다. 그러므로 기본적인 상태에서 트래픽의 허용은 점선 화살표 방향으로만 이루어진다. 점선 화살표 방향의 트래픽 이외의 모든 트래픽은 반드시 허용을 위한 정책이 제공되어야만 허용된다.

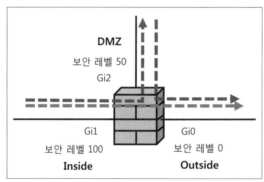

그림 4.4 트래픽은 높은 보안 레벨 인터페이스로부터 낮은 보안 레벨 인터페이스 방향으로 허용된다.

트래픽의 방향을 정의하면 크게 세 경우로 구분된다. 첫 번째는 높은 보안 레벨 인터페이스로부터 낮은 인터페이스로, 두 번째는 낮은 보안 레벨 인터페이스로부터 높은 보안 레벨 인터페이스로, 마지막으로는 같은 보안 레벨 인터페이스 간의 트래픽 흐름으로 볼 수 있다.

앞에서 언급했듯이, 보안 레벨이 높은 곳에서 낮은 곳으로의 트래픽 흐름은 기본적으로 모두 허용된다. 물론 이 법칙은 ASA에 아무런 정책이 적용되지 않은 경우다. 비록 보안 레벨이 높은 곳으로부터 낮은 곳으로의 트래픽이라 하더라도, 비허용 정책이 적용되었다면 당연히 트래픽은 허용되지 않는다는 점을 명심하길 바란다.

두 번째로 보안 레벨이 낮은 곳으로부터 높은 곳으로의 트래픽은 기본적으로 허용되지 않는다. 이 또한 ASA에 아무런 정책이 적용되지 않았다는 전제다. 만일 트래픽을 허용하는 정책이 적용된다면, 해당 정책에 따라 트래픽은 허용될 것이다.

마지막의 경우는 동일한 보안 레벨을 가진 인터페이스 간의 트래픽이다. 일반적인 상식으로는 동일한 보안 레벨을 가질 경우 트래픽이 허용되는 것으로 생각할 수 있다. 그러나 ASA는 보안 장비이고, 보안적인 개념으로 생각할 때 기본 전제는 모두 부정을 의미하므로 허용되지 않는다. 특정 정책 적용 없이 동일한 보안 레벨을 가진 인터페이스 간의 트래픽을 허용하려면 same-security-traffic permit이라는 명령어를 입력하면 된다(설정 4.9). 마찬가지로 해당 트래픽에 대한 정책이 적용되었다면 트래픽은 적용된 정책에 의해 허용되거나 거부된다.

설정 4.9 동일한 보안 레벨 인터페이스 간의 트래픽을 허용하기 위한 설정

```
ciscoasa(config)# same-security-traffic permit inter-interface
```

ASA에서 인터페이스 보안 레벨은 중요한 의미를 가진다. 비록 ASA에 설정되는 필터링 정책을 우선하지만, 기본적인 동작만으로도 최소한의 필터링이 가능하므로 보안 레벨에 의한 동작을 반드시 이해하길 바란다.

4.3 ASA 기본 설정

앞 절에서 ASA의 인터페이스 보안 레벨을 알아봤다. ASA의 기본 설정 중에서 가장 중요한 부분 중 하나인 보안 레벨을 이해했다면 ASA의 기본적인 설정을 하는 데 큰 문제는 없을 것이다. 이 절에서는 공장 초기화 상태의 ASA 운용을 위한 기본적인 설정을 어떻게 해야 하는지 알아보기로 한다.

ASA 기본 설정은 이네이블 패스워드 설정으로 시작한다. 모든 네트워크 장비의 최초 설정 중에서 가장 중요하지만 또 쉽게 잊을 수 있는 것이 바로 패스워드 설정이다. 이네이블 패스워드는 시스템 설정 및 관리를 위해 사용자 모드로부터 이네이블 모드로 진입하기 위한 패스워드다. ASA의 이네이블 모드는 시스코 IOS 장비의 이네이블 시크릿 ^{Enable Secret}과 동일하다. ASA는 보안 장비다. 그러므로 IOS 장비의 일반적인 이네이블 패스워드를 제공할 리가 없다. 이네이블 패스워드 설정 명령어 구문은 다음과 같다. 설정 4.10은 이네이블 모드 설정의 예를 보여준다.

```
(config)# enable password password
```

설정 4.10 이네이블 패스워드 설정

```
ciscoasa(config)# enable password cisco123
```

다음으로, ASA의 호스트 네임을 설정하자. 호스트 네임은 프롬프트에 장비 이름을 표시하기 위해 사용되는데, 이는 원격 접속 시 시스템을 식별하기 위한 가장 쉬운 방법이자 중요한 설정이다. hostname 명령어로 간단하게 설정할 수 있다. 설정 4.11은 호스트 네임 설정의 예다. 설정과 동시에 커맨드 창의 호스트 네임이 변경된 것을 알 수 있다.

설정 4.11 호스트 네임 설정

```
ciscoasa(config)# hostname MYLABFW
MYLABFW(config)#
```

이제 인터페이스 설정을 해보자. 그림 4.5는 ASA 기본 설정을 위한 구성도를 보여준다. 각 인터페이스의 이름과 IP, 그리고 보안 레벨을 설정해보자.

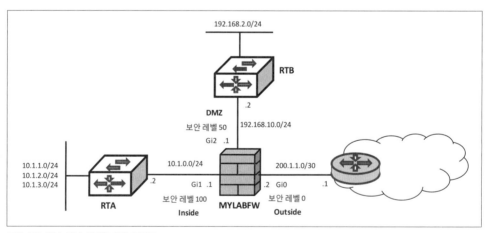

그림 4.5 ASA 기본 설정을 위한 구성도

일반적인 IOS 장비는 비활성화된 인터페이스를 활성화하고 IP 주소를 설정하면 바로 사용 가능하다. 그러나 ASA는 다음 세 가지를 설정하지 않으면 인터페이스가 활성화되어 있다고 하더라도 트래픽을 전달하지 않는다.

1. 인터페이스 이름[Interface Name]

2. 보안 레벨[Security Level]

3. IP 주소

설정 4.12에서 볼 수 있듯이, 인터페이스가 활성화되고 IP 주소를 가지고 있더라도 인터페이스 이름과 보안 레벨이 존재하지 않으면 인터페이스에 설정된 IP 주소는 라우팅 테이블에 등록되지 않는다.

설정 4.12 인터페이스 이름과 보안 레벨 미설정의 예

```
MYLABFW(config)# interface g1
MYLABFW(config-if)# ip address 10.1.0.1 255.255.255.0
MYLABFW(config-if)# no shutdown

MYLABFW# show interface g1
Interface GigabitEthernet1 "", is up, line protocol is up
  Hardware is Linux Ethernet Dev, BW 100 Mbps, DLY 100 usec
        (Full-duplex), (100 Mbps)
        Input flow control is unsupported, output flow control is unsupported
        Available but not configured via nameif
        MAC address 00ab.cd92.5201, MTU not set
        IP address 10.1.0.1, subnet mask 255.255.255.0
        0 packets input, 0 bytes, 0 no buffer
        Received 0 broadcasts, 0 runts, 0 giants
        0 input errors, 0 CRC, 0 frame, 0 overrun, 0 ignored, 0 abort
- 생략 -

MYLABFW# show route[1]

Codes: C - connected, S - static, I - IGRP, R - RIP, M - mobile, B - BGP
       D - EIGRP, EX - EIGRP external, O - OSPF, IA - OSPF inter area
       N1 - OSPF NSSA external type 1, N2 - OSPF NSSA external type 2
       E1 - OSPF external type 1, E2 - OSPF external type 2, E - EGP
       i - IS-IS, L1 - IS-IS level-1, L2 - IS-IS level-2, ia - IS-IS inter area
       * - candidate default, U - per-user static route, o - ODR
       P - periodic downloaded static route
```

```
Gateway of last resort is not set
```

1. 인터페이스가 활성화되어도 라우팅 정보가 등록되지 않는다.

L3 통신을 위해 IP 주소를 입력하는 것은 매우 당연하다. 그러나 인터페이스 네임과 보안 레벨을 설정해야 하는 것이 다른 IOS 장비와 다른 점이다. ASA는 정책 적용 시 인터페이스 타입과 번호를 사용하지 않고 인터페이스 이름을 사용한다. 또한 앞 절에서 설명했듯이, 보안 레벨은 기본적으로 트래픽 전달에 결정적인 역할을 하므로 당연히 설정되어야 한다. 그러므로 인터페이스 설정을 하기 전에 먼저 인터페이스 이름과 해당 인터페이스의 보안 레벨을 정책적으로 결정한 후 설정하는 것을 권장한다.

이 예제에서는 예제 구성도에서 볼 수 있듯이, 내부 네트워크 인터페이스 Gi1은 Inside와 보안 레벨 100, DMZ 인터페이스 Gi2는 DMZ와 보안 레벨 50, 인터넷 인터페이스 Gi0은 Outside와 보안 레벨 0으로 설정한다. 다음은 인터페이스 설정을 위해 필요한 명령어 구문들을 보여준다. 설정 4.13은 인터페이스 설정의 예를 보여준다.

```
(config)# interface interface-type
(config-if)# nameif interface-name
(config-if)# security-level value-of-level
(config-if)# ip address ip-address subnet-mask
(config-if)# no shutdown
```

설정 4.13 예제의 인터페이스 설정

```
MYLABFW(config)# interface g1
MYLABFW(config-if)# nameif Inside
INFO: Security level for "Inside" set to 100 by default.[1]
MYLABFW(config-if)# ip address 10.1.0.1 255.255.255.0
MYLABFW(config-if)# no shutdown
MYLABFW(config)# interface g2
MYLABFW(config-if)# nameif DMZ
INFO: Security level for "DMZ" set to 0 by default.[2]
MYLABFW(config-if)# security-level 50
MYLABFW(config-if)# ip address 192.168.10.1 255.255.255.0
MYLABFW(config-if)# no shutdown
```

```
MYLABFW(config)# interface g0
MYLABFW(config-if)# nameif Outside
INFO: Security level for "Outside" set to 0 by default.²
MYLABFW(config-if)# ip address 200.1.1.2 255.255.255.252
MYLABFW(config-if)# no shutdown


MYLABFW# show route

Codes: C - connected, S - static, I - IGRP, R - RIP, M - mobile, B - BGP
       D - EIGRP, EX - EIGRP external, O - OSPF, IA - OSPF inter area
       N1 - OSPF NSSA external type 1, N2 - OSPF NSSA external type 2
       E1 - OSPF external type 1, E2 - OSPF external type 2, E - EGP
       i - IS-IS, L1 - IS-IS level-1, L2 - IS-IS level-2, ia - IS-IS inter area
       * - candidate default, U - per-user static route, o - ODR
       P - periodic downloaded static route


Gateway of last resort is not set

C    200.1.1.0 255.255.255.252 is directly connected, Outside
C    192.168.10.0 255.255.255.0 is directly connected, DMZ
C    10.1.0.0 255.255.255.0 is directly connected, Inside
```

1. Inside 인터페이스에 대해 보안 레벨 100이 자동으로 부여되었다.
2. Inside를 제외한 모든 인터페이스는 보안 레벨이 0으로 부여된다.

위의 설정에서 확인할 수 있듯이, 인터페이스 이름과 보안 레벨을 적용하면 비로소 해당 인터페이스 네트워크 정보가 라우팅 테이블에 등록된다. 실무에서 ASA의 초기 설정을 할 때 입문자가 자주 범하는 실수이기도 하므로 인터페이스에 설정해야 하는 항목을 명심하길 바란다.

앞에서 언급했지만, 인터페이스 이름 Inside를 제외한 모든 인터페이스 이름은 기본적으로 보안 레벨 0이 적용된다. 그러므로 DMZ 인터페이스의 경우는 별도로 보안 레벨을 50으로 설정해야 한다.

다음으로, 라우팅 설정을 수행한다. ASA도 3계층의 패킷을 다루는 장비이므로 패킷을 목적지 방향으로 전달하기 위해 반드시 라우팅 테이블을 구축해야 한다. 현재까지 인터페이스에 대한 설정만 이루어졌으므로 직접 연결된 네트워크 정보인 커넥티드[Connected] 정보만 라우팅 테이블로부터 확인된다. 내부 네트워크인 RTA에 연결된 10.1.1.0/24, 10.1.2.0/24, 10.1.3.0/24 네트워크와 서버팜의 192.168.2.0/24 네트워크에 대한 라우팅 정보가 필요하다. 또한 인터넷 라우팅을 위해 디폴트 라우팅 정보도 요구된다.

ASA는 정적 라우팅은 물론 RIP과 EIGRP, OSPF를 이용한 동적 라우팅도 지원한다. 이 예제에서는 정적 라우팅을 설정하기로 한다. 다음은 정적 라우팅 설정을 위한 명령어 구문이다.

```
(config)# route interface-name ip-address subnet-mask next-hop-address
```

명령어 구문을 보면 ASA 정적 라우팅 설정 명령어가 IOS 장비와 약간 다르다는 것을 알 수 있다. 가장 큰 차이는 목적지 네트워크에 도달하기 위한 인터페이스 이름을 지정함으로써 라우팅의 방향성을 정확하게 제시해야 한다는 데 있으며, 이 부분이 흥미롭게 여겨진다. 설정 4.14는 예제 네트워크에 대한 정적 라우팅 설정의 예를 보여준다.

설정 4.14 정적 라우팅 설정

```
MYLABFW(config)# route Inside 10.1.1.0 255.255.255.0 10.1.0.2
MYLABFW(config)# route Inside 10.1.2.0 255.255.255.0 10.1.0.2
MYLABFW(config)# route Inside 10.1.3.0 255.255.255.0 10.1.0.2
MYLABFW(config)# route DMZ 192.168.2.0 255.255.255.0 192.168.10.2
MYLABFW(config)# route Outside 0.0.0.0 0.0.0.0 200.1.1.1

MYLABFW(config)# show route

Codes: C - connected, S - static, I - IGRP, R - RIP, M - mobile, B - BGP
       D - EIGRP, EX - EIGRP external, O - OSPF, IA - OSPF inter area
       N1 - OSPF NSSA external type 1, N2 - OSPF NSSA external type 2
       E1 - OSPF external type 1, E2 - OSPF external type 2, E - EGP
       i - IS-IS, L1 - IS-IS level-1, L2 - IS-IS level-2, ia - IS-IS inter area
       * - candidate default, U - per-user static route, o - ODR
       P - periodic downloaded static route

Gateway of last resort is 200.1.1.1 to network 0.0.0.0
```

```
C    200.1.1.0 255.255.255.252 is directly connected, Outside
C    192.168.10.0 255.255.255.0 is directly connected, DMZ
S    10.1.3.0 255.255.255.0 [1/0] via 10.1.0.2, Inside
S    10.1.2.0 255.255.255.0 [1/0] via 10.1.0.2, Inside
S    10.1.1.0 255.255.255.0 [1/0] via 10.1.0.2, Inside
C    10.1.0.0 255.255.255.0 is directly connected, Inside
S    192.168.2.0 255.255.255.0 [1/0] via 192.168.10.2, DMZ
S*   0.0.0.0 0.0.0.0 [1/0] via 200.1.1.1, Outside
```

정적 라우팅 설정 후 핑 테스트를 통해 라우팅 정보가 정확하게 설정되었는지 확인한
다. 설정 4.15에서 보듯이, 이제 ASA는 내부 네트워크와 DMZ, 인터넷으로 패킷을 전달
할 수 있게 되었다.

설정 4.15 ASA에서 핑 테스트

```
MYLABFW# ping 10.1.1.1
Type escape sequence to abort.
Sending 5, 100-byte ICMP Echos to 10.1.1.1, timeout is 2 seconds:
!!!!!
Success rate is 100 percent (5/5), round-trip min/avg/max = 10/22/40 ms

MYLABFW# ping 10.1.2.1
Type escape sequence to abort.
Sending 5, 100-byte ICMP Echos to 10.1.2.1, timeout is 2 seconds:
!!!!!
Success rate is 100 percent (5/5), round-trip min/avg/max = 10/18/40 ms

MYLABFW# ping 10.1.3.1
Type escape sequence to abort.
Sending 5, 100-byte ICMP Echos to 10.1.3.1, timeout is 2 seconds:
!!!!!
Success rate is 100 percent (5/5), round-trip min/avg/max = 1/8/20 ms
```

4.4 원격 접속 설정

ASA는 보안 장비다. 그러므로 기본적으로 콘솔 접속을 제외한 나머지 원격 접속은 비활성화되어 있다. 그러므로 관리를 위해 원격 접속을 활성화해야 한다. 우리가 장비를 운용할 때 항상 콘솔 케이블을 들고 장비 앞으로 달려가서 설정하거나 고장을 복구하지 않는다. 특히 원거리에 위치한 장비를 관리하기 위해서는 원격 접속이 필수적이다. 이 절에서는 ASA의 원격 접속 설정에 대해 알아본다.

ASA가 제공하는 원격 접속 관리 방법에는 일반적인 CLI^{Command Line Interface} 명령어를 이용하는 텔넷^{Telnet} 또는 SSH^{Secure Shell}가 있고, HTTPS 방식의 그래픽 사용자 인터페이스^{GUI}를 제공하는 ASDM^{Adaptive Security Device Manager} 접속 방법도 있다.

가장 대표적인 원격 접속 수단은 텔넷이다. 그러나 텔넷 접속을 통한 트래픽은 암호화되지 않은 평문으로 전달된다. 그러므로 누군가가 텔넷 패킷을 가로채기한다면 그 정보를 모두 다 확인할 수 있다. 이런 이유로 ASA의 텔넷은 활성화하지 않는 게 일반적이다. 그러나 간혹 필요한 경우를 대비해 텔넷 활성화에 대해 알아보자. 텔넷 활성화를 위한 명령어 구문은 다음과 같고, 설정 4.16은 설정 예를 보여준다.

```
(config)# username user_id password password
(config)# telnet source-ip-address mask source-interface-name
```

설정 4.16 텔넷 접속 활성화 설정

```
MYLABFW(config)# username cisco password cisco123
MYLABFW(config)# telnet 10.1.3.0 255.255.255.0 Inside
MYLABFW(config)# telnet 200.2.1.10 255.255.255.255 Outside
```

텔넷 활성화 명령어에서도 ASA가 보안 장비라는 것이 확실히 느껴진다. 접속자의 IP뿐만 아니라 접속 트래픽이 유입되는 인터페이스까지 지정한다. 위의 설정은 Inside 인터페이스 방향에 위치하는 10.1.3.0/24 네트워크에 속하는 관리자에게 텔넷을 허용하고, Ouside 인터페이스 방향에 위치하는 호스트 200.2.1.10의 사용자에게 텔넷을 허용한다는 의미다.

한편, 텔넷 접속을 위해서는 인증이 필수적이다. 인증이 활성화되지 않는다면 텔넷 접속은 허용되지 않는다. 그러므로 TACACS+를 제공하는 ACS 서버를 운용하지 않는다면 사용자와 패스워드를 설정해야 한다.

두 번째 설정은 SSH 접속에 대한 것이다. SSH 패킷은 암호화되어 전송 중 패킷이 가로채기를 당하더라도 정보가 유출되기 쉽지 않으므로 텔넷보다 더 안전한 접속 수단이다. 이런 이유로 방화벽 접속은 SSH가 일반적이라 말할 수 있다. 텔넷과 마찬가지로 ASA에 SSH를 활성화하려면 사용자 이름(username)과 사용자 패스워드(password)를 설정해야 한다. 그리고 암호화를 위한 암호화 키와 접속을 시도하려는 호스트나 네트워크를 지정해야 한다. 다음은 SSH 활성화를 위한 명령어 구문을 보여준다.

```
(config)# username user_id password password
(config)# aaa authentication ssh console {group-name | LOCAL}


(config)# crypto key generate rsa module module_size
(config)# ssh source-ip-address mask source-interface
```

SSH는 주고받는 패킷을 암호화하기 때문에 암호화와 복호화에 필요한 키 정보가 필수적이다. 이를 위해 SSH 접속을 활성화하기 전에 RSA 키를 생성한다. 참고로, RSA는 비대칭형 키 교환을 위해 널리 사용되는 기술인데 11장, 'VPN 개념'에서 비대칭형 키에 대해 설명하겠다. RSA 키를 생성한 후 SSH 접속을 위한 설정을 수행한다. 설정 4.17은 그 설정의 예를 보여준다.

설정 4.17 SSH 접속을 위한 설정의 예

```
MYLABFW(config)# username cisco password cisco123
MYLABFW(config)# aaa authentication ssh console LOCAL
MYLABFW(config)# crypto key generate rsa modulus 1024
INFO: The name for the keys will be: <Default-RSA-Key>
Keypair generation process begin. Please wait...
MYLABFW(config)#
MYLABFW(config)# ssh 10.1.0.0 255.255.0.0 Inside
MYLABFW(config)# ssh 200.2.1.10 255.255.255.255 Outside
```

마찬가지로, ssh 명령어에서 IP 주소와 서브넷 마스크 그리고 인터페이스 이름은 SSH 접속을 시도하는 호스트의 네트워크와 수신 인터페이스를 지정하는 것이다. 이 주소와 인터페이스 이름에 해당되는 호스트로부터의 SSH 접속을 허용한다. 그러므로 SSH 접속을 허용해야 하는 호스트가 더 많다면 추가로 ssh 설정 명령어를 이용해 해당 IP 주소와 인터페이스를 지정하면 된다.

SSH 원격 접속을 위한 설정을 성공적으로 마쳤다. 이제 SSH를 이용해 원격 접속을 시도해보자. 설정 4.18은 RTA로부터 SSH를 이용해 ASA에 접속이 가능함을 보여준다. 물론 PC에서 PuTTY와 같은 터미널 소프트웨어를 이용해 SSH 접속을 할 수도 있다.

설정 4.18 SSH를 이용한 ASA 원격 접속

```
RTA# ssh -l cisco 10.1.0.1

Password:
Type help or '?' for a list of available commands.
MYLABFW>
```

마지막으로 ASA의 GUI 관리 콘솔인 ASDM을 사용하기 위한 설정을 해보자. ASDM은 CLI 명령어로 ASA 장비를 설정하는 어려움을 완화하기 위해 소개된 GUI 환경의 ASA 관리 도구다. 기본적으로 ASA는 일반 명령어 체계인 CLI 환경만 제공한다. 그러므로 GUI 환경의 ASDM을 사용하기 위해서는 ASDM 이미지가 필수적으로 제공되어야 한다. 시스코는 ASDM 이미지를 지속적으로 업데이트해 제공하므로 다운로드 권한이 있는 사용자는 시스코 홈페이지로부터 다운로드할 수 있다.

ASDM 이미지를 다운로드했거나 이미 가지고 있다면 TFTP를 이용해 ASA의 플래시 메모리에 다운로드한다(설정 4.19).

설정 4.19 TFTP 서버로부터 ASDM 이미지 다운로드

```
MYLABFW# copy tftp: flash:

Address or name of remote host []? 10.1.3.10

Source filename []? asdm-645.bin

Destination filename [asdm-645.bin]?

Accessing tftp://10.1.3.10/asdm-645.bin...!!!!!!!!!!!!!!!!!!!!!!!!!!!!!!!!!!!!!!!!!!!!!
```

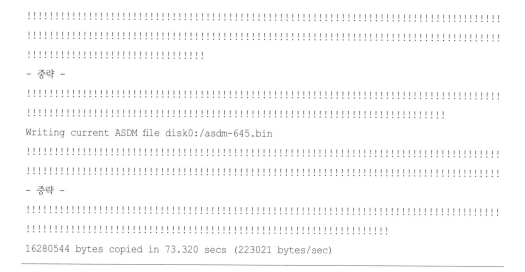

```
!!!!!!!!!!!!!!!!!!!!!!!!!!!!!!!!!!!!!!!!!!!!!!!!!!!!!!!!!!!!!!!!!!!!!!!!!!!!!!!!!!!!!
!!!!!!!!!!!!!!!!!!!!!!!!!!!!!!!!!!!!!!!!!!!!!!!!!!!!!!!!!!!!!!!!!!!!!!!!!!!!!!!!!!!!!
!!!!!!!!!!!!!!!!!!!!!!!!!!!!!!!!!
- 중략 -
!!!!!!!!!!!!!!!!!!!!!!!!!!!!!!!!!!!!!!!!!!!!!!!!!!!!!!!!!!!!!!!!!!!!!!!!!!!!!!!!!!!!!
!!!!!!!!!!!!!!!!!!!!!!!!!!!!!!!!!!!!!!!!!!!!!!!!!!!!!!!!!!!!!!!!!!!!!!!!!!!!!!!!!!!!!
Writing current ASDM file disk0:/asdm-645.bin
!!!!!!!!!!!!!!!!!!!!!!!!!!!!!!!!!!!!!!!!!!!!!!!!!!!!!!!!!!!!!!!!!!!!!!!!!!!!!!!!!!!!!
!!!!!!!!!!!!!!!!!!!!!!!!!!!!!!!!!!!!!!!!!!!!!!!!!!!!!!!!!!!!!!!!!!!!!!!!!!!!!!!!!!!!!
- 중략 -
!!!!!!!!!!!!!!!!!!!!!!!!!!!!!!!!!!!!!!!!!!!!!!!!!!!!!!!!!!!!!!!!!!!!!!!!!!!!!!!!!!!!!
!!!!!!!!!!!!!!!!!!!!!!!!!!!!!!!!!!!!!!!!!!!!!!!!!!!!!!!!!!!!!!!!!!!!!!!!
16280544 bytes copied in 73.320 secs (223021 bytes/sec)
```

ASDM 설정은 가장 먼저 ASDM 접속에 사용할 ASDM 이미지를 지정하면서 시작한다. 그리고 웹 접속을 위한 HTTP 서버를 활성화하고, 접속 호스트의 네트워크와 인터페이스를 지정한다. 설정에 필요한 명령어 구문은 다음과 같다. 설정 4.20은 ASDM 접속을 위한 설정의 예를 보여준다.

(config)# **asdm image** *image-location*
(config)# **http server enable**
(config)# **http** *ip-address subnet-mask interface-name*

설정 4.20 ASDM 접속을 위한 HTTP 서버 활성화

```
MYLABFW(config)# crypto key generate rsa modulus 1024[1]

MYLABFW(config)# asdm image disk0:/asdm-645.bin[2]
MYLABFW(config)# http server enable[3]
MYLABFW(config)# http 10.1.0.0 255.255.0.0 Inside
MYLABFW(config)# http 200.1.2.10 255.255.255.255 Outside
```

1. SSH 설정에서 이미 RSA 키를 생성했다면 다시 생성할 필요가 없다.
2. ASDM 이미지가 저장되어 있는 곳을 지정한다.
3. ASA의 HTTP 서버를 활성화한다.

위 설정에서 ASA의 HTTP 서버를 활성화했는데, TCP 80인 HTTP 서버가 아니라 암호화를 이용한 보안 접속을 지원하는 HTTP의 보안 버전인 HTTPS(TCP 443) 서버가 활성화된다.

이제 Inside 인터페이스에 연결된 10.1.0.0/16 네트워크에 속한 호스트들과 인터넷에 위치하는 호스트 200.1.2.10은 ASDM을 이용해 ASA에 접속할 수 있다. 그림 4.6은 ASDM을 이용한 접속 과정을 보여준다.

ASDM은 웹브라우저를 실행해 HTTPS로 접속한다. ASA 접속을 위해 주소 창에 https://10.1.0.1을 입력한다. HTTPS 접속 시 인증서 관련 보안 메시지가 출력되는데, 일단 '이 웹사이트를 계속 탐색합니다(권장하지 않음).'를 클릭한다. 참고로, ASA의 인증서 에러 메시지는 인증서 발급 기관이 웹브라우저가 인지하지 못하는 사설 인증 기관인 이유로 나타난다. 이에 관련된 내용은 14장, 'SSL VPN'을 참고하길 바란다.

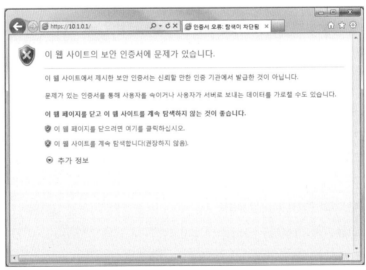

그림 4.6 ASDM 접속 과정

사용자 PC에서 최초로 ASA에 HTTPS 접속을 하면 ASDM 접속 프로그램을 설치할 것인지, 아니면 자바를 이용해 시작할 것인지 묻는다. 간편한 접속을 위해 Install Java Web Start를 선택한다. 만일 ASDM 실행 프로그램인 ASDM Launcher를 통해 접속하려면 Install ASDM Launcher and Run ASDM을 클릭한다(그림 4.7).

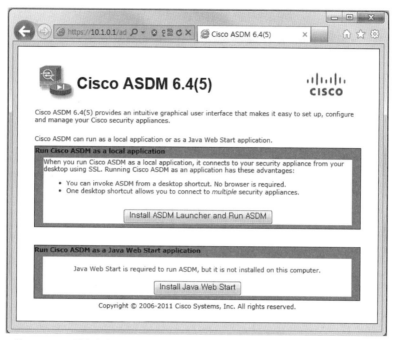

그림 4.7 ASDM 실행 방법 선택

ASDM은 자바^{Java} 환경에서 실행된다. 그러므로 관리자의 PC에 자바가 설치되어 있지 않다면 자바 설치를 위한 메시지가 나타난다. **설치**를 클릭해 자바를 설치한다(그림 4.8).

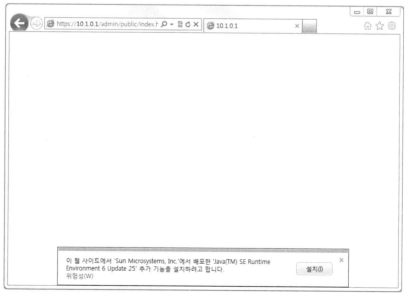

그림 4.8 자바 설치 선택

자바 설치가 준비되면 자바 설치를 확인하는 보안 경고 창이 나타난다. **설치**를 클릭해 자바를 설치하자(그림 4.9). 보안 경고 창에서 **설치**를 클릭하면 자바를 다운로드한 후 자동으로 설치되고, 성공적으로 설치되었다는 설치 완료 메시지를 볼 수 있다.

그림 4.9 자바 설치 확인을 위한 보안 경고 창

자바가 성공적으로 설치되면 ASDM이 자동으로 실행된다. ASDM이 실행되는 과정에서 ASA의 인증서를 확인할 수 없다는 경고 메시지와 디지털 서명에 오류가 발생되었다는 경고 메시지를 만난다. 예제 앞부분과 마찬가지로 ASA의 인증서가 유효한지 확인되지 않았다는 내용이다. 그냥 무시하고 **예**를 선택하고, **실행**을 클릭해 진행한다(그림 4.10).

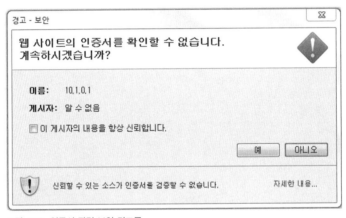

그림 4.10 인증서 관련 보안 경고문

드디어 ASDM 실행 창이 나타났다. **Username**과 **Password**에 ASDM 활성화 예제에서 설정한 사용자와 사용자 패스워드를 입력한다. 이 예제는 사용자 cisco와 패스워드 cisco123으로 설정했으므로 이와 같이 입력한다(그림 4.11).

그림 4.11 ASDM 실행 창

인증이 성공적으로 이루어지고, ASDM으로 ASA에 접속했다. ASDM으로 접속하면 현재 ASA의 상태 정보를 실시간으로 보여주는 장비 대시보드^{Device Dashboard}로 진입한다(그림 4.12).

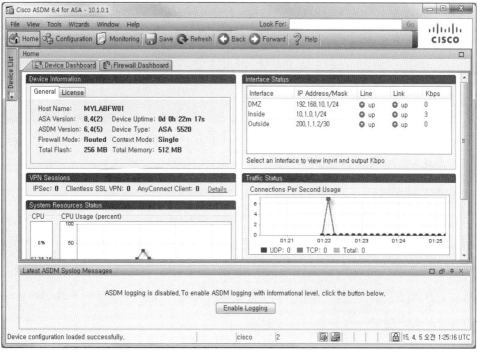

그림 4.12 ASDM 접속 완료

ASDM으로 ASA에 접속 완료했다. 역시 GUI 환경은 왠지 친근함을 느끼게 한다. 그러나 GUI 환경의 ASDM을 이용한 설정도 비교적 복잡하므로 많은 연습이 요구된다. 이 장은 ASDM 접속을 위한 설명만 진행한다. ASDM을 이용한 세부 설정은 각 장의 주제에 맞게 별도로 진행된다.

4.5 네이밍과 오브젝트, 그리고 오브젝트 그룹

우리는 인터넷을 사용할 때 도메인 주소를 사용한다. 도메인 주소는 시스템이 사용하는 주소가 아니다. 시스템이 인지하는 주소는 IP 주소다. 그럼 도메인 주소는 누가 사용하는가? 바로 사람인 우리가 사용하기 위해 만들어진 주소다. 숫자로만 이루어진 IP 주소는 외우기 힘들고, 또 특정 사업의 성격을 숫자로 된 IP 주소에 부여하기는 어렵다. 그래서 우리는 의미를 부여할 수 있는 도메인 주소를 사용하고, 시스템은 DNS 서버로부터 도메인 주소의 실제 IP 주소를 검색한 후 IP 주소를 사용해 통신한다.

'왜 ASA를 설명하다가 갑자기 도메인을 언급할까?'라고 의아해하는 독자들이 있을 것이다. 그 이유는 ASA에도 이와 유사한 개념이 사용되기 때문이다. IP 주소가 아닌 관리자가 의미를 부여한 이름으로 표현할 수 있는 그 무엇이 있다. 그것이 바로 네이밍Naming과 오브젝트Object 그리고 오브젝트 그룹Object Group이다.

네이밍은 말 그대로 특정 IP 주소에 이름을 부여하기 위한 설정이다. 예를 들어, ASA의 로컬 네트워크에 연결된 인터페이스 주소가 10.1.0.1이면, 이 주소를 LOCAL_INT라는 식의 이름으로 표현할 수 있다. 또 하나의 예로, 네트워크 주소 10.1.1.0을 LOCAL_NET1으로 정할 수 있다.

여기서 중요한 점은 네이밍은 IP 주소 자체에 대한 의미를 완전히 배제해 IP 주소의 숫자를 단순한 일반적인 텍스트 형태로 받아들인다는 것이다. 즉 IP 주소를 주소 형태로 인지하는 것이 아니라, 단순한 텍스트 형태로 인지한다. 그래서 IP 주소의 숫자 텍스트를 다른 텍스트로 변경해 사용한다는 개념이다. 자세한 내용은 설정을 통해 알아보자. 네이밍을 위한 명령어 구문은 다음과 같다.

```
(config)# name ip-address name
```

아웃사이드 인터페이스의 200.1.1.2를 OUT_INT, 인사이드 인터페이스의 10.1.0.1을 LOCAL_INT, DMZ 인터페이스의 192.168.10.1을 DMZ_INT라고 설정한다. 그리고 내부 네트워크 주소 10.1.1.0을 LOCAL_NET1으로 설정해보자. 설정 4.21은 네이밍 설정의 예를 보여준다.

설정 4.21 네이밍 설정의 예

```
MYLABFW(config)# name 200.1.1.2 OUT_INT
MYLABFW(config)# name 10.1.0.1 LOCAL_INT
MYLABFW(config)# name 192.168.10.1 DMZ_INT
MYLABFW(config)# name 10.1.1.0 LOCAL_NET1
```

설정은 간단하다. 설정 후 인터페이스 정보를 확인해보자(설정 4.22). 인터페이스 정보에서 확인할 수 있듯이, 기존에 설정했던 IP 주소가 모두 이름 정보로 변경되었다. 네이밍 설정 숫자로 표현된 IP 주소를 관리자가 특정 의미를 부여한 텍스트로 된 이름으로 변경할 뿐, IP 주소로서의 동작에 관련된 그 어떤 의미도 가지지 않는다. 관리자에게 보여줄 때만 네이밍의 이름으로 보여주는 것이고, ASA 내부에서 처리될 때는 IP 주소로 사용된다.

설정 4.22 인터페이스의 IP가 이름으로 변경되었다.

```
MYLABFW# show interface ip brief
Interface              IP-Address      OK? Method Status                Protocol
CigabitEthernet0       OUT_INT         YES CONFIG up                    up
GigabitEthernet1       LOCAL_INT       YES CONFIG up                    up
GigabitEthernet2       DMZ_INT         YES CONFIG up                    up
GigabitEthernet3       unassigned      YES unset  administratively down up
GigabitEthernet4       unassigned      YES unset  administratively down up
GigabitEthernet5       unassigned      YES unset  administratively down up
```

인터페이스 정보만 네이밍 이름을 사용하는 것이 아니다. 일단 네이밍 설정이 이루어진 IP는 ASA에서 확인할 수 있는 모든 정보에 대해 네이밍 정보로 보여준다. 설정 4.23과 같이, 인터페이스 설정 정보를 확인하더라도 네이밍 설정으로 입력한 네이밍 이름으로 바뀐 것을 확인할 수 있다.

설정 4.23 저장된 설정 값도 네이밍 설정의 이름으로 변경된다.

```
MYLABFW# show running-config interface g0
!
interface GigabitEthernet0
 nameif Outside
 security-level 0
 ip address OUT_INT¹ 255.255.255.252
```

1. 숫자로 표현된 IP 주소가 설정된 이름으로 보여진다.

이제부터 ASA는 정보 출력 시에 IP가 아닌 네이밍 설정의 이름으로 표시한다. 그리고 관리자는 IP뿐만 아니라 네이밍 이름으로도 설정 및 확인을 할 수 있다. 설정 4.24는 ASA의 아웃사이드 인터페이스로 핑 테스트한 결과를 보여준다. IP와 네이밍 이름으로 모두 핑 테스트가 이루어지는 것을 확인할 수 있다. 흥미로운 것은 IP로 핑 테스트를 해도 결과 값을 보여주는 출력에서는 네이밍 이름으로 표시한다는 점이다. 곧 네이밍 이름은 IP 주소의 숫자로 이루어진 텍스트와 동일하게 받아들인다.

설정 4.24 네이밍 설정 후 모든 출력 정보는 네이밍 이름으로 표시된다.

```
MYLABFW# ping OUT_INT
Type escape sequence to abort.
Sending 5, 100-byte ICMP Echos to OUT_INT, timeout is 2 seconds:
!!!!!
Success rate is 100 percent (5/5), round-trip min/avg/max = 1/1/1 ms

MYLABFW# ping 200.1.1.2
Type escape sequence to abort.
Sending 5, 100-byte ICMP Echos to OUT_INT, timeout is 2 seconds:
!!!!!
Success rate is 100 percent (5/5), round-trip min/avg/max = 1/1/1 ms
```

각 호스트 주소뿐만 아니라 네트워크 주소도 특정 이름으로 표시할 수 있다. ASA의 라우팅 정보를 살펴보자. 앞 절에서 10.1.1.0/24 정보에 대한 정적 라우팅 설정을 했다.

그리고 10.1.1.0의 IP 주소를 LOCAL_NET1이라는 이름으로 설정했다. 설정 4.25에서 보듯이, 네트워크 주소 10.1.1.0도 LOCAL_NET1이라는 이름으로 변경되어 나타난다.

설정 4.25 네트워크 주소로 사용되는 IP도 네이밍 이름을 설정할 수 있다.

```
MYLABFW# show route

Codes: C - connected, S - static, I - IGRP, R - RIP, M - mobile, B - BGP
       D - EIGRP, EX - EIGRP external, O - OSPF, IA - OSPF inter area
       N1 - OSPF NSSA external type 1, N2 - OSPF NSSA external type 2
       E1 - OSPF external type 1, E2 - OSPF external type 2, E - EGP
       i - IS-IS, L1 - IS-IS level-1, L2 - IS-IS level-2, ia - IS-IS inter area
       * - candidate default, U - per-user static route, o - ODR
       P - periodic downloaded static route

Gateway of last resort is 200.1.1.1 to network 0.0.0.0

C    200.1.1.0 255.255.255.252 is directly connected, Outside
C    192.168.10.0 255.255.255.0 is directly connected, DMZ
S    10.1.3.0 255.255.255.0 [1/0] via 10.1.0.2, Inside
S    10.1.2.0 255.255.255.0 [1/0] via 10.1.0.2, Inside
S    LOCAL_NET1 255.255.255.0 [1/0] via 10.1.0.2, Inside
S    10.1.0.0 255.255.0.0 [1/0] via 10.1.0.2, Inside
C    10.1.0.0 255.255.255.0 is directly connected, Inside
S    192.168.2.0 255.255.255.0 [1/0] via 192.168.10.2, DMZ
S*   0.0.0.0 0.0.0.0 [1/0] via 200.1.1.1, Outside
```

위의 출력 정보에서 LOCAL_NET1 255.255.255.0을 확인할 수 있다. 비록 LOCAL_NET1이 네트워크 주소 10.1.1.0을 의미하지만, 이는 네트워크 주소로서의 이름이 아닌 문자로 된 10.1.1.0의 또 다른 표현이므로 네트워크 주소를 표현하기 위해서는 서브넷 마스크가 존재해야 한다. 당연한 말이다.

네이밍은 숫자라는 문자로 이루어진 IP 주소를 우리가 알기 쉬운 이름으로 단순하게 변경 표현해 사용하는 것일 뿐이다. 내가 네이밍에 대해 강조하는 부분이 바로 이것이다. 그러나 실무에서 지나친 네이밍의 사용은 자칫 시스템 관리에 어려움을 줄 수도 있으므로 네이밍 이름은 체계적으로 관리되어야 한다. 내 경우에는 네이밍을 그다지 좋아하지 않는다. 기존에 운용 중인 ASA를 지원하는 경우에 다른 관리자에 의해 설정된 생소하거나 애미모호한 네이밍 이름으로 인해 해당 IP 정보를 검색해야 하기 때문이다. 마찬가지로 내가 설정한 네이밍 이름도 다른 관리자가 확인하는 경우에는 생소할 수 있다. 또한 네이밍은 시스템 운용에 절대적인 것이 아니기 때문에, 변경되더라도 현행화가 제대로 이루어지지 않는다. 그러므로 네이밍은 적절하게 또한 체계적으로 사용하고 항상 현행화할 것을 권장한다.

다음은 오브젝트다. 오브젝트는 특정 호스트와 네트워크, 또는 서비스를 하나의 이름으로 표현하는 것을 말한다. 네이밍은 숫자로 된 IP 주소의 문자 자체에 대한 이름을 지정하는 것인 반면에, 오브젝트는 특정 네트워크 또는 호스트, 서비스 등을 이름으로 지정하는 것이다. 네이밍은 문자 자체의 표현 변경을 의미하지만, 오브젝트는 그 자체가 특정 IP를 가진 호스트나 네트워크, 또는 서비스 등을 지칭한다.

오브젝트는 크게 네트워크 오브젝트[Network Object]와 서비스 오브젝트[Service Object]로 나누어진다. 네트워크 오브젝트는 IP 주소를 가진 호스트 또는 네트워크 자체를 표현하고, 서비스 오브젝트는 TCP와 UDP 같은 특정 서비스를 지정하는 데 사용된다. 다음은 오브젝트 설정을 위한 명령어 구문을 보여준다.

```
(config)# object network object-name
(config-network-object)# {host|subnet|range} ip-address [subnet-mask|ip-address]
```

```
(config)# object service object-name
(config-service-object)# service {protocol-number|protocol-name}
{source|destination} {eq|lt|gt|neq|range} port-number
```

위의 명령어에서 첫 번째는 네트워크 오브젝트 설정을 위한 명령어이고, 두 번째는 서비스 오브젝트를 설정하는 명령어다. 이 명령어로 오브젝트를 생성해보자.

앞에서 네이밍의 설정 예로 사용한 아웃사이드 인터페이스 200.1.1.2, 인사이드 인터페이스 10.1.0.1, DMZ 인터페이스 192.168.10.1, 내부 네트워크 10.1.1.0의 네트워크 오브젝트를 설정해보자. 설정 4.26은 네트워크 오브젝트 설정을 보여준다.

```
MYLABFW(config)# object network LOCAL_INT_OBJ
MYLABFW(config-network-object)# host 10.1.0.1

MYLABFW(config)# object network OUT_INT_OBJ
MYLABFW(config-network-object)# host 200.1.1.2

MYLABFW(config)# object network DMZ_INT_OBJ
MYLABFW(config-network-object)# host 192.168.10.1

MYLABFW(config)# object network LOCAL_NET1_OBJ
MYLABFW(config-network-object)# subnet 10.1.1.0 255.255.255.0
```

네트워크 오브젝트를 설정했다. 지금 설정한 각 오브젝트는 네트워크 오브젝트고, 예제의 IP 주소는 앞에서 네이밍의 설정 예로 사용한 것이다. 이를 통해 네이밍과 오브젝트의 의미 차이를 확실히 이해할 수 있다.

내부 네트워크 10.1.1.0에 대한 네이밍 LOCAL_NET1과 오브젝트 LOCAL_NET1_OBJ의 차이점을 알아보자. 네이밍 LOCAL_NET1은 10.1.1.0의 숫자로 된 IP의 문자 그 자체를 의미한다. 그러므로 네이밍 LOCAL_NET1은 숫자 10.1.1.0의 또 다른 표현에 불과하다. 그러나 오브젝트 LOCAL_NET1_OBJ는 단순한 표현의 변경이 아니라 오브젝트가 하나의 의미 있는 대상으로서 존재한다. 오브젝트 LOCAL_NET1_OBJ는 10.1.1.0/24 네트워크를 의미하는 것이고, 네이밍 LOCAL_NET1은 숫자 10.1.1.0을 의미하므로 이는 서로 다른 의미를 가진다. 쉽게 표현하면 둘의 차이를 다음과 같이 표현할 수 있다.

오브젝트 LOCAL_NET1_OBJ = 10.1.1.0/24 = 네이밍 LOCAL_NET1 255.255.255.0 = 네이밍 LOCAL_NET1/24

어떤가? 이제 네이밍과 오브젝트의 차이를 확실히 구분할 수 있는가? 서비스 오브젝트도 마찬가지로, 특정 대상 서비스를 표현한다. 예를 들면 웹 서비스를 의미하거나 메일 서비스인 SMTP와 POP3 등을 표현할 수 있다. 그리고 TCP나 UDP의 포트 범위를 정해 하나의 대상으로 표현할 수 있다. 서비스 오브젝트도 설정을 통해 알아보자.

웹 서비스를 요청하는 트래픽은 TCP 포트 80을 사용한다. 만일 사용자가 웹 서버에 접속한다면 TCP 포트 80(www)으로 웹 서비스 요청 패킷을 보내는 것이다. 그러므로 목적지 포트가 TCP 80이 된다. 반면에 웹 서버의 관점으로는 출발지 포트 번호가 TCP 80이 된다. 이를 서비스 오브젝트로 표현하면 설정 4.27과 같다.

설정 4.27 웹 서비스에 대한 서비스 오브젝트 설정

```
MYLABFW(config)# object service TO_WEB
MYLABFW(config-service-object)# service tcp destination¹ eq http


MYLABFW(config)# object service FROM_WEB
MYLABFW(config-service-object)# service tcp source² eq http
```

1. 목적지 포트를 지정했다.
2. 출발지 포트를 지정했다.

오브젝트 TO_WEB은 웹 서버로 접속을 요구하는 서비스 오브젝트다. 그리고 오브젝트 FROM_WEB은 웹 서버가 웹 서비스를 제공하는 서비스 오브젝트다. 이와 같이 서비스 오브젝트는 특정 서비스를 하나의 대상으로 표현하기 위해 사용된다.

마지막으로 오브젝트 그룹$^{Object\ Group}$은 다수의 대상 네트워크나 서비스를 하나의 그룹으로 표현한다. 오브젝트 그룹도 오브젝트와 마찬가지로 네트워크 오브젝트 그룹과 서비스 오브젝트 그룹, 프로토콜 오브젝트 그룹 등으로 세부적으로 설정된다. 오브젝트 그룹은 네트워크 오브젝트 또는 서비스 오브젝트, 호스트, 네트워크 등을 하나로 묶기 위해 사용한다. 심지어 다른 오브젝트 그룹까지도 하나의 그룹에 포함시킬 수 있다.

오브젝트 그룹은 여러 개의 오브젝트가 동일한 정책에 적용될 경우 각 오브젝트에 대해 별도로 정책을 적용할 필요 없이, 여러 오브젝트를 하나의 오브젝트 그룹으로 묶어 정책을 한꺼번에 적용하기 위해 사용된다. 예를 들어, 앞에서 설정한 ASA의 모든 인터페이스 IP의 네트워크 오브젝트를 하나의 오브젝트 그룹으로 묶어 정책을 일괄적으로 적용할 수 있다.

오브젝트 그룹 설정을 위한 명령어 구문은 다음과 같다. 그리고 설정 4.28은 네트워

크 오브젝트 그룹의 설정 예를 보여준다.

```
(config)# object-group network object-group-name
(config-network-object-group)# network-object {ip-address subnet-
mask|host|object object-name}


(config)# object-group service object-group-name
(config-service-object-group)# service-object {protocol-number|object object-
name|protocol-name}
```

설정 4.28 ASA 인터페이스에 대한 네트워크 오브젝트 그룹 설정

```
MYLABFW(config)# object-group network LOCAL_INTERFACE
MYLABFW(config-network-object-group)# network-object object LOCAL_INT_OBJ
MYLABFW(config-network-object-group)# network-object object OUT_INT_OBJ
MYLABFW(config-network-object-group)# network-object object DMZ_INT_OBJ
```

개별적인 네트워크 오브젝트를 하나의 오브젝트 그룹으로 묶었다. 접근 제한 정책 등 각종 보안 정책을 적용할 때, 동일한 정책을 각 오브젝트별로 따로 적용할 필요 없이, 오브젝트 그룹 LOCAL_INTERFACE에 적용하면 모든 오브젝트에 동일한 정책이 적용된다.

마찬가지로 서비스 오브젝트 그룹도 여러 개의 오브젝트를 하나의 오브젝트 그룹으로 묶을 수 있다. 앞의 설정에서 웹 서비스에 대한 두 개의 서비스 오브젝트를 설정했다. 이들을 하나의 오브젝트 그룹으로 묶어보자. 설정 4.29는 서비스 오브젝트 그룹의 설정 예를 보여준다.

설정 4.29 서비스 오브젝트 그룹의 설정 예

```
MYLABFW(config)# object-group service WEB
MYLABFW(config-service-object-group)# service-object object FROM_WEB
MYLABFW(config-service-object-group)# service-object object TO_WEB
```

이와 같이 여러 개의 오브젝트나 호스트, 또는 특정 서비스를 하나로 그룹화해 정책

을 적용함으로써 설정의 간편함을 꾀할 수 있다. 그러나 네이밍이나 오브젝트, 오브젝트 그룹은 모두 체계적이고 계획적으로 설정되어야 향후 관리에 어려움을 피할 수 있다. 이들을 체계적으로 잘 사용하면 네트워크 관리에 많은 도움이 될 수 있겠지만, 그렇지 못하면 오히려 사용하지 않는 것보다 못하게 된다. 그러므로 그 누가 보더라도 알 수 있는 네이밍, 오브젝트, 오브젝트 그룹의 이름을 사용하고 항상 현행화하는 것이 무엇보다도 중요하다.

5

인증, 권한, 과금

네트워크 보안은 인가된 사용자가 안전하게 네트워크를 이용할 수 있도록 하는 일련의 기술을 말한다. 따라서 네트워크 보안에서 인가된 사용자를 보호하기 위한 시스템과 각종 기술의 사용은 필수적이다. 그런데 만일 네트워크 보호를 위한 장비 등 네트워크 내부 시스템에 대한 보호가 되지 않는다면 어떨까?

네트워크 시스템을 보호하지 못하면 때로는 내부 호스트를 보호하지 못하는 것보다 더 큰 피해를 당할 수도 있다. 이는 우리의 자산을 보호하기 위한 대문이나 현관문의 잠금 장치에 대한 보안이 허술하면, 우리와 우리의 자산에 대한 안전도 보장할 수 없는 것과 일맥상통한다. 그러므로 네트워크 보안에서는 무엇보다 시스템 보안이 가장 우선시 되어야 한다.

이 장에서는 시스템 보안이 무엇이고 어떻게 보안을 강구할 수 있는지에 대해 알아보기로 한다.

5.1 시스템 보안은 무엇인가

시스템 보안은 보호하고자 하는 네트워크 내부에 위치하는 각종 시스템에 대한 보안이다. 이 장에서 언급하는 시스템이란 네트워크 장비로 제한하겠다. 일반적인 서버는 네트워크의 관점에서 일반 내부 호스트와 동일하게 취급되기 때문이다.

스위치와 라우터, 그리고 방화벽과 같은 네트워크 장비는 연결된 내부 사용자의 트래픽을 전달해주는 역할을 한다. 그러므로 네트워크 장비가 공격의 대상이 된다면, 내부 호스트에 대한 서비스에 막대한 영향을 미친다. 그러므로 네트워크 장비의 보안이 매우 중요시된다.

네트워크 장비의 대표적인 보안으로 장비 접근에 대한 보안을 들 수 있다. 누구나 쉽게 네트워크 장비에 접근할 수 있다면 장비의 안전한 운용을 장담할 수 없다. 누구나 우리집 대문을 열고 쉽게 들어오고 나갈 수 있다면 어떤 일이 일어날까? 도난 등의 직접적인 피해가 없더라도 우리는 당장 대문의 잠금 장치를 교체할 것이다. 왜 그럴까? 당연히 잠재적인 위험을 방지하기 위해서다. 이런 일이 발생한다면 우리는 아마도 더 비싸고 더 좋은 잠금 장치로 교체할 것이다.

네트워크 장비도 마찬가지다. 과거 내가 고객 지원을 위해 고객사를 방문하거나 원격 접속을 통해 확인했을 때 네트워크 장비에 대한 보안 상태가 매우 허술한 경우를 자주 접하곤 했다. 가장 대표적인 예로, 장비의 패스워드를 일반 실습에서 자주 사용하는 'cisco'로 사용하는 경우를 들 수 있다. 또는 기본 패스워드로 많이 사용되는 'admin'을 사용하는 경우도 있다. 혹시 독자가 관리하는 장비의 패스워드도 이런 식으로 설정되어 있진 않은가? 이는 네트워크 공격을 먼 세상 이야기로 여기는 안전 불감증에서 비롯되는 것이라 생각된다. 한 번도 직접적인 공격을 받지 않았기 때문에 그렇게 생각할 수 있다. 그러나 일단 공격을 받으면 그때는 이미 늦었다. 그러므로 아무나 장비에 접속할 수 없도록 해야 하고, 어떤 이가 장비에 접속했었는지에 대한 접속 로그 정보를 지속적으로 확보해야 한다.

그럼 네트워크 장비의 무엇을 보호하면 조금이나마 안심할 수 있을까?

포괄적으로 말하면, 관리 트래픽의 보안이라 말할 수 있다. 관리 트래픽이란 사용자의 트래픽이 아닌 네트워크 장비를 제어 또는 관리하기 위한 트래픽을 의미한다. 예를 들어, 장비로의 원격 접속에 따른 텔넷 트래픽이나 장비 접속 인증을 위한 트래픽, 그리고 시스템 관리 프로토콜인 SNMP^{Simple Network Management Protocol} 트래픽 등의 많은 관리 트래픽이 있다. 이런 관리 트래픽이 해커에 의해 유출되고 그 정보를 해커가 모두 볼 수 있다면, 그것은 해커에게 "우리 네트워크를 제발 공격 좀 해주세요."라고 말하는 것과 다름없다. 그러므로 관리 트래픽에 대한 보안이 중요하게 고려될 수밖에 없다.

네트워크 보안의 출발은 사용자 트래픽의 분배와 관문 역할을 하는 네트워크 장비의 보안으로부터 시작되어야 한다.

5.2 시스템 보안의 방법

네트워크 장비의 보안은 큰 비용을 들이지 않고도 몇 가지 방법으로 비교적 안전하게 실현할 수 있다. 장비 패스워드를 특이하게 설정한다든지, 접근 제어 시스템을 이용해 장비 접속을 효과적으로 관리하는 등의 방법이 있는데, 이 절에서 장비 보안에 대한 방법을 간략하게 알아보자.

장비 보안에서 가장 우선적인 것은 패스워드 관리다. 소규모 네트워크에서는 간단한 형태의 패스워드조차 제대로 관리되지 않는 경우가 있다. 예를 들어, 패스워드를 관리하지 않아서 담당자가 변경되면 패스워드를 복구해야 하는 경우도 자주 봤다. 철저한 패스워드 관리로 장비 접근을 쉽지 않게 하는 것이 매우 중요하다. 패스워드를 주기적으로 변경해야 하는 것도 중요하다. 우리가 포털 사이트에 접속할 때 주기적으로 패스워드 변경을 권장하는 메시지를 흔히 접할 수 있는데, 이와 같은 맥락이다.

또한 패스워드도 'cisco'와 같은 간단하고 쉽게 알 수 있는 것은 피해야 한다. 대문자와 소문자, 숫자와 특수문자 등을 혼합해 사용하는 것을 권장한다. 비슷한 알파벳과 숫자 그리고 특수문자를 혼합할 수 있다. 예를 들면, 알파벳 'I' 대신에 숫자 '1'이나 특수문자 '!'를 사용할 수 있다. 그리고 알파벳 'o'를 숫자 '0'으로 표현할 수도 있다. 만일 'cisco'라는 패스워드 대신에 'c!sc0'라고 사용한다면 패스워드를 누구도 쉽게 예상할 수 없을 것이다. 또한 패스워드 길이는 길수록 보안적으로 더 안전하다. 그러나 패스워드가 너무 길면 오히려 장비 관리에 어려움을 느낄 수 있기 때문에 정책적으로 적절한 패스워드 길이를 정한다.

다음으로, 장비 접속에 대한 인증은 접근 제어 시스템[ACS, Access Control System]을 이용해 구현할 수 있다. ACS는 개별적인 사용자 인증을 통해 네트워크 혹은 장비에 대한 접근을 통제하는 시스템이다. ACS는 사용자 인증[Authentication]과 사용자 권한 부여[Authorization], 그리고 과금[Accounting]을 지원해 좀 더 체계적이고 효율적인 접근 제어를 할 수 있다. ACS는 인증, 권한, 과금을 나타내는 AAA(Authentication, Authorization, Accounting을 의미)를 지원하는데, 다음 절에서 AAA에 대해 자세히 알아보기로 한다.

한편, 각 관리자는 각자 특화된 업무가 있다. 서비스 데스크는 일차적인 고객 지원 업무를 담당하므로, 고객 응대에 필요한 기본적인 확인 등을 수행한다. 그러므로 장비 관리자와 동일한 장비 권한을 가질 필요가 없다. 이와 같이 업무에 따라 접근 권한을 달리해 서비스에 영향을 미치는 명령어를 제한함으로써 네트워크를 보호할 필요가 있다. 이 것을 역할 기반 접근 제어^{RBAC, Roll Based Access Control}라고 하는데, 이 경우 앞에서 잠깐 언급한 AAA를 이용하거나 장비 권한 레벨을 조정함으로써 업무 특성에 맞게 장비 접근을 달리할 필요가 있다.

또한 장비에 접속해 설정과 확인을 할 때, 장비와 주고받는 정보를 암호화해 데이터가 전송 중에 가로채기를 당하더라도 정보가 유출되지 않도록 하는 것이 권장된다. 원격 접속 프로토콜인 텔넷^{Telnet}은 정보를 암호화되지 않은 평문^{Clear Text} 형태로 전달하므로 인증 정보나 시스템 정보가 모두 유출될 위험이 있다. 또한 그래픽 형태의 사용자 인터페이스^{GUI}를 제공하는 시스템의 경우 HTTP도 마찬가지로 정보가 유출될 위험이 있다. 그러므로 암호화를 수행하는 SSH^{Secure Shell} 또는 HTTPS^{HTTP Secure} 사용을 권장한다.

그리고 시스템 에러 정보를 기록하는 로깅^{Logging} 기능을 활용하고, 시스템 관리 프로그램에 널리 사용되는 SNMP도 SNMPv3를 사용해 암호화하는 것이 권장된다.

이외에 관리 트래픽 보안에 관련된 많은 권장사항이 있다. 이 모두를 언급하기보다, 내가 꼭 하고 싶은 말을 밝히면 다음과 같다. 수시로 시스템과 장비 그 자체의 보안에 관심을 가지고 이를 적용해 장비와 네트워크를 보호하길 바란다는 것이다. 지금도 나도 모르게 인가되지 않은 누군가가 회사 장비에 들어와 장비 상태를 확인하고, 장비의 설정 정보를 보고 있을지도 모른다. 이는 잠재적으로 매우 심각한 위협이기 때문에 장비 보안에 철저해야 한다.

5.3 AAA란?

시스템과 네트워크 접근은 매우 민감한 문제다. 누구에게 접근을 허용할 것인지, 그리고 어떻게 인가된 사용자를 구별할 것인지가 중요하다. 대부분 가장 쉽게 생각할 수 있는 것이 패스워드를 통한 접근 허용이다. 다시 말하면, 인증을 통한 접근 허용이다. 그러나 엄격한 접근 관리를 위해서는 인증뿐만 아니라 사용자별 권한 부여와 인가된 사용자가 인증과 권한을 부여받은 후에 어떤 행위를 했는가에 대한 기록도 매우 중요하다. 왜냐하면 문제 발생 시에 그 원인을 밝히는 단서가 되기 때문이다. 이 세 가지 요소는 접근 제어에 매우 필수적인 요소다.

AAA$^{Triple A}$는 사용자에 대한 인증^{Authentication}, 권한^{Authorization}, 과금^{Accounting}을 결정한다. 이들은 AAA를 구성하는 요소로서, AAA라는 이름도 각 요소의 첫 번째 A를 따서 붙여진 이름이다.

인증은 개별 사용자를 증명하는 과정으로서, 사용자 이름$^{User\ Name}$과 패스워드 같은 개인 인증 정보를 제공함으로써 이루어진다. 인증은 네트워크 장비로의 텔넷과 같은 원격 가상 터미널은 물론이고, 콘솔 연결 등 모든 접근 방식에 대한 장비 접속 인증을 지원한다. 인증 서버와 더불어 AAA를 활성화하면, 관리자는 장비 자체에 접속을 위한 개개인의 인증 정보(사용자 ID와 패스워드)를 더 이상 설정하지 않아도 된다. 사용자 접속 시 시스템은 인증 서버(ACS 등)에 사용자 인증 정보를 문의해 인증이 완료된 이후에 시스템 접근을 허용한다.

권한은 사용자 또는 관리자별 권한을 부여하는 과정이다. 인증을 통해 인가된 사용자나 관리자 모두가 동일한 권한을 갖는 것이 아니라, 그 사람의 업무 연관성과 능력 등에 부합해 권한을 다르게 부여할 수 있다. 권한을 부여한다는 것은 장비 조작에 관련된 모든 사용 권한을 의미한다.

마지막으로 과금은 사용자나 관리자가 자신의 인증과 권한을 바탕으로 행한 행위를 기록하는 것이다. 과금이라는 용어가 마음에 조금 걸릴 수가 있는데, 이는 과금하기 위해 사용자의 모든 행위를 기록한다는 것으로 이해하면 될 듯하다. 원래 과금은 사용자의 사용량을 기록해 향후 과금 청구 또는 감시 등에 사용된다. 장비 접속에 대한 과금이란, 사용자가 AAA가 적용된 장비에 접속해 어떤 명령어를 사용했는지를 기록하기 위함이다. 이 기록은 향후 네트워크 문제 해결에 중요한 단서가 되기도 하고, 조금 무섭지만 책임 추궁의 증거로도 사용된다.

이와 같이 시스템 접속 제어는 인증을 통해 인가된 사용자를 구별하고, 인증된 사용자의 자원 사용에 대한 권한을 판단해 부여하며, 그 사용자가 시스템에 접속해 어떤 행위를 했는지를 기록한다. 이런 AAA의 기능을 통해 보다 효율적이고 안전한 접속 제어를 수행할 수 있다. 시스코는 AAA의 지원을 위해 시스코 접근 제어 시스템인 시스코 ACS를 제공한다. ACS를 통한 TACACS+ 인증을 통해 관리하는 모든 장비의 접속 제어를 구현한다.

5.4 TACACS+와 RADIUS

사용자를 인증하고 권한을 부여하는 일은 네트워크 장비 접속에 국한되지 않는다. 네트워크 관리자의 인증과 권한을 부여하는 것 이외에 일반 사용자의 인증도 매우 중요한 일이다. 또한 ISP가 일반 사용자에 대한 과금 정책 등을 적용하는 데도 매우 중요하다. 이와 같이 인증에 관련된 역할을 수행하는 데 많이 사용하는 것이 TACACS+와 RADIUS 다. 이들은 그 목적은 비슷하지만 그 동작에 있어서는 약간의 차이점이 있는데, 이 절에서 이에 대해 알아보자.

TACACS+와 RADIUS는 인증과 관련해 가장 대표적으로 사용된다. 굳이 비교하자면, RADIUS가 TACACS+보다 더 널리 사용된다고 할 수 있다. 그 대표적인 이유는 RADIUS는 표준 프로토콜이고, TACACS+는 시스코 전용 프로토콜이기 때문이다. 그러나 시스코 장비 접속을 위한 관리자 인증만은 TACACS+와 동떨어져 설명할 수 없다. 엄격하게 말해서, RADIUS는 장비 인증을 위해서라기보다 일반 사용자 인증을 위해 더 많이 사용된다고 할 수 있겠다. 그러나 TACACS+는 일반 사용자 인증보다 장비 접속 인증에 더 많이 사용한다.

TACACS+는 시스코에 의해 개발되었지만, 오늘날 이를 지원하는 다른 제조사도 점차 많아지고 있는 추세다. 장비 접속 인증에 매우 탁월하므로 타 제조사의 장비도 TACACS+ 인증을 통한 접속을 지원한다. 과거에는 매우 제한된 제조사만 TACACS+ 인증을 지원했지만, 오늘날에는 비록 완벽하지 않더라도 많은 제조사의 장비에서도 지원된다.

동작의 특징을 살펴보면, TACACS+는 TCP 기반에서 동작되는 반면, RADIUS는 UDP 기반으로 동작한다. TCP와 UDP의 장단점이 명확하므로 이에 따른 TACACS+와 RADIUS의 장단점도 같다. 1장, '네트워크 기본'에서 설명했듯이, TCP는 연결형 서비스이므로 세션 감시를 바탕으로 해서 TACACS+ 서버가 느린지 또는 비가용 상태인지를 짐작할 수 있는 반면에, UDP는 이와 같은 감지가 어렵다. 그러나 속도 측면에서는 UDP가 더 빠른 서비스를 제공할 수 있다.

또한 TACACS+는 패킷 전체를 암호화하는 것에 반해, RADIUS는 패스워드 정보만 암호화한다. 그러므로 보안적인 측면에서는 TACACS+가 더 안전한 서비스를 제공한다고 말할 수 있다. 그러나 서버나 네트워크 장비의 성능 측면으로 보면, TACACS+의 경우에 RADIUS보다 훨씬 많은 부하가 가중된다고 할 수 있다.

두 프로토콜 모두 AAA를 지원하는데, RADIUS는 인증과 권한이 통합되어 있으므로 인증과 권한을 따로 분리하기가 어렵다. 그러나 TACACS+는 인증, 권한, 과금 모두 분리되어 있어 개별적인 적용이 가능하다. 이것이 TACACS+가 장비 접속 인증에 더 효과적인 이유다.

또한 장비 관리에 있어서, RADIUS는 사용자의 명령어 실행을 제어할 수 없는데, 이런 이유로 RADIUS는 장비 관리에 적합하지 않다. 그러나 TACACS+는 장비 명령 실행에 대한 권한을 부여할 수 있으므로 장비 관리에 좀 더 적합하다고 할 수 있다.

한편, 앞에서 언급한 바와 같이 RADIUS는 표준 프로토콜이므로 제조사의 장비와 RADIUS 서버 간의 호환성에 있어서 더 효과적이다. 물론 완벽한 호환에는 이견이 많지만, 표준 프로토콜이라는 장점만은 부정할 수 없다. 또한 RADIUS는 탁월한 과금 관리 기능을 지원하므로, ISP나 기업망에서 일반 사용자 인증에 많이 사용되고 있다.

표 5.1은 TACACS+와 RADIUS의 차이점을 정리한 것이다.

표 5.1 TACACS+와 RADIUS의 차이점

TACACS+	RADIUS
TCP 사용	UDP 사용
패킷 전체를 암호화	패스워드 정보만 암호화
AAA의 개별적 실행	인증과 권한을 같이 실행
시스코 전용 프로토콜	표준 프로토콜
과금의 일반적 지원	강력한 과금 관리

이와 같이, 이들 두 인증 프로토콜은 그 특징의 차이가 명확해서 그 어떤 것이 더 좋다라고 결정하기 어렵다. 당연한 말이다. 만일 그 어떤 것이 훨씬 탁월하다면 다른 하나는 이미 사라졌을 것이다. 그러므로 인증 적용을 위한 프로토콜을 정할 때, 서비스나 네트워크 상황에 적합한 프로토콜을 선택해야 한다.

5.5 시스코 IOS 장비의 AAA 설정

ISP나 대규모 기업망 내에는 수많은 네트워크 장비가 존재한다. 그리고 그 장비를 관리하는 수많은 관리자가 있다. 네트워크 장비가 한두 대밖에 없는 소규모 네트워크에서는 큰 영향이 없지만, 대규모 네트워크를 관리하는 곳에서는 관리자 인증이 매우 중요한 부분 중 하나다.

특정 그룹의 관리자는 모든 장비에 대한 접근과 모든 자원을 사용할 수 있는 권한이 요구되고, 또 어떤 그룹은 일부 장비에 대한 접근 권한이 필요하며, 또 어떤 그룹은 모든 장비의 접근 권한을 갖되 제한된 권한이 부여될 필요가 있다. 그리고 또 어떤 관리자가 장비에 접속해 어떤 명령어를 사용했는지에 대한 기록도 문제 발생 시 책임 소재를 파악하고 장애의 원인을 밝히는 데도 중요하다. 또한 관리자가 새로 입사하거나 퇴사하고 또는 부서 이동이 있는 경우에도 쉽고 효과적으로 장비 접근을 관리할 필요가 있다.

그러므로 장비 자체 설정에 사용자 ID와 패스워드를 입력하는 단순한 방법이 아닌, ACS 서버에서 모든 관리자의 계정을 관리한다. TACACS+를 사용하기 위한 ACS 서버가 존재한다는 가정하에, 시스코 장비에 AAA를 적용해보기로 한다. AAA 설정은 실무에서 네트워크 엔지니어들이 꺼리는 설정이기도 하다. 그 이유는 그 명령어나 적용 방식이 생소하기도 하고, 거의 대부분의 엔지니어가 잘못된 AAA 설정으로 인해 장비 접속이 불가능 상태가 되는 경우를 한 번 정도는 경험했기 때문이다. 이 절에서는 시스코 IOS 라우터와 ASA에 AAA를 설정하는 과정에 대해 알아보고, 그 설정에 대한 두려움을 떨쳐보자.

AAA 설정은 관리자 인증 정보를 가지는 서버를 지정하거나 장비 자체에 설정된 로컬 계정을 사용할 수 있게 할 수도 있다. AAA라는 말 그대로 인증, 권한, 과금 항목에 대해 어떤 수단을 이용할 것인지 정의한다.

그림 5.1을 바탕으로 IOS 라우터에 AAA 설정을 하고 접속을 확인해보자.

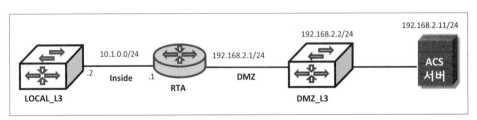

그림 5.1 IOS 장비의 AAA 설정을 위한 간단한 구성도

참고로, 실습을 위한 각 장비의 IP 주소와 라우팅 정보를 설정하는 것을 잊지 않길 바란다. 각 장비와 ACS 서버 간에 사용자 인증 정보를 주고받아야 하므로 통신이 이루어져야 한다는 점에도 유의하길 바란다. 그러므로 AAA 설정 실습 전에 각 장비와 ACS 서버 간 핑 테스트를 통해 IP 통신이 이루어지는지 확인해야 한다. 아울러 ACS 설정법은 이 책에서 다루지 않으므로, 독자 지원 카페(http://cafe.naver.com/ciscorouting)를 참고하길 바란다.

AAA 설정 확인을 위해 LOCAL_L3에서 DMZ_L3로 텔넷 접속과 DMZ_L3 자체 콘솔 접속을 시도해보자. 설정 5.1에서 확인되듯이, 흔히 볼 수 있는 접속 화면이다. AAA 설정 후에 이 화면이 어떻게 달라지는지 확인해보자.

설정 5.1 AAA 설정 전의 텔넷 접속 화면

```
DMZ_L3 con0 is now available


Press RETURN to get started.



DMZ_L3> enable
Password:
DMZ_L3#



LOCAL_L3# telnet 192.168.10.2
Trying 192.168.10.1 ... Open

User Access Verification

Password:
DMZ_L3> enable
Password:
DMZ_L3#
```

그림에서 볼 수 있듯이, ACS 서버는 `DMZ_L3`에 연결되어 있고, 네트워크상의 모든 장비 접속은 ACS의 인증을 받아야 한다.

AAA 설정은 비교적 복잡한 설정처럼 보이는데, 각 설정 단계로 나누어보면 그리 복잡해 보이지 않을 것이다. 설정의 이해를 돕기 위해 AAA 설정을 여러 단계로 나누어 진행해보자.

시스코 장비의 TACACS+ 인증을 위한 AAA 설정은 다음과 같은 단계로 설정한다.

1. AAA 활성화
2. TACACS+ 서버 지정
3. AAA 인증 설정
4. AAA 권한 설정
5. AAA 과금 설정

가장 먼저 TACACS+ 인증을 위해 AAA를 활성화한다. IOS 장비의 AAA 인증은 기본적으로 비활성화되어 있다. AAA 활성화는 다음 명령어로 이루어지고, 설정 5.2는 설정 예를 보여준다.

```
(config)# aaa new-model
```

설정 5.2 AAA 활성화의 예

```
DMZ_L3(config)# aaa new-model
```

일단 AAA가 활성화되면, AAA 설정을 위한 명령어 리스트가 보여진다. AAA가 활성화되지 않으면, 세부 AAA 설정 명령어 자체를 사용할 수 없으므로 TACACS+ 설정 시 가장 먼저 AAA를 활성화해야 한다.

일단 AAA를 활성화했다면, 시스코 ACS 서버와 같은 TACACS+ 서비스를 제공하는 TACACS+ 서버를 지정한다. TACACS+ 서버 지정은 아래 명령으로 이루어지고, 설정 5.3은 설정 예를 보여준다. 명령어에서 `port` 옵션 명령어는 TACACS+ 서버의 포트를 의미하며, 기본값은 TCP 49번이다. 그리고 TACACS+ 서버와의 패킷 암호화를 위한 키 정보를 입력한다.

```
(config)# tacac-server host ip-address [port port-number] [key password]
```

설정 5.3 TACACS+ 서버 지정

```
DMZ_L3(config)# tacacs-server host 192.168.2.11 key cisco123
```

한편, TACACS+ 서버 지정은 IOS XE 버전을 통해 새로운 명령어가 소개되었는데, 현재 IOS 15.0 버전 등 새로운 IOS 버전에서 사용 가능하다. 그 명령어 구문은 다음과 같다. 새로운 IOS 버전에서도 기존의 서버 지정 명령어를 지원한다. 설정 5.4는 설정의 예를 보여준다.

```
(config)# tacacs server server-name
(config-server-tacacs)# address [ipv4|ipv6] ip-address
(config-server-tacacs)# port port-number
(config-server-tacacs)# key key-string
```

설정 5.4 TACACS+ 서버 지정의 새로운 명령어 설정 예

```
DMZ_L3(config)# tacacs server MY_TACACS
DMZ_L3(config-server-tacacs)# address ipv4 192.168.2.11
DMZ_L3(config-server-tacacs)# key cisco123
```

이제 본격적인 AAA 설정을 시작한다.

AAA 설정은 인증 설정부터 시작한다. 인증 설정을 위한 명령어는 다음과 같다.

```
(config)# aaa authentication login {default | list-name} method1 [method2...]
```

위의 명령어 구문에서 default는 장비로의 모든 접속에 대한 AAA 인증 방법을 적용하기 위함이고, list-name은 특정 접속 수단에 대한 해당 AAA 인증 방법을 지정한다. 그리고 method는 인증 수단을 의미한다. method에 사용될 수 있는 것 중에서 tacacs는 TACACS+ 서버를 통한 인증을 의미하고, local은 장비 자체에 설정된 사용자 정보에 근거해 인증한다는 것을 의미한다. method1과 method2...는 첫 번째 인증 수단을 통한 인증이 실패하면, 두 번째 인증 수단을 사용한다는 것을 의미한다. 설정 5.5는 설정의 예를 보여준다.

```
DMZ_L3(config)# username cisco privilege 15 password cisco123¹

DMZ_L3(config)# aaa authentication login default group tacacs+
DMZ_L3(config)# aaa authentication login FOR_CONSOLE group tacacs+ local

DMZ_L3(config)# line con 0
DMZ_L3(config-line)# login authentication FOR_CONSOLE

DMZ_L3(config)# line vty 0 4
DMZ_L3(config-line)# login authentication default²
```

1. 로컬 계정 설정
2. 설정하지 않아도 무방하다.

위의 설정 명령어에 대한 의미를 하나씩 살펴보자.

username은 장비 자체에 사용자 인증 정보를 생성하기 위해 설정한다. 즉 로컬 인증을 위한 인증 정보를 설정하는 것이다. 설정 예에서 사용자 cisco와 패스워드 cisco123을 로컬 사용자 인증 정보로 설정했다. 그리고 장비 관리에 대한 모든 권한을 부여하기 위해 프리빌리지 레벨privilege level 15를 부여했다.

aaa authentication login default tacacs+를 통해 사용자 인증 수단을 TACACS+로 지정했다. 여기서 default는 장비 접속에 사용되는 콘솔Console, AUX, VTY 등 모든 접속 수단에 대한 인증 수단을 의미한다. 그러므로 장비로 접속하는 모든 사용자는 TACACS+ 서버에 의해 인증된다.

aaa authentication login FOR_CONSOLE group tacacs+ local 명령어는 인증 그룹 FOR_CONSOLE에 대한 인증을 수행할 때 TACACS+를 첫 번째 인증 수단으로 지정하고 로컬 인증을 의미하는 local을 두 번째 인증 수단으로 지정했다. 그러므로 FOR_CONSOLE 인증 그룹에 대한 인증은 TACACS+의 인증이 실패하면 로컬 인증이 대신한다.

그리고 콘솔이나 텔넷 및 SSH 등의 접속 수단에 대한 인증 방식을 지정한다. 설정 예에서 텔넷 및 SSH 등의 VTY 접속은 default 인증 그룹에 포함시킴으로써 앞에서 설정한 aaa authentication login default tacacs+ 명령어가 적용되므로, TACACS+ 서버를 통한 인증이 지정된다. 그러나 콘솔 접속은 앞의 aaa authentication login FOR_ CONSOLE 명령어로 지정한 FOR_CONSOLE 인증 그룹에 포함시켜 TACACS+와 로컬 인증 방식을 모두 사용할 수 있도록 설정했다.

<table>
<tr><td>참고</td><td>콘솔 접속이나 VTY 접속 모두 TACACS+ 서버로의 통신 불능 상황을 대비해 로컬 인증을 추가하는 것이 좋다. 특히 콘솔 접속에 대한 인증은 로컬 인증을 반드시 사용할 것을 권장한다. 그렇지 않을 경우, 장비가 네트워크에 연결되지 않았을 때 인증 실패로 인해 장비 접속이 불가능하므로 참고하길 바란다.</td></tr>
</table>

이제 다시 DMZ_L3의 텔넷 접속을 시도해보자. 무엇이 달라졌는가?

설정 5.6 AAA 인증 설정 후 DMZ_L3로의 텔넷 접속

```
RTA# telnet 192.168.2.2
Trying 192.168.2.2 ... Open
Username: justin
Password:

DMZ_L3>en
DMZ_L3#
```

설정 5.6을 보면, 로컬 인증에 존재하지 않는 사용자 justin으로 접속한 것을 확인할 수 있다. 사용자 justin은 TACACS+ 서버에 설정된 사용자라는 것을 짐작할 수 있다. TACACS+ 서버에 의해 사용자가 인증되었다.

이제 권한 설정을 해보자. 권한 설정은 네트워크 서비스에 대한 권한과 명령어 실행에 대한 권한으로 나누어진다. 네트워크 서비스 권한은 네트워크 접속 등의 네트워크 관련 서비스에 대한 권한을 의미한다. 네트워크 장비에 대한 명령어 실행 권한은 관리자가 장비에 접속해 명령어를 실행할 수 있는 권한을 부여하는 설정이다.

설정 명령어는 다음과 같고, 설정 5.7은 그 설정의 예를 보여준다.

```
(config)# aaa authorization exec {default|authorization-list-name} method1
[method2...]
```

```
DMZ_L3(config)# aaa authorization exec default group tacacs+¹
DMZ_L3(config)# aaa authorization exec CONSOLE group tacacs+ local²
DMZ_L3(config)# aaa authorization console

DMZ_L3(config)# line console 0
DMZ_L3(config)# authorization exec CONSOLE³
```

1. 장비로의 모든 접속 방식에 대해 TACACS+를 통해 권한을 부여
2. 권한 부여 리스트 CONSOLE이 지정된 접속 방식에 TACACS+와 LOCAL을 사용하기 위한 설정
3. 콘솔 접속 시 권한 부여 리스트 CONSOLE 설정을 사용함

위 설정은 권한 부여를 TACACS+ 서버에 의해 이루어지도록 설정한 것이다. AAA 인증 설정과 마찬가지로, TACACS+ 서버가 모든 접속 수단(default 명령)에 대해 권한을 부여한다. 그리고 콘솔 접속은 TACACS+ 서버와 통신되지 않을 경우 로컬 정보를 사용한다는 것을 지정했다. 로컬 권한 정보는 사용자 설정(username 설정)의 프리빌리지 레벨을 의미한다.

한편, 콘솔 접속은 장비 접속에 대한 최후의 수단이다. 그러므로 권한 부여도 콘솔 접속에 대해 민감할 수 없다. 자칫 잘못된 설정으로 인해 장비 접속이 불가능할 수도 있기 때문이다. 그러므로 AAA 인증 설정과 달리, AAA 권한 설정 시 콘솔 접속은 설정 적용의 예외가 된다. 콘솔에 대한 AAA 권한이 민감하기 때문에 기본적으로 비활성화되어 있다. 그러므로 콘솔 접속에 대한 권한 부여는 별도 명령어를 통해 활성화해야 하는데, aaa authorization console로 활성화한다. 그리고 콘솔 접속에 AAA 권한 설정을 적용한다.

이제 AAA 권한 설정 후에 콘솔 접속과 텔넷 접속이 어떻게 달라졌는지 확인해보자. 설정 5.8을 보면, 사용자 justin으로 장비 접속이 이루어짐과 동시에 장비 권한을 갖는 이네이블 모드(DMZ_L3#)로 접속된 것을 확인할 수 있다. enable 명령을 통해 이네이블 모드로 진입한 설정 5.7의 결과와는 다르다는 것을 확인할 수 있다.

설정 5.8 접속과 동시에 장비 관리에 대한 권한을 갖는다.

```
RTA#telnet 192.168.2.2
Trying 192.168.2.2 ... Open
```

```
User Access Verification

Username: justin
Password:

DMZ_L3#[1]
```

1. 장비 접속과 동시에 이네이블 모드로 진입된다.

마지막으로 과금 설정을 해보자. 과금 설정도 권한 설정과 마찬가지로, 네트워크 서비스에 관련된 설정과 명령어 실행에 대한 설정으로 나누어진다. 이 예제는 명령어 실행에 대한 과금 설정을 다루도록 하겠다. 과금 설정을 위한 명령어 구문은 다음과 같고, 설정 5.9는 설정 예를 보여준다.

(config)# **aaa accounting** {**exec**|**commands** *level*} {**default** | *list-name*} {**start-stop**|**stop-only**|**none**} {*method1* [*method2...*]}

설정 5.9 과금 설정의 예

```
DMZ_L3(config)# aaa accounting exec default start-stop group tacacs+
DMZ_L3(config)# aaa accounting commands 15 default stop-only group tacacs+
```

첫 번째 aaa accounting exec 설정은 접속 수단을 통해 접속한 사용자의 실행 세션에 대한 기록을 TACACS+ 서버로 전송하겠다는 의미다. start-stop 옵션은 과금 기록 프로세스가 시작될 때와 끝날 때에 TACACS+ 서버에 과금 통보 메시지를 보낸다는 의미다.

두 번째의 aaa accounting commands 명령은 실행 명령어 기록을 TACACS+ 서버로 전송하기 위함인데, 설정한 프리빌리지 레벨 아래의 실행 명령어는 전송하지 않고 그 이상 레벨의 실행 명령어만 전송한다. 설정 예는 가장 높은 레벨인 15로 설정했다. 그리고 stop-only는 서비스가 종료될 때 과금 기록 종료 통보 메시지를 보낸다는 의미다.

과금 설정을 통해 AAA 인증으로 접속한 사용자의 실행 명령어가 TACACS+ 서버에 기록된다. 기록된 정보는 TACACS+ 서버에서 확인할 수 있다.

지금까지 설정한 AAA 설정 정보는 설정 5.10과 같다.

```
DMZ_L3# show running-config
Building configuration...
- 중략 -
!
aaa new-model
!
!
aaa authentication login default group tacacs+ local enable
aaa authentication login TEST group tacacs+ local
aaa authentication login FOR_CONSOLE group tacacs+ local
aaa authorization console
aaa authorization exec default group tacacs+ local
aaa authorization exec CONSOLE group tacacs+ local
aaa accounting exec default start-stop group tacacs+
aaa accounting commands 15 default stop-only group tacacs+
!
- 중략 -
!
username cisco privilege 15 password 0 cisco123
!
- 중략 -
!
tacacs server MY_TACACS
 address ipv4 192.168.2.11
 key cisco123
!
- 중략 -
!
line con 0
 authorization exec CONSOLE
 login authentication FOR_CONSOLE
line aux 0
line vty 0 4
```

```
!
!
End
```

AAA 설정은 신중하게 이루어져야 한다. 만일 잘못된 AAA 설정이 이루어지는 경우, 장비에 접속할 수 없는 상황이 발생된다. 그러므로 AAA 설정을 저장하기 전에 반드시 다른 터미널로 장비 접속을 확인하고 권한 등이 제대로 적용되는지 확인해야 한다. 특히 원격으로 AAA 설정을 하는 경우에 특히 더 주의해야 한다. 만일 원격 사이트에 관리자가 없는 경우, 잘못된 설정으로 인한 인증 문제나 권한 적용이 부적절해 설정을 수정할 수도 없는 난감한 상황을 맞이할 수 있다.

이런 경우에는 AAA 설정 전의 스타트업 컨피규레이션을 다시 적용해야 한다. 그러므로 시스코 장비의 리부팅 예약 기능인 리로드 스케줄러^{Reload Schelduler}를 사용해, 강제로 리부팅되게 하여 저장되지 않은 잘못 설정된 AAA 설정이 삭제되도록 하는 것이 하나의 팁일 수 있다.

리부팅 예약 기능은 reload in 명령으로 실행할 수 있다. 만일 AAA 설정이 성공적으로 이루어졌다면, 리부팅 스케줄러 실행을 취소하면 된다. 리부팅 스케줄러는 다음 명령으로 실행할 수 있으며, 설정 5.11은 리부팅 스케줄러의 실행과 취소의 예를 보여준다.

reload in *hh:mm*

reload cancel

설정 5.11 리부팅 스케줄러의 실행과 취소

```
DMZ_L3# reload in 00:30[1]
Reload scheduled in 30 minutes by console
Reload reason: Reload Command
Proceed with reload? [confirm][2]
DMZ_L3#


***
*** --- SHUTDOWN in 0:30:00 ---
***
```

```
DMZ_L3#
*Oct 22 04:56:52.692: %SYS-5-SCHEDULED_RELOAD: Reload requested for 06:26:50 CET
Wed Oct 22 2014 at 05:56:50 CET Wed Oct 22 2014 by console. Reload Reason: Reload
Command.
DMZ_L3#
DMZ_L3# reload cancel[3]
DMZ_L3#


***
*** --- SHUTDOWN ABORTED ---
***


DMZ_L3#
*Oct 22 04:57:09.045: %SYS-5-SCHEDULED_RELOAD_CANCELLED:  Scheduled reload cancelled
at 05:57:09 CET Wed Oct 22 2014
```

1. 30분 후에 리부팅되도록 명령했다.
2. 엔터 키를 입력한다.
3. 리부팅 스케줄러를 취소한다. AAA 설정이 성공적이라면, 반드시 스케줄러를 취소해야 한다.

위 설정은 정확하게 30분 후에 라우터가 리부팅되도록 명령을 내린 후, 리부팅 실행을 취소한 예를 보여준다. 그러므로 원격 사이트의 장비를 설정하는 경우 설정 작업을 수행하기 위한 충분한 시간을 정한 후 만일의 문제에 대비해 자동 리부팅 예약을 할 수 있다.

지금까지 다룬 AAA 설정 예제는 가장 사용 빈도가 높은 기준으로 제시했다. 그러나 이 절에서 다룬 설정 예제가 가장 좋은 설정의 예라고 말할 수 없다. 실무에서 AAA 설정은 각 네트워크의 상황과 정책에 따라 얼마든지 달라질 수 있다는 점을 기억하길 바란다.

5.6 ASA의 AAA 설정

시스코 ASA도 AAA 인증을 사용할 수 있다. AAA 인증의 기본적인 내용은 동일하므로, 앞 절의 내용을 참고하길 바란다. 이 절에서는 ASA에서 AAA 인증을 위한 명령어와 그 설정 방법을 알아보자. ASA 인증은 장비 접속뿐만 아니라, VPN 서비스의 사용자 인증도 수행할 수 있다. 그러나 이 절은 장비 자체 접속에 관련된 AAA 인증 설정에만 초점을 맞춘다.

ASA의 AAA 설정 순서는 다음과 같다.

1. AAA 서버 그룹 지정
2. 로컬 사용자 계정 생성
3. AAA 인증 설정
4. AAA 권한 설정
5. AAA 과금 설정

설정 순서를 보면 IOS 장비의 순서와 거의 다를 게 없어 보인다. 이제 본격적인 설정에 들어가자. 그림 5.2는 앞 절에서 사용한 예제 구성도와 동일하다. ACS 서버(192.168.2.11)를 이용해 ASA에 AAA 인증을 설정해보자.

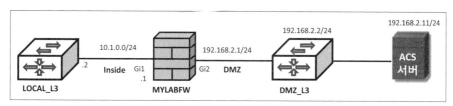

그림 5.2 ASA의 AAA 인증 설정을 위한 실습 구성도

가장 먼저 수행할 설정은 AAA 서버 그룹을 지정하는 것이다. AAA 서버 그룹을 지정한다는 의미는 IOS 장비의 TACACS+ 서버를 지정하는 것과 같다. 다만 다른 점이 있다면, 이중화를 목표로 TACACS+ 서버가 여러 개인 경우를 위해 서버 그룹 형태로 설정하는 것이다.

AAA 서버 그룹의 이름과 AAA 프로토콜을 지정한다. 그리고 해당 그룹에 개별 서버를 지정한다. 이때 암호화에 사용될 키 정보를 설정할 수 있다. AAA 서버 지정 설정 명령어는 다음과 같고, 설정 5.12는 그 설정의 예를 보여준다.

```
(config)# aaa-server server_tag protocol {ldap | radius | tacacs+}
(config)# aaa-server server_tag (interface-name) host ip-address
(config-aaa-server-host)# key key-string
```

설정 5.12 AAA 서버 그룹 생성 및 서버 지정

```
MYLABFW(config)# aaa-server MY_ACS protocol tacacs+
MYLABFW(config)# aaa-server MY_ACS (Inside)¹ host 192.168.2.11
MYLABFW(config-aaa-server-host)# key cisco123
MYLABFW(config)# aaa-server MY_ACS (Inside) host 192.168.2.12
MYLABFW(config-aaa-server-host)# key cisco123
```

1. 인사이드 인터페이스 방향에 위치하는 TACACS+ 서버를 지정한다.

다음으로, 로컬 인증을 위한 사용자 계정을 생성한다. IOS 장비의 로컬 계정과 마찬가지로, 이는 TACACS+ 서버가 비가용 상태이거나 통신 불능 상태인 경우에 사용할 수 있는 계정이다. IOS 장비와의 차이점은 사용자 계정의 속성[Attribute]을 설정할 수 있다는 것이다. 이는 ASA에 VPN 사용을 위한 일반 사용자 계정이 등록될 수도 있기 때문이다. 사용자의 VPN 접근에 사용되는 계정이 있으므로 VPN에 대한 사용자 프로파일 정보를 추가하기 위한 기능이다. 이 예제는 TACACS+ 인증을 위한 설정이므로 계정 속성을 관리자[Admin]로 지정한다.

로컬 사용자 계정 생성을 위한 명령어 구문은 다음과 같고, 설정 5.13은 그 설정의 예를 보여준다.

```
(config)# username username {nopassword|password password} [privilege level]
(config)# username username attribute
(config-username)# service-type admin
```

설정 5.13 로컬 사용자 계정 생성의 설정 예

```
MYLABFW(config)# username cisco password cisco123 privilege 15
MYLABFW(config)# username cisco attributes
MYLABFW(config-username)# service-type admin
```

IOS 장비는 AAA 설정 시 default 명령을 사용해 모든 접속 수단에 대한 TACACS+ 인증을 하도록 설정했다. 그러나 ASA는 각 접속 방식에 대해 개별적으로 인증 방법을 지정한다. ASA의 AAA 인증을 위한 명령어 구문은 다음과 같고, 설정 5.14는 그 설정의 예를 보여준다.

```
aaa authentication {telnet|ssh|http|serial} console {LOCAL|server-group
[LOCAL]}
aaa authentication enable console {LOCAL|server-group [LOCAL]}
```

설정 5.14 ASA의 인증 설정

```
MYLABFW(config)# aaa authentication telnet console MY_ACS LOCAL¹
MYLABFW(config)# aaa authentication ssh console MY_ACS LOCAL²
MYLABFW(config)# aaa authentication http console MY_ACS LOCAL³
MYLABFW(config)# aaa authentication serial console LOCAL⁴
MYLABFW(config)# aaa authentication enable console MY_ACS LOCAL⁵
```

1. 텔넷 접속 인증 설정
2. SSH 접속 인증 설정
3. ASDM 접속 인증 설정
4. 콘솔 접속 인증 설정
5. 이네이블 모드 패스워드 설정

위 설정은 텔넷과 SSH, 그리고 ASDM 접속을 위한 HTTP에 대해 AAA 인증을 적용하기 위한 설정이다. AAA 서버 그룹인 MY_ACS와 로컬 사용자 계정 순서로 사용한다. 만일 서버 그룹 MY_ACS의 모든 서버가 비가용 상태이거나 통신이 되지 않을 경우 로컬 사용자 계정을 사용한다. 그리고 시리얼 접속을 설정했는데, 여기서 혼동하지 말자. 명령어에서 serial은 ASA의 물리적인 콘솔 포트를 의미한다. 그러므로 콘솔 접속에 대한 인증은 로컬 인증을 수행한다.

aaa authentication enable 명령어는 이네이블 모드에 진입하기 위한 이네이블 패스워드 정보를 어디로부터 가져올 것인가를 지정하는 설정이다. 서버 그룹 MY_ACS와 LOCAL을 모두 지정했으므로, MY_ACS가 비가용 상태인 경우에 ASA에 설정된 이네이블 패스워드를 사용한다.

자! 이제 AAA 권한을 부여하는 설정을 하자. ASA의 권한 설정도 실행 명령어에 대한 설정과 사용자 계정에 대한 가용 명령어 설정으로 이루어진다. AAA 권한 부여 설정을 위한 명령어 구문은 다음과 같고, 설정 5.15는 설정 예를 보여준다.

```
(config)# aaa authorization exec {LOCAL | authentication-server}
(config)# aaa authorization command {LOCAL | server-group [LOCAL]}
```

설정 5.15 AAA 권한 설정의 예

```
MYLABFW(config)# aaa authorization exec authentication-server
MYLABFW(config)# aaa authorization command MY_ACS LOCAL
```

aaa authorization exec 명령어는 사용자의 실행 모드 진입을 위한 권한을 지정하기 위함이다. ASA은 전문 보안 장비이고, VPN 게이트웨이로도 사용된다. 그러므로 로컬 사용자 정보 중에 일반적인 원격 VPN 사용자 계정도 존재할 것이다. 일반 VPN 사용자에게는 ASA의 실행 권한을 부여할 수 없다. 그러므로 이를 지정하기 위한 설정이다. 만일 이 명령어에서 LOCAL로 지정했다면, 사용자 계정을 생성할 때 설정한 username attribute의 service-type에 설정한 정보를 참조한다.

그리고 aaa authorization command는 사용자가 사용할 수 있는 명령어에 대한 권한을 지정하는 설정이다. 예제의 설정은 가용 명령어 리스트를 위해 서버 그룹 MY_ACS를 참조하고, 서버가 비가용 시에 로컬 정보를 사용한다는 의미다.

마지막으로 AAA 과금 설정이다. 앞에서 언급했지만, 과금이란 인증된 사용자의 행위를 기록하는 행위를 의미한다. 사용자가 사용한 명령어를 TACACS+ 서버에 기록함으로써 향후 인위적 장애의 원인을 밝히거나, 또는 책임 추궁을 위한 자료로 사용될 수 있다. AAA 과금 설정을 위한 명령어 구문은 다음과 같다.

```
(config)# aaa accounting command {server-group | privilege level [server-
group]}
```

aaa accounting command는 특정 레벨 이상의 실행 명령어 기록을 TACACS+ 서버로 보내기 위한 설정이다. 설정한 프리빌리지 레벨 이하의 실행 명령어는 TACACS+ 서버로 보내지 않는다. 즉, 서버에 기록되지 않는다. 설정 5.16은 AAA 과금 설정의 예를 보여준다.

설정 5.16 AAA 과금 설정의 예

```
MYLABFW(config)# aaa accounting command privilege 15 MY_ACS
```

위의 설정은 사용자가 프리빌리지 레벨 15 이상의 실행 명령어를 입력할 경우에 서버 그룹 MY_ACS로 전송해 기록에 남긴다는 의미다.

이제 ASA의 모든 AAA 인증 관련 설정을 마쳤다. 물론 이 설정보다 더 세부적이고 더 많은 옵션 명령어가 존재한다. 그러나 이 절은 가장 일반적으로 사용되는 명령어 위주로 설명했다. IOS 장비 예제 설정과 마찬가지로, 상황이나 정책에 의해 달라질 수 있다는 점을 명심하길 바란다. 설정 5.17은 지금까지 이 절에서 설정한 AAA 인증에 관련한 모든 설정 정보를 보여준다.

설정 5.17 ASA의 AAA 인증 설정 정보

```
MYLABFW# show running-config
: Saved
:
ASA Version 8.4(2)
!
hostname MYLABFW
- 중략 -
aaa-server MY_ACS protocol tacacs+
aaa-server MY_ACS (Inside) host 192.168.2.11
 key *****
aaa-server MY_ACS (Inside) host 192.168.2.12
 key *****
aaa authentication telnet console MY_ACS LOCAL
aaa authentication ssh console MY_ACS LOCAL
aaa authentication http console MY_ACS LOCAL
aaa authentication serial console LOCAL
aaa authentication enable console MY_ACS LOCAL
aaa authorization command MY_ACS LOCAL
aaa accounting command privilege 15 MY_ACS
aaa authorization exec authentication-server
http server enable
http 10.1.0.0 255.255.0.0 Inside
- 중략 -
telnet 200.2.1.10 255.255.255.255 Outside
```

```
telnet 10.1.0.0 255.255.0.0 Inside
telnet 10.1.3.0 255.255.255.0 Inside
telnet timeout 5
ssh 200.2.1.10 255.255.255.255 Outside
ssh 10.1.0.0 255.255.0.0 Inside
ssh timeout 5
- 중략 -
username cisco password ffIRPGpDSOJh9YLq encrypted privilege 15
username cisco attributes
 service-type admin
!
- 생략 -
```

지금까지 ASA의 AAA 인증 설정에 대해 알아봤다. 일반 IOS 장비의 AAA 설정과 그리 다르지 않으므로 막연히 생소하게 보이진 않았을 것이다. 실제 ACS 서버를 구축하고 설정을 통해 그 동작을 익힌다면 AAA 설정에 쉽게 다가갈 수 있을 것이다.

6

NAT

네트워크 보안의 가장 기본적인 핵심은 접근 제어$^{Access\ Control}$라 할 수 있다. 우리가 일상 생활에서 문을 잠그고 인가된 사람만 출입할 수 있게 하는 것이 대표적인 접근 제어다. 그러나 인가된 사람만 출입 가능하게 한다고 하더라도, 원하지 않는 방문객이 인가된 사람인 것처럼 속여서 출입할 가능성도 있다. 네트워크상의 해커도 그와 같다.

뉴스에서 해커가 패킷을 조작해 네트워크에 접근한다는 소식을 자주 접할 수 있다. 이와 같이 네트워크 접근을 차단한다고 하더라도, 해커가 인가된 출발지와 목적지 주소로 패킷을 조작해 우리 네트워크에 접근할 수도 있다. 그러므로 기본적인 접근 차단 방법만으로는 완벽한 네트워크 보안을 구현할 수 없다. 그럼 다른 방법으로 원하지 않는 네트워크 접근을 차단할 수 있는 방법은 없을까?

이 장에서 학습할 NAT$^{Network\ Address\ Translation}$는 원론적인 접근 차단 방법이 아니라, 주소 변경을 동해 네트워크 접근을 차단하는 방법을 제공한다. 그럼 NAT의 기본 개념과 그 구현 방법을 알아보자.

6.1 NAT 구현의 배경

오늘날 IPv4 주소의 고갈 문제는 매우 심각하다. 수년 전부터 IPv4의 고갈을 완화하기 위해 각종 기술을 적용해 IPv4 고갈 속도를 완화시키려고 노력해왔다. IPv4 고갈 완화를 위한 가장 대표적인 기술이 NAT와 DHCP$^{Dynamic\ Host\ Configuration\ Protocol}$다. 이런 이유로 많은 엔지니어들이 NAT를 IPv4 고갈 완화를 위한 기술로 이해하는 경향이 있다. 그러나 NAT는 기본적으로 보안 기술이다. 이 절은 NAT를 보안적인 관점에서 보고 진행한다.

라우팅에 의한 네트워크 접근은 각 라우팅 장비가 가진 목적지 정보, 즉 라우팅 정보를 근거로 이루어진다(그림 6.1). 경로상의 라우팅 장비는 수신하는 패킷의 목적지 정보를 자신의 라우팅 테이블로부터 검색해 목적지 방향으로 전달한다. 만일 호스트가 자신의 실제 목적지 주소를 변경해 전달한다면 어떻게 될까?

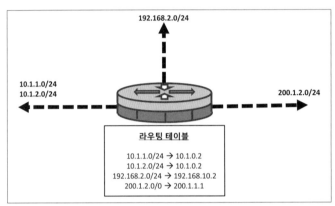

그림 6.1 패킷은 라우팅 장비의 라우팅 테이블을 근거로 전달된다.

연예인들이 자신의 집 주소나 전화번호가 공개되어 어쩔 수 없이 집을 옮기거나 전화번호를 변경했다는 소식을 TV를 통해 접한 적이 있다. 일반인도 마찬가지이지만, 이들이 자신의 주소와 전화번호가 노출되는 것을 극도로 꺼리는 이유가 무엇일까? 간단하다. 원하지 않는 방문객을 피하고 싶어서일 것이다.

그럼 연예인들은 어떤 식으로 자신의 주소나 전화번호를 관리할까? 그 대답도 간단하다. 단지 남들에게 알려주지 않는 것이다. 그러면 그들은 어떻게 다른 사람들과 연락을 주고받을까? 매니저를 통해 연락받거나 우편사서함을 이용하는 등의 방법을 사용할지도 모른다. 방송상에서 연예인들이 "용건이 있다면 매니저를 통해 연락주세요."라고 말하는 것을 종종 들을 수 있다. 여하튼 그들은 원하지 않는 방문객을 차단하기 위해 그들의 주소나 전화번호를 공개하지 않는다. 그러면 그들이 원하지 않는 그 어떤 불청객도 그들에게 다가갈 수 없는 것은 자명한 사실이다.

네트워크에서 NAT도 이와 유사하다. NAT를 이용한 보안은 실제 사용자의 주소를 외부 네트워크에 공개하지 않음으로써 구현된다. 이를 기술적으로 다시 표현하면, 내부 사용자의 IP 주소, 즉 내부 네트워크의 주소를 인터넷 망이나 공개된 네트워크로 광고하지 않음으로써 그 네트워크의 존재를 외부로부터 분리시키는 기술을 NAT라고 할 수 있다.

이쯤 되면 라우팅의 콘셉트를 이해하고 있는 독자는 한 번 정도 의심을 가질 수 있다. 내부 네트워크의 정보를 외부로 광고하지 않는다면 외부에서 내부 네트워크 정보를 인지하지 못하기 때문에 통신이 이루어질 수 없는데, 어떻게 외부와 통신이 가능한 것일까(그림 6.2)?

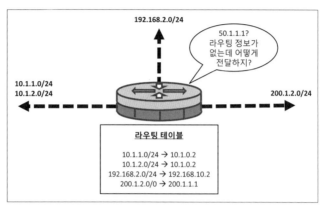

그림 6.2 라우팅 정보가 없으면 통신이 이루어지지 않는다.

그렇다. 내부 네트워크의 정보를 외부로 광고하지 않으면, 외부 장비가 로컬 네트워크에 대한 라우팅 정보를 확보하지 못하기 때문에 외부와 통신이 이루어질 수 없다. 그러나 NAT는 이런 상황에서 외부와의 통신을 가능하게 해준다.

특정 연예인을 좋아하는 팬심으로 다시 돌아가보자.

내가 어느 한 연예인을 좋아한다고 가정하자. 그 연예인에게 어떤 좋은 선물을 보내고 싶다. 그래서 그 연예인의 주소를 입수해 그곳으로 선물을 보낸다. 사실 내가 알고 있는 주소는 그 연예인의 실제 주소일 리가 없다. 그러나 내 선물은 그 연예인에게 전달된다. 비록 내가 보내는 주소가 실제 연예인의 주소가 아닌, 매니저의 주소라 하더라도 매니저가 그 연예인에게 전달하는 수고를 해주기 때문이다. 그 연예인의 모든 접촉은 매니저를 통해 이루어지고, 매니저는 그 수고를 기꺼이 해준다. 다시 말해, 그 연예인을 보호하기 위해 매니저가 그 대리인의 역할을 하는 것이다.

만약 선물을 받은 연예인이 팬에게 고맙다는 편지를 손수 작성해 보낸다고 가정해보자. 물론 그럴 일이 그리 많지 않을 테지만 말이다. 연예인이 손수 편지를 쓰고, 팬의 주소와 자신의 주소를 편지봉투에 기입해 매니저에게 전달한다. 매니저는 연예인의 주소가 연예인의 실제 주소임을 인지하고, 그 주소를 팬이 알고 있는 자신의 주소로 변경해 편지를 보낼 것이다.

여기서 중요한 것은 팬들은 자신이 그 선물을 매니저에게 보낸다는 사실을 인지하지 못한다는 사실이다. 그리고 연예인도 마찬가지로 매니저가 자신의 주소를 변경했다는 것을 인지하지 못한다. 매니저가 대리인 역할을 한다고 하더라도, 연예인이나 팬들은 여전히 그 사실을 인지하지 못하고 서로 연락을 주고받는다. 이것이 NAT의 주요 콘셉트다.

다시 기술적인 내용으로 돌아가자.

내부 네트워크에 위치하는 호스트는 연예인에 비유할 수 있다. 그리고 NAT를 수행하는 라우터 또는 방화벽은 매니저의 역할을, 그리고 외부 네트워크에 위치하는 호스트는 연예인을 좋아하는 팬에 비유할 수 있다.

앞에서도 언급했지만, 내부 네트워크의 주소는 외부로 광고하지 않는다. 대신 매니저 역할을 수행하는 라우터나 방화벽의 주소를 외부로 광고한다. 그러므로 내부 호스트(연예인)가 전달하는 정보에 표시된 출발지 주소(내부 호스트 주소)는 라우터나 방화벽(매니저)에 의해 다른 출발지 주소(라우터나 방화벽의 주소)로 변경되어 외부 호스트(팬)로 전달된다(그림 6.3).

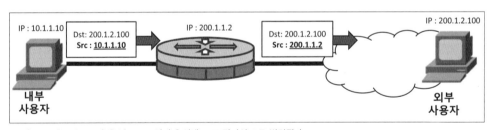

그림 6.3 내부 호스트의 주소는 NAT 장비에 의해 NAT 장비의 IP로 변경된다.

이때 외부 호스트는 내부 호스트가 전달한 정보를 수신할 때, 그 출발지 주소가 대리인 역할을 하는 라우터나 방화벽의 주소라는 것을 인지하지 못한다. 외부 호스트는 단지 그 라우터 또는 방화벽과 통신하는 것으로 인지한다(그림 6.4). 그리고 응답을 그 주소로 향해 수행한다.

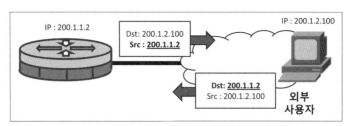

그림 6.4 외부 호스트는 NAT 장비의 IP 주소로부터 정보를 수신한 것으로 인지한다.

응답을 수신한 라우터나 방화벽은 그 정보를 내부 호스트로 전달하기 위해 자신의 주소로 되어 있는 목적지 주소를 내부 호스트 주소로 변경해 전달한다(그림 6.5).

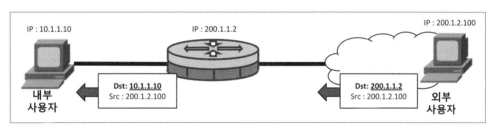

그림 6.5 NAT 장비는 내부 호스트로 패킷을 전달하기 위해 실제 내부 호스트 주소로 변경한다.

그 패킷을 수신한 내부 호스트는 단순히 외부 호스트로부터 직접 해당 패킷을 수신했다고 인지한다.

이것이 NAT의 동작에 대한 간략한 설명이다. 이 설명을 바탕으로 얻을 수 있는 결론은 내부 호스트나 외부 호스트는 NAT가 수행된다는 그 사실을 전혀 인지하지 못한다는 것이다. 경로상에 위치하는 NAT 장비가 연예인의 매니저처럼 대리인 역할을 호스트 몰래 수행하면서 이루어진다.

NAT라는 용어 자체가 가진 사전적 의미대로 네트워크 주소를 번역^{Translation}하는 것이다. 실제 주소가 아닌 NAT 장비의 주소로 번역해 외부에 광고함으로써 외부 네트워크로부터 내부 네트워크의 노출을 방지하는 기술이다.

이 절은 NAT의 의미를 설명하고 그 동작 방식을 간략히 살펴보는 데 집중했다. 그러나 눈치 빠른 독자들은 여전히 풀리지 않는 의문을 가지고 있을 것이라 생각한다. 다음 절에서부터는 NAT를 좀 더 세부적으로 접근해 자세히 살펴보자.

6.2 NAT 장비는 무슨 일을 하는가

NAT가 구현된 네트워크에서 내부 호스트나 외부 호스트는 모두 자신이 교환한 패킷의 주소가 NAT 동작에 의해 변경된다는 사실을 전혀 인지하지 못한다고 했다. 이 모든 동작은 라우터나 방화벽 같은 NAT 장비가 조용(?)하게 수행한다.

앞 절에서 NAT 동작을 연예인과 매니저, 팬에 비유해 설명했다. 만일 매니저가 관리하는 연예인이 매우 많다면, 매니저는 각 연예인의 실제 주소를 모두 기억하지 못할 것이다. 그리고 외부로 공개될 연예인의 가짜 주소 역시도 기억하기 힘들 것이다. 각 연예인이 외부와 편지 등을 통해 연락을 주고받을 때마다 일일이 모두 기억할 수는 없다. 그러므로 각 연예인이 외부와 연락을 주고받을 때마다 사용되는 가짜 주소를 별도의 관리부(주소록)로 만들어 사용해야 한다.

NAT를 수행하는 장비 역시 내부 호스트 또는 외부 호스트의 주소를 NAT로 변경했다면, 그 정보를 기록해야 한다. 혹자는 그런 정보를 관리하지 않아도 주소만 변경해서 보내면 그만 아닌가라고 반문할 수 있다. 그러나 일반적으로 통신이라는 것은 양방향 정보 교환을 의미한다. 자신이 그 어떤 정보를 누군가에게 전달했다면, 그와 관련된 어떤 정보가 수신되기를 기대한다. 예를 들어, 우리가 그 누군가에게 편지를 보냈다고 가정하자. 만일 그 편지를 수신한 사람이 그에 대한 응답을 전혀 하지 않는다면, 우리에게는 그가 편지를 수신했는지에 대한 의문만이 쌓여갈 것이다. 연예인이 팬으로부터 선물을 받았을 때, 고맙다는 편지를 다시 보내는 것도 그와 같은 이치라 생각된다. 연예인이 아무런 응답이 없다면, 그 팬은 선물을 보내다 지쳐 더 이상 선물을 보내지 않을지도 모른다.

위의 예가 너무 과장되었다고 느낄 수 있다. 비록 우리 일상생활에서의 예를 들었지만, 이런 콘셉트를 시스템에 적용했을 때는 더욱 엄격해질 수밖에 없다. 왜냐하면 사람은 지능이 있고 예측할 수 있으며, 그로 인해 각 상황을 유연하게 대처할 수 있다. 그러나 시스템은 지능이 없고, 상황으로부터 유연하게 대처할 수 없다. 시스템은 자신이 가진 정보에 근거해 예^{True}/아니오^{False}만으로 모든 상황을 결정하기 때문이다. 그러므로 시스템에게 기대하는 모든 행위를 위한 정보를 반드시 확보해야 한다.

시스템이 NAT를 수행하는 데 필요한 정보는 어떻게 구축하는 것일까? 그림 6.6을 보면 시스템이 NAT를 수행하는 데 필요한 정보를 구축하는 과정을 보여준다.

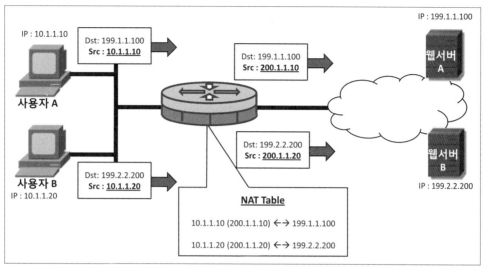

그림 6.6 NAT 테이블 구축 과정

위의 그림에서 사용자 A는 인터넷에 위치하는 웹 서버 A와 통신한다. 사용자 B는 인터넷에 위치하는 웹 서버 B와 통신한다. 사용자 A의 IP 10.1.1.10은 외부 네트워크로 전달되기 직전에 NAT를 수행하는 장비 RTA에 의해 200.1.1.10이라는 IP로 변경된다. 이때 NAT 장비는 원래의 IP인 10.1.1.10과 변경되는 IP인 200.1.1.10의 IP를 NAT 테이블이라는 IP 관리부에 기록한다. 마찬가지로 사용자 B의 IP 10.1.1.20도 외부 네트워크로 전달되기 직전에 200.1.1.20이라는 IP로 변경된다. 이 IP도 마찬가지로 NAT 테이블에 기록된다. 그러므로 외부의 웹 서버가 응답 패킷을 보내더라도 변경된 IP를 정확하게 원래의 IP로 다시 변경해 내부로 보낼 수 있다.

이와 같이, NAT 장비는 IP 주소를 변경해 전달한다. 위의 예제에서 내부 호스트 패킷의 IP를 외부 라우팅 IP로 변경했다. 그리고 각 사용자별로 IP가 하나씩 사용되었다. 그런데 만일 내부 사용자 패킷의 NAT를 위한 외부 라우팅 IP가 부족한 경우에는 어떻게 될까? 즉 100명의 사용자가 동시에 인터넷을 사용하고자 하는데, NAT로 변경할 외부 라우팅 IP는 50개밖에 없다면 어떻게 될까?

그림 6.7에서 내부 호스트는 100명이고 NAT에 사용할 수 있는 IP는 50개밖에 없다고 가정하자. 각 사용자의 IP는 외부 네트워크로 향할 때마다 NAT 장비에 의해 변경된다. NAT에 의해 변경되는 외부 라우팅 IP를 NAT IP라고 하는데, 한 사용자에 의해 사용된 NAT IP는 그 시점에는 다른 사용자에 의해 사용될 수 없다. 그 이유는 복수의 사용자

를 위해 하나의 IP가 동시에 사용된다면 응답 패킷의 실제 내부 목적지를 정확히 알 수 없기 때문이다.

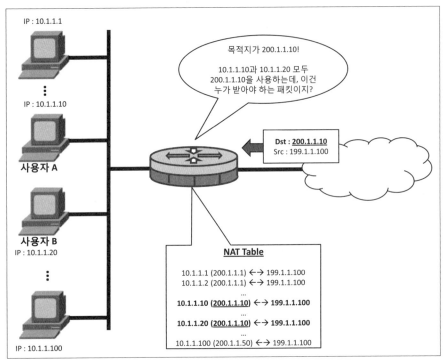

그림 6.7 NAT에 사용될 IP가 부족하다.

그림에서 NAT를 위해 사용될 50개의 IP가 모두 사용되고 있다고 하자. 그래서 사용자 B의 패킷을 보낼 때, NAT 장비 RTA가 사용자 A에 의해 사용되는 IP로 변경해서 보냈다고 하자. 사용자 A와 사용자 B가 보낸 패킷 모두 목적지까지 잘 전달될 것이다. 또한 인터넷상에 위치하는 목적지 호스트가 응답 패킷을 보내는 경우, 사용자 A와 사용자 B로 향하는 모든 응답 패킷이 NAT 장비인 RTA까지 잘 도착한다. 그러나 문제는 여기서 발생된다. RTA는 NAT에 의해 변경된 IP를 원래 사용자 A와 사용자 B의 IP로 변경해야 한다. 그러나 자신의 NAT 테이블에는 동일한 200.1.1.100이라는 IP가 내부 사용자 A와 B의 IP인 10.1.1.10과 10.1.1.20에 매핑^{Mapping}되어 있다. 그러므로 RTA는 해당 패킷을 정확한 IP로 변경할 수 없게 된다. 이런 경우에 통신은 이루어지지 않는다. 그렇다면 항상 내부 사용자를 모두 충족시킬수 있을 만큼의 NAT IP가 요구되는 것일까?

만일 내부 사용자를 모두 만족시켜야 하는 NAT IP가 요구된다면 NAT의 매력은 사라지고 단순히 좋은 기술이었다라는 평가와 함께 조용히 사라졌을 것이다. 그러나 NAT는 어떤 경우에도 내부 사용자를 모두 만족시키는 방법을 제공한다. 그것이 바로 시스코 장비에서 불리는 말로 PAT^Port Address Translation다.

PAT는 단 하나의 NAT IP로 수백 명을 충족시킬 수도 있다. 이는 4계층의 포트 주소를 이용해 NAT를 수행하기 때문이다. 어렵다. NAT를 이해하려고 하니 갑자기 PAT라는 것이 나온다. 이 시점에서 조금은 단순해지자. NAT는 IP를 변경함으로써 이루어진다. 그와 비슷하게 PAT는 IP뿐만 아니라 4계층의 포트 주소까지 변경함으로써 이루어진다 (그림 6.8). 단순하게 이렇게 생각하면 된다.

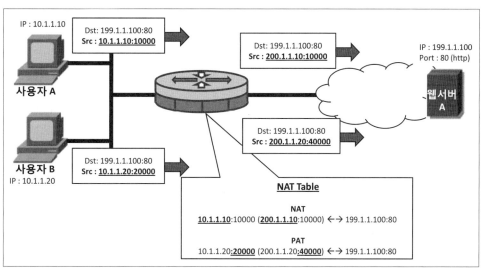

그림 6.8 NAT와 PAT는 무슨 정보를 변경하는가에 따라 구분된다.

그림에서 보듯이, NAT는 IP를 변경하고 동일한 포트 번호를 사용해 전달한다. 그러나 PAT는 IP는 동일한 NAT IP로 변경하되, 포트 번호를 다르게 변경해 전달한다. 이것이 NAT와 PAT가 다른 점이다. 별다른 것은 없다. 말 그대로, NAT는 네트워크 주소 변환 ^Network Address Translation을 의미하므로 네트워크 주소를 변경하고, PAT는 포트 주소 변환^Port Address Translation이므로 포트 번호를 변경하는 것이다.

그러면 어떻게 동일한 IP를 이용하는 다른 사용자를 구분할 수 있을까? 아직 이해되지 않는 독자도 있을 것이다.

우리가 쉽게 생각하는 IP 통신은 두 호스트가 단순히 자신의 IP와 상대방의 IP를 이용해 통신이 이루어진다고 생각한다. 맞는 말이다. 하지만 더 세부적으로 들어가보면, IP 주소라는 것은 단순히 물리적인 해당 시스템에 부여된 논리 주소를 말한다. 그러나 우리가 사용하는 서비스는 시스템 내부에서 운용되는 각 서비스의 논리적 프로세스 형태로 동작된다. 그러므로 IP 통신을 한다는 것은 해당 IP를 가지는 시스템으로 접속해 원하는 서비스의 포트 주소를 찾아감으로써 특정 서비스에 대한 통신이 이루어지는 것이다.

우리가 은행에 방문하는 것을 상상해보자. 은행도 논리적인 주소, 즉 행정 주소를 가지고 있다. 그 주소를 이용해 은행 건물을 찾아가면 각 서비스별로 창구 번호가 존재한다. 그 창구 번호를 포트 번호에 비유할 수 있다. 우리가 은행에 방문하는 목적은 단순히 은행 건물을 찾아가기 위한 것이 아니라, 특정 창구에 가서 업무를 보기 위함이다. 이와 마찬가지로, IP 통신도 단순히 특정 IP를 가진 시스템으로 도달하는 것이 목적이 아니라, 원하는 서비스에 연결되는 것이 목적이다. 그러므로 특정 서비스의 통신 주소는 IP:포트 주소로 표현된다. 예를 들어, IP가 199.1.1.100의 웹 서버에 접속하기 위한 통신 주소는 199.1.1.100:80으로 표현할 수 있다(그림 6.9). 실제 IP 통신은 해당 IP를 가진 시스템의 특정 포트 간 통신이라 정의할 수 있다. 이런 점을 이용해 동일 NAT IP를 사용해 여러 사용자의 통신 주소를 변경할 수 있는 것이다.

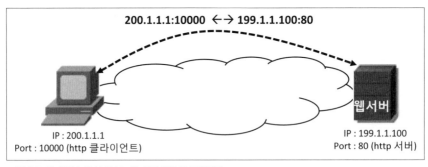

그림 6.9 각 서비스 통신 주소는 IP:포트 번호로 표현된다.

그림 6.10을 통해 실제 PAT 동작을 살펴보자. 사용자 A와 사용자 B가 인터넷 통신을 하고자 한다. 사용자 A와 B는 모두 인터넷 웹 서버 199.1.1.100에 접속을 시도한다. 이때 NAT 장비인 RTA는 이들의 출발지 주소를 변경하는데, 이때 동일한 NAT IP 200.1.1.10의 IP를 사용한다. 사용자 A의 웹 서비스 요청 패킷은 목적지 주

소 199.1.1.100:80과 출발지 주소 10.1.1.10:10000을 사용하고, 사용자 B의 웹 서비스 요청 패킷은 목적지 주소 199.1.1.100:80과 출발지 주소 10.1.1.20:10000을 사용한다고 가정하자. 이들 패킷을 수신한 NAT 장비는 사용자 A의 주소 10.1.1.10:10000을 200.1.1.10:11000으로 변경하고, 사용자 B의 주소 10.1.1.20:10000을 200.1.1.10:12000으로 변경한다.

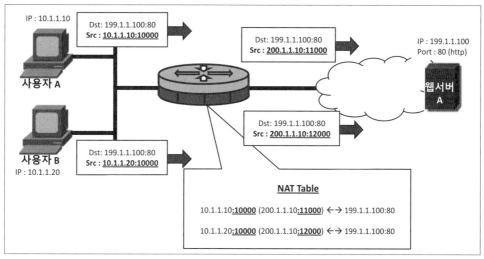

그림 6.10 PAT 동작

웹 서버가 이 패킷을 수신하고 응답할 때, 자신이 수신한 패킷의 출발지 주소를 목적지 주소로 사용한다. 그러므로 사용자 A에게 응답할 때 목적지를 200.1.1.10:11000으로, 사용자 B에게 응답할 때 목적지를 200.1.1.10:12000으로 응답한다. NAT 장비가 이를 수신하면 목적지 정보를 NAT 테이블로부터 검색해, 목적지 주소가 200.1.1.10:11000인 패킷은 10.1.1.10:10000으로, 목적지 주소가 200.1.1.10:12000으로 수신된 패킷은 10.1.1.20:10000으로 변경해 전달함으로써 사용자에게 정확하게 전달할 수 있다(그림 6.11).

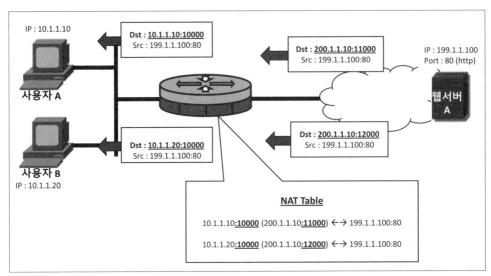

그림 6.11 NAT 장비는 수신되는 패킷의 포트 정보를 검색해 주소 변환을 수행한다.

PAT를 사용함으로써 적은 수의 NAT IP를 사용해 많은 사용자에 대한 NAT를 수행할 수 있다.

6.3 NAT로 어떻게 네트워크 보안을 구현하는가

NAT는 DHCP와 함께 IPv4의 IP 고갈을 완화하는 데 기여하는 기술 중 하나다. 인터넷 통신을 위한 하나의 공인 IP$^{Public IP}$ 주소로 많은 사용자가 동시에 사용할 수 있기 때문이다. 그래서 많은 사람들이 NAT를 IPv4 주소 고갈을 완화하는 기술로만 생각하는 경우가 많다. 그러나 NAT는 엄연한 보안 기술의 성격이 더욱더 강하다. IP를 절약하기 위한 용도는 NAT 기술의 결과로서 얻을 수 있는 이점을 취한 것이기 때문이다. 왜 NAT가 보안 기술인지 이 절에서 알아보자.

NAT는 내부 주소를 공개하지 않고 외부 네트워크와의 통신을 구현할 수 있는 기술이라 했다. 보안이 필요한 내부 주소로 발신 및 수신하는 모든 정보는 NAT 장비에 의해 원래의 주소가 전혀 다른 주소로 변경되어 전달된다고 했다. 그러므로 NAT를 단순히 IP를 변경하는 기술로만 생각할 수 있다. NAT에 의해 IP가 변경된다는 것이 의미하는 바는 이것보다 훨씬 더 크다.

NAT에 의해 IP가 변경되는 것은 통신하는 두 호스트 간의 연결성이 단절되는 것으로 표현할 수 있다. 이 말은 두 호스트가 상호간에 바라보는 곳이 다른 데에서 비롯된다. 정확한 표현은 아니지만, NAT 장비가 IP를 변경함으로써 두 호스트 간의 대리인 역할을 수행하기 때문이다. 그림 6.12는 내부 사용자와 외부 웹 서버의 통신을 보여준다. 여기서 내부 사용자와 외부 웹 서버는 그들 간에 직접 통신이 이루어진다고 생각하지만, 실제로 이들의 통신은 NAT 장비에 의해 제어되는 것이다. 그러므로 통신은 내부 사용자와 NAT 장비, 그리고 NAT 장비와 외부 웹 서버 간의 통신으로 표현할 수 있다. 연예인과 팬들 간의 소통이 매니저에 의해 이루어지므로, 그들 간의 직접적인 연결은 불가능하다. 그러므로 외부의 침입자에 의해 내부 사용자의 정보가 도난될 수 없는 것이다.

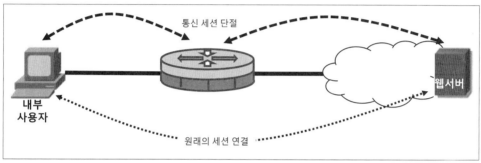

그림 6.12 두 호스트 간의 통신은 NAT 장비에 의해 제어된다.

호스트 간의 직접 통신이 NAT 장비에 의해 제어된다는 말을 좀 더 기술적으로 표현하면, 두 호스트 간의 세션이 NAT 장비에 의해 단절된다고 표현할 수 있다. 이 말은 호스트 간의 논리적인 통신선인 세션Session이 종단 간에 이루어지는 것이 아니라, NAT 장비에 의해 중간에 단절된다는 것을 의미한다. 이로 인해 특정 응용프로그램Application이 지원되지 않는 경우도 많다. 특정 응용프로그램은 종단 간의 연결성을 보장해야 지원하는 경우가 많은데, NAT에 의한 세션은 NAT 장비에 의해 단절되므로 서비스가 지원되지 않는 경우도 있다.

그러나 이런 단점에도 불구하고, NAT로 인해 내부 네트워크와 외부 네트워크가 완벽하게 분리되고, 외부 네트워크로부터 내부 네트워크를 완벽하게 숨길 수 있기 때문에 그 보안성은 뛰어나다고 할 수 있다. 그림 6.13은 NAT 네트워크의 전체적인 물리적인 구성도가 외부 네트워크의 관점에서 어떻게 나타나는지를 잘 보여준다.

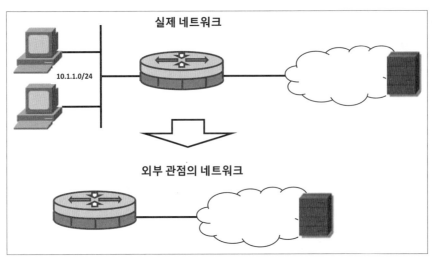

그림 6.13 외부 네트워크 관점으로는 내부 네트워크의 존재가 나타나지 않는다.

그러므로 외부의 해커도 내부 네트워크의 존재를 전혀 감지하지 못하기 때문에 내부 네트워크로 접근할 수 없는 것이다. 그리고 내부 사용자에 대한 NAT IP 정보가 NAT 장비에 의해 빈번하게 변경되므로 내부 사용자에 의해 사용되는 NAT IP로의 접근도 불가능하기 때문에 그 보안성은 뛰어나다고 할 수 있다.

앞에서도 언급했지만, 일부 응용프로그램에서 지원되지 않는 단점들이 있긴 하지만, NAT 자체의 보안성은 뛰어나기 때문에 오늘날 대부분의 네트워크에서 널리 사용되고 있다.

6.4 여러 개의 이름을 사용하는 NAT! (NAT의 내부 주소와 외부 주소)

NAT는 사용자의 원래 주소를 다른 주소로 변경하는 기술이다. 변경되는 IP 주소를 앞 절에서 NAT IP라고 표현했다. 이 절에서는 NAT에 관련된 주소에 대한 용어를 정리해 보자.

시스코 장비에서 NAT에 사용되는 주소를 네 가지 용어로 표현하는데, 표 6.1은 이를 간략하게 보여준다. 여기에 나타난 각 용어에 대해 완전하게 이해하자.

표 6.1 NAT 사용 주소 타입

주소 타입	사용 네트워크	주소	공인/사설 주소
인사이드 로컬(Inside Local)	내부 네트워크	실제 주소	공인/사설 주소
인사이드 글로벌(Inside Global)	내부 네트워크	가상 주소	공인 주소
아웃사이드 로컬(Outside Local)	외부 네트워크	가상 주소	공인/사설 주소
아웃사이드 글로벌(Outside Global)	외부 네트워크	실제 주소	공인 주소

참고

글로벌 주소는 일반적으로 외부 라우팅이 가능한 공인 주소를 사용한다. 그러나 사설 주소로 이루어진 VPN 환경에서 정책적으로 NAT를 적용할 경우 사설 주소를 사용하는 경우도 있다. 그러나 인터넷으로 연결되는 경우에는 반드시 공인 주소여야 한다.

표에서 볼 수 있듯이, NAT에서 사용되는 NAT 주소 용어는 모두 네 가지가 있다. 그러나 이것을 복잡하게 생각하지 말고, 단순하게 생각해보자.

인사이드^{Inside}로 표시된 주소 타입은 모두 내부 사용자를 위한 주소라고 생각하면 된다. 그리고 아웃사이드^{Outside}로 표시된 주소 타입은 모두 인터넷과 같은 외부 네트워크 호스트를 위한 주소다. 또한 로컬^{Local}이라는 의미는 로컬 네트워크, 즉 내부 네트워크에서 사용되는 주소를 나타내고, 글로벌^{Global}은 외부 네트워크에서 사용되는 주소를 의미한다. NAT 주소 이름 앞부분에 붙여진 Inside/Outside는 그 주소를 가지는 호스트의 위치를 의미하고, 뒷부분의 Local/Global은 사용되는 IP 주소의 종류, 즉 내부 라우팅용인지, 외부 라우팅용인지를 나타낸다.

우리 실생활의 예로 각 NAT 주소에 대해 알아보자.

간혹 우리 주변을 보면 집에서 사용하는 이름과 공식적으로 사용하는 이름이 다른 사람들이 있다. 어떤 사람의 공식적인 이름이 '홍길동'이라고 하자. 그 사람은 대외적으로 홍길동이라는 이름으로 불린다. 그런데 그 사람의 집에서 불리는 이름은 '개똥이'라고 하자. 개똥이라는 이름은 집 내부에서만 사용되는 이름이다. 그가 집 밖으로 나가자마자, 그 사람은 개똥이가 아닌 홍길동이 된다.

그럼 내가 홍길동의 친구라고 가정하자. 내 이름인 '정철윤'은 홍길동이라는 이름과 같이 공식적인 이름이다. 그런데 홍길동의 집안에서 정철윤은 '소똥이'라고 불린다. 소똥이라는 이름은 대외적으로 사용되는 이름이 아닌 홍길동의 집 안에서만 사용되는 내 별명이다.

홍길동 가족이 홍길동이 정철윤을 만나는 것에 대해 이야기하는 것을 가정해보자. 가족들은 이렇게 말할 것이다. "개똥이가 소똥이를 만나러 나간다." 이 말에는 완전하게 공식적인 이름이 배제되어 있다. 여기서 개똥이는 그 집안에 있는 사람이다. 네트워크에 비유하면 로컬 네트워크에 위치하는 사용자다. 그러므로 개똥이라는 이름은 '집 안에 있는Inside 사람의 비공식 이름(Local)'으로 인사이드 로컬Inside Local 주소로 표현된다. 그리고 소똥이는 '집 밖에 있는Outside 사람의 비공식 이름(Local)'으로 아웃사이드 로컬Outside Local 주소로 표현된다.

"개똥이가 소똥이를 만나러 나간다."를 공식적으로 표현하면 "홍길동이 정철윤을 만나러 나간다."로 바뀐다. 여기서 홍길동은 '집 안에 있는Inside 사람의 공식 이름(Global)'으로 인사이드 글로벌Inside Global로 표현되고, 정철윤은 '집 밖에 있는Outside 사람의 공식 이름(Global)'으로 아웃사이드 글로벌Outside Global로 표현된다.

정리하면, 집 안에 있는 사람은 집 내부에 있는 사람이므로 인사이드로 표현되고, 집 밖에 있는 사람은 아웃사이드로 표현된다. 그리고 집 안에서 사용되는 비공식 이름이 로컬 네트워크에서 내부적으로 사용되는 로컬Local 주소에 비유될 것이고, 집 밖에서 사용되는 공식 이름이 외부 네트워크로 라우팅되는 공인Global 주소에 비유될 수 있다.

한편, 일반적으로 NAT를 사용하는 네트워크, 즉 내부 네트워크는 사설 주소를 사용한다. 사설 주소는 인터넷상으로 광고되지 않는 주소다. 반드시 그렇지는 않지만, 일반적으로 로컬Local로 표현되는 주소는 내부 네트워크에서 사용되는 주소이므로 사설 주소이고, 매우 특별한 경우에만 공인 주소일 것이다. 그러나 '세계적인'이라는 뜻의 글로벌Global로 표현되는 주소는 인터넷과 같은 외부 네트워크상에서 사용되는 경우에는 반드시 공인 IP여야 한다.

이제 더 이상 NAT 주소 용어로 혼동하는 일은 없을 것이다. 단순하게 인사이드면 내부 사용자, 아웃사이드면 외부 네트워크 사용자로 생각하면 된다. 그리고 로컬이면 비공식적으로 사용되는 주소, 글로벌이면 공식적으로 사용되는 주소라 생각하면 된다.

쉽지 않은가? 각 NAT 주소 용어를 명확하게 구분할 수 있다면 NAT 테이블을 충분히 이해할 수 있을 것이고, 실무에서도 잘 활용할 수 있을 것이다.

6.5 NAT는 동작이 똑같지 않다? (NAT의 종류)

NAT 장비는 주소를 변경해 전달함으로써 NAT를 수행한다. 이때 내부 주소인 로컬 주소^{Local Address}를 지속적으로 다른 글로벌 주소^{Global Address}로 변경해 사용할 수도 있고, 특정 로컬 주소에 대해 항상 동일한 글로벌 주소로 변경할 수도 있다. NAT IP의 지속적인 변경 유무에 따라 동적 NAT^{Dynamic NAT}와 정적 NAT^{Static NAT}로 구분한다.

우리가 생각하는 일반적인 NAT는 내부 사용자의 IP, 즉 인사이드 로컬 주소(실제 주소)를 인사이드 글로벌 주소(NAT 주소)로 변경할 때, NAT 장비가 내부 사용자로부터 패킷을 수신할 때마다 인사이드 로컬 주소에 상관없이 NAT 장비의 사용 가능한 인사이드 글로벌 주소로 변경한다. 그러므로 특정 내부 사용자의 인사이드 로컬 주소는 매번 다른 인사이드 글로벌 주소로 변경된다. 이와 같이 NAT 장비가 주소를 변경할 때마다 특정 호스트에 상관없이 사용 가능한 외부 주소^{Global Address}를 선택해 변경하는 방식을 동적 NAT라고 한다. 동적 NAT라고 함은 특정 호스트에 대한 로컬 주소와 글로벌 주소의 매핑이 미리 정해져 있지 않고 NAT를 수행할 때마다 동적으로 주소 변경을 수행한다.

그림 6.14에서 보듯이, 내부 사용자의 인사이드 로컬 주소 10.1.1.10은 NAT 장비 RTA에 의해 매번 다른 인사이드 글로벌 주소 200.1.1.11과 200.1.1.13 등 NAT 장비의 상황에 따라 다양하게 변경된다. 이 말이 의미하는 것은 하나의 인사이드 로컬 주소에 대해 상황에 따라 매번 다른 인사이드 글로벌 주소로 변경되므로 외부 네트워크에 위치하는 호스트는 로컬 네트워크의 호스트로 접근이 불가능하다는 점이다. 이 말은 특정 호스트로 접근하려면 그 호스트의 주소가 일정해야 접근할 수 있다는 의미다. 우리 집의 주소가 일정하게 정해져 있지 않고, 매번 바뀐다면 상대방이 우리에게 편지를 보낼 수 없을 것이다. 이와 마찬가지로 내부 호스트의 주소가 매번 변경된다면 외부 호스트 역시 내부 호스트로 접근할 수 없다. 그러므로 외부 네트워크에 위치하는 해커도 내부 네트워크의 호스트로는 접근이 불가능하다. 이런 특징이 이 장 앞부분에서 언급한 NAT가 보안성을 확보할 수 있는 장점이라고 했다.

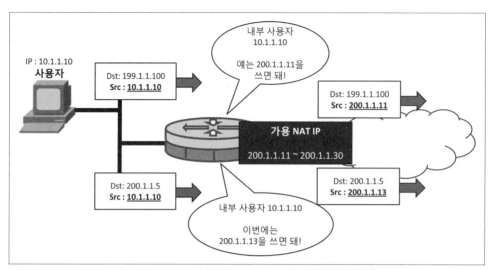

그림 6.14 동적 NAT

　그러나 내부 네트워크에 위치하는 호스트가 일반 사용자가 아닌 서버인 경우에는 어떨까? 일반적으로 사용자가 항상 서버에게 서비스 요청 패킷을 먼저 보낸다. 그리고 서버는 사용자의 요청에 의해 응답 및 서비스를 제공한다(그림 6.15).

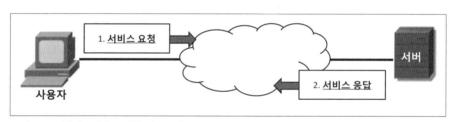

그림 6.15 사용자는 서비스 요청을 하고 서버는 서비스 요청에 응답한다.

　NAT를 사용한다고 해도 사용자와 서버의 성격은 당연히 절대 변하지 않는다. 그러므로 내부 네트워크에 외부 사용자를 위한 서버가 존재한다면, 외부 사용자는 내부 서버로 정확하게 접속해야만 원하는 서비스를 제공받을 수 있다. 그러나 동적 NAT와 같이 로컬 서버의 글로벌 주소가 매번 변경된다면 외부 사용자는 로컬 서버에 접근할 수 없다. 그러므로 이 경우 로컬 서버는 실제 주소인 인사이드 로컬 주소에 대해 항상 동일한 인사이드 글로벌 주소를 가져야 한다. 항상 동일한 로컬 주소와 글로벌 주소를 가짐으로써, 외부 사용자가 글로벌 주소로 접근하면 NAT 장비는 거기에 미리 매핑되어 있는 로컬 주소로 변경해 해당 서버로 정확하게 전달할 수 있다. 정적 NAT는 로컬 주소와 글로벌 주소를 미리 NAT 테이블에 등록함으로써 이루어진다(그림 6.16).

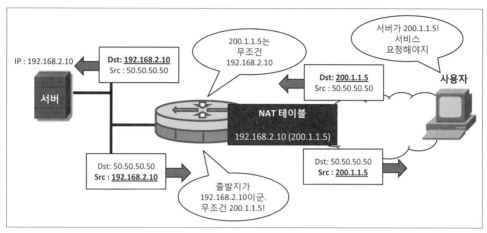

그림 6.16 정적 NAT

각 호스트에 대한 NAT 정보는 NAT 장비의 NAT 테이블에 등록된다. 실제로 동적 NAT와 정적 NAT라는 용어는 여기에서 비롯되는데, 동적 NAT는 NAT가 수행될 때마다 NAT 정보가 NAT 테이블에 유동적으로 등록 및 삭제되는 것을 의미한다. 그러나 정적 NAT는 NAT 정보가 실제 패킷의 수신 유무와 상관없이 항상 NAT 테이블에 등록되어 삭제되지 않는(움직이지 않는) 것을 나타낸다. 다음 절에서 NAT 설정과 확인으로 동적 NAT와 정적 NAT를 확인해보자.

6.6 라우터에 NAT를 설정하자 (IOS 라우터에서의 NAT 설정 및 확인)

이 절은 IOS 라우터에서 NAT를 설정하고 확인하는 과정을 설명한다. NAT는 라우터만으로 구성된 소규모 네트워크에서도 매우 광범위하게 사용되므로 반드시 설정 방법과 확인 방법을 숙지하길 바란다.

IOS 라우터의 NAT 설정은 크게 두 부분으로 나누어진다.

첫 번째는 NAT에 사용되는 인터페이스의 NAT 영역을 정의하는 부분이고 두 번째는 NAT의 세부적인 정책 설정 부분이다.

1. NAT 영역 지정
2. NAT 세부 정책 설정

NAT에는 인사이드 영역과 아웃사이드 영역이 있다. 인사이드 영역은 NAT 장비의 관점에서 내부 네트워크를 의미한다. 일반적으로 내부 네트워크 내에서 호스트는 사설 주소Private Address를 사용한다. 즉 인사이드 영역은 내부 네트워크에서 사용하는 인사이드 로컬 주소와 아웃사이드 로컬 주소와 같이 내부 네트워크에서 사용되는 비공식 주소의 영역을 의미한다.

반면에 아웃사이드 영역은 인터넷과 같은 외부 네트워크를 정의한다. 그러므로 인사이드 글로벌 주소와 아웃사이드 글로벌 주소와 같이 외부 라우팅이 가능한 공인 주소의 영역을 의미한다. 앞 절에서 로컬 주소와 글로벌 주소에 대해 학습했다. 이해되지 않는다면 앞 절의 내용을 다시 한 번 살펴보길 바란다.

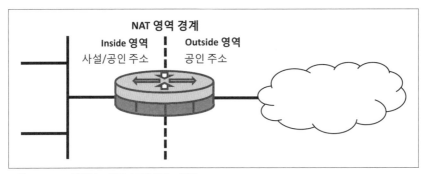

그림 6.17 NAT 인사이드 영역과 아웃사이드 영역

NAT 영역을 지정한 후, NAT의 세부 정책을 정의하고 설정한다. NAT 세부 정책이라 함은 어떤 내부 사용자에게 NAT를 적용해 외부 통신이 가능하게 할 것인지를 결정하고 외부 사용자의 내부 서버 접속을 위한 정책 등을 결정해 설정한다.

이와 같은 절차로 NAT를 설정해보자. 그림 6.18은 NAT 설정을 위한 네트워크 구성도를 보여준다. 참고로 라우터의 기본 설정은 이 책에서 생략한다.

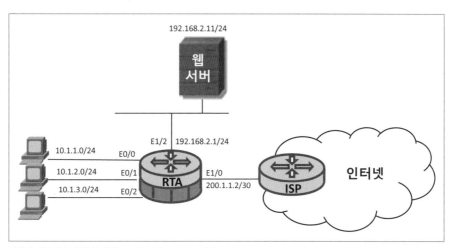

그림 6.18 NAT 설정 구성도

그림에서 e0/0, e0/1, e0/2는 내부 사용자 네트워크로 연결되고, e1/2는 내부 서버팜, 마지막으로 e1/0은 인터넷으로 연결된다. 이 예제에서 내부 네트워크는 모두 사설 주소를 사용하고 있으므로 반드시 NAT를 이용해 공인 주소로 변경해야만 인터넷 통신이 가능하다.

이 네트워크를 위한 NAT 설정의 가장 첫 번째 단계는 NAT 영역 지정이다. 영역 설정은 로컬 주소를 사용하는 영역과 글로벌 주소를 사용하는 영역으로 나누어진다고 했다. 그러므로 내부 사용자가 위치하는 e0/0, e0/1, e0/2와 내부 서버팜 e1/2는 모두 로컬 주소를 사용하고 있으므로 인사이드로 지정한다. 그러나 인터넷이 연결된 e1/0은 공인 주소가 사용되므로 아웃사이드로 시정한다. 라우터의 인터넷 링크인 e1/0을 경계로 인사이드와 아웃사이드로 구분된다.

NAT 영역 설정을 위한 명령어는 다음과 같다. 그리고 설정 6.1은 예제의 NAT 영역 지정을 보여준다.

```
ip nat {inside | outside}
```

설정 6.1 NAT 영역 지정

```
RTA(config)# interface e0/0
RTA(config-if)# ip nat inside
RTA(config)# interface e0/1
RTA(config-if)# ip nat inside
RTA(config)# interface e0/2
RTA(config-if)# ip nat inside
RTA(config)# interface e1/2
RTA(config-if)# ip nat inside


RTA(config)# interface e1/0
RTA(config-if)# ip nat outside
```

각 인터페이스에 NAT 영역을 지정했으면, show ip nat statistics 명령어로 NAT 영역 지정이 정확하게 이루어졌는지 확인해본다(설정 6.2).

설정 6.2 NAT 영역 지정 확인

```
RTA# show ip nat statistics
Total active translations: 0 (0 static, 0 dynamic; 0 extended)
Peak translations: 0
Outside interfaces:
  Ethernet1/0
Inside interfaces:
  Ethernet0/0, Ethernet0/1, Ethernet0/2, Ethernet1/2
Hits: 0  Misses: 0
CEF Translated packets: 0, CEF Punted packets: 0
Expired translations: 0
Dynamic mappings:

Total doors: 0
Appl doors: 0
Normal doors: 0
Queued Packets: 0
```

이제 영역 지정이 정확하게 설정되었다. 단순하게 해당 인터페이스에 NAT 영역만 지정한 상태이므로, 아직 NAT 동작은 이루어지지 않는다. 그러므로 모든 호스트 간의 통신은 라우팅 정보만 확보된다면 정상적으로 이루어진다.

일단 모든 내부 사용자에 대해 NAT를 수행할 수 있도록 설정해보자.

먼저, NAT 정책 설정은 NAT 적용 대상을 선별하는 과정이 필요하다. 어떤 호스트가 어떤 목적지로 향할 때 NAT를 적용할 것인지에 대한 정책을 먼저 결정해야 한다. 이 예제는 모든 내부 사용자가 외부 네트워크의 모든 호스트와 통신하고자 할 때 NAT를 적용하고자 한다. 이 조건에 맞는 액세스 리스트를 설정한다. 그러므로 액세스 리스트는 모든 출발지 호스트와 모든 목적지 호스트를 나타내도록 설정하면 된다. 모든 목적지 호스트를 표현하므로, 목적지 주소와 상관없이 단순하게 출발지 주소만 설정하는 표준 액세스 리스트를 사용해 간단하게 설정해도 된다. 그러나 특정 출발지로부터 다른 특정 목적지로 향하는 트래픽에 한정해 NAT를 적용하고자 한다면 확장 액세스 리스트를 사용하면 된다. 설정 6.3은 액세스 리스트를 설정하는 예를 보여준다.

설정 6.3 NAT 적용 대상 선정

```
RTA(config)# access-list 1 permit any
또는
RTA(config)# access-list 100 permit ip any any
```

다음은 액세스 리스트로 적용한 대상에 대해 NAT를 적용하는 것이다. 일반적으로 내부 일반 사용자에 대한 NAT 적용은 동적 NAT를 적용하므로 외부 호스트로부터 내부 호스트로의 접근은 기본적으로 차단된다.

동적 NAT 설정에는 두 가지 방법이 있다. NAT를 이용하는 설정과 PAT를 이용하는 설정이 그것이다. NAT를 이용하는 설정은 IP 변환만 이루어지는 것이고, PAT는 포트 정보까지 변경하는 것이다. 일반적으로 외부 라우팅이 가능한 글로벌 주소가 풍부하다면 NAT를 이용한 설정이 이루어질 수 있고, 글로벌 주소가 하나밖에 없거나 충분하지 않은 경우에는 PAT를 사용한다. 그러나 NAT와 PAT를 동시에 사용할 수도 있다.

내부 호스트에 대한 NAT 적용을 위한 명령어 구문은 다음과 같다.

ip nat pool *pool-name Start-IP End-IP* {**netmask**|**prefix-length**}

```
ip nat inside source list access-list-number {interface|pool pool-name}
[overload]
```

내부 호스트에 대한 동적 NAT 명령어 구문을 해석하면 다음과 같다.

IP 패킷에 대해 NAT를 수행하는데(ip nat) 인사이드 영역 패킷의 출발지 주소(inside source)가 액세스 리스트 1번(list 1)에 해당되면 설정된 NAT 풀(pool pool-name)로부터 글로벌 IP를 가져와 변경한다.

이 의미대로 내부 호스트로부터 수신한 패킷에 대한 NAT를 적용하기 위해서는 항상 ip nat inside source 명령 구문을 사용한다.

내부 사용자를 위한 동적 NAT 설정은 공동 IP 사용 리스트인 NAT 풀을 이용한 설정 방법이다. NAT 풀은 NAT에 공동으로 사용될 주소를 미리 지정해두는 공동 주소 창고라고 이해하면 된다. NAT를 수행할 때 주소가 필요하면 해당 풀로부터 가져다 사용한다. NAT 풀 지정은 ip nat pool 명령어로 해당 풀에서 사용될 첫 번째 IP와 마지막 IP를 지정함으로써 IP 풀의 범위를 설정한다. 그리고 ip nat inside source pool 명령어로 내부 호스트를 위한 NAT 적용을 수행한다. 설정 6.4는 NAT 풀과 NAT 적용의 예를 보여준다.

설정 6.4 NAT 풀과 NAT 적용 설정

```
RTA(config)# ip nat pool NAT_POOL 150.1.1.1 150.1.1.2 netmask 255.255.255.252[1]
RTA(config)# ip nat inside source list 1 pool NAT_POOL[2]
```

1. NAT 풀 설정
2. Access-list 1에 해당하는 출발지로부터의 패킷에 대해 NAT 풀로 NAT 수행

예제에서 NAT 풀이 사용되었다. 여기서 NAT 풀의 IP는 150.1.1.0/30의 IP를 사용했는데, 이 IP는 외부 네트워크에서 반드시 라우팅이 가능한 IP 주소여야 한다. 그러므로 NAT 풀에 사용된 IP가 외부 네트워크 장비에서 라우팅 가능한 상태인지 확인해야 한다. 예제의 실습 환경에서는 RTA와 연결된 ISP 라우터에 해당 라우팅 정보가 존재해야 한다. 설정 6.5는 ISP 라우터에서 NAT 풀에 사용된 IP에 대한 라우팅을 설정하고 확인하는 과정을 보여준다.

실무에서는 ISP가 부여하는 공인 IP로 NAT 풀을 설정하므로 당연히 라우팅이 확보될 것이다. 그러나 기업망 네트워크에서 사설 네트워크로 이루어진 네트워크 내부에서도 NAT를 사용하는 경우가 많으므로 반드시 NAT 풀의 서브넷 정보가 아웃사이드 영역의 장비에서 라우팅이 가능한지 확인하길 바란다.

설정 6.5 NAT 풀에 사용된 서브넷에 대한 외부 네트워크 장비 라우팅 설정

```
ISP(config)# ip route 150.1.1.0 255.255.255.252 200.1.1.2

ISP# show ip route 150.1.1.0
Routing entry for 150.1.1.0/30
  Known via "static", distance 1, metric 0
  Routing Descriptor Blocks:
  * 200.1.1.2
      Route metric is 0, traffic share count is 1
```

이렇게 내부 사용자를 위한 NAT 설정과 적용이 끝났다. 이제 내부 호스트에서 외부 호스트로 통신을 시도해보자. 간단하게 핑 테스트를 해본다.

그림 6.19에서 볼 수 있듯이, PC1으로부터 외부 호스트로의 핑 테스트가 성공적으로 이루어진다. 내부 호스트 PC1은 사설 주소를 가지고 있으나 RTA에 의해 공인 IP로 변경되어 인터넷 통신이 가능한 상태가 된 것이다. 그러면 RTA가 NAT 정보를 관리하는 NAT 테이블을 살펴보자(설정 6.6).

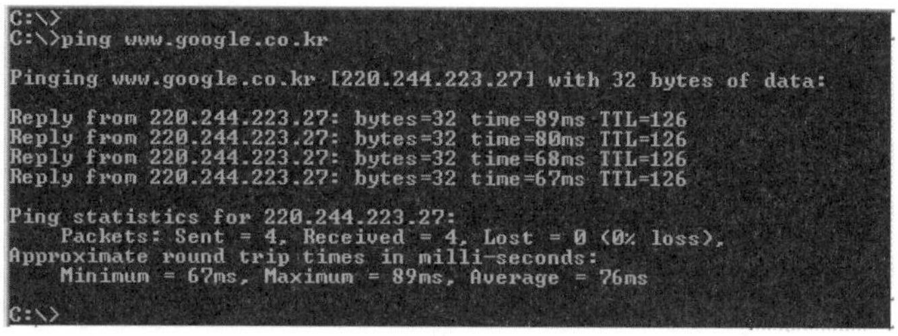

그림 6.19 PC1의 인터넷 통신이 가능해졌다.

```
RTA# show ip nat translations
Pro Inside global      Inside local     Outside local      Outside global
icmp 150.1.1.2:768     10.1.1.10:768    220.244.223.27:768 220.244.223.27:768
--- 150.1.1.2          10.1.1.10        ---                ---
```

NAT 테이블을 보면 우리가 앞 절에서 살펴본 각 NAT 주소 타입이 보여진다. Inside Global과 Inside Local, Outside Local 그리고 Outside Global이 보인다.

Inside Local 주소 10.1.1.10은 내부 호스트의 실제 주소다. 그리고 이 IP가 외부 네트워크에서 사용되는 주소, 즉 글로벌 주소로 변경될 때 NAT 풀로부터 가져온 150.1.1.2의 주소가 사용된다는 것을 보여준다. 그러나 아웃사이드 주소를 보면 로컬 주소와 글로벌 주소가 동일하다. 이는 예제 설정에서 인사이드 영역으로부터 보내진 출발지 주소에 대해서만 NAT를 적용했기 때문에(ip nat inside source) 아웃사이드 영역의 호스트에 대한 주소 변경은 정책상 이루어지지 않는다. 또한 로컬 주소의 포트 번호와 글로벌 주소의 포트 번호가 동일하다는 것도 알 수 있는데, 이는 포트 주소에 대한 변환인 PAT는 이루어지지 않는다는 것을 보여준다. 여하튼 여기에서 우리가 알 수 있는 중요한 사실은 내부 호스트의 IP 10.1.1.10은 외부 네트워크로 보내질 때 150.1.1.1로 변경된다는 것이다.

내부 호스트 PC1에 이어서 PC2와 PC3도 외부와의 통신을 시도해보자. 그림 6.20에서 보는 것과 같이 PC2는 인터넷 통신이 가능한데, PC3는 인터넷 통신이 가능하지 않다. 반대로 독자들의 실습 환경에 따라 PC3는 가능하고 PC2가 통신이 되지 않을 수도 있다. 왜 이런 현상이 일어날까?

```
C:\>
C:\>
C:\>
C:\>ping 220.244.223.27

Pinging 220.244.223.27 with 32 bytes of data:

Request timed out.
Request timed out.
Request timed out.
Request timed out.

Ping statistics for 220.244.223.27:
    Packets: Sent = 4, Received = 0, Lost = 4 (100% loss),

C:\>
```

그림 6.20 PC3는 인터넷 통신이 불가능하다.

설정 6.7에서 PC1(10.1.1.10)과 PC2(10.1.2.10)는 NAT 변환이 이루어진 것을 볼 수 있으나, PC3의 변환 정보는 보이지 않는다.

설정 6.7 PC3의 NAT 정보가 보이지 않는다.

```
RTA# show ip nat translations
Pro Inside global      Inside local      Outside local     Outside global
icmp 150.1.1.2:768     10.1.1.10:768     220.244.223.27:768 220.244.223.27:768
--- 150.1.1.2          10.1.1.10         ---               ---
icmp 150.1.1.1:512     10.1.2.10:512     220.244.223.27:512 220.244.223.27:512
--- 150.1.1.1          10.1.2.10         ---               ---
```

그 이유는 PC3를 위한 NAT IP, 즉 글로벌 주소가 더 이상 존재하지 않기 때문이다. 앞의 설정은 NAT 풀인 NAT_POOL로부터 NAT IP인 글로벌 주소를 가져다 사용하기 위한 것이다. 그러나 NAT 풀에 지정한 IP는 150.1.1.1부터 150.1.1.2까지의 단 두 개의 글로벌 IP를 부여했다. 이 말은 동시에 단 두 호스트만 외부 라우팅이 가능하고, 나머지 호스트는 외부와의 통신이 불가능하다는 것을 의미한다. 그럼 PC3를 비롯한 나머지 모든 내부 사용자는 더 이상 인터넷 통신이 불가능한 것인가?

이런 경우를 대비해 PAT를 혼용해서 사용한다. PAT는 동일한 글로벌 IP를 사용하지만 포트 번호 변경을 통해 많은 수의 내부 호스트에 대한 주소 변환을 수행할 수 있다. PAT 설정은 따로 거창하게 이루어지는 것이 아니라, NAT 설정에서 overload라는 옵션 명령어만 추가하면 된다. 다만 만일 서비스 중인 IOS 장비에 PAT 기능을 추가하려면, 기존 NAT 테이블을 모두 삭제해야 하기 때문에 일시적인 서비스 중단이 요구된다. 예제와 같은 실습 환경에서는 간단하게 clear ip nat translation * 명령어로 NAT 테이블을 초기화하고 PAT 기능을 활성화할 수 있다. 그러나 실무에서는 NAT 변환이 이루어지는 패킷이 지속적으로 유입되므로 NAT 테이블의 삭제는 의미가 없다. 그 이유는 삭제해도 새로 유입되는 패킷에 의해 NAT 테이블에 NAT 정보가 다시 추가되기 때문이다. 그러므로 실무에서는 NAT 적용 설정을 삭제한 후, overload 옵션 명령어를 추가해 다시 설정해야 한다.

설정 6.8은 기존 NAT 설정에 PAT 기능을 추가한 예를 보여준다.

```
RTA# clear ip nat translation *¹
RTA(config)# ip nat inside source list 1 pool NAT_POOL overload

RTA(config)# no ip nat inside source list 1 pool NAT_POOL²
RTA(config)# ip nat inside source list 1 pool NAT_POOL overload
```

1. 실습 환경에서는 NAT 테이블을 삭제한 후 설정 변경을 할 수 있다.
2. 실무 환경에서는 NAT 설정을 삭제 후 재설정해야 한다.

이제 모든 내부 호스트의 인터넷 통신이 가능해졌다. RTA의 NAT 테이블을 살펴보면, IP 정보와 같이 포트 정보도 변경되는 것을 확인할 수 있다. 참고로, 사용자의 포트 번호가 NAT 장비에서 사용되지 않는다면 PAT를 설정했다 하더라도 변경하지 않고 그대로 전달한다(설정 6.9).

설정 6.9 포트 정보가 변경되는 것은 PAT가 활성화되었다는 것을 의미한다.

```
RTA# show ip nat translations
Pro Inside global      Inside local        Outside local        Outside global
tcp 150.1.1.2:1170     10.1.1.10:1170      220.244.223.27:80    220.244.223.27:80¹
tcp 150.1.1.2:1170     10.1.2.10:1186      220.244.223.27:80    220.244.223.27:80²
tcp 150.1.1.2:1206     10.1.3.10:1206      220.244.223.27:80    220.244.223.27:80¹
```

1. 포트 번호가 NAT 장비에 사용되지 않는다면 원래 포트 번호를 그대로 사용한다.
2. 포트 번호가 중복되면 포트 번호를 변경한다.

이렇게 PAT를 사용함으로써 더욱더 많은 내부 사용자를 위한 NAT를 구현할 수 있다. 지금까지 살펴본 시나리오는 NAT를 위한 글로벌 주소, 즉 공인 주소를 별도로 ISP로부터 부여받은 경우에 NAT를 구현하는 방법을 알아봤다. 그러나 대부분의 소규모 네트워크는 별도의 공인 IP를 부여받지 않고 ISP와 연결되는 인터페이스에 설정된 공인 IP 하나만 사용하는데, 이런 경우의 설정을 알아보자.

지금부터는 NAT 풀에서 사용된 150.1.1.0/30 주소를 부여받지 않은 상태로 가정한다. 실습을 위해 기존의 NAT 풀 설정과 NAT 설정을 삭제하자. NAT 영역 설정은 그대로 남겨두기로 한다(설정 6.10).

설정 6.10 NAT 풀을 이용한 NAT 설정 삭제

```
RTA(config)# no ip nat pool NAT_POOL 150.1.1.1 150.1.1.2 netmask 255.255.255.252
RTA(config)# no ip nat inside source list 1 pool NAT_POOL
```

지금부터 우리는 외부 라우팅이 가능한 공인 IP가 인터넷이 연결된 e1/0의 200.1.1.2 주소 하나밖에 없는 것으로 가정하자. 마치 독자의 집에서, DSL 서비스에 하나의 공인 IP만 제공해주는 것과 같은 경우다. 이 경우 모든 내부 사용자가 인터넷 통신을 할 때 인터넷 인터페이스 e1/0의 200.1.1.2의 주소를 사용해야 한다. 이 설정을 위한 명령어 구문은 다음과 같다.

ip nat inside source list *access-list-number* **interface** *interface-type*
[**overload**]

설정 방법은 NAT 풀을 사용하는 경우보다 더 간단하다. NAT 풀을 설정할 필요가 없고, NAT 풀을 지정하는 대신 인터페이스만 지정하면 된다. NAT 풀을 사용하는 설정과 다른 점은 overload 옵션 명령어를 설정하지 않아도 자동으로 입력된다는 것이다. 이는 글로벌 주소가 단 하나밖에 존재하지 않으므로 모든 내부 호스트에 대한 NAT를 구현하려면 PAT가 당연히 활성화되어야 하기 때문이다. 설정 6.11은 WAN 인터페이스의 IP를 이용한 NAT 설정을 보여준다.

설정 6.11 WAN 인터페이스 IP를 이용한 NAT 구현

```
RTA(config)# ip nat inside source list 1 interface e1/0

RTA# show run | in ip nat inside source
ip nat inside source list 1 interface Ethernet1/0 overload[1]
```

1. overload 옵션 명령어가 자동으로 추가되었다.

설정에서 보는 것과 같이, 인터페이스 IP를 사용하는 NAT 설정은 매우 간단하다. 설정 후, 모든 내부 호스트의 외부 통신이 가능해졌다는 것을 확인할 수 있다. 설정 6.12는 모든 내부 호스트가 외부 통신에 성공한 후의 NAT 테이블을 보여준다. 참고로, 예제에서 각 포트 번호가 모두 다르므로 NAT 장비에서 따로 포트를 변경하는 과정을 수행하지 않는다. 만일 동일한 포트 번호를 가진 패킷이 유입되는 경우에는 포트 변환이 이루어진다.

설정 6.12 NAT 테이블 확인

```
RTA# show ip nat translations
Pro Inside global       Inside local      Outside local      Outside global
icmp 200.1.1.2:515     10.1.1.10:512     220.244.223.27:512 220.244.223.27:515
icmp 200.1.1.2:512     10.1.2.10:512     220.244.223.27:512 220.244.223.27:512
icmp 200.1.1.2:514     10.1.3.10:512     220.244.223.27:512 220.244.223.27:514
```

지금까지 내부 사용자를 위한 동적 NAT 설정에 대해 알아봤다. 동적 NAT에서 ISP로부터 부여받은 서브넷으로 NAT 풀을 사용한다고 하더라도, 특별한 경우를 제외하고 대부분의 경우에는 overload 옵션 명령어를 추가한 후 PAT를 혼용해 사용하는 것을 권장한다. NAT를 사용하더라도, NAT 풀의 IP가 다 소진되는 경우에도 다른 내부 사용자가 외부 네트워크와의 통신이 가능해야 하기 때문이다.

6.7 정적 NAT 설정

동적 NAT는 호스트의 NAT IP가 지속적으로 변경되므로 외부 호스트가 NAT 적용 호스트로 접근할 수 없다. 정확하게 말하면, 외부 호스트는 NAT 적용 호스트로부터의 요청 패킷에 상응하는 응답만 가능할 뿐, 외부 호스트가 먼저 통신을 요청할 수 없다. 그러므로 이 경우에는 정적 NAT^Static NAT를 통해 내부 호스트에 동일한 NAT IP를 매핑함으로써 연결성을 유지할 필요가 있다. 만일 내부 네트워크에 외부 호스트를 위한 서버가 존재하고 그 서버가 사설 주소를 가진다면, 정적 NAT를 설정해 외부 라우팅이 가능하게 해야 한다. 이 절에서는 내부 네트워크에 위치하는 대외용 서버를 위한 정적 NAT를 구현해보기로 한다.

이 절에서는 DMZ 네트워크의 서버를 위한 정적 NAT를 구현해 외부 호스트로부터 해당 서버로 접근할 수 있도록 설정해보자. 정적 NAT 설정을 위한 명령어 구문은 다음과 같다.

```
ip nat inside source static inside-local-address inside-global-address
[extendable]
```

정적 NAT 설정 구문을 해석하면 다음과 같다.

IP NAT를 수행하는데(ip nat) 인사이드 영역으로부터 수신되는 패킷의 출발지 주소(inside source)의 인사이드 로컬 주소(inside-local-address)를 인사이드 글로벌 주소(inside-global-address)로 변경한다.

명령어가 매우 직관적이기 때문에 설정이 그리 어렵지 않을 것이다. 그럼 예제 설정을 해보자. 그림 6.21은 앞 절에서 사용한 예제 구성도다. 이 절에서는 구성도에 있는 서버팜의 웹 서버를 기준으로 설정해보자.

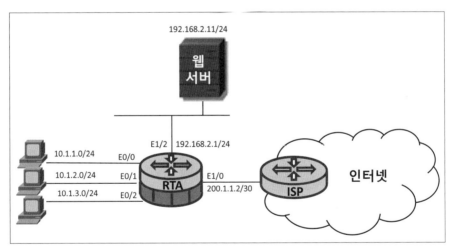

그림 6.21 정적 NAT 설정을 위한 네트워크 구성도

내부 웹 서버 192.168.2.11은 외부 네트워크와 통신하기 위해 항상 150.1.1.1의 주소를 사용한다고 가정하자. 여기에서 192.168.2.11은 NAT 인사이드 영역에서 사용되는 인사이드 로컬 주소이고, 150.1.1.1은 외부 네트워크와 통신할 때 사용되는 인사이드 글로벌 주소가 된다. 그러므로 설정 6.13과 같이 설정한다. 설정 후 NAT 테이블을 확인

하면, 서버가 외부의 다른 호스트와 통신이 이루어지지 않았음에도 해당 NAT 정보가 NAT 테이블에 등록되어 있다는 것을 알 수 있다.

설정 6.13 정적 NAT 설정과 NAT 테이블 확인

```
RTA(config)# ip nat inside source static 192.168.2.11 150.1.1.1

RTA# show ip nat translations
Pro Inside global      Inside local       Outside local        Outside global
--- 150.1.1.1          192.168.2.11       ---                  ---
```

NAT 테이블을 보면 실제 통신, 즉 세션 정보는 존재하지 않는다. 그러나 NAT 테이블에 나타난 정보는 향후에 내부 네트워크로부터 수신되는 패킷의 주소인 인사이드 로컬 주소가 192.168.2.11인 경우에 150.1.1.1의 인사이드 글로벌 주소로 변경하겠다는 의미다. 또한 외부 네트워크로부터 수신하는 패킷의 정보도 마찬가지로, 목적지 주소가 인사이드 글로벌 주소인 150.1.1.1이면 192.168.2.11의 인사이드 로컬 주소로 변경한다(그림 6.22).

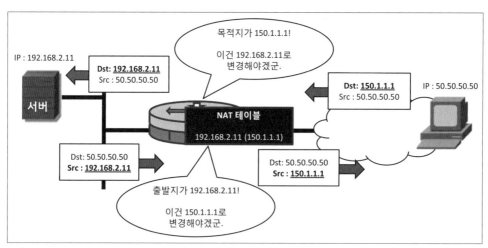

그림 6.22 NAT 테이블에 고정으로 입력된 주소가 확인되면 주소 변경이 이루어진다.

이제 외부 호스트로부터 내부 서버 주소의 인사이드 글로벌 주소로 통신을 시도해보자. 그림 6.23에서 보는 것과 같이, 외부 호스트로부터 내부 서버로의 통신이 성공적으로 이루어진다. 설정 6.14는 정적 NAT에 의한 실제 NAT 테이블 정보를 보여준다.

그림 6.23 외부 호스트로부터 내부 웹 서버로의 통신이 성공적으로 이루어진다.

설정 6.14 정적 NAT에 의한 실제 NAT 적용 후의 NAT 테이블

```
RTA# show ip nat translations
Pro Inside global      Inside local      Outside local        Outside global
tcp 150.1.1.1:80       192.168.2.11:80   200.200.1.10:49240  200.200.1.10:49240
tcp 150.1.1.1:80       192.168.2.11:80   200.200.1.10:49241  200.200.1.10:49241
--- 150.1.1.1          192.168.2.11      ---                  ---
```

참고로, 이쯤에서 정적 NAT 명령어 구문에서 마지막에 위치하는 extendable 옵션 명령어에 대해 잠시 알아보자. extendable 옵션 명령어는 조금은 특수한 경우에 사용되는 명령어이므로 크게 부담을 갖지 말고 살펴보자.

extendable은 '확장할 수 있는'이라는 의미를 가진다. 도대체 무엇을 확장할 수 있단 말인가? 그림 6.24와 같은 네트워크 구조를 살펴보자. NAT 장비인 RTA가 이중화를 위해 두 개의 인터넷 링크를 가지고 있다. 하나는 주 라인이고 또 다른 하나는 백업 라인이다.

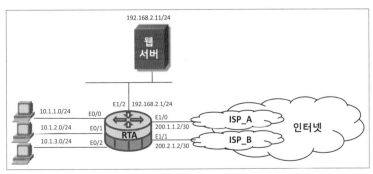

그림 6.24 NAT 장비 RTA가 두 개의 인터넷 링크를 가진다.

앞의 설정에서 내부 서버를 위한 정적 NAT IP로 150.1.1.1의 인사이드 글로벌 주소를 사용했다. 이 글로벌 주소는 ISP A에 의해 할당받았다. 그러나 백업 링크인 e1/1은 다른 ISP인 ISP B로 연결되고 150.2.1.1의 주소를 할당받았다고 가정하자. 만일 주 링크인 ISP A로 연결되는 링크가 다운되면 ISP A로의 접근은 불가능해지고 150.1.1.1로의 라우팅은 이루어지지 않는다. 그 이유는 150.1.1.1의 주소는 ISP A에 의해 라우팅되는 주소이기 때문이다. 그렇다면 백업 링크가 존재하지만 정적 NAT를 사용하는 내부 호스트는 외부와 통신이 가능하지 않다. 이 경우를 대비해 ISP B에 의해 라우팅되는 글로벌 주소인 150.2.1.1에 대한 정적 NAT를 추가로 설정해야 한다.

앞에서 설정한 정적 NAT를 그대로 두고, 새로운 백업 링크를 위한 정적 NAT를 추가해보자. 설정 6.15를 보면, 기존 주 링크를 사용하는 정적 NAT가 그대로 존재한다. 백업 링크를 사용하는 정적 NAT를 추가하면 192.168.2.11의 인사이드 로컬 주소가 이미 150.1.1.1의 인사이드 글로벌 주소에 매핑되어 있다는 에러 메시지를 볼 수 있다.

설정 6.15 동일한 인사이드 로컬 주소를 갖는 여러 개의 정적 NAT 설정이 이루어지지 않는다.

```
RTA# show run | in ip nat inside source static
ip nat inside source static 192.168.2.11 150.1.1.1

RTA(config)# ip nat inside source static 192.168.2.11 150.2.1.1
% 192.168.2.11 already mapped (192.168.2.11 -> 150.1.1.1)
```

그러므로 이 경우에 정적 NAT를 백업 링크의 글로벌 주소까지 확장할 수 있게 하는 옵션 명령어가 extendable이다. 그럼 기존 정적 NAT 설정에 extendable 옵션 명령어를 추가하고, 백업 링크를 위한 정적 NAT를 설정해보자(설정 6.16).

참고로, 테스트를 위해 다른 ISP에 연결되는 링크인 RTA e1/1을 추가하는 경우, 인터페이스 e1/1의 NAT 아웃사이드 영역 지정을 위해 ip nat outside 명령어를 입력하는 것을 잊지 말자.

설정 6.16 extendable 옵션 명령어 사용

```
RTA(config)# interface e1/1
RTA(config-if)# ip nat outside
```

```
RTA(config)# ip nat inside source static 192.168.2.11 150.1.1.1 extendable
RTA(config)# ip nat inside source static 192.168.2.11 150.2.1.1 extendable

RTA# show ip nat translations
Pro Inside global      Inside local      Outside local      Outside global
--- 150.1.1.1          192.168.2.11      ---                ---
--- 150.2.1.1          192.168.2.11      ---                ---
```

이제 내부 웹 서버 192.168.2.11은 두 개의 인사이드 글로벌 주소를 모두 사용할 수 있다. 그러고 나서 외부 호스트로부터 두 개의 인사이드 글로벌 주소를 이용해 통신을 시도하면 설정한 두 개의 인사이드 글로벌 주소로 모두 통신이 가능하다는 것을 확인할 수 있다(그림 6.25).

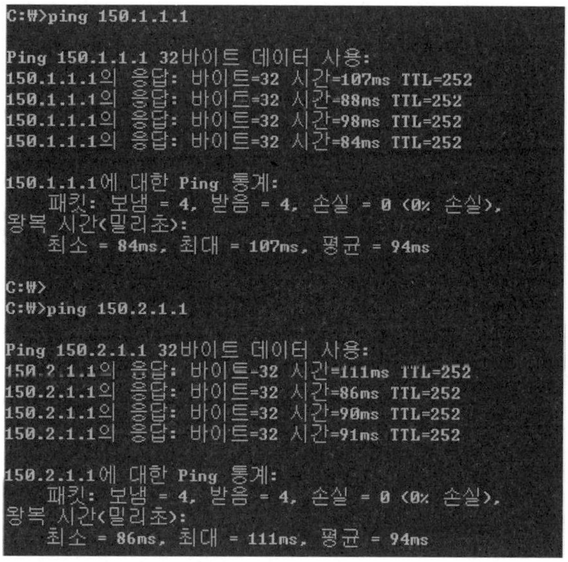

그림 6.25 두 개의 인사이드 글로벌 주소로 모두 통신이 가능하다.

설정 6.17을 보면 인사이드 로컬 주소 192.168.2.11에 대해 두 개의 인사이드 글로벌로 NAT 변환이 되고 있음을 알 수 있다.

설정 6.17 모든 인사이드 글로벌 주소로 NAT 변환된다.

```
RTA# show ip nat translations
Pro Inside global      Inside local      Outside local      Outside global
icmp 150.1.1.1:4       192.168.2.11:4    200.200.0.3:4      200.200.0.3:4
icmp 150.2.1.1:5       192.168.2.11:5    200.200.0.3:5      200.200.0.3:5
--- 150.1.1.1          192.168.2.11      ---                ---
--- 150.2.1.1          192.168.2.11      ---                ---
```

extendable 옵션 명령어는 하나의 내부 호스트가 복수 개의 인사이드 글로벌 주소를 요구하는 경우에 사용할 수 있으므로, 이런 환경에서는 extendable 옵션 명령어를 추가하길 바란다.

지금까지 설정한 정적 NAT는 NAT 풀을 사용한 동적 NAT와 마찬가지로, 내부 서버를 위한 외부 라우팅 용도의 IP인 글로벌 주소를 보유해야 한다. 이 말은 내부 서버의 외부 네트워크 라우팅 용도인 인사이드 글로벌 주소를 ISP로부터 할당받아야 한다는 의미다. 여기서 동적 NAT에서 언급한 것과 똑같은 고민에 빠진다. 그럼 서버를 위한 정적 NAT를 구현하기 위해 반드시 내부 서버를 위한 별도의 글로벌 IP를 가져야만 할까? 인터넷 인터페이스에 할당된 하나의 공인 IP로 내부 사용자를 위한 동적 NAT와 내부 서버를 위한 정적 NAT를 동시에 지원할 수는 없을까?

하나의 IP로 다수의 내부 사용자를 지원하는 동적 NAT는 포트 정보 변환을 수행하는 동적 PAT라고 말했다. 마찬가지로 서버를 위한 NAT도 단순하게 포트 정보를 정적으로 적용하는 정적 PAT를 적용하면 쉽게 구현할 수 있다. 복잡한 것 같다.

그림 6.26을 보면, 내부에 두 대의 웹 서버가 있다. 내부 웹 서버의 주소는 192.168.1.11과 192.168.1.12이고 모두 웹 서비스를 제공하므로 TCP 80 포트를 서비스한다. 이 두 대의 웹 서버는 외부 통신을 위한 인사이드 글로벌 IP로 모두 WAN 인터페이스의 IP를 사용하지만, PAT를 통해 다른 포트 번호를 지정함으로써 두 대의 웹 서버는 구별될 수 있다.

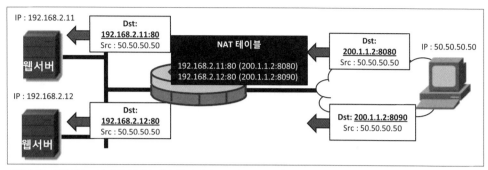

그림 6.26 외부 호스트의 요청 정보를 내부 웹 서버의 주소와 포트로 변환해 정적 PAT가 구현한다.

외부 네트워크에 연결된 WAN 인터페이스에 설정된 하나의 공인 IP로 내부 웹 서버를 위한 정적 PAT를 구현해보자. 정적 NAT와 마찬가지로, 정적 PAT는 IP와 포트 정보를 모두 포함한 글로벌 주소를 내부 로컬 주소에 매핑하면 된다.

예제 구성도에서, RTA의 인터넷 인터페이스의 IP인 200.1.1.2가 내부 네트워크의 모든 호스트를 위한 인사이드 글로벌 주소가 된다. 그러므로 포트 정보를 이용해 모든 내부 웹 서버를 구별해야 한다. 내부 웹 서버의 웹 서비스 주소는 192.168.2.11:80과 192.168.2.12:80이고 이 주소가 각 웹 서버의 인사이드 로컬 주소가 된다. 이 주소가 외부 네트워크로 알려질 때 인터넷 인터페이스의 주소 200.1.1.2의 포트 8080과 8090으로, 즉 200.1.1.2:8080과 200.1.1.2:8090으로 접속한다면 이 주소가 내부 웹 서버의 인사이드 글로벌 주소가 된다. 이 두 주소를 상호 지정해 PAT 매핑하면, 외부 호스트는 200.1.1.2:8080과 200.1.1.2:8090이라는 인사이드 글로벌 주소를 사용해 내부 웹 서버에 접속할 수 있다.

그럼 외부 사용자가 200.1.1.2:8080으로 접속하는 경우에 192.168.1.11:80, 그리고 200.1.1.2:8090으로 접속하는 경우에는 192.168.1.12:80으로 매핑되도록 설정해보자. 정적 PAT 설정을 위한 명령어 구문은 다음과 같다.

ip nat inside source static {**tcp** | **udp**} *Inside-Local-Address Local-Port Inside-Global-Address Global-Port*

설정 6.18은 이 주소를 이용한 정적 PAT 구현을 보여준다.

설정 6.18 정적 PAT 설정

```
RTA(config)# ip nat inside source static tcp 192.168.2.11 80 200.1.1.2 8080
RTA(config)# ip nat inside source static tcp 192.168.2.12 80 200.1.1.2 8090


RTA# show ip nat translations
Pro Inside global      Inside local      Outside local      Outside global
tcp 200.1.1.2:8080     192.168.2.11:80   ---                ---
tcp 200.1.1.2:8090     192.168.2.12:80   ---                ---
```

이제 외부 호스트로부터 내부 웹 서버로 웹 서비스 요청(TCP 8080)을 보내면, 내부 웹 서버로 보내진다는 것을 NAT 테이블로 확인할 수 있다(설정 6.19). 단, 여기서 유의할 점은 정적 PAT 설정에 사용된 포트만 외부로부터 접속 가능한 것이지, 모든 서비스 포트에 대해 접속이 가능해지는 것은 아니라는 사실이다. 이 예제에서, 200.1.1.2:8080이 내부 인사이드 로컬 192.168.2.11:80으로 변경되므로 TCP 80 서비스인 웹 서비스로만 통신이 가능하다는 의미다.

설정 6.19 내부 웹 서버로의 웹 통신이 가능해진다.

```
RTA# show ip nat translations
Pro Inside global      Inside local      Outside local        Outside global
tcp 200.1.1.2:8080     192.168.2.11:80   200.200.0.3:52659    200.200.0.3:52659
tcp 200.1.1.2:8080     192.168.2.11:80   ---                  ---
tcp 200.1.1.2:8090     192.168.2.12:80   200.200.0.3:15827    200.200.0.3:15827
tcp 200.1.1.2:8090     192.168.2.12:80   ---                  ---
```

지금까지 IOS 라우터에서 NAT를 설정하는 법을 알아봤다. 이 절에서는 외부 네트워크를 언급하면서 인터넷을 예로 들었다. 이와 같이 인터넷 통신을 위한 NAT 설정은 대부분의 네트워크에서 널리 사용되는 방법이다.

그러나 기업망과 같은 대규모 망에서는 인터넷이 아닌 기업망 내부에서도 NAT를 적용하는 경우가 많다. 그러므로 NAT의 인사이드 영역과 아웃사이드 영역이 반드시 내부 네트워크와 인터넷의 관계는 아니라는 것에 유의하길 바란다. 그리고 공인 주소를 사용하든, 사설 주소를 사용하든, NAT를 설정할 때 보호하고자 하는 네트워크가 NAT 인사이드 영역이 되고 그 외의 영역은 NAT 아웃사이드 영역이 될 것이다. 또한 NAT 인사이드 영역 내에서 사용되는 주소가 로컬 주소이고 아웃사이드 영역에서 사용되는 주소가 글로벌 주소가 된다. 비록 아웃사이드 영역의 주소를 사설 주소로 사용한다고 해도 NAT의 관점에서 글로벌 주소라는 점을 명심하길 바란다.

7

ASA의 NAT 구현

네트워크 방어를 위해 ASA를 설치한 곳에서는 대부분 NAT를 구현한다. NAT는 사설 IP를 사용하는 네트워크에서 인터넷을 사용하기 위한 필수 설정이고, 네트워크 보호를 위해서도 필요한 설정이다. 이 장에서는 ASA에서 어떻게 NAT를 구현하는지에 대해 알아보자.

이 책에서 사용하는 ASA는 버전 8.4와 9.2로 실습이 이루어진다. ASA의 NAT를 설명하면서 버전을 언급하는 이유는 버전 8.3부터 ASA의 획기적인 변화가 이루어졌기 때문이다. 그러므로 ASA 8.3 이전 버전과 그 이후의 버전은 설정 명령이나 그 동작 방식이 상당히 다르다. 이 책에서는 버전 8.3 이전 버전에 대한 설명은 배제하고 8.3 이후 버전에 집중해서 충실히 설명하기로 한다. 그러므로 버전 8.3 이전의 ASA에서는 이 장에서 설명하는 설정 명령어가 맞지 않을 수 있으므로 참고하길 바란다.

7.1 ASA NAT 개요

ASA에서 NAT는 IOS 라우터에서와 상이한 점이 많다. ASA 소프트웨어 8.3 이후에 NAT 테이블에도 새로운 개념이 도입되었는데, 이는 버전 8.3 이후에 NAT를 설정하는 방법과 밀접한 관계가 있다. 일단 ASA에서의 NAT 설정법을 알아보기 전에 ASA의 NAT 종류와 NAT 테이블에 대해 알아보자.

ASA에는 다음과 같이 세 가지 종류의 NAT가 있다.

1. 자동 NAT^{Auto NAT}
2. 수동 NAT^{Manual NAT}

3. 자동 NAT 후의 수동 NAT^{Manual NAT after Auto NAT}

각각의 NAT 종류의 의미에 대해서는 아직 몰라도 된다. 먼저 이 세 가지 종류의 NAT 가 ASA에서 어떤 의미를 가지는지 살펴보자.

ASA NAT의 종류는 실제 ASA의 NAT 테이블에서도 확인되는데, 각 NAT 종류에 따라 적용되는 우선순위가 있다. 설정 7.1은 ASA의 NAT 테이블의 예를 보여준다. NAT 테이블에서 볼 수 있듯이, ASA의 NAT 테이블은 세 가지 섹션^{Section}으로 나누어진다. 각 섹션의 순서가 NAT 적용의 우선도를 나타낸다.

설정 7.1 ASA의 NAT 테이블의 예

```
MYLABFW# show nat detail
Manual NAT Policies (Section 1)¹
1 (Inside) to (Outside) source dynamic IT_SUPPORT PAT_For_PARTNER   destination
static PARTNER_WEB PARTNER_WEB service To_HTTP PARTNER_HTTP_PORT
    translate_hits = 1, untranslate_hits = 1
    Source - Origin: 10.1.3.0/24, Translated: 150.1.1.10/32
    Destination - Origin: 60.1.1.100/32, Translated: 60.1.1.100/32
    Service - Origin: tcp destination eq www , Translated: tcp destination eq 8080

Auto NAT Policies (Section 2)²
1 (DMZ) to (Outside) source static LOCAL_WEB LOCAL_WEB_PUB
    translate_hits = 0, untranslate_hits = 0
    Source - Origin: 150.1.1.1/32, Translated: 150.1.1.1/32
- 중략 -
8 (Inside) to (Outside) source dynamic LOCAL_USRS NAT_POOL
    translate_hits = 0, untranslate_hits = 0
    Source - Origin: 10.1.1.0-10.1.2.255, Translated: 150.1.1.101-150.1.1.200

Manual NAT Policies (Section 3)³
1 (Inside) to (Outside) source dynamic any interface
    translate_hits = 8, untranslate_hits = 5
    Source - Origin: 0.0.0.0/0, Translated: 200.1.1.2/30
```

1. 수동 NAT

2. 자동 NAT

3. 자동 NAT 후의 수동 NAT

만일 특정 호스트의 트래픽이 여러 NAT 룰에 모두 적용된다면 NAT 테이블의 순서에서 가장 먼저 일치하는 룰에 적용된다. 그러므로 섹션 1이 가장 우선순위가 높은 NAT 정책이고, 수동 NAT 정보가 여기에 속한다. 섹션 2가 두 번째 우선순위이고, 자동 NAT가 여기에 속한다. 마지막 섹션 3은 자동 NAT 후의 수동 NAT가 속하고, 가장 낮은 우선순위를 갖는다. 또한 각 섹션 내에서도 일련번호^{Sequence Number}가 순서대로 지정되어 있는데, 일련번호 순서대로 NAT 정책이 적용된다.

앞에서 언급했듯이, ASA NAT 설정은 버전 8.3 이후로 획기적으로 변경되었다. 이전 버전에서 장비 단위로 이루어지던 NAT 설정이 네트워크 오브젝트^{Network Object} 단위로 이루어진다. 다시 말하면, 특정 네트워크 또는 호스트 단위로 설정이 이루어진다.

이 책을 읽고 있는 독자들은 기존의 ASA NAT 설정을 모를 수도 있다. 그럼 IOS 라우터의 NAT 설정을 생각해보자. NAT 설정과 동작이 장비 전반에 걸쳐 이루어진다. 특정 호스트나 네트워크에 대한 NAT 적용은 액세스 리스트로 NAT 대상 트래픽을 선별해 NAT를 적용하는 식으로 이루어졌다. 만일 NAT 정책이 다소 복잡하다면 장비의 NAT 설정 역시 매우 복잡하게 설정되고, 이는 곧 향후 운용 관리의 어려움으로 직결된다. 그러므로 오브젝트 단위의 NAT 설정은 NAT 설정이 더 쉽고 간편해지는 것을 의미하고, 향후 장비 관리에 더 효과적일 수 있으므로 긍정적인 변화라 할 수 있다.

그러면 네트워크 오브젝트는 무엇인가?

이 책을 주의 깊게 읽은 독자라면 4장, 'ASA 기본'에서 네트워크 오브젝트를 설명한 것을 기억할 것이다. 네트워크 오브젝트는 특정 네트워크나 호스트 또는 특정 IP의 범위 등을 대표하는 이름으로 지정한 것이다.

원래 오브젝트^{Object} 개념은 특정 네트워크 또는 서비스를 우리가 쉽게 알 수 있는 이름으로 표현하기 위한 설정으로 제공되었다. 예를 들어, 내부 네트워크 10.1.1.0/24를 IP 주소로 표현하지 않고, 'LCCAL_NET_1'과 같이 그 용도를 쉽게 구분할 수 있도록 하기 위함이다. ASA에서 제공하는 오브젝트에는 네트워크 오브젝트 외에도 TCP나 UDP 등에 관련된 각종 서비스 등을 지정하는 서비스 오브젝트^{Service Object}도 있다는 것을 이미 학습했다. 설정 7.2는 오브젝트 명령어와 설정의 예를 보여준다.

```
MYLABFW(config)# object ?

configure mode commands/options:
  network  Specifies a host, subnet or range IP addresses
  service  Specifies a protocol/port
MYLABFW(config)# object network TEST_OBJECT
MYLABFW(config-network-object)# ?

  description  Specify description text
  fqdn         Enter this keyword to specify an FQDN
  help         Help for network object configuration commands
  host         Enter this keyword to specify a single host object
  nat          Enable NAT on a singleton object
  no           Remove an object or description from object
  range        Enter this keyword to specify a range
  subnet       Enter this keyword to specify a subnet
MYLABFW(config-network-object)# subnet 10.1.1.0 255.255.255.0
```

자동 NAT는 네트워크 오브젝트를 이용해 NAT를 수행한다. 네트워크 오브젝트는 특정 네트워크를 표현하거나, 특정 호스트 또는 특정 IP의 범위 등을 지정할 수 있다. 자동 NAT는 IP 주소 정보를 쉽게 표현하기 위한 이름을 붙이는 네트워크 오브젝트에 해당 오브젝트 단위로 NAT를 설정하는 방식이다. 다음은 네트워크 오브젝트를 설정하는 명령 구문이다. 이 명령어는 이 장에 걸쳐 매우 많이 사용될 것이다.

```
(config)# object network object-name
(config-network-object)# host ip-address
 또는
(config-network-object)# subnet subnet-address subnet-mask
 또는
(config-network-object)# range start-ip-address end-ip-address
```

현재 버전에서 자동 NAT는 가장 일반적인 NAT 설정이며, 이는 ASA 버전 8.3부터 변경된 NAT 설정 방식인 오브젝트 단위의 NAT를 의미한다. 자동 NAT는 네트워크 오브젝트를 생성해, 해당 네트워크에 대한 NAT를 바로 지정한다. 자동 NAT에서도 정적 NAT, 그리고 동적 NAT, 정적 PAT, 동적 PAT 설정으로 나누어진다. 다소 복잡하게 느껴질지도 모르겠다. 그러나 최대한 단순하게 생각하자.

자동 NAT는 어떻게 NAT를 설정하느냐에 대한 방법 중 하나이지, NAT가 어떻게 구현되는가에 대한 정의가 아니다. 단순하게, NAT 설정이 네트워크 오브젝트 단위로 이루어지는 설정 방법을 자동 NAT라고 한다. 그러므로 네트워크 오브젝트 단위의 NAT 설정을 정적 NAT로 할 것인지, 아니면 동적 NAT, PAT로 할 것인지 결정해서 설정하면 된다. 다음은 이 장에서 다룰 자동 NAT의 종류를 보여준다.

1. 정적 자동 NAT^{Static Auto NAT}
2. 정적 자동 PAT^{Static Auto PAT}
3. 동적 자동 NAT^{Dynamic Auto NAT}

그러면 수동 NAT는 무엇인가?

자동 NAT는 네트워크 오브젝트를 대상으로 NAT를 적용하므로 매우 간편하게 NAT를 적용할 수 있다. 그러나 자동 NAT는 네트워크 단위 또는 호스트 단위의 네트워크 오브젝트에 일괄적인 NAT 정책을 적용한다. 그러므로 해당 네트워크나 해당 호스트에 대한 NAT 정책의 예외적인 부분을 구현할 수 없다. 예를 들어, 자동 NAT는 네트워크 오브젝트로 정의된 내부 네트워크가 일부 외부 네트워크와 통신할 때 무조건적으로 NAT를 수행하는 정책만 적용할 수 있다. 그러나 내부 네트워크가 일부 외부 네트워크와 통신할 때는 NAT를 적용하지 않고, 나머지 외부 네트워크와 통신할 때는 NAT를 적용한다는 등의 세부적인 예외 정책에 대한 구현을 할 수 없다는 말이다. 이 경우에는 정책 기반의 NAT를 적용해야 하는데, 이를 구현할 수 있는 것이 수동 NAT다.

앞서 ASA의 NAT 테이블을 살펴봤다. NAT 테이블의 가장 우선순위가 높은 것이 섹션 1이고 수동 NAT가 거기에 속한다고 했다. 왜 수동 NAT가 섹션 1에 속하고 그 우선순위가 가장 높은 것일까? 그 이유는 간단하다.

자동 NAT는 네트워크나 호스트의 일괄적인 NAT 적용을 수행하므로 일반적인General 정책이다. 그러나 수동 NAT는 특정 예외 변수 또는 조건에 따라 NAT를 수행하므로 세부적인Specific 정책이다. NAT 테이블도 액세스 리스트와 마찬가지로, 순서대로 NAT 정책을 검색하고, 일치하는 항목이 검색되면 NAT 정책 검색을 중단한다. 그러므로 NAT 테이블도 세부적인 항목부터 일반적인 항목 순서대로 위치해야 관리자가 원하는 정책을 구현할 수 있다. 수동 NAT가 자동 NAT보다 더 세부적인 NAT 정책을 다루기 때문에 섹션 1에 위치해 조건에 일치되는 패킷을 먼저 NAT 적용하기 위한 것이다.

수동 NAT도 NAT 설정 방법을 의미하는 것이므로, 수동 NAT에도 NAT 동작에 따라 다음과 같이 나누어진다.

1. 정적 수동 NATStatic Manual NAT
2. 정적 수동 PATStatic Manual NAT with PAT
3. 동적 수동 NATDynamic Manual NAT

이 장에서는 위에서 제시한 총 여섯 가지 NAT 설정법을 익히고 그 확인 방법을 학습한다. NAT의 기본 개념은 앞 장에서 언급한 내용과 동일하다. ASA의 NAT를 설정하면서 NAT 종류별 설정법과 그 동작에 대해 알아보자.

ASA는 보안 장비이기 때문에 기본적인 성격상 외부 네트워크로부터 내부 네트워크로의 트래픽이 모두 차단된다. 이런 이유로 원활한 NAT 학습을 위해 모든 트래픽을 허용하는 설정을 전제로 진행한다. ASA 방화벽 설정은 10장에서 자세히 다룰 것이다. 다만 이 장의 실습을 위해 모든 트래픽 허용을 위해 다음과 같이 설정한 후 NAT 설정을 수행하기로 한다(설정 7.3).

설정 7.3 모든 트래픽 허용을 위한 ASA 설정

```
MYLABFW01(config)# access-list ALL_TRAFFIC extended permit ip any any
MYLABFW01(config)# access-group ALL_TRAFFIC in interface Outside
```

이제 ASA에서의 NAT 설정에 대해 본격적으로 알아보자.

7.2 정적 자동 NAT 설정

정적 자동 NAT[Static Auto NAT]는 서버와 같은 특정 호스트의 실제 주소와 NAT 주소를 영구히 매핑하기 위해 사용된다. IOS 라우터의 정적 NAT와 동일한 개념으로 이해하면 된다. 다만 설정 방식에서 네트워크 오브젝트를 생성해 NAT를 적용한다는 점만 다를 뿐이다.

정적 자동 NAT 설정의 명령 구문은 다음과 같다.

```
(config)# object network object-name
(config-network-object)# host ip-address
(config-network-object)# nat (src-interface-name,dst-interface-name) static
{mapped-network-object|mapped-ip-address}
```

nat 명령 구문에서 (src-interface-name,dst-interface-name)은 NAT 적용 트래픽이 오가는 인터페이스를 지정하는데, 이는 곧 트래픽의 방향을 의미한다. src-interface-name은 트래픽의 출발지 인터페이스를 의미하는데, 이는 곧 NAT 대상 IP의 실제 호스트가 위치하는 인터페이스를 의미한다. 그리고 dst-interaface-name은 트래픽의 목적지 방향의 인터페이스를 의미하고 NAT 매핑 IP로 변경되는 인터페이스를 의미한다. 그러므로 (Inside,Outside)라고 한다면, Inside는 실제 호스트의 실제 IP(인사이드 로컬 주소)가 사용되는 인터페이스인 내부 네트워크이고, Outside는 NAT에 의해 매핑 IP(인사이드 글로벌 주소)가 사용되는 인터페이스를 의미한다.

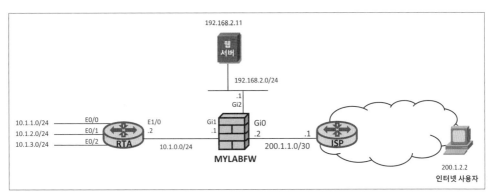

그림 7.1 ASA NAT 실습 구성도

위의 명령 구문을 이용해 정적 자동 NAT를 설정해보자. 설정 시나리오는 다음과 같다.

내부 서버팜의 웹 서버는 192.168.2.11의 사설 주소를 사용한다. 그러므로 인터넷 사용자는 내부 웹 서버로 접속할 수 없다. 인터넷 사용자가 내부 웹 서버로 접속할 수 있도록 내부 웹 서버가 인터넷 사용자와 통신하는 경우에 공인 IP 150.1.1.1을 사용할 수 있도록 한다.

시나리오의 조건은 간단하다. DMZ 인터페이스에 연결된 웹 서버 192.168.2.11이 Outside 인터페이스 너머에 위치하는 호스트와 통신할 때 150.1.1.1로 NAT를 수행한다. 그러므로 단순히 서버의 내부 실제 IP와 변경할 NAT IP를 서로 매핑하면 된다. 먼저 서버의 실제 내부 IP에 대한 네트워크 오브젝트를 생성하고 난 후 NAT 설정을 하면 된다. 설정 7.4는 설정의 예를 보여준다.

설정 7.4 정적 자동 NAT 설정

```
MYLABFW(config)# object network LOCAL_WEB
MYLABFW(config-network-object)# host 192.168.2.11
MYLABFW(config-network-object)# nat (DMZ,Outside) static 150.1.1.1
```

참고

IOS 라우터의 예제와 마찬가지로, NAT 매핑 IP 150.1.1.1은 글로벌 주소로서 외부 네트워크에서 라우팅 가능해야 한다. 그러므로 예제에서 ISP 라우터에 해당 라우팅 정보를 확보해야 한다.

이와 같이 웹 서버의 실제 내부 IP에 대한 네트워크 오브젝트를 생성하고, 매핑할 NAT IP를 지정하면 된다.

한편, NAT 매핑 IP에 대한 네트워크 오브젝트도 생성할 수 있다. 매핑할 IP의 네트워크 오브젝트를 사용할 경우에는 설정 7.5와 같이 NAT 매핑 IP의 네트워크 오브젝트를 먼저 생성한 후에 NAT 설정을 수행하면 된다.

설정 7.5 매핑 IP의 네트워크 오브젝트를 생성하는 경우

```
MYLABFW(config)# object network LOCAL_WEB_PUB
MYLABFW(config-network-object)# host 150.1.1.1

MYLABFW(config)# object network LOCAL_WEB
MYLABFW(config-network-object)# host 192.168.2.11
```

```
MYLABFW(config-network-object)# nat (DMZ,Outside) static LOCAL_WEB_PUB
```

NAT 설정에서 (DMZ,Outside)는 두 인터페이스 간에 오가는 트래픽에 대한 NAT 적용을 의미한다. 이 구문은 '(출발지 인터페이스, 목적지 인터페이스)'를 의미한다. 그러므로 DMZ 인터페이스로부터 수신된 트래픽이 Outside 인터페이스로 향할 때 NAT를 구현한다는 의미다. 다시 말해, 트래픽의 방향이 DMZ로부터 Outside로 향하는 NAT 정책이다. 그러나 일단 NAT 정책이 NAT 테이블에 등록되면, 양방향의 트래픽을 모두 지원하므로 Outside 인터페이스로부터 수신되는 트래픽에 대해서도 주소 변환은 이루어진다.

NAT 테이블을 확인해보자. ASA NAT 테이블은 show nat 명령어로 확인 가능하다. show nat detail 명령을 사용하면 오브젝트 이름이 아닌 실제 IP 주소와 함께 쉽게 확인할 수 있는 정보를 보여준다. 앞 절에서 자동 NAT 정보는 NAT 테이블의 섹션 2에 위치한다고 했다. 설정 7.6의 NAT 테이블에서 확인할 수 있듯이, 설정한 자동 NAT 정책이 NAT 섹션 2에 위치하는 것을 확인할 수 있다.

설정 7.6 NAT 테이블 확인

```
MYLABFW# show nat


Auto NAT Policies (Section 2)
1 (DMZ) to (Outside) source static LOCAL_WEB LOCAL_WEB_PUB
    translate_hits = 6, untranslate_hits = 6


MYLABFW# show nat detail


Auto NAT Policies (Section 2)
1 (DMZ) to (Outside) source static LOCAL_WEB LOCAL_WEB_PUB
    translate_hits = 6, untranslate_hits = 6
    Source - Origin: 192.168.2.11/32, Translated: 150.1.1.1/32
```

이제 외부 호스트가 내부 웹 서버 192.168.2.11로 150.1.1.1의 주소로 통신할 수 있는 상태가 되었다(그림 7.2). 그러면 NAT 테이블을 근거로 실제 적용된 NAT 정보를 확인해보자. NAT 활동 정보는 show xlate로 확인 가능한데, 이 명령어는 실무에서 빈번하게 사용되는 명령어이므로 기억해두자.

```
C:\>ping 150.1.1.1

Pinging 150.1.1.1 with 32 bytes of data:
Reply from 150.1.1.1: bytes=32 time=261ms TTL=124
Reply from 150.1.1.1: bytes=32 time=241ms TTL=124
Reply from 150.1.1.1: bytes=32 time=231ms TTL=124
Reply from 150.1.1.1: bytes=32 time=239ms TTL=124

Ping statistics for 150.1.1.1:
    Packets: Sent = 4, Received = 4, Lost = 0 (0% loss),
Approximate round trip times in milli-seconds:
    Minimum = 231ms, Maximum = 261ms, Average = 243ms
```

그림 7.2 외부 호스트로부터 내부 웹 서버로의 통신이 가능해졌다.

설정 7.7 NAT 활동 정보 확인

MYLABFW# show xlate

1 in use, 1 most used

Flags: D - DNS, i - dynamic, r - portmap, s - static, I - identity, T - twice

NAT from DMZ:192.168.2.11 to Outside:150.1.1.1

    flags s idle 0:02:59 timeout 0:00:00

MYLABFW# show xlate ?

  count   Show translation count

  global   Enter this keyword to specify global ip range

  gport   Enter this keyword to specify global port(s)

  interface Enter this keyword to specify an interface

  local   Enter this keyword to specify local ip range

  lport   Enter this keyword to specify local port(s)

  type   Enter this keyword to specify xlate type

  | Output modifiers

  <cr>

MYLABFW# show xlate local 192.168.2.11

1 in use, 1 most used

Flags: D - DNS, i - dynamic, r - portmap, s - static, I - identity, T - twice

NAT from DMZ:192.168.2.11 to Outside:150.1.1.1

    flags s idle 0:03:15 timeout 0:00:00

```
MYLABFW# show xlate global 150.1.1.1
1 in use, 1 most used
Flags: D - DNS, i - dynamic, r - portmap, s - static, I - identity, T - twice
NAT from DMZ:192.168.2.11 to Outside:150.1.1.1
    flags s idle 0:03:23 timeout 0:00:00
```

실무에서는 매우 많은 NAT 엔트리가 존재하므로 활동 NAT 정보도 매우 많다. 이 때문에 show xlate 명령어로 자신이 원하는 정보를 찾기가 쉽지 않다. 그러므로 세부 옵션 명령어를 이용해 확인할 수 있다. show xlate local은 내부 호스트의 실제 IP를 통해 검색할 수 있고, show xlate global은 내부 호스트 주소에 매핑될 NAT IP를 통해 검색할 수 있다.

이제 GUI 환경의 ASDM을 통한 설정법을 알아보자. GUI의 특성상 ASDM은 보다 직관적인 사용자 인터페이스를 통해 쉽게 설정할 수 있다는 장점이 있다. 그러나 설정은 편리하나, 일일이 하나씩 설정해야 하므로 많은 설정을 해야 하는 경우에는 작업에 많은 시간이 요구된다. 그리고 상태 확인 등의 고장 복구를 위한 기능이 CLI에 비해 매우 제한적이다. 그러므로 대부분의 경우 실무에서의 ASDM 사용은 설정에서만 이루어지고, 실제 동작 확인은 CLI 명령어를 통해 이루어지기 때문에 CLI의 show 명령어의 숙지가 요구된다.

ASDM을 이용한 정적 자동 NAT 설정은 그림 7.3과 같이 진행한다. CLI 설정과 마찬가지로, ASDM 설정도 네트워크 오브젝트를 생성함으로써 시작된다. 앞에서 언급했듯이, 네트워크 오브젝트는 자동 NAT를 위한 오브젝트가 아니라 ASA의 네트워크 주소의 다른 표현법을 제공하는 일종의 기능이다. 이 기능을 이용해 NAT를 간편하게 구현하는 것이 자동 NAT다. ASA의 자동 NAT 설정은 네트워크 오브젝트 설정의 하나의 옵션으로 존재한다. 네트워크 오브젝트가 자동 NAT를 위한 하나의 기능으로 존재하는 것이 아니라는 점을 반드시 명심하길 바란다.

ASDM에 접속한 후, **Configuration**을 클릭하고 **Firewall** 메뉴에서 **Objects**의 Network Objects/Groups를 선택하고 **Add**의 **Network Object...**를 선택한다(그림 7.3).

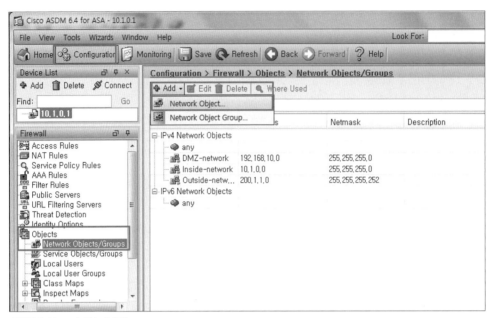

그림 7.3 Network Object 추가

CLI 설정과 마찬가지로, 내부 서버(192.168.2.11)의 네트워크 오브젝트를 생성한다. 네트워크 오브젝트의 이름을 LOCAL_WEB으로 입력하고, **Type**은 하나의 호스트를 의미하므로 Host로 지정한다. 그리고 서버의 실제 IP인 192.168.2.11을 입력한다. 여기까지가 일반적인 네트워크 오브젝트를 생성하는 방법이다. 접근 제어 등의 다른 정책을 위해 네트워크 오브젝트를 설정할 때는 이렇게만 설정하면 된다. 그러나 우리는 자동 NAT를 설정하고자 한다. 아래에 **NAT** 항목이 보인다(그림 7.4).

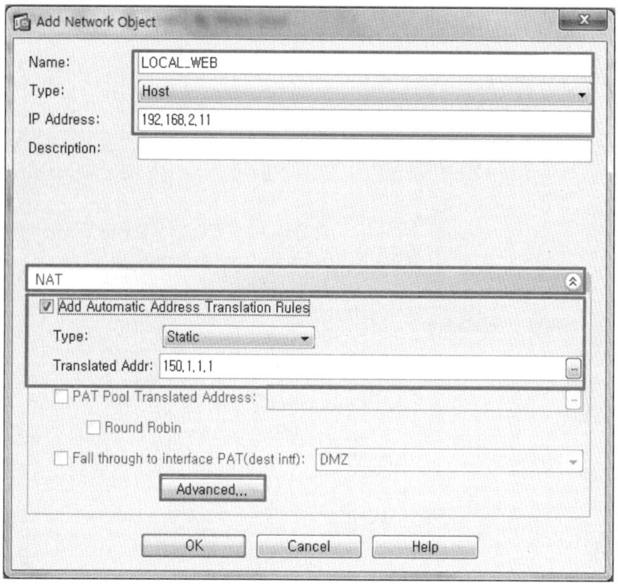

그림 7.4 Network Object 설정과 자동 NAT 설정

NAT를 클릭하면 NAT 설정 창이 펼쳐진다. 예제가 자동 NAT를 설정하므로 **Add Automatic Address Translation Rules**를 체크하고, 정적 NAT이므로 Static을 선택한다. 그리고 변경될 IP인 NAT 매핑 IP 150.1.1.1을 입력하고 **Advanced...**를 클릭한다.

Advanced...를 클릭하면 NAT 룰의 출발지와 목적지 인터페이스를 지정하기 위한 Advanced NAT Settings 창이 열린다. 그림 7.5와 같이 출발지(DMZ)와 목적지(Outside) 인터페이스를 지정하고, **OK**를 클릭한다.

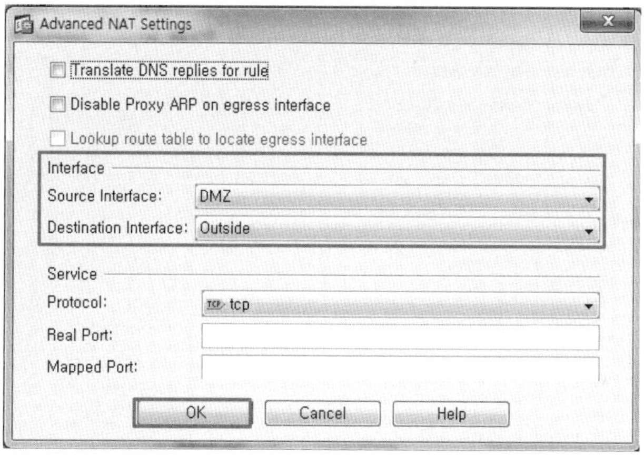

그림 7.5 NAT 룰의 인터페이스 지정

이제 자동 NAT 설정을 포함한 모든 네트워크 오브젝트의 설정이 끝났다. OK를 클릭하고, 설정 명령을 적용하기 위해 **Apply**를 클릭한다(그림 7.6).

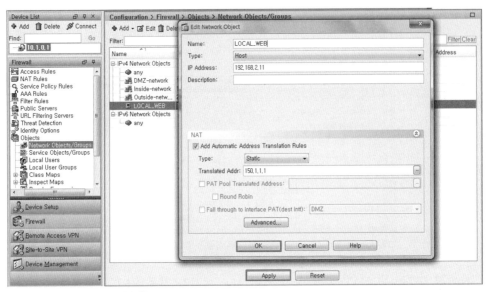

그림 7.6 네트워크 오브젝트 설정 완료

ASDM을 이용해 설정한 내용을 적용하기 전에, ASDM으로 설정한 정보를 CLI 명령어 형태로 검토할 수 있다. 그림 7.7을 보면 ASDM으로 설정한 명령어가 앞에서 우리가 설정한 CLI 명령어와 동일하다는 것을 알 수 있다.

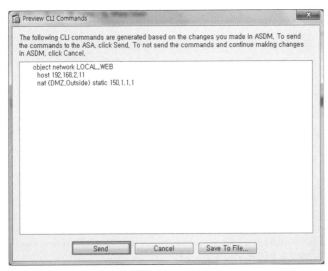

그림 7.7 적용 전 CLI 명령어를 통한 검토

참고로, ASDM에서 CLI 명령어를 통한 검토 기능은 기본적으로 비활성화되어 있다. 필요하다면 ASDM 메뉴에서 Tools의 Preferences를 클릭해 General의 Communications 부분에 있는 Preview commands before sending them to the device 옵션을 체크하면 된다.

앞의 CLI 명령어 예제에서 NAT 매핑 IP의 네트워크 오브젝트를 생성했다. ASDM 의 NAT 매핑 IP의 네트워크 오브젝트 설정도 동일하게 진행하면 된다. ASDM의 Configuration에서 Firewall을 선택하고 Objects의 Network Objects/Groups를 클릭해 추가한다. 앞의 내부 서버의 실제 주소에 대한 네트워크 오브젝트 설정과 다른 점은 NAT 매핑 IP를 지정하는 네트워크 오브젝트이므로 NAT 설정은 하지 않는다는 것이다. 그림 7.8과 같이 NAT 매핑 IP의 오브젝트 이름은 LOCAL_WEB_PUB를, IP Address는 150.1.1.1을 입력한 후 OK와 Apply를 클릭해 적용한다.

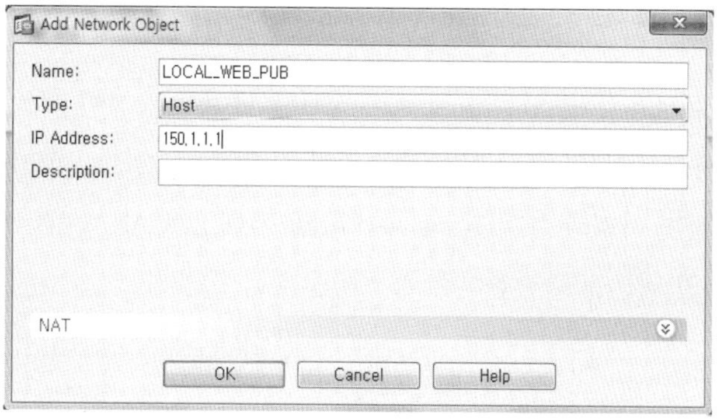

그림 7.8 NAT 매핑 IP의 네트워크 오브젝트 설정

NAT 매핑 IP의 오브젝트를 생성했다. 이제 자동 NAT 설정을 할 때 NAT 매핑 IP의 IP 입력 대신에 네트워크 오브젝트를 지정하기 위해, 내부 서버의 네트워크 오브젝트를 설정할 때 NAT 매핑 IP를 입력했던 Translated Addr 부분 끝에 위치하는 ...을 클릭한다 (그림 7.9).

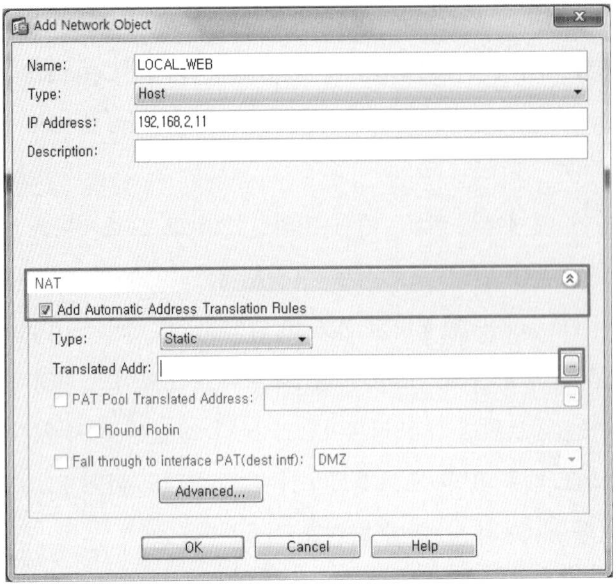

그림 7.9 네트워크 오브젝트로 이루어진 NAT 매핑 IP 지정

NAT 매핑 IP로 사용될 수 있는 오브젝트 정보를 보여주는 창이 새롭게 열린다. 이 창에서는 앞에서 생성한 NAT 매핑 IP의 네트워크 오브젝트 LOCAL_WEB_PUB을 선택하고 더블 클릭을 하면 아래 부분의 **Translated Addr –⟩**에 LOCAL_WEB_PUB가 선택된 것을 볼 수 있다. **확인** 버튼을 클릭한다(그림 7.10).

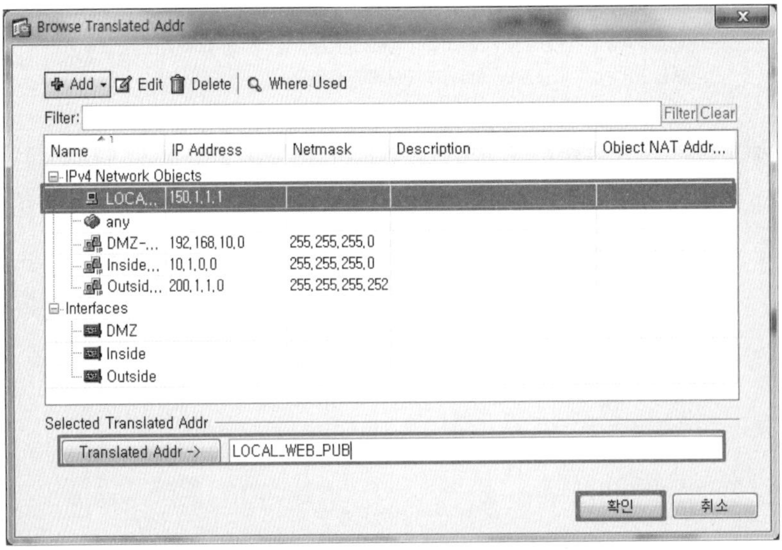

그림 7.10 네트워크 오브젝트를 선택한다.

이제 NAT 매핑 IP가 네트워크 오브젝트로 지정되었다(그림 7.11). 추가로 요구되는 모든 설정은 앞 예제에서 진행한 것과 동일하게 설정하면 된다. 모든 설정이 완료되면 OK, 그리고 Apply를 클릭해 적용하면 된다.

그림 7.11 Translated Addr이 네트워크 오브젝트로 지정되었다.

그림 7.12와 같이, NAT 설정이 완료되면 ASDM에서 설정한 NAT 룰을 확인할 수 있다. ASDM에서의 NAT 룰 확인은 Configuration > Firewall > NAT Rules에서 할 수 있다. 그림에서 보는 것과 같이, 하나의 NAT 룰에 대해 트래픽의 방향에 따라 두 개의 NAT 룰을 보여준다.

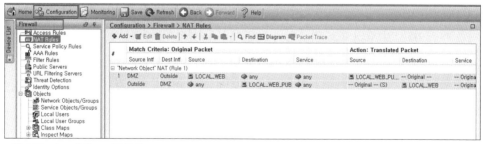

그림 7.12 ASDM에서 NAT 룰 확인

첫 번째 줄은 출발지 인터페이스가 DMZ이고 목적지 인터페이스가 Outside로 보인다. 이는 DMZ 인터페이스로부터 Outside 네트워크로 향하는 트래픽에 대한 NAT 룰임을 의미한다. 원래의 패킷의 출발지 주소가 LOCAL_WEB이고 목적지 주소가 모든 호스트(any)로 향하는 패킷의 출발지 주소를 LOCAL_WEB_PUB으로 변경하고, 목적지 주소는 원래의 주소(Original)를 그대로 사용한다는 의미다.

두 번째 줄은 출발지 인터페이스가 Outside이고 목적지 인터페이스가 DMZ로 보인다. 이는 Outside 인터페이스로부터 DMZ 네트워크로 향하는 트래픽에 대한 NAT 룰임을 의미한다. 수신되는 트래픽의 원래의 출발지 주소가 모든 호스트(any)이고 목적지 주소 LOCAL_WEB_PUB인 패킷은 출발지 주소로 원래의 주소(Original)를 그대로 사용하고 목적지 주소를 LOCAL_WEB으로 변경한다는 의미다.

한편, ASDM과 같은 GUI 환경은 설정의 간편함을 제공하는 반면, 고장 복구를 위한 상태 확인 등의 기능은 떨어질 수 있다. 이런 이유로 실무에서 ASDM을 통해 설정하더라도, 상태 확인 등은 CLI 명령어를 그대로 사용한다. 그러므로 모든 설정이 완료되면 CLI 명령어 예제에서 사용한 show 명령어를 통해 설정을 확인하는 것을 권장한다.

지금까지 정적 자동 NAT를 설정하고 확인했다. 정적 자동 NAT는 외부 서비스를 제공하는 서버 또는 호스트에 NAT를 간편하게 적용하는 데 사용된다. 서브넷 단위의 네트워크 오브젝트에 대해서도 네트워크 단위의 NAT 적용을 동일한 방식으로 구현하면 된다.

7.3 정적 자동 PAT

NAT는 내부 호스트의 실제 내부 주소와 외부 네트워크에서 라우팅이 가능한 IP로 변경하는 기술이다. 앞 장의 IOS 라우터의 NAT에서도 설명했듯이, 만일 ISP로부터 부여받은 공인 IP가 충분하지 않은 경우, 즉 대부분의 경우는 단 하나의 공인 IP를 부여받은 경우에 모든 내부 호스트가 하나의 공인 IP를 사용해야 한다. 그러므로 본연의 NAT로는 다수의 내부 호스트가 동시에 사용할 수 없으므로 포트 정보를 변경함으로써 구현하는데, 이를 PAT^Port Address Translation라 했다.

PAT도 외부 사용자로부터 내부 서버로의 통신을 가능케 하기 위해 정적 PAT를 통해 NAT 테이블에 해당 NAT 정보를 항상 등록시켜 사용할 수 있다. ASA도 당연히 정적

PAT를 지원하는데, 네트워크 오브젝트를 이용한 정적 PAT를 구현해보자.

정적 자동 PAT^{Static Auto NAT with PAT} 설정은 다음의 명령 구문으로 설정할 수 있다.

```
(config)# object network object-name-of-real-address
(config-network-object)# nat (src-interface-name,dst-interface-name) static
{mapped-ip-address|mapped-object-name} service {tcp|udp} real-port mapped-
port
```

명령어 구문에서 service 명령어로 해당 서비스의 프로토콜을 지정하고, 실제 포트와 PAT로 매핑할 포트 번호를 지정한다. 이때 *real-port*는 서버의 실제 서비스 포트 번호이고, *mapped-port*는 외부 사용자를 위해 변경할 포트 번호다. 그러므로 *mapped-port*는 외부 사용자 관점으로부터 보는 포트 번호를 의미한다.

그림 7.13은 정적 자동 PAT 설정을 위한 구성도다. 앞 절의 정적 자동 NAT 예제 구성도에서 웹 서버2와 웹 서버3이 추가되었다.

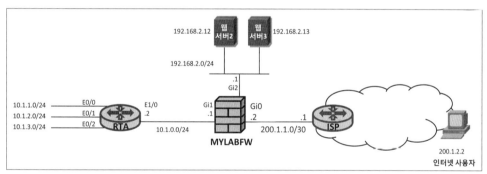

그림 7.13 정적 자동 PAT 설정을 위한 실습 구성도

실습을 위한 시나리오는 다음과 같다.

내부 서버팜의 두 대의 웹 서버2(192.168.2.12)와 웹 서버3(192.168.2.13)은 외부 사용자에 대한 서비스가 요구된다. 그러나 이들 웹 서버의 외부 서비스를 위한 IP가 150.1.1.2 하나밖에 할당되지 않았다. 그리고 외부 사용자가 웹 서버2에 접속할 때 접속 포트를 TCP 8080으로, 그리고 웹 서버3에 접속할 때는 TCP 8090으로 접속해야 한다.

접속 시나리오가 정적 자동 NAT보다 조금 더 복잡하다. 정리하면 다음과 같다.

외부 사용자의 관점에서 내부의 웹 서버2(192.168.2.12)는 150.1.1.2:8080의 주소로 서비스하고, 웹 서버3(192.168.2.13)은 150.1.1.2:8090으로 서비스한다.

두 웹 서버 모두 외부 라우팅이 가능한 150.1.1.2의 주소를 사용한다. 그러므로 NAT 매핑 주소에 대한 네트워크 오브젝트를 일단 먼저 생성한다(설정 7.8).

설정 7.8 PAT에 사용될 IP에 대한 네트워크 오브젝트를 생성한다.

```
MYLABFW(config)# object network SVR_FARM_PAT_PUB
MYLABFW(config-network-object)# host 150.1.1.2
```

그리고 내부의 웹 서버2와 웹 서버3에 대한 네트워크 오브젝트를 설정하고 정적 PAT를 설정한다. 앞 절의 정적 자동 NAT 설정과 거의 비슷한데, service 명령어로 실제 포트 주소와 변경할 포트 주소 순서로 추가한다는 점만 다르다. 설정 7.9는 시나리오 조건을 만족하는 정적 자동 PAT 설정을 보여준다.

설정 7.9 정적 자동 PAT 설정

```
MYLABFW(config)# object network LOCAL_WEB2
MYLABFW(config-network-object)# host 192.168.2.12
MYLABFW(config-network-object)# nat (DMZ,Outside) static SVR_FARM_PAT_PUB service tcp
80¹ 8080²
```

```
MYLABFW(config)# object network LOCAL_WEB3
MYLABFW(config-network-object)# host 192.168.2.13
MYLABFW(config-network-object)# nat (DMZ,Outside) static SVR_FARM_PAT_PUB service tcp
80¹ 8090²
```

1. 웹 서버의 실제 서비스 포트(www:80)
2. 웹 서버의 대외용 서비스 포트

설정에서 보듯이, 웹 서버2는 실제 웹 서비스 포트 TCP 80을 TCP 8080으로 변경한다. 그리고 웹 서버3는 실제 웹 서비스 포트 TCP 80을 TCP 8090으로 변경한다. TCP

포트 8080과 8090은 대외적인 서비스 포트 번호로 사용된다. 즉, 외부 사용자가 해당 웹 서버에 접속할 때 사용해야 하는 서비스 포트다.

이제 NAT 테이블을 확인해보자(설정 7.10). 역시 정적 자동 PAT 정보도 자동 NAT이므로 섹션 2에 자리잡았다.

설정 7.10 NAT 테이블 확인

```
MYLABFW# show nat detail

Auto NAT Policies (Section 2)
1 (DMZ) to (Outside) source static LOCAL_WEB LOCAL_WEB_PUB
    translate_hits = 0, untranslate_hits = 0
    Source - Origin: 150.1.1.1/32, Translated: 150.1.1.1/32
2 (DMZ) to (Outside) source static LOCAL_WEB2 SVR_FARM_PAT_PUB
    service tcp www 8080
    translate_hits = 0, untranslate_hits = 0
    Source - Origin: 192.168.2.12/32, Translated: 150.1.1.2/32
    Service - Protocol: tcp Real: www Mapped: 8080
3 (DMZ) to (Outside) source static LOCAL_WEB3 SVR_FARM_PAT_PUB
    service tcp www 8090
    translate_hits = 0, untranslate_hits = 0
    Source - Origin: 192.168.2.13/32, Translated: 150.1.1.2/32
    Service - Protocol: tcp Real: www Mapped: 8090
```

정적 PAT 풀이 NAT 테이블에 등록되었으므로 외부 사용자로부터 내부 웹 서버로의 접속이 허용된다는 것을 확인할 수 있다(그림 7.14).

그림 7.14 정적 PAT를 통한 내부 웹 서버 접속

이제 정적 PAT의 ASDM 설정법을 알아보자.

앞 예제와 마찬가지로 ASDM의 네트워크 오브젝트 설정은 ASDM의 Configuration ➤ Firewall ➤ Objects ➤ Network Objects/Groups ➤ Add ➤ Network Object... 메뉴로 이루어진다(그림 7.15).

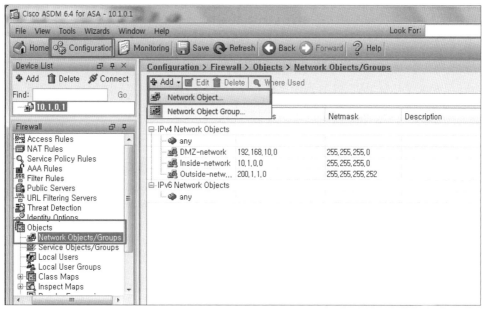

그림 7.15 네트워크 오브젝트 설정

그림 7.16과 같이, PAT에 사용될 PAT 매핑 IP의 네트워크 오브젝트를 설정한다. 네트워크 오브젝트 이름에는 SVR_FARM_PAT_PUB을 입력하고, IP 주소에는 150.1.1.2를 입력한다.

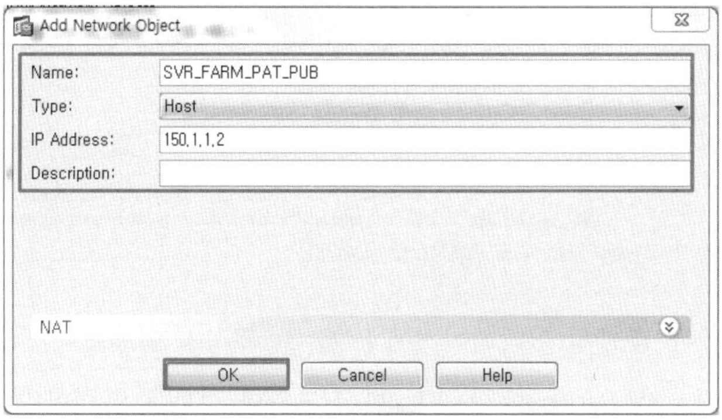

그림 7.16 PAT 매핑 IP의 네트워크 오브젝트 설정

PAT 매핑 IP로 사용할 네트워크 오브젝트를 생성했다. 이제 DMZ에 위치하는 서버의 네트워크 오브젝트를 생성함과 동시에 PAT 설정을 수행한다.

그림 7.17과 같이, 오브젝트 이름을 LOCAL_WEB2로 입력하고 IP 주소를 192.168.2.12로 입력한다. 그리고 하단의 NAT 설정 부분에서 **Add Automatic Address Translation Rules**를 체크하고, 정적 NAT이므로 Static을 선택한다. 그리고 **Translated Addr**에 SVR_FARM_PAT_PUB을 지정하고 **Advanced...**를 클릭한다. 지금까지는 정적 자동 NAT 설정과 다르지 않다.

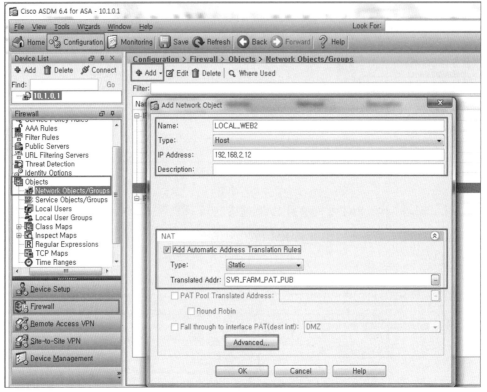

그림 7.17 PAT가 적용될 DMZ 서버의 네트워크 오브젝트를 생성한다.

그림 7.18과 같이, 출발지 인터페이스에 DMZ를, 목적지 인터페이스에 Outside를 지정한다. 그리고 그 아래 **Service**에서 포트 변경을 위한 정보를 입력한다. 웹 서버를 위한 PAT 설정이므로 **Protocol**은 TCP를 선택한다. **Real Port**는 DMZ 웹 서버의 실제 포트 번호를 의미하므로 80을 입력하고, **Mapped Port**는 변경되는 포트 번호, 즉 PAT 매핑 포트이므로 8080을 입력한다.

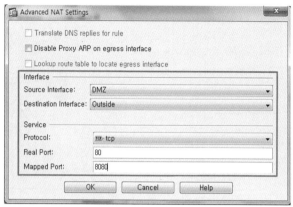

그림 7.18 정적 PAT의 포트 변화 설정

    동일한 방법으로 DMZ의 WEB3 서버를 위한 네트워크 오브젝트와 PAT 설정을 수행하자. WEB2 서버의 설정과 동일하나, PAT 매핑 포트가 8090임을 유의하길 바란다. 그림 7.19와 그림 7.20은 설정 과정을 보여준다.

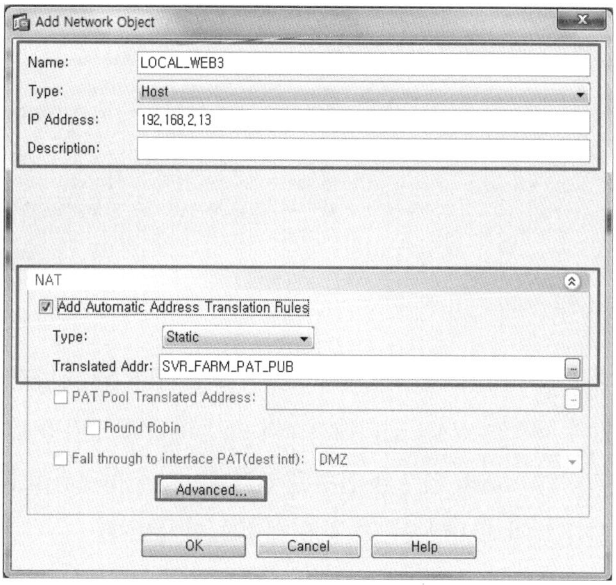

그림 7.19 DMZ의 WEB3 서버를 위한 네트워크 오브젝트 생성

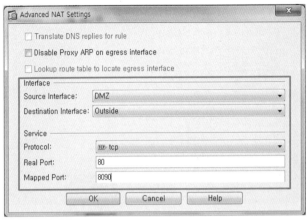

그림 7.20 DMZ의 WEB3 서버의 PAT 설정

모든 설정이 완료되면, **OK**를 클릭한 후 **Apply**를 클릭해 적용한다. 그림 7.21은 정적 PAT를 설정한 후의 ASDM에서 확인되는 NAT 테이블을 보여준다.

#	Match Criteria: Original Packet					Action: Translated Packet			Opt
	Source Intf	Dest Intf	Source	Destination	Service	Source	Destination	Service	
☐ "Network Object" NAT (Rules 1-3)									
1 DMZ	Outside	🖳 LOCAL_WEB	🌐 any	🌐 any	🖳 LOCAL_WEB_...	-- Original --	-- Original --	
	Outside	DMZ	🌐 any	🖳 LOCAL_WEB...	🌐 any	-- Original -- (S)	🖳 LOCAL_WEB	-- Original --	
2 DMZ	Outside	🖳 LOCAL_WEB2	🌐 any	⬆ http	🖳 SVR_FARM_P...	-- Original --	⬆ 8080	
	Outside	DMZ	🌐 any	🖳 SVR_FARM_...	⬆ 8080	-- Original -- (S)	🖳 LOCAL_WEB2	⬆ http	
3 DMZ	Outside	🖳 LCOAL_WEB3	🌐 any	⬆ http	🖳 SVR_FARM_P...	-- Original --	⬆ 8090	
	Outside	DMZ	🌐 any	🖳 SVR_FARM_...	⬆ 8090	-- Original -- (S)	🖳 LCOAL_WEB3	⬆ http	

그림 7.21 정적 PAT 적용 후의 ASDM NAT 테이블

한편, PAT는 외부 라우팅이 가능한 IP가 충분하지 않거나, 단 하나만 있는 경우에 사용한다고 했다. 위의 예제는 WAN 인터페이스의 IP가 아닌 별도의 IP를 사용한 정적 자동 PAT의 예다. 그러면 ASA의 외부와 연결된 인터페이스에 설정된 IP를 사용하는 PAT 설정은 어떻게 될까? 먼저 CLI 명령어를 통한 설정을 알아보자.

앞에서 설정한 정적 자동 PAT 설정과 거의 동일한데, NAT 매핑 IP 또는 NAT 매핑 IP 의 네트워크 오브젝트 대신 옵션 명령어 `interface`만 바꿔주면 된다. 다음의 설정 명령어 구문을 참조하길 바란다.

```
(config)# object network object-name-of-real-address
(config-network-object)# nat (src-interface-name,dst-interface-name) static
interface service [tcp|udp] real-port mapped-port
```

이 명령어 구문을 이용해 서버팜의 SNMP 서버에 대한 PAT를 구현해보자. 실습 시나리오는 다음과 같다.

> 외부 호스트가 DMZ에 위치하는 서버팜의 SNMP 서버(192.168.2.10)와 통신할 수 있도록 허용하고자 한다. 이때 외부 호스트는 SNMP의 원래 포트 번호를 이용한다. 또한 외부 라우팅이 가능한 IP가 Outside에 설정된 IP밖에 존재하지 않는다.

시나리오를 정리하면, 외부 호스트가 내부 SNMP 서버에 접속할 때 Outside 인터페이스의 IP로 접속할 수 있도록 설정하고자 한다. 여기서 비록 PAT를 사용하지만, 외부 호스트가 원래의 SNMP 포트(UDP 161)를 사용해 접속해야 하므로 PAT 매핑 포트도 동일하게 SNMP 포트 번호인 UDP 161을 사용하면 된다. 설정 7.11은 Outside 인터페이스의 IP를 이용한 정적 자동 PAT 설정의 예를 보여준다.

설정 7.11 인터페이스 IP를 이용한 정적 자동 PAT 설정과 확인

```
MYLABFW(config)# object network LOCAL_SNMP
MYLABFW(config-network-object)# host 192.168.2.10
MYLABFW(config-network-object)# nat (DMZ,Outside) static interface service udp snmp
snmp

MYLABFW# show nat detail

Auto NAT Policies (Section 2)
1 (DMZ) to (Outside) source static LOCAL_WEB LOCAL_WEB_PUB
    translate_hits = 0, untranslate_hits = 0
    Source - Origin: 150.1.1.1/32, Translated: 150.1.1.1/32
2 (DMZ) to (Outside) source static LOCAL_SNMP interface   service udp snmp 10161
    translate_hits = 0, untranslate_hits = 0
    Source - Origin: 192.168.2.10/32, Translated: 200.1.1.2/30
    Service - Protocol: udp Real: snmp Mapped: 10161
3 (DMZ) to (Outside) source static LOCAL_WEB2 SVR_FARM_PAT_PUB   service tcp www 8080
```

```
translate_hits = 0, untranslate_hits = 1
  Source - Origin: 192.168.2.12/32, Translated: 150.1.1.2/32
```
- 생략 -

이미 앞 예제에서 자동 PAT 설정을 해본 터라 그리 어렵지 않을 것이다. ASDM의 인터페이스 IP를 이용한 PAT 설정도 어렵지 않다.

내부 웹 서버의 네트워크 오브젝트를 설정할 때, PAT 매핑 IP를 인터페이스로 지정하면 된다.

SNMP 서버의 네트워크 오브젝트를 생성한다. 이번에는 앞 예제와 다른 방식으로 네트워크 오브젝트를 생성해보자. NAT 룰 생성을 위한 네트워크 오브젝트 생성은 NAT 설정 메뉴에서 바로 설정할 수 있다. Configuration ➤ Firewall ➤ NAT Rules에서 Add를 클릭하고 Add "Network Object" NAT Rule...을 클릭한다.

그림 7.22 NAT 룰 설정 메뉴에서 네트워크 오브젝트 생성

NAT 룰 메뉴를 통한 네트워크 오브젝트 설정 창이 앞서 설정한 방법인 오브젝트 메뉴를 통한 설정 창과 동일한 것을 알 수 있다. 그러므로 NAT 설정을 위해 네트워크 오브젝트를 생성하고자 한다면 NAT 룰 메뉴에서 바로 생성하면 된다.

앞 예제에서 설정한 것과 마찬가지로, 네트워크 오브젝트 이름은 LOCAL_SNMP를 입력하고, IP 주소는 192.168.2.10을 입력한다. NAT 룰을 설정할 때 **Translated Addr**의 **...**을 클릭한다(그림 7.23).

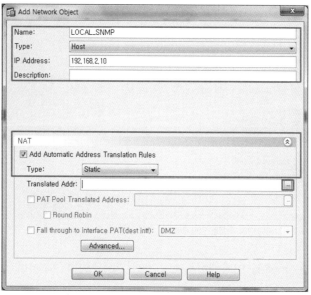

그림 7.23 다른 자동 NAT/PAT 설정을 위한 과정과 동일하다.

그림 7.24와 같이, PAT 매핑 IP 지정을 위해 원하는 인터페이스를 선택하면 된다. 예제는 Outside 인터페이스의 IP를 사용하므로 Outside 인터페이스를 선택한 후 더블 클릭하고 확인을 클릭한다.

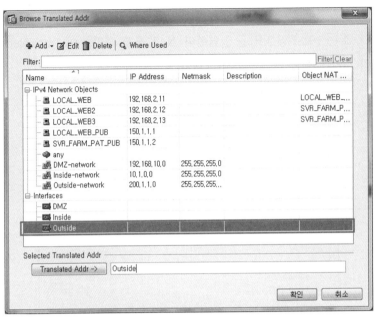

그림 7.24 PAT 매핑 IP에 사용될 인터페이스를 선택한다.

PAT 매핑 IP가 Outside 인터페이스로 지정된 것을 확인할 수 있다. 이제 출발지와 목적지 인터페이스, 그리고 매핑할 포트 지정을 위해 **Advanced...**를 클릭한다(그림 7.25).

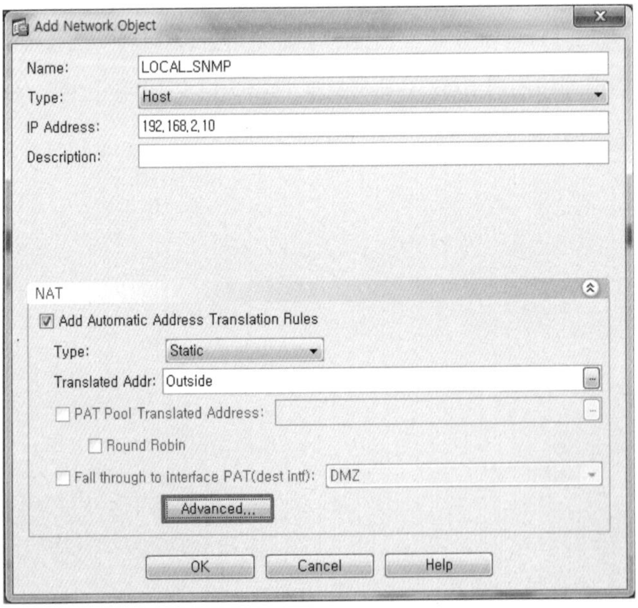

그림 7.25 포트와 인터페이스 지정을 위해 Advanced...를 클릭한다.

다른 예제의 설정과 마찬가지로, 출발지(DMZ)와 목적지(Outside) 인터페이스를 지정한다. 그리고 Protocol은 SNMP이므로 UDP를 선택하고 Real Port와 Mapped Port가 동일하므로 모두 snmp로 지정한다(그림 7.26). 그리고 설정한 정보를 적용하기 위해 Apply를 클릭해 적용한다.

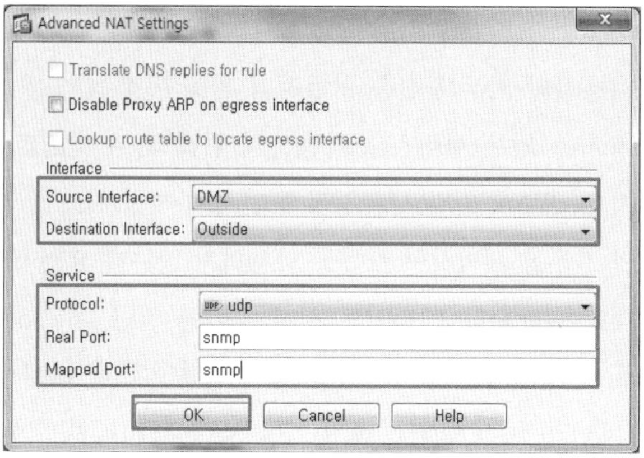

그림 7.26 인터페이스와 변환 포트 정보를 입력한다.

NAT 설정을 마쳤다면 ASDM을 통해 설정된 NAT 룰을 살펴보자.

설정한 PAT 룰이 1번에 위치했다. Original Packet 부분의 DMZ 인터페이스로부터 Outside 인터페이스로 향하는 패킷에 대한 출발지 주소 LOCAL_SNMP가 Translated Packet 부분에서 Outside 주소로 변환되고, Service 부분의 snmp는 원래의 포트 번호(--Original--)가 사용된다는 것을 확인할 수 있다(그림 7.27). 아래 줄을 통해 반대 방향의 패킷에 대한 룰도 확인할 수 있다.

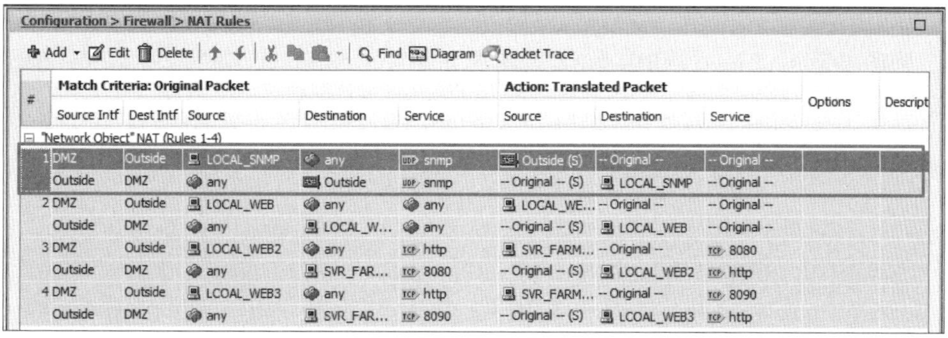

그림 7.27 인터페이스 IP를 이용한 정적 자동 PAT 확인

지금까지 외부 라우팅이 가능한 IP가 부족한 상황에서 외부 사용자를 위한 서비스를 제공할 수 있는 정적 자동 PAT 설정에 대해 알아봤다. 전체적인 설정 과정이 앞 절의 정적 자동 NAT 설정과 크게 다르지 않기 때문에 설정에 어려움이 없을 것으로 생각된다.

7.4 동적 자동 NAT

일반적으로 내부 사용자의 외부 통신을 구현하기 위해 동적 NAT를 사용한다. 내부 네트워크의 일반 사용자는 외부 서비스를 사용하기 위해 외부 서버로 접속을 시도한다. 반대로 외부 사용자는 내부의 일반 사용자에게 먼저 통신을 시도할 일은 거의 없고, 이는 특별한 예외적인 경우를 제외하면 보안상 허용하지 않는다. IOS 라우터의 동적 NAT를 다룰 때 이에 대해 설명했다. 그러므로 서버가 아닌 일반 내부 사용자를 위해 동적 NAT를 적용하는데, 이 절에서는 동적 자동 NAT^{Dynamic Auto NAT}에 대해 알아보자.

앞선 정적 자동 NAT와 마찬가지로, 동적 자동 NAT도 네트워크 오브젝트를 통해 간단하게 설정할 수 있다. 다음은 동적 자동 NAT 설정을 위한 명령어 구문이다.

```
(config)# object network object-name-of-real-address
(config-network-object)# nat (src-interface-name,dst-interface-name) dynamic
pool-object-name
```

또는

```
(config-network-object)# nat (src-interface-name,dst-interface-name) dynamic
mapped-ip-address
```

동적 자동 NAT는 매핑 IP로 NAT 풀을 사용할 수도 있고, 인터페이스에 설정된 IP를 사용할 수도 있다. 이 절에서도 예제 시나리오를 통해 두 가지 설정법을 모두 익혀보자. 예제 시나리오는 다음과 같다.

> 내부 사용자의 외부 통신을 위해 150.1.1.101부터 150.1.1.200까지의 공인 IP가 확보되어 있다. 내부 사용자 네트워크 10.1.1.0/24와 10.1.2.0/24는 NAT 풀의 IP를 사용해 외부 통신을 시도한다. 그리고 IT 지원 팀의 네트워크인 10.1.3.0/24는 Outside 인터페이스의 IP를 사용해 외부와 통신한다.

시나리오는 간단하다. 설정은 NAT 풀로 사용할 IP의 네트워크 오브젝트를 생성하고, 내부 네트워크의 오브젝트를 생성해 동적 NAT를 의미하는 dynamic 옵션 명령어를 통해 구현한다. IOS 라우터에서는 NAT 풀 설정을 `ip nat pool` 명령어로 했다. 그러나 ASA는 NAT 풀도 네트워크 오브젝트를 통해 생성할 수 있다.

ASA의 NAT 풀 설정은 주어진 NAT 풀의 IP 범위에 대한 네트워크 오브젝트를 range 명령어를 이용해 지정한다. NAT 풀에 대한 명령어가 따로 마련되지 않고, 일반적인 네트워크 오브젝트를 사용하므로 NAT 설정이 보다 간결해졌다고 할 수 있다. 설정 7.12는 range 명령어를 이용해 네트워크 오브젝트를 생성하는 것을 보여준다.

설정 7.12 range를 이용한 네트워크 오브젝트 생성

```
MYLABFW(config)# object network NAT_POOL
MYLABFW(config-network-object)# range[1] 150.1.1.101 150.1.1.200
```

1. NAT 풀에서 사용될 IP 범위를 지정한다.

다음 단계로, 내부 네드워크의 네트워크 오브젝트를 생성하고 설정 7.12에서 설정한 오브젝트를 적용한다. 설정 7.13은 내부 네트워크의 동적 자동 NAT 설정을 보여준다.

설정 7.13 NAT 풀을 이용한 동적 자동 NAT 설정

```
MYLABFW(config)# object network LOCAL_NET1
MYLABFW(config-network-object)# subnet 10.1.1.0 255.255.255.0
MYLABFW(config-network-object)# nat (Inside,Outside) dynamic NAT_POOL

MYLABFW(config)# object network LOCAL_NET2
MYLABFW(config-network-object)# subnet 10.1.2.0 255.255.255.0
MYLABFW(config-network-object)# nat (Inside,Outside) dynamic NAT_POOL
```

설정에서 보는 것처럼, 내부 네트워크를 위한 네트워크 오브젝트는 subnet 명령어로 해당 네트워크를 지정했다.

참고로, 네트워크 오브젝트 명령어의 host와 range, subnet은 예제에서 제시한 설정만 가능한 것이 아니다. 이는 네트워크 또는 하나의 호스트 또는 복수의 호스트들에 대

한 정의일 뿐이다. 그러므로 앞 예제에서 생성한 두 네트워크 오브젝트를 설정 7.14와 같이 하나의 네트워크 오브젝트로 표현할 수도 있다.

설정 7.14 두 네트워크 정보를 range를 통해 하나의 네트워크 오브젝트로 생성할 수도 있다.

```
MYLABFW(config)# object network LOCAL_USRS
MYLABFW(config-network-object)# range 10.1.1.0 10.1.2.255
MYLABFW(config-network-object)# nat (Inside,Outside) dynamic NAT_POOL
```

이제 NAT 테이블을 확인해보자. 설정한 동적 자동 NAT 정보가 섹션 2의 일련번호 5, 6, 7에 위치했다(설정 7.15).

설정 7.15 NAT 테이블 확인

```
MYLABFW# show nat detail

Auto NAT Policies (Section 2)
1 (DMZ) to (Outside) source static LOCAL_WEB LOCAL_WEB_PUB
    translate_hits = 0, untranslate_hits = 0
    Source - Origin: 150.1.1.1/32, Translated: 150.1.1.1/32
- 생략 -
5 (Inside) to (Outside) source dynamic LOCAL_NET1 NAT_POOL
    translate_hits = 11, untranslate_hits = 21
    Source - Origin: 10.1.1.0/24, Translated: 150.1.1.101-150.1.1.200
6 (Inside) to (Outside) source dynamic LOCAL_NET2 NAT_POOL
    translate_hits = 0, untranslate_hits = 0
    Source - Origin: 10.1.2.0/24, Translated: 150.1.1.101-150.1.1.200
7 (Inside) to (Outside) source dynamic LOCAL_USRS NAT_POOL
    translate_hits = 0, untranslate_hits = 0
    Source - Origin: 10.1.1.0-10.1.2.255, Translated: 150.1.1.101-150.1.1.200
```

이제 내부 사용자의 외부 통신이 가능해진다. 활동 중인 NAT 정보를 show xlate 명령어로 확인할 수 있다(설정 7.16).

설정 7.16 실제 활동 중인 NAT 정보 확인

```
MYLABFW# show xlate local 10.1.1.11
7 in use, 7 most used
Flags: D - DNS, i - dynamic, r - portmap, s - static, I - identity, T - twice
NAT from Inside:10.1.1.11 to Outside:150.1.1.165 flags i idle 0:02:36 timeout 3:00:00
NAT from Inside:10.1.1.11 to Outside:150.1.1.146 flags i idle 2:08:46 timeout 3:00:00

MYLABFW# show xlate local 10.1.2.11
7 in use, 7 most used
Flags: D - DNS, i - dynamic, r - portmap, s - static, I - identity, T - twice
NAT from Inside:10.1.2.11 to Outside:150.1.1.139 flags i idle 0:02:25 timeout 3:00:00
```

여기서 한 가지 짚고 넘어가고 싶은 점은 동적 NAT 정보는 내부 사용자의 트래픽에 의해 생성된다는 것이다. 이 말은 내부 사용자로부터 외부로의 통신 시도가 이루어지지 않는 한, NAT 매핑 IP, 즉 인사이드 글로벌 주소는 부여되지 않기 때문에 NAT 테이블에도 등록될 수 없다. 그러므로 외부 사용자로부터 내부 사용자로의 통신 시도는 이루어질 수 없다고 하는 것이다. 그러나 일단 내부 사용자의 시도로 NAT가 수행되고 NAT IP 매핑이 이루어진 상태에서는 외부 사용자가 NAT 매핑 IP를 알고 있다면 먼저 통신을 시도할 수 있다(설정 7.17).

설정 7.17 일단 NAT 매핑이 이루어진 상태에서는 외부 네트워크로부터의 통신도 가능하다.

```
ISP# ping 150.1.1.165

Type escape sequence to abort.
Sending 5, 100-byte ICMP Echos to 150.1.1.165, timeout is 2 seconds:
!!!!!
Success rate is 100 percent (5/5), round-trip min/avg/max = 12/35/72 ms

ISP# ping 150.1.1.139

Type escape sequence to abort.
Sending 5, 100-byte ICMP Echos to 150.1.1.139, timeout is 2 seconds:
!!!!!
Success rate is 100 percent (5/5), round-trip min/avg/max = 8/35/68 ms
```

엄격히 말해서, 위의 NAT 활동 정보(show xlate)의 timout에 나타나는 만료 시간이 다해 NAT 테이블로부터 삭제되기 전까지는 양방향의 통신 시도 모두 가능한 상태라는 점을 인지하길 바란다. 그러므로 NAT를 적용한다고 하더라도 여전히 방화벽을 통해 인가되지 않는 트래픽을 차단할 필요가 있다.

한편, IOS 라우터는 NAT 풀 IP가 충분하지 못한 경우에 overload 옵션을 사용해 PAT를 활성화시킬 수 있다. 기억나는가? 그러나 ASA의 경우, 기본적으로 NAT 풀 사용 시에 PAT를 동시 지원하지 않는다. 그러므로 NAT 풀의 IP가 전체 사용자의 동시 사용자 수를 만족시키지 못한다면 별도의 PAT를 사용해야 한다.

위의 예제에서 NAT 풀은 150.1.1.101 ~ 150.1.1.200까지의 100개 IP가 NAT 동작을 위해 인사이드 글로벌 IP로 사용될 것이다. 즉 NAT 풀로부터 제공되는 100개의 NAT IP는 최대로 100개의 내부 호스트가 동시에 사용할 수 있다는 의미다. 만일 100명의 사용자에 의해 모든 NAT 풀 IP가 사용되었다면, 이후의 모든 사용자는 NAT 풀로부터 NAT IP를 가져오지 못하므로 외부 통신이 불가능해진다(그림 7.28).

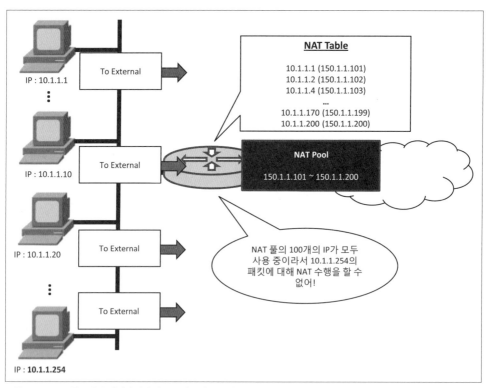

그림 7.28 NAT 풀 IP가 소진되면 나머지 호스트는 외부 통신이 불가능하다.

이런 경우에는 NAT 풀 대신 PAT 풀을 사용하는 방법이 있다. 여기서 NAT 풀과 PAT 풀은 별개의 것이 아니라, 둘 다 똑같은 네트워크 오브젝트다. NAT 풀을 설정할 때 단순히 일반적인 네트워크 오브젝트를 설정한 것을 떠올려보자. PAT 풀도 똑같은 네트워크 오브젝트로서, 이는 NAT 설정 시에 NAT로 사용할 것인지, PAT로 사용할 것인지를 지정하는 것에 달려 있다.

PAT 풀 사용은 풀로 사용하기 위해 생성한 네트워크 오브젝트를 PAT 풀로 지정하면 된다. 이를 위해 NAT 설정에서 pat-pool 명령어만 추가한다. 다음은 풀을 이용한 PAT 설정을 위한 명령어 구문이다.

```
(config)# object network object-name-of-real-address
(config-network-object)# nat (src-interface-name,dst-interface-name) dynamic
pat-pool pool-object-name
```

앞의 예제에서 설정한 NAT 풀을 위한 네트워크 오브젝트인 NAT_POOL을 그대로 사용해 PAT 풀을 이용한 설정을 해보자. 기존에 설정한 NAT 설정을 삭제한 후 PAT 설정을 수행한다. 설정 7.18은 설정의 예를 보여준다.

설정 7.18 PAT 풀을 이용한 설정

```
MYLABFW(config)# object network LOCAL_NET1
MYLABFW(config-network-object)# no nat (Inside,Outside) dynamic NAT_POOL
MYLABFW(config-network-object)# nat (Inside,Outside) dynamic pat-pool NAT_POOL
MYLABFW(config)# object network LOCAL_NET2
MYLABFW(config-network-object)# no nat (Inside,Outside) dynamic NAT_POOL
MYLABFW(config-network-object)# nat (Inside,Outside) dynamic pat-pool NAT_POOL
```

위의 설정에서 네트워크 오브젝트 NAT_POOL은 NAT 동작을 위한 풀이 아닌, PAT 동작을 위한 풀로 사용된다. 이제 NAT_POOL에 정의된 IP와 포트 변환을 통해 모든 내부 사용자 트래픽에 대해 PAT를 수행한다.

이제 IT 지원 팀의 네트워크인 10.1.3.0/24 네트워크에 대한 NAT를 적용하자. IT 지원 팀은 NAT 풀을 사용하지 않고 Outside 인터페이스에 설정된 공인 IP를 통해 외부와 통신한다. 앞 절에서 설명한 바와 마찬가지로, nat dynamic interface 명령어로 간단하게 구현할 수 있다(설정 7.19).

설정 7.19 인터페이스 IP를 이용한 동적 자동 NAT 설정

```
MYLABFW(config)# object network IT_SUPPORT
MYLABFW(config-network-object)# subnet 10.1.3.0 255.255.255.0
MYLABFW(config-network-object)# nat (Inside,Outside) dynamic interface
```

이미 앞 절에서 정적 자동 PAT 설정을 해봤기 때문에 쉽게 설정할 수 있을 것으로 생각된다. 네트워크 오브젝트 생성 후에 nat 설정은 dynamic과 interface 명령어로 간단하게 적용된다. 이제 NAT 테이블을 확인해보자(설정 7.20).

설정 7.20 NAT 테이블 확인

```
MYLABFW# show nat detail

Auto NAT Policies (Section 2)
1 (DMZ) to (Outside) source static LOCAL_WEB LOCAL_WEB_PUB
    translate_hits = 0, untranslate_hits = 0
    Source - Origin: 150.1.1.1/32, Translated: 150.1.1.1/32
2 (DMZ) to (Outside) source static LOCAL_SNMP interface   service udp snmp snmp
    translate_hits = 0, untranslate_hits = 0
    Source - Origin: 192.168.2.10/32, Translated: 200.1.1.2/30
    Service - Protocol: udp Real: snmp Mapped: snmp
3 (DMZ) to (Outside) source static LOCAL_WEB2 SVR_FARM_PAT_PUB   service tcp www 8080
    translate_hits = 0, untranslate_hits = 1
    Source - Origin: 192.168.2.12/32, Translated: 150.1.1.2/32
    Service - Protocol: tcp Real: www Mapped: 8080
4 (DMZ) to (Outside) source static LOCAL_WEB3 SVR_FARM_PAT_PUB   service tcp www 8090
    translate_hits = 0, untranslate_hits = 1
    Source - Origin: 192.168.2.13/32, Translated: 150.1.1.2/32
    Service - Protocol: tcp Real: www Mapped: 8090
5 (Inside) to (Outside) source dynamic LOCAL_NET1 NAT_POOL
    translate_hits = 26, untranslate_hits = 31
    Source - Origin: 10.1.1.0/24, Translated: 150.1.1.101-150.1.1.200
6 (Inside) to (Outside) source dynamic LOCAL_NET2 NAT_POOL
    translate_hits = 10, untranslate_hits = 10
    Source - Origin: 10.1.2.0/24, Translated: 150.1.1.101-150.1.1.200
7 (Inside) to (Outside) source dynamic IT_SUPPORT interface
    translate_hits = 0, untranslate_hits = 0
```

```
   Source - Origin: 10.1.3.0/24, Translated: 200.1.1.2/30
8 (Inside) to (Outside) source dynamic LOCAL_USRS NAT_POOL
   translate_hits = 0, untranslate_hits = 0
   Source - Origin: 10.1.1.0-10.1.2.255, Translated: 150.1.1.101-150.1.1.200
```

설정한 동적 자동 NAT 정보가 섹션 2의 일련번호 7로 자리잡았다. 그리고 NAT 매핑
을 위해 Outside 인터페이스의 IP인 200.1.1.2를 사용한다.

여기서 눈치 빠른 독자는 한 번 정도 의심했을 수 있다. 바로 NAT 테이블의 섹션에
서 일련번호가 자동으로 부여되는데, 이는 설정 순서에 의한 것이 아니라는 사실을 눈
치챘을 것이다. 그렇다. 이는 설정 순서에 의한 것이 아니라, 세부 NAT 정책부터 일반적
인 NAT 정책의 순서로 자동으로 결정된다. NAT 테이블의 정책 검색이 섹션 순서와 일
련번호 순서대로 이루어지기 때문에, 세부 정책이 먼저 검색되도록 하기 위해 세부적인
정책이 앞부분에 위치한다. 예를 들어, 앞의 NAT 테이블에서 일련번호 8번은 앞서 우리
가 설정한 10.1.1.0/24와 10.1.2.0/24를 모두 포함하는 NAT 룰이다. 그러므로 더 포괄
적인 NAT 정보이므로 가장 마지막에 위치하는 것이다.

이제 ASDM으로 동적 자동 NAT를 설정해보자.

먼저 NAT 풀로 사용할 네트워크 오브젝트 설정부터 수행한다. Configuration > Firewall
> Object > Network Objects/Groups 메뉴를 클릭한다. 그리고 Add > Network Objects...를
클릭한다. 네트워크 오브젝트 생성 창에서 이름을 NAT_POOL로 입력한다. 그리고 Type
을 Range로 선택하고, 시작 IP(150.1.1.101)와 끝 IP(150.1.1.200)를 입력한다(그림 7.29).
네트워크 오브젝트는 NAT 풀에 사용될 오브젝트이므로 NAT 설정은 수행하지 않는다.

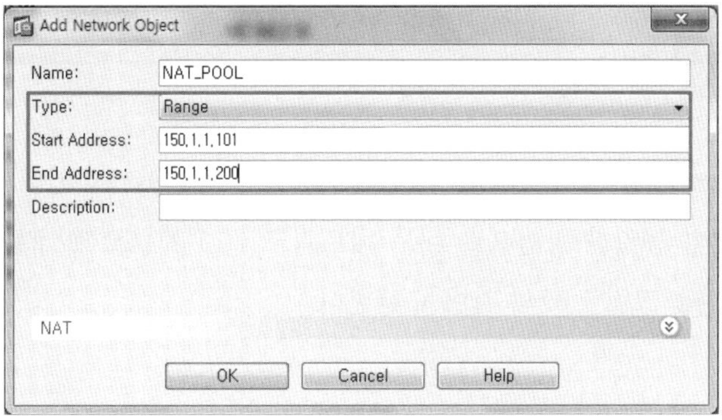

그림 7.29 범위 지정을 이용한 네트워크 오브젝트 설정

NAT 풀로 사용할 네트워크 오브젝트가 생성되었다. 그러면 NAT 대상에 대한 네트워크 오브젝트를 생성함과 동시에 NAT를 적용한다. 이 설정은 다른 자동 NAT 설정과 동일하게 이루어진다. 다만 동적 NAT를 설정하는 것이므로, NAT 타입을 Dynamic으로 지정하고, 앞에서 생성한 네트워크 오브젝트 NAT_POOL을 NAT 매핑 IP로 지정한다.

네트워크 오브젝트 생성 창을 연 후에 이름을 LOCAL_NET1으로 입력한다. 이어서 타입을 Network로 하고 IP 주소와 마스크를 10.1.1.0과 255.255.255.0으로 입력한다. 네트워크 오브젝트 LOCAL_NET1의 NAT 설정을 위해 **Type**을 Dynamic으로 지정한다. 앞에서 미리 설정한 NAT 풀을 지정하기 위해 **Translated Addr**은 ...을 클릭하고 네트워크 오브젝트 NAT_POOL을 선택한다. 그리고 추가 설정을 하기 위해 **Advanced...**를 클릭한다(그림 7.30).

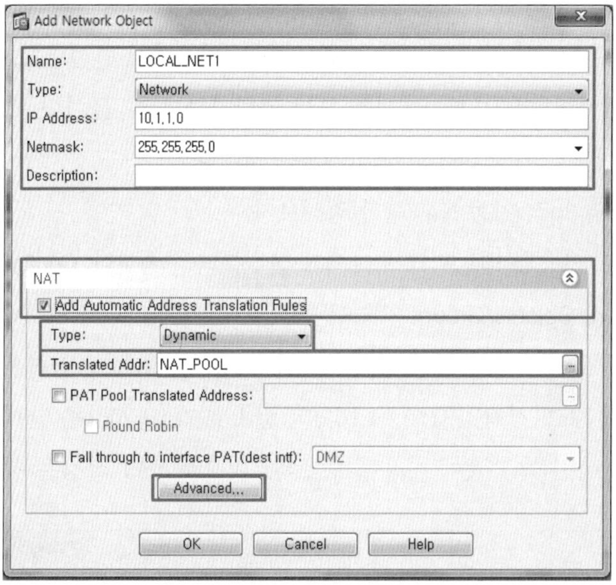

그림 7.30 ASDM의 동적 NAT 설정

그리고 **Advanced...**를 클릭해 출발지(Inside)와 목적지(Outside) 인터페이스를 지정한다(그림 7.31). 이와 동일한 방법으로 내부 네트워크 10.1.2.0/24에 대한 네트워크 오브젝트와 NAT 설정을 그림 7.32와 같이 수행한다.

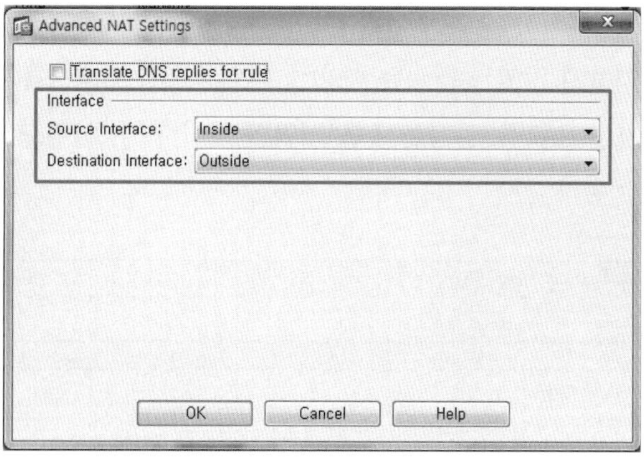

그림 7.31 동적 NAT 룰의 인터페이스 지정

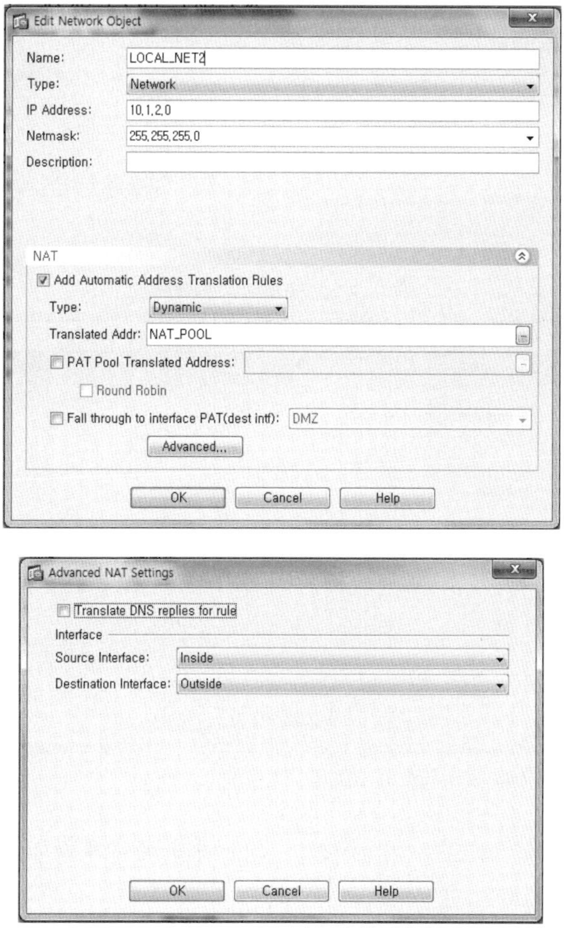

그림 7.32 내부 네트워크 10.1.2.0의 자동 동적 NAT 설정

참고로, CLI 명령어에서 10.1.1.0/24와 10.1.2.0/24의 두 네트워크에 대한 자동 NAT를 개별적으로 수행하지 않고, range를 이용한 네트워크 오브젝트를 생성해 내부의 두 네트워크에 대한 자동 NAT를 설정한 것을 기억할 것이다. 이 설정도 그림 7.33과 같이 간단하게 설정할 수 있다

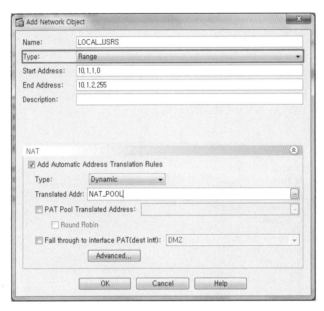

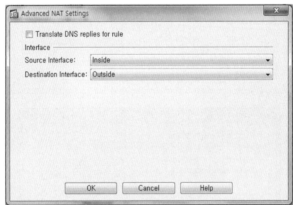

그림 7.33 범위 지정 네트워크 오브젝트의 NAT 설정

동적 자동 NAT 설정이 모두 이루어졌다. CLI 명령 예제와 동일한 방식으로 설정된 정보와 동작을 확인하면 된다.

만일 실제 망에서 이와 같은 NAT 설정으로 사용했다고 하자. 만일 NAT 매핑 IP가 다 소진되어 일부 사용자가 사용할 수 없는 민원이 발생했다면, PAT를 수행해 모든 내부 사용자의 통신을 가능하게 해야 한다. 이제 동작 중인 NAT를 PAT로 변경하는 실습을 한다. 기존에 설정된 네트워크 오브젝트의 편집을 통해 수행한다.

그림 7.34와 같이, 네트워크 오브젝트 리스트에서 대상 네트워크 오브젝트를 선택한 후, 상단에 위치하는 Edit를 클릭한다.

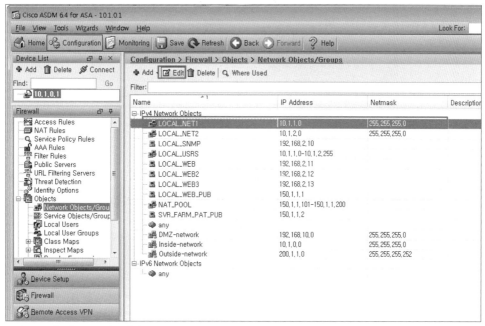

그림 7.34 네트워크 오브젝트 편집

네트워크 오브젝트의 편집 창은 설정 시 제공되는 창과 동일하다. 기존에 설정된 Translated Addr에 입력된 NAT 매핑 IP를 삭제하고, PAT Pool Translated Address를 체크한 후 ...를 클릭한다(그림 7.35).

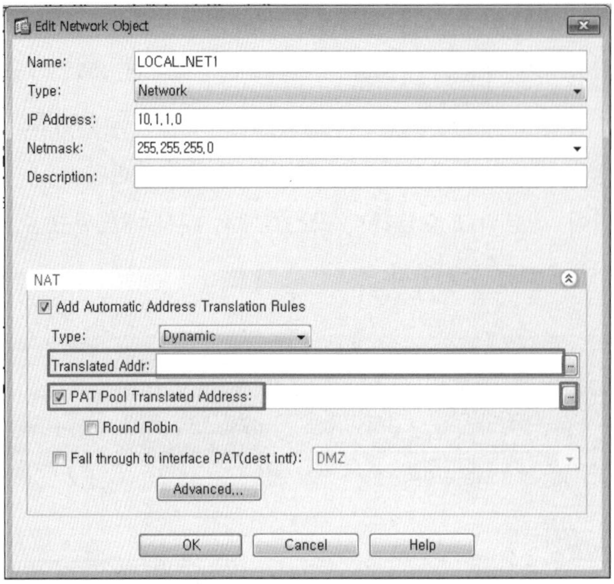

그림 7.35 PAT 풀 사용 설정

그림 7.36과 같이, 네트워크 오브젝트 리스트를 보여주는 창으로부터 PAT 풀로 사용할 네트워크 오브젝트인 NAT_POOL을 선택하고 **확인** 버튼을 클릭한다.

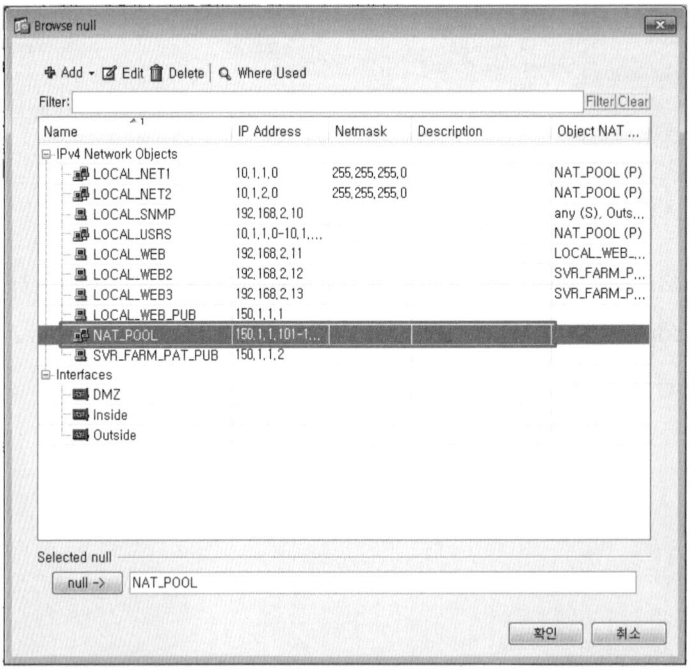

그림 7.36 PAT 풀로 사용할 네트워크 오브젝트를 선택한다.

그림 7.37에서 볼 수 있듯이, PAT 풀에 사용될 네트워크 오브젝트가 NAT_POOL로 선택되었다. 간단하게 **OK**를 클릭하고 변경된 설정을 적용^{Apply}만 하면 된다. 만일 예제와 같이 기존 네트워크 오브젝트의 편집이 아니라, 새로운 네트워크 오브젝트를 설정한다면 **Advanced...**를 클릭해 인터페이스를 지정하는 설정을 추가로 수행하면 된다.

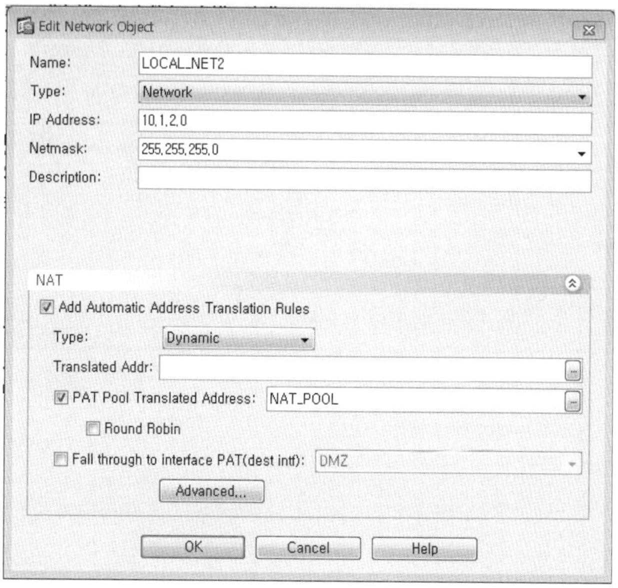

그림 7.37 PAT 풀에 사용될 네트워크 오브젝트가 선택되었다.

마지막으로 IT 지원 팀의 10.1.3.0/24에 대한 동적 자동 NAT를 설정한다.

자동 NAT이므로 새로운 네트워크 오브젝트를 생성하자. 네트워크 오브젝트 이름에 IT_SUPPORT를 입력하고, 주소에는 10.1.3.0을, 그리고 서브넷 마스크에는 255.255.255.0을 입력한다. 그리고 PAT 동작을 위해 NAT 설정의 타입으로 Dynamic PAT (Hide)를 선택한다. 그리고 Outside 인터페이스에 설정된 IP를 선택하기 위해 인터페이스 이름 Outside를 입력하거나 ...을 클릭해 Outside 인터페이스를 선택한다. 그리고 **Advanced...**를 클릭해 출발지(Inside)와 목적지(Outside) 인터페이스를 지정한다 (그림 7.38).

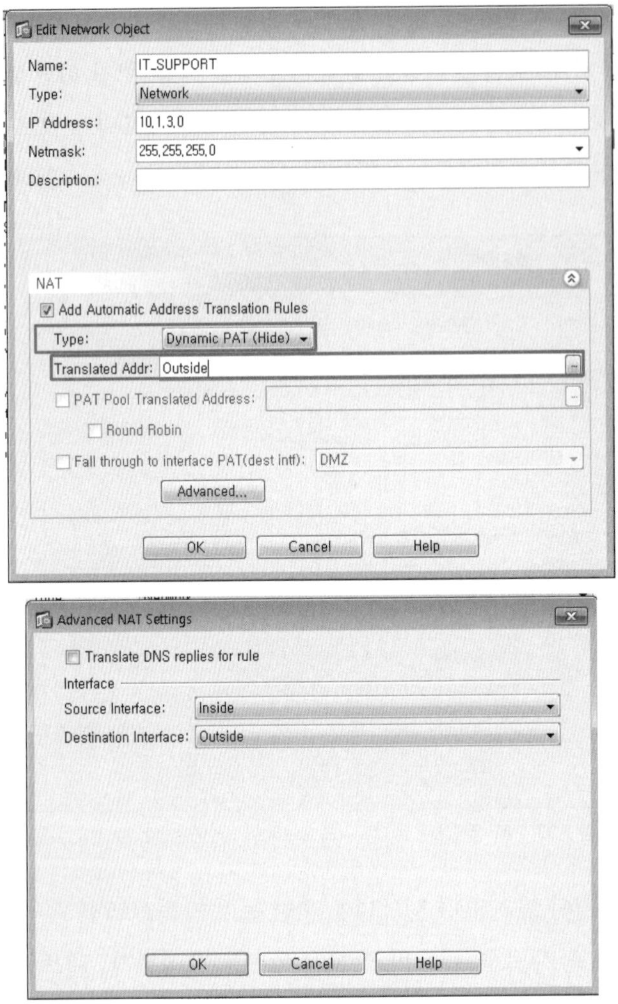

그림 7.38 인터페이스 IP를 이용한 자동 PAT 설정

모든 설정과 적용이 이뤄진 후, ASDM의 NAT 테이블을 확인하면 그림 7.39와 같이 나타날 것이다. 앞에서 언급한 것과 마찬가지로 반드시 CLI 명령어를 통해 NAT 정보를 확인하는 것도 잊지 말자.

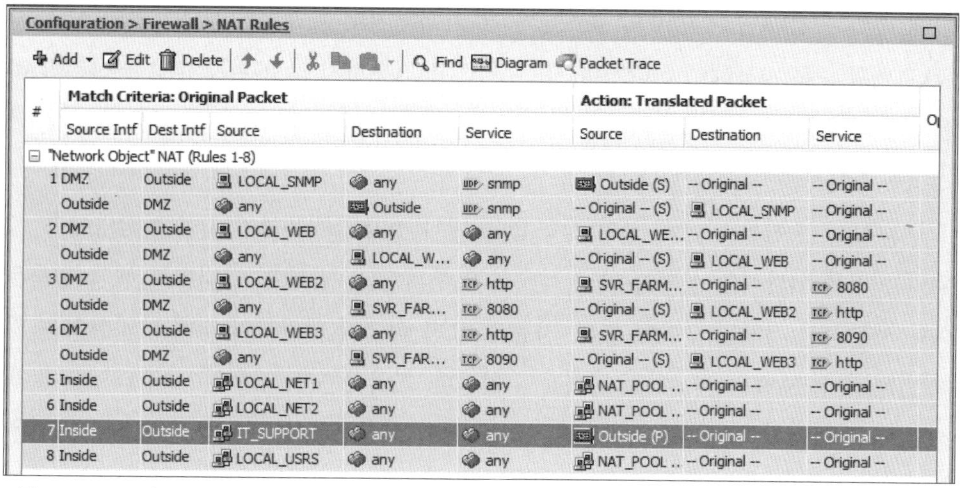

그림 7.39 ASDM의 NAT 테이블 확인

이렇게 동적 자동 NAT를 설정함으로써 모든 자동 NAT 설정에 대한 학습을 마쳤다. 자동 NAT 설정이 앞서 학습한 IOS 라우터의 설정 방법보다 훨씬 간편하다는 것을 알 수 있다. 이 말은 ASA 버전 8.3 이전 소프트웨어에서의 설정보다 훨씬 간편해졌다는 것을 의미한다. 그리고 향후 NAT 정책의 관리도 더 효과적으로 수행할 수 있다.

7.5 수동 NAT

우리는 매일 똑같은 일상 속에서 생활한다. 그러나 그 똑같은 일상에서도 항상 변수는 존재하며 그것에 의한 새로운 일이 발생하고, 또 그것에 대처하며 살고 있다. 나 하나의 개인 생활이나 업무에도 항상 변수가 존재하는데, 많은 사람이 사용하는 네트워크에서는 더 많은 변수가 발생한다. 모든 사용자를 위한 정책을 마련해도, 항상 예외 상황이 발생하는 일은 다반사다. 지금까지 살펴본 NAT에서도 마찬가지로 항상 예외적인 정책이 요구되는 경우가 허다하다. 이런 예외적인 정책을 구현하기 위해 ASA는 수동 NAT^Manual NAT를 제공한다.

앞 절에서 학습한 자동 NAT는 네트워크 오브젝트로 정의된 네트워크 또는 호스트에 대해 일괄적인 NAT 정책을 적용한다. 자동 NAT는 설정의 간편함을 제공하지만, 각 네트워크 오브젝트마다 단 하나의 NAT 정책밖에 지원하지 않으므로, 예외적인 NAT 정책을 구현하지 못한다. 이것이 수동 NAT가 필요한 이유다. 예를 들면, 네트워크 오브젝트에 속하는 하나 또는 일부의 호스트가 특정 목적지로 트래픽을 보내는 경우에 다른 NAT 매핑 IP를 사용해야 한다거나, 또는 NAT를 적용하지 않고 원래 IP로 통신해야 하는 경우다. 이와 같이 개인이나 부서로부터의 정책 예외 요구사항을 구현하는 NAT 설정법을 알아보자.

수동 NAT는 자동 NAT로 구현할 수 없는 예외 정책을 적용하기 위한 설정법이다. 예외라는 것은 일반적인 상황이 아닌 특수한 일부의 것을 말한다. 그러므로 예외 정책은 매우 세부적인 정책일 수밖에 없다. 자동 NAT가 비교적 일반적인 정책을 구현하는 것에 반해, 수동 NAT는 세부적인 정책을 구현한다. 기억하는가? ASA의 NAT 테이블에 섹션별로 정책 적용 우선순위가 있었다. 섹션 1부터 섹션 3까지 중에서 섹션 1이 가장 우선순위가 높다고 했다. 섹션 1에는 수동 NAT 정책이 위치한다. 수동 NAT가 가장 세부적인 정책을 적용하고 관리자의 의도를 반영하기 위한 것이므로 섹션 1에 위치하는 것이다.

또한 자동 NAT는 네트워크 오브젝트를 통해 NAT를 구현한다. 만일 내부 네트워크 수가 매우 많고, 그 네트워크마다 NAT 정책이 조금씩 다른 경우를 생각해보자. 대형 기업망 네트워크에는 수많은 크고 작은 네트워크가 존재한다. 그러므로 수많은 네트워크를 대상으로 일일이 네트워크 오브젝트를 생성해 NAT 정책을 적용하기란 여간 힘든 일이 아닐 수 없다. 자동 NAT를 적용해야 하는 몇몇 네트워크를 제외하고 나머지 모든 네트워크를 대상으로 하는 NAT 정책이 필요하다. 이 경우에도 수동 NAT를 사용하는데, 설정 시에 강제로 자동 NAT(섹션 2) 뒤에, 즉 섹션 3에 위치시키는 명령어를 추가할 수 있다. 이것이 자동 NAT 후의 수동 NAT[Manual NAT after Auto NAT] 설정이고, 이 정책은 NAT 테이블의 섹션 3에 위치해 가장 낮은 우선순위를 갖는다. 즉, 자동 NAT 후의 수동 NAT는 모든 NAT 정책에 적용되지 않는 경우에 마지막으로 사용하는 최후 수단의 NAT 정책이라 생각하면 될 듯하다.

그럼 본격적으로 수동 NAT 설정에 대해 알아보자. 수동 NAT 설정을 위한 명령어 구문은 아래와 같다.

```
(config)# nat (src-interface-name,dst-interface-name) [after-auto|sequence-
number] source {static|dynamic} {real-object-name|any} {mapped-object-
name|interface} destination static mapped-object-name real-object-name
service real-port mapped-port
```

명령어가 복잡해 보인다. 수동 NAT 명령어는 예외적인 조건을 제시해야 하므로 복잡할 수밖에 없을 것 같다. 그러나 동일한 명령어 구문으로 NAT와 PAT를 적용할 수 있고, 또한 정적 NAT와 동적 NAT 구현도 가능하다. 명령어 구문을 자세히 보면, 앞에서 살펴본 자동 NAT 명령어 구문에 출발지 주소에 대한 NAT 정책과 목적지 주소에 대한 정책, 그리고 서비스 포트에 대한 정책 순서로 입력되는 것을 알 수 있다.

다만, 명령어 순서에서 목적지를 지정할 때 매핑 주소 오브젝트가 실제 주소의 오브젝트보다 먼저 위치한다는 점만 주의하길 바란다. 그러나 시스코의 명령어를 왜 이렇게 제공하는지 그림 7.40을 보면 이해될 것이다. 그림에서 볼 수 있듯이, 트래픽의 출발지부터 목적지까지의 방향을 표현한 것으로 이해할 수 있다.

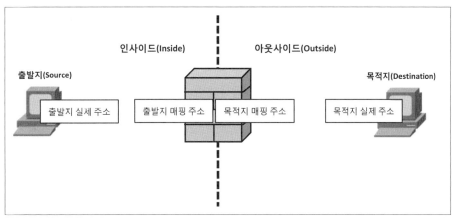

그림 7.40 수동 NAT 명령어의 정보 입력 순서

이제 예제 시나리오로 수동 NAT를 구현해보자. 예제 시나리오는 다음과 같다.

IT 지원 팀은 협력사의 지원 웹사이트에 접속해 업무를 본다. 그러나 협력사의 보안 정책으로 인해 특정 IP 하나만 지원 웹 서버로 접속할 수 있도록 했다. 이때 협력사의 서버 IP는 60.1.1.100이고, 이 서버에 대한 접근은 150.1.1.10으로 이루어져야 한다. 또한 협력사의 웹 서버의 서비스 포트는 8080으로 접속해야 한다.

앞 절의 설정으로 IT 지원 팀은 Outside 인터페이스를 이용해 인터넷을 사용한다고 했다. 그러나 협력사는 자신들의 지원 웹 서버(60.1.1.100)로 접속하기 위해 150.1.1.10의 IP만 허용했다. 그러므로 IT 지원 팀의 인터넷 접속은 Outside 인터페이스의 IP(200.1.1.2)를 사용하더라도, 협력사의 웹 서버로 접속할 때는 150.1.1.10의 IP를 사용해야 한다. 또한 협력사의 웹 서버가 서비스 포트 8080으로 웹 서비스가 제공되므로 원래의 웹 서비스 포트인 80을 8080으로 변경해야 한다.

가장 먼저 NAT 설정을 위한 오브젝트 또는 오브젝트 그룹을 설정한다. 이 시나리오에 필요한 오브젝트는 협력사 웹 서버에 대한 오브젝트와 NAT에 사용될 오브젝트, 그리고 웹 서비스의 오브젝트와 변경 서비스 포트의 오브젝트다. 시나리오를 차근차근 읽어보면 왜 이들 오브젝트가 필요한지 알 수 있을 것이다. 물론 오보젝트를 사용하지 않고, IP와 포트 번호를 이용해 설정해도 된다.

물론 오보젝트를 사용하지 않고, IP와 포트 번호를 이용해 설정해도 된다.

우선 고객사 웹 서버와 PAT IP에 대한 네트워크 오브젝트를 먼저 설정하자(설정 7.21). 앞 절에서 많이 설정해봤으므로 그리 어렵지 않을 것이다.

설정 7.21 네트워크 오브젝트 설정

```
MYLABFW(config)# object network  PARTNER_WEB
MYLABFW(config-network-object)# host 60.1.1.100

MYLABFW(config)# object network PAT_For_PARTNER
MYLABFW(config-network-object)# host 150.1.1.10
```

다음으로, 접속할 서비스의 오브젝트를 설정해야 한다. 이는 서비스 오브젝트로 설정하는데, 명령어 구문은 다음과 같다.

```
(config)# object service object-name
(config-service-object)# service {tcp|udp} {destination|source}
{eq|gt|lt|neq|range} port-number
```

목적지 서비스에 대한 오브젝트를 설정하므로 destination으로 설정하면 된다(설정 7.22).

설정 7.22 서비스 오브젝트 설정

```
MYLABFW(config)# object service To_HTTP
MYLABFW(config-service-object)# service tcp destination eq http
```

```
MYLABFW(config)# object service PARTNER_HTTP_PORT
MYLABFW(config-service-object)# service tcp destination eq 8080
```

네트워크 오브젝트를 설정해봤기 때문에 서비스 오브젝트 설정도 어렵지 않았을 것이다. 이제 수동 NAT 설정을 위한 준비를 마쳤으므로 실제로 설정해보자.

시나리오의 조건은 내부의 IT 지원 팀의 주소가 PAT IP로 변경되어야 한다는 것이다. 그러므로 IT 지원 팀에 대한 네트워크 오브젝트 IT_SUPPORT(10.1.3.0/24)가 PAT IP의 네트워크 오브젝트인 PAT_For_PARTNER(150.1.1.10)로 변경되어야 한다. 그리고 목적지 주소는 원래의 협력사 서버의 IP를 그대로 사용하므로 원래 IP(60.1.1.100)와 NAT 매핑 IP(Mapped Object)가 동일하므로 동일한 오브젝트(PARTNER_WEB)를 지정하면 된다. 마지막으로 서비스는 실제 서비스 포트의 서비스 오브젝트인 To_HTTP(TCP 80)을 변경 서비스 포트의 서비스 오브젝트인 PARTNER_HTTP_PORT(TCP 8080)과 함께 설정하면 된다. 설정 7.23은 이와 같은 방법으로 설정한 것을 보여준다.

설정 7.23 수동 NAT 설정

```
MYLABFW(config)# nat (Inside,Outside) source dynamic IT_SUPPORT PAT_For_PARTNER
destination static PARTNER_WEB PARTNER_WEB service To_HTTP PARTNER_HTTP_PORT
```

이제 NAT 테이블을 확인해보자(설정 7.24). 드디어 NAT 테이블의 섹션 1에 NAT 정책이 추가되었다. 수동 NAT는 자동 NAT에서 구현하지 못하는 예외 정책을 구현하므로 가장 높은 우선순위를 갖는 섹션 1에 위치한다는 것을 알 수 있다.

설정 7.24 수동 NAT 정보가 섹션 1에 위치한다.

```
Manual NAT Policies (Section 1)
1 (Inside) to (Outside) source dynamic IT_SUPPORT PAT_For_PARTNER   destination
static PARTNER_WEB PARTNER_WEB service To_HTTP PARTNER_HTTP_PORT
    translate_hits = 0, untranslate_hits = 0
    Source - Origin: 10.1.3.0/24, Translated: 150.1.1.10/32
    Destination - Origin: 60.1.1.100/32, Translated: 60.1.1.100/32
    Service - Origin: tcp destination eq www , Translated: tcp destination eq 8080

Auto NAT Policies (Section 2)
1 (DMZ) to (Outside) source static LOCAL_WEB LOCAL_WEB_PUB
```

```
     translate_hits = 0, untranslate_hits = 0
     Source - Origin: 150.1.1.1/32, Translated: 150.1.1.1/32
2 (DMZ) to (Outside) source static LOCAL_SNMP interface   service udp snmp snmp
- 생략 -
```

참고로, 만일 기존에 이미 설정된 수동 NAT 정보가 존재하고 중복되는 정책이 있는 경우, 일련번호를 지정해 설정하는 정책을 섹션 1의 원하는 곳에 위치시킬 수 있다.

IT 지원 팀의 호스트가 협력사 웹 서버에 접속 가능해졌다는 것을 확인할 수 있다. 그리고 NAT 활동 정보에서도 해당 NAT 정보를 확인할 수 있다(설정 7.25).

설정 7.25 활동 NAT 정보 확인

```
MYLABFW# show xlate global 150.1.1.10
6 in use, 6 most used
Flags: D - DNS, i - dynamic, r - portmap, s - static, I - identity, T - twice
TCP PAT from Inside:10.1.3.1/64919 to Outside:150.1.1.10/23075 flags ri idle 0:00:27
timeout 0:00:30
```

이 예제에서 웹 접속 포트 번호(8080)를 변경하지 않아도 IT 지원 팀의 사용자가 웹 접속 시 주소란에 포트 번호 8080을 추가하면 접속할 수 있다. 이 예제는 포트 번호 변경을 실습하기 위해 설정한 것으로 이해하길 바란다.

그럼 수동 NAT의 예제 시나리오를 ASDM으로 설정해보자.

CLI나 ASDM 모두 설정의 시작은 오브젝트 생성으로부터 시작된다. 기존에 설정되어 있는 오브젝트를 확인하고, 설정에 필요한 오브젝트가 존재하지 않는다면 생성한다. 그러나 오브젝트가 이미 생성되어 사용 중이라면, 기존 오브젝트를 사용한다.

ASDM을 이용한 네트워크 오브젝트 생성도 그리 어렵지 않게 수행할 수 있다. 그림 7.41과 같이 설정에 필요한 네트워크 오브젝트를 생성해보자. 네트워크 오브젝트 PARTNER_WEB(60.1.1.100)과 PAT_For_PARTNER(150.1.1.10)를 생성한다.

그림 7.41 네트워크 오브젝트 생성

설정에 요구되는 서비스 오브젝트도 있다. ASDM의 서비스 오브젝트 설정도 네트워크 오브젝트 설정과 유사하다. Firewall의 Objects를 펼쳐 Service Objects/Groups를 선택한다. 그리고 Add를 클릭한 후 Service Object를 선택한다(그림 7.42).

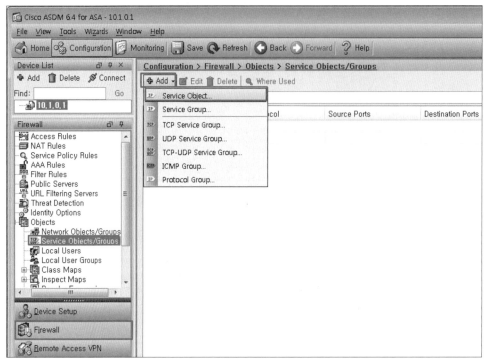

그림 7.42 서비스 오브젝트 설정 메뉴

　서비스 오브젝트 설정 창에서 이름과 서비스 타입을 지정하고 포트를 입력하면 된다.
알려진 포트^{Well-Known Port}는 서비스 이름을 바로 입력하거나 포트 번호를 입력하면 된다.
알려진 포트를 제외한 모든 일반 포트는 포트 번호를 입력한다. 예제에서 요구되는 서
비스 오브젝트는 웹 서비스 포트 80과 협력사의 웹 접속 포트 TCP 8080이 필요하다.
그림 7.43과 같이, 웹 서비스 포트는 서비스 오브젝트 이름 To_HTTP를 입력하고, http
를 입력한다. 접속 웹 포트는 서비스 오브젝트 이름에 PARTNER_HTTP_PORT와 서비
스 포트 8080을 입력한다. 모든 입력이 완료되면 **OK**를 클릭한 후 **Apply**를 클릭해 설정
을 적용한다.

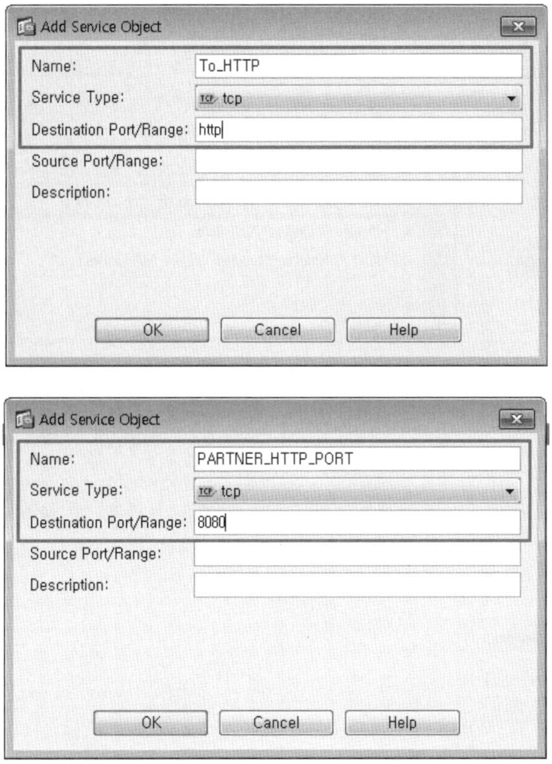

그림 7.43 서비스 오브젝트 설정

네트워크 오브젝트를 설정해봤기 때문에 서비스 오브젝트 설정도 어렵지 않았을 것이다. 이제 수동 NAT를 설정할 준비가 다 되었으므로 설정해보자.

네트워크 오브젝트를 사용하는 자동 NAT와 달리, ASDM의 수동 NAT 설정은 **NAT Rules** 메뉴에서만 이루어진다. 그림 7.44와 같이, NAT 룰을 설정하기 위해 **Add** 버튼의 드롭다운 메뉴를 펼치면 세 가지 NAT 룰 설정 메뉴를 확인할 수 있다. 세 가지 NAT 룰 설정 메뉴는 이 장 앞부분에서 언급한 세 가지 NAT 설정 방법을 나타낸다. 첫 번째는 일반적인 수동 NAT, 두 번째는 자동 NAT, 마지막은 자동 NAT 후의 수동 NAT다. ASDM에서 일반적인 수동 NAT는 자동 NAT 전의 NAT 룰로 표현된다. 그러므로 **Add NAT Rule Before "Network Object" NAT Rules**…를 선택한다.

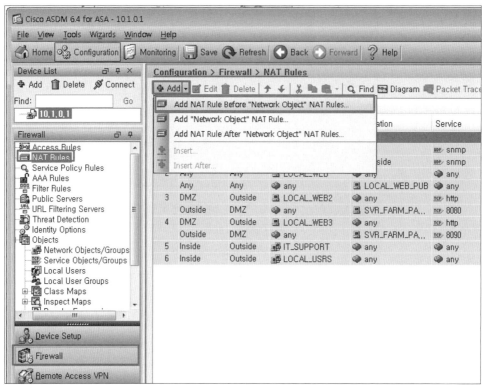

그림 7.44 수동 NAT 설정 메뉴

수동 NAT 설정 창을 보면, 크게 원래 패킷^{Original Packet}에 대한 정보와 변경 패킷^{Translated Packet}에 대한 정보를 입력한다. 원래 패킷의 정보는 사용자가 보내는 패킷의 정보를 의미하고, 변경 패킷은 ASA에 의해 변경되는 NAT 정보를 의미한다.

예제는 내부 사용자 IT_SUPPORT (10.1.3.0/24)로부터 수신되어 외부 협력사 웹 서버 (PARTNER_WEB)로 향하는 트래픽이므로, 원래 패킷은 출발지 인터페이스(Inside)와 주소 (IT_SUPPORT), 목적지 인터페이스(Outside)와 주소(PARTNER_WEB), 그리고 서비스(To_HTTP)를 입력한다. 앞 단계에서 이와 관련해 설정한 네트워크 오브젝트와 서비스 오브젝트를 선택한다(그림 7.45).

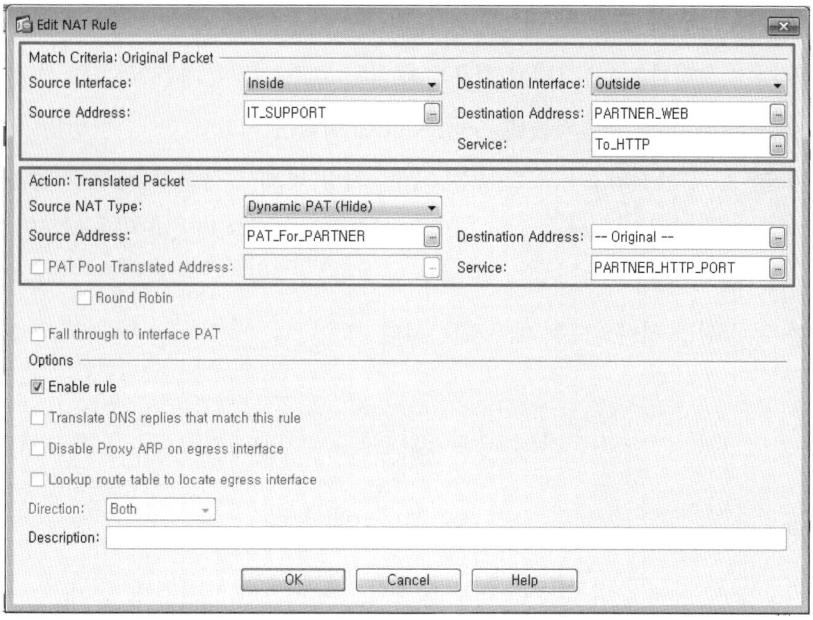

그림 7.45 수동 NAT 설정

이 패킷이 ASA에 의해 변경될 NAT 정보를 입력하자. 먼저 내부 사용자 IT_SUPPORT 는 하나의 IP를 사용하는 PAT를 사용하므로, NAT 타입은 Dynamic PAT (Hide)를 선택하고, PAT에 사용될 주소(PAT_For_PARTNET)를 선택한다. 그리고 목적지 주소 는 원래의 주소를 그대로 사용하므로 원래 패킷의 정보를 그대로 사용한다는 의미의 Original을 선택한다. 마지막으로 변경되는 목적지 포트의 서비스 오브젝트 PARTNER_ HTTP_PORT를 선택한 후, 이를 적용^Apply^하면 수동 NAT 설정이 완료된다.

ASDM 설정은 CLI의 설정보다 쉬운 듯하면서도 어렵게 느껴질 것이다. 그 이유는 ASDM 설정 창에서 제공하는 용어에 익숙하지 않기 때문이다. ASDM에서 NAT 동작을 표현하는 각 용어에 익숙해진다면 설정에 어려움이 없을 것이다.

7.6 자동 NAT 후의 수동 NAT

이제 지금까지 설정한 NAT 정책에 적용되지 않는 호스트들에 대한 NAT를 설정해보자. 이 설정은 수동 NAT로 구현되는데, 수동 NAT가 예외 정책을 위한 설정 방법이어서 우선순위가 높다. 그러나 의도적으로 우선순위를 가장 낮게 지정하기 위해, 자동 NAT 이후에 살펴본다는 의미로 after-auto 명령을 사용해 ASA NAT의 마지막 섹션인 섹션 3에 위치시킬 수 있다.

예제를 위한 설정 시나리오는 매우 단순하다.

> 언급되지 않은 모든 내부 사용자도 인터넷 통신이 가능해야 한다. 단, 이를 위한 공인 주소를 별도로 부여하지 않는다.

시나리오는 이 장에 걸쳐 설정한 내부 네트워크를 제외한 나머지 모든 내부 사용자가 NAT를 통해 인터넷이 가능해야 하는데, 이를 위한 별도의 공인 주소가 주어지지 않았다. 그러므로 Outside 인터페이스의 IP를 사용하는 PAT로 구현할 수 있다.

이 조건에 부합하는 NAT 설정을 해보자.

간단하다. ASA에 연결된 모든 내부 사용자(any)가 외부 네트워크로 트래픽을 보낼 때 NAT가 적용되므로, 트래픽의 방향은 any로부터 Outside다. 여기서 any는 섹션 1의 NAT 룰과 섹션 2의 NAT 룰에 만족되지 않는 모든 호스트에 일치시키기 위함이다. 또한 Outside 인터페이스를 제외한 모든 인터페이스에 연결된 호스트를 의미한다.

그리고 설정하는 NAT 정책이 자동 NAT 이후에, 즉 섹션 3에 위치해야 하므로 after-auto 옵션을 사용한다. 이를 만족하는 설정은 인터페이스 IP를 사용하는 일반적인 동적 PAT 설정 명령어에 after-auto 옵션 명령어만 추가 삽입하면 된다. 설정 7.26은 예제 시나리오 설정의 예를 보여준다.

설정 7.26 after-auto 수동 NAT 설정 및 확인

```
MYLABFW(config)# nat (any,Outside) after-auto source dynamic any interface

MYLABFW# show nat detail
Manual NAT Policies (Section 1)
1 (Inside) to (Outside) source dynamic IT_SUPPORT PAT_For_PARTNER   destination
```

```
static PARTNER_WEB PARTNER_WEB service To_HTTP PARTNER_HTTP_PORT
    translate_hits = 1, untranslate_hits = 1
    Source - Origin: 10.1.3.0/24, Translated: 150.1.1.10/32
    Destination - Origin: 60.1.1.100/32, Translated: 60.1.1.100/32
    Service - Origin: tcp destination eq www , Translated: tcp destination eq 8080

Auto NAT Policies (Section 2)
1 (DMZ) to (Outside) source static LOCAL_WEB LOCAL_WEB_PUB
    translate_hits = 0, untranslate_hits = 0
    Source - Origin: 150.1.1.1/32, Translated: 150.1.1.1/32
- 중략 -
8 (Inside) to (Outside) source dynamic LOCAL_USRS NAT_POOL
    translate_hits = 0, untranslate_hits = 0
    Source - Origin: 10.1.1.0-10.1.2.255, Translated: 150.1.1.101-150.1.1.200
```

Manual NAT Policies (Section 3)
```
1 (any) to (Outside) source dynamic any interface
    translate_hits = 8, untranslate_hits = 5
```
    Source - Origin: 0.0.0.0/0, Translated: 200.1.1.2/30

설정한 자동 NAT 후의 수동 NAT 정책이 섹션 3에 위치한 것을 알 수 있다. 그러므로 섹션 1과 섹션 2의 모든 NAT 정책에 해당되지 않는 호스트가 이 정책에 적용될 것이다.

ASDM의 수동 NAT 설정이 익숙하다면, 자동 NAT 후의 수동 NAT 설정은 어려울 것이 없다. NAT 룰을 생성하기 위한 메뉴에서 세 번째 메뉴인 Add NAT Rule After "Network Object" NAT Rules…을 선택해 설정한다(그림 7.46).

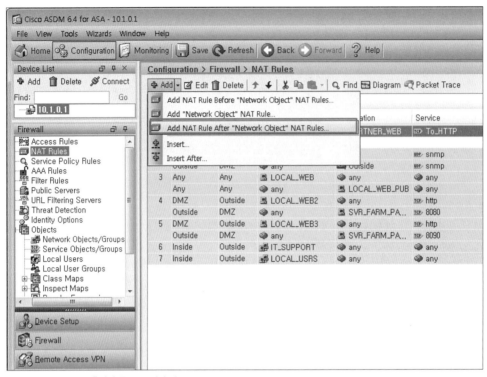

그림 7.46 자동 NAT 후의 수동 NAT 설정 메뉴

ASDM에서 자동 NAT 후의 수동 NAT 설정 창은 일반적인 수동 NAT 설정 창과 동일하다는 것을 알 수 있다. 그림 7.47과 같이, 예제의 조건을 만족하는 정보를 입력한 후 이를 적용한다. 원래 패킷^Original Packet 정보에서 출발지 인터페이스는 any, 그리고 목적지 인터페이스는 Outside를 지정한다. 그리고 출발지와 목적지 주소는 모두 모든 호스트 인 any로 지정한다. 변경 패킷^Translated Packet 정보에서 NAT 타입은 Dynamic PAT (Hide)로 지정하고, 출발지 주소는 Outside 인터페이스로 지정한다. 그리고 이를 적용^Apply 한다.

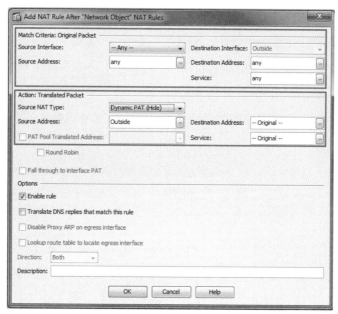

그림 7.47 자동 NAT 후의 수동 NAT 설정

설정 후 CLI 명령어를 통해 NAT 테이블 정보를 확인해보길 바란다.

7.7 NAT 제외 설정

이제 NAT의 마지막 시나리오만 남았다. 마지막 NAT 시나리오는 NAT 제외 설정이다. 다시 말하면, 이 장의 모든 시나리오에 걸쳐 모든 내부 호스트는 외부 네트워크와 통신 시 NAT 정책에 의해 IP가 변경된다. 그러므로 마지막 시나리오는 특정 출발지 또는 목적지로 향하는 트래픽에 대해 NAT를 적용하지 않고 호스트의 실제 IP를 사용하기 위한 시나리오다.

그럼 어떤 경우에 NAT IP를 사용하지 않고 원래의 IP로 외부 네트워크와 통신해야 할까? 시나리오의 대표적인 예로 VPN 사이트 간의 통신을 들 수 있다.

아직 우리는 VPN을 배우지 않았다. 그러므로 여기에서 VPN에 대해 자세히 언급하지 않겠다. 다만 VPN 통신은 공중망을 통해 내부 사설 IP로 통신하기 위한 기술이라는 정도로만 이해하자. 그러므로 내부 IP가 NAT IP로 변경된다면 관리자가 의도한 대로 통신이 이루어지지 않을 수 있다. 그러므로 VPN 사이트 간의 통신에서는 NAT를 적용하지 않고 원래의 IP를 사용하는 것이 일반적이다.

또 다른 예는 내부 네트워크에 공인 IP를 사용하는 호스트가 존재하는 경우다. 물론 비록 호스트가 공인 IP를 가지더라도 NAT를 적용할 수 있고, 이것이 권장된다. 그러나 정책상 공인 IP를 가진 호스트가 자신의 IP를 이용해 인터넷 통신을 해야 한다면 NAT 적용으로부터 제외시켜야 한다.

예제를 통해 NAT 제외 설정을 알아보고 확인해보자. 예제 시나리오는 다음과 같다.

> 내부 네트워크 10.1.0.0/16에 속하는 호스트가 원격 VPN 사이트인 10.2.0.0/16 네트워크에 속한 호스트와 통신 시에는 NAT를 적용하지 않고 원래의 IP를 사용한다.

NAT 적용 제외 설정도 예외적인 정책이므로 수동 NAT를 통해 구현된다. NAT 제외 설정은 NAT를 적용하되 실제의 IP를 원래의 IP, 즉 동일한 IP로 변경한다는 개념으로 접근한다. 예를 들어, 실제 IP가 10.1.1.10이라면, 동일한 IP인 10.1.1.10으로 변경하는 설정으로 이루어진다.

그러므로 출발지 네트워크인 내부 네트워크 전체에 대한 네트워크 오브젝트를 생성하고, 목적지 네트워크인 VPN 사이트의 네트워크에 대한 네트워크 오브젝트를 생성해 수동 NAT를 설정하면 된다. 설정 7.27은 NAT 제외 설정의 예를 보여준다.

설정 7.27 NAT 제외 설정

```
MYLABFW(config)# object network ALL_LOCAL_NET
MYLABFW(config-network-object)# subnet 10.1.0.0 255.255.0.0

MYLABFW(config)# object network VPN_SITE_NET
MYLABFW(config-network-object)# subnet 10.2.0.0 255.255.0.0

MYLABFW(config)# nat (Inside,Outside) 1[1] source static ALL_LOCAL_NET ALL_LOCAL_NET
destination static VPN_SITE_NET VPN_SITE_NET
```

1. 정책을 가장 앞에 위치시키기 위해 일련번호 1로 지정한다.

명령어가 복잡해 보일 수도 있다. 그러나 잠시 후 ASDM 설정을 통해 CLI 명령어의 복잡한 형식이 명확하게 이해될 것이다. NAT 예외 설정의 핵심은 단순히 출발지와 목적지에 대한 실제 IP의 오브젝트와 NAT 매핑 IP의 오브젝트를 동일하게 함으로써 구현된다는 것이다. 이는 NAT 매핑이 동일한 IP로 이루어진다는 것을 의미하므로 결론적으로 NAT를 적용하지 않은 것과 동일한 결과를 얻는 것을 의미한다. 그리고 NAT 제외 정책을 NAT 테이블의 최우선순위에 위치시키기 위해 일련번호를 1로 설정했다. 그러므로 NAT 테이블을 확인하면, 수동 NAT의 섹션인 섹션 1의 가장 위에 위치한다는 것을 알 수 있다(설정 7.28).

설정 7.28 일련번호를 설정함으로써 NAT 제외 정책이 가장 먼저 위치한다.

```
MYLABFW# show nat detail
Manual NAT Policies (Section 1)
1 (Inside) to (Outside) source static ALL_LOCAL_NET ALL_LOCAL_NET   destination
static VPN_SITE_NET VPN_SITE_NET
    translate_hits = 0, untranslate_hits = 0
    Source - Origin: 10.1.0.0/16, Translated: 10.1.0.0/16
    Destination - Origin: 10.2.0.0/16, Translated: 10.2.0.0/16
2 (Inside) to (Outside) source dynamic IT_SUPPORT PAT_For_PARTNER   destination
static PARTNER_WEB PARTNER_WEB service To_HTTP PARTNER_HTTP_PORT
    translate_hits = 1, untranslate_hits = 1
    Source - Origin: 10.1.3.0/24, Translated: 150.1.1.10/32
    Destination - Origin: 60.1.1.100/32, Translated: 60.1.1.100/32
    Service - Origin: tcp destination eq www , Translated: tcp destination eq 8080

Auto NAT Policies (Section 2)
1 (DMZ) to (Outside) source static LOCAL_WEB LOCAL_WEB_PUB
    translate_hits = 0, untranslate_hits = 0
    Source - Origin: 150.1.1.1/32, Translated: 150.1.1.1/32
2 (DMZ) to (Outside) source static LOCAL_SNMP interface   service udp snmp snmp
- 생략 -
```

ASDM의 NAT 제외 설정도 일반 수동 NAT와 동일한 방식으로 구현된다. CLI 설정과
마찬가지로, 일단 설정에 필요한 네트워크 오브젝트를 먼저 설정한다. 이제 네트워크 오
브젝트 설정은 많이 익숙할 것이므로 더 이상의 설명은 하지 않는다. 그림 7.48을 참고
하길 바란다.

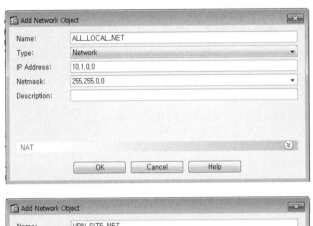

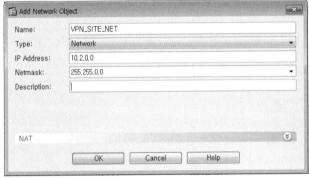

그림 7.48 NAT 예외 설정을 위한 네트워크 오브젝트 생성

NAT 제외 룰을 가장 앞에 위치시키기 위해, NAT 테이블의 가장 첫 번째 룰 위에서
마우스 오른쪽 클릭 후 Insert...를 클릭한다(그림 7.49).

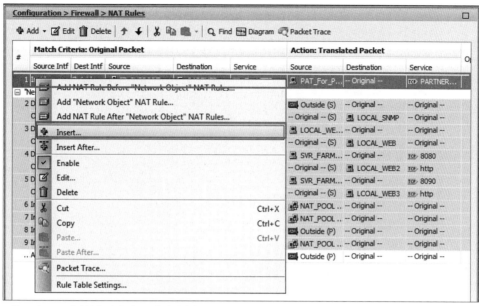

그림 7.49 NAT 제외 룰을 가장 앞부분에 위치시킨다.

　수동 NAT 설정을 위해 NAT Rules에서 **Add**를 클릭 후, **Add NAT Rule Before "Network Object" NAT Rules...**를 선택한다. 일반적인 수동 NAT 설정 창을 만나면, 원래 패킷의 정보에 출발지 인터페이스를 Inside로 지정하고 목적지 인터페이스를 Outside로 지정한다. 그리고 출발지 주소를 ALL_LOCAL_NET, 목적지 주소를 VPN_SITE_NET로 지정한다. 그리고 변경 패킷^{Translated Packet}의 정보는 원래 패킷 정보를 그대로 사용한다는 Original을 선택하고, 이를 적용만 하면 된다(그림 7.50).

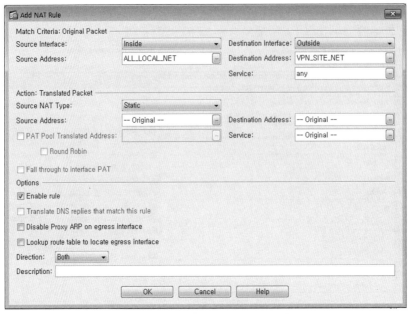

그림 7.50 NAT 예외 룰 설정

간단하지 않은가? 적용 후 NAT 테이블을 확인하면 NAT 제외 룰이 가장 앞에 위치하는 것을 확인할 수 있다.

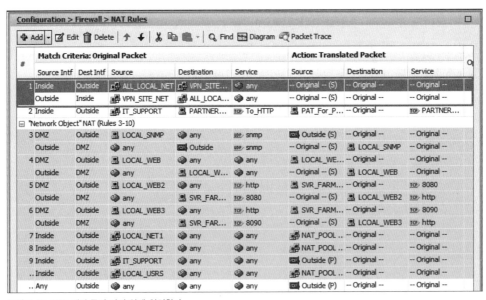

그림 7.51 NAT 제외 룰이 가장 앞에 위치한다.

지금까지 ASA의 NAT 구현에 대해 알아봤다. 지금까지 살펴본 설정법은 비교적 간단한 형태의 시나리오와 설정이다. 물론 실무에서는 더 복잡한 조건의 NAT 정책이 요구될 수도 있다. 그러나 거의 대부분의 정책이 지금까지 살펴본 설정법에서 크게 벗어나지 않을 것이라 생각된다.

한편, 지금까지 내가 설정한 방법은 설명을 위한 예로서 제시한 방식이므로 최선의 설정 방법이 아니라는 점을 분명히 하고 싶다. 그러므로 독자들은 이 설명을 바탕으로 실무에서 NAT을 구현할 때 각자의 네트워크 환경과 조건에 맞도록 NAT를 구현하길 바란다.

8

접근 제어의 기본

방화벽^{Firewall}은 네트워크 보안에서 가장 기본적이면서도 대표적인 보안 장비 또는 보안 기능이다. 방화벽은 원래 건물에 불이 번지지 않도록 막아주는 쇠로 된 철문을 말하며, 독자들도 일상생활에서 종종 접할 수 있을 것이다. 이처럼 방화벽은 외부로부터의 공격을 불에 비유해, 불길을 차단함으로써 내부 네트워크에 영향을 미치지 않도록 방어하는 장비를 말한다. 방화벽은 이 책의 앞부분에서 언급한 네트워크 공격뿐만 아니라, 이외의 다양한 형태의 네트워크 공격을 차단해 내부 네트워크를 보호할 수 있다. 그러므로 방화벽 기능을 또 다른 말로 접근 제어^{Access Control}라고도 한다.

수년 전만 하더라도 방화벽은 네트워크 장비의 대명사로 사용되었고, 제조사에서도 보안 장비를 생산할 때 방화벽이라는 이름을 사용했다. 오늘날에는 방화벽 기능 외에 다양한 보안 기능을 탑재함으로써 통합 보안 장치라는 말을 대신 사용하고 있지만, 어전히 방화벽 기능은 네트워크 보안 장비의 가장 대표적이고 중요한 기능이다.

8.1 방화벽 개요

방화벽은 필터링을 통해 인가되지 않은 트래픽을 차단함으로써 내부 네트워크로 유입되는 것을 방지하는 장비다. 오늘날 대부분의 빌딩에 들어가면 보안문이 설치된 것을 볼 수 있는데, 그 보안문의 기능을 네트워크에서는 방화벽이 대신한다.

보안을 위해 인가된 사람에게만 출입증을 발급하고 인가되지 않은 사람은 기본적으로 출입이 허용되지 않도록 하는 그런 행위처럼, 방화벽으로 수신되는 모든 트래픽에 적용된다. 모든 네트워크 장비는 설치 위치나 장비의 성능에 대한 고찰이 중요하지만,

특히 인가되지 않은 트래픽의 유입을 차단하기 위한 방화벽에서는 그 중요성이 더욱더 부각된다. 그러면 방화벽에 요구되는 조건을 알아보자.

우선 방화벽은 그 어떤 공격에도 견딜 수 있어야 한다(그림 8.1). 건물의 방화벽이 심한 화재에 견디지 못하고 녹아버린다면 그 방화벽은 존재의 의미가 없다(오히려 없느니 못한 그런 애물단지가 될 수도 있다.). 네트워크에서도 방화벽은 내부 네트워크를 향한 많은 공격을 최전방에서 방어하면서 내부 네트워크를 안전하게 보호할 수 있어야 한다. 예를 들어, 분산 서비스 거부 공격^{DDoS}에도 견딜 수 있는 성능을 갖춰야 한다는 것이다. 만일 최전방의 방화벽이 그런 공격에 무너진다면, 내부 네트워크도 동시에 무너지기 때문이다.

그림 8.1 방화벽은 어떤 공격에도 견딜 수 있어야 한다.

두 번째로 방화벽은 적절한 곳에 위치해야 한다. 보호하고자 하는 네트워크에 드나드는 모든 트래픽은 반드시 방화벽을 거쳐야 한다. 만일 방화벽을 경유하지 않는 외부와의 다른 경로가 존재한다면 방화벽의 존재는 유명무실해지기 때문이다. 작은 빈틈으로의 트래픽이 네트워크 전체를 마비시킬 수 있고 중요한 정보를 유출시킬 수도 있다. 만일 네트워크에 예비 링크와 같은 다른 경로가 존재한다면 동일한 보안 정책이 적용된 방화벽을 추가로 운용해야 한다(그림 8.2).

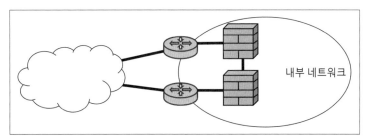

그림 8.2 외부 네트워크와의 모든 트래픽은 방화벽을 경유해야 한다.

마지막으로 방화벽에 적용되는 정책은 조직의 요구사항을 모두 만족시킬 수 있도록 완벽하게 이루어져야 한다. 실제 운용 중인 방화벽의 정책을 보면 액세스 리스트가 적으면 수십 개, 많게는 수백 개 존재한다. 그러므로 조직의 요구사항을 바로 설정으로 적용시키기보다, 먼저 엑셀이나 메모장 등을 통해 체계적으로 정리한 후에 실제 설정하는 것이 권장된다.

이쯤에서 패킷 필터링의 종류에 대해 알아보자.

방화벽은 인가된 트래픽만 허용하기 위한 필터링을 수행하는 장비 또는 기능이다. 방화벽이 패킷을 필터링하는 데는 여러 가지 방법이 있다. 필터링 기법은 기본적인 필터링부터 매우 세부적인 필터링까지 다양하게 제공된다. 그에 따라 시스템의 성능에도 많은 영향을 미치므로, 적절한 방법 및 장비를 사용해야 한다. 그럼 패킷 필터링 기법에 대해 알아보자.

가장 원시적이고 단순한 패킷 필터링 기법은 정적 패킷 필터링^{Static Packet Filtering} 기법이다. 이 기법은 가장 단순한 형태의 패킷 필터링을 수행하는데, OSI 모델의 3계층과 4계층의 정보만으로 필터링을 수행하는 것이다. 쉽게 말하면, IP 정보와 TCP/UDP의 포트 정보에 근거해 패킷 필터링을 수행한다. 정적 패킷 필터링은 액세스 리스트에 허용하는 트래픽과 허용하지 않는 트래픽을 정의함으로써 구현된다. 매우 단순한 방식으로 적용되므로 설정 자체도 쉽고, 시스템 성능에도 최소한의 영향만 미친다. 이런 방식의 패킷 필터링은 보안 장비뿐만이 아니라, 거의 대부분의 라우터나 L3 스위치에서도 지원하는 필터링 기법으로서 매우 널리 사용된다. 다만, 정적 패킷 필터링 기법은 IP와 포트 정보에 근거해 단순하게 이루어지므로, IP 조작 등이 이루어지는 IP 스푸핑 공격 등에 매우 취약하다는 단점이 있다. 또한 모든 트래픽에 대한 접근 제어 정책을 정의해야 하므로 보안 정책이 복잡한 경우에는 세부 정책 룰이 방대해지므로 관리가 쉽지 않을 수 있다는 단점이 있다.

정적 패킷 필터링이 3계층과 4계층의 정보만 사용하는 것과 달리, 응용 계층 필터링은 IOS 모델의 응용 계층까지, 즉 3계층 이상의 모든 계층에서 동작한다. 응용 계층을 제어하는 대표적인 장비로는 프록시^{Proxy}를 들 수 있다. 프록시는 대행자라는 의미로, 사용자가 특정 목적지로 정보 요청을 보내면 그 요청은 실제 목적지로 전달되지 않고 프록시로 전달된다. 프록시는 자신이 사용자가 요청한 정보를 가지고 있는지 확인하고, 없다면 자신이 직접 실제 목적지로 요청 정보를 보내고 수신해 이를 사용자에게 전달한다. 그러므로 프록시가 존재하는 네트워크에서 사용자와 실제 목적지 서버 간의 직접적인 통신은 존재하지 않는다. 모든 통신은 프록시에 의해 제어된다(그림 8.3).

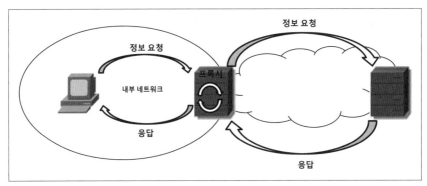

그림 8.3 프록시의 동작원리

이런 이유로 응용 계층 게이트웨이를 프록시 방화벽$^{Proxy\ Firewall}$이라고 부른다. 응용 계층 게이트웨이는 7계층까지의 모든 정보를 확인해 트래픽을 필터링할 수 있으므로 매우 강력한 보안 기능을 제공한다.

간혹 3/4계층의 정보로 필터링하는 것과 응용 계층 정보를 이용해 필터링하는 것이 무엇이 다르고 왜 필요한지에 대해 궁금해하는 사람들을 자주 만나게 된다.

네트워크상에서 많은 방화벽이 기본적인 3/4 계층의 정보로 패킷 필터링을 수행한다. 그러나 만일 해커가 인가된 포트를 통해 침입하는 경우에 이를 인지하지 못할 수 있다. 잘 이해되지 않는가? 예를 들어, 특정 조직 내부의 웹 서버를 대중에게 공개하고 있다고 가정하자. 이 경우 방화벽은 웹 서버의 TCP 80(www) 포트로 향하는 트래픽을 허용해야 한다. 이 정책은 해당 서버로의 웹 서비스 요청만 허용한다는 것을 의미하는데, 만일 해커가 TCP 80 포트로 연결된 세션을 통해 웹 서비스 요청 정보가 아닌 다른 정보를 몰래 숨겨서 전달한다면 보안에 허점이 발생될 것이다. 응용 계층 게이트웨이는 송수신되는 트래픽의 모든 계층의 정보를 확인할 수 있으므로, 모든 계층 정보에 대한 비정상적인 정보를 감지해 잠재적인 공격을 감지 및 차단할 수 있다.

응용 계층 게이트웨이 또는 프록시 방화벽은 실제 허용되는 트래픽의 의도를 파악해 네트워크를 방어한다. 건물에 보안문을 설치해 인가된 사람에게 출입증을 배포했지만, 그 출입증이 불순한 의도를 가진 사람에게 전달될 수 있다. 그러므로 출입자의 의도를 파악하는 것이 매우 중요할 것이다. 미래 배경의 영화를 상상해보자. 주인공이 중요 건물에 잠입하기 위해 문 앞의 센서에 얼굴을 내민다. 센서는 주인공의 머리를 스캔해 그 사람의 생각을 읽어내고 문을 열어준다. 말도 안 되는 이야기처럼 여겨지지만, 이런 식으로 동작하는 것이 응용 계층 방화벽이다.

이와 같이, 응용 계층 게이트웨이는 매우 세밀한 보안 정책을 구현할 수 있다. 그리고 모든 통신의 대행자로서 프록시 개념이 적용되므로 해커 등의 공격자가 실제 사용자 시스템에 접근하기가 쉽지 않다는 장점이 있다. 그러나 응용 계층 정보의 검사는 많은 CPU 자원을 사용하므로 시스템 성능에 많은 영향을 줄 수 있다. 또한 프록시가 모든 응용프로그램을 지원하지 않기 때문에 사용이 제한적일 수밖에 없는 단점이 있다.

다음은 명시형 패킷 필터링^{Stateful Packet Filtering}이 있다. 명시형 패킷 필터링은 오늘날 방화벽에서 가장 널리 사용되는 필터링 기법 중 하나이므로 반드시 이해해야 한다. 명시형 패킷 필터링은 방화벽을 경유하는 패킷의 세션 정보, 즉 통신 정보를 기록해 응답 트래픽을 예상해 허용하는 방식이다.

우리 실생활에서의 예를 들어보자. 우리가 놀이동산에 놀러 갔다. 매표소에서 표를 구매한 후 안으로 들어갔다. 놀이동산에서 놀던 중에 사진을 찍으려 하다 보니 카메라를 차에 두고 왔다. 물론 스마트폰으로 찍어도 되겠지만, DSLR 카메라로 더 멋진 사진을 찍고 싶었다. 카메라를 가지러 밖으로 나가기 위해 놀이동산 출구에서 직원에게 카메라를 가지러 잠시 나갔다 올 수 있는지 묻는다. 직원은 가능하다고 하면서 손등에 스탬프를 찍어준다. 카메라를 가지고 다시 입장할 때 손등에 찍힌 스탬프를 보여준다. 여기에서 손등에 찍은 스탬프가 이 사람은 놀이동산 안에 있다가 잠시 나갔다 오는 사람이라는 것을 명시하는^{Stateful} 역할을 한다. 명시형 패킷 필터링은 송신 패킷의 세션 정보를 읽고, 그 패킷에 기대되는 응답 패킷 정보를 미리 예상한 후 그 정보를 메모리에 기록해 허용할 수 있게 하는 필터링 방법이다(그림 8.4).

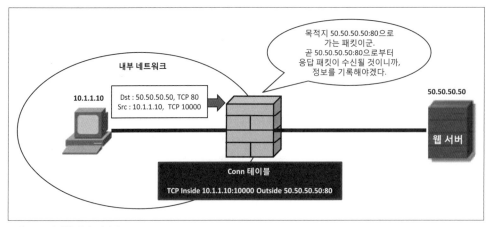

그림 8.4 명시형 패킷 필터링

명시형 패킷 필터링은 관리자가 패킷 필터링을 위해 모든 트래픽의 응답 트래픽을 일일이 설정하지 않아도 되기 때문에 관리자가 간편하게 정책 적용을 꾀할 수 있고, 오직 내부 네트워크로부터 발생된 신뢰할 수 있는 패킷에 대한 응답 패킷만 기본적으로 허용하므로 강력한 필터링 정책을 구현할 수 있다. 그러나 명시형 패킷 필터링은 정보 교환을 위해 사전에 연결되는 세션 정보를 근거로 이루어지므로, 사전에 세션 연결을 시도하지 않는 UDP나 ICMP와 같은 프로토콜을 지원하지 않는 경우가 많은 것이 단점이라할 수 있다.

8.2 가장 원시적인 네트워크 보안: 정적 패킷 필터링

사용자 트래픽을 제어하기 위해 트래픽 필터링이나 방화벽 기능이 사용된다. 액세스 리스트는 어떤 트래픽을 허용하고 어떤 트래픽을 부정하는가에 대한 정의만 한다. 이는 건물의 보안을 담당하는 팀이 건물에 출입하는 사람들에 대한 접근 제어를 어떻게 할 것인가에 대한 정책 그 자체를 의미한다. 일반인에게는 1층 출입만 허용하고, 일반 직원은 다른 모든 층의 출입을 허용하되 특정 층에 대한 출입을 제한하는 등의 건물 보안을 위한 정책을 결정한다. 이들이 정책을 결정했다고 해서 이것을 바로 적용하는 것은 아니다. 이런 정책이 모두 결정되면 출입 게이트를 설치하고 보안 직원을 배치시키는 등의 실제적인 출입 관리가 시작된다.

네트워크 보안에서 방화벽 기능이나 패킷 필터링도 마찬가지다. 액세스 리스트는 트래픽 접근을 제한하는 하나의 정책에 지나지 않는다. 그러므로 그 정책을 적용하기 전까지는 아무런 영향을 미치지 않는다. 다시 말하면, 발효되기 전의 법안에 비유할 수 있다. 법이 제정되어도 발효되지 않으면 그 법안은 효력이 없다는 것을 알고 있을 것이다. 그러므로 법안이 제정된 후 발효되면, 비로소 그 법안은 효력을 가진다. 이와 마찬가지로, 액세스 리스트도 실제 트래픽 제어를 위한 적용이 이루어져야 한다. 액세스 리스트 적용은 접근 제어 설정을 통해 이루어진다. 가장 기본적인 접근 제어 기능은 IOS 장비에서의 패킷 필터링이라 할 수 있다. 패킷 필터링은 관리자가 적용하고자 하는 인터페이스에 해당 액세스 리스트를 적용함으로써 구현된다.

패킷 필터링은 해당 인터페이스상으로 수신되는 트래픽에 적용할 수도 있고, 송신 트래픽에도 적용할 수 있다. 그러므로 액세스 리스트를 설정하기 전에 어떤 인터페이스에 해당 정책을 적용할 것이며, 어떤 방향의 트래픽을 적용할 것인지를 우선적으로 결정해야 한다. 실습 시나리오를 만족하는 액세스 리스트를 설정하고 인터페이스에 적용해보자. 그림 8.5는 실습을 위한 구성도다.

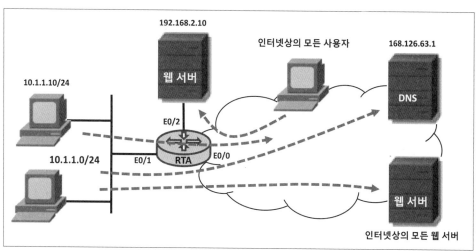

그림 8.5 패킷 필터링을 위한 실습 구성도

실습 시나리오는 다음과 같다.

RTA의 LAN에 위치하는 내부 네트워크의 모든 사용자는 인터넷상의 모든 웹 서버로의 접속을 허용한다. 그리고 외부 DNS 서버 168.126.63.1로의 DNS 요청도 허용한다. 또한 외부 사용자로부터 내부 웹 서버 192.168.2.10으로의 웹 접속을 허용한다. 그리고 내부 네트워크의 사용자 10.1.1.10에 한해 모든 외부 네트워크의 접속을 허용한다. 이외의 나머지 모든 트래픽은 허용하지 않는다.

위 시나리오를 만족시키는 액세스 리스트를 설정하기 전에 먼저 RTA의 어떤 인터페이스에 액세스 리스트를 적용할지 결정한다. 물론 관련된 모든 인터페이스에 액세스 리스트를 적용해도 원하는 결과를 얻을 수 있지만, 더 많은 액세스 리스트가 요구되고 액세스 리스트가 적용되는 인터페이스도 많아지므로 관리가 힘들어질 수도 있다. 그러므로 패킷 필터링을 구현하는 경우 최소한의 액세스 리스트와 최소한의 인터페이스에 적용하는 것을 권장한다. 이 예제는 하나의 액세스 리스트를 설정해 하나의 인터페이스에 적용함으로써 원하는 정책을 구현하고자 한다. 시나리오에서 요구되는 정책을 하나씩 살펴보자.

RTA의 인터페이스 상황을 보면 내부 용도로 두 개의 인터페이스가 있고, 외부로 연결되는 인터페이스가 하나 있다. 모든 시나리오 정책이 외부 네트워크 연결과 관련 있으므로 외부와 연결된 인터페이스인 E0/0에 액세스 리스트를 설정하는 것이 적합할 듯하다.

액세스 리스트를 적용할 인터페이스를 정했다. 그럼 해당 인터페이스 관점에서 어떤 방향의 트래픽을 제어하는 것이 좋을까? 네트워크 보안에서 가장 자주 사용되는 개념이 내부 네트워크Inside Network와 외부 네트워크Outside Network다. 내부 네트워크란 인가된 사용자가 위치하는 로컬 네트워크를 의미하므로 신뢰할 수 있는 네트워크다. 그러나 외부 네트워크는 인터넷 등 인가되지 않은 사용자가 위치하는 네트워크이므로 신뢰할 수 없는 네트워크로 간주된다. 이런 이유에서 외부 네트워크로 연결된 인터페이스로 수신되는 트래픽, 즉 외부 네트워크로부터 유입되는 트래픽은 기본적으로 신뢰할 수 없는 트래픽으로 간주해 허용하지 않는 것을 원칙으로 한다. 그러므로 액세스 리스트는 외부로 연결된 인터페이스의 수신 방향으로 적용하는 것이 바람직할 것이다.

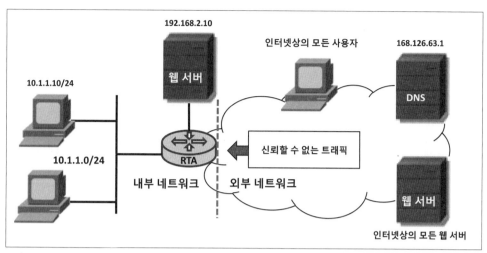

그림 8.6 외부 네트워크로부터 수신되는 트래픽은 기본적으로 신뢰할 수 없다.

액세스 리스트 적용이 E0/0으로 수신되는 트래픽인데, 시나리오의 조건에서 보면 내부 네트워크로부터 외부 네트워크로 향하는 트래픽에 대한 정책이 요구된다. 이 트래픽은 외부 네트워크로부터 수신되는 트래픽이 아니다. 그럼 어찌 해야 할까? 각 방향으로 액세스 리스트가 별도로 필요한가?

통신이라 불리는 모든 행위는 양방향 통신^{Bi-Directional Communication}을 의미한다. 비록 내가 전달하는 메시지가 상대방에게 전달된다고 하더라도 상대방의 응답을 수신하지 못한다면 통신이 이루어졌다고 말할 수 없다. 그러므로 시나리오 조건의 내부 네트워크로부터 외부 네트워크 방향으로 나가는 트래픽에 대한 응답 트래픽을 만족시키면 우리가 적용하고자 하는 정책을 성공적으로 구현할 수 있다. 비록 수신 방향과 송신 방향의 액세스 리스트를 모두 정의하고 적용한다고 해도, 응답 트래픽을 허용하지 않는다면 우리가 원하는 트래픽 필터링을 구현하기 어렵다. 그러므로 시나리오의 조건에 대한 응답 트래픽을 정의해보자. 표 8.1은 정책 조건에 상응하는 기대되는 응답 트래픽을 정의한 것이다.

표 8.1 정책 조건에 대한 기대되는 응답 트래픽

요구되는 정책		기대되는 응답 트래픽	
모든 내부 사용자 → 인터넷 웹 서버(TCP 80)	내부 → 외부	인터넷 웹 서버(TCP 80) → 모든 내부 사용자	외부 → 내부
내부 사용자 → DNS 168.126.63.1(UDP 53)	내부 → 외부	DNS 168.126.63.1(UDP 53) → 모든 내부 사용자	외부 → 내부

(이어짐)

요구되는 정책		기대되는 응답 트래픽	
인터넷 사용자 → 내부 웹 서버 192.168.2.10(TCP 80)	외부 → 내부	내부 웹 서버 192.168.2.10(TCP 80) → 인터넷 사용자	내부 → 외부
내부 사용자 10.1.1.10 → 인터넷	내부 → 외부	인터넷 → 내부 사용자 10.1.1.10	외부 → 내부

표 8.1에서 확인할 수 있듯이, 요구되는 모든 정책에 대한 기대되는 응답 트래픽을 정의할 수 있다. 이를 통해 요구되는 동일한 트래픽 방향으로 정의되는 액세스 리스트를 설정할 수 있다. 이 예제에서 외부 네트워크로부터 내부 네트워크로 향하는 트래픽의 필터링을 구현하므로 외부 네트워크로부터 수신되는 트래픽에 대한 정책을 나열하고 액세스 리스트를 구성하면 된다.

외부 네트워크로부터 내부 네트워크로 향하는 트래픽을 나열하면 다음과 같다.

인터넷 웹 서버(TCP 80) ➤ 모든 내부 사용자

DNS 서버 168.126.63.1(UDP 53) ➤ 모든 내부 사용자

인터넷 사용자 ➤ 내부 웹 서버 192.168.2.10(TCP 80)

인터넷 ➤ 내부 사용자 10.1.1.10

같은 방향의 트래픽이 추려졌으면 이제 액세스 리스트를 설정하면 된다. 이 조건을 만족하는 액세스 리스트는 설정 8.1과 같다.

설정 8.1 외부 네트워크로부터 내부 네트워크로 유입되는 트래픽에 대한 액세스 리스트

```
RTA(config)# ip access-list extended FROM_INTERNET
RTA(config-ext-nacl)# permit ip any host 10.1.1.10
RTA(config-ext-nacl)# permit tcp any host 192.168.2.10 eq www
RTA(config-ext-nacl)# permit tcp any eq www any
RTA(config-ext-nacl)# permit udp host 168.126.63.1 eq 53 any
```

외부로부터 유입되는 트래픽 필터링을 위한 액세스 리스트의 정의가 끝났다. 앞에서 언급한 바와 같이, 설정된 액세스 리스트는 하나의 정책 그 자체로만 존재하므로 이 정책을 실제로 적용하기 전까지는 아무런 효력을 가지지 못한다. 특정 인터페이스에 패킷 필터링을 위한 액세스 리스트 적용이 이루어져야 한다. 인터페이스에 액세스 리스트를 적용하는 것은 다음 명령어로 이루어진다.

```
(config-if)# ip access-group {access-list-number|access-list-name} {in|out}
```

액세스 리스트의 적용은 인터페이스 설정 모드에서 ip access-group 명령어를 입력하면 된다. ip access-group 명령어를 입력할 때, 해당 인터페이스의 관점에서 트래픽 방향이 수신Inbound인지 송신Outbound인지를 결정해 in이나 out을 입력한다. 이 예제는 인터넷으로 연결된 인터페이스에 설정하므로 트래픽 방향은 인터넷으로부터 해당 인터페이스로 수신되는 트래픽이다. 그러므로 in으로 설정한다. 설정 8.2는 액세스 리스트 적용의 예를 보여준다.

설정 8.2 액세스 리스트 적용

```
RTA(config)# interface e0/0
RTA(config-if)# ip access-group FROM_INTERNET in
```

액세스 리스트를 적용하면, 실제 트래픽 필터가 동작한다. 액세스 리스트를 적용한 후에 액세스 리스트를 확인해보면 인터페이스상에서 액세스 리스트에 일치되는 패킷, 즉 액세스 리스트의 각 라인에 일치된 패킷의 수가 카운트되는 것을 확인할 수 있다. 설정 8.3에서는 액세스 리스트 라인 10에 다섯 개가 일치되어 액세스 리스트의 룰에 의해 허용했다는 정보를 보여준다.

설정 8.3 액세스 리스트 적용 후 확인

```
RTA# show ip access-list FROM_INTERNET
Extended IP access list FROM_INTERNET
    10 permit ip any host 10.1.1.10 (5 matches)
    20 permit tcp any host 192.168.2.10 eq www (3 matches)
    30 permit tcp any eq www any (2 matches)
    40 permit udp host 168.126.63.1 eq domain any (1 match)
```

이와 같이 액세스 리스트에 일치되는 트래픽의 수를 확인함으로써 얼마나 많은 트래픽이 허용되고 허용되지 않는지를 확인할 수 있다. 물론 예제의 액세스 리스트에는 부정 구문이 존재하지 않으므로 액세스 리스트에 의해 필터링되는 트래픽의 수는 보여지지 않는다.

한편, 보안적인 측면으로 볼 때 허용되는 패킷은 관리자의 정책에 의한 것이므로 안전한 것이라고 생각할 수 있다. 그러나 특정 패킷이 시스템에 의해 거부되어 필터링된다면 그 의미는 다르다. 그것은 인가되지 않은 패킷이 유입되었다는 것을 의미하고, 이 사실은 관리자가 인지해야 한다. 예제와 같은 액세스 리스트는 패킷 허용을 위한 룰만 있고, 부정을 위한 룰은 없다. 물론 액세스 리스트 룰에서 허용되지 않는 모든 패킷은 보이지 않는 마지막 라인에서 암묵적인 부정에 의해 걸러질 것이다. 그러나 관리적인 측면에서 볼 때, 거부되는 패킷이 존재하는지에 대한 정보를 전혀 얻을 수 없다. 그러므로 효과적인 네트워크 관리를 위해 액세스 리스트 마지막 부분에 암묵적 부정의 룰을 대신하는 부정 룰을 명시해 거부되는 패킷의 카운트 여부를 확인하는 것이 권장된다. 암묵적 부정에 의해 거부되는 패킷의 수는 확인되지 않기 때문에, 암묵적 부정 대신 부정 룰을 명시함으로써 인가되지 않은 트래픽의 유입 시도 유무를 판단하기 위해서다.

액세스 리스트 룰의 마지막 라인에 암묵적 부정의 deny ip any any를 대신하는 룰을 추가한다. 이를 설정하는 경우, 이 룰은 항상 해당 액세스 리스트의 마지막 부분에 위치해야 하므로 일련번호를 넉넉하게 설정하는 것을 잊지 말자. 이 예제는 일련번호 500으로 설정한다(설정 8.4).

설정 8.4 거부되는 패킷 감지를 위한 액세스 리스트 룰 추가 및 확인

```
RTA(config)# ip access-list extended FROM_INTERNET
RTA(config-ext-nacl)# 500 deny ip any any

RTA# show ip access-list FROM_INTERNET
Extended IP access list FROM_INTERNET
    10 permit ip any host 10.1.1.10 (5 matches)
    20 permit tcp any host 15.1.1.10 eq www (7 matches)
    30 permit tcp any eq www any (6 matches)
    40 permit udp host 168.126.63.1 eq domain any (1 match)
    500 deny ip any any
```

설정 8.4에 암묵적 부정을 대체하는 액세스 리스트 룰을 추가했다. 이로써 해당 액세스 리스트에 의해 걸러지는 패킷이 카운팅되면서 관리자는 얼마나 많은 패킷이 거부되는지 확인할 수 있다(설정 8.5).

```
RTA# show ip access-list FROM_INTERNET
Extended IP access list FROM_INTERNET
    10 permit ip any host 10.1.1.10 (5 matches)
    20 permit tcp any host 15.1.1.10 eq www (7 matches)
    30 permit tcp any eq www any (6 matches)
    40 permit udp host 168.126.63.1 eq domain any (1 match)
    500 deny ip any any (5 matches)
```

암묵적 부정을 대신하는 룰을 추가함으로써 관리자가 거부되는 패킷이 유입된다는 사실을 인지할 수 있다. 그러나 이는 거부되는 패킷의 존재 유무만을 확인할 뿐, 어느 곳으로부터 와서 어디로 향하는 패킷인지 그 세부 정보를 전혀 확인할 수 없다. 만일 공격을 받고 있다면 공격을 받고 있다는 사실만 인지할 뿐, 어떤 액션을 취할 수 있는 근거가 전혀 없다는 것이다. 그러므로 액세스 리스트에 log 옵션 명령어를 추가함으로써 거부되는 패킷이 어느 곳으로부터 어느 곳으로 향하는지를 로그 메시지에 남길 수 있다.

기본적으로 모든 액세스 리스트 룰에 log 옵션 명령어를 사용할 수 있지만, 패킷을 허용하는 룰은 관리자가 인가한 패킷이므로 특별히 로그 정보를 남길 필요가 없다. 허용하는 룰에 대해 로그 메시지에 남기면 로그 메시지만 방대해지므로 관리상 어려움을 느끼게 된다. 그러므로 위험한 패킷일 수 있는 거부되는 패킷의 존재를 확인하기 위해 부정 룰에 log 옵션 명령어를 사용하는 것을 권장한다. 설정 8.6은 부정 룰에 대한 log 옵션 명령어를 설정하고, 로그 메시지에 거부된 패킷에 대한 정보를 확인하는 과정을 보여준다.

```
RTA(config)# ip access-list extended FROM_INTERNET
RTA(config-ext-nacl)# 500 deny ip any any log

RTA# show logging
- 중략 -
*Sep 22 04:31:43.851: %SEC-6-IPACCESSLOGDP: list FROM_INTERNET denied icmp
192.168.12.2 -> 10.1.1.1 (8/0), 1 packet
```

앞의 설정에서 확인되는 것처럼, 192.168.12.2로부터 10.1.1.1로 향하는 ICMP 패킷이 거부되었다는 것을 로그 메시지로 확인할 수 있다. 이와 같이, 로그 메시지에서 거부되는 패킷의 세부 정보를 확인함으로써 네트워크 공격에 대한 준비와 방어를 할 수 있는 정보를 확보할 수 있다.

지금까지 정적 패킷 필터링에 대해 알아봤다. 정적 패킷 필터링은 대부분의 네트워크 장비에서 간단하게 구현할 수 있는 장점 때문에 매우 널리 사용된다. 그러나 허용하는 패킷에 대한 설정을 일일이 수작업을 통해 구현해야 하므로 대규모 정책에는 비효율적인 측면이 있다. 또한 응답 패킷에 대한 룰을 따로 예측해 설정해야 하므로 설정 오류로 인한 장애가 유발될 수도 있다. 이런 단점으로 인해 명시형 패킷 필터링과 같은 향상된 패킷 필터링을 구현할 필요가 있다.

9

영역 기반 방화벽

시스템 하드웨어의 발전으로 보안 장비가 아닌 라우터에서도 거의 완벽에 가까운 방화벽 기능을 사용할 수 있게 되었다. 시스코가 중소형 라우터를 통합 서비스형 라우터^{ISR,} Integrated Service Router로 출시함으로써 이제 라우터는 단순한 라우팅 장비가 아니라 방화벽 Firewall, 무선 컨트롤러Wireless LAN Controller, AP^{Access Point}, 음성 게이트웨이Voice Gateway 등 다양한 기능을 제공하는 통합 네트워크 장비가 되었다. 이 절에서는 시스코 IOS 라우터의 영역 기반 방화벽Zone-based Firewall에 대해 알아보기로 한다.

9.1 영역 기반 방화벽의 개요

과거 시스코 IOS 라우터의 방화벽 기능이란 컨텍스트 기반 접근 제어CBAC, Context-based Access Control였다. CBAC는 단순한 패킷 필터링 기법에다 명시형 패킷 필터링Stateful Packet Filtering을 추가한 방화벽 기능이다. 물론 CBAC는 URL 필터링 등의 일반 패킷 필터링보다 더 심도 있는 필터링을 제공했지만, 많은 인터페이스가 존재하는 장비에서는 확장이 유연하지 못하다. CBAC는 전통적인 방화벽 기능인 명시형 패킷 필터링을 구현한 기능인데, 패킷 필터링은 인터페이스 기반으로 구현된다. 그러므로 라우터에 인터페이스가 많은 경우 각 인터페이스를 위한 정책을 개별적으로 적용해야 한다는 단점이 있다.

영역 기반 방화벽ZBFW, Zone-based Firewall은 개별 인터페이스가 아닌, 영역을 지정해 동일한 영역에 속한 인터페이스는 모두 동일한 정책이 적용되므로 확장성이 뛰어난 방화벽 기능이다. 또한 ZBFW는 기본적인 명시형 패킷 필터링에 사용되는 명시형 검사Stateful Inspection 및 응용 계층 검사Application Inspection, 패킷 필터링, URL 필터링, 투명형 방화벽

^{Transparent Firewall} 기능 등 기존의 방화벽과 견줘봐도 손색이 없을 만큼 다양한 기능을 제공한다. 그러나 영역 기반 방화벽은 전통적인 시스코 방화벽과 개념적으로 약간 차이가 있고, 그로 인해 설정 방법도 사뭇 다르게 보여진다.

ZBFW는 특정 물리적인 포트 또는 인터페이스 단위로 패킷 필터링이 이루어지는 것이 아니라, 존^{Zone}(영역)이라는 특정 영역 단위로 필터링을 수행한다. 이는 IOS 장비가 원래 보안 장비가 아니라 일반 네트워킹 장비이고 동일한 정책 대상의 인터페이스나 포트가 많이 존재하므로, 효과적인 정책 적용과 쉬운 고장 복구를 위한 불가피한 선택일 것이다.

그림 9.1을 보면, 여러 개의 인터페이스가 특정 영역에 위치해 동일한 정책에 적용된다. 여기에서 주의할 점은 각 인터페이스는 단 하나의 영역에만 속할 수 있고, 복수의 영역에 포함될 수 없다는 것이다. 각 영역은 요구에 따라 관리자에 의해 생성된다. 기본적으로 동일한 영역에 속한 인터페이스 간의 통신은 자유롭게 허용된다. 다시 말해, 영역 내의 통신은 자유롭다. 또한 영역 내부 통신과 특정 영역에 속하지 않은 인터페이스 간의 통신은 보안 정책에 상관없이 자유롭게 허용된다.

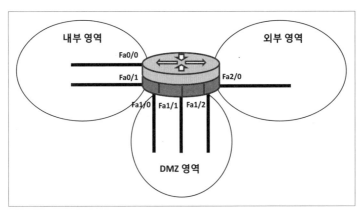

그림 9.1 여러 인터페이스가 동일 영역에 속할 수 있고, 영역 내부의 통신은 자유롭다.

ZBFW는 영역을 바탕으로 동작하므로, 관리자는 특정 인터페이스를 자신이 생성한 영역에 포함시킬 수 있다. 이렇게 관리자에 의해 생성된 영역 외에, 기본적으로 처음부터 시스템이 생성한 특수한 영역이 있다. 셀프 존^{Self Zone}이 그것인데, 이는 시스템 그 자체의 영역을 의미한다. 시스템 자체의 영역이란 무슨 의미일까? 시스템 관리에 관련된 액세스, 즉 텔넷이나 SSH 및 SNMP 등 시스템이 생성한 트래픽이나 시스템을 목적지로 하는 트래픽이 모두 셀프 존에 해당되는 트래픽이다. 셀프 존은 시스템 그 자체를 위한 영역이므로, 이를 기본 영역 또는 디폴트 존$^{Default\ Zone}$이라고도 한다. 기본적으로, 셀프 존은 다른 모든 영역이나 인터페이스와의 통신이 허용된다(그림 9.2).

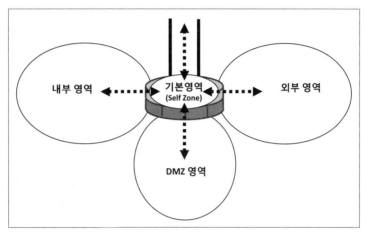

그림 9.2 셀프 존

그러나 일반 영역 간의 통신은 기본적인 보안 개념이 적용되어 허용되지 않는다. 그러므로 영역 간의 통신은 통신을 원하는 두 영역을 짝^{Pair} 지어 허용할 수 있는데, 짝을 맺은 두 영역을 존 페어$^{Zone\ Pair}$라고 한다. 존 페어를 설정함으로써 영역 간의 통신을 허용 또는 거부할 수 있는 정책을 적용할 수 있다. 존 페어는 짝을 맺은 두 영역을 나타내지만, 실제로는 트래픽의 방향성을 의미한다. 그 이유는 존 페어가 양방향 통신을 지원하지 않고 단방향 통신만 지원하기 때문이다(그림 9.3).

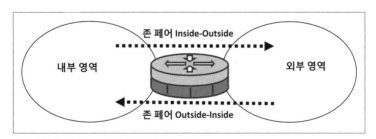

그림 9.3 존 페어는 트래픽의 방향성을 의미한다.

예를 들어, Zone_A를 출발지로 하고 Zone_B를 목적지로 한 ZoneA-ZoneB라는 존 페어를 구성하면 Zone_A로부터 Zone_B로 향하는 트래픽만 제어할 뿐, 반대 방향인

Zone_B로부터 Zone_A로 향하는 트래픽은 전혀 제어하지 않으므로 허용되지 않는다. 다만 명시형 검사^{Stateful Inspection} 기능을 제공하므로 응답 패킷은 허용된다. 그러므로 영역 기반 방화벽을 구현할 때, 트래픽의 방향과 정책 적용 대상 트래픽에 대한 조사를 통해 적절한 존 페어를 생성해야 한다.

영역 간의 통신은 존 페어의 기본 동작과 설정에 근거해 이루어진다. 앞에서 언급했듯이, 영역 간의 통신은 기본적으로 거부된다. 그리고 영역에 속하지 않은 인터페이스 간의 통신은 자유롭다. 그림 9.4는 각 영역 간 통신에 대한 기본 동작을 정리했으므로 참고하길 바란다.

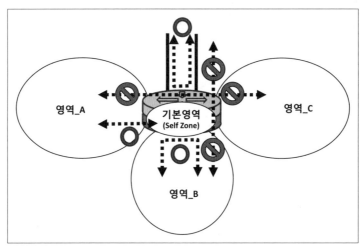

그림 9.4 영역 간 통신의 기본 동작

그림 9.4를 보면, 각 영역 내부 통신은 아무런 제한 없이 자유롭다. 하지만 허용 정책이 존재하지 않는 한, 영역 외부와의 통신은 허용되지 않는다. 시스템 자체의 영역인 셀프 존만은 기본적으로 허용하지만, 이것도 정책을 적용하는 경우에는 해당 정책에 따라 허용과 거부가 결정된다. 이 사실만 기억한다면 영역 간의 통신 가능 유무를 별도의 상황별 도표로 정리하지 않아도 모두 알 수 있을 것이다.

지금까지 영역 기반 방화벽의 개요를 설명했다. 이제 영역 기반 방화벽을 구현하는 과정을 통해 좀 더 자세히 알아보기로 한다.

9.2 영역 기반 방화벽의 영역 설정

시스코 영역 기반 방화벽^{ZBFW}은 말 그대로 특정 영역을 기반으로 패킷 필터링을 구현한 다. 그러므로 설정을 위해 가장 먼저 영역을 지정해야 한다. 영역 기반 방화벽은 전문 방 화벽이 아닌 시스코 IOS 라우터에서 구현하는 방식이다. 물론 예전부터 주니퍼의 넷스 크린^{NetScreen}이나 SRX와 같은 방화벽이 영역 기반 방화벽 형태로 동작하지만, 시스코 방 화벽의 경우는 인터페이스 기반으로 구현된다. 그럼 왜 시스코는 IOS 방화벽을 영역 기 반 방화벽으로 구현했을까?

일반적으로 라우터는 동일한 성격의 인터페이스가 여럿 존재할 수 있다. 즉 동일한 정책이 적용되는 다수의 네트워크가 존재할 수 있다는 말이다. 영역 기반 방화벽은 동 일한 정책이 적용될 여러 물리적인 인터페이스를 하나의 논리적인 영역에 포함시킴으 로써 동일한 보안 정책을 간편하게 적용할 수 있다. 이는 보안상 안전한 인터페이스 간 의 통신은 자유롭게 허용하면서, 보안의 위협이 있을 수 있는 인터페이스에 대해 엄격 한 보안 정책을 적용할 수 있다는 것을 의미한다.

그림 9.5의 라우터를 예로 살펴보자. 이 라우터는 내부 연결 용도로 세 개의 인터페이 스를 사용하고, 외부 연결 용도로 두 개의 인터페이스를 사용한다. 그리고 서버들이 위 치하는 서버팜^{Server Farm}으로 두 개의 인터페이스로 연결되어 있다.

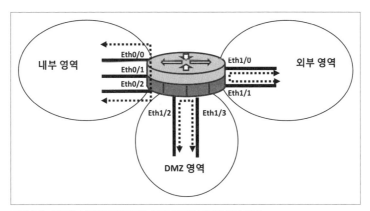

그림 9.5 동일한 성격의 인터페이스 간의 통신은 자유로워야 한다.

라우터의 e0/0, e0/1, e0/2는 내부 네트워크로 연결된다. 내부 네트워크는 신뢰할 수 있는 네트워크이므로 이들 간의 통신은 신뢰할 수 있다고 간주된다. 신뢰할 수 있는 통 신에 대해 시스템 자원을 낭비하면서 보안을 적용할 필요는 없다. 한편, e1/0과 e1/1은 외부 네트워크로 연결되는 인터페이스이고, 이는 신뢰할 수 없는 네트워크로 연결되는 인터페이스다. 그러므로 이 두 인터페이스도 역시 동일한 정책이 적용되므로 두 인터페이스 간의 통신은 자유롭게 허용해도 무방하다. 한편, 서버들이 모여 있는 서버팜, 즉 DMZ 네트워크로 연결되는 두 인터페이스 e1/2와 e1/3 역시도 동일한 정책이 적용되므로 이들 간의 통신은 자유롭게 허용해도 된다.

이와 같이 영역 기반 방화벽은 동일한 성격을 가진 물리적 인터페이스를 하나의 논리적인 영역에 포함시켜 영역 외부와의 통신을 제한함으로써 구현된다. 동일한 영역에 속하는 인터페이스 간의 통신은 자유롭게 허용하되, 그 어떠한 영역 외부와의 통신은 기본적으로 허용하지 않는다. 영역 외부와의 통신은 반드시 관리자에 의해 허용 정책이 적용되어야만 가능하다. 실제 설정을 통해 이를 확인해보자.

영역 설정은 다음 단계로 이루어진다.

1. 영역^{Zone} 생성
2. 영역 멤버^{Zone Member} 지정
3. 존 페어^{Zone Pair} 생성

우선 영역 기반 방화벽에서 가장 중요한 역할을 하는 것은 영역이다. 영역은 실제 물리적인 인터페이스를 포함하는 논리적인 영역을 의미한다. 영역 생성은 영역의 이름을 부여함으로써 이루어지는데, 방화벽에서 일반적으로 사용되는 이름은 Inside와 Outside를 사용한다. Inside라 함은 내부 네트워크를 의미하며, 이는 신뢰할 수 있는 네트워크를 의미한다. Outside는 외부 네트워크로서, 신뢰할 수 없는 네트워크를 지칭한다. 보통 대부분의 소규모 네트워크에서는 내부 네트워크(Inside)와 외부 네트워크(Outside)만 존재할 것이다. 그러나 서버팜을 가진 중대형 네트워크는 내부 네트워크, 외부 네트워크와 더불어, DMZ 네트워크도 존재할 수 있다. 물론 대규모 네트워크나 데이터센터와 같은 곳에서는 하나 이상의 DMZ 네트워크가 존재하는 곳도 많을 것이다.

각 영역의 이름은 네트워크 관리자가 원하는 이름을 부여할 수 있으므로 네트워크 성격 및 용도에 적합한 이름을 설정하면 된다. 영역의 이름으로는 어느 누가 보더라도 영역의 성격을 명확하게 인지할 수 있는 이름이 권장된다. 이 예제는 앞의 그림 9.5와 같이 세 개의 영역을 생성하도록 한다.

영역 생성은 다음 명령어 구문으로 이루어진다. 설정 9.1은 영역 설정의 예를 보여
준다.

```
(config)# zone security zone-name
```

설정 9.1 영역 설정의 예

```
IOSFW(config)# zone security Inside
IOSFW(config-sec-zone)# description Local_Network
IOSFW(config)# zone security Outside
IOSFW(config-sec-zone)# description Internet
IOSFW(config)# zone security DMZ
IOSFW(config-sec-zone)# description Server_Farm
```

일단 영역이 생성되면 인터페이스가 속하는 영역을 지정해야 한다. 다시 말해, 영역의
일원, 즉 영역 멤버를 지정하는 설정이 요구된다. 영역 멤버는 다음 명령어 구문으로 지
정한다. 설정 9.2는 영역 멤버 지정의 예를 보여준다.

```
(config-if)# zone-member security zone-name
```

설정 9.2 영역 멤버 적용의 예

```
IOSFW(config)# interface e0/0
IOSFW(config-if)# zone-member security Inside
IOSFW(config)# interface e0/1
IOSFW(config-if)# zone-member security Inside
IOSFW(config)# interface e0/2
IOSFW(config-if)# zone-member security Inside

IOSFW(config)# interface e1/0
IOSFW(config-if)# zone-member security Outside
IOSFW(config)# interface e1/1
IOSFW(config-if)# zone-member security Outside

IOSFW(config)# interface e1/2
```

```
IOSFW(config-if)# zone-member security DMZ
IOSFW(config)# interface e1/3
IOSFW(config-if)# zone-member security DMZ
```

영역을 생성하고, 각 영역에 속하는 인터페이스까지 지정했다. 현재의 상태로는 각 영역의 외부와는 통신이 불가능하다. 다만 셀프 존이라고 하는 라우터 자체 영역과의 통신만 가능하다. 그림 9.6은 기본 상태에서의 영역 간 통신 가능 여부를 보여준다.

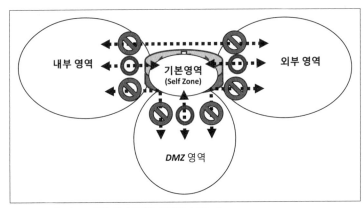

그림 9.6 기본적으로 영역 간의 통신은 허용하지 않는다.

그러므로 영역 간의 통신은 트래픽을 허용하는 접근 제어 정책을 적용함으로써 허용할 수 있다. 그러나 접근 제어 정책을 적용하기 전에, 그림 9.6을 잘 살펴보자.

각 영역은 논리적으로 다른 영역으로부터 완전히 분리되어 있다. 이 말이 의미하는 바는 다른 영역과의 연결선도 존재하지 않는다는 것을 의미한다. 즉 영역 간을 연결하는 통신선이 전혀 존재하지 않는다는 것에 비유할 수 있다. 그러므로 영역 간 통신이 가능하려면 영역을 연결하는 논리적인 통신선을 연결해야 하는데, 이 역할을 존 페어가 대신한다. 통신선에 송신선과 수신선이 따로 있듯이, 존 페어도 단방향 트래픽만 지원하므로 송신을 위한 존 페어와 수신을 위한 존 페어가 있다(그림 9.7).

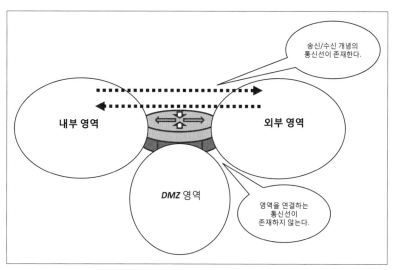

송신/수신 개념의
통신선이 존재한다.

내부 영역

외부 영역

DMZ 영역

영역을 연결하는
통신선이
존재하지 않는다.

그림 9.7 존 페어는 영역 간을 연결하는 통신선과 같다.

영역 간의 통신은 존 페어를 기반으로 이루어지므로, 실제 영역 기반 방화벽의 트래픽 필터링은 영역 간의 통신선 역할을 하는 존 페어에 정책을 적용함으로써 구현할 수 있다. 존 페어는 통신이 요구되는 두 영역을 지정해주는 과정이다. 예를 들어, Inside 영역과 Outside 영역 간의 통신이 허용되어야 한다면 Inside와 Outside의 두 영역을 짝지어주는 것이다. 그럼으로써 영역 간의 통신을 허용할 수 있다. 앞에서 여러 번 언급했듯이, 존 페어는 양방향 트래픽을 허용하는 것이 아니라, 단방향 트래픽만 허용한다. 그러므로 존 페어는 두 영역 간의 통신을 정의하기보다는 두 영역 간 트래픽의 흐름, 즉 트래픽의 방향을 정의한다.

설정을 통해 존 페어의 의미를 정확하게 이해하자. 아래 존 페어 설정을 위한 명령어 구문에서 볼 수 있듯이 출발지 영역과 목적지 영역을 지정한다. 이는 출발지 영역에서 목적지 영역으로 향하는 트래픽 흐름을 정의한 것이다. 설정 9.3은 존 페어 설정의 예를 보여준다.

```
(config)# zone-pair security zone-pair-name source zone-name destination
zone-name
```

```
IOSFW(config)# zone-pair security Inside-Outside source Inside destination Outside
IOSFW(config-sec-zone-pair)# description Local_to_Internet
```

존 페어 Inside-Outside는 출발지 영역을 Inside로, 목적지 영역을 Outside로 지정했다. 이는 Inside 영역으로부터 Outside 영역, 즉 내부 네트워크로부터 인터넷으로 향하는 트래픽을 위한 존 페어다. 존 페어는 단방향의 트래픽만 지원하므로 반대 방향인 Outside로부터 Inside로의 트래픽은 해당되지 않는다. 만일 라우터에 존 페어가 하나밖에 존재하지 않는다면 다른 영역 간의 통신은 허용되지 않는다.

한편, 존 페어를 설정했다고 하더라도, 두 영역 간의 통신이 기본적으로 허용된다는 것을 의미하지는 않는다. 왜냐하면 이는 정책을 적용할 트래픽 방향을 지정한 것이지, 트래픽 허용을 적용한 것은 아니기 때문이다. 아직 잘 이해되지 않는 독자가 있을 것으로 생각된다. 쉬운 예를 들어보자.

그림 9.8을 보면 서울과 부산 두 도시가 있다. 처음에는 두 도시를 연결하는 도로가 존재하지 않았다고 가정하자. 두 도시 간을 연결하는 도로가 없으므로 지역 간의 교류가 전혀 이루어지지 않는다. 정부에서 두 도시 간에 고속도로를 건설하기로 결정했다. 그런데 만일 양방향 도로가 아니라 서울에서 부산으로 가는 단방향 도로만 완공했다면 어떻게 될까? 비록 단방향의 도로가 완공되었지만, 도로를 개통하지 않았으므로 차량 통행은 전혀 이루어지지 않는다. 차량 통행이 이루어지지 않는 이유는 도로를 사용하는 차량에 대한 정책이 마련되지 않았기 때문이다. 통행 정책은 모든 차량의 통행을 허용할 수도 있고, 또는 소형 차량의 통행만을 허용할 수도 있다. 도로가 공사 중이든 완공되었든 간에 개통하지 않는다면 그 어떤 차량의 통행도 허용되지 않는다.

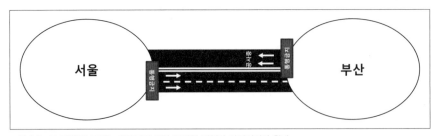

그림 9.8 두 지역 간 도로는 개통되어 차량 통제의 정책이 마련되어야 한다.

존 페어도 이와 마찬가지다. 영역 간의 트래픽 흐름만 정의했을 뿐, 그 어떤 정책도 아직 마련되지 않았기 때문에 존 페어에 의한 트래픽은 허용되지 않는다. 기억하는가? 보안의 기본 개념은 모두를 부정하는 것이다. 그러므로 현재 설정 상태는 정책이 적용되지 않았기 때문에 모든 트래픽은 부정되고 허용되지 않는다.

한편, 반대 방향의 트래픽, 즉 Outside로부터 Inside로 향하는 트래픽을 허용하는 정책을 적용하고자 한다면 이를 위한 별도의 존 페어를 구성해야 한다. Outside를 출발지로 지정하고, Inside를 목적지로 지정하면 된다. 설정 9.4는 이를 위한 존 페어 설정의 예를 보여준다.

설정 9.4 인터넷으로부터 내부 네트워크로 향하는 트래픽을 위한 존 페어 설정

```
IOSFW(config)# zone-pair security Outside-Inside source Outside destination Inside
IOSFW(config-sec-zone-pair)# description Internet_to_Local
```

이와 같이 영역 간의 통신을 위해 존 페어를 구성했다. 존 페어는 영역 간의 통신을 위한 통로를 제공하는 설정인데, 단방향$^{Uni-directional}$이라는 사실을 반드시 기억하길 바란다. 또한 영역 간 존 페어가 존재하지 않는다면 두 영역을 연결하는 통로가 없는 것과 마찬가지이므로, 통신을 원하는 두 영역 간의 존 페어를 반드시 구성해야 한다는 사실도 명심하길 바란다. 그리고 존 페어가 구성되었다고 하더라도 이는 단순한 영역 간 통로만 구성한 것이므로 실제 보안 정책이 적용되기 전까지는 그 어떤 트래픽도 허용되지 않는다는 사실도 기억하길 바란다.

위의 예제에서 라우터에는 세 개의 영역이 존재한다. 그러므로 특정 영역 간 통신이 요구된다면 해당 영역 간의 존 페어를 추가 설정하면 된다. 영역 간 통신은 전체적인 보안 정책에 의거해 추가한다. 이 절은 영역 기반 방화벽에서 영역의 의미와 영역 간 통신에 대한 설명을 위한 예제이므로 추가 존 페어는 구성하지 않겠다. 독자가 연습 삼아 필요한 영역 간의 존 페어를 직접 설정해보길 바란다. 실제 설정에 대한 연습은 영역 기반 방화벽의 요소를 모두 살펴본 후에 연습해보기로 한다.

9.3 정책에 따른 트래픽 분류(C3PL)

우리 일상생활에서 각 장소에 대한 접근 제한은 어떤 식으로 이루어질까? 건물 관리업체나 보안 관리업체는 모든 대상에 따라 접근 구역을 정하고 거기에 따라 출입증을 발급한다. 그러면 각 대상마다 그 접근 제한 정책을 주먹구구식으로 적용할까? 작은 건물에 대상 인원이 많지 않다면 그렇게 이루어질 것이다. 그러나 건물도 크고 대상 인원도 많다면 주먹구구식으로 관리하지는 않을 것이다. 먼저 대상 인원의 공통점으로 분류하고, 거기에 대한 정책을 문서화할 것이다. 그리고 예외사항도 문서화해 실제 출입증을 발급할 때 참고할 것이다.

이렇듯 시스코 IOS 영역 기반 방화벽도 특별한 트래픽 분류 방법을 쓰는데, 이를 C3PL^{Cisco Common Classification Policy Language}라고 한다. C3PL을 우리말로 번역하면 시스코 공통 분류 정책 적용 언어 정도로 해석할 수 있다. 이 말에서 짐작할 수 있듯이, C3PL은 IOS 영역 기반 방화벽에서만 사용하는 방법이 아니다. C3PL은 시스코 장비에서 트래픽을 분류해 정책을 적용하는 데 널리 사용된다. 영역 기반 방화벽을 구현하기 위해 트래픽 분류에 따른 정책을 적용해야 하는데, 이때 사용되는 것이 C3PL이다. 이 절은 C3PL이 무엇이고 어떻게 이루어져 있는지, 그리고 그 설정 방법에 대해 알아보기로 한다.

본격적인 C3PL을 알아보기 전에 정책 적용 순서에 대해 알아보자. 정책 적용의 순서는 트래픽 분류와 해당 트래픽에 대한 정책 정의, 마지막으로 정책 적용으로 이루어진다.

우리 일상생활에서 개인 업무의 다양성으로 인해 모든 사람에게 동일한 접근 제한을 적용하지 않는 것과 같이, 네트워크상의 트래픽도 매우 다양하므로 각 트래픽의 성격에 따라 적용해야 하는 정책도 달라진다. 그러므로 동일한 정책이 적용되는 트래픽을 분류하는 것이 무엇보다도 우선시된다. 일단 트래픽의 분류가 이루어진 이후에 분류 트래픽에 대한 정책을 결정하고, 그 정책을 적용해야 한다. C3PL은 분류, 정책 정의 및 정책 적용을 위한 시스코 장비의 설정 메커니즘이다(그림 9.9).

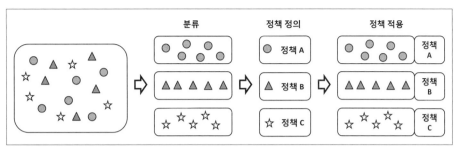

그림 9.9 C3PL 과정

동일한 성격의 트래픽을 묶어 하나의 그룹으로 지정하는 것을 그룹핑^{Grouping}이라고 한다. 그룹핑을 통해 트래픽 클래스가 정해지는데, 이는 동일한 정책이 적용되는 트래픽의 그룹을 의미한다. 이와 같이 동일한 정책이 적용될 트래픽을 분류하기 위해 class-map 이라는 명령어로 트래픽 그룹을 지정한다. class-map 명령어는 트래픽의 클래스, 즉 그룹을 지정하기 위한 맵^{Map}인데, 액세스 리스트 또는 프로토콜 등의 다양한 기준으로 트래픽 그룹을 지정할 수 있다. 클래스 맵은 트래픽 식별^{Identification}을 위한 도구다. 이는 매우 다양한 트래픽을 동일한 성격의 트래픽 그룹으로 식별 및 분류하는 데 사용된다.

분류와 정책 정의, 정책 적용 3단계에 해당하는 C3PL 명령어는 class-map, policy-map, service-policy 명령어로 이루어진다. 트래픽 분류는 각 트래픽의 클래스를 그룹별로 묶는다는 의미로 class-map이라 하고, 분류된 각 트래픽 그룹에 대한 정책을 정의하기 위해 policy-map을, 그리고 이렇게 만들어진 정책을 적용하기 위해 service-policy 명령어를 각각 사용한다. QoS 적용을 위한 MQC^{Modular Quality of Service CLI}도 이와 유사한 방식으로 구현하는데, 약간의 차이점이 있다. C3PL은 해당 명령어가 사용되는 유형을 지정해야 하는데, type 옵션 명령어로 어떤 정책을 적용할 것인지 지정해야 한다. 우리가 알아볼 영역 기반 방화벽을 적용하기 위해 해당 맵의 유형을 검사(Inspect)로 지정해야 한다.

다음은 영역 기반 방화벽에서 사용되는 C3PL의 명령어 구문을 보여준다.

```
(config)# class-map type inspect [match-all|match-any] class-map-name
(config-cmap)# match {access-group {acl-index|acl-name}|protocol protocol-
name|class-map class-map-name}
```

```
(config)# policy-map type inspect policy-map-name
```

```
(config-pmap)# class type inspect class-map-name
    {drop | inspect | pass | service-policy policy-map-name}
```

```
(config-if)# service-policy type inspect policy-map-name
```

예제 설정을 통해 트래픽 분류부터 정책 정의 및 정책 적용을 쉽게 이해해보자.

만일 각 트래픽에 대한 정책 Policy_A, Policy_B, Policy_C가 있다고 가정하자. 모든 텔넷과 ICMP 트래픽에 대해 Policy_A를 적용하고, 내부 네트워크로부터 외부 웹 서버와 DNS 서버로 향하는 트래픽에 대해 Policy_B를 적용하고자 한다. 그리고 마지막으로 출발지인 10.2.1.0/24 네트워크와 10.3.1.0/24 네트워크로부터 목적지 10.100.1.0/24로 향하는 TCP 트래픽은 Policy_C를 적용하고자 한다. 표 9.1은 예제의 조건을 정리해 보여준다.

표 9.1 시나리오 정책 요구사항

출발지	목적지	프로토콜	정책
ANY	ANY	Telnet(TCP 23) ICMP	Policy_A
내부 네트워크	All	WWW(TCP 80)	Policy_B
내부 네트워크	All	DNS(UDP 53)	Policy_B
10.1.2.0/24 10.1.3.0/24	10.100.1.0/24	All TCP	Policy_C

트래픽 분류는 트래픽의 성격과 적용될 정책에 기반해 분류할 수 있다. 동일한 정책이 적용될 트래픽을 기준으로 분류할 수도 있고, 세부적인 트래픽 성격에 따라 분류할 수 있다. 다만 향후 고장 관리 등의 목적으로 동일한 정책을 가진 트래픽 중에서 세부적인 트래픽의 성격에 따라 분류하는 것이 향후 고장 관리에 더 용이할 것으로 보인다. 그러나 이는 절대적인 것이 아니므로, 각 네트워크의 트래픽의 특수성에 따라 달라질 수도 있다. 설정 9.5는 예제 트래픽의 분류를 위한 설정을 보여준다.

설정 9.5 트래픽 분류 설정

```
IOSFW(config)# class-map type inspect match-any MGMT[1]
IOSFW(config-cmap)# match protocol telnet
```

```
IOSFW(config-cmap)# match protocol icmp

IOSFW(config)# class-map type inspect match-any INTERNET[2]
IOSFW(config-cmap)# match protocol http
IOSFW(config-cmap)# match protocol dns

IOSFW(config)# access-list 100 permit ip 10.1.2.0 0.0.0.255 10.100.1.0 0.0.0.255[3]
IOSFW(config)# access-list 100 permit ip 10.1.3.0 0.0.0.255 10.100.1.0 0.0.0.255

IOSFW(config)# class-map type inspect match-any INTRANET[4]
IOSFW(config-cmap)# match access-group 100
```

1. Policy_A에 적용될 관리용 트래픽 분류를 위한 클래스 맵
2. Policy_B에 적용될 내부 사용자를 위한 인터넷 트래픽 분류를 위한 클래스 맵
3. 클래스 맵에 적용될 액세스 리스트 설정
4. 액세스 리스트에 해당되는 트래픽을 분류하기 위한 클래스 맵

설정 9.5에서 첫 번째 트래픽 그룹은 관리용 트래픽을 하나로 묶었다. 텔넷 트래픽과 ICMP 트래픽은 시스템 관리를 위해 사용되는 트래픽이라는 공통점을 가지므로 동일한 정책이 적용될 것이다.

두 번째 트래픽 그룹은 내부 사용자의 인터넷 웹 트래픽과 도메인 검색을 위한 DNS 트래픽을 포함한다. 이들 트래픽은 내부 사용자의 인터넷 트래픽이라는 공통점을 가진다.

마지막으로 세 번째 그룹은 액세스 리스트로 트래픽을 분류해 INTRANET이라는 트래픽 그룹 이름을 부여했다.

클래스 맵에서 match-any는 트래픽이 클래스 맵의 match 항목 중에서 단 하나만 해당되더라도 해당 그룹으로 분류하겠다는 것을 의미한다. 만일 match-all을 사용하는 경우에는 트래픽이 클래스 맵의 모든 match 항목에 일치해야 해당 그룹의 트래픽으로 분류한다. 설정 9.6은 match-all의 예를 보여준다.

```
IOSFW(config)# class-map type inspect match-all ALL_MATCH
IOSFW(config-cmap)# match protocol http
IOSFW(config-cmap)# match access-group 100
```

이 예는 웹(HTTP) 트래픽이면서 액세스 리스트 100에 일치하는 트래픽을 해당 트래픽 그룹으로 분류하기 위한 클래스 맵이다. 즉 설정한 액세스 리스트 100으로 정의한 내부 네트워크 10.1.2.0/24와 10.1.3.0/24로부터 10.100.1.0/24로 향하는 트래픽 중에서 웹 트래픽(HTTP)만 분류하는 설정이다.

이렇게 분류된 트래픽에 대해 적용할 정책은 폴리시 맵[Policy Map]을 이용해 정의한다. 분류된 각 트래픽 그룹에 대한 정책을 개별적으로 설정할 수 있으므로 각 그룹에 대한 정책을 확인한 후 정의한다. 설정 9.7은 각 트래픽 그룹에 정책을 정의하는 과정을 보여준다.

설정 9.7 트래픽 그룹에 정책 정의

```
IOSFW(config)# policy-map type inspect OUTBOUND
IOSFW(config-pmap)# class type inspect MGMT¹
IOSFW(config-pmap-c)# inspect
IOSFW(config-pmap)# class type inspect INTERNET²
IOSFW(config-pmap-c)# pass
IOSFW(config-pmap)# class type inspect INTRANET³
IOSFW(config-pmap-c)# drop
```

1. 클래스 맵 MGMT에 해당하는 트래픽에 대한 정책 정의
2. 클래스 맵 INTERNET에 해당하는 트래픽에 대한 정책 정의
3. 클래스 맵 INTRANET에 해당하는 트래픽에 대한 정책 정의

설정 9.7은 분류된 각 트래픽 그룹에 대한 정책을 정의하는 과정을 보여준다. policy-map 명령어로 정책 적용을 위한 폴리시 맵을 생성한다. 그리고 class 명령어로 분류된 각 트래픽 그룹에 대한 정책을 부여한다. 위의 설정 예를 보면 MGMT 그룹은 inspect를 부여했고, INTERNET 그룹은 pass, 그리고 INTRANET은 drop을 부여했다. inspect, pass, drop은 각 트래픽 그룹에 대한 정책이다. 이들의 의미를 알아보자.

inspect는 검사라는 뜻으로 해당 트래픽을 허용한 후 세션 정보, 즉 연결 정보를 검사해 메모리에 기록하겠다는 의미다. 이는 이 장 앞부분에서 설명한 명시형 필터링^{Stateful Filtering} 기능을 사용한다는 의미다. 시스코 IOS 방화벽에서 명시형 필터링을 명시형 검사^{Stateful Inspection}라 부른다.

명시형 필터링 구현은 트래픽 유형에 따라 제한적으로 적용될 수 있다. 명시형 필터링은 호스트 간의 통신 정보를 기록함으로써 상응하는 응답 트래픽을 허용하고자 하는 경우에 사용되는데, 호스트 간의 세션 정보는 TCP 3방향 핸드쉐이크를 수행할 때 그 정보를 기록한다. 그러므로 UDP와 같이 세션 확립을 사전에 시도하지 않고 통신이 이루어지는 비연결형 통신^{Connectionless Communication}의 경우 제한적일 수 밖에 없다. 그러나 명시형 필터링 기법은 응답 트래픽에 대한 허용 정책을 따로 설정하지 않아도 되므로 방화벽에서 널리 사용되는 기술이다.

pass는 해당 그룹의 트래픽을 허용한다는 의미다. 이때 주의할 점은 트래픽을 허용하되 명시형 필터링 기법을 사용하지 않고 단순하게 해당 트래픽만 허용한다는 의미다. 그러므로 응답 트래픽에 대한 허용 정책을 추가로 적용해야 호스트 간의 통신이 가능하다.

drop은 말 그대로 해당 트래픽을 허용하지 않고 IOS 방화벽이 폐기한다는 의미다.

이와 같이 각 트래픽 그룹에 대한 정책을 정의했다면 해당 정책을 적용해 실제 트래픽 필터링을 구현해야 한다. 일반적으로 정책 적용은 service-policy 명령어로 이루어지는데, 이 명령어는 직접적으로 트래픽이 오가는 인터페이스나 존 페어에 적용한다. 시스코 영역 기반 방화벽은 트래픽 허용이 존 페어로 이루어지므로 해당 존 페어에서 정책을 적용하면 된다.

설정 9.8은 존 페어에 해당 정책을 적용하는 예를 보여준다.

설정 9.8 정책 적용의 예

```
IOSFW(config)# zone-pair security Inside-Outside
IOSFW(config-sec-zone-pair)# service-policy type inspect OUTBOUND
```

이와 같이 C3PL을 이용한 정책 적용의 절차를 알아봤다. 트래픽 분류부터 정책 정의 및 정책 적용에 이르기까지 다소 복잡해 보이긴 하지만, 각 절차를 잘 이해하고 있다면 그리 어렵게 느껴지지 않을 것이다.

다음 절에서 실제 예제를 통해 영역 기반 방화벽을 적용해보고 그 동작을 눈으로 확인하자.

9.4 영역 기반 방화벽 설정

이 절에서 영역 기반 방화벽의 각 요소와 동작 등을 실제 예제를 통해 설정해보고, 적용한 필터링 정책이 올바르게 동작하는지 알아보자.

시스코 통합 서비스 라우터^{ISR}에 영역 기반 방화벽을 설정하기 위해 일반적인 커맨드 라인^{CLI}을 사용할 수도 있고, CCP$^{Cisco\ Configuration\ Professional}$이라는 GUI 환경의 툴을 사용할 수 있다. GUI 환경을 제공하는 CCP는 그래픽으로 보여주기 때문에 명령어를 잘 알지 못해도 설정하는 데 어려움이 덜하다는 장점이 있으나, 확인 기능이 미약하기 때문에 그다지 권장되지 않는다. 또한 실무에서 CCP의 활용도가 그리 높지 않으므로, 이 책은 CCP를 이용한 설정 방법은 다루지 않고 CLI 명령어를 이용한 설정으로 진행한다.

그림 9.10은 실습 예제를 위한 네트워크 구성도다.

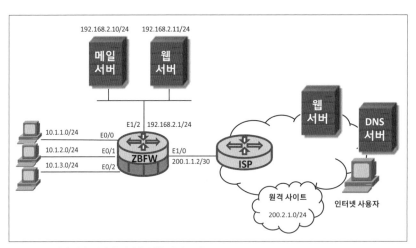

그림 9.10 영역 기반 방화벽 설정을 위한 예제 구성도

예제 구성도를 보면, 세 개의 내부 네트워크가 물리적으로 다른 인터페이스에 연결되어 있다. 그리고 서버팜에는 두 개의 서버(메일 서버와 웹 서버)가 위치한다. 그리고 인터넷에 DNS 서버를 비롯한 웹 서버가 존재한다. 이들 서버는 인터넷상에 존재하는 모든 웹 서버와 DNS 서버를 대신하는 용도로 사용될 것이다. 그리고 인터넷상에 일반 사용자가 존재하고, 원격 사이트의 네트워크도 존재한다.

예제의 시나리오는 다음과 같다.

내부 사용자는 서버팜에 위치하는 메일 서버(192.168.2.10)와 웹 서버(192.168.2.11)에 접속 가능해야 한다. 그리고 내부 사용자의 인터넷 서비스는 웹 서비스와 DNS 검색만 가능하다. 다만 IT 지원 팀(10.1.3.0/24)은 원격 사이트를 관리하기 위해 텔넷 및 SNMP 등의 관리용 트래픽을 허용한다. 인터넷 사용자는 서버팜에 위치하는 웹 서버(192.168.2.10)에 접속할 수 있다.

이 시나리오를 정리하면 표 9.2와 같다.

표 9.2 예제 시나리오의 정리

네트워크	목적지	서비스	정책
내부 네트워크 10.1.1.0/24 10.1.2.0/24 10.1.3.0/24	서버팜 메일 서버(192.168.2.10) 웹 서버(192.168.2.11)	POP3 SMTP HTTP HTTPS	허용
내부 네트워크 10.1.1.0/24 10.1.2.0/24 10.1.3.0/24	인터넷	HTTPS DNS HTTP	허용

(이어짐)

네트워크	목적지	서비스	정책
IT 지원 팀 10.1.3.0/24	원격 사이트 200.2.1.0/24	원격 데스크톱 텔넷/SSH FTP/TFTP SNMP ICMP	허용
인터넷 사용자	서버팜 웹 서버(192.168.2.11)	HTTP HTTPS	허용

네트워킹에 관련된 모든 설정이 그렇지만, 특히 방화벽 설정은 매우 신중하고 정확하게 이루어져야 한다. 왜냐하면 모든 보안 정책이 기업의 실제 사업과 직결되기 때문이다. 그러므로 본격적인 설정을 하기 전에 요구되는 사항을 반드시 도표로 간략하게 정리한 후 실제 설정을 수행하길 바란다. 앞의 예제 시나리오를 정리한 표가 하나의 예가 될 수 있다.

이 정책을 바탕으로 하여 영역 기반 방화벽 설정을 해보자. 영역 기반 방화벽 설정은 다음과 같은 순서로 진행한다.

1. 영역 생성
2. 영역 멤버 지정
3. 존 페어 지정
4. 트래픽 분류
5. 정책 정의
6. 정책 적용

가장 먼저 설정할 부분은 영역을 생성하는 것이다. 영역은 동일한 정책이 적용되는 단위로 구분하면 된다. 이 예제는 크게 내부 네트워크와 서버팜, 그리고 인터넷으로 나눌 수 있다. 네트워크 상황에 따라 더 많은 영역이 필요할 수도 있고, 단 두 개의 영역만 존재할 수도 있으므로 네트워크의 정책에 따라 적절하게 영역을 생성하면 된다. 그림 9.11은 예제 구성도를 영역 개념으로 표현한 그림이다.

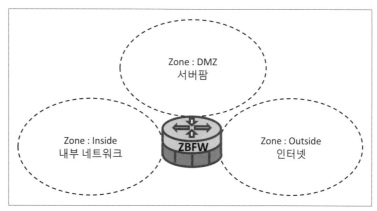

그림 9.11 예제 시나리오를 위한 영역 구분

그림에 나타나듯이, 이 예제는 내부 네트워크를 의미하는 Inside 영역과 서버팜의 DMZ 영역, 그리고 인터넷의 Outside 영역이라는 세 개의 영역을 사용한다. 그러므로 이 영역들을 생성한다. 설정 9.9와 같이 영역을 생성해보자.

설정 9.9 영역 생성

```
ZBFW(config)# zone security Inside
ZBFW(config-sec-zone)# description LOCAL_NETWORK
ZBFW(config)# zone security Outside
ZBFW(config-sec-zone)# description INTERNET
ZBFW(config)# zone security DMZ
ZBFW(config-sec-zone)# description SERVER_FARM
```

참고로, 위의 설정에서 `description`은 각 영역에 대한 간략한 설명을 위한 설정인데, 영역 설정에서 필수적인 사항은 아니다. 그러나 영역이 많은 경우 쉽게 인지할 수 있도록 설정하는 것을 권장한다.

일단 영역을 생성했다면, 각 영역에 속하는 영역의 일원을 정의하는 영역 멤버 설정을 수행한다. 영역은 단지 논리적인 정보일 뿐이다. 영역 멤버 설정은 실제 트래픽이 들어오고 나가는 인터페이스를 원하는 영역에 포함시키는 과정이다. 예제 실습 구성도를 보면, e0/0, e0/1, e0/2는 Inside 영역, e1/0은 Outside 영역, e1/2는 DMZ 영역의 멤버로서 존재하므로 이에 맞게 설정해보자. 설정 9.10은 각 인터페이스를 해당 영역의 멤버로 지정하는 과정을 보여준다.

```
ZBFW(config)# interface e0/0
ZBFW(config-if)# zone-member security Inside
ZBFW(config)# interface e0/1
ZBFW(config-if)# zone-member security Inside
ZBFW(config)# interface e0/2
ZBFW(config-if)# zone-member security Inside
ZBFW(config)# interface e1/0
ZBFW(config-if)# zone-member security Outside
ZBFW(config)# interface e1/2
ZBFW(config-if)# zone-member security DMZ
```

지금까지 설정한 영역과 그 영역에 포함된 인터페이스는 show zone security 명령어로 확인할 수 있다. 이 명령어로 원하는 영역과 영역에 속하는 각 인터페이스가 정확하게 설정되었는지 확인한다(설정 9.11).

설정 9.11 영역과 멤버 확인

```
ZBFW# show zone security
zone self
Description: System Defined Zone

zone Inside
 Description: LOCAL_NETWORK
 Member Interfaces:
 Ethernet0/0
 Ethernet0/1
 Ethernet0/2

zone Outside
 Description: INTERNET
 Member Interfaces:
 Ethernet1/0

zone DMZ
```

```
Description: SERVER_FARM
Member Interfaces:
```

Ethernet1/2

영역과 해당 영역에 속하는 인터페이스가 지정되면, 각 영역 간의 통신에 대한 정책
이 어떻게 이루어질 것인지 확인한다. 영역 간 통신 정책에 의해 영역 간의 트래픽 방향
이 결정되고, 트래픽 방향에 상응하는 존 페어를 생성한다. 예제 시나리오의 영역 간 트
래픽 방향은 그림 9.12와 같이 나타난다.

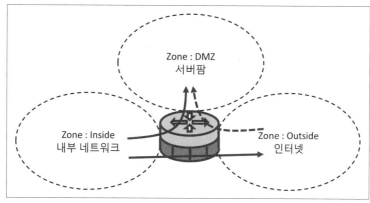

그림 9.12 영역 간 트래픽 방향

그림의 트래픽 방향은 트래픽의 시작 방향을 나타낸다. 즉, 응답 트래픽의 방향은 표
시하지 않았다. 그 이유는 무엇일까?

영역 기반 방화벽과 일반적인 방화벽은 명시형 필터링을 기본적으로 사용할 수 있다.
그러므로 통신의 시작 트래픽^{Initial Traffic}(개시 트래픽)만 허용되면 그 응답 트래픽은 특별
한 설정을 하지 않아도 허용된다. 이 예제의 경우도 명시형 필터링을 위해 시작 트래픽
에 대한 방향만 결정하고, 영역 간 트래픽 방향을 나타내는 존 페어를 생성하자.

예제의 조건에 의거해, 우선 내부 네트워크 Inside 영역으로부터 DMZ 영역과
Outside 영역으로 향하는 존 페어를 생성한다. 그리고 Outside 영역으로부터 DMZ 영
역으로 향하는 존 페어를 구성한다. 설정 후 각 존 페어의 출발지와 목적지 영역을 확인
한다. 설정 9.12는 존 페어 생성을 보여준다.

```
ZBFW(config)# zone-pair security Inside-Outside source Inside destination Outside
ZBFW(config-sec-zone-pair)# description LOCAL_to_INTERNET
ZBFW(config)# zone-pair security Inside-DMZ source Inside destination DMZ
ZBFW(config-sec-zone-pair)# description LOCAL_to_DMZ
ZBFW(config)# zone-pair security Outside-DMZ source Outside destination DMZ
ZBFW(config-sec-zone-pair)# description Internet_to_DMZ


ZBFW# show zone-pair security
Zone-pair name Inside-Outside
Description: LOCAL_to_INTERNET
    Source-Zone Inside  Destination-Zone Outside
    service-policy not configured¹
Zone-pair name Inside-DMZ
Description: LOCAL_to_DMZ
    Source-Zone Inside  Destination-Zone DMZ
    service-policy not configured
Zone-pair name Outside-DMZ
Description: Internet_to_DMZ
    Source-Zone Outside  Destination-Zone DMZ
    service-policy not configured
```

1. 아무런 정책도 적용되지 않았다.

앞에서 설명한 것과 마찬가지로, 각 영역 간의 통신은 존 페어가 설정되지 않으면 트래픽이 허용되지 않는다. 그러므로 예제에서 설정한 존 페어는 Inside 영역으로부터 Outside 영역으로, Inside 영역으로부터 DMZ 영역으로, 그리고 Outside 영역으로부터 DMZ 영역으로 향하는 트래픽만 허용할 수 있다. 그러므로 존 페어로 지정하지 않은 트래픽, 즉 예를 들어 Outside로부터 Inside 영역으로의 트래픽은 원천적으로 봉쇄된다. 한편, 존 페어 확인으로도 알 수 있듯이 현재 각 존 페어에 정책이 적용되지 않았다('service-policy not configured'). 이는 영역 간의 단방향 통로만을 구축한 것에 불과하며 아직 개통되지 않은 도로에 비유할 수 있다.

각 존 페어에 적용할 접근 제어 정책을 마련해 적용해야 한다. 앞 절에서 학습한 C3PL을 이용해 예제 시나리오를 만족할 정책을 설정하자.

C3PL 설정의 첫 번째 단계는 트래픽 분류^{Traffic Classification}다. 트래픽 분류는 정책이 적용되어야 하는 특정 트래픽을 선택하는 과정이다. 트래픽 분류는 네트워크의 규모나 정책의 복잡성에 따라 다양한 방법으로 이루어질 수 있는데, 정책의 확장성을 위해 동일한 서비스 트래픽 위주로 분류하되, 네트워크 상황에 맞게 유연하게 분류하는 것을 권장한다. 예제 시나리오에 정의된 각 서비스를 정리하면 표 9.3과 같다.

표 9.3 예제 시나리오에 정의된 서비스

서비스	트래픽 종류	트래픽 그룹
POP3 SNMP	EMAIL 트래픽	EMAIL
HTTP HTTPS	웹 트래픽	WWW
DNS	DNS	DNS
Telnet/SSH FTP/TFTP SNMP ICMP	관리용	MGMT

물론 트래픽 분류는 관리자의 기준이나 성향에 따라 조금씩 다를 수 있다. 이 예제는 이와 같은 기준으로 트래픽을 분류하도록 한다. 트래픽 분류는 class-map 명령어를 사용한다. 설정 9.13은 이 예제의 트래픽 분류 과정을 보여준다.

설정 9.13 트래픽 분류

```
ZBFW(config)# class-map type inspect match-any EMAIL
ZBFW(config-cmap)# match protocol pop3
ZBFW(config-cmap)# match protocol smtp

ZBFW(config)# class-map type inspect match-any WWW
ZBFW(config-cmap)# match protocol http
ZBFW(config-cmap)# match protocol https

ZBFW(config)# class-map type inspect match-any DNS
ZBFW(config-cmap)# match protocol dns
```

```
ZBFW(config)# class-map type inspect match-any MGMT
ZBFW(config-cmap)# match protocol telnet
ZBFW(config-cmap)# match protocol ssh
ZBFW(config-cmap)# match protocol ftp
ZBFW(config-cmap)# match protocol tftp
ZBFW(config-cmap)# match protocol snmp
ZBFW(config-cmap)# match protocol icmp
```

이와 같이 각 서비스 기준으로 트래픽 분류가 이루어질 것이다. 여기서 각 클래스 맵 설정을 보면 match-any로 분류가 이루어지는데, 이는 클래스 맵의 매치[match] 구문에 단한 부분만이라도 일치되면 해당 트래픽 그룹으로 분류한다는 의미다.

여기서 하나의 클래스 맵을 추가할 예정이다. 이것은 또 무슨 말인가? 시나리오에서 확인할 수 있는 서비스는 모두 표현되었다. 그런데 무엇을 위한 클래스 맵이 더 필요한 것일까?

그것은 바로 관리용 트래픽을 위한 클래스 맵이다. 그러나 틀림없이 앞의 설정에서는 클래스 맵에서 관리용 트래픽을 분류했다. 그러나 이 예제의 조건을 만족시키기에는 불충분하다.

예제 시나리오의 조건은 내부 IT 지원 팀의 네트워크 10.1.3.0/24로부터의 관리 트래픽만 해당된다. 내부의 다른 네트워크에 속하는 사용자는 관리 트래픽에 해당되는 서비스가 허용되지 않기 때문이다. 그러므로 IT 지원 팀의 관리 트래픽을 위한 트래픽 그룹이 요구된다. 이를 만족시키는 트래픽 그룹은 설정 9.14와 같이 분류할 수 있다.

설정 9.14 IT 지원 팀의 트래픽을 위한 트래픽 분류

```
ZBFW(config)# ip access-list extended IT_SUPPORT
ZBFW(config-ext-nacl)# permit ip 10.1.3.0 0.0.0.255 200.2.1.0 0.0.0.255

ZBFW(config)# class-map type inspect match-all[1] SUPPORT_TRAFFIC
ZBFW(config-cmap)# match access-group name IT_SUPPORT
ZBFW(config-cmap)# match class-map MGMT
```

1. 모든 match 구문을 만족해야 한다.

설정 9.14의 클래스 맵을 보면 조금 생소한 느낌이 들 것이다. 앞에서 설정한 클래스 맵과 매치^match 구문이 조금 다르다. 앞 절에서 언급했지만, 클래스 맵은 동일한 성격의 트래픽뿐만 아니라 특정 출발지/목적지 IP로의 트래픽도 정의할 수 있다. 특정 IP에 대한 트래픽을 정의하고자 할 때 사용할 수 있는 것이 액세스 리스트다. 원하는 IP를 표현하는 액세스 리스트를 정의하고, 이를 클래스 맵에 적용시킨다.

한편, 클래스 맵은 이미 정의된 특정 클래스 맵도 불러들여 사용할 수 있다. 위의 설정에서 정의한 클래스 맵 SUPPORT_TRAFFIC은 match-all 구문을 사용했다. 이는 클래스 맵에 정의된 모든 매치 구문을 만족해야만 해당 트래픽 그룹으로 분류하겠다는 의미다. 이 예제에서 사용한 클래스 맵을 해석하면, 액세스 리스트 IT_SUPPORT를 만족하는 동시에 클래스 맵 MGMT를 만족해야만 SUPPORT_TRAFFIC 그룹으로 분류된다는 의미다. 여기서 클래스 맵 MGMT는 match-any 구문을 사용했으므로, 정의한 프로토콜 중 어떠한 서비스든 IP_SUPPORT 네트워크로부터 수신하면 모두 해당 트래픽 그룹으로 분류한다.

이와 같이 트래픽 분류가 성공적으로 이루어졌다. 이제 이와 같이 분류한 트래픽에 대한 정책을 적용해야 한다.

필터링 정책에 따라 트래픽의 허용과 거부가 결정된다. 앞에서 설정한 존 페어는 두 영역 간의 단방향 통로를 의미하는데, 정책이 적용되기 전까지 모든 트래픽은 거부된다고 했다. 그러므로 앞에서 설정한 존 페어를 바탕으로 요구되는 정책을 설정한다.

첫 번째 존 페어인 Inside 영역으로부터 Outside 영역으로 나가는 트래픽에 대한 정책을 정의한다. 내부 네트워크로부터 인터넷으로 향하는 트래픽을 정의하면 표 9.4와 같다.

표 9.4 Inside 영역으로부터 Outside 영역으로 향하는 트래픽

내부 네트워크	서비스	클래스 맵	정책
모든 네트워크	웹 서비스 (HTTP/HTTPS) DNS 서비스 (DNS)	Class-map WWW Class-map DNS	허용
10.1.3.0/24	관리용 트래픽 Telnet/SSH FTP/TFTP SNMP ICMP	Class-map SUPPORT_ TRAFFIC	허용

이 정책을 기반으로 존 페어 Inside-Outside에 대한 정책을 정의한다. 정책 정의는 policy-map 명령어로 수행한다. 특정 트래픽에 해당하는 클래스 맵에 대한 정책을 정의한다. 설정 9.15는 Inside 영역으로부터 Outside 영역으로 향하는 트래픽에 대한 정책 정의를 보여준다.

설정 9.15 내부 네트워크의 인터넷 트래픽 정책 정의

```
ZBFW(config)# policy-map type inspect LOCAL_to_INTERNET
ZBFW(config-pmap)# class type inspect WWW
ZBFW(config-pmap-c)# inspect
ZBFW(config-pmap)# class type inspect DNS
ZBFW(config-pmap-c)# inspect
ZBFW(config-pmap)# class type inspect SUPPORT_TRAFFIC
ZBFW(config-pmap-c)# inspect
```

내부 네트워크로부터 인터넷으로 향하는 트래픽에 대한 정책은 inspect로 정의했다. 앞에서 언급했듯이, inspect는 트래픽을 허용함과 동시에 세션 정보를 기록해 응답 트래픽을 허용하는 명시형 필터링^{Stateful Inspection Filtering}을 사용하는 정책이다. 명시형 필터링을 사용함으로써 응답 트래픽에 대한 정책을 별도로 설정하지 않아도 되기 때문에 설정이 보다 간결하게 이루어진다.

여기서 잠깐! 앞 절의 C3PL에서 언급하지 않은 부분을 살펴보자.

위에서 설정한 정책을 확인해본다. 설정 9.16에서 확인되듯이, 앞에서 설정하지 않은 class class-default가 확인된다. 이는 기본 클래스 맵으로서, 해당 정책 맵에 정의된 클래스 맵에 속하지 않는 모든 트래픽에 대한 일괄적인 정책을 정의하는 클래스 맵이다. 기본 클래스 맵의 기본적인 정책은 모든 트래픽을 폐기^{Drop}하는 것이다.

설정 9.16 정책 설정 확인

```
ZBFW# show run policy-map LOCAL_to_INTERNET
Building configuration...

Current configuration : 201 bytes
!
policy-map type inspect LOCAL_to_INTERNET
```

```
 class type inspect WWW
  inspect
 class type inspect DNS
  inspect
 class type inspect SUPPORT_TRAFFIC
  inspect
 class class-default¹
  drop
!
end
```

1. 설정하지 않은 클래스 정보가 확인된다.

8장, '접근 제어의 기본'에서 언급했듯이, 방화벽에 의해 허용되는 트래픽은 관리자의 정책에 따라 허용되므로 위험하지 않은 것으로 간주할 수 있다. 그러나 방화벽에 의해 부정되는, 즉 폐기되는 트래픽은 관리자의 정책에 위반하는 위험을 내포한 트래픽일 가능성이 있다. 그러므로 폐기되는 트래픽의 정보는 확인되어야 한다.

위의 패킷 드롭이 기본 정책인 기본 트래픽 분류 맵인 class-default 클래스 맵뿐만 아니라, 만일 설정한 클래스 맵의 정책이 drop이라면 log 옵션 명령어를 추가하는 것이 권장된다(설정 9.17). 이는 해당 클래스 맵에 의해 폐기되는 트래픽이 존재할 경우에 트래픽의 정보를 로그에 남기기 위한 설정이다.

설정 9.17 클래스 맵에 대한 정책이 폐기(drop)라면 log 옵션 사용이 권장된다.

```
ZBFW(config)# policy-map type inspect LOCAL_to_INTERNET
ZBFW(config-pmap)# class class-default
ZBFW(config-pmap-c)# drop log
```

두 번째로 내부 네트워크로부터 서버팜으로 향하는 트래픽에 대한 정책을 설정한다. 이에 대한 트래픽의 정책은 표 9.5에 보여준다. 설정 9.18은 이 트래픽 그룹에 대한 정책 정의의 설정 과정을 보여준다.

표 9.5 Inside 영역으로부터 DMZ 영역으로 향하는 트래픽

내부 네트워크	서비스	클래스 그룹	정책
모든 네트워크	메일 서비스 (POP3/SMTP) 웹 서비스 (HTTP/HTTPS)	Class-map EMAIL Class-map WWW	허용

설정 9.18 내부 네트워크의 서버팜 트래픽 정책 설정

```
ZBFW(config)# policy-map type inspect LOCAL_to_DMZ

ZBFW(config-pmap)# class type inspect EMAIL

ZBFW(config-pmap-c)# inspect

ZBFW(config-pmap)# class type inspect WWW

ZBFW(config-pmap-c)# inspect

ZBFW(config-pmap)# class class-default

ZBFW(config-pmap-c)# drop log
```

마지막으로 인터넷으로부터 서버팜으로 향하는 트래픽에 대한 정책을 설정한다. 표 9.6은 트래픽의 정책을 보여주고, 설정 9.19는 이 트래픽 그룹에 대한 정책 정의의 설정을 보여준다.

표 9.6 Outside 영역으로부터 DMZ 영역으로 향하는 트래픽

외부 네트워크	서비스	클래스 그룹	정책
모든 네트워크	웹 서비스 (HTTP/HTTPS)	Class-map WWW	허용

설정 9.19 인터넷으로부터의 서버팜 트래픽 정책 설정

```
ZBFW(config)# policy-map type inspect INTERNET_to_DMZ

ZBFW(config-pmap)# class type inspect WWW

ZBFW(config-pmap-c)# inspect

ZBFW(config-pmap)# class class-default

ZBFW(config-pmap-c)# drop log
```

정책 정의가 모두 끝났다. 그러나 지금까지 설정한 모든 정책은 현재 휴면 상태의 정책에 불과하다. 다시 말해, 지금까지의 설정만으로는 그 어떤 정책도 실제 트래픽에 영향을 미치지 못한다. 발효되지 않은 법안과 같이, 정책만 마련되었을 뿐이다. 이 정책을 실제 트래픽에 적용하기 위해 영역 간의 단방향 트래픽을 정의한 존 페어에 해당되는 정책을 적용한다. 정책 적용은 service-policy 명령어로 수행한다. 설정 9.20은 각 존 페어에 정책을 적용하는 과정을 보여준다.

설정 9.20 존 페어에 정책을 적용한다.

```
ZBFW(config)# zone-pair security Inside-Outside
ZBFW(config-sec-zone-pair)# service-policy type inspect LOCAL_to_INTERNET

ZBFW(config)# zone-pair security Inside-DMZ
ZBFW(config-sec-zone-pair)# service-policy type inspect LOCAL_to_DMZ

ZBFW(config)# zone-pair security Outside-DMZ
ZBFW(config-sec-zone-pair)# service-policy type inspect INTERNET_to_DMZ
```

각 존 페어에 해당하는 정책이 적용되었다. 이제 각 존 페어에 정의된 방향의 트래픽은 적용한 정책에 의해 허용 또는 거부될 것이다. 이제 내부 사용자로부터 외부 인터넷 상의 DNS와 웹 서버로의 접속이 허용되는 것을 확인할 수 있다(그림 9.13).

그림 9.13 내부 사용자로부터 외부 웹 서버로 향하는 웹 서비스가 허용된다.

　　내부 사용자의 TCP 세션 정보는 응답 트래픽을 허용하기 위해 명시형 검사에 의해
IOS 방화벽에 기록되는 것을 확인할 수 있다(설정 9.21).

설정 9.21 내부 사용자의 TCP 세션 정보를 확인할 수 있다.

```
ZBFW# show policy-map type inspect zone-pair Inside-Outside sessions

policy exists on zp Inside-Outside
  Zone-pair: Inside-Outside

  Service-policy inspect : LOCAL_to_INTERNET

    Class-map: WWW (match-any)
      Match: protocol http
        3865 packets, 122832 bytes
        30 second rate 0 bps
      Match: protocol https
        13276 packets, 424520 bytes
```

```
30 second rate 2000 bps

Inspect

   Number of Established Sessions = 4
   Established Sessions
      Session 428CD78 (10.1.1.10:1381)=>(216.58.220.131:80) http:tcp SIS_OPEN/TCP_
ESTAB
         Created 00:00:03, Last heard 00:00:03
         Bytes sent (initiator:responder) [515:533]
      Session 428A558 (10.1.1.10:1382)=>(216.58.220.131:443) https:tcp SIS_OPEN/
TCP_ESTAB
         Created 00:00:03, Last heard 00:00:02
         Bytes sent (initiator:responder) [1840:51199]
      Session 4286928 (10.1.1.10:1384)=>(216.58.220.131:443) https:tcp SIS_OPEN/
TCP_ESTAB
         Created 00:00:02, Last heard 00:00:02
         Bytes sent (initiator:responder) [763:282]
```

세션 정보에 내부 사용자와 외부 웹 서버의 IP 및 포트 정보가 확인된다. (10.1.1.10: 1382)=>(216.58.220.131:443)을 통해 내부 사용자 10.1.1.10으로부터 인터넷 웹 서버 216.58.220.131로 향하는 트래픽이라는 것을 짐작할 수 있다.

한편, IT 지원 팀의 네트워크로부터 원격 사이트로의 텔넷 등의 관리 트래픽도 허용되는 것을 확인할 수 있다(그림 9.14). 그러나 IT 지원 팀 외의 다른 내부 네트워크로부터의 관리 트래픽은 모두 차단된다(그림 9.15). 그리고 방화벽에 의해 차단되는 트래픽은 로그 정보로 확인할 수 있다(설정 9.22). 또한 외부의 인터넷 사용자로부터 DMZ 네트워크의 웹 서버로의 트래픽만 허용하므로 시나리오의 조건이 만족되는 것을 확인할 수 있다.

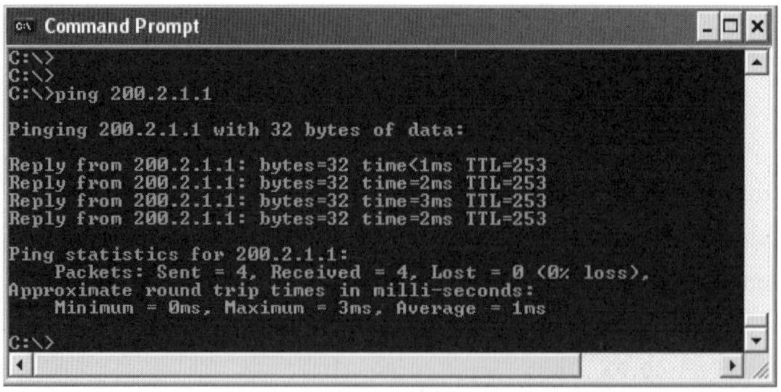

그림 9.14 IT 지원 팀으로부터 원격 사이트로의 관리 트래픽은 허용된다.

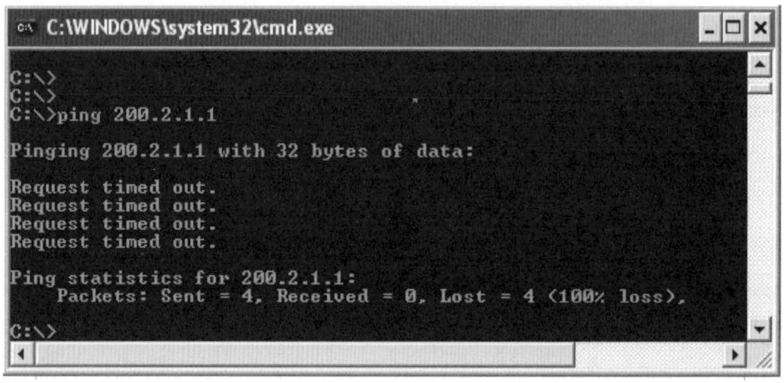

그림 9.15 다른 내부 네트워크로부터 원격 사이트로의 관리 트래픽은 허용되지 않는다.

설정 9.22 영역 기반 방화벽에 의해 차단되는 트래픽 정보 확인

```
ZBFW# show log | in Drop
Jun  8 21:20:17.003: %FW-6-DROP_PKT: Dropping icmp session 10.1.1.10:0 200.2.1.1:0 on
zone-pair Inside-Outside class class-default due to  DROP action found in policy-map
with ip ident 25462
```

각 존 페어에 적용된 정책의 현재 상태를 확인해보자. 우선 명시형 검사를 위한 세션 정보를 확인한다. show policy-map type inspect zone-pair 명령어로 상태를 확인한다. 설정 9.23은 존 페어 Inside-Outside에 적용된 정책의 상태를 확인하는 예를 보여준다.

```
ZBFW# show policy-map type inspect zone-pair Outside-DMZ

policy exists on zp Outside-DMZ
  Zone-pair: Outside-DMZ

  Service-policy inspect : INTERNET_to_DMZ

    Class-map: WWW (match-any)
      Match: protocol http
        13 packets, 408 bytes
        30 second rate 0 bps
      Match: protocol https
        0 packets, 0 bytes
        30 second rate 0 bps

  Inspect
      Packet inspection statistics [process switch:fast switch]
      tcp packets: [14:139]

      Session creations since subsystem startup or last reset 13
      Current session counts (estab/half-open/terminating) [0:0:0]
      Maxever session counts (estab/half-open/terminating) [2:2:1]
  - 중략 -
```

많은 출력 정보를 보여준다. 해당 존 페어에 적용된 정책의 각 트래픽 클래스마다의 트래픽 통계 및 현황을 보여주고, 현재 연결된 세션의 수를 비롯한 많은 정보를 보여준다. 여기에서 명시형 검사에서 사용되는 자세한 세션 정보를 확인하려면 show policy-map type inspect zone-pair sessions 명령어로 확인할 수 있다. 설정 9.24는 존 페어 Outside-DMZ에 형성된 세션 정보를 확인하는 예를 보여준다.

```
ZBFW# show policy-map type inspect zone-pair Outside-DMZ sessions

policy exists on zp Outside-DMZ
  Zone-pair: Outside-DMZ

  Service-policy inspect : INTERNET_to_DMZ

    Class-map: WWW (match-any)
      Match: protocol http
        13 packets, 408 bytes
        30 second rate 0 bps
      Match: protocol https
        0 packets, 0 bytes
        30 second rate 0 bps

    Inspect


      Number of Established Sessions = 2
      Established Sessions
        Session 4292110 (200.200.1.10:60452)=>(192.168.2.11:80) http:tcp SIS_OPEN/
TCP_ESTAB
            Created 00:00:20, Last heard 00:00:09
            Bytes sent (initiator:responder) [5665:6997]
        Session 4286928 (200.200.1.10:60458)=>(192.168.2.11:80) http:tcp SIS_OPEN/
TCP_ESTAB
            Created 00:00:09, Last heard 00:00:08
            Bytes sent (initiator:responder) [624:3382]


    Class-map: class-default (match-any)
      Match: any
      Drop
        47 packets, 3256 bytes
```

지금까지 영역 기반 방화벽의 개념과 그 설정법에 대해 알아봤다. IOS 기반의 방화벽은 소규모 네트워크에서 추가 방화벽에 대한 비용을 절약할 수 있고, 관리 측면에서도 효과적일 수 있으므로 널리 사용되고 있다. 소규모 네트워크를 담당하는 관리자라면 IOS 라우터의 영역 기반 방화벽이 가진 기능을 숙지함으로써 네트워크 보안을 강화할 수 있을 것이다.

10

ASA의 방화벽

ASA는 전형적인 네트워크 보안 장비로서 많은 보안 기능을 제공한다. 장비 그 자체가 네트워크 보안을 위해 개발된 장비이므로, 네트워크 보안의 가장 기본적인 기능인 방화벽(접근 제어) 기능이 제공되며 ASA에서 가장 핵심적인 기능으로 꼽힌다. 이 장은 ASA의 방화벽 기능에 대해 살펴보고 기본적인 설정법을 알아본다.

10.1 ASA 방화벽의 기본

시스코 라우터의 IOS 방화벽은 영역 기반 방화벽 제공으로 간단한 패킷 필터링부터 심도 있는 응용 계층 필터링까지 다양하고 전문적인 방화벽 기능을 제공한다. 그러나 라우터는 라우터 본연의 기능인 라우팅에 보다 초점이 맞춰져 개발된 장비다. 그러므로 대규모 트래픽에 대한 방화벽 구현은 부담스러울 수 있다. 대량 트래픽에 대한 방화벽 정책을 구현하기 위해서는 전형적인 방화벽이 요구된다. 본격적인 설정을 알아보기에 앞서, ASA의 방화벽 구현과 관련된 기본적인 내용을 알아보자. 물론 4장, 'ASA 기본'에서 기본적인 동작에 대해 이미 언급했는데, 이 절을 통해 방화벽 기능에 관련된 내용을 다시 한 번 간략하게 살펴보자.

ASA는 전형적인 방화벽으로서 기본적인 동작이 패킷 필터링으로 시작된다. 이 말은 기본적으로 모든 패킷을 허용하는 라우터의 동작과 달리, ASA는 기본적으로 모든 패킷을 허용하지 않는다는 의미다. 4장, 'ASA 기본'에서 언급했듯이, 네트워크 보안은 부정Deny을 바탕으로 시작되며, 정책적인 대상에 한해 제한적으로 허용한다(그림 10.1).

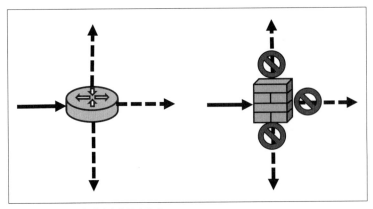

그림 10.1 라우터와 방화벽의 동작 차이

한편, ASA는 각 인터페이스에 보안 레벨^{Security Level}을 적용한다. 각 인터페이스의 보안 레벨은 인터페이스로 수신되는 트래픽에 대한 신뢰도를 나타내는데, 보안 레벨이 높을수록 트래픽에 대한 신뢰도가 높은 것으로 간주된다. 반면에 보안 레벨이 낮을수록 트래픽에 대한 신뢰도는 낮은 것으로 간주된다. 그러므로 보안 레벨이 낮은 인터페이스로부터 보안 레벨이 높은 인터페이스로의 트래픽은 신뢰도가 낮은 트래픽이 신뢰도가 높은 네트워크로 유입되는 것이므로 위험할 수 있기 때문에 허용되지 않는다. 반대로, 보안 레벨이 높은 인터페이스로부터 보안 레벨이 낮은 인터페이스로의 트래픽은 신뢰할 수 있는 트래픽이므로 위험하지 않기 때문에 낮은 신뢰도의 네트워크로 유입되는 것이 허용된다.

4장에서 보안 레벨은 중력의 법칙과 유사하다고 했다. 고도가 높은 곳에 구슬을 놓으면 낮은 곳으로 굴러간다. 그러나 반대로 낮은 곳으로부터 높은 곳으로는 저절로 올라갈 수 없다. 이와 같은 이치다.

ASA의 기본 설정 상태에서 내부 네트워크로의 인터페이스의 보안 레벨을 100으로 하고, 외부 네트워크 인터페이스의 보안 레벨을 0으로 설정했다고 가정하자. 내부 사용자로부터 외부 네트워크의 호스트로는 모든 통신이 허용된다. 반면에 외부 사용자로부터 내부 네트워크의 호스트로는 모든 통신이 차단된다.

자! 여기서 어떤 독자는 의문이 생길 수 있다. 외부로부터 내부로의 통신이 허용되지 않는다고 했는데, 내부 사용자의 통신은 어떻게 이루어질까? 통신이라는 것은 양방향 교신을 의미한다. 아무리 내부 사용자의 트래픽이 외부로 나가는 것이 허용된다고 하더라도 외부 호스트가 응답하는 응답 트래픽은 내부 사용자로 향한다. 즉, 보안 레벨이 낮은 인터페이스로부터 보안 레벨이 높은 인터페이스로 향하는 트래픽이다. 이것은 어떻게 허용될까(그림 10.2)?

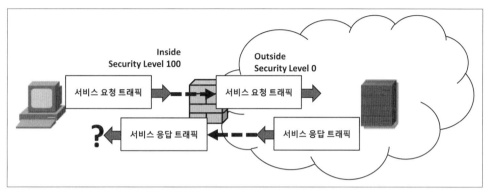

그림 10.2 외부로부터의 응답 트래픽은 허용될까?

앞 장에서 언급했듯이, 이것은 명시형 검사Stateful Inspection에 의해 허용된다. 명시형 검사 또는 명시형 필터링은 개시 트래픽Initial Traffic의 결과에 대한 응답 트래픽을 예측함으로써 이루어진다. 보안 레벨이 높은 인터페이스로부터 낮은 인터페이스로 트래픽을 허용하는데, 이때 이에 대한 기대되는 수신 트래픽을 위해 세션 정보를 기록한다. 이렇게 기록된 세션 정보에 의해 응답 트래픽에 대한 허용이 이루어진다. 각 통신의 세션 연결 정보는 ASA의 커넥션 테이블Connection Table에 기록되는데, 커넥션 테이블은 show conn 명령어로 확인할 수 있다.

8장, '접근 제어의 기본'에서 언급했듯이, 명시형 필터링은 모든 통신 프로토콜을 지원하지 않는다. 지원 트래픽은 모든 TCP 트래픽과 일부 UDP 트래픽에 한해 지원된다. 그 이유는 명시형 필터링은 현재 동작 중인 연결에 한해서만 지원되기 때문이다. 현재 동작 중인 연결이란 사용 중인 연결 세션Active Session을 의미한다.

TCP의 예를 들어 설명하면, TCP는 연결형 서비스로서 실제 통신이 이루어지기 전에 논리적인 연결, 즉 세션 연결을 먼저 확립한 후에 본격적인 통신을 수행한다. SYN 메시지 교환으로 이루어지는 3방향 핸드쉐이크를 세션 확립 과정이라 하는데, 3방향 핸드쉐이크가 성공적으로 이루어지면 두 호스트 간의 논리적인 세션이 연결되었다고 말한다. 명시형 필터링은 이 단계, 즉 3방향 핸드쉐이크가 성공적으로 이루어지는 시점에 응답 트래픽 허용에 대한 정보를 기록한다(그림 10.3). 그러므로 비연결형 서비스인 UDP의 경우에는 사전에 세션 연결을 시도하지 않으므로 실제로 사용 중인 세션 정보를 인지하기가 쉽지 않다. 이런 이유로 명시형 검사는 일부 UDP 서비스를 제외한 대부분의 서비스를 지원하지 않는다.

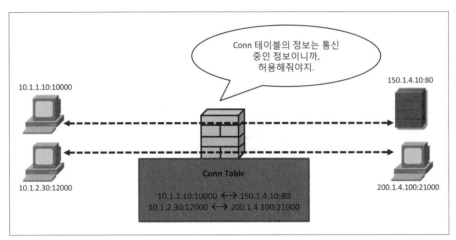

그림 10.3 실제 동작 중인 세션 정보만 명시형 필터링을 위한 정보로 기록된다.

이런 이유로 명시형 필터링은 대부분의 UDP 트래픽과 ICMP 트래픽을 지원하지 않는다. 핑 테스트를 해보면, 보안 레벨이 높은 곳으로부터 낮은 곳으로의 테스트도 실패한다는 것을 알 수 있다(설정 10.1). 이는 보안 레벨이 높은 곳으로부터의 핑 패킷은 허용되지만, 보안 레벨이 낮은 곳으로부터의 핑 응답 패킷이 허용되지 않기 때문에 발생된다.

설정 10.1 명시형 필터링은 ICMP 패킷도 지원하지 않는다.

```
RTA# ping 200.1.1.1

Type escape sequence to abort.
Sending 5, 100-byte ICMP Echos to 200.1.1.1, timeout is 2 seconds:
.....
Success rate is 0 percent (0/5)
```

명시형 필터링에 의한 연결 정보는 커넥션 테이블에 기록된다고 했다. 설정 10.2는 커넥션 테이블의 예를 보여주는데, 통신 중인 두 호스트 간의 IP와 서비스 포트 정보가 확인된다. 이 말은 두 호스트의 서비스 포트 간의 통신만 허용된다는 것을 의미한다. 그리고 일단 커넥션 테이블에 등록된 호스트 간의 해당 서비스에 대한 통신의 세션 정보가 커넥션 테이블로부터 삭제되기 전까지는 자유롭게 허용된다. 여기서 주의할 점은 두 호스트 간의 IP 통신 전체가 허용된다는 것을 의미하지는 않는다는 사실이다. 두 호스트의 포트 간의 세션만 허용된다는 점에 주의하길 바란다.

설정 10.2 커넥션 테이블 확인

```
MYLABFW# show conn
2 in use, 2 most used
TCP Outside 60.1.1.100:80 Inside 10.1.0.2:38255, idle 0:00:59, bytes 0, flags U
TCP Outside 160.1.1.100:80 Inside 10.1.1.1:16357, idle 0:00:40, bytes 0, flags U
```

한편, 커넥션 테이블은 ASA가 트래픽을 처리하기 위해 가장 우선적으로 검색하는 정보다. 이 말이 의미하는 바는 그 어떤 필터링 정보도 커넥션 테이블보다 우선되지 않는다는 것이다. 그러므로 ASA의 기본 설정 상태에서 보안 레벨이 높은 곳으로부터 낮은 곳으로의 통신이 허용됨으로써 커넥션 테이블에 등록되는 응답 트래픽에 대한 허용은 관리자에 의한 강제적인 액세스 리스트 설정에 의한 필터링으로도 차단할 수 없다. 즉 ASA는 패킷 처리 시 가장 먼저 커넥션 테이블을 확인하고, 거기에 일치하지 않는 트래픽에 대해서는 관리자가 설정한 정책인 액세스 리스트 등을 검색한다. 일단 커넥션 테이블에 일치하면 패킷은 그대로 허용된다. 그러므로 커넥션 테이블은 관리자의 필터링 정책보다 우선한다(그림 10.4).

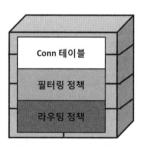

그림 10.4 커넥션 테이블은 관리자의 필터링 정책보다 우선한다.

명시형 필터링에 관한 내용은 이보다 더 많은 설명이 필요하지만, 이 책에서는 그 개략적인 의미에만 충실하기로 하자. 지금까지 이해한 명시형 필터링의 의미를 되새기며 실제 ASA를 설정하고 확인해보자.

10.2 ASA의 액세스 리스트

대부분의 네트워크 장비와 마찬가지로, ASA의 필터링 정책도 액세스 리스트로 구현된다. 기본적으로 ASA의 설정 명령어는 일반 IOS 장비와 매우 유사하다. 3장, '액세스 리스트'에서 알아본 것과 같이, ASA의 액세스 리스트 설정도 일반적인 IOS 장비와 유사하지만, ASA의 특성상 조금 다른 점이 있다. 이 절에서는 ASA 액세스 리스트를 좀 더 심도 있게 살펴보자.

ASA는 기본적으로 방화벽이다. 방화벽은 액세스 리스트를 통해 패킷을 필터링한다. 그러므로 다른 네트워크 장비에 비해 액세스 리스트의 사용 빈도가 매우 높다. 그리고 필터링 정책을 이해하기 위해 해당 액세스 리스트의 용도를 명확하고도 쉽게 인지할 수 있어야 한다. 이런 이유로 ASA는 액세스 리스트의 번호를 사용하지 않고 이름을 지정하는 네임드^{Named} 액세스 리스트만 지원한다.

또한 ASA의 액세스 리스트도 표준 액세스 리스트^{Standard AccessList}와 확장 액세스 리스트^{Extended Access List}로 나누어진다. 그러나 방화벽의 특성상 표준 액세스 리스트보다 확장 액세스 리스트의 사용이 일반적이라 할 수 있다. 확장 액세스 리스트는 출발지와 목적지의 IP 주소, 그리고 출발지와 목적지의 포트 주소를 모두 사용한다. 그러나 표준 액세스 리스트는 IP 주소만 사용한다. 바로 여기에 IOS 장비의 액세스 리스트와 비교해 가장 큰 차이점이 있다. IOS 장비의 표준 액세스 리스트는 출발지 주소를 지정하는 데 반해, ASA의 표준 액세스 리스트는 목적지 주소를 지정한다(설정 10.3). ASA에서 표준 액세스 리스트는 트래픽 제어에 사용되지 않고 동적 라우팅 프로토콜에서 제한적으로 사용될 뿐이므로, 트래픽 제어에는 확장 액세스 리스트만 사용된다는 점을 기억하길 바란다.

```
(config)# access-list access-list-name standard {permit|deny} destination-ip-
address [network-mask]
```

설정 10.3 표준 액세스 리스트는 목적지 주소를 사용한다.

```
MYLABFW(config)# access-list TEST standard permit host 10.1.1.10
```

또한 IOS 장비의 액세스 리스트는 와일드 카드 마스크를 사용하지만, ASA의 액세스 리스트는 네트워크 마스크를 사용한다. 와일드카드 마스크보다 네트워크 마스크가 더 친숙하므로, 일부 독자에게는 반가운 소식일 것이다(설정 10.4).

설정 10.4 ASA의 액세스 리스트는 네트워크 마스크를 사용한다.

```
MYLABFW(config)# access-list TEST standard permit 10.1.1.0 255.255.255.0
```

한편, 4장, 'ASA 기본'에서는 오브젝트와 오브젝트 그룹에 대해 학습했다. 오브젝트는 특정 호스트나 네트워크 또는 서비스를 관리자가 인지하기 쉽도록 이름으로 명시하는 설정 도구다. 그리고 오브젝트 그룹은 동일한 정책이 적용되는 대상을 하나의 그룹으로 묶어 일괄적으로 정책을 적용하는 데 사용된다고 했다. ASA의 액세스 리스트는 이런 오브젝트와 오브젝트 그룹을 포함할 수 있다. 네트워크 오브젝트와 오브젝트 그룹은 물론, 서비스 오브젝트와 오브젝트 그룹 모두 액세스 리스트에 사용할 수 있다. 다만 표준 액세스 리스트는 오브젝트와 오브젝트 그룹을 지원하지 않고, 확장 액세스 리스트만 지원한다(설정 10.5).

설정 10.5 오브젝트 그룹을 이용한 액세스 리스트 설정

```
MYLABFW(config)# object-group network ALL_LOCAL_NET
MYLABFW(config-network-object-group)# network-object 10.1.1.0 255.255.255.0
MYLABFW(config-network-object-group)# network-object 10.1.2.0 255.255.255.0
MYLABFW(config-network-object-group)# network-object 10.1.3.0 255.255.255.0

MYLABFW(config)# object-group service WEB_SERVICES
MYLABFW(config-service-object-group)# service-object tcp destination eq www
MYLABFW(config-service-object-group)# service-object tcp destination eq https

MYLABFW(config)# access-list TEST_EXT extended permit object-group WEB_
SERVICES object-group ALL_LOCAL_NET any
```

설정 10.5는 오브젝트 그룹을 활용한 확장 액세스 리스트 설정의 예를 보여준다. 이 설정이 그리 친숙하게 보이지는 않을 것이다. 지금은 이대로 넘어가자. 실제 설정 시나리오를 통해 더 자세히 이해할 수 있다.

대략적으로 ASA의 액세스 리스트가 일반 IOS의 액세스 리스트와 어떻게 다른지 알아봤다. 큰 차이점을 정리하면 다음과 같다.

1. 네임드 액세스 리스트만 지원한다.
2. 표준 액세스 리스트는 목적지 IP 주소를 사용한다.
3. 와일드카드 마스크 대신에 네트워크 마스크를 사용한다.
4. 표준 액세스 리스트는 트래픽 제어를 지원하지 않는다.
5. 오브젝트와 오브젝트 그룹을 활용할 수 있다(확장 액세스 리스트에 한해).

지금까지 ASA 방화벽 설정에 기본이 되는 액세스 리스트에 대해 알아봤다. 다음 절의 설정 시나리오를 통해 실제 방화벽의 접근 제어 설정을 구현해보자.

10.3 ASA 접근 제어 설정

네트워크 접근 제어 개념부터 기본적인 패킷 필터링, 그리고 영역 기반 방화벽을 거쳐 ASA의 접근 제어 동작을 이해하는 데 필요한 기본 지식을 익혔다. 이제 본격적으로 ASA 접근 제어 설정에 대해 알아보자.

영역 기반 방화벽 설정과 ASA의 접근 제어 방화벽 설정을 비교할 수 있도록 영역 기반 방화벽 설정과 비슷한 설정 시나리오로 이 절을 진행한다. 그림 10.5는 설정을 위한 예제 구성도를 보여준다.

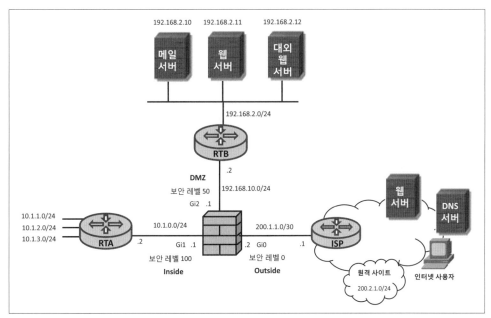

그림 10.5 ASA 접근 제어 설정을 위한 예제 구성도

　본격적인 설정에 앞서 ASA의 인터페이스와 라우팅을 위한 기본 설정을 수행한다. 설정 10.6을 참고하길 바란다.

설정 10.6 ASA의 기본 설정

```
MYLABFW(config)# interface GigabitEthernet0
MYLABFW(config-if)# nameif Outside
MYLABFW(config-if)# security-level 0
MYLABFW(config-if)# ip address 200.1.1.2 255.255.255.252

MYLABFW(config)# interface GigabitEthernet1
MYLABFW(config-if)# nameif Inside
MYLABFW(config-if)# security-level 100
MYLABFW(config-if)# ip address 10.1.0.1 255.255.255.0

MYLABFW(config)# interface GigabitEthernet2
MYLABFW(config-if)# nameif DMZ
MYLABFW(config-if)# security-level 50
MYLABFW(config-if)# ip address 192.168.10.1 255.255.255.0
```

```
MYLABFW(config)# route Outside 0.0.0.0 0.0.0.0 200.1.1.1
MYLABFW(config)# route Inside 10.1.0.0 255.255.0.0 10.1.0.2
MYLABFW(config)# route Inside 10.1.1.0 255.255.255.0 10.1.0.2
MYLABFW(config)# route Inside 10.1.2.0 255.255.255.0 10.1.0.2
MYLABFW(config)# route Inside 10.1.3.0 255.255.255.0 10.1.0.2
MYLABFW(config)# route DMZ 192.168.2.0 255.255.255.0 192.168.10.2
```

예제 시나리오는 다음과 같다.

> 내부의 모든 사용자는 서버팜에 위치하는 메일 서버와 웹 서버에 접속 가능해야 한다. 메일 서비스는 SMTP와
> POP3를 모두 제공하며, 웹 서비스는 HTTP와 보안 HTTP(HTTPS)를 제공한다. 그리고 내부 사용자에 대한 인
> 터넷 서비스는 웹 서비스와 DNS 검색만 허용한다. 다만 IT 지원 팀(10.1.3.0/24)은 원격 사이트를 관리하기 위
> 해 원격 데스크톱과 텔넷/SSH 및 FTP/TFTP, SNMP 그리고 ICMP 트래픽을 허용한다. 한편, 인터넷 사용자는
> 대외 웹 서버에서 제공하는 웹 서비스(HTTP와 HTTPS)를 제공받는다.

접근 제어 설정을 위해 시나리오의 조건을 정리해보자. 표 10.1은 예제 시나리오를
요약해 정리한 것이다.

표 10.1 예제 시나리오의 정리

출발지	목적지	서비스	정책
내부 네트워크 10.1.0.0/24 10.1.1.0/24 10.1.2.0/24 10.1.3.0/24	서버팜 메일 서버(192.168.2.10) 웹 서버(192.168.2.11)	EMAIL (POP3/SMTP) WEB SERVICE (HTTP/HTTPS)	허용
내부 네트워크 10.1.0.0/24 10.1.1.0/24 10.1.2.0/24 10.1.3.0/24	인터넷	WEB SERVICE (HTTP/HTTPS) DNS	허용
IT 지원 팀 10.1.3.0/24	원격 사이트 200.2.1.0/24	관리 트래픽 원격 데스크톱 텔넷/SSH FTP/TFTP SNMP ICMP	허용

(이어짐)

출발지	목적지	서비스	정책
인터넷 사용자	서버팜 웹 서버(192.168.2.12)	WEB SERVICE (HTTP/HTTPS)	허용

접근 제어 설정을 위해 트래픽의 방향성을 결정한다. 여기서는 ASA 관점에서 트래픽이 수신되는 방향으로 분류하겠다.

첫 번째로 Inside 인터페이스로 수신되는 트래픽, 두 번째로 Outside 인터페이스로 수신되는 트래픽, 마지막으로 DMZ 인터페이스로 수신되는 트래픽을 살펴보자. ASA 방화벽에서 명시형 필터링이 동작하므로 응답 트래픽은 허용되는 것을 전제로 한다. 그러므로 개시 트래픽이 어느 곳으로부터 수신되는지를 구분한다. 개시 트래픽에 대한 분류는 다음과 같다.

Inside 인터페이스로 수신되는 트래픽은 내부 네트워크로부터 서버팜으로 향하는 트래픽과 인터넷으로 향하는 트래픽으로 나누어진다. Outside 인터페이스로 수신되는 트래픽은 서버팜으로 들어가는 트래픽이 있다. 그러나 DMZ 인터페이스로 수신되는 트래픽은 존재하지 않는다. DMZ 인터페이스로 수신되는 모든 트래픽은 클라이언트의 요청 트래픽에 대한 응답 트래픽이므로, 모두 명시형 필터링에 허용된다. 그러므로 액세스 리스트를 통한 접근 제어 설정이 요구되지 않는다.

ASA 방화벽에서 표준 액세스 리스트의 사용 빈도는 매우 적을 뿐만 아니라, 트래픽 제어에 사용되지 않는다. 그러므로 이 예제에서는 확장 액세스 리스트를 기준으로 진행한다. ASA의 확장 액세스 리스트 명령어 구문은 다음과 같다.

```
(config)# access-list access_list_name [line line_number] extended
{deny|permit} {tcp|udp|object-group protocol_group_ID} {source-address
mask|object network_object_ID|object-group network-object-ID} [operator
port|object-group service-group-ID] {destination_address mask|object network-
object-ID|obect-group network-group-ID} [operator port|object-group service-
group-ID] [operator port|object-group service-group-ID] [log]
```

많이 복잡해 보인다. 3장에서 살펴본 ASA의 액세스 리스트와 사뭇 다르게 느껴질 것이다. 그러나 위 액세스 리스트 명령 구문은 설정에 사용될 수 있는 경우의 수를 모두 표현했기 때문에 복잡해 보이는 것일 뿐이고, 외울 필요도 없다. 순서대로 살펴보면 우리가 이미 알고 있는 확장 액세스 리스트의 형식에서 크게 벗어나지 않는다는 것을 알 수 있다. 오브젝트나 오브젝트 그룹 등을 표현하지 않는다면 간단하게 다음과 같이 표현된다.

(config)# **access-list** *access-list-name* **extended** {**permit**|**deny**} *protocol_info* *source-address_info* [*source-port_info*] *destination-address_info* [*destination-port_info*] [**log**]

그럼 예제 시나리오를 액세스 리스트 명령어에 근거해 설정해보자.

가장 먼저 Inside 인터페이스로 수신되는 트래픽에 대한 액세스 리스트를 설정하자. Inside 인터페이스로 수신되는 트래픽은 서버팜으로 향하는 트래픽과 인터넷으로 향하는 트래픽에 대한 액세스 리스트를 설정한다.

우선 액세스 리스트의 이름은 Inside 인터페이스로 수신되는 트래픽이므로 INSIDE_IN으로 설정한다. 서버팜으로 향하는 트래픽, 그리고 인터넷으로 향하는 트래픽, 마지막으로 IT 지원 팀의 트래픽 순서로 설정한다. 설정 10.7은 시나리오의 설정 예를 보여준다.

설정 10.7 Inside 인터페이스로 수신되는 트래픽에 대한 액세스 리스트 설정

```
MYLABFW(config)# access-list INSIDE_IN remark Local_Email_Services
MYLABFW(config)# access-list INSIDE_IN extended permit tcp any host 192.168.2.10 eq
pop3
MYLABFW(config)# access-list INSIDE_IN extended permit tcp any host 192.168.2.10 eq
smtp
MYLABFW(config)# access-list INSIDE_IN remark Local_Web_Services
MYLABFW(config)# access-list INSIDE_IN extended permit tcp any host 192.168.2.11 eq
http¹
MYLABFW(config)# access-list INSIDE_IN extended permit tcp any host 192.168.2.11 eq
https¹
MYLABFW(config)# access-list INSIDE_IN remark Internet_Services
MYLABFW(config)# access-list INSIDE_IN extended permit tcp any any eq http
MYLABFW(config)# access-list INSIDE_IN extended permit tcp any any eq https
MYLABFW(config)# access-list INSIDE_IN extended permit udp any any eq domain
MYLABFW(config)# access-list INSIDE_IN remark Remote_Site_MGMT
MYLABFW(config)# access-list INSIDE_IN extended permit tcp 10.1.3.0 255.255.255.0
200.2.1.0 255.255.255.0 eq 3389
```

```
MYLABFW(config)# access-list INSIDE_IN extended permit tcp 10.1.3.0 255.255.255.0
200.2.1.0 255.255.255.0 eq telnet
MYLABFW(config)# access-list INSIDE_IN extended permit tcp 10.1.3.0 255.255.255.0
200.2.1.0 255.255.255.0 eq ssh
MYLABFW(config)# access-list INSIDE_IN extended permit tcp 10.1.3.0 255.255.255.0
200.2.1.0 255.255.255.0 eq ftp
MYLABFW(config)# access-list INSIDE_IN extended permit udp 10.1.3.0 255.255.255.0
200.2.1.0 255.255.255.0 eq tftp
MYLABFW(config)# access-list INSIDE_IN extended permit udp 10.1.3.0 255.255.255.0
200.2.1.0 255.255.255.0 eq snmp
MYLABFW(config)# access-list INSIDE_IN extended permit icmp 10.1.3.0 255.255.255.0
200.2.1.0 255.255.255.0
```

1. 내부 사용자로부터 내부 웹 서버로 향하는 트래픽에 대한 룰은 인터넷 웹 서버로 향하는 트래픽의 룰에 포함된다. 다시 말해, 예제에서 내부 웹 서버로 향하는 트래픽에 대한 룰을 적용하지 않아도 인터넷 웹 서버로 향하는 트래픽의 룰을 통해 모두 허용된다. 이 예제에서 이를 별도로 적용하는 것은 쉬운 이해를 도모하기 위해 요구 조건을 만족하기 위한 모든 설정을 단계별로 진행함에 따라 중복된다는 점에 유의하길 바란다.

설정 시나리오를 위한 액세스 리스트 설정을 마쳤다. 설정에서 access-list remark 명령은 실제 액세스 리스트의 동작에 영향을 주지 않는 명령으로서, 다음 줄의 액세스 리스트의 용도를 표시하기 위한 것이다. 이는 액세스 리스트가 방대해짐에 따라 그 용도를 구분하는 데 사용된다.

이제 액세스 리스트를 확인해보자. 러닝 컨피규레이션에 설정된 정보를 show running-config access-list 명령어로 확인할 수 있다. ASA와 같은 방화벽의 설정은 매우 방대하다. 그러므로 ASA는 설정 모듈별로 설정 내역을 보여준다(설정 10.8).

설정 10.8 특정 설정 모듈의 설정 값만 확인할 수 있다.

```
MYLABFW#  show running-config access-list
access-list INSIDE_IN remark Local_Email_Services
access-list INSIDE_IN extended permit tcp any host 192.168.2.10 eq pop3
access-list INSIDE_IN extended permit tcp any host 192.168.2.10 eq smtp
access-list INSIDE_IN remark Local_Web_Services
access-list INSIDE_IN extended permit tcp any host 192.168.2.11 eq http
access-list INSIDE_IN extended permit tcp any host 192.168.2.11 eq https
access-list INSIDE_IN remark Internet_Services
```

```
access-list INSIDE_IN extended permit tcp any any eq http
access-list INSIDE_IN extended permit tcp any any eq https
access-list INSIDE_IN extended permit udp any any eq domain
access-list INSIDE_IN remark Remote_Site_MGMT
access-list INSIDE_IN extended permit tcp 10.1.3.0 255.255.255.0 200.2.1.0
255.255.255.0 eq 3389
access-list INSIDE_IN extended permit tcp 10.1.3.0 255.255.255.0 200.2.1.0
255.255.255.0 eq telnet
access-list INSIDE_IN extended permit tcp 10.1.3.0 255.255.255.0 200.2.1.0
255.255.255.0 eq ssh
access-list INSIDE_IN extended permit tcp 10.1.3.0 255.255.255.0 200.2.1.0
255.255.255.0 eq ftp
access-list INSIDE_IN extended permit udp 10.1.3.0 255.255.255.0 200.2.1.0
255.255.255.0 eq tftp
access-list INSIDE_IN extended permit udp 10.1.3.0 255.255.255.0 200.2.1.0
255.255.255.0 eq snmp
access-list INSIDE_IN extended permit icmp 10.1.3.0 255.255.255.0 200.2.1.0
255.255.255.0
```

한편, show access-list 명령어로도 액세스 리스트를 확인할 수 있다. 설정 10.9에서 확인되듯이, 앞에서 설정하지 않은 line 번호가 포함되어 있다. 설정하는 과정에서 액세스 리스트의 라인^{Line} 번호를 지정하지 않았는데, 이는 ASA에 의해 자동으로 지정되었다.

설정 10.9 액세스 리스트 확인

```
MYLABFW# show access-list
access-list cached ACL log flows: total 0, denied 0 (deny-flow-max 4096)
          alert-interval 300
access-list INSIDE_IN; 14 elements; name hash: 0xf4313c68
access-list INSIDE_IN line 1 remark Local_Email_Services
access-list INSIDE_IN line 2 extended permit tcp any host 192.168.2.10 eq pop3
(hitcnt=0) 0xb03a1e25
access-list INSIDE_IN line 3 extended permit tcp any host 192.168.2.10 eq smtp
(hitcnt=0) 0x7a7a58f7
access-list INSIDE_IN line 4 remark Local_Web_Services
access-list INSIDE_IN line 5 extended permit tcp any host 192.168.2.11 eq www
(hitcnt=0) 0xb1ce08b1
```

```
access-list INSIDE_IN line 6 extended permit tcp any host 192.168.2.11 eq https
(hitcnt=0) 0xc0020f56
access-list INSIDE_IN line 7 remark Internet_Services
access-list INSIDE_IN line 8 extended permit tcp any any eq www (hitcnt=0) 0x49796a57
access-list INSIDE_IN line 9 extended permit tcp any any eq https (hitcnt=0)
0x4af8d6f5
access-list INSIDE_IN line 10 extended permit udp any any eq domain (hitcnt=0)
0xc11ef5e4
access-list INSIDE_IN line 11 remark Remote_Site_MGMT
access-list INSIDE_IN line 12 extended permit tcp 10.1.3.0 255.255.255.0 200.2.1.0
255.255.255.0 eq 3389 (hitcnt=0) 0x809c4a51
access-list INSIDE_IN line 13 extended permit tcp 10.1.3.0 255.255.255.0 200.2.1.0
255.255.255.0 eq telnet (hitcnt=0) 0x9e4f7028
access-list INSIDE_IN line 14 extended permit tcp 10.1.3.0 255.255.255.0 200.2.1.0
255.255.255.0 eq ssh (hitcnt=0) 0x7eb24026
access-list INSIDE_IN line 15 extended permit tcp 10.1.3.0 255.255.255.0 200.2.1.0
255.255.255.0 eq ftp (hitcnt=0) 0x985fe463
access-list INSIDE_IN line 16 extended permit udp 10.1.3.0 255.255.255.0 200.2.1.0
255.255.255.0 eq tftp (hitcnt=0) 0xf0cfb055
access-list INSIDE_IN line 17 extended permit udp 10.1.3.0 255.255.255.0 200.2.1.0
255.255.255.0 eq snmp (hitcnt=0) 0xa82be3bf
access-list INSIDE_IN line 18 extended permit icmp 10.1.3.0 255.255.255.0 200.2.1.0
255.255.255.0 (hitcnt=0) 0xb5caf5a6
```

3장, '액세스 리스트'에서 언급한 바와 같이, 액세스 리스트 라인 번호는 이미 설정된 액세스 리스트의 특정 라인을 추가하거나 삭제하는 경우에 사용된다. 한편, show access-list 명령으로 실제 액세스 리스트에 일치된 패킷의 수를 hitcnt 정보에서 확인할 수 있다.

이제 Inside 인터페이스로 수신되는 트래픽에 대한 액세스 리스트 설정을 마쳤다. 이 설정을 인터페이스에 적용하면 시나리오의 정책에서 허용하는 트래픽만 허용되고, 나머지 모든 트래픽은 허용되지 않을 것이다. 모든 액세스 리스트의 마지막에 전체 부정의 구문이 숨겨져 있다는 사실을 기억할 것이다. 그러므로 지금 설정한 액세스 리스트만으로 Inside 인터페이스로 수신되는 트래픽에 대한 접근 제어 설정을 마칠 수도 있다. 그러나 보안적인 관점으로 앞의 설정에 대해 살펴보자.

정책적으로 허용하는 트래픽은 내부 사용자의 네트워크 사용에 반드시 필요한 것이다. 그러므로 정상적인 사용에 있어서는 거의 모든 트래픽이 이 액세스 리스트에 일치할 것이다. 그러나 만일 특정 트래픽이 숨겨진 부정 구문에 의해 거부된다면 그 트래픽은 정상적인 업무 및 사용에 의한 트래픽이 아닐 가능성이 높다. 그러므로 이렇게 정책에 의해 거부되는 트래픽이 발생되었다는 것을 인지해야만 문제가 발생하더라도 대처할 수 있다. IOS 영역 기반 방화벽에서도 언급했듯이, 이런 이유로 액세스 리스트의 부정 구문에 의해 거부되는 트래픽의 세부 정보를 로그 정보에 남길 필요가 있다. 그러나 암묵적인 또는 숨겨진 부정 구문은 관리자가 설정할 수 없는 부분이기 때문에 별도의 부정 구문을 명시할 필요가 있다.

설정 10.10은 부정 구문에 의해 거부되는 트래픽에 대한 세부 정보를 로그에 남기기 위한 설정을 보여준다.

설정 10.10 거부되는 트래픽 정보를 남기기 위한 설정

```
MYLABFW(config)# access-list INSIDE_IN extended deny ip any any log

MYLABFW# show access-list INSIDE_IN
access-list INSIDE_IN; 15 elements; name hash: 0xf4313c68
access-list INSIDE_IN line 1 remark Local_Email_Services
access-list INSIDE_IN line 2 extended permit tcp any host 192.168.2.10 eq pop3
(hitcnt=0) 0xb03a1e25
access-list INSIDE_IN line 3 extended permit tcp any host 192.168.2.10 eq smtp
(hitcnt=0) 0x7a7a58f7
access-list INSIDE_IN line 4 remark Local_Web_Services
access-list INSIDE_IN line 5 extended permit tcp any host 192.168.2.11 eq http
(hitcnt=0) 0xb1ce08b1
- 중략 -
access-list INSIDE_IN line 17 extended permit udp 10.1.3.0 255.255.255.0 200.2.1.0
255.255.255.0 eq snmp (hitcnt=0) 0xa82be3bf
access-list INSIDE_IN line 18 extended permit icmp 10.1.3.0 255.255.255.0 200.2.1.0
255.255.255.0 (hitcnt=0) 0xb5caf5a6
access-list INSIDE_IN line 19 extended deny ip any any log informational interval 300
(hitcnt=0) 0x7b5326c0
```

설정 10.11과 같이, 암묵적 부정 구문을 커버하는 부정 구문을 설정하면 부정 구문에 의해 거부되는 트래픽의 세부 정보를 로그 메시지를 통해 확인할 수 있다. 이 정보는 문제 발생 시 매우 값진 참고 정보가 될 것이다. 그러므로 액세스 리스트를 설정할 때 부정 구문의 경우에는 log 옵션 명령어를 설정함으로써 거부되는 트래픽의 세부 정보를 로그에 남기도록 하는 것이 권장된다.

참고로, 허용 정책에 대해서는 log 옵션 명령어를 권장하지 않는다. 허용되는 트래픽은 관리자에 의해 정책적으로 허용되는 트래픽이고, 문제가 발생할 확률이 매우 희박하므로 로그 정보를 남길 필요가 없다. 또한 대부분의 트래픽이 허용되기 때문에, 이를 모두 로그 정보로 남긴다면 로그 정보가 지나치게 방대해질 수 있으므로 관리에 어려움을 겪을 수 있다.

설정 10.11 액세스 리스트 적용 시에 거부되는 트래픽의 정보가 로그 정보에 남겨진다.

```
MYLABFW# show logging
Syslog logging: enabled
    Facility: 20
    Timestamp logging: disabled
    Standby logging: disabled
    Debug-trace logging: disabled
    Console logging: disabled
    Monitor logging: disabled
    Buffer logging: level warnings, 45 messages logged
    Trap logging: disabled
    Permit-hostdown logging: disabled
    History logging: disabled
    Device ID: disabled
    Mail logging: disabled
    ASDM logging: disabled
%ASA-3-106014: Deny inbound icmp src Outside:200.1.1.1 dst Inside:10.1.1.11 (type 0,
code 0)
%ASA-3-106014: Deny inbound icmp src Outside:200.1.1.1 dst Inside:10.1.1.11 (type 0,
code 0)
%ASA-3-106014: Deny inbound icmp src Outside:200.1.1.1 dst Inside:10.1.1.11 (type 0,
code 0)
%ASA-3-106014: Deny inbound icmp src Outside:200.1.1.1 dst Inside:10.1.1.11 (type 0,
code 0)
```

```
%ASA-3-106014: Deny inbound icmp src Outside:200.1.1.1 dst Inside:10.1.1.11 (type 0,
code 0)
```

다시 본론으로 돌아가서 Outside 인터페이스로 수신되는 트래픽에 대한 액세스 리스트를 설정해보자.

Outside 인터페이스로 수신되는 트래픽에 대한 정책은 간단하다. 내부 웹 서버 192.168.2.12로 향하는 웹 트래픽만 허용하면 된다. 설정 10.12는 시나리오 조건 설정의 예를 보여준다. 마찬가지로 거부되는 트래픽 정보를 로그에 남기기 위해 마지막 라인에 암묵적 부정을 커버하는 부정 구문을 설정한 것에 주목하길 바란다.

설정 10.12 Outside 인터페이스로 수신되는 트래픽에 대한 액세스 리스트 설정

```
MYLABFW(config)# access-list OUTSIDE_IN remark Web_Service_For_Ext_Users
MYLABFW(config)# access-list OUTSIDE_IN extended permit tcp any host 192.168.2.12 eq
http
MYLABFW(config)# access-list OUTSIDE_IN extended permit tcp any host 192.168.2.12 eq
https
MYLABFW(config)# access-list OUTSIDE_IN extended deny ip any any log
```

시나리오의 정책을 구현하기 위한 모든 액세스 리스트의 설정을 마쳤다. 그러나 액세스 리스트 그 자체로는 아무런 효력이 없다는 사실을 이미 알고 있을 것이다. 액세스 리스트를 각 인터페이스에 적용하자. 설정은 access-group 명령어로 구현되는데, 다음 명령어 구문을 참고한다.

```
(config)# access-group access-list-name {in | out} interface interface-name
```

IOS 라우터에서 액세스 리스트의 적용이 인터페이스 설정 모드에서 이루어지는 것과 달리, ASA는 글로벌 설정 모드에서 이루어진다. 설정 10.13은 인터페이스에 액세스 리스트를 적용하는 예를 보여준다.

설정 10.13 액세스 리스트 적용

```
MYLABFW(config)# access-group INSIDE_IN in interface Inside

MYLABFW(config)# access-group OUTSIDE_IN in interface Outside
```

시나리오의 접근 제어를 위한 설정을 마쳤다. 그림 10.6에서 보는 것과 같이 외부 사용자가 내부 웹 서버로부터 웹 서비스를 제공받을 수 있다. 그리고 내부 사용자도 인터넷으로 접속 가능하다는 것을 확인할 수 있다. 물론 허용된 정책 이외의 모든 트래픽은 거부된다.

그림 10.6 설정한 접근 제어 설정이 정상적으로 동작한다.

이제 설정한 액세스 리스트가 정상적으로 처리되는지 확인하는 과정을 살펴보자. 물론 실무에서 사용자에게 직접 확인하는 편이 가장 확실한 방법일 테지만, 여의치 않은 경우가 대다수다. 또한 방화벽의 설정 외 라우팅 문제 등으로 인해 정확한 원인을 밝혀내기가 쉽지 않다.

실무에서 특정 사용자가 특정 서비스에 접속할 수 없다는 민원이 접수된 경우를 생각해보자. 이때 경로상에 방화벽이 존재한다면 대부분 방화벽의 문제로 치부되곤 한다. 방화벽과 같은 보안 장비는 접근 제어뿐만 아니라, NAT 등 다양한 보안 관련 설정이 복합적으로 이루어지기 때문이다. 또한 실무에서 운용 중인 방화벽에는 예제 시나리오와는 비교가 되지 않을 만큼의 복잡한 정책이 적용된다. 그러므로 특정 사용자가 원하는 트래픽에 대한 정책이 허용되는지 확인하기가 쉽지 않다. 이런 이유로 ASA는 패킷 트레이서[Packet Tracer]라는 유용한 보안 정책 점검 도구를 제공한다. 시스코에서 개발한 CCNA 학습용 시뮬레이터(패킷 트레이서)와 혼동하지 않길 바란다.

패킷 트레이서는 특정 출발지 및 목적지 주소와 포트 정보를 입력해, ASA에 설정된 정책에 의해 해당 통신이 성공적으로 이루어지는지를 검사한다. 이 도구는 ASA에 설정된 라우팅은 물론이고, NAT나 접근 제어 정책까지 모두 검사해 최종 결과를 보여준다.

그러므로 특정 서비스의 허용 여부를 판단할 때 복잡한 액세스 리스트나 NAT 정책을 일일이 살펴볼 필요가 없다. 패킷 트레이서는 다음 명령으로 사용할 수 있다.

packet-tracer input *source-interface-name* {**tcp**|**udp**|**icmp**|**rawip**} *source-ip-address* {*source-port*} *destination-ip-address* {*destination-port*}

자! 그럼 10.1.1.100의 IP를 사용하는 내부 사용자가 인터넷 웹 서버 40.1.4.2로 접속되지 않는다는 민원이 접수되었다고 가정해본다. 많은 액세스 리스트나 NAT 정책을 일일이 검사하지 않고 패킷 트레이서를 통해 ASA의 설정에 문제가 없는지 알아보자.

설정 10.14는 패킷 트레이서를 이용해 정책 설정을 확인하는 예를 보여준다. 내부 사용자가 인터넷 웹 서버에 접속하고자 하므로 목적지 IP에 대한 포트는 TCP 80(HTTP)가 된다. 그리고 사용자의 포트는 임의의 포트를 사용할 것이다. 이 예제에서 사용자의 포트는 임의의 포트 10000을 사용했다.

설정 10.14 패킷 트레이서를 활용한 정책 설정 확인

```
MYLABFW# packet-tracer input Inside tcp 10.1.1.10 10000 40.1.4.2 http

Phase: 1
Type: ROUTE-LOOKUP
Subtype: input
Result: ALLOW
Config:
Additional Information:
in   0.0.0.0         0.0.0.0         Outside


Phase: 2
Type: ACCESS-LIST
Subtype: log
Result: ALLOW
Config:
access-group INSIDE_IN in interface Inside
access-list INSIDE_IN extended permit tcp any any eq www
Additional Information:
```

```
Phase: 3
Type: IP-OPTIONS
Subtype:
Result: ALLOW
Config:
Additional Information:


Phase: 4
Type: IP-OPTIONS
Subtype:
Result: ALLOW
Config:
Additional Information:


Phase: 5
Type: FLOW-CREATION
Subtype:
Result: ALLOW
Config:
Additional Information:
New flow created with id 58, packet dispatched to next module


Result:
input-interface: Inside
input-status: up
input-line-status: up
output-interface: Outside
output-status: up
output-line-status: up
Action: allow
```

출력 정보의 가장 아래 부분에 결과 정보가 보인다. 해당 트래픽에 대한 방화벽의 액션Action은 허용Allow이라고 보여준다. 이와 같이, 각 단계마다 라우팅 검색, 액세스 리스트 검색 등 ASA가 트래픽을 처리하는 과정의 순서대로 검사해 최종 결과 값을 보여준다.

예제의 결과 값이 허용이므로, 최소한 ASA의 설정에는 문제가 없다는 것을 알 수 있다. 실무에서 정책을 설정하거나 민원이 발생할 때, 이를 활용하면 고장 복구 시간을 크게 줄일 수 있을 것이다. 만일 트래픽이 ASA에 의해 거부된다면 어떤 부분에서 거부되는지도 알 수 있다(설정 10.15).

설정 10.15 트래픽이 거부되면 거부의 이유를 보여준다.

```
MYLABFW# packet-tracer input Inside tcp 10.1.1.10 10000 40.1.4.2 telnet

Phase: 1
Type: ROUTE-LOOKUP
Subtype: input
Result: ALLOW
Config:
Additional Information:
in    0.0.0.0           0.0.0.0          Outside

Phase: 2
Type: ACCESS-LIST
Subtype: log
Result: DROP
Config:
access-group INSIDE_IN in interface Inside
access-list INSIDE_IN extended deny ip any any log
Additional Information:

Result:
input-interface: Inside
input-status: up
input-line-status: up
output-interface: Outside
output-status: up
output-line-status: up
Action: drop
Drop-reason: (acl-drop) Flow is denied by configured rule
```

그러므로 액세스 리스트뿐만 아니라, NAT 등을 설정한 후에 특정 호스트를 대상으로 하여 설정한 정책이 원하는 결과를 얻는지 패킷 트레이서를 이용해 확인하는 것을 권장한다.

이제 ASDM을 통한 접근 제어 설정에 대해 알아보자. ASDM 설정은 앞에서 설정한 CLI 설정이 이루어지지 않은 것을 전제로 진행한다. 그러므로 CLI 설정을 수행한 독자가 있다면 ACL 설정을 삭제하고 진행하길 바란다.

설정을 위해 ASDM에 접속한다. ASDM의 접근 제어 설정은 Firewall의 Access Rules 항목에서 이루어진다. 다른 설정과 마찬가지로, 새로운 접근 제어 룰을 생성하기 위해 Add를 클릭해 Add Access Rule을 선택한다(그림 10.7).

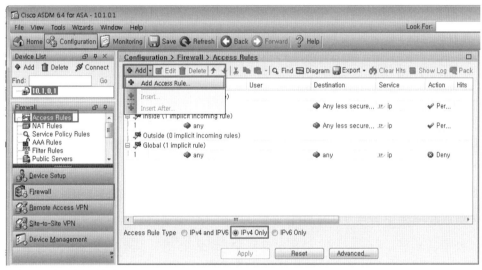

그림 10.7 접근 제어 설정 메뉴

처음 ASDM의 접근 제어 설정 창을 보면 조금 혼란스러울 수 있다. 그림 10.8은 각 설정 항목이 의미하는 바를 제시했으므로 참고하길 바란다.

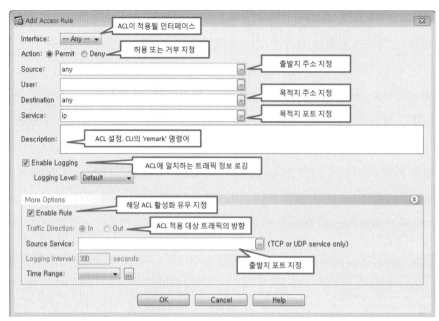

그림 10.8 접근 제어를 위한 액세스 룰 설정 창

접근 제어는 각 인터페이스의 관점에서 송신과 수신에 각각 하나의 정책만 적용할 수 있다. ASDM의 기본 설정 값은 각 인터페이스의 수신 트래픽에 대한 룰로 설정된다. 그리고 출발지 포트 정보는 모든 포트를 의미하는 Any가 적용된다. 그러므로 접근 제어의 대상 트래픽 방향이 송신이거나 출발지 포트가 특정 포트로 한정되어 있는 경우에는 More Options를 펼쳐 변경하면 된다.

이제 본격적인 접근 제어를 위한 설정을 수행해보자. 먼저 내부 사용자의 메일 서버로의 트래픽에 대한 설정으로 시작하자.

예제의 정책은 Inside 인터페이스로 수신되는 트래픽, 즉 인바운드Inbound 트래픽에 접근 제어를 적용한다. 그러므로 인터페이스를 Inside로 선택한다. 그리고 출발지 주소는 모든 내부 사용자를 대상으로 하므로 모든 IP를 의미하는 any를 선택하고 목적지 IP 192.168.2.10을 입력한다. 만일 목적지 IP가 네트워크 오브젝트로 이미 설정되어 있다면 Destination의 ...을 클릭해 해당 네트워크 오브젝트를 선택하면 된다. 목적지 IP 주소 아래의 Service는 목적지 포트 정보를 의미하므로, 메일 서비스 POP3는 tcp/pop3를 입력한다. Description은 해당 룰에 대한 설명을 입력하기 위한 것인데, CLI 명령어의 remark 명령어에 해당된다. 여기에 입력되는 정보는 CLI 명령어 remark로 표현되어 ASA에 적용된다. **Description**을 Local_Email_Services로 입력한다.

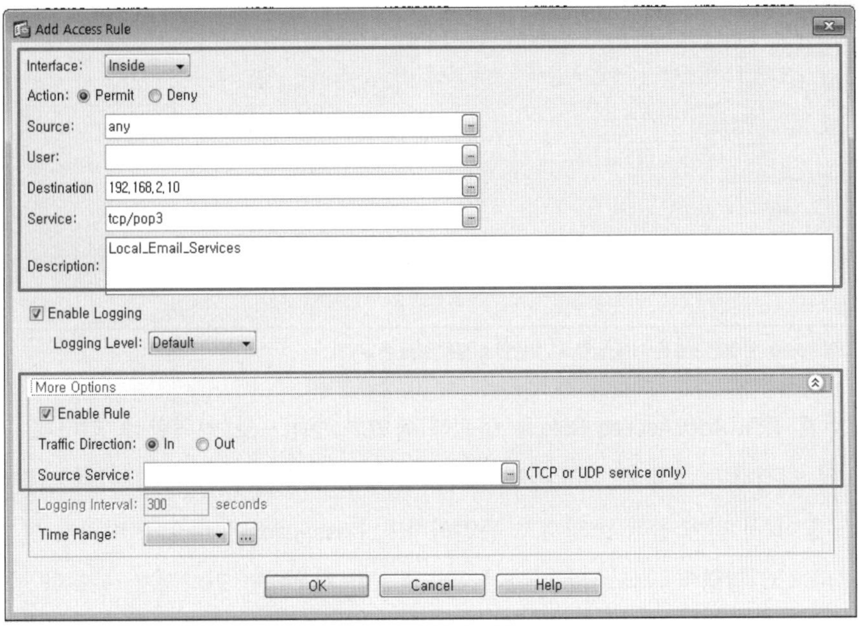

그림 10.9 접근 제어를 위한 액세스 룰 설정

해당 룰이 Inside 인터페이스로 수신되는 트래픽이고 출발지 포트가 클라이언트의 포트인 임의의 포트이므로 모든 포트(any)를 선택하면 되는데, 이는 ASDM의 기본 설정 값이기 때문에 **More Options**의 설정 정보는 그대로 두면 된다(그림 10.9).

7장, 'ASA의 NAT 구현'에서 언급했듯이, 알려진 포트 정보Well-Known Port는 서비스 이름을 입력하면 가능한 서비스 항목을 보여주므로 원하는 서비스를 선택하면 된다. 그림 10.10에서 볼 수 있듯이, 알려진 포트는 완전한 이름을 입력하지 않아도 선택 가능한 리스트를 보여준다. 예제 설정은 메일 서비스인 POP3를 선택했다. 또한 알려진 포트 정보 중 빈번하게 사용되는 포트 정보는 ...을 클릭해 선택할 수도 있다.

모든 정보의 입력이 완료되면 **OK**를 클릭한다. Inside 인터페이스로 수신되는 트래픽에 대한 첫 번째 룰이 정해졌다. 이제 다음 액세스 룰 입력을 계속해보자.

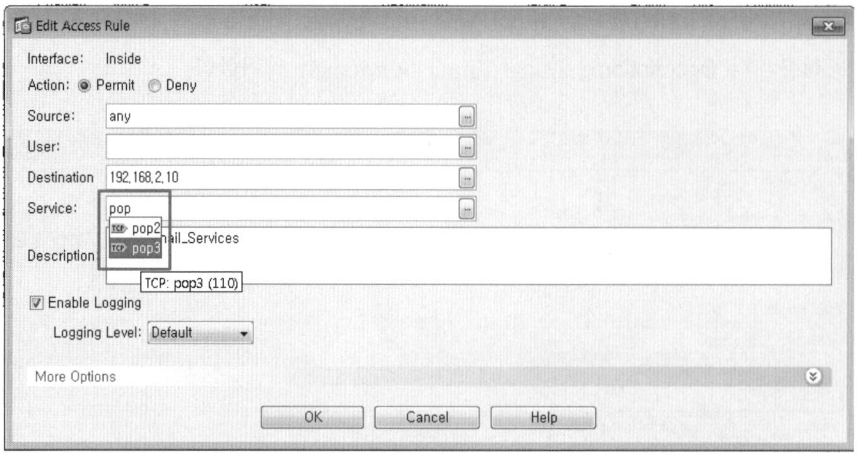

그림 10.10 알려진 포트는 이름 입력 시 가능한 이름을 보여준다.

두 번째 룰도 **Add Access Rule**을 선택해 동일한 방법으로 입력한다. 인터페이스는 Inside로 지정하고 목적지는 IP 192.168.2.10를, 서비스는 tcp/smtp를 각각 입력한다. 액세스 룰이 첫 번째 룰과 쓰임새가 동일하다면, **Description**은 따로 입력하지 말 것을 권장한다. CLI 명령어 `remark`와 마찬가지로 필요한 경우에만 입력하자. 동일한 설명을 입력함으로써 설정 정보만 복잡해지는 것을 피하기 위함이다(그림 10.11).

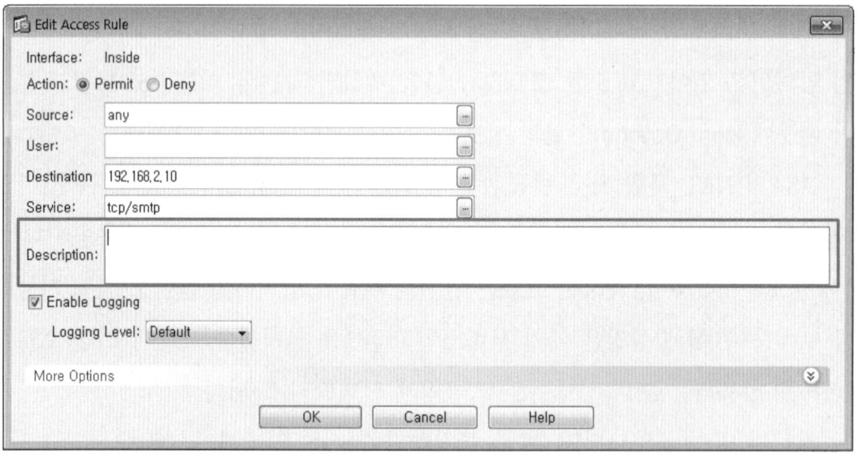

그림 10.11 액세스 룰의 설명이 앞의 룰과 동일하다면 입력하지 않는다.

ASA의 액세스 리스트 검색은 첫 번째 라인부터 마지막 라인의 순서로 이루어진다. 그러므로 액세스 리스트 룰의 위치는 매우 중요하다. 이런 이유로 액세스 룰을 추가하는 경우에 단순히 Add Access Rule을 클릭하는 것보다, 해당 액세스 룰이 삽입되어야 하는 위치의 액세스 룰을 선택해 원하는 액세스 룰을 삽입하는 것이 권장된다.

특정 위치에 액세스 룰을 삽입하려면, 추가 삽입하려는 위치의 액세스 룰을 선택하고 마우스 오른쪽 클릭해서 Insert나 Insert After를 선택하면 된다. Insert는 선택한 액세스 룰 위에 삽입하고, Insert After는 말 그대로 선택한 액세스 룰 아래에 삽입된다. 그림 10.12 는 추가하려는 액세스 룰을 두 번째 룰 아래에 위치시키기 위해 Insert After를 선택하는 예를 보여준다.

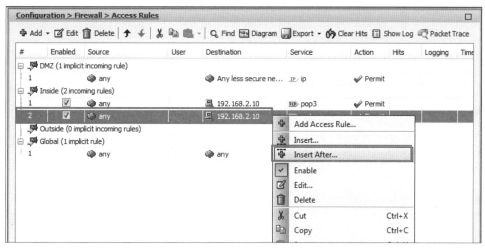

그림 10.12 원하는 위치에 액세스 룰을 삽입하기 위한 설정을 한다.

액세스 설정 창은 동일하지만, 설정 창의 이름이 Insert After Access Rule이다. 선택한 액세스 룰 뒤에 삽입하기 위한 설정 창임을 나타낸다(그림 10.13).

앞 예제와 동일한 방식으로 설정 창에 정보를 입력한다. 앞의 설정에서 메일 서비스에 관련된 룰을 입력했으므로, 웹 서버(192.168.2.11)로의 트래픽을 허용하기 위한 룰을 설정한다. 목적지 IP에 192.168.2.11을, 서비스에 tcp/http를 입력하거나 ...을 클릭해 선택한다. 그리고 Description은 Local_Web_Services를 입력한다.

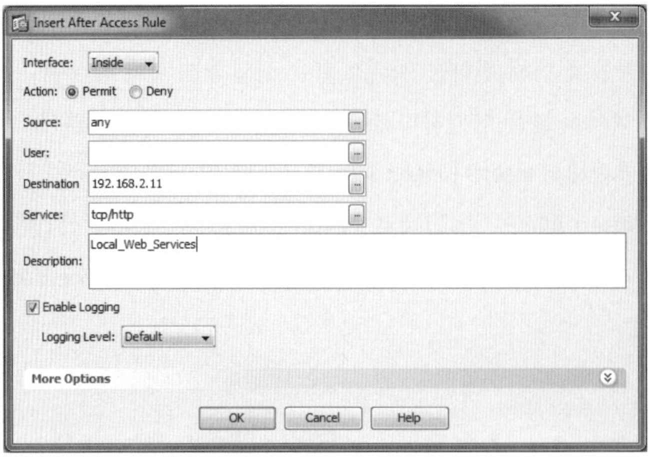

그림 10.13 액세스 룰 삽입을 위한 설정 창

이와 같은 방법으로 예제의 접근 제어를 위한 액세스 룰 설정을 진행한다. 예제 시나리오를 만족하는 Inside 인터페이스로 수신되는 트래픽에 대한 나머지 액세스 리스트는 독자 여러분이 스스로 설정하길 바란다. 표 10.2는 Inside 인터페이스의 정책을 위한 ASDM 설정 정보를 보여주므로 참고한다.

표 10.2 Inside 인터페이스의 설정 정보

액션	출발지	목적지	서비스	세부 정보
Permit	Any	192.168.2.10	TCP/POP3	Local_Email_Services
Permit	Any	192.168.2.10	TCP/SMTP	
Permit	Any	192.168.2.11	TCP/HTTP	Local_Web_Services
Permit	Any	192.168.2.11	TCP/HTTPS	
Permit	Any	Any	TCP/HTTP	Internet_Services
Permit	Any	Any	TCP/HTTPS	
Permit	Any	Any	UDP/Domain	
Permit	10.1.3.0/24	200.2.1.0/24	TCP/3389	Remote_Site_MGMT
Permit	10.1.3.0/24	200.2.1.0/24	TCP/Telnet	
Permit	10.1.3.0/24	200.2.1.0/24	TCP/SSH	
Permit	10.1.3.0/24	200.2.1.0/24	TCP/FTP	
Permit	10.1.3.0/24	200.2.1.0/24	UDP/TFTP	
Permit	10.1.3.0/24	200.2.1.0/24	UDP/SNMP	

(이어짐)

액션	출발지	목적지	서비스	세부 정보
Permit	10.1.3.0/24	200.2.1.0/24	ICMP	

 참고

내부 웹 서버로 향하는 트래픽의 룰은 인터넷 웹 서버로 향하는 트래픽의 룰에 포함되므로 설정하지 않아도 무방하다.

예제에서 설정하는 룰은 대부분 알려진 포트를 사용한 룰이다. 간단하게 **Service** 항목의 …을 클릭해 원하는 서비스를 선택하면 된다. 그러나 만일 서비스 포트 정보가 알려진 포트가 아닌 경우에는 프로토콜과 포트 번호를 같이 입력하면 된다. 그림 10.14는 원격 사이트 관리를 위한 액세스 룰인 원격 데스크톱 포트(TCP 3389)를 tcp/3389로 입력하는 과정을 보여준다.

그림 10.14 서비스 항목은 프로토콜과 포트 번호를 직접 입력해도 된다.

예제의 조건을 만족하는 모든 액세스 룰의 설정이 이루어졌다면, 암묵적 부정을 대신하는 전체 부정을 위한 룰을 입력한다. 앞에서 언급했듯이, 이 실정은 부정에 의해 거부되는 트래픽의 정보를 얻기 위함이다. 기본적으로 제공되는 암묵적 부정은 관리자에 의해 삭제 및 변경이 불가능하기 때문에 이를 대체하는 부정을 위한 룰을 추가한다. 로깅 옵션은 기본적으로 활성화되어 있다. 그러므로 로깅 레벨만 변경해주면 되는데, 예제는 모든 로깅 정보를 남기기 위해 가장 낮은 레벨인 Debugging을 선택했다(그림 10.15).

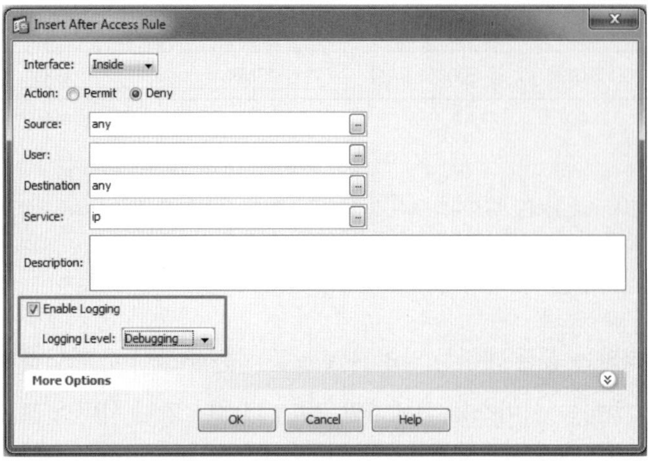

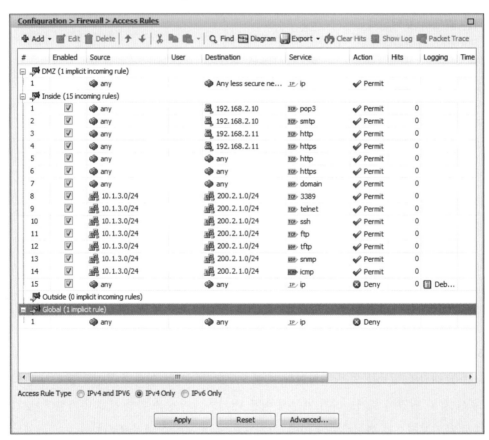

그림 10.15 액세스 룰에 일치되는 트래픽에 대한 로깅 설정

그림 10.16 설정 완료된 Inside 인터페이스의 수신 트래픽에 대한 액세스 룰

이제 Inside 인터페이스로 수신되는 트래픽에 대한 접근 제어 설정이 모두 이루어졌다. 모든 설정이 이루어졌다면, **Apply**를 클릭해 설정한 정보를 ASA에 적용하자.

그림 10.16과 같이, 설정한 액세스 룰을 확인할 수 있다. 그림에서 보여지는 액세스 룰의 순서는 CLI 명령어로 확인되는 액세스 리스트의 순서와 동일하다.

참고로, ASDM의 액세스 룰의 편집은 마우스 오른쪽 클릭으로 손쉽게 이루어진다. 삭제나 편집을 원하는 액세스 룰을 선택하고 마우스 오른쪽 클릭한 후에 편집^{Edit}이나 삭제^{Delete}를 간편하게 수행할 수 있다. 또한 운용 시 필요에 의해 특정 액세스 룰을 잠시 비활성화하고자 하는 경우에도 **Enable**을 클릭하거나, 액세스 룰 앞부분의 체크 표시를 없애면 된다(그림 10.17). 그리고 이를 ASA에 적용하기 위해 **Apply**를 클릭하면 된다.

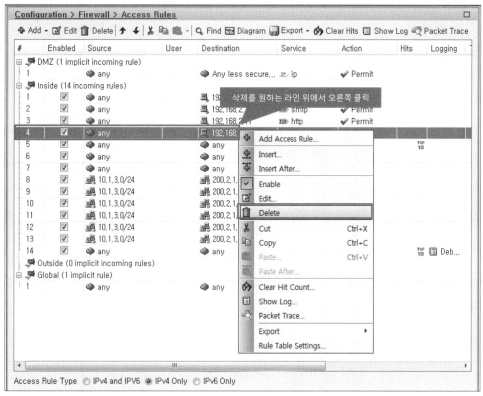

그림 10.17 간편한 액세스 룰의 편집 및 삭제

이제 Outside 인터페이스를 통해 수신되는 트래픽에 대한 접근 제어를 설정해보자. **Add Access Rule**을 클릭해 액세스 룰 설정 창을 불러온다. Outside 인터페이스를 위한

액세스 룰이므로 Outside를 선택한 후 Outside 인터페이스에 해당되는 조건에 부합하는 정보를 입력한다. Outside 인터페이스도 대상 트래픽의 방향과 출발지 포트 정보는 기본값과 동일하므로 입력하지 않아도 된다. 표 10.3을 바탕으로 Outside 인터페이스에 대한 액세스 룰을 설정해보길 바란다.

표 10.3 Outside 인터페이스의 설정 정보

액션	출발지	목적지	서비스	세부 정보
Permit	Any	192.168.2.12	TCP/HTTP	Web_Service_For_Ext_Users
Permit	Any	192.168.2.12	TCP/HTTPS	

그림 10.18은 Outside 인터페이스에 대한 액세스 룰 설정의 예를 보여준다. 표 10.3의 첫 번째 룰의 설정인데, 인터페이스는 Outside이고 허용하는 트래픽에 대한 정의이므로 **Permit**을 선택한다. 모든 인터넷 사용자로부터의 트래픽이므로 출발지(Source)는 Any로 입력한다. 목적지(Destination)는 서버팜의 대외용 웹 서버이므로 192.168.2.12를 입력하고, **Service**는 웹 서비스인 tcp/http를 입력한다.

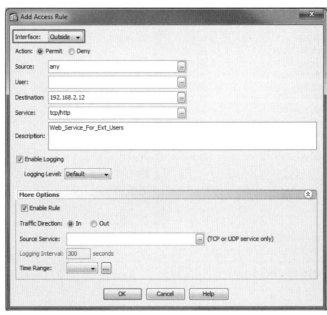

그림 10.18 Outside 인터페이스로 수신되는 트래픽에 대한 액세스 룰 설정

그림 10.19는 두 번째 룰의 설정 예를 보여준다.

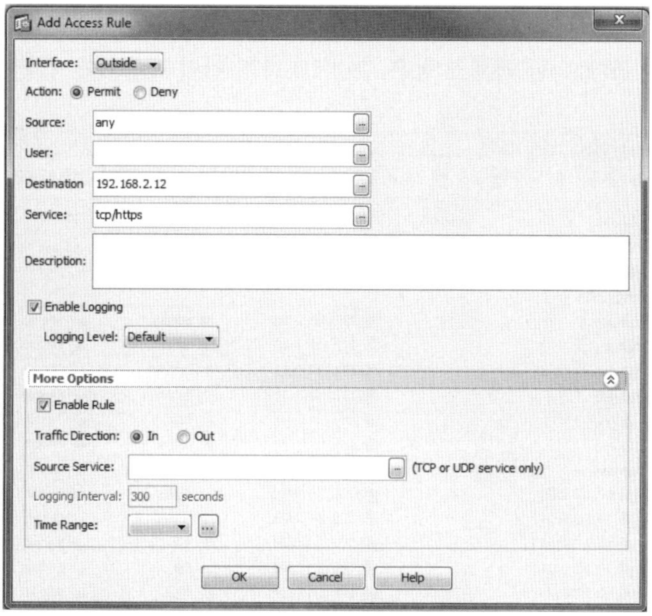

그림 10.19 Outside로 수신되는 HTTPS 트래픽 허용 룰 설정

Outside 인터페이스도 거부되는 트래픽의 정보를 로그에 남기기 위해 암묵적 부정 대신 모든 패킷을 거부하는 룰을 마지막 부분에 입력한다. 입력 시 로깅 설정을 잊지 말자(그림 10.20).

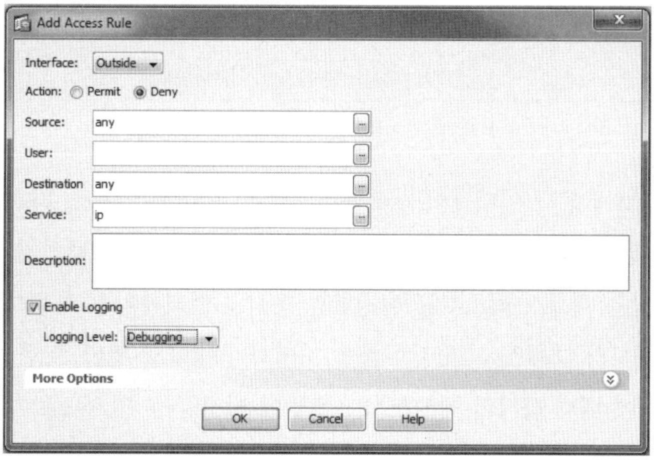

그림 10.20 모든 패킷을 거부하는 룰 설정

모든 설정이 끝나면, 반드시 **Apply**를 클릭해 설정 정보를 ASA에 적용하는 것을 잊지 말자.

이제 각 인터페이스로 수신되는 트래픽에 대한 액세스 룰의 설정과 적용을 모두 마쳤다. 각 인터페이스에 대한 액세스 룰은 그림 10.21과 같이 ASDM에서 확인된다.

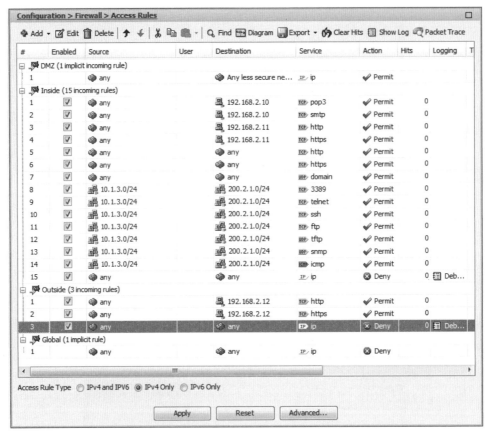

그림 10.21 예제의 접근 제어 조건을 만족하는 액세스 룰

참고로, ASDM에서 각 인터페이스에 대한 필터링을 위해 액세스 리스트를 설정하는 과정에서 CLI 명령과 다른 점이 있다면 액세스 리스트 이름을 입력하지 않는다는 것이다. ASDM 설정은 액세스 리스트를 설정함과 동시에 인터페이스 적용까지 이루어지므로 사용자가 별도의 액세스 리스트 이름을 지정하지 않아도 된다. 또한 각 인터페이스의 송신과 수신에 대해 하나의 액세스 리스트밖에 지정할 수 없으므로 ASDM이 자동으로 지정한다. 자신이 원하는 액세스 리스트의 이름을 지정하고자 한다면 Configuration ➤ Firewall ➤ Advanced ➤ ACL Manager를 차례로 선택하고 해당 액세스 리스트의 이름 위에서 마우스 오른쪽 클릭한 후 Rename ACL...을 통해 변경할 수 있다(그림 10.22).

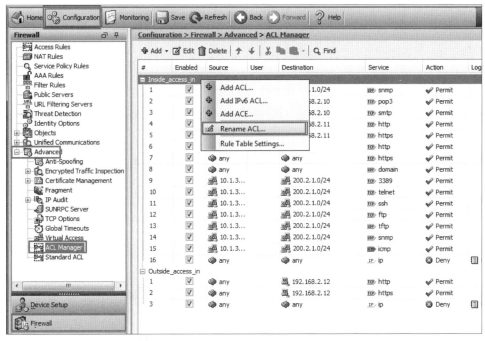

그림 10.22 액세스 리스트 이름 변경

　한편, ASDM에서도 적용된 정책을 확인하기 위한 패킷 트레이서를 사용 가능한데, 위의 CLI 출력 정보와 달리 그래픽으로 보여주기 때문에 입문자가 좀 더 쉽게 확인할 수 있다. ASDM의 패킷 트레이서는 ASDM 메뉴의 **Tools**를 클릭하면 찾을 수 있다(그림 10.23).

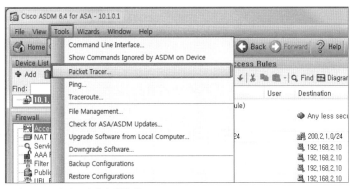

그림 10.23 패킷 트레이서 실행 메뉴

패킷 트레이서를 클릭하면, 패킷 트레이서 실행 창이 제공된다. 확인하고자 하는 인터페이스를 선택하고 프로토콜을 선택한다. 프로토콜은 TCP/UDP와 ICMP, IP를 제공한다. 그리고 출발지 정보와 목적지 정보를 입력한 후, Start를 클릭하면 된다. 입력되는 각 정보 값은 CLI 명령어를 사용하는 경우와 동일하다.

그림 10.24는 패킷 트레이서 활용의 예를 보여준다. 패킷 트레이서의 CLI 명령의 예와 마찬가지로, 내부 사용자 10.1.1.10이 외부의 웹 서버 40.1.4.2로의 통신 유무를 확인하는 과정이다. 확인하고자 하는 인터페이스(Inside)를 지정하고, 웹 트래픽이므로 Packet Type은 TCP를 선택한다. 출발지는 내부 사용자의 IP 10.1.1.10과 클라이언트의 임의의 포트 10000을 입력하고, 목적지는 외부 웹 서버 40.1.4.2와 웹 서비스 포트인 80 또는 HTTP를 입력한다. 그리고 Start를 클릭하면 그래픽으로 검사 진행 상황을 보여주는데, 각 단계의 검사가 끝날 때마다 그 결과 값은 체크 표시(√)나 X 표시로 보여준다. 그리고 모든 검사가 종료되면 해당 트래픽에 대한 검사 결과를 보여준다. 예제의 결과는 패킷이 허용된다는 것을 보여준다.

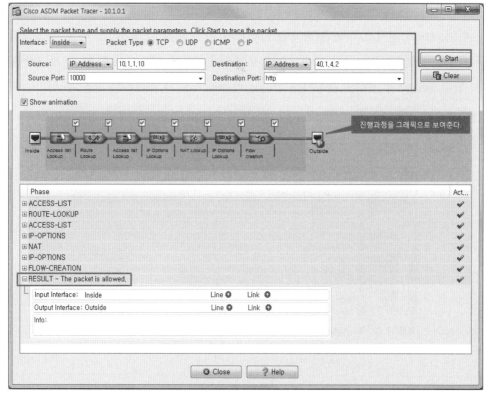

그림 10.24 ASDM의 패킷 트레이서 실행 창

만일 검사하는 패킷이 허용되지 않는다면, 그림 10.25와 같이 결과와 그 원인을 세부적으로 제공하므로 원인 파악과 복구를 신속하게 수행할 수 있다.

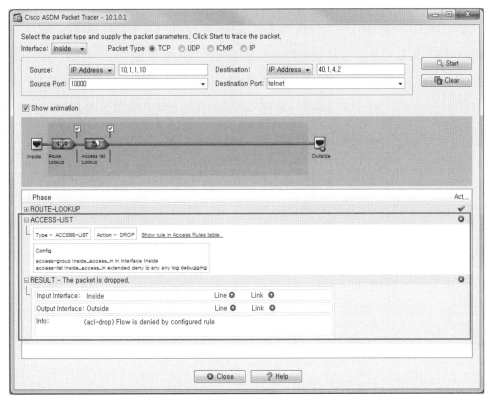

그림 10.25 패킷 트레이서의 거부(Drop) 결과 예

지금까지 ASA의 방화벽 설정에 대해 알아봤다. 실무에서는 예제 시나리오보다 훨씬 더 복잡한 정책이 구현될 것이다. 그러므로 실무에서 운용 중인 장비의 방대한 액세스 리스트에 놀라지 않길 바란다.

10.4 오브젝트와 오브젝트 그룹을 활용한 방화벽 설정

앞 절에서 예제 시나리오의 정책을 적용하기 위한 액세스 리스트를 설정했다. 이를 통해 확인한 바에 따르면, 매우 간단한 시나리오임에도 불구하고 액세스 리스트의 양은 만만하지 않다. 그러므로 정책이 복잡한 실무에서 운용 중인 장비의 액세스 리스트는 매우 방대해지고, 설정을 보다 간편하게 하는 뭔가가 필요할 수 있다. 설정을 보다 효과적으로 수행하기 위해 제공된 기능이 오브젝트와 오브젝트 그룹을 활용한 설정이다. 이 절에서는 앞 절과 동일한 성격의 트래픽에 대한 오브젝트와 오브젝트 그룹을 설정해 보자.

설정 10.16은 앞 절에서 설정한 액세스 리스트를 보여준다. 설정된 액세스 리스트의 라인 수도 많고, 사용된 IP의 정확한 용도를 파악하기도 쉽지 않다. 그러므로 관리자가 쉽게 인지할 수 있는 이름 형식으로 오브젝트를 생성하고, 동일한 정책이 적용되는 오브젝트는 하나의 그룹으로 그룹화하고 액세스 리스트를 단순화해 일괄 적용하자.

설정 10.16 액세스 리스트의 라인 수와 IP 정보의 용도를 구별하기가 쉽지 않다.

```
MYLABFW# show run access-list
access-list INSIDE_IN remark Local_Email_Services
access-list INSIDE_IN extended permit tcp any host 192.168.2.10 eq pop3
access-list INSIDE_IN extended permit tcp any host 192.168.2.10 eq smtp
access-list INSIDE_IN remark Local_Web_Services
access-list INSIDE_IN extended permit tcp any host 192.168.2.11 eq http
access-list INSIDE_IN extended permit tcp any host 192.168.2.11 eq https
access-list INSIDE_IN remark Internet_Services
access-list INSIDE_IN extended permit tcp any any eq http
access-list INSIDE_IN extended permit tcp any any eq https
access-list INSIDE_IN extended permit udp any any eq domain
access-list INSIDE_IN remark Remote_Site_MGMT
access-list INSIDE_IN extended permit tcp 10.1.3.0 255.255.255.0 200.2.1.0
255.255.255.0 eq 3389
access-list INSIDE_IN extended permit tcp 10.1.3.0 255.255.255.0 200.2.1.0
255.255.255.0 eq telnet
access-list INSIDE_IN extended permit tcp 10.1.3.0 255.255.255.0 200.2.1.0
255.255.255.0 eq ssh
access-list INSIDE_IN extended permit tcp 10.1.3.0 255.255.255.0 200.2.1.0
255.255.255.0 eq ftp
access-list INSIDE_IN extended permit udp 10.1.3.0 255.255.255.0 200.2.1.0
255.255.255.0 eq tftp
access-list INSIDE_IN extended permit udp 10.1.3.0 255.255.255.0 200.2.1.0
255.255.255.0 eq snmp
access-list INSIDE_IN extended permit icmp 10.1.3.0 255.255.255.0 200.2.1.0
255.255.255.0
access-list INSIDE_IN extended deny ip any any log
```

```
access-list OUTSIDE_IN remark Web_Service_For_Ext_Users
access-list OUTSIDE_IN extended permit tcp any host 192.168.2.12 eq http
access-list OUTSIDE_IN extended permit tcp any host 192.168.2.12 eq https
access-list OUTSIDE_IN extended deny ip any any log
```

실습을 위해 앞 절에서 설정한 액세스 리스트를 삭제하자. 액세스 리스트의 모든 라인을 일일이 삭제할 필요 없이 설정의 액세스 리스트 모듈 전체를 한꺼번에 삭제하자(설정 10.17).

설정 10.17 액세스 리스트 설정 값 일괄 삭제

```
MYLABFW(config)# clear configure access-group
MYLABFW(config)# clear configure access-list
```

표 10.4는 앞 절에서 사용한 예제 시나리오의 조건을 정리한 도표다. 이 절에서도 이를 이용해 설정한다.

표 10.4 예제 시나리오의 정리

네트워크	목적지	서비스	정책
내부 네트워크 10.1.0.0/24 10.1.1.0/24 10.1.2.0/24 10.1.3.0/24	서버팜 메일 서버(192.168.2.10) 웹 서버(192.168.2.11)	EMAIL (POP3/SMTP) WEB SERVICE (HTTP/HTTPS)	허용
내부 네트워크 10.1.0.0/24 10.1.1.0/24 10.1.2.0/24 10.1.3.0/24	인터넷	WEB SERVICE (HTTP/HTTPS) DNS	허용
IT 지원 팀 10.1.3.0/24	원격 사이트 200.2.1.0/24	관리 트래픽 원격 데스크톱 텔넷/SSH FTP/TFTP SNMP ICMP	허용
인터넷 사용자	서버팜 웹 서버(192.168.2.12)	WEB SERVICE (HTTP/HTTPS)	허용

액세스 리스트에 사용될 오브젝트와 오브젝트 그룹을 생성하자. 동일한 정책에 적용될 호스트 또는 네트워크, 그리고 서비스를 오브젝트 그룹으로 그룹화한다. 그리고 단독으로 적용될 대상은 관리자가 쉽게 인지할 수 있는 이름의 오브젝트를 설정한다. 표 10.5는 설정할 오브젝트와 오브젝트 그룹을 정리한 도표다.

표 10.5 생성할 오브젝트와 오브젝트 그룹

대상	오브젝트/오브젝트 그룹	세부 정보
내부 메일 서버	Object LOCAL_EMAIL	192.168.2.10
내부 웹 서버	Object LOCAL_WEB	192.168.2.11
대외 웹 서버	Object LOCAL_WEB_EXT	192.168.2.12
IT 지원 팀	Object IT_SUPPORT	10.1.3.0/24
원격 사이트	Object REMOTE_SITE	200.2.1.0/24
DNS	Object DNS	DNS
이메일 서비스	Object-group EMAIL_SERVICES	POP3 SMTP
웹 서비스	Object-group WEB_SERVICES	HTTP HTTPS
관리용 서비스	Object-group MGMT	원격 데스크톱(TCP 3386) 텔넷 / SSH FTP / TFTP SNMP ICMP

표 10.5를 참고해 각 오브젝트와 오브젝트 그룹을 생성하자. 오브젝트 설정은 7장, 'ASA의 NAT 구현'에서 이미 학습했기 때문에 그리 낯설지 않을 것이다. 설정 10.18은 오브젝트와 오브젝트 그룹의 설정 예를 보여준다.

설정 10.18 오브젝트와 오브젝트 그룹 설정

```
MYLABFW(config)# object network LOCAL_EMAIL
MYLABFW(config-network-object)# host 192.168.2.10

MYLABFW(config)# object network LOCAL_WEB
MYLABFW(config-network-object)# host 192.168.2.11
```

```
MYLABFW(config)# object network LOCAL_WEB_EXT
MYLABFW(config-network-object)# host 192.168.2.12

MYLABFW(config)# object network IT_SUPPORT
MYLABFW(config-network-object)# subnet 10.1.3.0 255.255.255.0

MYLABFW(config)# object network REMOTE_SITE
MYLABFW(config-network-object)# subnet 200.2.1.0 255.255.255.0

MYLABFW(config)# object service DNS
MYLABFW(config-service-object)# service udp destination eq domain

MYLABFW(config)# object-group service EMAIL_SERVICES
MYLABFW(config-service-object-group)# service-object tcp destination eq pop3
MYLABFW(config-service-object-group)# service-object tcp destination eq smtp

MYLABFW(config)# object-group service WEB_SERVICES
MYLABFW(config-service-object-group)# service-object tcp destination eq http
MYLABFW(config-service-object-group)# service-object tcp destination eq https

MYLABFW(config)# object-group service MGMT
MYLABFW(config-service-object-group)# service-object tcp destination eq 3386
MYLABFW(config-service-object-group)# service-object tcp destination eq telnet
MYLABFW(config-service-object-group)# service-object tcp destination eq ssh
MYLABFW(config-service-object-group)# service-object tcp destination eq ftp
MYLABFW(config-service-object-group)# service-object udp destination eq tftp
MYLABFW(config-service-object-group)# service-object udp destination eq snmp
MYLABFW(config-service-object-group)# service-object icmp
```

오브젝트와 오브젝트 그룹은 하나의 정책에만 사용되는 것이 아니라, 다른 정책에 필요한 경우 언제든지 사용할 수 있다.

필요한 오브젝트와 오브젝트 그룹을 생성했으므로, 이를 활용해 액세스 리스트를 설정해보자. 오브젝트와 오브젝트 그룹을 사용하더라도 액세스 리스트 설정 명령어가 크

게 달라지지 않는다. 일반적인 액세스 리스트와 동일한 순서대로 입력하되, 프로토콜이
나 출발지 IP 및 포트 정보, 목적지 IP 및 포트 정보를 오브젝트 또는 오브젝트 그룹으로
표현한 것만 다르다. 다만 서비스 오브젝트나 서비스 오브젝트 그룹을 사용하는 경우,
앞의 설정에서 확인한 대로 프로토콜과 포트 정보를 하나로 표현하므로 이 부분만 조금
다를 뿐이다. 그럼 설정을 통해 알아보기로 한다.

표 10.6은 예제의 조건을 오브젝트와 오브젝트 그룹으로 표현한 도표다. 이를 참고로
예제 조건을 만족하는 액세스 리스트를 설정한다.

표 10.6 오브젝트와 오브젝트 그룹으로 표현한 예제의 조건

네트워크	목적지	서비스	정책
내부 네트워크 (Inside) Any	서버팜 (DMZ) Object LOCAL_EMAIL (192.168.2.10) Object LOCAL_WEB (192.168.2.11)	 Object-group EMAIL_SERVICES (POP3, SMTP) Object-group WEB_SERVICES (HTTP/HTTPS)	허용
내부 네트워크 (Inside) Any	인터넷 (Outside) Any	 Object-group WEB_SERVICES (HTTP, HTTPS) Object DNS (DNS)	허용
IT 지원 팀 (Inside) Object IT_SUPPORT (10.1.3.0/24)	원격 사이트 (Outside) Object REMOTE_SITE (200.2.1.0/24)	Object-group MGMT (원격 데스크톱, 텔넷 /SSH, FTP/TFTP, SNMP, ICMP)	허용
인터넷 사용자 (Outside) Any	서버팜 Object LOCAL_WEB_EXT (192.168.2.12)	Object-group WEB_SERVICES (HTTP/HTTPS)	허용

앞 절의 순서와 마찬가지로 Inside 인터페이스로 수신되는 트래픽에 대한 액세스 리스트를 설정해보자. 내부 사용자는 서버팜의 이메일 서버와 웹 서버로 접속하고, 인터넷 상의 모든 웹 서버와 DNS 서비스가 가능해야 한다. 그리고 IT 지원 팀이 원격 사이트를 관리할 수 있어야 한다. 조건을 만족하는 액세스 리스트는 설정 10.19와 같다.

설정 10.19 Inside 인터페이스로 수신되는 트래픽에 대한 액세스 리스트 설정

```
MYLABFW(config)# access-list INSIDE_IN remark Local_Email_Services
MYLABFW(config)# access-list INSIDE_IN extended permit object-group EMAIL_SERVICES any
object LOCAL_EMAIL
MYLABFW(config)# access-list INSIDE_IN remark Local_Web_Services
MYLABFW(config)# access-list INSIDE_IN extended permit object-group WEB_SERVICES any
object LOCAL_WEB
MYLABFW(config)# access-list INSIDE_IN remark Internet_Services
MYLABFW(config)# access-list INSIDE_IN extended permit object-group WEB_SERVICES any
any
MYLABFW(config)# access-list INSIDE_IN extended permit object DNS any any
MYLABFW(config)# access-list INSIDE_IN remark Remote_Site_MGMT
MYLABFW(config)# access-list INSIDE_IN extended permit object-group MGMT object IT_
SUPPORT object REMOTE_SITE
MYLABFW(config)# access-list INSIDE_IN extended deny ip any any log
```

일반적인 액세스 리스트의 순서는 항상 프로토콜과 출발지 주소, 포트, 그리고 목적지 주소와 포트 정보 순서로 입력된다. 그러나 서비스 오브젝트나 오브젝트 그룹을 사용할 경우, 해당 오브젝트나 오브젝트 그룹 설정에 이미 프로토콜과 서비스 포트 번호가 지정되어 있으므로 서비스 오브젝트/오브젝트 그룹을 네트워크 정보보다 먼저 입력한다는 점에 주의하길 바란다.

첫 번째 액세스 리스트 룰을 통해 설정한 명령어를 이해하자.

access-list 명령은 일반적인 화장 액세스 리스트와 동일하다. 그리고 첫 번째의 object-group EMAIL_SERVICES는 프로토콜과 목적지 포트 정보를 포함한다. 그리고 모든 출발지를 의미하는 any 후 목적지인 object LOCAL_EMAIL 순서로 입력되었다. 직접 설정해보면 그리 어렵지 않을 것이다. 다만 오브젝트나 오브젝트 그룹을 활용하는 경우에는 사용할 오브젝트와 오브젝트 그룹이 미리 설정되어 있어야 액세스 리스트 설정에

사용될 수 있다는 점을 기억하길 바란다.

설정된 액세스 리스트를 확인해보자(설정 10.20). 설정 정보를 확인해보면, 앞 절에서 설정한 것보다 훨씬 간략하게 설정되었다는 것을 확인할 수 있다.

설정 10.20 일반적인 액세스 리스트 설정보다 훨씬 간결하다.

```
MYLABFW# show running-config access-list
access-list INSIDE_IN remark Local_Email_Services
access-list INSIDE_IN extended permit object-group EMAIL_SERVICES any object LOCAL_
EMAIL
access-list INSIDE_IN remark Local_Web_Services
access-list INSIDE_IN extended permit object-group WEB_SERVICES any object LOCAL_WEB
access-list INSIDE_IN remark Internet_Services
access-list INSIDE_IN extended permit object-group WEB_SERVICES any any
access-list INSIDE_IN extended permit object DNS any any
access-list INSIDE_IN remark Remote_Site_MGMT
access-list INSIDE_IN extended permit object-group MGMT object IT_SUPPORT object
REMOTE_SITE
access-list INSIDE_IN extended deny ip any any log
```

그러나 show access-list 명령어로 확인하면, 모든 오브젝트와 오브젝트 그룹으로 정의된 액세스 룰을 개별적인 액세스 룰의 형태로 확인할 수 있다. 이는 오브젝트 그룹 내에 속한 개별 엔트리가 일치된 횟수를 확인할 수 있게 한다(설정 10.21).

설정 10.21 show access-list 출력

```
MYLABFW# show access-list INSIDE_IN
access-list INSIDE_IN; 15 elements; name hash: 0xf4313c68
access-list INSIDE_IN line 1 remark Local_Email_Services
access-list INSIDE_IN line 2 extended permit object-group EMAIL_SERVICES any object
LOCAL_EMAIL (hitcnt=0) 0x3e818e9d
  access-list INSIDE_IN line 2 extended permit tcp any host 192.168.2.10 eq pop3
(hitcnt=0) 0xe0cbec38
  access-list INSIDE_IN line 2 extended permit tcp any host 192.168.2.10 eq smtp
(hitcnt=0) 0x0ebe9a82
access-list INSIDE_IN line 3 remark Local_Web_Services
access-list INSIDE_IN line 4 extended permit object-group WEB_SERVICES any object
```

```
LOCAL_WEB (hitcnt=0) 0x9e4d1139
  access-list INSIDE_IN line 4 extended permit tcp any host 192.168.2.11 eq www
(hitcnt=0) 0x999d92b1
  access-list INSIDE_IN line 4 extended permit tcp any host 192.168.2.11 eq https
(hitcnt=0) 0xe3128b9a
access-list INSIDE_IN line 5 remark Internet_Services
access-list INSIDE_IN line 6 extended permit object-group WEB_SERVICES any any
(hitcnt=0) 0xf39a0a06
  access-list INSIDE_IN line 6 extended permit tcp any any eq www (hitcnt=0)
0x49796a57
  access-list INSIDE_IN line 6 extended permit tcp any any eq https (hitcnt=0)
0x4af8d6f5
access-list INSIDE_IN line 7 extended permit object DNS any any (hitcnt=0) 0xcd18c9fe
  access-list INSIDE_IN line 7 extended permit udp any any eq domain (hitcnt=0)
0xcd18c9fe
access-list INSIDE_IN line 8 remark Remote_Site_MGMT
access-list INSIDE_IN line 9 extended permit object-group MGMT object IT_SUPPORT
object REMOTE_SITE (hitcnt=0) 0xbe30dba2
  access-list INSIDE_IN line 9 extended permit tcp 10.1.3.0 255.255.255.0 200.2.1.0
255.255.255.0 eq 3386 (hitcnt=0) 0x6f86813f
  access-list INSIDE_IN line 9 extended permit tcp 10.1.3.0 255.255.255.0 200.2.1.0
255.255.255.0 eq telnet (hitcnt=0) 0x34e3d443
  access-list INSIDE_IN line 9 extended permit tcp 10.1.3.0 255.255.255.0 200.2.1.0
255.255.255.0 eq ssh (hitcnt=0) 0xa746c769
  access-list INSIDE_IN line 9 extended permit tcp 10.1.3.0 255.255.255.0 200.2.1.0
255.255.255.0 eq ftp (hitcnt=0) 0x12972383
  access-list INSIDE_IN line 9 extended permit udp 10.1.3.0 255.255.255.0 200.2.1.0
255.255.255.0 eq tftp (hitcnt=0) 0xfdfffb15
  access-list INSIDE_IN line 9 extended permit udp 10.1.3.0 255.255.255.0 200.2.1.0
255.255.255.0 eq snmp (hitcnt=0) 0x3507110a
  access-list INSIDE_IN line 9 extended permit icmp 10.1.3.0 255.255.255.0 200.2.1.0
255.255.255.0 (hitcnt=0) 0x63766701
access-list INSIDE_IN line 10 extended deny ip any any log informational interval 300
(hitcnt=0) 0x7b5326c0
```

이제 Outside 인터페이스로 수신되는 트래픽에 대한 액세스 리스트를 앞의 설정과
동일한 방법으로 설정해보자. Outside 인터페이스로 수신되는 트래픽은 내부의 대외용

웹 서비스를 요청하는 트래픽이다. 이에 대한 액세스 리스트는 설정 10.22와 같다.

설정 10.22 Outside 인터페이스로 수신되는 트래픽에 대한 액세스 리스트 설정

```
MYLABFW(config)# access-list OUTSIDE_IN remark Web_Service_For_Ext_Users
MYLABFW(config)# access-list OUTSIDE_IN extended permit object-group WEB_
SERVICES any object LOCAL_WEB_EXT
MYLABFW(config)# access-list OUTSIDE_IN extended deny ip any any log
```

특정 액세스 리스트 라인의 추가 및 삭제는 앞 절에서 설명한 것과 동일하다. show access-list 명령을 통해 라인 번호를 확인한 후, line 옵션 명령어를 추가해 설정하면 된다.

이제 마지막으로 액세스 리스트를 적용하는 설정만 남겨두었다. 설정 10.23과 같이 액세스 리스트를 해당 인터페이스에 간단하게 적용한다.

설정 10.23 액세스 리스트 적용

```
MYLABFW(config)# access-group INSIDE_IN in interface Inside

MYLABFW(config)# access-group OUTSIDE_IN in interface Outside
```

모든 설정이 완료되었으므로 패킷 트레이서를 통해 정책이 잘 적용되었는지 확인한다(설정 10.24).

설정 10.24 정책 적용 확인

```
MYLABFW# packet-tracer input Inside tcp 10.1.1.10 10000 200.1.1.1 www

Phase: 1
Type: ROUTE-LOOKUP
Subtype: input
Result: ALLOW
Config:
Additional Information:
in   200.1.1.0      255.255.255.252 Outside
```

```
Phase: 2
Type: ACCESS-LIST
Subtype: log
Result: ALLOW
Config:
access-group INSIDE_IN in interface Inside
access-list INSIDE_IN extended permit object-group WEB_SERVICES any any
object-group service WEB_SERVICES
 service-object tcp destination eq www
 service-object tcp destination eq https
Additional Information:

Phase: 3
Type: IP-OPTIONS
Subtype:
Result: ALLOW
Config:
Additional Information:

Phase: 4
Type: IP-OPTIONS
Subtype:
Result: ALLOW
Config:
Additional Information:

Phase: 5
Type: FLOW-CREATION
Subtype:
Result: ALLOW
Config:
Additional Information:
New flow created with id 59, packet dispatched to next module
```

Result:

```
input-interface: Inside
input-status: up
input-line-status: up
output-interface: Outside
output-status: up
output-line-status: up
```
Action: allow

오브젝트와 오브젝트 그룹을 활용한 액세스 리스트 설정은 설정 과정만 약간 상이할 뿐, 기본적인 액세스 리스트 설정과 동일하다. 확인 과정 역시 동일하므로 앞 절에서 설명한 부분을 참고하길 바란다.

그럼 이제 ASDM을 이용한 오브젝트와 오브젝트 그룹을 통한 설정에 대해 알아보자. 표 10.7은 앞 절에서 사용한 설정이 요구되는 오브젝트와 오브젝트 그룹을 보여준다. 이를 바탕으로 오브젝트와 오브젝트 그룹을 설정해보자.

표 10.7 생성할 오브젝트와 오브젝트 그룹

대상	오브젝트/오브젝트 그룹	세부 정보
내부 메일 서버	Object LOCAL_EMAIL	192.168.2.10
내부 웹 서버	Object LOCAL_WEB	192.168.2.11
대외 웹 서버	Object LOCAL_WEB_EXT	192.168.2.12
IT 지원 팀	Object IT_SUPPORT	10.1.3.0/24
원격 사이트	Object REMOTE_SITE	200.2.1.0/24
DNS	Object DNS	DNS
이메일 서비스	Object-group EMAIL_SERVICES	POP3 SMTP
웹 서비스	Object-group WEB_SERVICES	HTTP HTTPS
관리용 서비스	Object-group MGMT	원격 데스크톱(TCP 3386) 텔넷 / SSH FTP / TFTP SNMP ICMP

오브젝트와 오브젝트 그룹 설정은 Configuration ➤ Firewall ➤ Objects에서 설정할 수 있다. 설정할 오브젝트에 따라 Network Objects/Groups나 Service Objects/Groups를 클릭한다(그림 10.26).

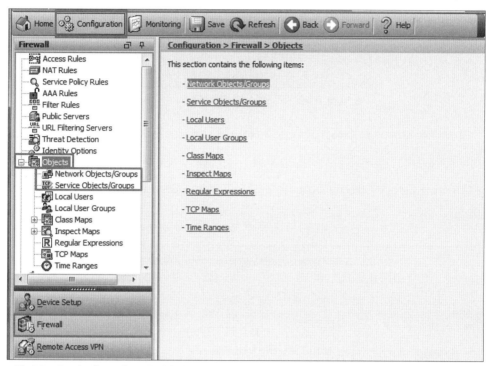

그림 10.26 오브젝트와 오브젝트 그룹 설정 메뉴

그림 10.27은 내부 메일 서버에 대한 네트워크 오브젝트 설정의 예를 보여주고, 그림 10.28은 DNS에 대한 서비스 오브젝트 설정의 예를 보여준다.

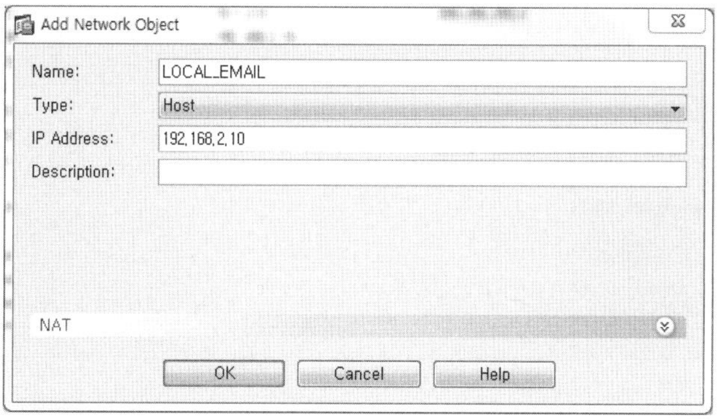

그림 10.27 내부 메일 서버에 대한 네트워크 오브젝트 설정

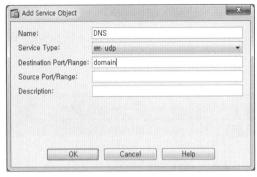

그림 10.28 DNS에 대한 서비스 오브젝트 설정

    이와 같은 방법으로 예제에 요구되는 나머지 오브젝트를 스스로 설정해보길 바란다.

    이제 예제에서 요구되는 서비스 오브젝트 그룹을 생성하자. Configuration ➤ Firewall ➤ Objects ➤ Service Objects/Groups를 선택하고 Add ➤ Service Group을 클릭한다(그림 10.29).

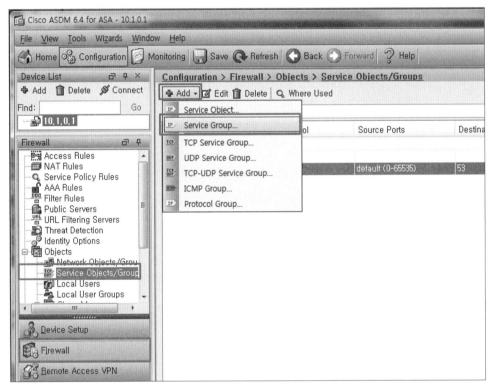

그림 10.29 서비스 오브젝트 그룹 설정 메뉴

먼저 이메일 서비스에 대한 서비스 오브젝트 그룹을 설정한다.

서비스 오브젝트 그룹 설정 창에서 그룹 이름으로 EMAIL_SERVICES를 입력한다. 그리고 알려진 포트나 미리 설정된 서비스 오브젝트를 선택하기 위해 Existing Service/Service Group을 선택하고, tcp/pop3와 tcp/smtp를 선택한 후 Add를 클릭한다. 선택한 서비스 오브젝트가 Memebers in Group 항목으로 이동하는 것을 확인할 수 있다. 서비스 오브젝트 그룹에 속하는 모든 서비스 오브젝트를 이동시킨 후 OK를 클릭한다(그림 10.30).

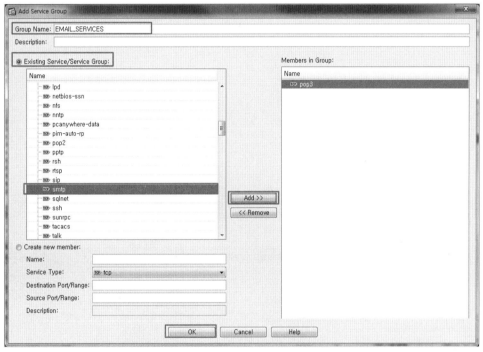

그림 10.30 서비스 오브젝트 그룹 설정

이와 같은 방식으로 나머지 서비스 오브젝트 그룹인 WEB_SERVICES와 MGMT를 설정한다. 그림 10.31은 예제에서 요구되는 모든 서비스 오브젝트와 서비스 오브젝트 그룹의 설정 정보를 보여준다. 그림 10.32는 설정 완료된 네트워크 오브젝트를 보여준다.

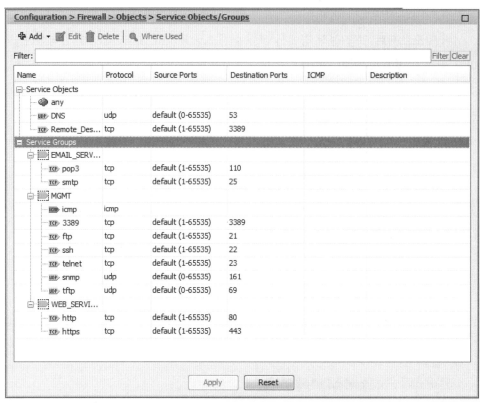

그림 10.31 예제에 요구되는 서비스 오브젝트와 서비스 오브젝트 그룹

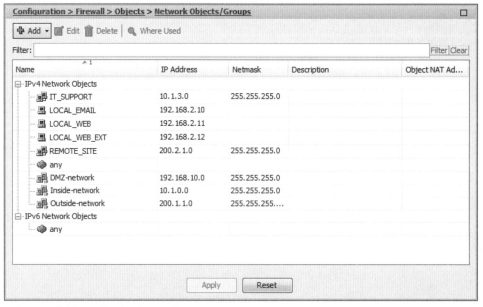

그림 10.32 예제에 요구되는 네트워크 오브젝트

이제 예제 설정에 필요한 모든 오브젝트와 오브젝트 그룹을 생성했다. Apply를 클릭해 설정 정보를 ASA에 적용하자.

지금까지 설정한 오브젝트와 오브젝트 그룹을 이용해 액세스 리스트를 설정해보자. CLI 설정에서와 마찬가지로 표 10.8을 활용해 설정한다.

표 10.8 오브젝트와 오브젝트 그룹으로 표현한 예제의 조건

네트워크	목적지	서비스	정책
내부 네트워크 (Inside) Any	서버팜 (DMZ) Object LOCAL_EMAIL (192.168.2.10) Object LOCAL_WEB (192.168.2.11)	Object-group EMAIL_SERVICES (POP3, SMTP) Object-group WEB_SERVICES (HTTP/HTTPS)	허용
내부 네트워크 (Inside) Any	인터넷 (Outside) Any	Object-group WEB_SERVICES (HTTP, HTTPS) Object DNS (DNS)	허용
IT 지원 팀 (Inside) Object IT_SUPPORT (10.1.3.0/24)	원격 사이트 (Outside) Object REMOTE_SITE (200.2.1.0/24)	Object-group MGMT (원격 데스크톱, 텔넷/SSH, FTP/TFTP, SNMP, ICMP)	허용
인터넷 사용자 (Outside) Any	서버팜 Object LOCAL_WEB_EXT (192.168.2.12)	Object-group WEB_SERVICES (HTTP/HTTPS)	허용

앞 절에서 설정한 것과 마찬가지로, Configuration > Firewall > Access Rules에서 Add를 클릭한 후 Add Access Rule...을 선택한다.

첫 번째 룰은 내부 네트워크의 모든 호스트로부터 서버팜에 위치하는 이메일 서버로 향하는 트래픽을 허용시키는 용도다. 우선 Inside 인터페이스의 수신 트래픽을 제어하기 위함이므로 Inside 인터페이스를 선택한다. 출발지(Source)는 모든 내부 사용자에 해당되므로 any를 선택한다. 목적지(Destination)는 내부 메일 서버의 오브젝트를 선택하기 위해 ...를 클릭한다. Browse Destination 창에서 메일 서버의 오브젝트인 LOCAL_EMAIL을 더블 클릭한 후 OK를 클릭한다(그림 10.33).

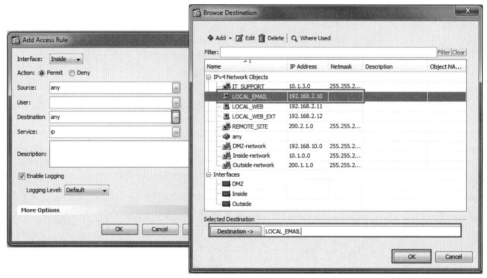

그림 10.33 메일 서버의 오브젝트 LOCAL_EMAIL 선택

서비스(Service)는 내부 메일 서버의 오브젝트를 선택하기 위해 ...를 클릭한다. Browse Destination 창에서 메일 서비스의 오브젝트 그룹인 EMAIL_SERVICES를 더블 클릭한 후 OK를 클릭한다(그림 10.34).

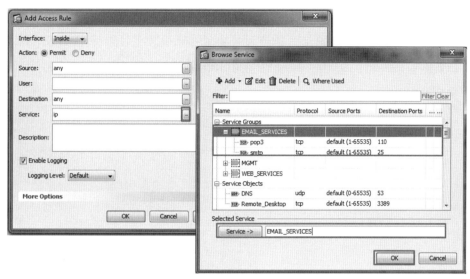

그림 10.34 메일 서비스의 오브젝트 그룹 EMAIL_SERVICE 선택

이와 같은 과정으로 독자 스스로 요구되는 모든 룰을 설정해보자. 모든 설정이 마무리되면 그림 10.35와 비교해보길 바란다. 그림 10.35에서 확인할 수 있듯이, 오브젝트와 오브젝트 그룹을 활용한 설정이 훨씬 간략해진 것을 확인할 수 있다.

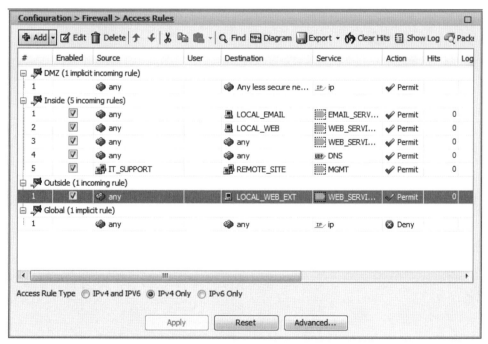

그림 10.35 오브젝트와 오브젝트 그룹을 활용하면 설정이 간결해진다.

지금까지 이 책에서 다루는 접근 제어에 관련된 ASA 설정을 모두 살펴봤다. IOS 명령어와 유사하면서도, 또 한편으로는 조금 차이가 있어서 설정이 쉬운 듯하면서도 어렵다고 느꼈을지 모르겠다. 그러나 기본적인 명령어의 뼈대는 거의 비슷하므로 충분히 적응할 수 있을 것이다.

11

VPN 개념

네트워크 분야에서 VPN이란 용어는 매우 자주 접할 수 있다. VPN은 가상 사설 네트워크Virtual Private Network로 해석된다. 네트워크 분야에는 적지 않은 VPN 종류가 있는데, 이 장을 통해 모든 VPN의 공통된 개념을 정리하고 이해하자.

11.1 VPN은 무엇인가

VPN은 말 그대로 표현하면, 사설 네트워크를 위해 가상화를 구현했다는 의미다. 정확하게 이해되지 않아서 그 의미가 완전히 다가오지 않는다. VPN, 즉 가상 사설 네트워크를 논하기 전에 일반적인 사설 네트워크Private Network가 무엇인지 알아보자.

사설 네트워크는 기업이나 단체가 그들만의 통신을 위해 사설 용도로 구축한 네트워크를 의미한다. 그들의 통신을 위해 사설 용도로 구축한 네트워크란 다른 사용자들이 사용할 수 없는 그들만의 폐쇄된 네트워크Closed Network를 말한다. 반대 의미인 개방된 네트워크Opened Network란 인터넷과 같이, 다른 일반 사용자들과 공유해 사용하는 네트워크를 말한다. 그러므로 사설 네트워크는 각 회사나 단체가 그들의 지사 등을 연결하기 위해 각 사이트를 연결하는 전용 통신선을 연결하는 것이다. 사설 네트워크는 전용 회선Leased Line을 통해 연결이 이루어지는데, 전용 회선은 회사의 본사와 지사 등의 각 사이트 간을 직접 연결하는 방식으로 이루어진다. 그러므로 전용 회선은 해당 회사 또는 조직만을 위해 임대된 회선이므로 관련 없는 일반 사용자의 접근이 원천적으로 차단되지만, 비용이 많이 드는 단점이 있다(그림 11.1).

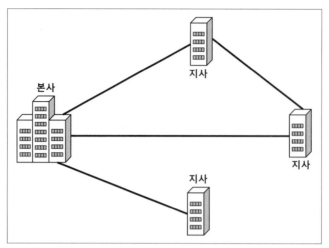

그림 11.1 전용 회선을 이용한 사설 네트워크

　반면에 공중망 네트워크, 즉 모든 사용자에게 개방된 네트워크는 ISP의 입장에서 보면 특정 고객에 귀속되어 있지 않고, ISP의 모든 고객이 사용할 수 있으므로 가격이 저렴하게 책정된다. 그러므로 회사의 입장에서도 전용 회선을 연결해 두 사이트를 연결하는 것보다, 사이트 간의 통신을 위해 인터넷과 같은 공중망을 이용하면 많은 통신 비용을 절감할 수 있다(그림 11.2).

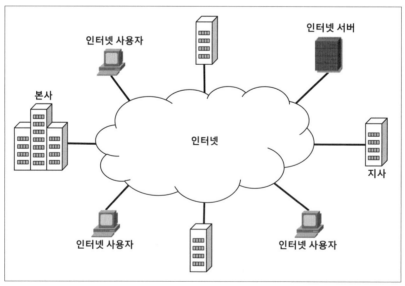

그림 11.2 공중망을 통한 사이트 간의 통신

그런데 회사가 비용을 절감하기 위해 공중망으로 연결했을 때 무시할 수 없는 문제가 발생하는데, 그것은 바로 보안 문제다. 전용 회선으로 이루어진 사설 네트워크를 이용하는 경우, 외부 사용자의 접근이 원천적으로 차단되기 때문에 외부 침입에 의한 정보 유출의 위험이 거의 없다. 그러나 공중망을 사용하는 경우에는 외부 사용자로부터의 접근이 기본적으로 허용되기 때문에 해킹 및 정보 유출에 대한 위험이 매우 크다.

VPN 개념의 접근은 여기에서부터 시작된다. 공중망 네트워크 서비스의 저렴한 비용으로 사용하면서 보안적 위험을 최소화해 사용할 수 없는가에 대한 고민으로 시작된다. 또한 사설 네트워크는 IP 통신을 위해 사설 IP 주소를 사용하는 것이 일반적이다. 또한 사설 IP 주소로 이루어져 있는 원격 사이트 간의 통신을 자유롭게 하고자 함에 목적이 있다. 그러나 사설 IP 주소는 인터넷과 같은 공중망에서 라우팅이 되지 않는다. 그러므로 각 사이트가 사설 IP 주소를 사용한다면, 인터넷을 이용하는 사이트 간의 통신은 불가능하다.

이와 같은 요구 조건을 충족시키기 위해 VPN이 소개되었는데, 그 동작 원리는 다음과 같다.

각 사이트는 공중망 네트워크에 연결된다. 이 연결은 물리적인 회선 연결을 의미한다. 그러나 VPN은 말 그대로 가상^{Virtual} 회선을 사용하는 것이다. VPN은 물리적인 회선 위로 가상의 논리적인 회선을 이용해 각 사이트를 연결함으로써 이루어진다.

논리적인 회선이라는 표현이 아마 잘 이해되지 않을 수 있다. 다음 절에서 이것에 대해 자세히 알아보자. 다만 VPN은 물리적인 회선 연결 위로 가상의 논리 회선을 연결함으로써 이루어지는데, 이 논리 회선을 터널^{Tunnel}이라 부른다. 터널은 우리 일상생활에서 매우 자주 접하는 단어다. 산 아래 또는 지하로 뚫려 있는 도로가 터널인데, VPN에서 사용하는 터널도 바로 그런 의미로 사용된다. 네트워크상의 터널이 아직 잘 이해되지 않을 수 있는데, 일단 그런 것이 있다고 생각하고 넘어가자. 이에 대해 뒤에서 자세히 설명할 것이다.

아무튼 VPN은 사이트 간의 연결이 터널이라는 논리 회선으로 연결된다. 이는 마치 각 사이트를 물리적인 회선으로 직접 연결한 것과 거의 동일하게 동작한다. 가상 사설 네트워크^{VPN}는 논리적인 가상 회선^{Virtual Circuit}을 통해 연결된 사설 네트워크라 해서 붙여진 이름이다.

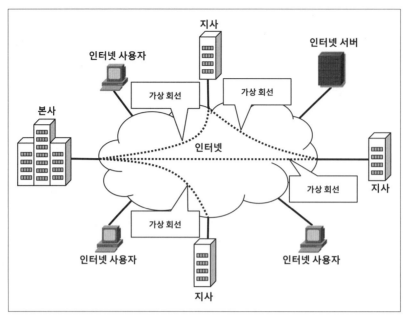

그림 11.3 VPN은 가상 회선을 통해 연결되는 네트워크를 의미한다.

VPN을 통한 사이트 간의 통신은 물리적인 전용 회선으로 연결된 네트워크와 동일하게 동작하면서도, 물리적인 회선 사용료 등의 비용을 절감할 수 있다. 그러나 여전히 네트워크 보안에 많은 허점이 존재할 수 있는데, 이런 보안에 대한 취약점을 어떻게 보완해 매우 강력하고 안전하면서 저렴한 비용의 네트워크를 구성하느냐가 VPN 기술이 제공해야 할 문제이고, 이를 위한 다양한 기술이 존재한다.

11.2 논리 회선인 터널은 무엇인가

네트워크에서 터널이란 말은 매우 자주 사용된다. 우리가 알고 있는 터널은 산으로 막혀 있는 두 지역을 연결하기 위해 산을 뚫어 길을 낸 것을 말한다. 네트워크에서 말하는 터널도 우리가 알고 있는 터널의 의미와 크게 다르지 않다. 다만 우리가 일상생활에서 접하는 터널은 물리적인 도로를 의미하고, 네트워크에서 말하는 터널은 논리적인 회선을 의미하는 것이 다르다.

아직 물리적인 회선과 논리적인 회선의 차이에 대해 감이 오지 않는다고 하더라도 걱정하지 않아도 된다. 이 절이 끝날 무렵이면 그 차이를 명확하게 구분할 수 있을 것이다.

일상생활에서 터널이라고 하는 것은 산 밑을 뚫어 만든 길을 말하며, 우리가 차로 터널을 통과할 때 그것은 일반도로와 다르지 않다고 느낀다. 그러나 터널은 일반도로와 완전히 다른 형태의 도로다. 전혀 다른 형태의 도로라는 이 말에 동의하는가? 터널이 전혀 다른 형태의 도로라고 말하는 이유는 도로의 가시성^{Visibility} 때문이다. 도로의 가시성이란 도로가 눈으로 확인되느냐 확인되지 않느냐를 의미한다. 터널 속의 도로는 터널 안에서는 확인되지만, 외부에서는 터널의 존재가 확인되지 않는다. 외부, 즉 하늘에서 쳐다보면 터널 내부의 도로 모습은 확인되지 않는다. 다시 말해, 감춰진 도로다.

그림 11.4와 같이, 산 위에 두 지역을 연결하는 도로가 있고, 산 아래로 터널이 뚫려 있다고 가정하자. 그리고 이 지역을 인공위성으로 확인한다고 가정하자.

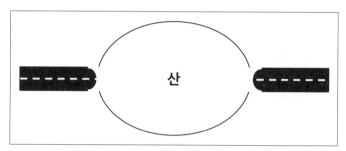

그림 11.4 터널 내부의 도로는 터널 외부에서 확인되지 않는다.

인공위성에서 찍은 사진을 보면 육안으로 도로를 확인할 수 있다. 그리고 그 도로 위를 다니는 차량들을 확인할 수 있다. 그러나 산 아래로 뚫려 있는 터널 속의 도로는 확인되지 않는다. 또한 그 터널을 통과하는 차량의 모습도 확인되지 않는다. 이와 같이 터널은 외부로부터 그 가시성이 완전하게 차단된 통로, 즉 외부에서 확인할 수 없는 통로다. 그러므로 그 통로를 통과하는 차량도 외부에서 확인할 수 없다. 외부에서 확인되지 않는다는 것은 비밀성이 보장된다는 것을 의미한다. 그러므로 네트워크의 터널은 바로 이런 콘셉트를 적용한 가상 회선인 것이다.

내가 물리적 또는 논리적이라고 정의할 때 적용하는 기준 중 하나는 눈으로 확인되는가 여부다. 눈으로 확인된다면 물리적이고, 눈으로 확인되지 않는다면 논리적인 것이다. 이런 관점으로 보면, 인공위성으로 확인되는 도로는 물리적인 도로이고, 확인되지 않는 터널은 논리적인 도로다. 물론 터널 도로는 그 실체가 실제로 존재하는 물리적인 것이다. 그러나 인공위성과 같은 제3의 시점으로 확인할 때는 실제 확인되지 않지만, 실존하는 것으로 가정되는 그런 존재인 것이다.

인공위성에서 보는 관점이라는 것은 공개적으로 드러나는 실체를 의미한다. 그림 11.5는 서울 상공을 찍은 인공위성 사진이다. 남산을 사이에 두고 도로가 단절된 것으로 보인다. 이것이 눈으로 확인되는 물리적인 관점이다.

그림 11.5 물리적인 관점

그러나 그림 11.6은 눈으로 확인되지 않는 남산 1~3호 터널이 실제 사진으로는 보이지 않지만, 터널이 시작되는 도로 사이에 터널이 존재한다는 사실을 가상으로 그려 놓았다. 바로 논리적인 관점에서 가상으로 도로를 그려 넣은 것이다. 터널이라는 실체는 그 존재를 인지하는 사람은 짐작할 수 있지만, 대부분의 사람은 인공위성의 사진만으로 그 존재를 짐작하기 어렵다.

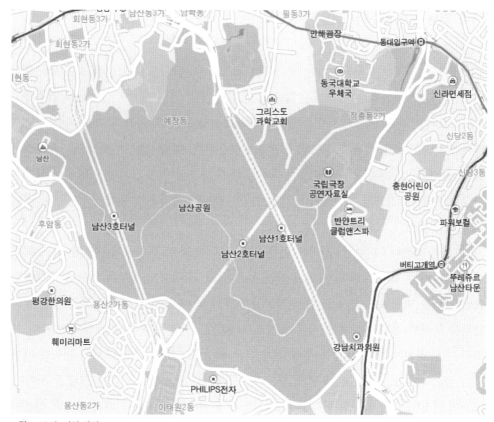

그림 11.6 논리적 관점

네트워크에서 터널도 마찬가지다. 터널이라는 논리 회선은 외부 사용자의 관점에서 보이지 않는 숨겨진 경로다. 네트워크상의 외부 사용자는 인공위성에서 보는 것과 같이, 눈으로 확인되는 경로, 즉 트레이스 루트 등으로 겉으로 드러나는 경로만 인지할 수 있다. 그러므로 터널이 회사 사이트 간에 정보를 교환하는 비밀 통로로 사용될 수 있는 것이다.

터널의 개념이 워낙 논리적인 것이라 아직 잘 이해되지 않는 독자도 있을 것이다. 눈에 보이지 않는 깃은 논리적이고 터널이라는 회선은 논리적인 링크라는 것인네, 어떻게 실제로 존재하지도 않는 회선이 사이트 간의 실제 사용자 정보를 전달할 수 있는가라는 의문이 생길 것이다. 당연한 의문이고 좋은 징조라 생각한다. 다음 절에서 터널이 어떻게 동작하는지 알아본 후에는 이 모든 의문이 해소될 것이라 생각한다.

11.3 터널은 속임수다

'터널은 속임수다.'

이게 무슨 말인가? 속임수라는 것이 네트워크에서 통하는가? 그렇다. 네트워크에서도 속임수는 통한다. 네트워크에는 많은 속임수가 있다. 나는 실제로 그것을 속임수라고 부르기보다는 특정 기능의 유연성Flexibility이라 표현하고 싶다. 특정 목적을 위한 기능은 다른 형태의 정책을 적용하기 위해 유연하게 사용된다. 예를 들어, 루프백 인터페이스나 널Null 인터페이스를 이용한 정적Static 라우팅 등이 대표적이다. 그러나 VPN에서 사용하는 터널은 특정 기능의 유연성이라 하기보다는 완전한 속임수로 동작한다고 보는 것이 더 정확할 것이다.

'007' 시리즈나 '본Bourne' 시리즈 같은 첩보 영화를 보면 주인공이 변장을 하고 침투하는 장면이 자주 등장한다. 적과 동일한 옷을 입고 적 진지에 침투해 임무를 수행하는 그런 장면을 떠올려보자. 또는 아군 진지가 적군에 의해 포위된 상황을 가정하자. 적군 영역을 무사히 통과하기 위해 적군 복장으로 변장한 후에 유유히 적군 영역을 지나 포위된 아군 진지에 들어간다. 그 후에 다시 아군 복장으로 갈아 입고 정보를 공유한 다음 다시 적군 복장으로 위장한 후에 돌아온다. 영화에서 이런 장면을 많이 접했을 것이다. 그들이 변장하는 단 하나의 목적은 다른 적군과 동일하게 보이도록 해서 자신의 신분이 노출되지 않도록 하는 것이다.

VPN의 터널 또한 실제의 물리적 회선을 경유하는 사용자의 패킷 정보를 '변장'시켜 전달하는 기법으로 동작한다. 실제 사용자 패킷의 목적지 정보를 변경함으로써 전혀 다른 목적지로 향하는 패킷으로 위장해 전달하므로, 외부 사용자는 그 패킷이 실제로 어디로 향하는지 그리고 그것이 VPN 패킷인지 알지 못하게 하는 것이다. 이는 실제 논리적 회선인 터널은 그 존재가 없다는 사실을 역설적으로 보여준다. 다시 말해, 터널이라는 가상 회선은 말 그대로 존재하지 않는 가상적인 것이고, 엄밀히 말하면 변장된 패킷이 경유하는 경로로 표현된다. 물리적으로 패킷을 조작해 변장시키고, 그 변장된 패킷이 물리적으로 경유하는 경로의 시작점과 끝점을 가상으로 표현하는 것이 터널 회선이다.

그림 11.7을 보면, 사용자 패킷이 RTA에서 조작(변장)된다. 그리고 그 조작된 패킷이 RTB와 RTC를 경유해 RTD로 유입된 후 RTD에서 원래의 패킷으로 바뀐다. 이때 패킷이 조작된 지점인 RTA와 조작된 패킷을 원래대로 바꾼 RTD 사이를 직접 연결한 경로를 터널이라 한다. 인공위성 사진에서 우리가 확인한 남산 터널의 시작점과 끝점을 연

결한 보이지 않는 도로와 같은 이치다. 패킷의 조작은 실체가 존재하지 않는 터널상에서의 실제적인 물리적 동작을 보여주는 것이다.

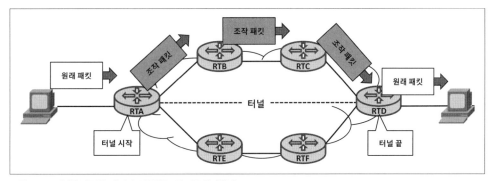

그림 11.7 터널은 변장된 패킷이 경유하는 경로를 의미한다.

터널은 물리적으로 패킷 조작의 시작과 끝 지점을 연결하는 가상의 회선이라고 했다. 그러므로 터널의 가장 핵심은 물리적으로 패킷을 어떻게 조작, 즉 변장시키는지를 이해하는 데 있다. 패킷을 변장시킨다는 것이 무슨 의미일까? 변장이라는 것은 외형적인 모습을 바꿈으로써 전혀 새로운 것으로 보이게 하는 것을 의미한다. 그럼 패킷의 외형적인 모습을 어떻게 바꿀 수 있을까?

패킷이 어떻게 이루어져 있는지 기억하는가? 간단하게 말하면, 전송 계층에서 만들어진 세그먼트^Segment 앞부분에 L3 헤더를 추가한 모양이다. OSI 모델의 각 계층이 자신의 정보를 헤더로 추가하는 과정을 상위 계층 정보를 캡슐에 넣는다고 해서 캡슐화^Encapsulation라고 했다. 단순히 헤더 하나를 추가한 것이지만, 이는 시스템의 입장에서 보면 완전히 다른 캡슐 또는 봉투에 넣는 것과 다름없다(그림 11.8).

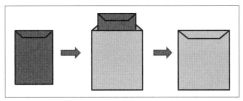

그림 11.8 헤더를 추가하는 것은 전혀 다른 봉투에 담는 행위
와 동일하다.

패킷 조작 역시 기존의 헤더에 새로운 헤더 정보를 추가함으로써 이루어진다. 그림 11.9에서 볼 수 있듯이, 원래의 패킷에 새로운 헤더를 추가해 완전히 다른 패킷으로 보

이도록 한다. 새로운 헤더를 추가하면 경로상에 존재하는 라우터와 같은 네트워크 장비 또는 시스템은 기존 헤더를 포함한 기존 패킷 전체를 단순히 상위 계층 정보로 인식하기 때문에, 새로 추가된 헤더 정보에 근거해 목적지 방향으로 전달한다. 그러므로 새로운 헤더를 추가한다는 의미는 해당 패킷의 목적지와 출발지 정보가 전혀 다른 패킷으로 변경될 수 있다는 것을 의미한다.

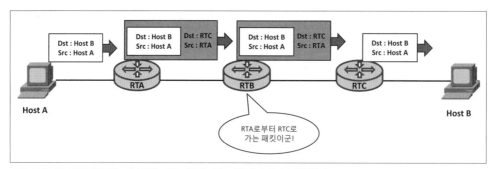

그림 11.9 경로상에 존재하는 시스템은 기존 패킷을 상위 계층의 데이터로 인식한다.

　기존 패킷에 새로운 헤더, 즉 전혀 다른 출발지와 목적지를 가진 헤더를 추가해 경로상의 시스템이 원래 패킷을 인지하지 못하도록 하는 것이 터널 기술의 핵심이다. 그러면 기존 패킷의 헤더와 전혀 다른 출발지와 목적지는 어디인지 궁금하다. 아무런 상관도 없는 출발지와 목적지를 지정하면 패킷은 우리가 원하는 방향으로 전달되지 않는다. 앞에서 언급했듯이, 새로운 패킷 헤더의 출발지와 목적지는 터널 통신의 시작점과 끝점의 다른 표현이다(그림 11.10).

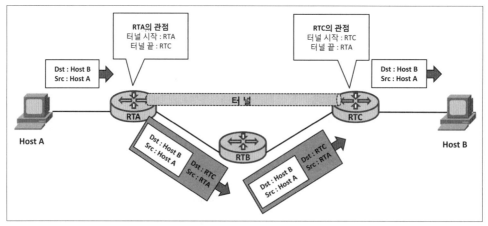

그림 11.10 추가되는 패킷의 새로운 출발지와 목적지는 터널의 시작점과 끝점이다.

터널의 시작점과 끝점의 주소를 출발지와 목적지로 하는 헤더를 추가하면, 경로상의 시스템은 이 패킷을 단순히 터널의 시작 주소를 가진 시스템이 터널의 끝 주소를 가진 시스템으로 보내는 패킷으로 인지한다. 이들은 이 패킷이 실제 VPN 사용자에 의해 보내진 패킷이라 인지하지 못하고 인지할 필요도 없다. 그러므로 경로상의 시스템들은 실제 사용자 네트워크를 전혀 인지하지 못하고, 단순히 터널 종단에 위치하는 두 라우터가 서로 쉴 새 없이 통신한다고 믿는다. 그림 11.11은 경로상의 라우터가 터널을 경유하는 패킷을 수신했을 때 그 패킷을 어떻게 받아들이는지 보여준다.

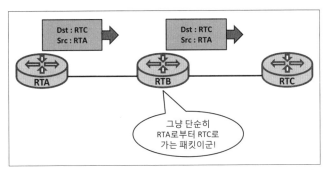

그림 11.11 경로상의 라우터는 패킷의 실제 출발지와 목적지를 인지하지 못한다.

RTA와 RTC 사이에 터널이 형성되어 있고, RTA와 RTC의 내부 네트워크에 위치하는 Host A와 Host B가 정보를 서로 주고받는다고 가정하자. 논리적으로는 이 호스트들 간의 트래픽이 터널 회선을 경유하지만, 물리적으로는 RTA와 RTC 사이에 위치하는 RTB를 경유해 전달된다. 이때 RTB가 Host A와 Host B 간의 통신에 관여하는 것처럼 보이지만, 실제로는 그렇지 않다. RTB는 Host A와 Host B를 전혀 인지하지 못하고, 이들 간의 트래픽을 RTA와 RTC가 서로 주고받는 정보로 인식한다. 다시 말하면, RTB는 호스트 간의 트래픽을 RTA가 생성해 RTC로, RTC가 생성해 RTA로 보낸다고만 인식한다. 반대의 경우도 마찬가지다(그림 11.12).

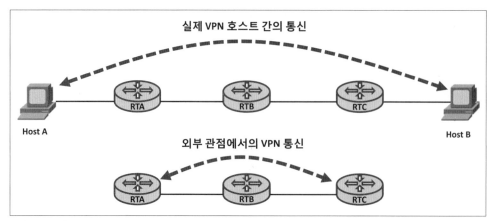

그림 11.12 터널 외부에서 보이는 통신의 주체와 실제 통신의 주체는 다르다.

이와 같이 터널 외부에 위치하는 라우터는 터널을 경유하는 패킷이 실제 VPN 사용자 간의 트래픽이라는 사실을 인지하지 못하고, 터널 종단에 위치하는 두 VPN 장비 간에 교환하는 트래픽으로 인지한다. 새로운 헤더를 추가함으로써 경로상에 위치하는 시스템을 속인 것이다.

한편, 터널을 이용한다는 것은 터널을 사용하는 내부 사용자에게도 일반적인 다른 통신과 확실히 구분된다. 터널에 연결된 내부 네트워크 사용자는 자신이 물리적으로 외부 경로를 경유해 통신한다는 것을 인지하지 못한다. 그림 11.13에서 보듯이, 내부 사용자는 자신의 네트워크가 다른 사이트의 네트워크와 직접 연결된 것으로 인지한다. 실제 사용자 패킷은 터널 시작점에서 조작되어 터널 끝점에서 원래 상태로 복원된다. 그러므로 원래의 사용자의 주소는 터널을 경유한 이후에나 보여진다. 그러므로 사용자가 트레이스 루트^{Trace Route}를 사용해 경로를 검색해도 터널 인터페이스를 통해 연결된 것처럼 보여진다. 설정 11.1과 같이, Host A의 트레이스 루트 결과에서 실제 물리적인 경로상의 라우터인 RTB가 보여지지 않는다는 것을 확인할 수 있다. 이것은 터널의 특징 중 하나다.

그림 11.13 터널로 연결된 네트워크는 외부 네트워크를 전혀 인지하지 못한다.

설정 11.1 VPN 호스트 간의 트레이스 루트 결과

```
Host_A> trace 10.2.1.10¹
trace to 10.2.1.10, 8 hops max, press Ctrl+C to stop
 1   10.1.1.1²   39.000 ms   9.000 ms   9.000 ms
 2   10.0.0.2³   81.000 ms   60.000 ms   41.000 ms
 3   10.2.1.10⁴   52.000 ms
```

1. Host B의 IP 주소

2. RTA의 내부 주소

3. RTC의 터널 인터페이스 주소

4. Host B의 IP 주소

지금까지 살펴봤듯이, 터널을 이용한 라우팅은 새로운 헤더를 추가해 경로상의 시스템이 기존 패킷을 인지하지 못하게 함으로써 이루어진다는 것을 알았다. 이와 같이, VPN은 이러한 터널을 생성해 사용자 트래픽을 터널로 전달하는 것으로 구현된다.

지금까지 터널에 대해 설명했지만, 이것만으로는 아직 VPN 사이트 간의 안전한 통신이 구현되었다고 말할 수 없다. 여기서 살펴본 터널은 일반적인 라우팅 헤더 캡슐화를 통해 이루어지는 GRE^Generic Routing Encapsulation 터널이다. GRE 터널은 터널 자체의 개념을 이해하기 가장 쉽고 일반적이기 때문에 그 예로 들었다. 물론 터널에는 GRE 터널 외에도 많은 종류의 터널이 존재하는데, 뒤에서 더 알아보기로 한다.

이 절에서는 터널이 무엇이고, 실체가 존재하지 않는 터널 회선에 어떻게 물리적인 트래픽을 전달하는지에 대해 알아봤다. 아직 감이 잡히지 않는 독자는 다음 절로 넘어가기 전에 가벼운 마음으로 이 절을 다시 한 번 읽어보길 바란다. 왜냐하면 VPN의 가장 기본인 터널을 이해하지 않고 다음 내용을 진행하는 것은 의미가 없기 때문이다.

11.4 터널은 어떻게 생성되는가

세상에는 산을 뚫어 만든 터널과 바다 밑으로 연결된 해저 터널 등 다양한 형태의 터널이 존재한다. 그러나 그 종류가 다양하다고 해도, 기본적인 터널의 목적은 모두 특정 지역과 지역을 연결하는 데 있다. 마찬가지로, 네트워크의 터널 역시도 그 종류가 다양하다. 네트워크 터널 중 가장 일반적이고 또한 가장 이해하기 쉬운 터널은 GRE^Generic Routing

Encapsulation 터널이다.

GRE 터널이란 말 그대로 일반적인^{Generic} 라우팅^{Routing} 헤더의 캡슐화^{Encapsulation}를 통해 동작하는 터널을 의미한다. 앞 절에서 예를 들어 설명한 터널이 바로 GRE 터널이다. 이 절에서는 가장 대표적인 터널인 GRE 터널을 설정하고 그 동작을 확인해보자.

그림 11.14는 GRE 터널 설정의 예제 그림이다. 모두 두 개의 사이트(RTA와 RTB)가 있고, 중간에는 ISP 라우터가 존재한다고 가정하자.

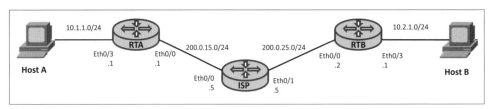

그림 11.14 GRE 터널 설정을 위한 구성도

그림 11.14의 예제에서는 ISP가 하나의 라우터로 구성되었지만, 하나의 라우터로 생각하지 말고 거대한 공중망 네트워크, 즉 인터넷이라 가정하자. 각 사이트는 사설 IP 주소인 10.0.0.0/8의 서브넷으로 구성되어 있다. 사설 IP 주소는 인터넷으로 광고되지 않고 로컬 네트워크 내에서만 사용하도록 제한된다.

참고

사설 IP 주소라고 해서 IP 주소 체계에서 원천적으로 공중망으로 광고되지 않도록 제한된 것은 아니다. 사설 IP 주소도 다른 공인 IP 주소와 마찬가지로 광고에 제한이 없다. 다만 ISP가 사설 IP 주소의 유입과 광고를 차단함으로써 공중망으로의 유입을 방지한다.

예제에서 각 사이트 내부 사용자가 사설 IP 주소를 이용해 서로 통신이 되도록 설정해보자. 또한 외부 네트워크에 속하는 ISP 라우터는 각 사이트 간의 통신을 인지하지 못하고 각 사이트의 게이트웨이 역할을 하는 각 라우터 간의 통신으로 인지한다.

이 네트워크의 기본 설정은 설정 11.2와 같다. 터널 설정을 위해 각 라우터 간의 공인 IP 주소 간의 라우팅이 먼저 이루어져야 한다. 그러므로 각 라우터에 ISP로 향하는 라우팅을 먼저 설정한다. 이 예제는 각 사이트가 ISP에 연결된 것으로 가정해 디폴트 정적 라우팅^{Default Static Route}을 설정한다.

설정 11.2 예제를 위한 각 라우터의 기본 설정

```
RTA# config t
RTA(config)# interface e0/0
RTA(config-if)# ip address 200.0.15.1 255.255.255.0
RTA(config-if)# no shutdown
RTA(config-if)# interface e0/3
RTA(config-if)# ip address 10.1.1.1 255.255.255.0
RTA(config-if)# no shutdown
RTA(config)# ip route 0.0.0.0 0.0.0.0 200.0.15.5


RTB(config)# interface e0/0
RTB(config-if)# ip address 200.0.25.2 255.255.255.0
RTB(config-if)# no shutdown
RTB(config-if)# interface e0/3
RTB(config-if)# ip address 10.2.1.1 255.255.255.0
RTB(config-if)# no shutdown
RTB(config)# ip route 0.0.0.0 0.0.0.0 200.0.25.5


ISP(config)# interface e0/0
ISP(config-if)# ip address 200.0.15.5 255.255.255.0
ISP(config-if)# no shutdown
ISP(config-if)# interface e0/1
ISP(config-if)# ip address 200.0.25.5 255.255.255.0
ISP(config-if)# no shutdown
```

터널을 설정하기 위해서는 터널의 시작점과 터널의 끝점 간의 라우팅이 이루어져야 한다. 그 이유는 외부 네트워크의 관점에서 터널 종단에 위치하는 두 라우터 간의 통신으로 간주하기 때문이다. 그러므로 터널의 시작과 끝으로 지정되는 라우터 간의 외부 라우팅이 가능해야 한다. 설정 11.3에서 보듯이, RTA와 RTB는 상호간에 서로 도달 가능한 상태다.

```
RTA# ping 200.0.25.2
Type escape sequence to abort.
Sending 5, 100-byte ICMP Echos to 200.0.25.2, timeout is 2 seconds:
!!!!!
Success rate is 100 percent (5/5), round-trip min/avg/max = 1/1/5 ms

RTB# ping 200.0.15.1
Type escape sequence to abort.
Sending 5, 100-byte ICMP Echos to 200.0.15.1, timeout is 2 seconds:
!!!!!
Success rate is 100 percent (5/5), round-trip min/avg/max = 1/3/5 ms
```

    사설 IP 주소는 공중망 네트워크에서 라우팅이 되지 않으므로, ISP에서 그 경로 정보가 존재하지 않아 모두 폐기^{Drop}된다. 그러므로 터널을 설정하지 않은 상태에서 각 사이트의 내부 네트워크로의 라우팅은 이루어지지 않는다(설정 11.4).

```
RTA# ping 10.2.1.1
Type escape sequence to abort.
Sending 5, 100-byte ICMP Echos to 10.2.1.1, timeout is 2 seconds:
U.U.U¹
Success rate is 0 percent (0/5)

RTB# ping 10.1.1.1
Type escape sequence to abort.
Sending 5, 100-byte ICMP Echos to 10.1.1.1, timeout is 2 seconds:
U.U.U
Success rate is 0 percent (0/5)

ISP# ping 10.1.1.1
Type escape sequence to abort.
Sending 5, 100-byte ICMP Echos to 10.1.1.1, timeout is 2 seconds:
.....
```

```
Success rate is 0 percent (0/5)
ISP# ping 10.2.1.1
Type escape sequence to abort.
Sending 5, 100-byte ICMP Echos to 10.2.1.1, timeout is 2 seconds:
.....
Success rate is 0 percent (0/5)
```

1. U는 도달 가능하지 않음(Unreachable)을 의미한다.

공중망에서 사설 IP 주소에 대한 라우팅을 수행하지 않기 때문에 VPN 사이트 내부의 존재는 보여지지 않는다. 다시 말해, 인터넷과 같은 공중망의 관점에서는 VPN 사이트의 내부 네트워크는 그 존재가 없는 것으로 인지된다. 각 VPN 사이트의 외부 게이트웨이 의 역할을 하는 라우터만 외부에 공개된다. 그러므로 외부 네트워크 관점에서 볼 때 예 제의 네트워크는 그림 11.15와 같이 보여진다.

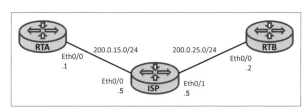

그림 11.15 인터넷과 같은 외부 네트워크의 관점으로 보면 VPN 사이트는 존재하지 않는다.

인터넷으로 연결된 VPN 사이트를 연결하기 위해 GRE 터널을 생성하고, VPN 사이트 간의 라우팅이 터널을 경유하도록 하는 설정이 필요하다.

GRE 터널 생성은 매우 간단하다. 기본적으로 논리적인 터널 인터페이스를 생성하고, 터널의 시작 주소와 끝 주소를 외부 라우팅이 가능한 공인 IP 주소로 지정하기만 하면 된다. 그리고 터널 인터페이스에 사용될 IP 주소를 지정하면 된다(설정 11.5). 터널 인터 페이스 설정 명령어는 다음과 같다.

```
(config)# interface tunnel number
(config-if)# tunnel source {ip-address|interface-type interface-number}
tunnel destination {hostname|ip-address}
```

설정 11.5 터널 인터페이스 생성 및 설정

```
RTA(config)# interface tunnel 0
RTA(config-if)# tunnel source ethernet 0/0[1]
RTA(config-if)# tunnel destination 200.0.25.2[2]
RTA(config-if)# ip address 192.168.0.1 255.255.255.252[3]


RTB(config)# interface tunnel 0
RTB(config-if)# tunnel source ethernet 0/0[1]
RTB(config-if)# tunnel destination 200.0.15.1[2]
RTB(config-if)# ip address 192.168.0.2 255.255.255.252[3]
```

1. 터널의 시작점 지정
2. 터널의 끝점 지정
3. 논리적인 터널 인터페이스의 IP 주소

이와 같이 설정하면, RTA의 Eth0/0과 RTB의 Eth0/0으로 이어지는 가상의 터널 링크가 생성되고, 터널 인터페이스의 주소인 192.168.0.0/30으로 터널 통신이 이루어진다. 설정 11.6은 생성된 터널 상태를 확인하고, 통신 가능 여부를 확인하는 것을 보여준다.

설정 11.6 터널 인터페이스 상태 확인

```
RTA# show interfaces tunnel 0
Tunnel0 is up, line protocol is up
  Hardware is Tunnel
  Internet address is 192.168.0.1/30
  MTU 17916 bytes, BW 100 Kbit/sec, DLY 50000 usec,
     reliability 255/255, txload 1/255, rxload 1/255
  Encapsulation TUNNEL, loopback not set
  Keepalive not set
  Tunnel source 200.0.15.1 (Ethernet0/0), destination 200.0.25.2
   Tunnel Subblocks:
      src-track:
         Tunnel0 source tracking subblock associated with Ethernet0/0
          Set of tunnels with source Ethernet0/0, 1 member (includes iterators), on
interface <OK>
  Tunnel protocol/transport GRE/IP
```

```
   Key disabled, sequencing disabled
   Checksumming of packets disabled
  Tunnel TTL 255, Fast tunneling enabled
  Tunnel transport MTU 1476 bytes
  Tunnel transmit bandwidth 8000 (kbps)
  Tunnel receive bandwidth 8000 (kbps)
  Last input never, output never, output hang never
  Last clearing of "show interface" counters 00:03:30
  Input queue: 0/75/0/0 (size/max/drops/flushes); Total output drops: 0
  Queueing strategy: fifo
  Output queue: 0/0 (size/max)
  5 minute input rate 0 bits/sec, 0 packets/sec
  5 minute output rate 0 bits/sec, 0 packets/sec
     0 packets input, 0 bytes, 0 no buffer
     Received 0 broadcasts (0 IP multicasts)
     0 runts, 0 giants, 0 throttles
     0 input errors, 0 CRC, 0 frame, 0 overrun, 0 ignored, 0 abort
     0 packets output, 0 bytes, 0 underruns
     0 output errors, 0 collisions, 0 interface resets
     0 unknown protocol drops
     0 output buffer failures, 0 output buffers swapped out


RTA# ping 192.168.0.2
Type escape sequence to abort.
Sending 5, 100-byte ICMP Echos to 192.168.0.2, timeout is 2 seconds:
!!!!!
Success rate is 100 percent (5/5), round-trip min/avg/max = 1/9/42 ms

RTB# ping 192.168.0.1
Type escape sequence to abort.
Sending 5, 100-byte ICMP Echos to 192.168.0.2, timeout is 2 seconds:
!!!!!
Succesㅅs rate is 100 percent (5/5), round-trip min/avg/max = 89/4/15 ms
```

터널은 VPN 사이트 간의 연결성을 제공해주는 가상의 논리적인 링크다. 그러므로 VPN 사이트의 논리적인 관점으로 보면, 그림 11.16과 같이 두 VPN 사이트는 터널이라는 논리적 회선으로 직접 연결된 모양새를 하고 있다. 두 사이트 사이에 ISP의 공중망이 존재하지 않는 것에 주목하길 바란다. 한편, 이 그림은 VPN 사이트의 내부 사용자의 관점이기도 하다. 그리고 핑으로 두 사이트를 연결하는 터널 링크를 통해 두 사이트가 서로 통신 가능한 상태라는 것을 보여준다.

그림 11.16 VPN의 관점으로 보면 인터넷 경로상의 시스템은 존재하지 않고 터널로 직접 연결된 모양을 하고 있다.

지금까지 두 VPN 사이트의 연결을 위한 터널을 생성했다. 터널이라는 가상의 링크에 대해 이해했는가? 터널에 대한 이해는 논리적인 것과 물리적인 것의 차이를 구별하는 데에서 시작된다고 할 수 있다.

아직까지 잘 이해되지 않는 독자가 있을 수도 있다. 내 경험에 비춰보면, 실제 라우터가 수행하는 물리적인 동작과 이를 설명하는 논리적인 개념의 차이에서 혼동이 있을 수 있다. 터널 회선을 통한 트래픽 전달이란 실제 라우터가 수행한 동작 결과의 산물이다. 라우터가 물리적으로 새로운 헤더를 추가함으로써 터널 통신이 이루어지는데, 새로운 헤더에 나타나는 목적지 IP 주소에 근거해 라우팅이 이루어지는 것이 실제 물리적인 경로를 의미한다. 그러나 원래의 패킷 헤더 정보는 공중망 네트워크에서 사용되지 않고, VPN 사이트 내부 라우팅에만 사용되므로 논리적으로 VPN의 라우팅 경로가 다르게 보이는 것이다.

잘 이해되지 않는다고 너무 조급해 하지는 말자. 다만 논리적인 것은 물리적인 동작의 결과로 존재한다는 말을 곰곰히 생각해보길 바란다.

11.5 사이트 투 사이트 VPN

앞서 VPN에 대해 설명하면서 특정 회사의 사이트 간 통신이 터널이라는 가상의 링크를 통해 이루어진다는 것을 예제로 설명했다. 이것이 가장 일반적이고 대표적인 VPN이다. 특정 지역과 지역, 즉 네트워크와 네트워크를 가상의 링크인 터널 회선을 통해 연결하는 것을 사이트 투 사이트^{Site-to-Site} VPN 또는 LAN 투 LAN^{L2L} VPN이라 한다. 다시 말해, 떨어져 있는 두 사이트를 연결하는 VPN 또는 떨어져 있는 두 LAN 네트워크를 연결하는 VPN이라고 해서 붙여진 이름이다.

사이트 투 사이트 VPN이란 VPN 사이트의 네트워크 전체를 다른 VPN 사이트의 네트워크와 연결하는 것이다. 예를 들어, 본사의 내부 네트워크와 지사의 내부 네트워크를 통째로 연결하는 것이다. 이것이 가장 대표적인 VPN 형태이기도 하다. 앞 절에서 터널을 통해 두 사이트를 연결한 것이 바로 사이트 투 사이트 VPN이다. 연결되는 두 사이트는 앞 절의 예제처럼 GRE 터널로 연결하거나 IPSec 터널을 통해 연결할 수 있다. 다시 말해, 사이트 투 사이트 VPN은 특정 VPN 기술에 의한 분류의 명칭이 아닌, VPN 연결 방식에 의한 명칭이다.

앞 절에서는 터널의 개념을 이해하는 데 집중했다면, 이 절은 사이트 투 사이트 VPN이 어떻게 사이트 간의 통신을 가능하게 하는지에 대해 알아보기로 하자. 앞 절에서 생성한 터널 인터페이스를 이용해 두 사이트 간의 통신이 이루어지도록 한다.

VPN 사이트 연결을 위해 터널을 생성했고, 터널 통신이 정상적으로 이루어진다면 스태틱 루트를 이용하거나 동적 라우팅을 설정함으로써 두 사이트 간에 라우팅이 이루어진다. 이 예제는 스태틱 루트를 이용해 두 사이트 간의 라우팅이 이루어지도록 한다. 터널을 이용한 라우팅은 보통의 물리적인 인터페이스를 이용한 설정과 동일하다. 원격 사이트의 네트워크에 대해 상대방 터널 인터페이스의 IP를 넥스트 홉으로 하는 스태틱 루트를 입력한다(설정 11.7).

설정 11.7 터널 인터페이스를 이용한 스태틱 루트 설정

```
RTA(config)# ip route 10.2.1.0 255.255.255.0 192.168.0.2


RTB(config)# ip route 10.1.1.0 255.255.255.0 192.168.0.1


RTA# ping 10.2.1.1 source 10.1.1.1
Type escape sequence to abort.
Sending 5, 100-byte ICMP Echos to 10.2.1.1, timeout is 2 seconds:
Packet sent with a source address of 10.1.1.1
!!!!!
Success rate is 100 percent (5/5), round-trip min/avg/max = 1/3/5 ms


RTB# ping 10.1.1.1 source 10.2.1.1
```

```
Type escape sequence to abort.
Sending 5, 100-byte ICMP Echos to 10.1.1.1, timeout is 2 seconds:
Packet sent with a source address of 10.2.1.1
!!!!!
Success rate is 100 percent (5/5), round-trip min/avg/max = 1/1/1 ms
```

이제 두 사이트의 내부 네트워크 간에 라우팅이 이루어졌다. 앞에서도 언급했듯이 두 사이트의 내부 네트워크 간의 통신은 물리적으로 인터넷 경로를 경유하지만, 논리적으로는 터널 회선을 통해 통신이 이루어진다. 트레이스 루트를 통해 두 사이트 간의 통신이 터널 회선을 경유하는 것을 확인할 수 있다(설정 11.8).

설정 11.8 사이트 내부 네트워크 간의 트래픽은 논리적으로 터널을 경유한다.

```
Host_A> trace 10.2.1.10
trace to 10.2.1.10, 8 hops max, press Ctrl+C to stop

 1. 10.1.1.1   62.007 ms  9.001 ms  9.001 ms
 2. 192.168.0.2  71.007 ms  40.004 ms  41.004 ms[1]
 3. *10.2.1.10   54.006 ms

Host_B> trace 10.1.1.10
trace to 10.1.1.10, 8 hops max, press Ctrl+C to stop

 1. 10.2.1.1   46.005 ms  9.001 ms  9.001 ms
 2. 192.168.0.1  82.008 ms  49.005 ms  42.005 ms[1]
 3. *10.1.1.10   50.005 ms
```

 1. 터널 인터페이스를 경유한다.

그림 11.17은 VPN 사이트 간의 트래픽이 이동하는 경로를 물리적인 경로와 논리적인 경로로 구분해 보여준다. 여기서 물리적인 경로라는 것은 실제 트래픽을 전달하는 전기 시그널이 이동하는 경로를 의미하는 것이고, 논리적인 경로란 VPN의 관점에서 사용자 트래픽이 이동하는 가상의 경로를 의미한다.

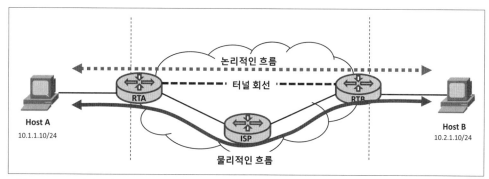

그림 11.17 VPN 사이트 간의 물리적인 트래픽 경로와 논리적인 트래픽 경로

이제 두 VPN 사이트 간의 통신이 터널을 통해 완전하게 이루어졌다. 본사와 지사가 통째로 연결된 것이다. 이것이 사이트 투 사이트 VPN이다.

그러나 엄격하게 말해서, 지금까지 설명한 내용을 VPN이라고 말할 수는 없고, 단지 터널을 이용한 가상 라우팅 정도로 보는 것이 맞을 것이다. 그 이유는 간단하다. 한 회사가 자기만의 사설 네트워크를 가진다고 하자. 왜 그들이 많은 비용을 감수하면서 전용 회선을 이용해 자신들만의 사설 네트워크를 구축하는 것일까? 왜 그들은 저렴한 일반 공중망 네트워크를 그대로 사용하지 않고 가상으로라도 사설 네트워크를 구축하려는 것일까? 그 이유를 짐작할 수 있는가?

그렇다. 보안 때문이다. 자신만의 사설 네트워크를 구축해 외부의 접근을 원천적으로 차단함으로써 자신들의 정보를 지키기 위함이다. 그러나 우리가 지금까지 설정한 GRE 터널은 단순히 헤더 정보를 추가해 터널이라는 가상의 링크를 사용하도록 한 것이다. 단순히 공중망을 통해 두 사이트의 사설 IP 네트워크 간의 라우팅만 이뤄지게 한 것이다.

그림 11.18은 VPN 사이트 내부 호스트가 보내는 트래픽을 외부 네트워크에서 와이어샤크^Wireshark와 같은 패킷 분석 툴로 캡처한 것이다. 그림에서 확인할 수 있듯이, 내부 호스트(10.1.1.10)가 원격 사이트의 웹 서버(10.2.1.10)로 보내는 웹 서비스 요청 정보가 명확하게 확인된다. 만일 사이트 간에 주고받는 정보가 회사의 일급 기밀에 해당하고 이것을 인터넷상의 해커가 가로챘다면 그 상상만으로도 끔찍한 일이 될 것이다.

```
⊞ Frame 52: 90 bytes on wire (720 bits), 90 bytes captured (720 bits) on interface 0
⊞ Ethernet II, Src: c2:00:1f:ec:00:00 (c2:00:1f:ec:00:00), Dst: c2:02:1f:ec:00:00 (c2:02:1f:ec:00:00)
⊞ Internet Protocol Version 4, Src: 200.1.15.1 (200.1.15.1), Dst: 200.1.25.2 (200.1.25.2)
  Generic Routing Encapsulation (IP)
⊞ Internet Protocol Version 4, Src: 10.1.1.10 (10.1.1.10), Dst: 10.2.1.10 (10.2.1.10)
⊞ Transmission Control Protocol, Src Port: 8725 (8725), Dst Port: http (80), Seq: 66, Ack: 2, Len: 0
```

그림 11.18 내부 사용자가 주고받는 모든 정보가 확인된다.

그러므로 내부 사용자의 정보가 외부 네트워크를 경유하는 경로상에서 유출된다 하더라도 그 정보를 인식할 수 없도록 해야 한다. 이는 암호화Encryption를 통해 구현할 수 있다. 정보를 암호화함으로써 궁극적으로 VPN의 완전한 모습을 갖출 수 있다. 그러므로 VPN 구성에 있어서 암호화는 필수적인 것이고, 이를 만족시킬 수 있는 것 중 하나가 IPSec이다. IPSec은 사용자 트래픽을 암호화Encryption함으로써 구현되는데, 다음 절에서는 암호화에 대해 자세히 알아보자.

11.6 암호화: VPN의 실체를 완전히 숨기자

VPN은 터널이라는 가상 회선을 통해 특정 네트워크에 연결하는 것을 의미한다. 앞 절에서 설명한 바와 같이, VPN은 인터넷과 같은 공중망 네트워크를 가로지르는 가상 회선을 거쳐 사설 네트워크를 서로 연결한 네트워크다. 이는 물리적으로 떨어져 있는 두 사설 네트워크를 단순히 논리적으로 연결하는 과정이지만, 실제 트래픽의 물리적 이동은 보안에 매우 취약한 공중망 경로를 경유한다. 그러므로 VPN 트래픽이 공중망을 경유할 때 그 정보가 외부로 유출될 가능성이 매우 높다.

앞 절에서 살펴본 GRE 터널은 라우팅 헤더를 추가한 논리적인 회선으로 두 VPN 사이트를 터널이라는 가상 회선을 통해 라우팅 가능하게 한 것일 뿐이다. 물론 인터넷 경로상에 존재하는 라우터와 같은 네트워크 시스템은 터널 정보로 이루어진 새로운 헤더에 근거해 라우팅을 수행하고 기존 헤더는 상위 계층 정보로 인지하므로 패킷 내부 정보에는 관심을 갖지 않는다.

그러나 사람이 문제다. 만일 악의적인 의도로 터널을 경유하는 트래픽을 캡처한다면 VPN 사용자의 정보가 유출될 가능성이 매우 높다. 그러므로 안전한 VPN 네트워크를 구축하기 위해서는 공중망 네트워크를 경유함에 있어서 VPN 트래픽의 정보가 외부로 유출되는 위험으로부터 자유로워야 한다.

앞 절에서 VPN 터널을 경유하는 패킷을 첩보 영화의 한 장면에 비유해 설명했다. 아군이 적의 진지를 경유해 포위된 아군 진지로 잠입할 때, 적군의 복장으로 변장하고 잠입한다. 그러나 영화에서 다음과 같은 장면도 본 적이 있을 것이다. 아군이 변장한 후 적진지를 지나가는데, 외부 복장만 어설프게 변장한 탓에 겉옷 속에 가려져 있던 아군 복장이 드러나 적에게 정체가 탄로나는 그런 장면 말이다. 겉모습만 바꿈으로써 변장하는 것은 간단하게 수행할 수 있으나 노출될 위험은 크다. 그러므로 영화에서 적군의 복장으로 완전하게 환복한 후 만약을 대비한 통행증이나 기타 가짜 신분증을 준비해 잠입하는 장면도 흔히 볼 수 있다.

이런 장면은 VPN 통신에서도 똑같이 적용된다. 앞 절에서 설명한 GRE 터널만을 이용한 VPN은 패킷의 겉옷만 변장한 것과 다름없다. 그러므로 공중망에서 해커에 의해 악의적인 의도로 정보가 유출될 위험이 매우 크다. 이런 이유로 VPN 네트워크는 VPN 트래픽의 암호화Encryption가 필수적이다. 이를 통해 VPN 패킷에 담겨 있는 내용을 감출 수 있다(그림 11.19).

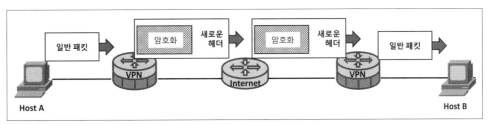

그림 11.19 원래의 사용자 패킷의 내용을 감추기 위해 암호화를 수행한다.

적군의 복장으로 변장하는 경우에 겉옷뿐만 아니라 그 속에 보이지 않는 부분까지도 모두 적군과 동일하게 보이도록 하고, 또 신분증을 준비하는 것과 같이 복장과 전혀 상관없는 것까지도 철저하게 준비한다. 이런 행위는 단순히 겉옷 속의 복장이 노출되는 것에 대비하려는 목적만이 아니다. 만약에 발생할 수 있는 다른 최악의 경우까지 대비해 준비하는 것이다.

VPN 통신도 마찬가지다. 패킷의 내용을 암호화하는 과정 외에도 더 많은 준비를 통해 거의 완벽에 가깝도록 보안을 적용한다. 새로운 헤더를 추가한다고 하더라도, 그 속의 내용이 모두 노출될 위험이 있기 때문에 공중망 경로에서 사용되는 새로운 헤더를 제외한 나머지 모든 내용을 암호화할 수 있다. 그러나 아군이 가짜 신분증 등의 여러 가지를 준비하는 것과 마찬가지로, VPN 트래픽을 보호하기 위해서도 여러 가지의 보안 기능이 동시에 사용된다. 이렇게 여러 가지 보안 기능을 하나로 묶어 보안 통신 프로토콜이 소개되었다. 이런 목적으로 소개된 보안 프로토콜 중에서 가장 대표적인 기술이 IPSec 기술이다. IPSec은 'IP Security'의 줄임말로, VPN 사용자가 보낸 IP 패킷에 보안을 적용한다는 의미다. 즉 공중망을 경유하는 과정에서 정보가 유출되지 않도록 완전한 변장을 하기 위한 기술이다.

IPSec은 비밀성과 무결성, 인증을 그 목적으로 한다.

비밀성

비밀성^{Confidentiality}은 앞에서 우리가 알아본 그 내용이다. 최악의 경우에 사용자 패킷에 담겨 있는 정보가 유출되더라도 그 정보를 알아볼 수 없게 만드는 것이다. 이는 암호화를 통해 이루어지는데, 데이터를 암호화함으로써 공중망에서의 정보 유출을 최소화할 수 있다. 암호화는 우리 일상생활에서도 자주 접할 수 있다. 예를 들면, 야구 경기에서 주루코치가 타자에게 사인을 주는 상황을 생각해보자. 코를 세 번 만지고, 박수를 두 번 치고, 어깨를 한 번 치고, 눈을 만지고, 귀를 만지는 등의 동작을 취한다. 이 모든 행동에는 특정 작전을 의미하는 메시지가 담겨 있다. 작전을 상대팀이 알 수 없도록 그런 동작을 통해 전달한다. 이것이 바로 비밀성이다.

그럼 암호화는 어떻게 이루어지는 것일까? 사용자가 보내는 정보는 일반적인 평문^{Clear Text, Plain Text}으로 이루어져 있다. 평문이라는 것은 그 내용이 명확하게 보이는 문장을 의미한다. 암호화는 평문으로 된 정보를 전혀 알 수 없는 문장으로 만드는 과정이다. 암호화하는 과정에서 요구되는 것이 바로 키^{Key}, 즉 열쇠다.

야구에서 사인을 주고받는 것이 무작정 이루어지는 것이 아니라는 사실을 우리는 잘 알고 있다. 박수를 세 번 치는 것은 번트를 의미하고, 턱을 만지는 것은 다음 사인 동작을 참고하라는 뜻이며, 손뼉을 치는 것은 그냥 공격하라는 의미를 가지는 식으로 미리 약속을 정하는 것이다. 이것이 바로 키다. 데이터 암호화에서도 키와 암호화 알고리즘에 대한 특정 약속을 정한 후, 이를 바탕으로 정보를 암호화한다. 그러므로 키는 암호화에 있어서 필수적인 정보다.

암호화에서 키는 정보를 어떤 식으로 암호화하겠다는 일련의 약속이다. 암호화 과정은 다음과 같다. 평문의 정보를 키와 암호화 알고리즘을 통한 수학적 계산으로 암호화하면 그 결과물로 전혀 이해할 수 없는 이상한 텍스트가 만들어진다. 이것을 암호문^{Cipher Text}이라고 한다(그림 11.20).

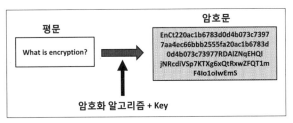

그림 11.20 암호화 과정

그러므로 사용자가 보내는 정보는 보안이 취약한 공중망을 경유할 때 암호문으로 전달된다. 암호문은 그 자체를 알아볼 수 없는 무의미한 정보로 보이기 때문에 공중망에서 패킷이 유출된다고 하더라도 패킷에 담겨 있는 사용자 정보를 보호할 수 있다.

암호화된 패킷을 수신하는 시스템은 암호문을 원래의 평문으로 되돌리는 복호화 Decryption를 수행한다. 복호화도 암호화와 마찬가지로 암호문을 키와 복호화 알고리즘의 수학적 계산을 통해 원래의 평문으로 바꾼다(그림 11.21).

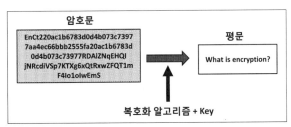

그림 11.21 복호화 과정

VPN 통신에서 암호화와 복호화는 VPN 터널의 종단에 위치하는 시스템에서 이루어진다. 그림 11.22는 네트워크상에서 이루어지는 암호화와 복호화를 보여준다.

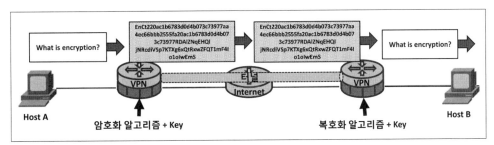

그림 11.22 터널 종단에서 암호화와 복호화가 이루어진다.

암호화와 복호화는 특정 암호화 알고리즘과 키 정보가 필수적으로 요구된다. 그럼 암호화에 사용되는 키에 대해 자세히 알아보자.

키는 암호화뿐만 아니라, 암호문을 평문으로 되돌리는 복호화에도 사용된다. 암호화와 복호화에 어떤 키가 사용되는지에 따라 대칭형 키$^{Symmetrical\ Key}$와 비대칭형 키 $^{Asymmetrical\ Key}$로 구분할 수 있다.

대칭형 키는 암호화와 복호화에 동일한 키를 사용하는 것을 의미한다(그림 11.23). 다시 말하면, 암호화와 복호화를 위해 하나의 동일한 키가 사용된다는 말이다. 이것은 우리가 상식적으로 짐작하거나 알고 있는 방식이다. 예를 들어, 특정 파일을 압축할 때 패스워드를 지정한 후에 압축 파일을 생성하면, 그와 동일한 패스워드로 압축 파일을 해제할 수 있다. 또한 우리가 일상생활에서 사용하는 물리적인 열쇠도 대칭형 키다. 문을 잠글 때나 열 때 동일한 열쇠를 이용한다.

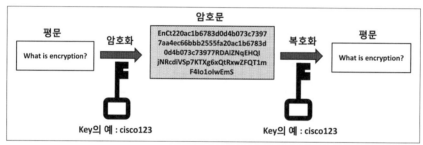

그림 11.23 대칭형 키는 암호화와 복호화에 동일한 키가 사용된다.

그러나 비대칭형 키는 암호화와 복호화를 위해 서로 다른 키를 사용한다. 즉 두 개의 키 조합$^{Key\ Pair}$으로 암호화/복호화를 따로 수행한다는 것이다. 암호화할 때 사용하는 키와 복호화할 때 사용하는 키가 서로 다르다는 것은 상식적으로 선뜻 이해되지 않는다. 앞의 예제에서 언급한 압축 파일의 압축 패스워드와 해제 패스워드가 서로 다르다? 말이 안 되는 것 같다. 그러나 이런 말도 안 되는 일이 수학적인 계산에 의해 가능하다.

어렵다. 그럼 수학적인 계산법까지 익혀야 할까? 우리가 암호화 알고리즘 개발자가 아닌 이상 그 수학적 계산법은 몰라도 된다. 수학적인 계산에 의해 이루어지는 비대칭형 키의 원리를 이해하기보다 비대칭형 키를 사용한 암호화와 복호화가 어떻게 이루어지는지를 알아보자.

비대칭형 암호화는 두 개의 키를 사용해 암호화/복호화를 수행하는데, 하나의 키가 암호화에 사용되면 다른 하나의 키는 복호화에 사용된다. 예를 들어, 키 A와 키 B가 있다고 하자. 키 A가 암호화에 사용되었다면 키 B는 복호화에 사용된다. 반대로 키 B가 암호화에 사용되면 키 A로 복호화를 수행할 수 있다.

비대칭형 키 암호화는 공개 키 암호화^{PKI, Public Key Infrastructure}라는 이름으로 더 많이 알려져 있다. 공개 키 암호화를 통해 비대칭형 암호화의 동작을 좀 더 알아보자.

공개 키 암호화는 두 개의 키, 즉 공개 키^{Public Key}와 개인 키^{Private Key}를 사용해 암호화와 복호화를 수행한다.

공개 키는 말 그대로 누구나 구하기 쉬운, 대중에게 배포되는 공개된 키다. 공개된 키는 암호화를 위해 통신하는 두 시스템이 상호 공유하는 키를 의미한다. 비대칭형 암호화를 수행하는 시스템은 통신 대상 시스템과 공개 키를 교환하는데, 이 공개 키는 공중망을 경유해서 전달되므로 악의적인 의도를 가진 해커 등에 의해 가로채일 수 있다. 그러나 비록 해커가 공개 키를 입수한다고 하더라도 보안에 대한 위험이 없으므로 이를 공개 키라고 부른다.

그러나 개인 키는 사용자 자신만 사용하는 키로서, 다른 시스템과 공유하지 않고 자신의 시스템 내부에서만 사용된다(그림 11.24).

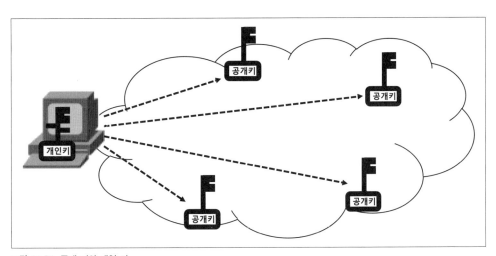

그림 11.24 공개 키와 개인 키

공개 키와 개인 키는 그 역할이 분리되어 있다. 공개 키는 암호화에 사용되고, 개인 키는 복호화에 사용된다. 다른 두 개의 키를 이용해 암호화와 복호화가 이루어진다는 것이 선뜻 이해되지 않는데, 이 두 키는 수학적인 계산에 의해 서로 연결된다. 개인 키는 절대 공유하지 않으므로, 개인 키가 없다면 암호문을 평문으로 복호화할 수 없다는 것을 의미한다. 공개 키와 개인 키의 조합으로 암호화와 복호화가 이루어지므로, 공개 키 정보가 유출되더라도 암호문을 평문으로 되돌리는 복호화에 사용할 수 있는 개인 키를 구할 수 없기 때문에 암호화된 정보를 풀 수 없다(그림 11.25).

그림 11.25 암호화 키와 복호화 키가 다르다.

이를 통해 대칭형 키보다 비대칭형 키가 훨씬 보안 강화에 유리하다는 사실을 짐작할 수 있다. 그러면 왜 상대적으로 보안에 취약한 대칭형 키를 사용할까? 그 이유는 매우 간단하다. 대칭형 키는 프로세스가 간단하므로 시스템 사용량이 적고 처리 속도도 빠르기 때문이다. 반면에 비대칭형 키는 더 많은 계산을 수행해야 하므로 시스템의 자원 사용량도 크고 속도도 상대적으로 느리다.

이런 특징 때문에 일반적인 암호화/복호화는 대칭형 키를 많이 사용한다. 그러나 보안을 매우 중요시하는 통신, 즉 키 정보 등의 시스템 간 보안 정보 교환이나 은행의 온라인 거래와 같은 경우에는 비대칭형 키를 사용한다. 우리가 인터넷 뱅킹을 사용할 때 주로 사용하는 공인인증서가 비대칭형 암호화 방식으로 동작하는 대표적인 예라 할 수 있다.

무결성

IPSec이 지원하는 또 하나의 특성은 무결성Integrity이다. 무결성이란 말이 무척 어렵게 느껴질 수도 있다. 무결성은 전송된 정보가 원래의 정보 그대로인지를 검사하는 것이다. 즉 사용자가 보낸 정보가 전송 중에 가로채여진 후 조작되었는지 여부를 확인하기 위함이다.

우리는 일반적으로 보안을 다른 이에게 정보를 도난당하지 않는 것으로 정의한다. 그렇다. 당연한 말이며, 이것이 보안에서 가장 큰 부분을 차지하는 것도 사실이다. 그러나 신뢰할 수 없는 곳으로부터 신뢰할 수 없는 정보가 유입되는 것을 방지하는 것도 보안의 큰 부분이기도 하다. 무결성의 목적은 신뢰할 수 없는 정보가 유입되는 것을 방지하는 데 있다. 그러므로 정보를 보내는 사용자의 정보가 전송 과정에서 다른 이에게 가로채여진 후에 악의적으로 조작되어 유입된다면, 해당 정보를 차단한다. 이것이 바로 무결성이다.

그림 11.26을 보면 사용자 A는 자신의 정보를 사용자 B에게 전달한다. 이 정보가 경로상에서 누군가에 의해 가로채기를 당했다고 가정하자. 정보를 가로챈 해커는 그 정보를 조작해 다시 사용자 B에게 보낸다. 사용자 B가 해당 정보가 조작되었다는 사실을 인지하지 못하고, 그 정보에 근거해 사용자가 의도한 바가 아닌 다른 행동을 취한다면 심각한 문제가 발생할 수 있다.

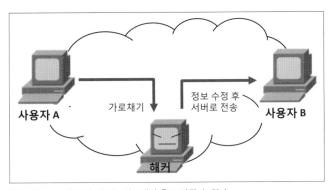

그림 11.26 사용자의 정보는 가로채기 후 조작될 수 있다.

이와 같이 전송 중에 가로채기에 의해 조작되어도 그 정보가 조작되었다는 사실을 인지함으로써 그 정보를 폐기해야 하는 필요성이 있다. 이를 위해 해시^{Hash}라는 기능을 사용한다. 이에 대해 살펴보면, 정보를 보내는 시스템이 해시 알고리즘이라 불리는 해시 기능을 통해 산출된 해시 값을 정보와 함께 보낸다. 해시 알고리즘을 통해 산출된 해시 값은 정보의 내용 중 단 하나만 변경되더라도 달라지므로 수신 시스템도 수신한 정보에 대한 해시 값을 산출해 출발지 시스템의 해시 값과 비교한다(그림 11.27). 해시 값이 일치한다면 그 정보는 원래의 정보로 간주하고 받아들이지만, 두 해시 값이 일치하지 않는다면 조작된 정보로 간주하고 이를 폐기한다. 이와 같이 해시 기능을 수행하는 대표적인 알고리즘에는 우리에게 친숙한 MD5와 SHA가 있다.

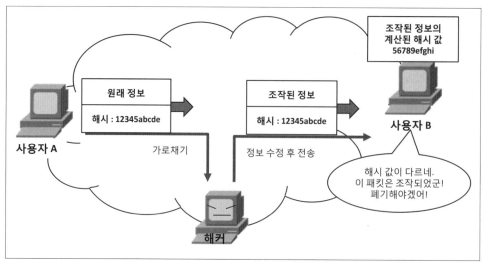

그림 11.27 해시 정보가 다르면 폐기된다.

무결성은 데이터의 조작 여부를 판단하기 위해 사용된다고 했다. 그럼 해커가 메시지를 조작한 후, 조작한 메시지의 해시 값을 계산해 그 값을 수신자에게 보낸다면 어떨까? 수신자는 메시지를 수신해 자신이 그 메시지에 대한 해시 값을 계산한 후, 수신받은 해시 값을 비교한다. 당연히 해커가 정보를 조작한 후 해시 값을 계산해 입력했으므로 해시 값이 일치한다. 따라서 수신자는 그 정보가 올바르다고 생각할 것이다(그림 11.28). 수신자는 해커가 조작한 정보를 신뢰할 수 있는 정보라고 인지한 후 그 정보를 받아들이고, 결국 보안에 허점이 발생할 것이다.

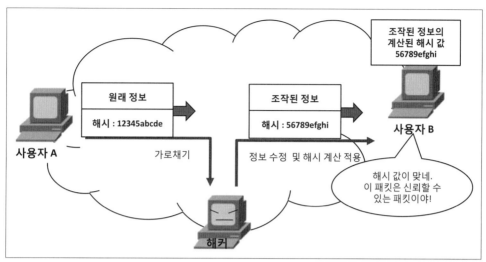

그림 11.28 해시 값까지 변경되면 조작 여부를 판단할 수 없다.

이와 같은 위험을 방지하기 위해 송신자는 자신이 계산한 해시 값을 암호화해서 전송한다. 해시 값을 암호화하면, 해커가 조작한 정보에 대한 새로운 해시 값을 계산하더라도 해시 암호화를 위한 키 정보를 모르기 때문에 해시 값을 변경할 수 없다. 그러므로 수신자는 해당 메시지가 조작되었다는 것을 인지하고 폐기할 수 있다(그림 11.29). 이와 같이 해시 정보를 암호화하는 것을 해시 기반 메시지 인증 코드^{HMAC, Hash-based Message Authentication Code}라고 한다. 참고로, HMAC의 실제 동작은 산출된 해시 값을 암호화하는 것이 아니라, 인증 키를 이용한 HMAC 알고리즘을 통해 해시 값을 산출하는 것이다.

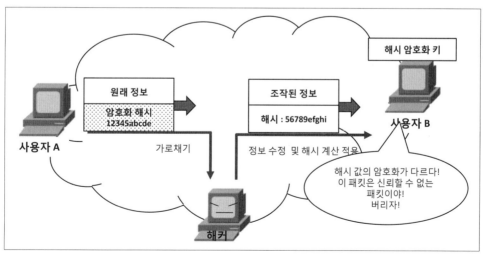

그림 11.29 해시 기반 메시지 인증 코드(HMAC)

인증

IPSec은 자신과 정보를 공유하는 VPN 피어^{Peer}를 인증^{Authentication}함으로써 VPN 통신을 위한 세션을 시작할 수 있다. IPSec 피어의 인증은 사전에 공유된 키 정보^{PSK, Pre-shared Key}나 전자 서명^{Digital Signature} 또는 인증서^{Digital Certificate} 등으로 이루어진다(그림 11.30).

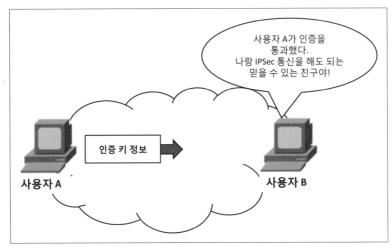

그림 11.30 IPSec 피어 인증

이와 같이 IPSec의 기능으로 전송 중에 발생할 수 있는 정보 유출 및 정보 조작 등에 대한 위험으로부터 자유로워질 수 있다. 물론 나날이 교묘해지는 해킹 수법으로 인해 IPSec의 보안 기능이 절대적이라 할 수는 없다. 그러나 IPSec과 다른 보안 기술을 혼용함으로써 더욱 강력한 정보 보안을 모색할 수 있다.

12

IPSec
사이트 투 사이트
VPN

IPSec VPN은 오늘날 가장 널리 사용되는 VPN 중 하나다. 본사와 지사 간의 사이트 투 사이트 VPN뿐만 아니라, 개별 사용자를 연결하는 원격 접속 VPN까지 IPSec 기술은 강력한 보안 기능을 바탕으로 널리 사용된다. 이 장에서는 IPSec의 동작은 물론, IOS 라우터와 ASA의 IPSec 사이트 투 사이트 VPN 구성에 대해 알아보기로 한다.

12.1 IPSec은 터널이 하나가 아니다?

IPSec은 터널을 경유하는 트래픽을 암호화해 전송 중에 유출되더라도 정보를 보호할 수 있는 기능을 제공하고, 가로채기에 의해 악의적으로 조작된 정보로부터 자유롭게 한다. 그런데 IPSec에서 트래픽을 암호화하는 보안 채널, 즉 터널을 구성하는 데 필요한 절차가 있다. 이 절에서는 IPSec의 터널이 생성되는 과정을 알아보기로 한다.

IPSec 동작을 위해 두 단계의 절차가 필요한데, 이를 보안을 위한 키^{Key} 정보 교환 과정이라 해서 IKE$^{Internet Key Exchange}$라고 한다. 앞 장에서 터널은 그 실체가 존재하지 않는 논리적인 회선이라고 했다. 그러므로 VPN 패킷의 실제 물리적인 모양은 정보를 숨기기 위해 일반 패킷과 동일하게 보이게 해서 전달하고, 터널은 보안을 적용한 시작점과 끝점을 가상으로 연결한 것이라 했다. 엄격히 말해, IPSec 통신은 불리적으로 사용자 정보를 특정 키 정보로 암호화해 암호문$^{Cipher Text}$ 형태로 전달하고, 수신자는 키를 사용해 암호문을 복호화해 정보를 수신하는 것일 뿐이다. 그러므로 암호화 터널이라는 것은 암호화에 참여하는 시스템 간의 통신 세션으로 이해할 수 있다.

한편, 앞 절에서 예로 든 것은 암호문 교환을 위한 하나의 터널이었다. 그러나 실제

IPSec 동작에는 한 개의 터널이 아닌 두 개의 터널이 필요하다. 첫 번째 터널은 암호화 등에 필요한 키 정보를 교환하기 위한 보안 터널이고, 두 번째 터널은 실제 암호화된 사용자 트래픽이 경유하는 보안 터널이다. 왜 IPSec은 두 개의 보안 터널을 사용하는 것일까? 예를 들어 살펴보자.

그림 12.1에서 A가 B에게 제품을 보낸다고 가정하자. A는 도난을 방지하기 위해 제품이 들어있는 컨테이너를 열쇠로 잠궈서 보낸다. 컨테이너가 잠겨 있으므로, B는 컨테이너를 열기 위한 열쇠가 필요하다. 과연 A는 어떻게 컨테이너 열쇠를 수신자에게 전달할 수 있을까? 트럭 운전기사가 컨테이너와 함께 가져가야 할까? 그러나 이 방법에는 컨테이너 도난 시 열쇠를 함께 도난당할 위험이 따른다. 그럼 컨테이너를 보내기 전에 컨테이너 열쇠를 다른 컨테이너에 넣어 열쇠로 잠궈서 전달하면 어떨까? 번거롭지만 제품 도난의 위험을 훨씬 줄일 수 있을 것 같다. IPSec은 이런 방식으로 동작한다.

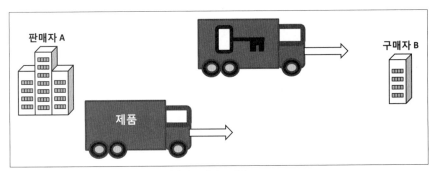

그림 12.1 열쇠를 전달하기 위한 보안 컨테이너를 먼저 보낸다.

IPSec의 IKE, 즉 키 교환은 이와 같이 두 단계로 나눠진다. 이를 IKE 1단계[IKE Phase 1]와 IKE 2단계[IKE Phase 2]라고 한다.

IKE 1단계는 제품을 담는 컨테이너의 열쇠를 서로 공유하는 보안 채널, 즉 보안 터널을 생성하기 위한 단계다. 이는 두 IPSec 장비 간 보안이 확보된 대화 창구를 마련하는 과정이다. 두 IPSec 장비가 사용자 트래픽의 암호화 정보 및 기타 정보를 교환할 때 IKE 1단계에서 생성된 보안 터널을 사용한다. 다시 말하면, IKE 1단계는 실제 사용자 트래픽을 보내는 용도가 아니라, 사용자 트래픽을 암호화하는 데 사용되는 인증 키, 즉 열쇠 전달을 위한 보안 터널을 생성하는 단계다. 그러므로 IKE 1단계가 형성되지 않는다면 사용자 트래픽을 전달하기 위한 보안 터널도 생성되지 않는다.

IPSec 피어^{Peer} 간에 생성되는 보안 터널을 두 IPSec 피어 간에 제휴^{Association}된 보안 채널이라 해서 SA$^{Security\ Association}$라고 한다. IPSec 통신을 하는 상대 시스템은 동일한 레벨에 있는 시스템이라 해서 IPSec 피어라고 한다.

IKE 1단계에서는 IPSec 통신을 하고자 하는 IPSec 피어를 인증하고, 두 피어 간에 키 정보 교환을 위한 보안 채널을 생성한다(그림 12.2). 두 피어의 IKE 보안 채널의 정책을 일치시키기 위한 대화를 하고, 피어 상호간의 키 정보를 디피-헬만$^{Diffie-Hellman}$ 키 교환 알고리즘을 통해 교환한다. 디피-헬만 키 교환은 윗필드 디피$^{Whitfield\ Diffie}$와 마틴 헬만$^{Martin\ Hellman}$이라는 두 명의 암호학자에 의해 개발된 암호화 키 교환 방식이다. 이를 통해 IKE 2단계에서 생성될 보안 터널의 생성에 필요한 키와 보안 정책 정보를 교환할 수 있는 보안 터널을 생성한다.

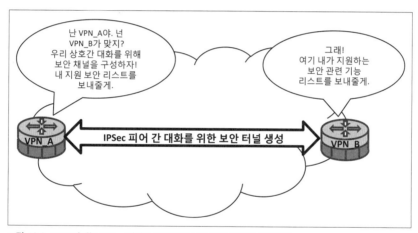

그림 12.2 IKE 1단계는 IPSec 피어를 인증하고 보안 채널 정책을 협상한다.

IKE 1단계에는 두 종류의 모드가 있는데, 주 모드 혹은 메인 모드$^{Main\ Mode}$와 공격적 모드 혹은 어그레시브 모드$^{Aggressive\ Mode}$로 나뉜다.

주 모드와 공격적 모드는 보안 채널$^{SA,\ Security\ Association}$을 단계별 진행으로 형성하느냐 아니면 일괄적 협상을 통해 형성하느냐에 따라 분류된다.

주 모드는 두 IPSec 피어 간의 대화를 위한 관리 보안 채널을 형성하기 위해 단계별 협상을 진행한다. 보안 채널을 어떻게 보호할 것인지에 대한 협상이 이루어지고, 키 정보를 공유하기 위한 디피-헬만 교환이 이루어지고, 마지막으로 IPSec 피어 상호간의 인증이 이루어진다(그림 12.3). 각 단계는 보안 세션을 시도하는 IPSec 피어(개시자^{Initiator})

가 보내는 메시지에 상대 IPSec 피어(응답자Recipient)가 응답하는 형태로 동작된다. 그러므로 주 모드에서는 총 여섯 개의 메시지를 주고받으면서 IKE 1단계 보안 터널이 형성된다.

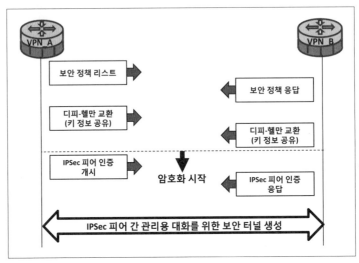

그림 12.3 IKE 1단계 주 모드

반면에, 공격적 모드는 보안 세션 연결을 시도하는 IPSec 피어(개시자)가 모든 정보에 대해 일괄적 협상을 시도한다. 이에 상대 IPSec 피어(응답자)가 확인 응답을 수행하고, 세션 시도를 하는 IPSec 피어가 암호화 정보를 보냄으로써 보안 채널 형성 유무가 결정된다. 그러므로 그림 12.4에서 보듯이, 공격적 모드에서는 총 세 개의 메시지를 교환해 관리용 보안 채널을 형성한다.

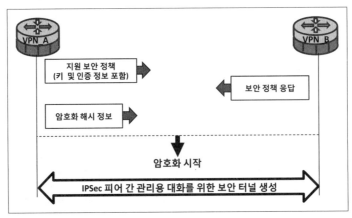

그림 12.4 IKE 1단계 공격적 모드

주 모드는 단계별로 진행되는데, 두 번째 메시지 교환을 마친 후 암호화 정보를 주고
받고 암호화 정책을 결정한다. 그러므로 피어를 상호 인증하는 단계에서 주고받는 피어
신분 정보^{Identity} 역시 암호화되므로 IPSec 피어의 신분이 외부 네트워크에 노출되지 않
는다. 그러나 공격적 모드에서는 암호화되지 않은 첫 번째 메시지에 IPSec 피어의 신분
정보를 포함하므로 외부 네트워크에 노출되어 공격 대상이 될 가능성을 내포하고 있다.
그러나 속도와 자원 사용량 측면에서는 단 세 개의 메시지 교환을 통해 보안 채널을 형
성하는 공격적 모드가 더 유리하다고 할 수 있다.

주 모드거나 공격적 모드이거나, IKE 1단계의 협상을 거친 후에 두 IPSec 피어 간
의 키 정보를 비롯한 관리용 보안 정보 교환을 위한 보안 터널이 생성된다(그림 12.5).
IKE 1단계에서 생성된 보안 터널인 SA를 ISAKMP SA라고 부른다. ISAKMP^{Internet Security}
^{Association and Key Management Protocol}은 보안 채널을 생성함으로써 인터넷 환경에서 키 정보를
암호문 형태로 교환할 수 있게 개발된 키 보안 프로토콜이다. ISAKMP를 통해 키 정보
를 비밀리에 교환할 수 있는 보안 터널을 ISAKMP SA라고 부르는데, ISAKMP SA가 바
로 IKE 1단계의 결과인 것이다. ISAKMP SA를 통해 교환되는 키 정보로 사용자 트래픽
을 암호화 또는 복호화할 수 있다.

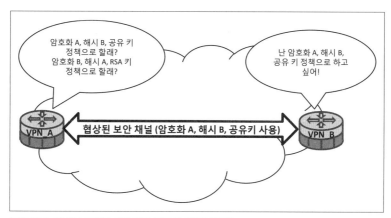

그림 12.5 키 정보 교환을 위한 보안 터널 생성(IKE 1단계)

용어가 너무 생소해서 어렵게 느껴질 수도 있다. 지금 당장 그 용어를 외울 필요는 없
다. 설정을 통해 이런 용어는 저절로 익숙해질 것이다. 다만 이것이 무엇인지 대강 감이
라도 잡으면 족하다. ISAKMP SA를 절 앞부분의 예로 비유하면, 실제 제품이 들어있는
컨테이너를 보내기 전에 제품 컨테이너를 열 수 있는 열쇠를 안전하게 전달하기 위한

안전한 통로다.

IKE 1단계에서 사용자 트래픽 암호화 키 교환을 위한 ISAKMP SA, 즉 관리 보안 터널이 생성되었다. 이 말은 제품이 들어있는 컨테이너의 열쇠를 안전하게 전달할 수 있게 되었다는 의미다. 이제 실제 제품을 컨테이너에 넣은 후 자물쇠로 안전하게 잠궈서 목적지로 전달해야 한다. 이것이 IKE 2단계다.

IKE 2단계에 의해 실제 IPSec 터널, 다시 말해 사용자 트래픽의 암호화를 위한 터널이 생성된다. 이를 IPSec 보안 터널이라 해서 IPSec SA라고 한다. IKE 2단계에서 생성되는 IPSec 터널은 IKE 1단계에서 생성된 보안 터널인 ISAKMP SA를 통해 인증 정책을 협상하므로 ISAKMP 터널이 생성되지 않으면 존재할 수 없다. IKE 2단계의 IPSec SA는 IKE 1단계의 ISAKMP SA를 기반으로 생성된다고 할 수 있다는 말이다. 한편, IKE 1단계의 보안 터널인 ISAKMP SA는 양방향 통신을 지원하지만, IKE 2단계에서 생성되는 IPSec SA는 단방향 터널로 생성된다. 그러므로 양방향 IPSec 통신을 위해 송신 IPSec 터널과 수신 IPSec 터널이 요구된다. 이렇게 IPSec 터널은 단방향 터널을 생성하므로 사용자 트래픽을 외부 위험으로부터 더 안전하게 보호할 수 있다(그림 12.6).

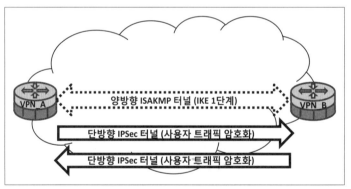

그림 12.6 IKE 2단계의 IPSec 터널은 단방향 터널이다.

이렇게 생성된 단방향 IPSec 터널을 통해 사용자 트래픽은 안전하게 암호화되어 교환된다. 암호화된 패킷에 암호화 정보가 삽입되는데, 이때 사용되는 프로토콜이 인증 헤더^{AH, Authentication Header}와 보안 페이로드 캡슐화^{ESP, Encapsulating Security Payload}다. 프로토콜이 너무 많아 다소 어렵게 느껴질 수도 있다. 그러나 우리가 이들 프로토콜을 개발하는 것은 아니므로, 이 단계에서는 단순히 그런 것도 있다는 사실 정도만 확인하고 넘어가자. 다만 이들이 무엇인지만 간략히 이해하면 충분하다.

AH와 ESP의 특징은 그 이름에 그대로 담겨 있다. 둘 다 보안을 지원하는 프로토콜인데, AH는 'Authentication Header'라는 말 그대로 인증Authentication을 위한 헤더를 제공하는 프로토콜이고, ESP는 보안을 위해 페이로드를 캡슐화하는 프로토콜이다. 그러므로 AH는 암호화Encryption를 제공하지 않고 인증을 통해 패킷 조작 여부 같은 확인 작업 등을 수행한다. 반면에 ESP는 상위 계층 정보인 페이로드의 캡슐화를 통해 보안을 제공하는데, 여기서 보안 캡슐화라는 의미가 암호화를 의미한다. 그러므로 기본적인 성격은 유사하지만 AH가 암호화를 제공하지 않는다는 점이 다르다고 할 수 있다. 여기서는 이 정도만 알고 넘어가자.

한편, IPSec 터널은 사용자 패킷을 어떤 방식으로 보안 적용하는냐에 따라 터널 모드Tunnel Mode와 전송 모드Transport Mode로 분류된다. 이 분류는 사용자 패킷의 보안 적용 범위에 따라 정해지는데, 보안 정보 삽입을 AH로 하느냐 아니면 ESP로 하느냐에 따라 더 세부적으로 분류할 수 있다. 그러나 터널 모드와 전송 모드를 쉽게 이해하기 위해 이를 무시하고 원래의 패킷이 어떤 모양으로 변경되는지 알아보자.

터널 모드는 사용자 패킷 전체를 암호화하고 새로운 L3 헤더를 추가하는 방식이다. 이것이 앞에서 우리가 살펴본 GRE 터널과 유사한 모드다. 반면에 전송 모드는 L3 헤더를 제외한 상위 계층 정보만 암호화하는 것이다. 이 말은 원래의 L3 헤더를 그대로 사용할 수 있다는 것을 의미한다(그림 12.7). 참고로, 그림 12.8은 AH와 ESP의 각 모드에 대한 패킷의 보안 적용을 세부적으로 보여준다.

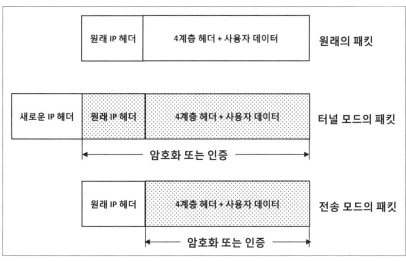

그림 12.7 IPSec 터널의 터널 모드와 전송 모드 패킷 비교

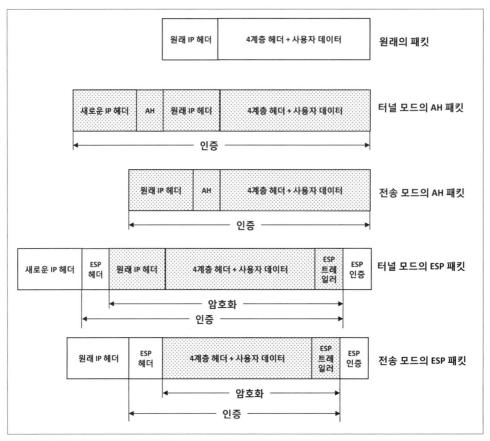

그림 12.8 AH와 ESP의 각 모드별 패킷 형태

    앞에서 누차 설명한 것과 같이, 터널 모드는 새로운 L3 헤더를 추가해 이를 기반으로 패킷의 라우팅이 이루어지는 것을 의미한다. 그러므로 사용자가 보낸 원래의 패킷 헤더는 외부 네트워크를 경유할 때 전혀 사용되지 않는다. 이는 원래의 패킷을 모두 암호화한다는 것을 의미한다. 따라서 터널 모드 IPSec은 새로운 L3 헤더를 추가하고 원래의 사용자 패킷 전체를 암호화한다. 터널 모드는 일반적인 IPSec 터널 모드로서, IPSec 암호화를 수행하는 VPN 게이트웨이(라우터 또는 방화벽) 간에 일반적으로 가장 많이 사용된다(그림 12.9).

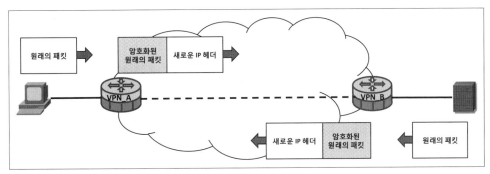

그림 12.9 터널 모드

그러나 전송 모드는 말 그대로 전송을 수행하는 모드다. 이 말은 새로운 L3 헤더를 추가하지 않고 원래의 L3 헤더를 그대로 사용한다는 의미다. 그러므로 전송 모드는 패킷의 사용자 데이터만 보호한다. 엄격하게 말하면, OSI 3계층의 상위 계층 정보인 사용자의 데이터와 4계층 정보인 TCP와 UDP 헤더 정보까지를 나타내는 L4 세그먼트를 보호한다. 다시 말해 L3 패킷의 헤더를 제외한 페이로드를 보호하는 것이 전송 모드다. IPSec 전송 모드는 상위 계층의 정보만 암호화 또는 인증을 통해 보호하므로, VPN 게이트웨이가 없는 환경, 즉 사용자 시스템과 서버 간의 직접적인 통신에서 많이 사용된다 (그림 12.10).

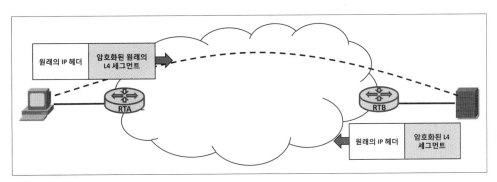

그림 12.10 전송 모드

지금까지 IPSec이 어떻게 보안 터널을 생성해 트래픽을 전달하는지 알아봤다. 이 절을 마치면서 이것만은 기억하자. IKE 1단계의 ISAKMP SA는 IKE 2단계의 IPSec SA를 생성하기 위한 키 정보 전달이 목적이고, 이는 사용자 트래픽 전달과 직접적인 연관은 없다. 사용자 트래픽의 암호화 전달에 연관되는 것은 IPSec SA다. 이것만 확실하게 기억하고 학습한다면 나머지 내용을 보다 쉽게 이해할 수 있을 것이다.

12.2 IPSec 터널을 확인하자

IPSec 설정은 복잡해 보이지만, 앞 절에서 설명한 IKE 단계만 잘 이해한다면 그리 어렵게 느껴지지 않을 것이다. 조금은 생소한 설정일 수 있지만, 용기를 내서 직접 설정해보자. 설정 후 확인 과정에서 IKE 단계를 보다 확실히 이해하게 될 것이다.

그림 12.11은 이 장 앞부분의 GRE 터널에서 사용된 실습 구성도다. 이 절에서는 가상 인터페이스인 터널 인터페이스를 사용하지 않고, 순수한 IPSec 설정만으로 터널을 구성해보자.

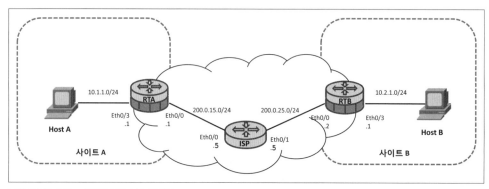

그림 12.11 IPSec 설정을 위한 실습 구성도

IPSec 사이트 투 사이트 설정은 IKE 1단계 설정과 IKE 2단계 설정, 그리고 암호화 적용을 위한 암호화 맵 설정 및 인터페이스 적용 과정으로 진행된다.

1. IKE 1단계 설정: ISAKMP 정책 정의
2. IKE 2단계 설정: IPSec 암호화와 해시^{Hash} 정책 설정
3. 대상 트래픽 정의
4. 암호화 맵 설정: IPSec 피어 선택 및 암호화 기법, 그리고 암호화 대상 트래픽 선택
5. 암호화 맵 적용

복잡해 보인다. 그러나 생각해보면 그리 복잡한 것은 아니다. IKE의 단계가 두 가지이므로 두 단계의 설정을 하고, 암호화되어야 하는 트래픽을 선별하고, 누구와 IPSec 통신을 할 것인지 정의한 후 그것을 인터페이스에 적용하는 과정으로 진행된다. 본격적인 IPSec 설정에 앞서 각 라우터의 기본 설정을 살펴보면 설정 12.1과 같다.

```
RTA
interface Ethernet0/0
ip address 200.0.15.1 255.255.255.0
!
interface Ethernet0/3
ip address 10.1.1.1 255.255.255.0
!
ip route 0.0.0.0 0.0.0.0 200.0.15.5


RTB
interface Ethernet0/0
ip address 200.0.25.2 255.255.255.0
!
interface Ethernet0/3
ip address 10.2.1.1 255.255.255.0
!
ip route 0.0.0.0 0.0.0.0 200.0.25.5


ISP
interface Ethernet0/0
ip address 200.0.15.5 255.255.255.0
!
interface Ethernet0/1
ip address 200.0.25.5 255.255.255.0
```

이와 같이 기본 설정을 마친 후, 본격적으로 IKE 설정부터 수행한다.

우선 IKE 1단계 설정이다. IKE 1단계는 사용자 트래픽 암호화에 요구되는 키 정보 교환을 위한 관리 보안 터널을 생성하는 ISAKMP 설정이다. IKE 1단계 설정은 ISAKMP 정책을 정의하는데, ISAKMP 보안 터널, 즉 ISAKMP SA를 생성하기 위해 필요한 암호화, 인증, 해시 및 디피-헬만 그룹을 정의한다.

예제는 암호화에 AES, 인증은 Pre-share, 해시는 SHA, 디피-헬만 그룹은 그룹 2로 설정한다. 이것이 각각 무엇인지 정확히 몰라도 상관없다. 다만 암호화에는 AES와 DES,

3DES가 있고 인증은 Pre-share와 RSA가 있으며 해시는 MD5와 SHA, SHA 256비트, SHA 384비트, SHA 512비트가 있다는 것만 대략 알면 된다. 너무 조급해하지는 말자. 이들은 암호화와 해시, 인증에 사용되는 알고리즘이라는 정도만 알고 진행하자. 설정 12.2는 IKE 1단계 설정의 예를 보여준다.

```
(config)# crypto isakmp policy priority
(config-isakmp)# authentication {pre-share|rsa-encr|rsa-sig}
(config-isakmp)# encryption {3des|des|aes}
(config-isakmp)# group {1|2|5|14|15|16|19|20|24}
(config-isakmp)# hash {md5|sha|sha256|sha384|sha512}
(config-isakmp)# lifetime seconds
```

설정 12.2 IKE 1단계 설정(ISAKMP 정책 설정)

```
RTA(config)# crypto isakmp policy 10
RTA(config-isakmp)# authentication pre-share
RTA(config-isakmp)# encryption aes
RTA(config-isakmp)# group 2
RTA(config-isakmp)# hash sha


RTB(config)# crypto isakmp policy 10
RTB(config-isakmp)# authentication pre-share
RTB(config-isakmp)# encryption aes
RTB(config-isakmp)# group 2
RTB(config-isakmp)# hash sha
```

위 설정에서 ISAKMP 정책을 정의했는데, crypto isakmp policy 10에서 10은 정책 선호도다. VPN 장비가 만일 여러 IPSec 피어와 IPSec 통신을 하고, 그 정책이 모두 다른 경우를 대비한 것이다. 선호도의 경우 가장 낮은 번호가 가장 높은 선호도를 가진다. 이것은 또 무슨 의미일까? 이 명령어에서 언급되는 것이 선호도이지만, 그냥 순서 번호라고 생각하는 편이 이해하기 쉬울 것이다. 그러므로 그냥 번호 순서대로 정책이 사용되는데, ISAKMP 정책을 협상하는 과정에서 가장 낮은 번호부터 협상한다. 만일 일치하는 것이 검색되지 않으면 다음 번호로 정책을 비교한다. 일단 특정 정책이 일치한다면 더 이상의 정책 검색은 수행하지 않는다. 이 예제에서는 단 하나의 정책만 설정하므로 이 정책이 적용될 것이다.

여기서 협상한다는 것은 앞 절에서 살펴본 IKE 1단계 과정의 주 모드와 공격적 모드에서 이루어지는 협상 과정을 의미한다. IPSec 피어 간 이 보안 정책을 비교해 일치되면 해당 보안 정책을 사용해 IKE 1단계의 관리 보안 터널을 형성한다.

한편, 인증은 pre-share를 지정했는데, pre-share는 사전에 인증 키를 상호간에 물리적으로 공유했다는 것을 의미한다. 다시 말해, 관리자가 인증 패스워드를 미리 정해놓고 그것을 사용한다는 것을 의미한다. 그러므로 인증을 pre-share로 지정하는 경우, IKE 1단계에서 사용될 인증 키를 설정해야 하는 과정이 요구된다.

그리고 암호화 알고리즘은 AES를 선택했는데, 일반적으로 가장 무난한 인증 알고리즘이다. DES는 가장 가벼운 인증 알고리즘이고, 3DES는 DES보다 3배의 암호화를 수행하므로 가장 무겁다. AES는 그 중간 정도의 암호화 알고리즘이라 보면 될 듯하다.

그룹[Group]은 디피-헬만 그룹을 의미하는데, 키 암호화 교환을 위해 디피와 헬만이 정의한 알고리즘 그룹을 의미한다. 그룹 2가 가장 일반적으로 사용된다.

마지막으로 해시는 가장 해시 기능이 약한 MD5보다 조금 나은 SHA를 사용했다. 예제에서 SHA를 사용했지만, 일반적으로는 중간 정도의 SHA 256비트가 많이 사용된다.

방금 언급한 바와 같이, 인증 방식을 Pre-share로 선택했으므로 미리 결정된 인증 키를 지정한다. 인증 키 지정은 다음 명령어로 수행한다. 설정 12.3은 인증 키 설정의 예를 보여준다.

```
(config)# crypto isakmp key key-string address peer-address [mask]
```

설정 12.3 ISAKMP 터널에 사용할 인증 키를 설정한다.

```
RTA(config)# crypto isakmp key cisco123 address 0.0.0.0 0.0.0.0[1]

RTB(config)# crypto isakmp key cisco123 address 0.0.0.0 0.0.0.0
```

1. 0.0.0.0은 설정된 인증 키를 모든 IPSec 피어에 사용한다는 것을 의미한다.

이와 같이 설정하면 IKE 1단계 설정인 ISAKMP 설정이 마무리되었다. 어떤가? 쉽지 않은가? 이제 IKE 2단계 설정을 수행한다.

IKE 2단계 설정은 실제 사용자 트래픽을 암호화해 전달할 IPSec 터널, 즉 IPSec SA 생성을 위한 설정을 수행한다. 여기에서 IPSec 터널에 대한 암호화 기법 및 해시 기법 등을 정의한다. IPSec 터널에 대한 암호화 정책은 암호화와 해시의 조합으로 결정되는데, 이를 정의하는 것이다. 이는 암호화를 수행해 특정 데이터의 포맷이나 모양을 변경Transform하기 위한 조합이라 해서 트랜스폼 셋Transform-set이라고 한다. 예제는 암호화에 AES를, 해시 인증에 SHA를 적용하기로 한다. 트랜스폼 셋은 다음 명령어 구문으로 적용한다. 설정 12.4는 트랜스폼 셋 설정의 예를 보여준다.

(config)# **crypto ipsec transform-set** *transform-set-name transform1* [*transform2* |[*transform3*|[*transform4*]]]

설정 12.4 IKE 2단계의 트랜스폼 셋 설정

```
RTA(config)# crypto ipsec transform-set TS-AES-SHA esp-aes esp-sha-hmac

RTB(config)# crypto ipsec transform-set TS-AES-SHA esp-aes esp-sha-hmac
```

다음 단계는 IPSec 터널을 경유해야 하는 트래픽, 다시 말해 IPSec 암호화가 되어야 할 트래픽을 정의한다. 각 사이트의 내부 네트워크 간의 통신만 암호화되어야 하므로, RTA에서는 네트워크 10.1.1.0/24로부터 네트워크 10.2.1.0/24로 향하는 트래픽, 그리고 RTB에서는 자신의 내부 네트워크인 10.2.1.0/24로부터 10.1.1.0/24로 향하는 트래픽이 암호화되어야 한다. 이를 액세스 리스트로 정의한다. 예제는 이들 네트워크 간의 모든 IP 트래픽을 대상으로 한다(설정 12.5).

설정 12.5 암호화 대상 트래픽 정의

```
RTA(config)# ip access-list extended VPN
RTA(config-ext-nacl)# permit ip 10.1.1.0 0.0.0.255 10.2.1.0 0.0.0.255

RTB(config)# ip access-list extended VPN
RTB(config-ext-nacl)# permit ip 10.2.1.0 0.0.0.255 10.1.1.0 0.0.0.255
```

이제 IKE의 모든 단계에 대한 정책 정의를 마쳤고, 암호화 대상 트래픽도 정했다. 로컬 라우터의 IPSec 통신을 위한 정의가 모두 이루어졌다. 이제 IPSec 피어, 즉 어떤 라우터 또는 VPN 장비와 IPSec VPN 통신을 수행할 것인지를 정의하면 된다. 이는 암호화 맵[Crypto Map]으로 정의한다.

암호화 맵은 어떤 장비와 IPSec 통신을 할지, 그리고 어떤 IPSec 정책을 사용해 사용자 트래픽을 암호화 할지 등에 대해 실행 명령어를 나열해 놓은 암호화 정책 실행 맵 정도로 이해하면 되겠다. 암호화 맵은 다음 명령어 구문으로 설정한다. 그리고 설정 12.6은 암호화 맵의 설정 예를 보여준다.

```
(config)# crypto map map-name seq-num [ipsec-isakmp]
(config-crypto-map)# set peer peer-address
(config-crypto-map)# set transform-set transform-set-name
(config-crypto-map)# match address {access-list-number|access-list-name}
```

설정 12.6 IPSec 피어 지정을 위한 암호화 맵 설정

```
RTA(config)# crypto map VPN_CMAP 10 ipsec-isakmp
% NOTE: This new crypto map will remain disabled until a peer
and a valid access list have been configured.[1]
RTA(config-crypto-map)# set peer 200.0.25.2[2]
RTA(config-crypto-map)# set transform-set TS-AES-SHA[3]
RTA(config-crypto-map)# match address VPN[4]


RTB(config)# crypto map VPN_CMAP 10 ipsec-isakmp
% NOTE: This new crypto map will remain disabled until a peer
and a valid access list have been configured.
RTB(config-crypto-map)# set peer 200.0.15.1
RTB(config-crypto-map)# set transform-set TS-AES-SHA
RTB(config-crypto-map)# match address VPN
```

1. IPSec 피어와 유효한 액세스 리스트가 설정되기 전까지 암호화 맵이 동작하지 않는다는 단순한 안내 메시지이므로 신경 쓰지 않아도 된다.
2. IPSec 피어의 외부 라우팅이 가능한 IP를 지정한다. IPSec 터널의 끝 지점을 의미한다.
3. 사용자 트래픽을 암호화하기 위한 미리 설정한 트랜스폼 셋을 지정한다.
4. IPSec 암호화 대상 트래픽을 정의한 액세스 리스트를 지정한다.

자! 이제 거의 다 끝났다. 마지막으로 어떤 인터페이스에 암호화를 구현할 것인지 지정하는 일만 남았다. 다시 말해, 암호화 맵을 어떤 인터페이스에 적용할 것인지만 지정하면 된다. IPSec 피어가 위치하는 방향의 인터페이스, 즉 ISP와 연결된 인터페이스에 해당 암호화 맵을 적용한다(설정 12.7). 암호화 맵 적용은 다음 명령어 구문으로 이루어진다.

```
(config-if)# crypto map crypto-map-name
```

설정 12.7 인터페이스에 암호화 맵 적용

```
RTA(config)# interface e0/0
RTA(config-if)# crypto map VPN_CMAP
*Aug 28 07:04:29.282: %CRYPTO-6-ISAKMP_ON_OFF: ISAKMP is ON[1]


RTB(config)# interface e0/0
RTB(config-if)# crypto map VPN_CMAP
*Aug 28 07:05:02.610: %CRYPTO-6-ISAKMP_ON_OFF: ISAKMP is ON
```

1. 해당 인터페이스에 ISAKMP가 활성화되었다는 로그를 보여준다.

그러면 내부 네트워크 간의 핑 테스트를 통해 상호간 통신이 이루어지는지 알아보자 (설정 12.8).

설정 12.8 두 사이트의 내부 네트워크 간의 통신이 이루어진다.

```
RTA# ping 10.2.1.1 source 10.1.1.1
Type escape sequence to abort.
Sending 5, 100-byte ICMP Echos to 10.2.1.1, timeout is 2 seconds:
Packet sent with a source address of 10.1.1.1
!!!!!
Success rate is 100 percent (5/5), round-trip min/avg/max = 5/6/11 ms


RTB# ping 10.1.1.1 source 10.2.1.1
Type escape sequence to abort.
Sending 5, 100-byte ICMP Echos to 10.1.1.1, timeout is 2 seconds:
Packet sent with a source address of 10.2.1.1
```

```
!!!!!
Success rate is 100 percent (5/5), round-trip min/avg/max = 6/6/7 ms
```

두 사이트 간의 통신이 이루어진다. 그러면 IKE 1단계 터널인 ISAKMP SA와 IKE 2단계 터널인 IPSec 터널이 생성되었는지 확인해보자.

먼저 IKE 1단계의 ISAKMP SA를 확인해보자(설정 12.9).

설정 12.9 IKE 1단계의 ISAKMP SA 확인

```
RTA# show cryp isakmp sa
IPv4 Crypto ISAKMP SA
dst              src              state          conn-id status
200.0.25.2       200.0.15.1       QM_IDLE            1001 ACTIVE


IPv6 Crypto ISAKMP SA


RTB# show cryp isakmp sa detail
Codes: C - IKE configuration mode, D - Dead Peer Detection
       K - Keepalives, N - NAT-traversal
       T - cTCP encapsulation, X - IKE Extended Authentication
       psk - Preshared key, rsig - RSA signature
       renc - RSA encryption
IPv4 Crypto ISAKMP SA


C-id  Local           Remote           I-VRF  Status Encr¹ Hash² Auth³ DH⁴ Lifetime Cap.

1001  200.0.25.2      200.0.15.1              ACTIVE aes   sha   psk   2  23:55:16
      Engine-id:Conn-id =  SW:1


IPv6 Crypto ISAKMP SA
```

1. 암호화 정책
2. 해시 정책
3. 인증 정책
4. 디피-헬만 알고리즘 정책

RTA는 일반적인 ISAKMP SA를 확인하고, RTB는 ISAKMP SA를 자세히 살펴봤다. 그렇게 큰 차이는 보이지 않는다. 여기서 보듯이, IKE 1단계의 ISAKMP SA가 생성되었고 현재 상태가 활성화^{ACTIVE}되었다는 것을 알 수 있다.

RTB의 세부 항목을 확인하면, 우리가 IKE 1단계에서 설정한 암호화(AES), 해시 (SHA), 인증 방법(PSK$^{Pre-Share\ Key}$), 그리고 디피-헬만 그룹 2를 확인할 수 있다. 마지막으로 생존 시간^{Lifetime}이 23시간 33분(23:33:44)이라고 알려준다.

생존 시간은 ISAKMP SA가 사용되는 시간을 의미하는데, 우리는 이것을 설정하지 않았다. 이는 기본값으로서 24시간이다. 생존 시간이 의미하는 것은 ISAKMP SA가 24시간 동안만 활성화된다는 것을 말한다. 그럼 24시간 이후에는 ISAKMP SA가 끊어지고 IPSec 통신이 끊어지는 것인가? 그렇지 않다. 이 시간 동안 ISAKMP SA를 통해 안전하게 IPSec 보안 터널을 관리하기 위한 정보를 주고받는데, 일단 IPSec 보안 터널이 생성되었다는 것은 ISAKMP SA를 통해 보안 정책에 대한 협상이 끝났다는 것을 의미하므로, IKE 2단계 터널인 IPSec 터널의 활성화/비활성화와 상관이 없다.

그럼 왜 ISAKMP 보안 터널의 생존 시간을 마련한 것일까? 그 이유는 한 번 생성된 ISAKMP 보안 채널을 지속적으로 사용하는 경우에 외부 침입자에 의해 ISAKMP 보안 터널에 대한 정보가 노출될 우려가 있기 때문이다. ISAKMP 보안 터널은 IPSec 터널을 관리하기 위한 관리 터널이므로, ISAKMP 터널의 보안 정보가 유출된다면 모든 IPSec 터널의 보안 정보까지 모두 유출될 가능성이 크다. 이런 이유로 주기적으로 ISAKMP 보안 터널을 강제로 비활성화시키고, 다시 협상해 관리 보안 채널을 새롭게 생성하는 것이다.

ISAKMP 보안 터널이 성공적으로 생성되었으므로 이 관리 보안 터널을 기반으로 하여 IPSec 터널 생성을 위한 IPSec 관련 파라미터가 교환되어 IPSec SA를 생성한다. 설정 12.10은 RTA의 IPSec 보안 터널(SA)을 보여준다.

설정 12.10 IPSec SA 확인

```
RTA# show crypto ipsec sa

interface: Ethernet0/0
    Crypto map tag: VPN_CMAP, local addr 200.0.15.1
```

protected vrf: (none)

local ident (addr/mask/prot/port): (10.1.1.0/255.255.255.0/256/0)

remote ident (addr/mask/prot/port): (10.2.1.0/255.255.255.0/256/0)

current_peer 200.0.25.2 port 500

  PERMIT, flags={origin_is_acl,}

#pkts encaps: 9, #pkts encrypt: 9, #pkts digest: 9[1]

#pkts decaps: 9, #pkts decrypt: 9, #pkts verify: 9[2]

#pkts compressed: 0, #pkts decompressed: 0

#pkts not compressed: 0, #pkts compr. failed: 0

#pkts not decompressed: 0, #pkts decompress failed: 0

#send errors 0, #recv errors 0

  local crypto endpt.: 200.0.15.1, remote crypto endpt.: 200.0.25.2

  path mtu 1500, ip mtu 1500, ip mtu idb Ethernet0/0

  current outbound spi: 0x8C9B7997(2358999447)

  PFS (Y/N): N, DH group: none

  inbound esp sas:[3]

  spi: 0x6C176160(1813471584)

    transform: esp-aes esp-sha-hmac ,

    in use settings ={Tunnel, }

    conn id: 1, flow_id: SW:1, sibling_flags 80000040, crypto map: VPN_CMAP

    sa timing: remaining key lifetime (k/sec): (4314281/2949)

    IV size: 16 bytes

    replay detection support: Y

    Status: ACTIVE(ACTIVE)

  inbound ah sas:

  inbound pcp sas:

  outbound esp sas:[4]

  spi: 0x8C9B7997(2358999447)

    transform: esp-aes esp-sha-hmac ,

    in use settings ={Tunnel, }

```
        conn id: 2, flow_id: SW:2, sibling_flags 80000040, crypto map: VPN_CMAP
        sa timing: remaining key lifetime (k/sec): (4314281/2949)
        IV size: 16 bytes
        replay detection support: Y
        Status: ACTIVE(ACTIVE)


    outbound ah sas:


    outbound pcp sas:
```

1. 암호화 횟수
2. 복호화 횟수
3. 수신 방향 IPSec 터널(ESP)
4. 송신 방향 IPSec 터널(ESP)

설정 12.10에서 보듯이, IPSec 보안 터널의 시작점과 끝점을 알려주는 IP 주소가 나타난다. 또한 IPSec SA를 통해 교환되는 암호화와 복호화가 얼마나 이루어졌는지 보여준다. 그리고 IPSec 터널이 단방향 터널이라는 설명이 기억날 것이다. 위에서 볼 수 있듯이, inbound esp sas는 수신을 위한 ESP IPSec SA이고, outbound esp sas는 송신을 위한 ESP IPSec SA임을 알 수 있다. 각 방향의 IPSec 보안 터널이 활성화^{ACTIVE}된 것을 확인할 수 있다.

각 IKE 단계의 보안 터널이 성공적으로 모두 생성되었고, 정상적으로 동작하고 있다.

자! 이때쯤 실습을 따라 하던 눈치 빠른 독자라면 한 번 정도 의심을 가져볼 수도 있을 것이다. 바로 ISP 라우터의 라우팅 문제에 관련된 것이다. 지금까지 우리는 ISP 라우터의 라우팅을 전혀 설정하지 않았다. 물론 각 사이트의 라우터와 연결된 링크 정보는 커넥티드^{Connected} 정보로 라우팅 테이블에 등록되어 있으므로 라우팅에 문제가 없다. 그러나 각 사이트의 내부 네트워크 정보는 어떠한가?

예제에서 각 사이트의 라우터에서 상대 사이트의 내부 네트워크로 도달하기 위해 디폴트 루트 정보를 사용한다. 이 말은 로컬 네트워크 외부로 향하는 모든 패킷은 ISP 방향으로 보내진다는 것을 의미한다. 그러므로 상대 사이트의 내부 네트워크로 향하는 패킷 역시 라우팅 테이블에 근거해 ISP 방향으로 전달된다. 그러면 일반적인 상식으로 ISP

가 이 패킷을 받으면 패킷의 목적지 주소를 자신의 라우팅 테이블에서 검색해 해당 방향으로 전달한다. 그러나 설정 12.11에서 볼 수 있듯이, ISP 라우터는 각 사이트의 내부 네트워크에 대한 라우팅 정보를 가지고 있지 않다. 게다가 사이트 내부 네트워크 주소는 사설 주소다. 사설 IP 주소는 인터넷상으로 광고되지 않는다.

설정 12.11 ISP 라우터는 VPN 사이트의 내부 네트워크에 대한 라우팅 정보를 가지지 않는다.

```
ISP# show ip route 10.1.1.0
% Network not in table


ISP# show ip route 10.2.1.0
% Network not in table


ISP# show ip route 0.0.0.0
% Network not in table
```

앞 장에서 설명한 바와 같이, 두 사이트의 VPN 게이트웨이(라우터) 간에 터널이 생성되었고, 터널 모드 VPN에서는 터널을 경유하는 패킷의 출발지와 목적지 주소가 각 라우터의 IP로 이루어진다. 다시 말해, IPSec 터널의 시작점과 끝점으로 이루어지므로, ISP는 이 IP 주소에 근거해 라우팅을 수행한다.

그림 12.12는 VPN 사용자 간의 트래픽을 와이어샤크로 캡처한 그림이다. 그림에서 보여주듯이, 원래 사용자 패킷의 정보는 모두 ESP에 의해 암호화되어 보여지지 않고 ESP 캡슐로만 보여지며, VPN 게이트웨이의 주소를 출발지와 목적지로 하는 새로운 L3 헤더를 통해 라우팅된다.

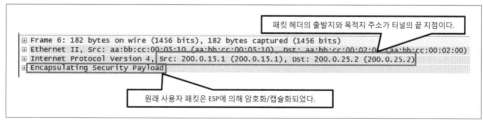

그림 12.12 VPN 트래픽은 IPSec 헤더로 캡슐화된다.

이제 터널의 상태를 알아보자. IPSec 설정을 통해 생성된 터널을 모두 확인할 수 있는데, show crypto engine connections active로 보안에 적용된 각 보안 알고리즘을 확인할 수 있다(설정 12.12).

설정 12.12 활성화된 터널 및 사용된 보안 알고리즘 확인

```
RTA# show crypto engine connections active
Crypto Engine Connections

    ID  Type    Algorithm        Encrypt  Decrypt LastSeqN IP-Address
     7  IPsec¹  AES+SHA                0       10       10 200.0.15.1
     8  IPsec¹  AES+SHA               10        0        0 200.0.15.1
  1003  IKE²    SHA+AES                0        0        0 200.0.15.1


RTB# show cryp engine connections active
Crypto Engine Connections

    ID  Type    Algorithm        Encrypt  Decrypt LastSeqN IP-Address
     7  IPsec   AES+SHA                0       10       10 200.0.25.2
     8  IPsec   AES+SHA               10        0        0 200.0.25.2
  1003  IKE     SHA+AES                0        0        0 200.0.25.2
```

1. IKE 2단계의 IPSec SA(수신 IPSec SA와 송신 IPSec SA)

2. IKE 1단계의 ISAKMP SA

여기서 확인할 수 있는 것은 하나의 IKE 터널과 두 개의 IPSec 터널이다. 그리고 각 IPSec 터널은 암호화 패킷만, 그리고 복호화 패킷만 표시된다. 이것은 ISAKMP 터널은 양방향 통신을 지원하지만, IPSec 터널은 단방향으로서 송신 터널과 수신 터널이 요구된다는 것을 보여준다.

또한 show crypto session 명령어로 현재 활성화된 암호화 세션 정보를 확인할 수 있다. 설정 12.13에서 보듯이, IKE 1단계 터널과 IKE 2단계 터널의 상태를 간략하고 명확하게 확인할 수 있다.

설정 12.13 암호화 세션 정보 확인

```
RTA# show crypto session
Crypto session current status


Interface: Ethernet0/0
Session status: UP-ACTIVE
Peer: 200.0.25.2 port 500
    ¹IKEv1 SA: local 200.0.15.1/500 remote 200.0.25.2/500 Active
    ²IPSEC FLOW: permit ip 10.1.1.0/255.255.255.0 10.2.1.0/255.255.255.0
        Active SAs: 2, origin: crypto map


RTB#show crypto session
Crypto session current status


Interface: Ethernet0/0
Session status: UP-ACTIVE
Peer: 200.0.15.1 port 500
    IKEv1 SA: local 200.0.25.2/500 remote 200.0.15.1/500 Active
    IPSEC FLOW: permit ip 10.2.1.0/255.255.255.0 10.1.1.0/255.255.255.0
        Active SAs: 2, origin: crypto map
```

1. IKE 1단계 터널 정보
2. IKE 2단계 터널 정보

지금까지 IPSec 암호화를 통해 VPN 사이트 간에 안전하게 정보를 공유할 수 있는 사이트 투 사이트 VPN을 설정해봤다. IPSec은 두 단계의 과정을 거쳐 구현되는데, 관리 터널과 사용자 트래픽 터널이 생성된다고 했다. 관리 터널(ISAKMP SA)은 양방향 통신이 가능하고, 사용자 트래픽 터널(IPSec SA)은 단방향 통신만 지원하므로 각 방향의 두 개의 보안 터널이 생성되는 것을 확인했다. 마지막으로 IPSec 터널은 ISAKMP 터널 기반으로 형성되므로, ISAKMP 터널에 문제가 발생한다면 IPSec 터널 형성에도 문제가 발생한다는 점을 기억하길 바란다.

12.3 IPSec을 이용한 GRE 터널 보호

GRE$^{\text{Generic Routing Encapsulation}}$는 단순하게 IP 헤더를 추가함으로써 간단한 형태의 터널을 형성한다. GRE 터널은 그 어떤 보안적인 장치를 제공하지 않기 때문에, 그 자체만으로는 실무에서 사용하기 어렵다. 그럼 GRE 터널은 정보를 전혀 보호하지 못하는가?

결론부터 말하자면, GRE 터널의 정보도 보호할 수 있다. GRE 프로토콜 자체에는 사용자 트래픽을 보호할 수 있는 그 어떤 기능도 없지만, GRE 터널에 IPSec 암호화를 적용함으로써 보안성을 구현할 수 있다. GRE 터널을 IPSec으로 보호하기 위한 IPSec 암호화 정책을 터널에 적용하면 된다. 다만 터널 인터페이스가 물리적인 인터페이스와 다른 성격을 가지므로 설정이 약간 다르게 이루어진다.

앞 절에서 수행한 암호화 설정을 모두 삭제하고 다시 설정해보자. 그림 12.13은 예제를 위한 실습 구성도를 보여준다.

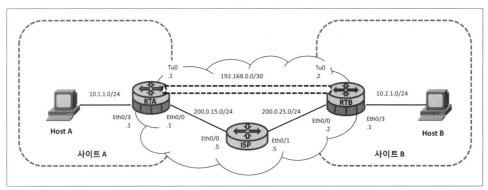

그림 12.13 IPSec을 이용한 터널 인터페이스 보호를 위한 실습 구성도

우선 GRE 터널 인터페이스를 생성한다. 터널 인터페이스 설정은 이 장 앞부분에서 설정한 것과 동일하다. 설정 12.14는 터널 인터페이스 설정을 보여준다. 상대방 사이트의 내부 네트워크에 대한 스태틱 루트도 필요하므로 설정한다.

설정 12.14 GRE 터널 설정 및 동작 확인

```
RTA(config)# interface tunnel 0
RTA(config-if)# tunnel source e0/0
RTA(config-if)# tunnel destination 200.0.25.2
RTA(config-if)# ip address 192.168.0.1 255.255.255.252
```

```
RTA(config)# ip route 10.2.1.0 255.255.255.0 192.168.0.2


RTB(config)# interface tunnel 0

RTB(config-if)# tunnel source e0/0

RTB(config-if)# tunnel destination 200.0.15.1

RTB(config-if)# ip address 192.168.0.2 255.255.255.252

RTB(config)# ip route 10.1.1.0 255.255.255.0 192.168.0.1


RTA# ping 192.168.0.2

Type escape sequence to abort.

Sending 5, 100-byte ICMP Echos to 192.168.0.2, timeout is 2 seconds:

!!!!!

Success rate is 100 percent (5/5), round-trip min/avg/max = 1/1/2 ms


RTB# ping 192.168.0.1

Type escape sequence to abort.

Sending 5, 100-byte ICMP Echos to 192.168.0.1, timeout is 2 seconds:

!!!!!

Success rate is 100 percent (5/5), round-trip min/avg/max = 1/1/5 ms
```

이제 터널 인터페이스의 IPSec 암호화를 하기 위한 설정을 수행한다. IPSec 사이트 투 사이트 설정에서 IKE 1단계 설정과 IKE 2단계의 트랜스폼 셋 설정은 동일하다. 다만 터널 인터페이스에 IPSec을 적용하기 위해 암호화 맵^{Crypto map}을 사용하지 않고, IPSec 프로파일로 IPSec 트랜스폼 셋을 적용한다는 점만 다르다.

설정 12.15는 GRE 터널에 IPSec을 적용하는 데 요구되는 IKE 1단계와 2단계 설정의 전 과정을 보여준다. 이해를 돕기 위해 이 절에서 설정한 모든 암호화 설정 값을 삭제한 후 설정했다. 앞에서 설정한 기억을 떠올리며 설정해보자. IPSec 프로파일 설정 명령어 는 다음과 같다.

```
(config)# crypto ipsec profile name
(ipsec-profile)# set transform-set transform-set-name
```

```
RTA(config)# crypto isakmp policy 10
RTA(config-isakmp)# authentication pre-share
RTA(config-isakmp)# encryption aes
RTA(config-isakmp)# group 2
RTA(config-isakmp)# hash sha
RTA(config)# crypto isakmp key cisco address 0.0.0.0 0.0.0.0
RTA(config)# crypto ipsec transform-set TS-AES-SHA esp-aes esp-sha-hmac
RTA(config)# crypto ipsec profile IPSEC_GRE
RTA(ipsec-profile)# set transform-set TS-AES-SHA


RTB(config)# crypto isakmp policy 10
RTB(config-isakmp)# authentication pre-share
RTB(config-isakmp)# encryption aes
RTB(config-isakmp)# group 2
RTB(config-isakmp)# hash sha
RTB(config)# crypto isakmp key cisco address 0.0.0.0
RTB(config)# crypto ipsec transform-set TS-AES-SHA esp-aes esp-sha-hmac
RTB(config)# crypto ipsec profile IPSEC_GRE
RTB(ipsec-profile)# set transform-set TS-AES-SHA
```

IPSec 암호화 정책 설정을 마쳤다면, 설정한 IPSec 프로파일을 터널 인터페이스에 적용한다. 터널 인터페이스의 IPSec 암호화 적용은 tunnel protection ipsec profile 명령어로 활성화시킨다(설정 12.16).

```
(config-if)# tunnel protection ipsec profile ipsec-profile-name
```

설정 12.16 터널 인터페이스의 IPSec 암호화 설정

```
RTA(config)# interface tunnel 0
RTA(config-if)# tunnel protection ipsec profile IPSEC_GRE


RTB(config)# interface tunnel 0
RTB(config-if)# tunnel protection ipsec profile IPSEC_GRE
```

자! GRE 터널 인터페이스에 IPSec이 적용되었다. 이제 터널을 경유하는 트래픽은 IPSec 사이트 투 사이트 VPN에서와 마찬가지로 암호화되어 전달될 것이다. 핑 테스트 후 암호화 채널(IKE 1단계와 IKE 2단계)이 생성되었는지 확인해보자(설정 12.17).

설정 12.17 GRE 터널에 IPSec 암호화가 적용되었다.

```
RTA# ping 10.2.1.1 source 10.1.1.1
Type escape sequence to abort.
Sending 5, 100-byte ICMP Echos to 10.2.1.1, timeout is 2 seconds:
Packet sent with a source address of 10.1.1.1
!!!!!
Success rate is 100 percent (5/5), round-trip min/avg/max = 6/6/7 ms


RTA# show crypto engine connections active
Crypto Engine Connections


   ID  Type   Algorithm        Encrypt  Decrypt LastSeqN IP-Address
    3  IPsec  AES+SHA                0        5        5 200.0.15.1
    4  IPsec  AES+SHA                5        0        0 200.0.15.1
 1004  IKE    SHA+AES                0        0        0 200.0.15.1



RTA# show crypto session
Crypto session current status


Interface: Tunnel0
Session status: UP-ACTIVE
Peer: 200.0.25.2 port 500
  IKEv1 SA: local 200.0.15.1/500 remote 200.0.25.2/500 Active
  IPSEC FLOW: permit 47 host 200.0.15.1 host 200.0.25.2
        Active SAs: 2, origin: crypto map
```

설정 12.17에서 볼 수 있듯이, IPSec의 IKE 터널과 IPSec 터널이 정상적으로 동작하는 것을 알 수 있다. 일반적인 GRE 터널도 이와 같이 IPSec으로 사용자 트래픽을 보호할 수 있다.

참고로, 실제 대규모 기업망에서 여러 VPN 사이트 간에 동적 라우팅을 사용하는 경우에는 IPSec 사이트 투 사이트 VPN이 아닌, GRE 터널을 이용한 IPSec 보안 설정을 사용한다.

그 이유는 라우팅에 있다. 기본적으로 IPSec은 1대 1 통신인 유니캐스트 통신 방식만 지원한다. 1대 다수인 멀티캐스트와 1대 전체 통신인 브로드캐스트 통신 방식은 지원하지 않으므로, 동적 라우팅을 운용하는 대규모 기업망에서는 일반적인 IPSec 사이트 투 사이트 통신 방식을 사용하기 어렵다. 대규모 네트워크의 라우팅을 위해 EIGRP나 OSPF와 같은 동적 라우팅 프로토콜을 운용하는데, 이들 프로토콜은 기본적으로 멀티캐스트로 동작하기 때문이다. IPSec의 이런 제약으로 인해 IPSec GRE 터널 구성을 많이 사용한다.

지금까지 시스코 IOS 라우터에서의 IPSec 사이트 투 사이트 VPN 설정에 대해 알아봤다. 설정이 복잡해 보이는 듯해도 IKE 단계를 이해한다면 그다지 복잡하지 않게 느낄 것이다.

12.4 ASA에서의 IPSec 사이트 투 사이트 VPN

ASA는 방화벽뿐만 아니라, VPN 게이트웨이로도 완벽한 역할을 수행한다. 과거 시스코는 VPN 컨센트레이터^{VPN Concentrator}라는 전용 VPN 게이트웨이 장비를 소개했지만, 이 장비는 이미 단종되었다. ASA가 이 장비를 대체하는 용도로 사용된다. 실제로, 오늘날 대규모 네트워크에서는 ASA를 전용 방화벽과 전용 VPN 게이트웨이로 분리해 사용하는 구성이 일반적이다.

이 절에서는 ASA에서의 IPSec 사이트 투 사이트 VPN 구성에 대해 알아보자. VPN과 IPSec에 대한 기술적인 설명은 앞 절과 동일하므로 이 절에서는 생략하기로 하고, ASA 설정에 초점을 맞춰 진행하기로 한다. 그림 12.14는 ASA의 IPSec 사이트 투 사이트 설정을 위한 실습 구성도를 보여준다.

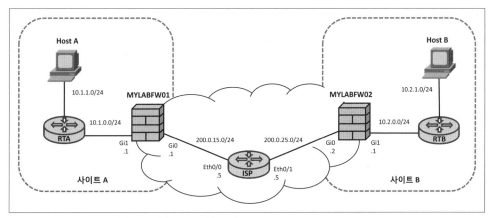

그림 12.14 ASA의 IPSec 사이트 투 사이트 VPN 실습 구성도

　본격적인 실습에 앞서, 실습에 요구되는 ASA의 기본 설정을 살펴보면 설정 12.18과 같다. IOS 라우터의 기본 설정은 생략했으므로, 독자 스스로 설정하길 바란다.

설정 12.18 실습을 위한 ASA의 기본 설정

MYLABFW01

```
interface GigabitEthernet0
 nameif Outside
 security-level 0
 ip address 200.0.15.1 255.255.255.0
!
interface GigabitEthernet1
 nameif Inside
 security-level 100
 ip address 10.1.0.1 255.255.255.0
!
route Outside 0.0.0.0 0.0.0.0 200.0.15.5
route Inside 10.1.0.0 255.255.0.0 10.1.0.2
```

MYLABFW02

```
interface GigabitEthernet0
 nameif Outside
```

```
 security-level 0
 ip address 200.0.25.2 255.255.255.0
!
interface GigabitEthernet1
 nameif Inside
 security-level 100
 ip address 10.2.0.1 255.255.255.0
!
route Outside 0.0.0.0 0.0.0.0 200.0.25.5
route Inside 10.2.0.0 255.255.0.0 10.2.0.2
```

앞 절에서 언급하지 않았는데, IKE에는 IKEv1과 IKEv2가 있다. 비록 IKEv2가 소개되었지만, 대부분의 네트워크는 아직 IKEv1을 운용하고 있다. IKEv2는 IKEv1의 동작 방식과 상당 부분 차이가 있다. 이 책은 IKEv2를 다루지 않고 IKEv1만 다루기로 한다.

ASA의 IPSec 구현은 IOS 라우터의 설정과 유사하다. ASA의 IPSec 설정은 크게 세 단계로 이루어진다. IKE 1단계 설정, IKE 2단계 설정과 인터페이스 적용으로 이루어진다.

1. IKE 1단계 설정(ISAKMP)
2. IKE 2 단계 설정(IPSec)
3. 터널 그룹 생성
4. 관심 트래픽 지정
5. 암호화 맵 설정
6. 인터페이스 적용

ASA는 기본적으로 IKEv1이 인터페이스에 활성화되어 있다. 만일 IKEv1이 비활성화되어 있다면 IKEv1을 활성화한다. IKE 활성화가 요구되는 인터페이스는 IPSec 통신을 하고자 하는 IPSec 피어가 위치하는 방향의 인터페이스다. 예제에는 Outside 인터페이스를 통해 두 IPSec 피어가 연결되므로 Outside 인터페이스를 지정한다(설정 12.19).

(config)# **crypto ikev1 enable** *interface-name*

```
MYLABFW01(config)# crypto ikev1 enable Outside¹
```

```
MYLABFW02(config)# crypto ikev1 enable Outside¹
```

1. IKEv1은 기본적으로 활성화되어 있으므로, 비활성화 경우에 설정하면 된다.

이제 ASA에 IPSec을 설정할 준비가 되었다. 본격적으로 IPSec을 설정해보자.

IKE 1단계는 관리 보안 터널 생성을 위한 과정이다. IKE 1단계를 통해 ISAKMP SA를 확립하기 위한 정책을 정의한다. 다음의 ASA 명령어 구문을 보면 IOS 라우터의 명령어 구문과 크게 다르지 않다는 것을 알 수 있다.

```
(config)# crypto ikev1 policy priority
(config-ikev1-policy)# encryption {3des|aes|aes-192|aes-256|des}
(config-ikev1-policy)# authentication {crack|pre-share|rsa-sig}
(config-ikev1-policy)# hash {md5|sha}
(config-ikev1-policy)# group {1|2|5|7}
(config-ikev1-policy)# lifetime seconds
```

이 예제는 암호화는 AES, 인증은 Pre-share, 해시는 SHA, 디피-헬만 그룹은 그룹 2로 지정한다. 그리고 SA 생존 시간은 1시간(3,600초)으로 설정한다. 설정 12.20은 IKE 1단계 설정의 예를 보여준다.

설정 12.20 IKE 1단계 설정

```
MYLABFW01(config)# crypto ikev1 policy 10
MYLABFW01(config-ikev1-policy)# encryption aes
MYLABFW01(config-ikev1-policy)# authentication pre-share
MYLABFW01(config-ikev1-policy)# hash sha
MYLABFW01(config-ikev1-policy)# group 2
MYLABFW01(config-ikev1-policy)# lifetime 3600

MYLABFW02(config)# crypto ikev1 policy 10
MYLABFW02(config-ikev1-policy)# encryption aes
MYLABFW02(config-ikev1-policy)# authentication pre-share
```

```
MYLABFW02(config-ikev1-policy)# hash sha
MYLABFW02(config-ikev1-policy)# group 2
MYLABFW02(config-ikev1-policy)# lifetime 3600
```

IKE 1단계 정책을 지정했다. IKE 1단계 정책 중, 인증은 Pre-share로 지정했으므로 IPSec 피어와 사전에 공유한 인증 키 정보를 설정할 필요가 있다. ASA의 인증 키 설정은 터널 그룹을 생성해, 해당 터널 그룹에 사용될 인증 키를 지정하는 방식으로 설정한다.

터널 그룹은 특정 VPN 타입 또는 VPN 피어에 대한 정보를 확인하기 위해 사용된다. ASA는 대규모 VPN 게이트웨이 역할을 수행하므로, 수많은 VPN이 존재할 것이다. 각 VPN의 타입마다 사용하는 정보가 다르기 때문에 이를 쉽게 구분하기 위해 사용된다. 예를 들어, 사이트 투 사이트 VPN에서 사용되는 정보와 원격 접속 VPN에서 사용되는 정책 정보가 상이할 수 있다. 또한 회사의 각 부서마다도 정책 정보가 다를 수 있으므로, 동일한 정책을 갖는 그룹을 하나로 묶어 정책을 적용함으로써 ASA가 쉽게 터널 정보를 확인할 수 있게 한다.

터널 그룹 설정은 다음 명령어 구문으로 설정한다. 설정 12.21은 터널 그룹 설정의 예를 보여준다.

(config)# **tunnel-group** {*ip-address*|*group-name*} *type* {**ipsec-l2l**|**ipsec-ra**|**remote-access**|**webvpn**}
(config)# **tunnel-group** {*ip-address*|*group-name*} **ipsec-attributes**
(config-tunnel-ipsec)# **ikev1 pre-shared-key** *password*

설정 12.21 터널 그룹 생성

```
MYLABFW01(config)# tunnel-group 200.0.25.2 type ipsec-l2l
MYLABFW01(config)# tunnel-group 200.0.25.2 ipsec-attributes
MYLABFW01(config-tunnel-ipsec)# ikev1 pre-shared-key cisco123


MYLABFW02(config)# tunnel-group 200.0.15.1 type ipsec-l2l
MYLABFW02(config)# tunnel-group 200.0.15.1 ipsec-attributes
MYLABFW02(config-tunnel-ipsec)# ikev1 pre-shared-key cisco123
```

터널 그룹 설정은 먼저 해당 터널 그룹의 타입을 지정하는데, `tunnel-group type` 명령어는 ASA가 제공하는 기본 설정 값을 지정하는 과정이다. ASA는 모두 네 가지의 VPN 타입에 대한 기본 설정 값을 제공한다. 이 예제는 사이트 투 사이트 VPN을 위한 설정이므로 LAN 투 LAN을 의미하는 `ipsec-l2l`로 지정한다. VPN 타입을 지정했다면, IPSec 속성 값 변경을 위해 `ipsec-atttribute` 모드에서 `pre-shared-key`를 설정한다.

이로써 IKE 1단계를 위한 정책 설정을 마쳤다. 이제 IKE 2단계의 정책 설정을 진행한다. IKE 2단계의 정책은 IPSec 터널에 사용될 트랜스폼 셋을 지정하는 것이다. IKEv1의 트랜스폼 셋 설정은 다음 명령어 구문으로 이루어진다. 설정 12.22는 트랜스폼 셋 설정의 예를 보여준다.

```
(config)# crypto ipsec ikev1 transform-set transform-set-name
```

설정 12.22 트랜스폼 셋 설정

```
MYLABFW01(config)# crypto ipsec ikev1 transform-set TS-AES-SHA esp-aes esp-sha-hmac

MYLABFW02(config)# crypto ipsec ikev1 transform-set TS-AES-SHA esp-aes esp-sha-hmac
```

예제에서 IPSec 터널에 대해 암호화는 ESP-AES를, 해시는 ESP-SHA-HMAC을 지정했다.

이제 IKE 1단계와 2단계 정책 설정을 마쳤다. 다음 단계는 어떤 트래픽을 IPSec 터널로 보낼 것인지 관심 트래픽을 설정하는 것이다. 앞에서 이미 알아봤듯이, 관심 트래픽은 사용자 트래픽 중에서 IPSec 터널을 통해 전송되어야 하는 트래픽을 의미한다. 액세스 리스트를 통해 관심 트래픽을 지정한다. 이 예제는 VPN 사이트 내부 네트워크 간의 모든 IP 트래픽을 IPSec 터널을 통해 전송한다. 그러므로 MYLABFW01은 자신의 내부 네트워크인 10.1.0.0/16으로부터 10.2.0.0/16으로 향하는 모든 IP 패킷을 지정하고, MYLABFW02는 10.2.0.0/16으로부터 10.1.0.0/16으로 향하는 모든 IP 패킷을 지정한다. 설정 12.23은 그 설정의 예를 보여준다.

```
MYLABFW01(config)# access-list IPSEC_VPN permit ip 10.1.0.0 255.255.0.0 10.2.0.0
255.255.0.0

MYLABFW02(config)# access-list IPSEC_VPN permit ip 10.2.0.0 255.255.0.0 10.1.0.0
255.255.0.0
```

이제 IPSec 터널 생성을 위한 모든 준비가 끝났다. 이제 앞에서 정의한 관심 트래픽에 대해 IKE 1단계와 IKE 2단계를 실행할 실행 맵을 정의하고, IPSec 터널을 형성해야 하는 인터페이스를 정의한다. 이때 사용되는 실행 맵을 암호화 맵^{Crypto Map}이라 한다. IOS 라우터의 IPSec을 설명할 때 암호화 맵을 암호화 정책 적용을 위한 실행 맵으로 비유한 것을 떠올려보자. 암호화 맵 정의와 적용은 다음 명령어 구문으로 이루어진다. 설정 12.24는 암호화 맵의 정의 및 적용 예를 보여준다.

```
(config)# crypto map crypto-map-template-tag map-entry set peer ip-address
(config)# crypto map crypto-map-template-tag map-entry set pfs
[group1|group2|group5|group7]
(config)# crypto map crypto-map-template-tag map-entry set ikev1 transform-set
Proposal-tag
(config)# crypto map crypto-map-template-tag map-entry match address access-
list-name
(config)# crypto map crypto-map-template-tag interface interface-name
```

설정 12.24 암호화 맵 설정

```
MYLABFW01(config)# crypto map IPSECVPN 1 set peer 200.0.25.2¹
MYLABFW01(config)# crypto map IPSECVPN 1 set pfs group2²
MYLABFW01(config)# crypto map IPSECVPN 1 set ikev1 transform-set TS-AES-SHA³
MYLABFW01(config)# crypto map IPSECVPN 1 match address IPSEC_VPN⁴
MYLABFW01(config)# crypto map IPSECVPN interface Outside⁵

MYLABFW02(config)# crypto map IPSECVPN 1 set peer 200.0.15.1
MYLABFW02(config)# crypto map IPSECVPN 1 set pfs group2
MYLABFW02(config)# crypto map IPSECVPN 1 set ikev1 transform-set TS-AES-SHA
```

```
MYLABFW02(config)# crypto map IPSECVPN 1 match address IPSEC_VPN
MYLABFW02(config)# crypto map IPSECVPN interface Outside
```

1. IPSec 피어 지정
2. 디피-헬만 알고리즘 지정
3. IPSec 터널의 암호화 프로토콜 지정
4. 암호화 관심 트래픽 지정
5. 암호화 맵 적용

첫 번째 `crypto map set peer` 명령어는 IPSec 터널을 형성할 IPSec 피어를 지정하는 설정이다. IPSec 피어는 IPSec 터널의 끝을 의미하고, 외부 네트워크인 인터넷을 통해 라우팅이 이루어져야 하므로 일반적으로 공인 주소가 된다.

두 번째 명령어인 `crypto map set pfs`는 완벽한 전송 비밀 유지^{Perfect Fowarding Secrecy}라 하여 암호화에 필요한 키 정보 교환 알고리즘인 디피-헬만 알고리즘을 의미한다. IOS 라우터에서 설정한 것과 같이 가장 일반적으로 사용되는 그룹 2 알고리즘을 지정한다.

세 번째 명령 `crypto map set ikev1 transform-set`은 IPSec 터널에 적용될 암호화 알고리즘을 지정하는 트랜스폼 셋을 지정한다. 앞에서 설정한 트랜스폼 셋을 지정한다.

네 번째 명령 `crypto map match address`는 해당 암호화 맵에 적용되는 트래픽을 지정한다. 마찬가지로 앞 설정에서 지정한 관심 트래픽을 설정한 액세스 리스트를 지정하면 된다.

이로써 암호화 맵에서 요구되는 모든 설정이 끝났다. 이제 암호화 맵을 실행할 인터페이스를 지정해 적용하면 된다. 인터페이스 적용은 IPSec 터널이 형성되는 지점, 즉 IPSec 터널의 출발지 인터페이스를 지정하면 된다. 이 예제에서 IPSec 터널은 Outside 인터페이스로부터 출발함으로써 형성된다. 그러므로 Outside 인터페이스에 암호화 맵을 지정한다.

이제 IPSec VPN을 위한 설정이 모두 이루어졌다. 두 VPN 사이트 간의 통신을 확인해보자. 각 VPN 사이트의 내부 라우터 RTA와 RTB 간의 핑 테스트를 해보자(설정 12.25).

설정 12.25 두 사이트 간의 통신 확인

```
RTA#ping 10.2.1.1 source 10.1.1.1
```

```
Type escape sequence to abort.
Sending 5, 100-byte ICMP Echos to 10.2.1.1, timeout is 2 seconds:
Packet sent with a source address of 10.1.1.1
!!!!!
Success rate is 100 percent (5/5), round-trip min/avg/max = 4/28/64 ms


RTB#ping 10.1.1.1 source 10.2.1.1

Type escape sequence to abort.
Sending 5, 100-byte ICMP Echos to 10.1.1.1, timeout is 2 seconds:
Packet sent with a source address of 10.2.1.1
!!!!!
Success rate is 100 percent (5/5), round-trip min/avg/max = 8/38/76 ms
```

두 사이트의 내부 라우터 간의 통신이 성공적으로 이루어지는 것을 확인할 수 있다. VPN 사이트의 내부 네트워크는 사설 주소로 이루어져 있고, 이 네트워크 정보는 ISP에서 라우팅되지 않는다는 것을 이미 알고 있다. 그러므로 이들 VPN 사이트 간의 통신은 IPSec 터널을 통해 이루어진다는 것을 짐작할 수 있다. 그럼 IPSec VPN으로 생성된 보안 터널 정보를 확인해보자.

우선 실질적인 IPSec 터널 생성에 요구되는 키 정보 교환을 위한 ISAKMP 터널 정보를 확인한다. 설정 12.26은 IKE 1단계에서 형성되는 ISAKMP 터널이 형성된 것을 확인 가능하다. IPSec 피어 정보와 주 모드가 활성화된 것을 확인할 수 있다.

설정 12.26 IKE 1단계 정보 확인

```
MYLABFW01# show crypto isakmp sa

IKEv1 SAs:

  Active SA: 1
    Rekey SA: 0 (A tunnel will report 1 Active and 1 Rekey SA during rekey)
Total IKE SA: 1
```

```
1    IKE Peer: 200.0.25.2[1]
     Type    : L2L              Role     : initiator
     Rekey   : no               State    : MM_ACTIVE[2]


There are no IKEv2 SAs



MYLABFW02# show crypto isakmp sa

IKEv1 SAs:

  Active SA: 1
    Rekey SA: 0 (A tunnel will report 1 Active and 1 Rekey SA during rekey)
Total IKE SA: 1


1    IKE Peer: 200.0.15.1[1]
     Type    : L2L              Role     : responder
     Rekey   : no               State    : MM_ACTIVE[2]


There are no IKEv2 SAs
```

1. IKE 피어
2. 주 모드가 활성화되었다.

IKE 1단계에서 형성된 ISAKMP 보안 관리 터널을 통해 IPSec 터널의 키 정보가 교환되므로, 실제 사용자 트래픽을 암호화하는 IPSec 터널이 형성된 것을 확인할 수 있다. 설정 12.27은 IKE 2단계 터널인 IPSec 터널을 확인한 예를 보여준다. IPSec 터널 정보에서 실제 암호화 단계를 수행한 패킷의 수와 복호화 단계를 수행한 패킷의 수를 보여준다. 여기서 암호화 단계를 수행한 패킷이란 IPSec 터널을 통해 송신된 패킷을 의미한다. 그리고 복호화 단계를 수행한 패킷이란 IPSec 터널을 통해 수신된 암호화 패킷에 대한 복호화를 수행한 것을 의미한다. 또한 앞에서 언급했듯이, IPSec 터널은 단방향 터널이다. 그러므로 송신과 수신을 위한 터널이 각각 형성되었음을 확인할 수 있다.

```
MYLABFW01# show crypto ipsec sa
interface: Outside
    Crypto map tag: IPSECVPN, seq num: 1, local addr: 200.0.15.1


    access-list IPSEC_VPN extended permit ip 10.1.0.0 255.255.0.0 10.2.0.0
255.255.0.0
        local ident (addr/mask/prot/port): (10.1.0.0/255.255.0.0/0/0)
        remote ident (addr/mask/prot/port): (10.2.0.0/255.255.0.0/0/0)
        current_peer: 200.0.25.2
```

#pkts encaps: 14, #pkts encrypt: 14, #pkts digest: 14[1]
#pkts decaps: 14, #pkts decrypt: 14, #pkts verify: 14[2]
```
      #pkts compressed: 0, #pkts decompressed: 0
      #pkts not compressed: 14, #pkts comp failed: 0, #pkts decomp failed: 0
      #pre-frag successes: 0, #pre-frag failures: 0, #fragments created: 0
      #PMTUs sent: 0, #PMTUs rcvd: 0, #decapsulated frgs needing reassembly: 0
      #send errors: 0, #recv errors: 0


      local crypto endpt.: 200.0.15.1/0, remote crypto endpt.: 200.0.25.2/0
      path mtu 1500, ipsec overhead 74, media mtu 1500
      current outbound spi: 7C125558
      current inbound spi : A31689F3
```

  inbound esp sas:[3]
```
    spi: 0xA31689F3 (2736163315)
        transform: esp-aes esp-sha-hmac no compression
        in use settings ={L2L, Tunnel, PFS Group 2, }
        slot: 0, conn_id: 4096, crypto-map: IPSECVPN
        sa timing: remaining key lifetime (kB/sec): (3914998/28511)
        IV size: 16 bytes
        replay detection support: Y
        Anti replay bitmap:
         0x00000000 0x00007FFF
```
  outbound esp sas:[4]
```
    spi: 0x7C125558 (2081576280)
        transform: esp-aes esp-sha-hmac no compression
        in use settings ={L2L, Tunnel, PFS Group 2, }
```

```
slot: 0, conn_id: 4096, crypto-map: IPSECVPN
sa timing: remaining key lifetime (kB/sec): (3914998/28511)
IV size: 16 bytes
replay detection support: Y
Anti replay bitmap:
 0x00000000 0x00000001
```

1. 암호화 단계를 수행한 패킷의 수
2. 복호화 단계를 수행한 패킷의 수
3. 수신 IPSec 터널 정보
4. 송신 IPSec 터널 정보

지금까지 CLI 명령어를 이용한 ASA의 IPSec 사이트 투 사이트 VPN 구성에 대해 알아봤다. 이제 ASDM을 이용한 설정에 대해 알아보자.

ADSM 설정은 MYLABFW01의 설정은 그대로 두고, MYLABFW02를 ASDM으로 설정해 IPSec 터널이 형성되는 것을 확인하는 과정으로 진행한다. CLI 명령어의 복잡한 설정과 달리, ASDM의 설정은 비교적 직관적이고 간단하다. IPSec의 동작만 이해한다면 그리 어렵지 않게 설정할 수 있을 것이다.

IPSec 사이트 투 사이트 설정을 위해 Configuration > Site-to-Site VPN > Connection Profiles를 선택한다(그림 12.15).

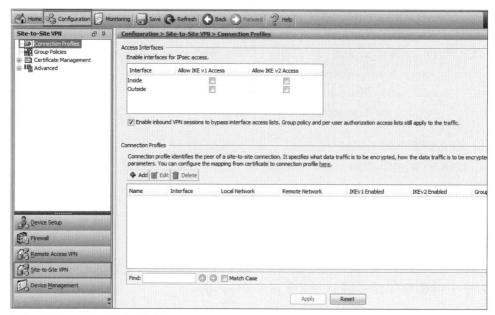

그림 12.15 IPSec 사이트 투 사이트 설정

    이제 본격적인 설정에 들어가보자. 가장 먼저 IKE를 활성화할 인터페이스를 지정한다. 인터페이스는 IPSec 터널의 시작과 끝에 위치하는 인터페이스를 지정한다. 이 예제에서 Outside 인터페이스에 IKE를 활성화시키면 된다. 그러므로 **Access Interfaces** 부분에 Outside 인터페이스에 대한 IKEv1을 체크(√)한다. 이 예제는 IKEv2를 사용하지 않으므로 IKEv2는 체크하지 않는다(그림 12.16).

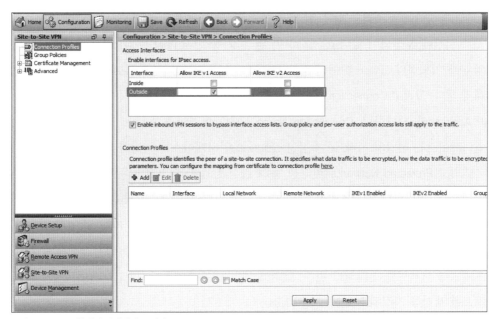

그림 12.16 IKE 활성화 인터페이스 지정

다음은 그 아래에 위치하는 Connection Profiles 부분을 설정한다. Add 버튼을 클릭해 보자(그림 12.17).

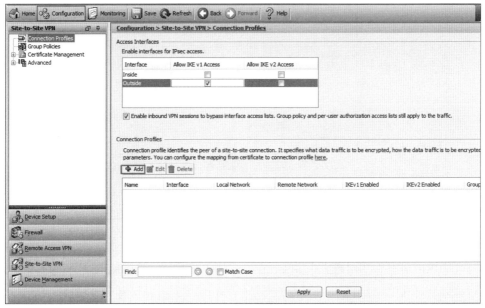

그림 12.17 커넥션 프로파일 설정

CLI 명령어에서 우리는 많은 설정을 했다. 그 모든 설정이 이 커넥션 프로파일Connection Profile 설정에 포함되어 있다고 생각하면 된다. 가장 먼저 **Peer IP Address**에 IPSec 피어의 IP를 입력한다. IPSec 피어의 IP가 고정되어 있으므로, 기본적으로 **Static**은 체크된 그대로 둔다. 그리고 **Connection Name**은 피어의 IP 주소를 그대로 사용하기 위해 **Same as IP Address**를 체크한다. **Connection Name**은 CLI 명령어의 `Tunnel-group`에 해당된다. 인터페이스는 터널의 시작/끝 지점인 Outside 인터페이스를 지정한다.

그리고 **Protected Networks** 설정을 통해 관심 트래픽을 지정한다. 두 VPN 사이트 간의 주소를 입력한다. MYLABFW02의 내부 네트워크인 10.2.0.0/16을 **Local Network** 부분에 입력하고, MYLABFW01의 네트워크인 10.1.0.0/16을 **Remote Network**에 입력한다. 이때 만일 해당하는 네트워크에 대한 네트워크 오브젝트가 존재한다면 **...**을 클릭해 네트워크 오브젝트를 선택해도 된다. 그리고 해당 네트워크에 대한 새로운 네트워크 오브젝트를 생성해 지정해도 된다(그림 12.18).

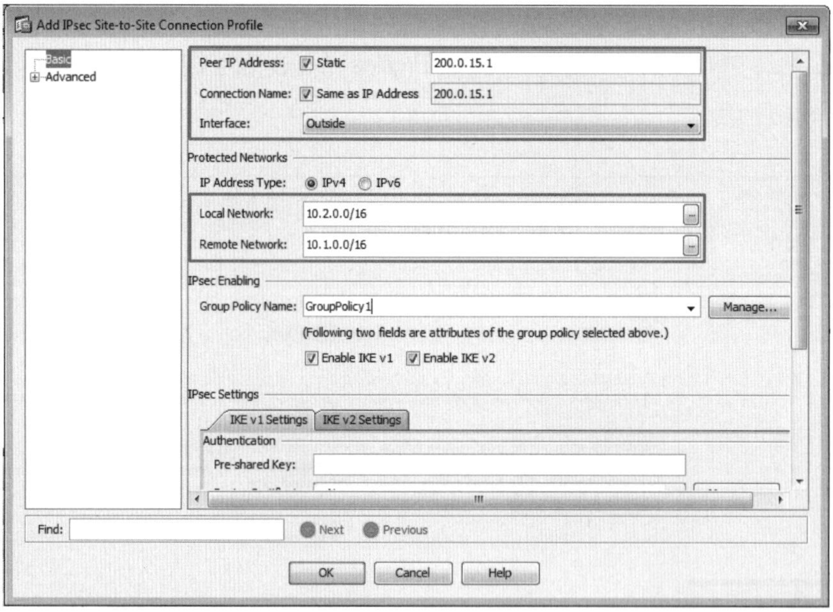

그림 12.18 IPSec 피어 지정과 관심 트래픽 지정

이제 IKE 설정을 진행해보자. **IPSec Setting**에서 IKE 1단계와 IKE 2단계 설정을 모두 수행할 수 있다. 우선 인증Authentication 설정에서 Pre-shared 키를 사용한다면 해당 키를 입력한다. 또한 인증서를 사용하는 경우는 인증서를 지정하면 된다. 이 예제는 Pre-shared 키를 사용하므로 cisco123을 입력한다.

그리고 암호화 알고리즘^{Encryption Algorithm} 설정에서 IKE 1단계 설정을 위해 **IKE Policy**를
지정한다. **Manage...**를 클릭해보자(그림 12.19).

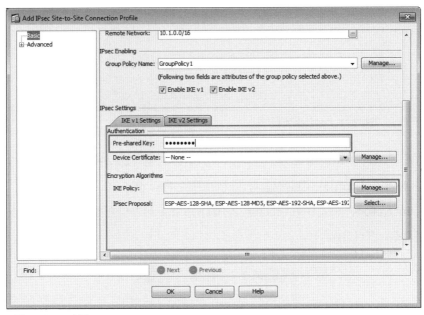

그림 12.19 IKE 설정

Manage...를 클릭하면 경고 문구가 나오는데, IKE 정책은 모든 IPSec 프로파일과 공
유한다는 메시지다. **OK**를 클릭한다(그림 12.20).

그림 12.20 IKE 1단계 정책 관리에 대한 경고 메시지

IKE 정책 설정 창에서 IKE 정책을 정의한다. CLI 명령어에서 알아본 IKE 1단계 설정
을 의미한다. IKE 1단계인 ISAKMP 정책을 정의하기 위해 **Add**를 클릭한다(그림 12.21).

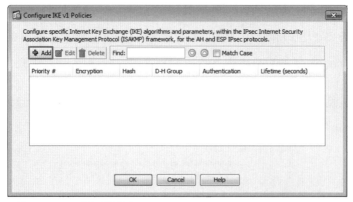

그림 12.21 IKE 1단계 정책 추가

Add를 추가하면 IKE 정책 추가 창이 제공된다. 그림 12.22에서 확인할 수 있듯이, 익숙한 용어들이 보인다. CLI 실습과 마찬가지로, Priority는 10, Authentication은 pre-share, Encryption은 aes, D-H Group은 2, Hash는 sha, 마지막으로 Lifetime은 3600을 입력하고 OK를 클릭한다.

그림 12.22 IKE 1단계 정책 설정

IKE 1단계 정책을 추가하면 설정한 정보가 입력된 것을 확인할 수 있다. 앞에서도 언급했듯이, Priority는 선호도를 의미하지만, 낮은 선호도 값이 우선시된다. 그러므로 선호도라기보다는 정책 적용 순서를 나타내는 일련번호로 이해하는 편이 더 쉬울 것이다.

모든 설정과 확인이 완료되었으므로, OK를 클릭한다(그림 12.23).

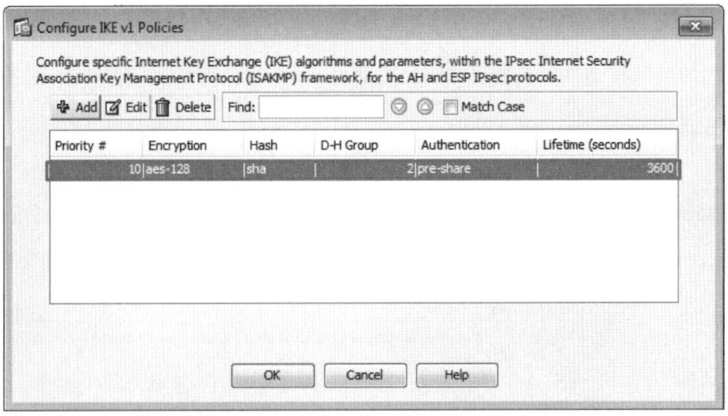

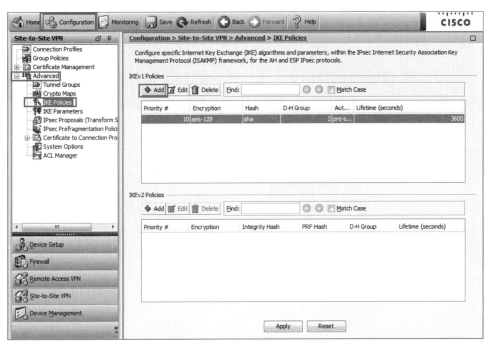

그림 12.23 IKE 1단계 정책 설정 확인

참고로, IKE 1단계 정책은 특정 VPN 설정에만 사용되는 것이 아니라, ASA에 설정된 모든 VPN에 사용되므로 IKE 정책만 수정 및 추가할 수도 있다. 만일 기존에 설정된 IKE 1단계 정책을 수정하고자 한다면, Configuration > Site-to-Site VPN > Advanced > IKE Policies에서 동일한 설정 창을 통해 수정할 수 있다. 또한 새로운 IKE 정책도 추가할 수 있다(그림 12.24).

그림 12.24 IKE 1단계 설정만 별도로 수행할 수 있다.

이제 IKE 2단계 정책, 즉 IPSec 터널에 대한 정책을 설정하자. 커넥션 프로파일 설정 창에서 **IPSec Proposal**에 해당하는 부분이 IKE 2단계인 IPSec 정책을 정의하는 부분이다. **Select...**를 클릭해보자(그림 12.25).

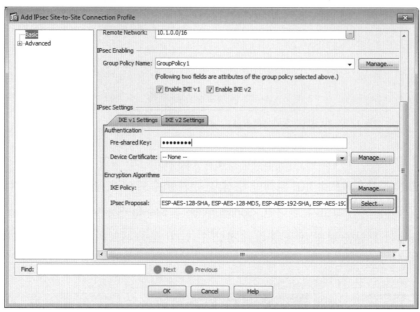

그림 12.25 IKE 2단계 설정

새로운 설정 창이 제공된다. 설정 창의 이름을 보면, Select IPSec Proposals (Transform Sets)라는 것을 확인할 수 있다. 갑자기 IPSec Proposals는 무엇일까? IKE 2단계 정책을 IKEv1에서는 트랜스폼 셋이라 부르고, IKEv2에서는 IPSec 정책을 제안한다는 의미로 'IPSec Proposal'이라고 한다.

IPSec Proposals 설정 창을 보면, 많은 정책이 기본적으로 제공되는 것을 확인할 수 있다. 여기에 보여지는 IPSec 정책은 ASDM이 기본적으로 제공하는 정책인데, 이 정책은 삭제 및 수정이 불가하다. 관리자가 설정하고자 하는 정책이 없다면 **Add**를 클릭해 추가하면 된다. 이 예제에서 암호화는 ESP-AES를, 인증은 ESP-SHA-HMAC를 사용한다. 이 정책은 ASA가 제공하는 정책에서 찾을 수 있으므로 해당 정책을 선택한다(그림 12.26).

참고로, 기본적으로 AES는 128비트를 사용하므로 ESP-AES는 ESP-AES128을 의미한다.

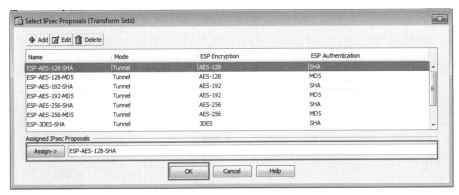

그림 12.26 IPSec 트랜스폼 셋 지정

이로써 ASDM을 이용한 IPSec 사이트 투 사이트 설정이 이루어졌다. Configuration ➤ Site-to-Site VPN ➤ Advanced ➤ Tunnel Groups를 선택해보자. 우리가 설정한 사이트 투 사이트 설정을 바탕으로 터널 그룹이 생성된 것을 확인할 수 있다(그림 12.27). 물론 터널 그룹을 이 메뉴에서 Add를 클릭해 설정하거나 기존 터널 그룹을 수정할 수도 있다.

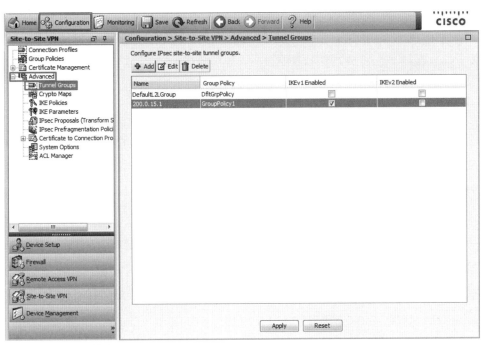

그림 12.27 터널 그룹 확인

터널 그룹과 마찬가지로, 관심 트래픽도 Configuration ➤ Site-to-Site VPN ➤ Advanced ➤ ACL Manager에서 확인할 수 있다. 여기에서도 새로운 관심 트래픽을 정의할 수 있고, 기존 액세스 리스트를 삭제 및 수정할 수 있다(그림 12.28).

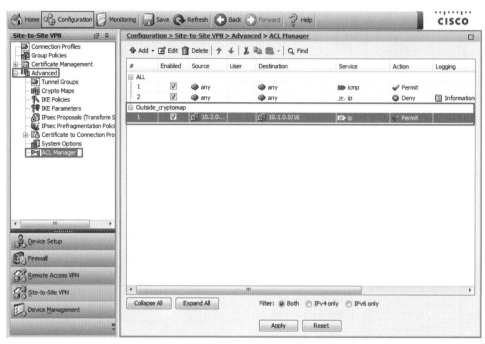

그림 12.28 관심 트래픽 액세스 리스트 확인

마지막으로 암호화 맵$^{Crypto\ Map}$도 확인할 수 있다. Configuration ➤ Site-to-Site VPN ➤ Advanced ➤ Crypto Maps에서 설정된 암호화 맵을 확인할 수 있다. 예제 설정을 만족하기 위해 설정된 암호화 맵을 수정해보자.

설정된 암호화 맵을 선택하고 Edit를 클릭한다(그림 12.29).

CLI 설정 예제의 암호화 맵에서는 PFS$^{Perfect\ Forwarding\ Secrecy}$를 통해 키 정보 교환 알고리즘을 정의했다. 현재 MYLABFW01이 기존 CLI 예제로 설정되어 있으므로 동일하게 설정해주자. Enable Perfect Forwarding Secrecy를 체크(✓)하고, Diffie-Hellman Group을 group2로 선택한 후 OK를 클릭한다(그림 12.30).

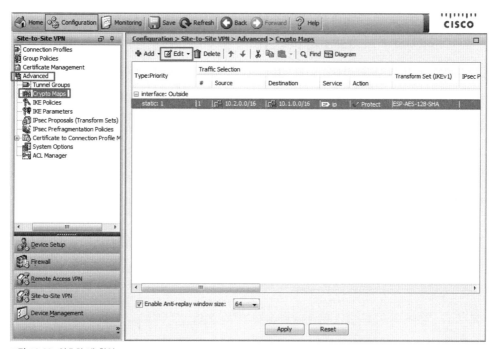

그림 12.29 암호화 맵 확인

그림 12.30 암호화 맵 수정

이로써 ASDM의 모든 설정을 마쳤다. 앞에서 여러 메뉴를 거쳐가며 설명했지만, 실제로 기본적인 사이트 투 사이트 설정은 기본 설정 창에서 거의 모든 설정이 이루어지며, CLI 명령어에 비해 매우 직관적이고 간단하다는 것을 알 수 있다. 그러나 ASDM의 VPN 설정이 비교적 쉽다고 느끼는 것은 우리가 이미 CLI 명령을 통한 설정법을 학습했기 때문이다.

VPN 설정은 비교적 복잡하기 때문에 입문자에게 부담스러운 것이 사실이다. 이런 입문자의 부담을 줄이기 위해 ASDM은 마법사^{Wizard} 기능을 탑재했다. 메뉴바의 Wizards ➤ VPN Wizards ➤ Site-to-Site VPN Wizard...를 클릭해보자(그림 12.31).

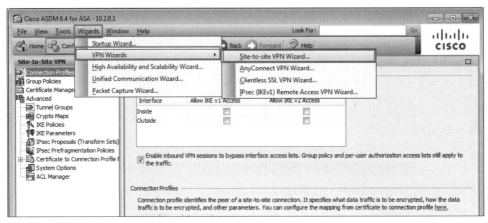

그림 12.31 사이트 투 사이트 VPN 마법사

그럼 사이트 투 사이트 VPN 마법사의 개요를 보여준다. 매우 간단하지만, 사이트 투 사이트 VPN에 대한 간략한 설명을 확인할 수 있다. 본격적인 설정을 위해 Next를 클릭한다(그림 12.32).

본격적인 사이트 투 사이트 설정을 진행한다. 가장 먼저 IPSec 피어를 지정한다. Peer IP Address에 MYLABFW01의 IP인 200.0.15.1을 입력한다. 그리고 IKE를 활성화할 인터페이스를 지정한다. VPN Access Interface를 Outside 인터페이스로 선택한다(그림 12.33).

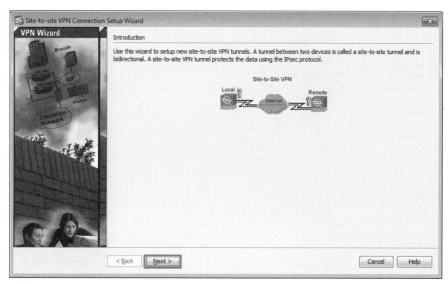

그림 12.32 사이트 투 사이트 VPN 마법사 개요

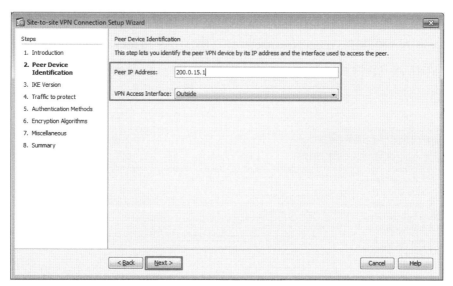

그림 12.33 IPSec 피어와 인터페이스 지정

다음 단계에서 IKE 버전을 지정한다. 이 예제는 IKEv1을 사용하므로 **IKE version 1**을
체크(√)한다(그림 12.34).

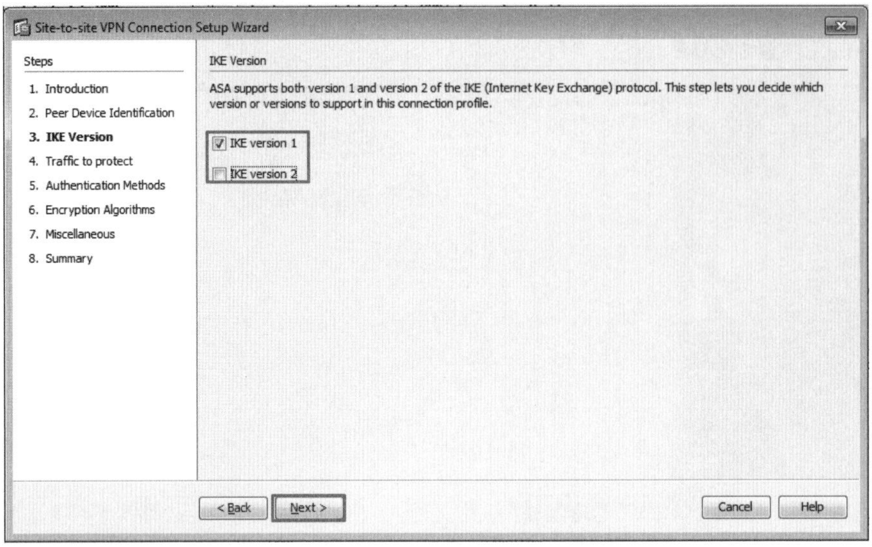

그림 12.34 IKE 버전 지정

이제 관심 트래픽을 지정한다. VPN 통신이 이루어질 로컬 네트워크와 원격 네트워크를 지정하면 된다. **Local Network**는 10.2.0.0/16을 입력하고, **Remote Network**는 10.1.0.0/16을 입력한다. 마찬가지로 네트워크 오브젝트를 생성해 지정해도 된다(그림 12.35).

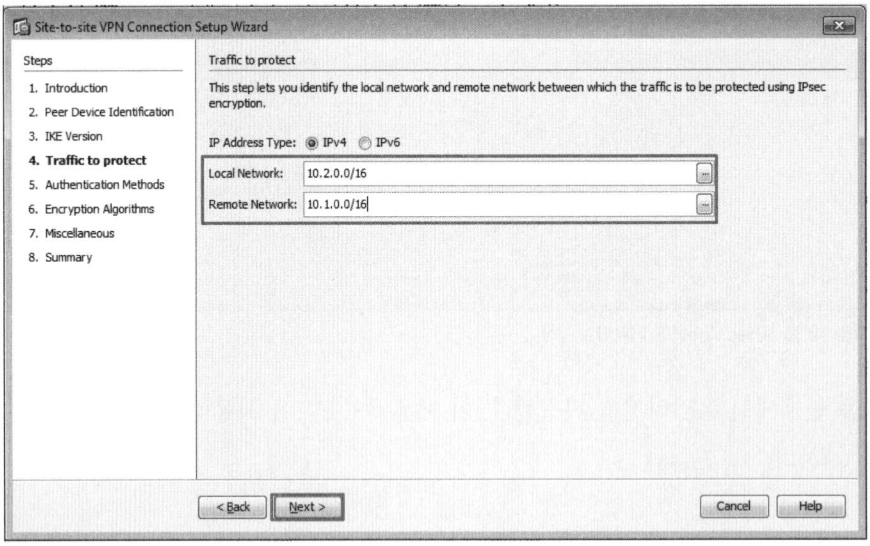

그림 12.35 관심 트래픽 지정

다음 단계는 인증 방식을 지정하는 것이다. 인증은 키 정보를 사전에 공유하는 방식인 사전 공유^{Pre-shared} 방식과 인증서^{Certificate}를 이용하는 방식이 있다. 이 예제에서는 Pre-shared 방식을 사용한다. **Pre-shared Key**에 cisco123을 입력한다(그림 12.36).

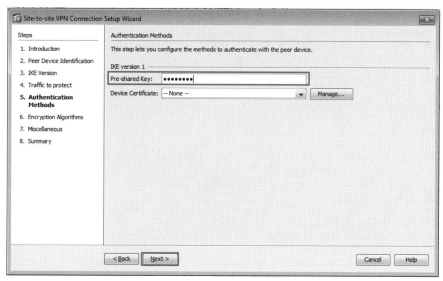

그림 12.36 인증 방식 지정

이제 IKE 정책을 지정한다.

IKE Policy에서 IKE 1단계 정책을 지정하고, **IPSec Proposal**에서 IKE 2단계 정책을 지정한다. IKE 1단계 정책을 지정하기 위해 **Manage...**를 클릭한다(그림 12.37). 이미 앞 예제에서 알아본 것과 동일한 IKE 정책 설정 창이 제공되므로 앞의 예제와 동일한 방식으로 입력하면 된다.

IKE 2단계 설정을 위해 **IPSec Proposal**을 지정한다. 설정을 위해 **Select...**를 클릭하고 앞 예제와 동일한 방식으로 정책을 지정하면 된다.

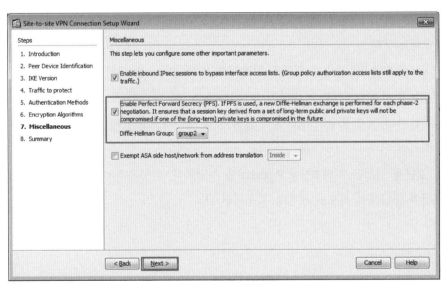

그림 12.37 IKE 정책 정의

마지막으로 기타 설정을 알아본다. 기타 설정에서 키 교환 알고리즘^{PFS}을 사용하기 위해 체크하고, **Diffie-Helman Group**을 group2로 지정한다(그림 12.38).

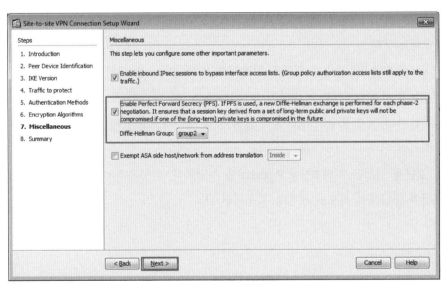

그림 12.38 기타 설정

지금까지 설정한 요약 정보를 확인한다. 모든 설정이 적절하게 이루어진 경우, **Finish**를 클릭하면 완료된다(그림 12.39).

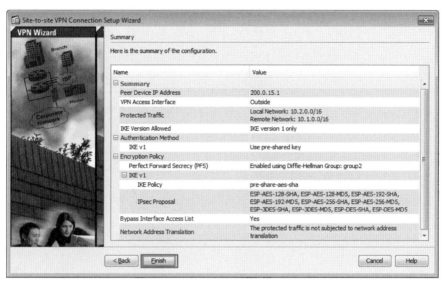

그림 12.39 설정 정보 확인

마법사를 통한 설정을 확인했듯이, 매우 쉽게 IPSec 사이트 투 사이트 설정이 이루어 졌다. 모든 단계를 거쳐 정보만 입력하면 ASDM이 자동으로 설정 명령어로 변환해 적용 시킨다.

마지막으로 언급해야 할 한 가지 중요한 참고사항은 NAT를 사용하는 경우다. VPN은 내부 네트워크에서 사용하는 IP로 통신이 이루어진다. 만일 해당 VPN 네트워크에 NAT 가 활성화되어 있다면, VPN 사이트 간의 통신은 NAT가 이루어지지 않도록 NAT 예외 설정이 반드시 수반되어야 한다는 점을 꼭 기억하길 바란다.

지금까지 IPSec 사이트 투 사이트 VPN 구성에 대해 알아봤다. IPSec 사이트 투 사이 트 VPN은 대표적인 VPN 구성법이다. 그러므로 그 활용도 또한 매우 높다. 이런 이유로 IOS 라우터를 이용한 사이트 투 사이트 VPN 구성도 많이 사용되므로 반드시 숙지하길 바란다.

13

원격 접속 VPN

오늘날 우리 주변에서는 잦은 지방 및 해외 출장으로 인해 회사 외부에서 주로 업무를 처리하는 경우를 흔히 볼 수 있다. 회사에 가지 않고 집에서 일하는 방식인 재택 근무도 이와 비슷한 대표적인 예다. 이와 같이 회사 외부에서 업무를 볼 때는 개별 사용자 역시 회사의 사설 네트워크에 접근할 수 있어야 한다. 업무의 효율성과 신속성을 위해 여러 지역에 흩어져 있는 개별 사용자도 안전한 VPN 연결을 통해 회사 네트워크에 접근 가능해야 하는 것이다. 이 장에서는 개인 사용자의 VPN 접속을 위한 원격 접속 VPN^{Remote} ^{Access VPN}에 대해 알아보기로 하자.

13.1 집에서도 회사의 사설 네트워크에 연결할 수 있다

우리는 인터넷에 연결된 본사와 지사가 안전하게 정보를 주고받기 위해 터널이라는 가상의 논리적인 회선으로 암호화한다는 것을 이제 알고 있다. 그런데 VPN이라는 것은 반드시 라우터나 방화벽과 같은 VPN 게이트웨이를 통해서만 구현되는 것일까?

우리 주변을 한번 살펴보자. 회사에 출근하지 않고 집에서 근무하는 경우를 많이 접할 수 있다. 내가 일하고 있는 이곳 호주에서도 일주일에 많게는 사흘 정도, 적게는 하루 정도 집에서 재택 근무를 한다. 일부이기는 하지만, 아예 회사에 나가지 않고 집에서만 일하는 사람들도 어렵지 않게 볼 수 있다. 재택 근무라는 것은 회사 직원에게 좋은 근무 방식으로 평가될 뿐 아니라, 회사 입장에서도 역시 좋은 점이 많기 때문이다. 회사 내의 자리를 살펴보면 휴가나 출장 등으로 인해 적게는 약 10퍼센트, 많게는 30퍼센트 이상이 항상 비어있곤 한다. 그래서 직원의 자리를 아예 지정하지 않고, 빈 자리를 찾아 근무하는 방식을 채택하는 회사도 있다. 사용하지 않는 책상과 공간을 줄여 비용을 줄이기 위함이다. 이처럼 재택 근무는 회사와 직원 모두에게 장점이 있는 근무 형태라고 받아들여지고 있다.

재택 근무를 하든, 회사에 출근하든 간에 회사 업무를 보기 위해서는 사내 네트워크에 접속해야 한다. 그럼 재택 근무를 하는 직원은 단순하게 일반적인 인터넷 통신으로 사내 네트워크에 접근해 업무를 처리하는 것일까?

그렇지 않다. 일반적인 인터넷 통신을 이용한다면 보안적으로 위험할 수 있다. 또한 이들은 집에서도 회사 내부 전화를 사용하고 사내 메일을 그대로 사용하는 등, 회사 시스템에 자유롭게 접근함으로써 회사에 출근해 일하는 것과 동일한 환경에서 업무를 처리해야만 한다.

그럼 과연 재택 근무자는 집에 라우터나 보안 장비를 구비해 VPN 환경을 구축하고 있는 것일까?

그렇다면 회사에 출근해 근무하는 것보다 더 많은 비용이 요구될 것이다. 그러므로 개개인에 대한 VPN 접속 서비스를 제공하기 위한 별도의 기술이 필요하다. 이런 요구를 충족시키기 위해 소개된 VPN 기술이 원격 접속 VPN이다.

사이트 투 사이트 VPN과 마찬가지로, 각 사용자는 물리적으로 자신의 집에서 인터넷에 연결되어 있지만, 논리적으로는 각 사용자가 마치 회사 내 자신의 컴퓨터를 연결한 것과 같아야 한다(그림 13.1). 그래야 사용자는 회사에서 사용하는 모든 서비스를 동일하게 사용할 수 있기 때문이다.

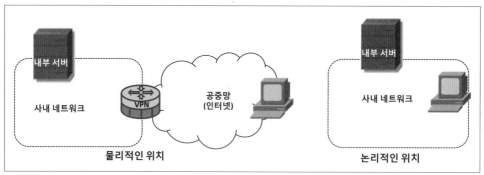

그림 13.1 사용자의 물리적 위치와 논리적 위치

이와 같은 보안 서비스를 제공하기 위해, 각 사용자별로 VPN 연결을 위한 IPSec 터널을 확립해야 한다(그림 13.2). 외부 네트워크에 위치하는 사용자에 대해 개별적으로 제공되는 VPN 연결을 원격 접속 VPN이라 하는 것이다. 그리고 시스코 라우터나 ASA에서 원격 접속 VPN을 간편하게 제공하기 위한 솔루션이 EZVPN이다.

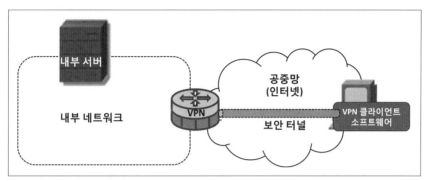

그림 13.2 원격 접속 VPN은 개별 사용자에게 VPN 터널을 제공한다.

EZVPN은 시스코가 원격 VPN을 보다 쉽고 간결하게 구현할 수 있도록 마련한 솔루션이다. 일반적으로 EZVPN은 시스코 클라이언트 소프트웨어를 사용하는데, 사용자는 시스코 VPN 클라이언트 소프트웨어를 사용해 VPN 네트워크에 접속한다.

EZVPN에서 사용자가 VPN 클라이언트 소프트웨어를 사용해 VPN 서버에 접속하는 형태로 동작하므로, 이를 클라이언트 VPN^Client VPN이라고 한다. 클라이언트 소프트웨어를 사용함으로써 사용자의 PC로부터 VPN 서버인 라우터나 방화벽까지 완전한 형태의 3계층 VPN 연결이 이루어진다. 그러므로 모든 원격 접속 VPN 사용자의 PC에 VPN 클라이언트 소프트웨어가 설치되어 있어야 한다. VPN 클라이언트 소프트웨어는 사용자 PC와 VPN 서버 간의 IPSec 터널을 형성하는 데 사용된다.

EZVPN은 개별 사용자에게 원격 접속 VPN 서비스를 제공한다. 그러나 반드시 개별 사용자만을 위한 솔루션은 아니다. 다시 말해, 클라이언트 소프트웨어가 설치된 개별 사용자뿐만 아니라, 게이트웨이 역할을 수행하는 IOS 라우터나 ASA도 원격 접속 VPN 클라이언트로 지정할 수 있다(그림 13.3). 즉 개별 사용자 PC에 일일이 VPN 클라이언트 소프트웨어를 설치할 필요 없이 게이트웨이 자체를 EZVPN 클라이언트로 지정하는 것이다. 특이하다. 그럼 어떤 경우에 IOS 라우터나 ASA 장비가 원격 접속 VPN 클라이언트로 동작해야 하는 것일까?

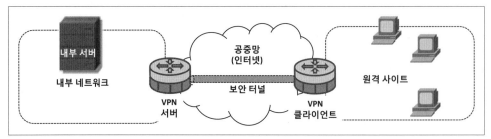

그림 13.3 게이트웨이를 VPN 클라이언트로 지정할 수 있다.

유동 IP로 연결된 소규모 네트워크의 경우에는 IPSec 피어의 주소가 일정하지 않기 때문에 사이트 투 사이트 VPN을 구성하기 어렵다. 그리고 개별 사용자 장비에 VPN 클라이언트 소프트웨어를 설치하기 어려운 경우에도 사용할 수 있다.

사이트 투 사이트 VPN은 각 VPN 게이트웨이에 고정된 공인 IP가 설정되어야만 VPN 피어가 해당 공인 IP를 지정함으로써 IPSec 통신이 이루어질 수 있다. 그러나 만일 ADSL 라우터와 같이 인터넷 라우팅에 사용되는 IP가 유동적으로 변하는 경우에는 IPSec 피어의 IP를 유동적으로 지정할 수 없다.

또한 내부의 각 사용자의 PC나 단말기에 VPN 소프트웨어를 설치하기 힘든 경우도 마찬가지다. 원격 접속 VPN 서비스는 VPN 클라이언트 소프트웨어가 설치되어 있어야만 서비스를 사용할 수 있다. 그러므로 VPN 클라이언트 소프트웨어를 지원하지 않는 태블릿 PC 등과 같은 단말기를 사용해 VPN 네트워크에 접속하기 힘든 경우도 있다. 이와 같은 네트워크에서 게이트웨이가 원격 접속 VPN의 클라이언트 역할을 대신 수행해 내부 사용자에게 원격 접속 VPN 서비스를 제공할 수 있는데, 이를 EZVPN의 네트워크 확장 모드[NEM, Network Extension Mode]라고 한다.

이 장은 네트워크 확장 모드는 다루지 않고, VPN 클라이언트 소프트웨어를 이용해 VPN 네트워크에 접속하는 클라이언트 원격 접속 VPN에 대해서만 다루기로 한다.

13.2 원격 접속 VPN 설정

EZVPN 설정은 개인 사용자에 대한 IPSec VPN 연결을 제공한다. 그러므로 네트워크와 네트워크를 VPN으로 연결하는 사이트 투 사이트 IPSec VPN 설정보다 다소 복잡하다. 그 이유는 각 사용자에 대한 사용자 그룹 및 내부 IP 부여 등의 추가적인 설정이 요구되기 때문이다.

IOS 라우터의 EZVPN 구성은 가상 터널 인터페이스^{VTI}를 이용한 설정과 암호화 맵 Crypto Map을 이용한 구성 방식으로 나누어진다. 이 책은 가상 터널 인터페이스를 이용해 원격 접속 VPN을 구현하기로 한다.

IOS 라우터의 EZVPN 서버 설정은 다음과 같은 단계로 이루어진다.

1. IKE 1단계 설정
2. IKE 2단계 설정
3. 터널 인터페이스 템플릿 설정
4. 사용자 그룹 설정
5. ISAKMP 프로파일 설정
6. 사용자 인증 설정

복잡하고 어려워 보인다. 그렇다. 설정이 사이트 투 사이트 VPN보다 복잡하고 어려운 것은 사실이다. 그러나 원격 접속 설정의 특징과 동작을 이해하면 설정 단계가 무작정 어렵게 느껴지지 않을 것이다.

각 단계별 설정을 살펴보면 다음과 같다.

EZVPN도 사이트 투 사이트 VPN과 마찬가지로 IPSec을 사용한다. 그러므로 암호화 터널을 생성하기 위한 IKE 1단계와 2단계 설정이 필수적으로 선행되어야 한다. 물론 이미 설정된 IKE 1단계와 2단계의 정책을 그대로 사용하고자 하는 경우에는 생략할 수 있다.

한편, EZVPN의 IPSec 암호화 터널은 다수의 개별 사용자의 VPN 접속 요청에 의해 생성된다. 그러므로 개별 사용자의 VPN 연결 요청을 할 때 터널을 생성하기 위한 터널 템플릿^{Tunnel Template}을 설정한다. 터널 템플릿은 터널 설정의 견본(샘플) 정도로 이해하면 될 듯하다. 다수의 개별 사용자의 요청에 의해 생성되는 터널이므로 터널 견본을 미리 마련해, 필요시에 사전에 정의된 터널 견본에 의거해 간편하게 터널을 생성하기 위함이다.

다음으로는 실제 개별 사용자에 대한 설정이 이루어지는데, VPN 클라이언트인 사용자 그룹을 설정한다. 이는 사용자의 특성에 따라 적용해야 하는 정책도 달라질 수 있으므로 사용자 그룹을 생성해 사용자의 권한 및 업무 특성에 따른 특정 그룹에 특화된 정책을 적용하기 위함이다. 다양한 형태의 사용자에 대한 차별적인 정책을 적용하기 위해 사용자를 그룹화하기 위한 설정인 것이다.

원격 접속 VPN은 VPN 사용자에게 가상 터널 인터페이스를 할당해 암호화 터널을 제공한다. 그러므로 가상 터널 인터페이스에 적용할 암호화 등 IPSec 터널 형성에 필요한 클라이언트 정책을 적용하기 위한 ISAKMP 프로파일을 설정한다. 앞 단계에서 마련한 터널 템플릿으로 생성된 터널에 각 사용자 그룹에 대한 암호화 정책을 적용하는 과정이다.

마지막으로 개별 사용자의 접속 시 요구되는 인증을 설정한다.

이제 복잡하던 설정 과정이 조금이나마 쉽게 느껴지길 바란다. 그럼 지금부터 본격적으로 EZVPN 서버 설정을 시작하자.

그림 13.4는 IOS 라우터의 EZVPN 서버 설정을 위한 실습 구성도다. RTA가 본사의 라우터이자 VPN 게이트웨이 역할을 수행한다. 그리고 인터넷에 연결된 개인 사용자는 VPN 연결을 통해 회사 내부 네트워크의 내부 서버는 물론 내부 사용자와 통신하고자 한다.

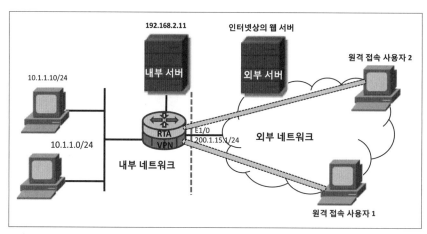

그림 13.4 IOS 라우터의 EZVPN 실습 구성도

먼저 IPSec 설정을 위해 IKE 1단계와 2단계 설정을 수행한다. IKE 1단계와 2단계 설정은 이제 친숙해졌을 것으로 생각된다. 아직 그 개념이 이해되지 않았다면 IPSec 사이트 투 사이트 VPN 설정을 참고하길 바란다.

예제를 위한 IKE 1단계는 암호화 AES와 해시 SHA 256비트, 디피-헬만 그룹 2, 그리고 인증 방법으로 Pre-share를 사용한다. 그리고 터널 생존 시간은 1시간으로 설정한다. 설정 13.1은 예제의 IKE 1단계 설정 예를 보여준다.

설정 13.1 IKE 1단계 설정

```
RTA(config)# crypto isakmp policy 10
RTA(config-isakmp)# encryption aes
RTA(config-isakmp)# hash sha256
RTA(config-isakmp)# group 2
RTA(config-isakmp)# authentication pre-share
RTA(config-isakmp)# lifetime 3600
RTA(config)# crypto isakmp key cisco123 address 0.0.0.0 0.0.0.0
```

IKE 1단계인 ISAKMP 관련 설정을 마쳤다면, IKE 2단계 설정인 IPSec 설정을 수행한다. 앞 장에서 살펴본 사이트 투 사이트 VPN 설정에서의 IKE 2단계 설정과 동일하다(설정 13.2).

설정 13.2 IKE 2단계 설정

```
RTA(config)# crypto ipsec transform-set TS-1 esp-aes esp-sha-hmac ¹
RTA(config)# crypto ipsec profile IPSEC-PROFILE ²
RTA(ipsec-profile)# set transform-set TS-1
```

1. IPSec 트랜스폼 셋을 정의한다.
2. 터널 템플릿에 적용할 IPSec 프로파일을 생성한다.

이제 터널 인터페이스의 견본인 가상 터널 인터페이스[VTI] 템플릿을 생성하자. 가상 터널 인터페이스 템플릿은 실제 터널 인터페이스가 아닌, 말 그대로 견본이다. 터널 인터페이스의 속성을 미리 정의함으로써 원격 접속 사용자의 요청에 의해 동적으로 생성되는 터널의 모태가 되는 터널 샘플이다.

원격 접속 VPN은 사용자의 요청에 의해 동적으로 터널을 형성하기 때문에 터널을 생성하지 않고, 가상 터널 인터페이스 템플릿을 정의함으로써 향후 동적으로 생성될 터널의 바탕이 된다. 설정 13.3은 가상 터널 인터페이스 템플릿의 설정 예를 보여준다.

```
(config)# interface virtual-template number [type {Ethernet|serial|tunnel}]
(config-if)# ip unnumbered interface
(config-if)# tunnel mode ipsec {ipv4|ipv6}
(config-if)# tunnel protection ipsec profile ipsec-profile-name
```

설정 13.3 터널 인터페이스의 견본인 가상 터널 인터페이스 템플릿을 정의한다.

```
RTA(config)# interface virtual-template 1 type tunnel
RTA(config-if)# ip unnumbered eth1/0¹
RTA(config-if)# tunnel mode ipsec ipv4
RTA(config-if)# tunnel protection ipsec profile IPSEC-PROFILE²
```

1. 터널 인터페이스의 IP를 Outside 인터페이스의 IP로 대신한다.
2. IPSec 프로파일을 이용해 터널에 IPSec을 적용하기 위한 설정이다.

가상 터널 인터페이스 템플릿을 바탕으로 사용자의 접속 요청에 의해 동적으로 터널이 생성된다. 이 템플릿을 통해 모든 원격 접속 사용자의 터널 인터페이스가 생성되므로 터널 인터페이스에 IP를 부여하기 어렵다. 그 이유는 터널 사용자가 한 명일 수도 있고, 수백 명 또는 수천 명일 수도 있기 때문이다. 동적으로 생성되는 터널의 IP 통신을 위한 IP를 지정하기가 쉽지 않으므로, 간단하게 ip unnumbered 명령으로 외부로 연결되는 인터페이스의 IP인 eth1/0의 IP 주소를 동적으로 생성될 모든 터널 인터페이스에 사용할 것이다.

다음은 원격 접속 사용자 그룹 생성을 위한 설정이다. 사용자 그룹은 원격 접속을 요청하는 사용자의 그룹을 의미하는데, 이는 사용자마다 VPN 정책이 다를 수 있으므로 사용자 그룹별로 다른 정책을 설정해 각 사용자마다 필요한 정책을 적용하기 위한 설정이다.

사용자 그룹 설정은 IP 풀^{IP Pool} 설정과 스플릿 터널^{Split Tunnel} 설정을 수반한다. IP 풀 설정은 외부의 사용자가 VPN 접속 후에 내부 네트워크에서 사용할 내부 IP를 부여하는 데 목적이 있다. 만일 사용자가 인터넷에서 사용하는 IP를 그대로 사용한다면 내부 네트워크에 연결되어 있는 형태로 동작하지 않을 것이다. 또한 스플릿 터널은 VPN 통신과 외부 인터넷 통신을 분리^{Split}시키기 위한 설정이다. VPN 통신은 터널을 이용하고 일반 인터넷 통신은 물리적인 인터넷 링크를 사용하게 하기 위한 통신 분리 설정이다. VPN에 연결된 사용자가 인터넷 통신을 하는 경우에도 VPN 터널을 사용한다면, 사용자의 인터넷 통신이 불가능하거나 VPN 사이트 내부의 인터넷 링크를 이용할 수 있기 때문이다. 또한 원격 접속 사용자 그룹 설정은 각 사용자가 접속 요청 시에 사용되는 인증 키와 도메인 및 DNS 설정도 수반한다.

설정이 복잡한 듯 보여도, IP 풀과 스플릿 터널 설정이 수행되어야 하는 이유를 생각해보면 아마도 설정이 비교적 간단하게 보여질 것이다. 설정 13.4는 사용자 설정 그룹의 생성을 위한 설정 예를 보여준다.

```
(config)# ip local pool pool-name start-ip-address end-ip-address
(config)# crypto isakmp client configuration group-name
(config-isakmp-group)# key key-string
(config-isakmp-group)# domain domain-name
(config-isakmp-group)# dns ip-address
(config-isakmp-group)# pool pool-name
(config-isakmp-group)# acl {access-list-number|access-list-name}
```

설정 13.4 사용자 설정 그룹 생성

```
RTA(config)# ip local pool RA_POOL 10.10.0.1 10.10.0.100[1]


RTA(config)# ip access-list extended SPLIT_TUNNEL[2]
RTA(config-ext-nacl)# permit ip 10.0.0.0 0.255.255.255 any
RTA(config-ext-nacl)# permit ip 192.168.2.0 0.0.0.255 any


RTA(config)# crypto isakmp client configuration group RA-GROUP[3]
RTA(config-isakmp-group)# key cisco123
RTA(config-isakmp-group)# domain ciscodomain.com
RTA(config-isakmp-group)# dns 192.168.2.12
RTA(config-isakmp-group)# pool RA_POOL
RTA(config-isakmp-group)# acl SPLIT_TUNNEL
```

1. 원격 접속 사용자에게 할당할 IP 풀을 정의한다.
2. 터널 인터페이스로 전송될 관심 트래픽을 정의한다.
3. 원격 접속 사용자의 VPN 접속에 관련된 정보를 정의한다.

사용자 그룹 설정을 마쳤다. 여기에 제시된 대부분의 명령어가 지닌 의미는 이해될 것이다. 여기서 스플릿 터널에 대해 자세히 알아보자.

스플릿 터널은 분리 터널이라는 의미 그대로, 트래픽에 따라 다른 터널 또는 인터페이스를 통해 트래픽을 전달하는 기술이다. 트래픽에 따라 다른 터널을 사용한다는 의미는 무엇인가?

원격 접속 사용자는 일반적으로 인터넷에 연결된 사용자다. 이들은 사용자의 PC에 설정된 디폴트 게이트웨이^{Default Gateway}로 모든 트래픽을 전달한다. 그 트래픽은 인터넷을 경유해 목적지에 도달한다. 그러나 우리는 VPN 트래픽이 반드시 암호화된 터널을 경유해야 한다는 것을 잘 알고 있다. 원격 접속 사용자가 VPN 접속에 사용할 IP를 할당받으면 새로운 라우팅 정보가 생성되는데, 이 정보는 트래픽이 터널을 경유하도록 한다. 이때 스플릿 터널을 설정하지 않는다면, 인터넷의 관문 역할을 하는 기존 디폴트 게이트웨이로 향하는 디폴트 라우팅 정보 대신, 터널을 경유하는 디폴트 정보가 생성된다. 그러므로 일반 인터넷 트래픽도 모두 암호화 터널을 경유해 VPN 사이트로 보내진다(그림 13.5).

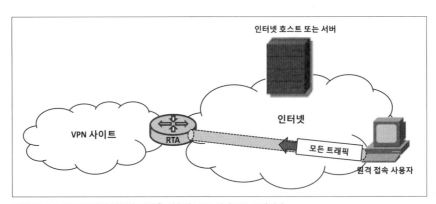

그림 13.5 모든 트래픽이 암호화 터널을 경유해 VPN 사이트로 보내진다.

VPN 사이트의 정책이 원격 접속 사용자에게 인터넷 사용을 허용하지 않는다면, 원격 접속 사용자는 VPN 연결을 종료하기 전에는 인터넷 접속이 불가능해진다. 또한 VPN 사이트가 원격 접속 사용자에게 인터넷 사용을 허용한다고 하더라도, 사용자 PC에 직접 연결된 인터넷을 사용하지 않고 VPN 사이트로 우회해야 하므로 바람직하다고 볼 수 없다. 그러므로 VPN 사이트로 보내지는 트래픽만 암호화 터널을 사용하고, 일반 인터넷 트래픽은 사용자 PC가 연결된 인터넷 링크로 직접 향하도록 해야 한다. 분리된 터널이라는 용어는 VPN 트래픽이 보내져야 하는 암호화 터널을 일반 인터넷 링크와 분리한다는 의미에서 붙여진 이름이다(그림 13.6).

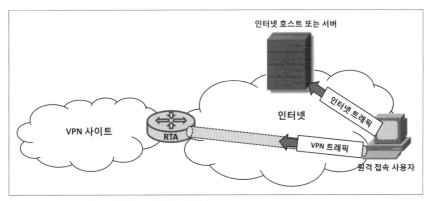

그림 13.6 VPN 트래픽과 인터넷 트래픽이 분리된다.

위의 설정에서 액세스 리스트로 정의한 10.0.0.0/8 네트워크로 향하는 트래픽은 VPN 터널을 사용하고, 나머지 모든 목적지로 향하는 트래픽은 인터넷으로 직접 보내진다. 사용자 PC 설정 과정에서 실제 PC의 라우팅 테이블을 통해 확인해보자.

다음 단계의 설정은 ISAKMP 프로파일 설정이다. ISAKMP 프로파일 설정은 원격 접속 사용자의 VPN 접속 요청에 의해 본격적으로 터널을 생성하도록 하는 설정이다. VPN 사용자에 대한 사용자 설정 그룹을 결정하고, VPN 접속 시 사용될 내부 네트워크의 IP 할당, 그리고 터널은 어떤 가상 터널 인터페이스 템플릿을 사용해 형성할 것인지를 정의한다. 정의된 ISAKMP 프로파일은 IKE 2단계에서 설정한 IPSec 프로파일에 적용함으로써 IPSec 암호화된 사용자 VPN 터널을 생성하게 한다(그림 13.7). 설정 13.5는 그 설정의 예를 보여준다.

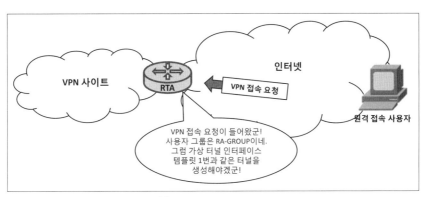

그림 13.7 ISAKMP 프로파일 설정 및 적용

설정 13.5 ISAKMP 프로파일 설정

```
RTA(config)# aaa new-model

RTA(config)# aaa authorization network LOCAL-AUTHOR local

!

RTA(config)# crypto isakmp profile RA-ISAKMP-PROFILE

RTA(conf-isa-prof)# match identity group RA-GROUP¹

RTA(conf-isa-prof)# isakmp authorization list LOCAL-AUTHOR²

RTA(conf-isa-prof)# client configuration address respond³

RTA(conf-isa-prof)# client configuration group RA-GROUP⁴

RTA(conf-isa-prof)# virtual-template 1⁵

!

RTA(config)# crypto ipsec profile IPSEC-PROFILE

RTA(ipsec-profile)# set isakmp-profile RA-ISAKMP-PROFILE⁶
```

1. ISAKMP 프로파일이 사용될 사용자 그룹을 지정
2. 권한(Authorization) 부여를 위한 리스트를 지정
3. 사용자의 IP 주소 요청에 응답하기 위한 설정
4. 해당 ISAKMP 프로파일에 사용자 그룹 설정 값을 지정하기 위한 설정
5. 터널 생성을 위한 가상 터널 인터페이스 템플릿 지정
6. ISAKMP 프로파일은 IPSec 프로파일을 통해 적용된다.

터널 생성을 위한 ISAKMP 프로파일을 설정하고 적용한 후에, 마지막으로 원격 접속 사용자를 인증하기 위한 설정을 수행한다. AAA 인증을 수행하는데, 이 예제에서는 장비에 설정된 인증 정보인 로컬 인증 정보를 사용하는 설정을 살펴본다. 참고로, 실무에서 많은 원격 접속 사용자를 인증하기 위해 ACS 서버와 같은 AAA 서버를 사용한다.

AAA 인증 설정과 로컬 인증에 필요한 사용자 계정을 생성하고, 이를 ISAKMP 프로파일에 적용한다. 설정 13.6은 사용자 인증 설정의 예를 보여준다.

설정 13.6 사용자 인증 설정

```
RTA(config)# aaa authentication login LOCAL-AUTHEN local

!

RTA(config)# username ravpnuser privilege 0 secret cisco123

!
```

```
RTA(config)# crypto isakmp profile RA-ISAKMP-PROFILE
RTA(conf-isa-prof)# client authentication list LOCAL-AUTHEN
```

참고로, 위의 설정에서 IPSec 프로파일과 ISAKMP 프로파일에 요구되는 모든 설정을 한꺼번에 수행하지 않고 각 단계를 거쳐 진행한 이유는 이해를 돕기 위해서다.

이로써 IOS 라우터에서 EZVPN 서버 설정을 모두 마쳤다. 이제 IOS 라우터는 원격 접속 사용자로부터의 접속 요청에 응답할 수 있는 모든 설정을 마쳤다. 이제 원격 접속 사용자의 PC에 대한 EZVPN 클라이언트 소프트웨어의 설치와 그 사용법을 살펴보자.

13.3 시스코 VPN 클라이언트 소프트웨어 설치 및 세팅

원격 접속 VPN은 인터넷과 같은 공중망에 연결되어 있는 일반 사용자가 개별적으로 VPN 터널을 형성해 안전하게 사설 네트워크에 접속하는 환경을 제공해준다. 앞 절에서 클라이언트 원격 접속 VPN을 위한 IOS 라우터의 설정을 설명했다. 이 절에서는 사용자 PC에 VPN 클라이언트 소프트웨어를 설치해 IPSec VPN 터널을 통해 사설 네트워크에 접속하는 과정을 알아보자.

과거에는 VPN 클라이언트 소프트웨어로 시스코 VPN 클라이언트를 사용했다. 그러나 최근에는 시스코 애니커넥트^{AnyConnect} 소프트웨어를 많이 사용한다. VPN 클라이언트는 IPSec VPN만 지원하는 것과 달리, 애니커넥트는 IPSec과 SSL VPN을 모두 지원하므로 보다 편리하고 광범위하게 사용될 수 있다. 그러나 이 절에서는 전형적인 시스코 클라이언트 소프트웨어를 이용한 VPN 연결 과정을 알아보려 한다. 그 이유는 VPN 클라이언트 소프트웨어가 여전히 많이 사용되기 때문이다. 애니커넥트의 설치는 14장, 'SSL VPN'에서 다루기로 한다.

우선 사용자 PC에 시스코 VPN 클라이언트 소프트웨어를 설치한다(그림 13.8). 소프트웨어 설치는 일반적인 설치 과정과 거의 동일하므로 이 책에서 추가적인 설명은 하지 않는다.

그림 13.8 시스코 VPN 클라이언트 소프트웨어 설치

VPN 클라이언트 소프트웨어를 실행하기에 앞서, VPN 접속 전의 사용자 PC의 라우팅 테이블을 확인해보자.

윈도우의 라우팅 테이블 확인은 윈도우 명령 창에서 route print를 입력하면 된다. 참고로, 윈도우 명령 창은 **시작 > 보조프로그램 > 명령 프롬프트**를 실행하면 된다. 라우팅 테이블을 한 페이지씩 확인하려면 route print | more를 입력하면 된다. 그림 13.9는 VPN 접속 전의 사용자 PC의 라우팅 테이블을 보여준다.

```
IPv4 경로 테이블

활성 경로:
네트워크 대상        네트워크 마스크          게이트웨이         인터페이스    메트릭
      0.0.0.0           0.0.0.0        200.2.1.1      200.2.1.10      20
    127.0.0.0         255.0.0.0                       127.0.0.1     306
    127.0.0.1   255.255.255.255                       127.0.0.1     306
127.255.255.255   255.255.255.255                     127.0.0.1     306
    200.2.1.0     255.255.255.0                      200.2.1.10     266
   200.2.1.10   255.255.255.255                      200.2.1.10     266
  200.2.1.255   255.255.255.255                      200.2.1.10     266
      224.0.0.0         240.0.0.0                      127.0.0.1     306
      224.0.0.0         240.0.0.0                     200.2.1.10     266
255.255.255.255   255.255.255.255                     127.0.0.1     306
255.255.255.255   255.255.255.255                    200.2.1.10     266
```

그림 13.9 VPN 접속 전 사용자 PC의 라우팅 테이블

윈도우의 라우팅 테이블로부터 확인할 수 있듯이, 인터넷을 포함한 모든 트래픽은 게이트웨이 200.2.1.1로 향한다는 것을 알 수 있다. VPN 접속 이후, 이 라우팅 테이블이 어떻게 변하는지 살펴보자.

VPN 접속을 위해 VPN 클라이언트 소프트웨어를 실행하면 가장 먼저 연결 정보를 입력해야 한다. 그림 13.10에서 보듯이, VPN 연결을 할 엔트리가 존재하지 않는다. 따라

서 VPN 연결을 위한 커넥션 엔트리^{Connection Entry}를 입력해야 한다. 엔트리 입력을 위해 New를 클릭한다.

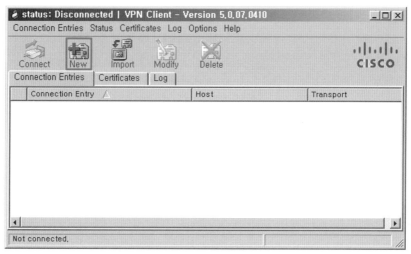

그림 13.10 새로운 커넥션 엔트리 입력

이제 새로운 커넥션 엔트리의 정보를 입력한다.

가장 먼저 엔트리 이름을 입력한다. 엔트리 이름은 관리자가 임의로 지정할 수 있는데, 해당 엔트리를 명확하게 인지할 수 있는 이름을 지정한다. 예제는 Remote_Access_IOS로 명명한다.

Description은 해당 엔트리에 대한 간략한 설명을 입력할 수 있는데, 선택사항이므로 입력하지 않아도 된다.

Host는 VPN 피어, 즉 VPN 게이트웨이의 주소를 입력한다. 엄격하게 말하면, IPSec 터널의 종단되는 인터페이스의 IP를 의미한다. 따라서 라우터의 인터넷 연결 인터페이스이므로, 그 주소 200.1.15.1을 입력한다.

그룹 인증(Group Authentication)을 선택하고, 앞에서 설정한 사용자 그룹 이름을 입력한다. 앞 예제에서 그룹 RA-GROUP을 생성했고, 패스워드를 cisco123으로 설정했다. 그러므로 이름에 RA-GROUP을, 패스워드에 cisco123을 입력하고 저장을 위해 Save를 클릭한다(그림 13.11).

참고로, 여기서 그룹 이름은 대소문자를 구분하므로 입력 시 주의하길 바란다.

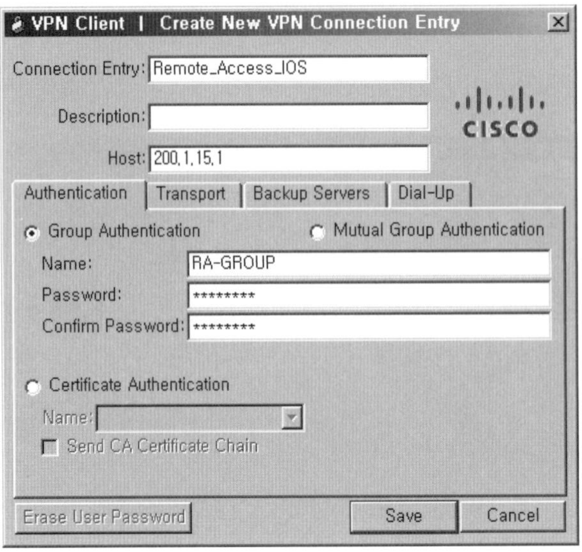

그림 13.11 새로운 커넥션 엔트리 정보 입력

이제 생성된 커넥션 엔트리가 확인된다. 접속하기 위해 해당 커넥션 엔트리를 더블
클릭하거나 선택한 후 Connect를 클릭하면 VPN 접속을 시도한다(그림 13.12).

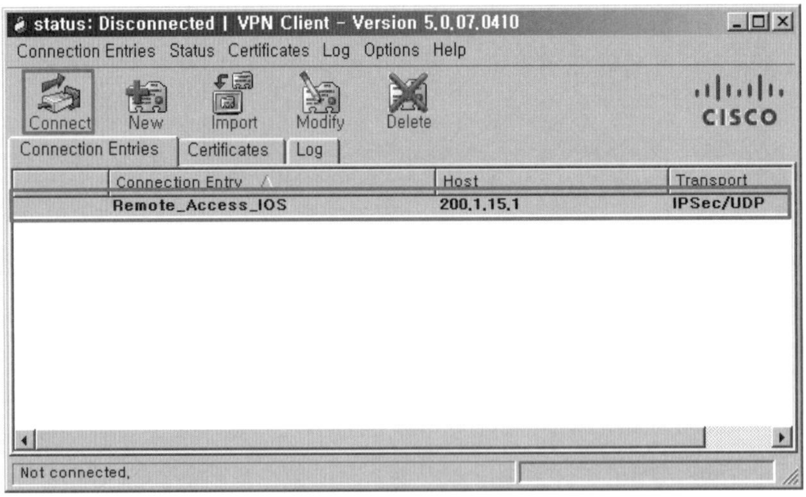

그림 13.12 VPN 연결 시도

VPN 클라이언트가 게이트웨이에 연결되면 사용자 인증 창이 제공된다. 인증 창에 사
용자 계정과 패스워드를 입력하고 OK를 클릭한다(그림 13.13).

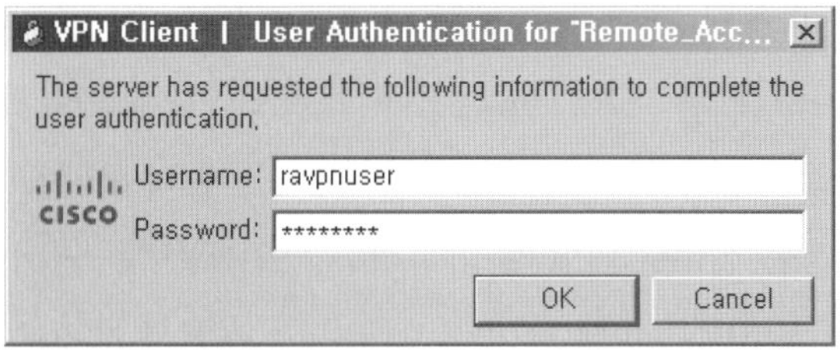

그림 13.13 사용자 인증 창

사용자 인증이 성공적으로 이루어지면 VPN 클라이언트 소프트웨어의 창이 사라지고, 시스템 트레이에 자물쇠 모양의 아이콘(🔒)이 확인될 것이다(그림 13.14). 이는 VPN 연결에 성공했다는 것을 의미한다.

그림 13.14 시스템 트레이에 자물쇠 아이콘이 확인된다.

이제 사용자 PC는 VPN에 연결되었다. VPN 접속 전에 확인한 사용자 PC의 라우팅 테이블과 접속 후의 라우팅 테이블의 차이를 확인해보자. 그림 13.15는 VPN 접속 후 사용자 PC의 라우팅 테이블을 보여준다.

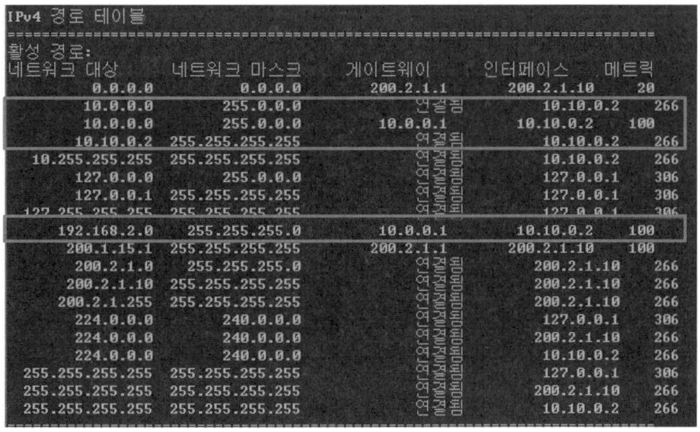

```
IPv4 경로 테이블

활성 경로:
네트워크 대상         네트워크 마스크         게이트웨이         인터페이스       메트릭
        0.0.0.0            0.0.0.0         200.2.1.1       200.2.1.10      20
       10.0.0.0          255.0.0.0            연결됨         10.10.0.2     266
       10.0.0.0          255.0.0.0        10.0.0.1         10.10.0.2     100
      10.10.0.2    255.255.255.255            연결됨         10.10.0.2     266
  10.255.255.255    255.255.255.255            연결됨         10.10.0.2     266
      127.0.0.0          255.0.0.0            연결됨         127.0.0.1     306
      127.0.0.1    255.255.255.255            연결됨         127.0.0.1     306
  127.255.255.255    255.255.255.255            연결됨         127.0.0.1     306
     192.168.2.0    255.255.255.0        10.0.0.1         10.10.0.2     100
     200.1.15.1    255.255.255.255        200.2.1.1       200.2.1.10     100
       200.2.1.0      255.255.255.0            연결됨        200.2.1.10     266
      200.2.1.10    255.255.255.255            연결됨        200.2.1.10     266
     200.2.1.255    255.255.255.255            연결됨        200.2.1.10     266
       224.0.0.0          240.0.0.0            연결됨         127.0.0.1     306
       224.0.0.0          240.0.0.0            연결됨        200.2.1.10     266
       224.0.0.0          240.0.0.0            연결됨         10.10.0.2     266
  255.255.255.255    255.255.255.255            연결됨         127.0.0.1     306
  255.255.255.255    255.255.255.255            연결됨        200.2.1.10     266
  255.255.255.255    255.255.255.255            연결됨         10.10.0.2     266
```

그림 13.15 VPN 접속 후 사용자 PC의 라우팅 테이블

VPN 접속 후의 라우팅 테이블을 보면 존재하지 않았던 10.0.0.0/8 네트워크 및 192.168.2.0/24 네트워크의 정보가 확인된다. 그리고 이 네트워크로 향하는 트래픽은 게이트웨이 10.0.0.1로 보내진다. 이 말은 VPN 터널을 통해 보내진다는 것을 의미한다. 이 결과는 앞서 설정한 스플릿 터널 설정에 의한 것인데, 모든 인터넷 트래픽은 기존의 디폴트 정보에 의해 인터넷 게이트웨이로 보내지고, VPN 트래픽은 IPSec VPN 터널로 보내진다.

VPN 클라이언트 소프트웨어에서도 VPN 연결 정보를 확인할 수 있다. 시스템 트레이의 자물쇠 아이콘을 더블 클릭하면 VPN 클라이언트 창이 열린다. 상단 메뉴에서 **Status ➤ Statistics...**를 클릭한다.

터널 통계 정보에 클라이언트의 IP 주소와 VPN 게이트웨이의 주소, 그리고 암호화 방식 등의 각종 정보가 확인된다(그림 13.16).

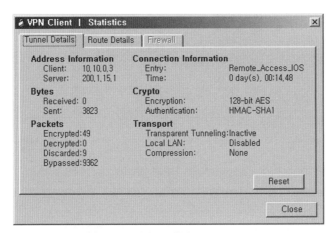

그림 13.16 VPN 클라이언트의 터널 정보 확인

Route Details를 선택하면 보안이 적용된 네트워크, 즉 VPN 사이트의 네트워크 정보가 확인된다. **Secured Routes**에 보여지는 네트워크가 스플릿 터널 설정에 의해 전달되는 네트워크다(그림 13.17).

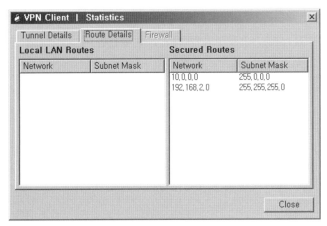

그림 13.17 VPN 클라이언트의 경로 정보 확인

이제 외부 네트워크에 위치하는 사용자는 보안이 적용된 IPSec 터널을 통해 안전하게 내부 웹 서버에 접근할 수 있다(그림 13.18).

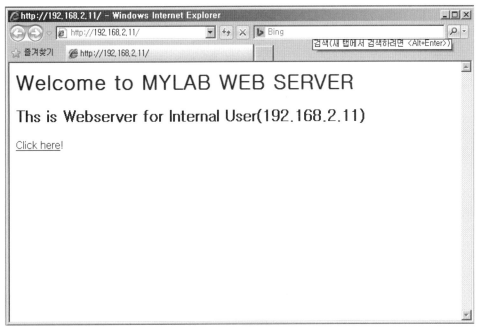

그림 13.18 내부 웹 서버로 접속할 수 있다.

물론 사용자의 일반적인 인터넷 통신은 VPN 터널이 아닌 인터넷 게이트웨이로 보내지므로, VPN 트래픽과 인터넷 트래픽의 분리가 이루어진다.

IOS 라우터에서 원격 접속 IPSec 터널을 확인할 수 있다. IKE 1단계와 2단계 상태 정보를 통해 현재 IPSec 터널이 형성되었다는 것을 확인할 수 있다(설정 13.7).

설정 13.7 원격 접속 VPN의 터널 정보가 확인된다.

```
RTA# show crypto isakmp sa
IPv4 Crypto ISAKMP SA
dst              src              state              conn-id slot status
200.1.15.1       200.2.1.10       QM_IDLE              1005      0 ACTIVE


IPv6 Crypto ISAKMP SA



RTA# show crypto ipsec sa

interface: Virtual-Access2
    Crypto map tag: Virtual-Access2-head-0, local addr 200.1.15.1

   protected vrf: (none)
   local  ident (addr/mask/prot/port): (0.0.0.0/0.0.0.0/0/0)
   remote ident (addr/mask/prot/port): (10.10.0.3/255.255.255.255/0/0)
   current_peer 200.2.1.10 port 52271
     PERMIT, flags={origin_is_acl,}
    #pkts encaps: 0, #pkts encrypt: 0, #pkts digest: 0
    #pkts decaps: 54, #pkts decrypt: 54, #pkts verify: 54
    #pkts compressed: 0, #pkts decompressed: 0
    #pkts not compressed: 0, #pkts compr. failed: 0
    #pkts not decompressed: 0, #pkts decompress failed: 0
    #send errors 0, #recv errors 0

     local crypto endpt.: 200.1.15.1, remote crypto endpt.: 200.2.1.10
     path mtu 1500, ip mtu 1500, ip mtu idb FastEthernet1/0
- 생략 -


RTA# show crypto session brief
Status: A- Active, U - Up, D - Down, I - Idle, S - Standby, N - Negotiating
       K - No IKE
ivrf = (none)
```

```
         Peer    I/F     Username        Group/Phase1_id  Uptime Status
200.2.1.10   Vi2     ravpnuser           RA-GROUP 00:25:32    UA
```

지금까지 사용자 PC에 VPN 클라이언트 소프트웨어를 설치하고, VPN에 접속하는 과정에 대해 알아봤다. VPN 클라이언트 소프트웨어는 말 그대로 클라이언트다. 그러므로 그 어떤 정책도 가지지 않는다. 서버인 VPN 게이트웨이가 제공하는 정책을 통해 암호화 정책을 제공받고 터널을 형성한다는 점을 기억하길 바란다.

13.4 ASA의 원격 접속 VPN 설정

원격 접속 VPN은 편리함을 기반으로 매우 광범위하게 사용되고 있다. IOS 라우터를 VPN 게이트웨이로 사용해도 무방하지만, 사용자가 많은 대규모 네트워크에서는 무리가 있을 수 있다. 그러므로 대규모 네트워크에서는 별도의 ASA를 전용 VPN 게이트웨이로 설치해 사용한다.

이 절에서는 ASA의 원격 접속 VPN을 설정해본다. 그러나 ASA의 VPN 설정이 초급 단계의 관리자에게는 다소 부담스러울 수 있다. 그러므로 이 책에서는 ASA의 원격 접속 VPN 설정과 14장에서 다룰 SSL VPN 설정의 전 과정을 살펴보기보다는, ASA가 제공하는 VPN 마법사^{VPN Wizard}를 통해 간단하게 설정해보기로 한다.

설정 시나리오 구성도는 그림 13.19와 같다.

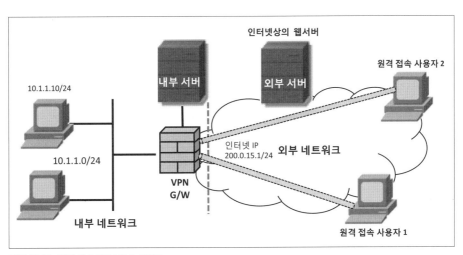

그림 13.19 원격 접속 VPN 실습 구성도

설정 시나리오는 모든 원격 접속 사용자의 개인 PC와 VPN 게이트웨이 간에 IPSec 터널을 형성해 내부의 DMZ 네트워크의 서비스에 접속할 수 있어야 한다. 또한 원격 접속 사용자가 인터넷을 사용하는 경우에는 자신의 인터넷 링크를 이용해 접속한다.

가장 먼저 원격 접속 VPN 설정을 위한 마법사를 실행한다. 마법사는 SSL VPN 등 VPN 설정뿐만 아니라 초기 설정, 이중화High Availability 설정 등을 다양하게 제공한다. 클라이언트리스 SSL VPN 설정을 위해 VPN 마법사를 실행하자. 메뉴바의 Wizards ➤ VPN Wizards ➤ IPsec (IKEv1) Remote Access VPN Wizard...를 클릭한다(그림 13.20).

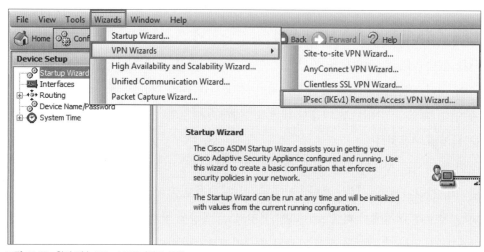

그림 13.20 원격 접속 IPSec VPN 마법사 실행

마법사의 첫 번째 단계는 IPSec 원격 접속 VPN에 대한 그림과 간략한 설명을 제공한다. 또한 VPN 터널 인터페이스를 형성할 인터페이스를 지정한다. 이 예제에서 VPN 터널은 외부 네트워크가 연결된 Outside 인터페이스를 통해 형성되므로 Outside를 지정한다. 그리고 VPN 트래픽이 인터페이스에 적용된 액세스 룰에 적용되지 않게 하기 위해 Enable inbound IPsec session to bypass interface access lists가 체크되었는지 확인한후 Next를 클릭한다(그림 13.21).

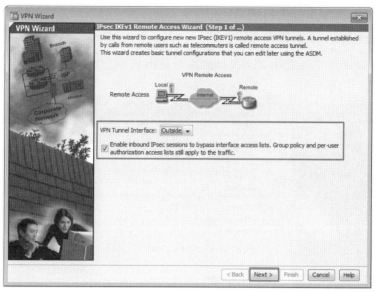

그림 13.21 마법사를 통한 IPSec 원격 접속 VPN 설정 1단계

다음으로, 사용자 PC에 설치된 클라이언트 소프트웨어를 지정한다. 이 예제는 시스코 클라이언트 소프트웨어를 사용하므로 Cisco VPN Client, Release 3.x or higher, or other Easy VPN Remote product를 선택하고, Next를 클릭한다(그림 13.22).

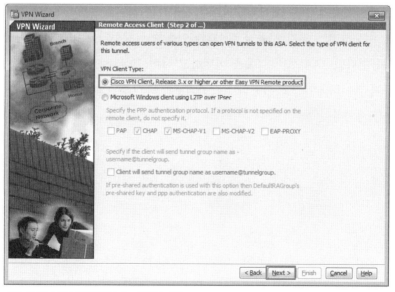

그림 13.22 VPN 클라이언트 소프트웨어 지정

이제 사용자 인증 방식과 터널 그룹 이름을 지정하자. 사용자 인증 방식은 앞 절과 마찬가지로 Pre-shared 키를 사용하고, 키는 cisco123을 입력한다. 또한 터널 그룹 이름은 RA-Group으로 지정한다. 그리고 Next를 클릭한다(그림 13.23).

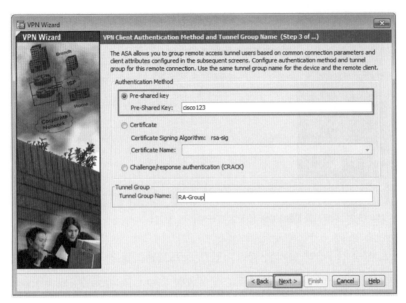

그림 13.23 인증 방식 및 터널 그룹 이름 지정

다음 단계는 사용자 인증 데이터베이스를 지정하는 것이다. ASA 자체에 설정된 사용자 정보를 이용하려면 로컬 사용자 데이터베이스를 선택한다. 그러나 만일 TACACS+ 서버를 사용한다면 AAA 서버 그룹을 선택하고 서버 그룹을 지정하면 된다. 이 예제는 로컬 사용자 데이터베이스를 사용하므로, Authenticate using the local database를 선택하고 Next를 클릭한다(그림 13.24).

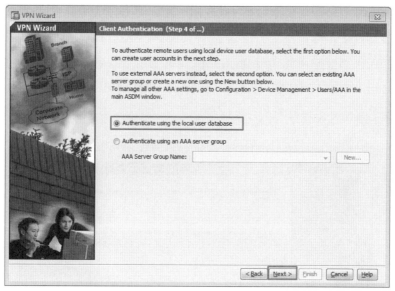

그림 13.24 사용자 인증 데이터베이스 지정

로컬 인증 방식을 선택했으므로, 로컬 인증에 필요한 사용자 계정 설정이 요구된다. 로컬 인증에 사용될 사용자 계정을 모두 입력한 후, Next를 클릭한다(그림 13.25). 만일 앞 단계에서 AAA 서버 그룹 사용을 지정했다면 로컬 사용자 인증 단계는 생략된다.

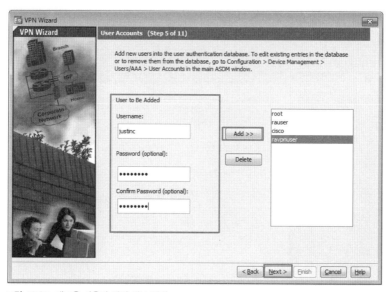

그림 13.25 새로운 사용자 계정 정보 입력

다음 단계로, 인증에 성공한 사용자에게 할당할 IP 풀을 설정한다. 기존에 이미 설정된 IP 풀을 선택해도 되고, 새로운 IP 풀을 설정하고자 한다면 **New…**를 클릭한다.

새로운 IP 풀 설정을 위한 Add IPv4 Pool 설정 창이 제공된다. IP 풀의 이름과 시작 IP, 그리고 마지막 IP와 서브넷 마스크를 지정한 후 **OK**를 클릭하면 된다. 그리고 다음 단계 설정을 위해 **Next**를 클릭한다(그림 13.26).

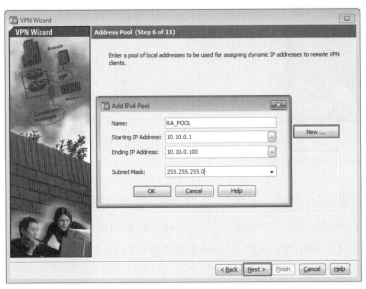

그림 13.26 IP 풀 설정

그림 13.27 DNS 서버와 도메인 지정

DHCP로 IP를 할당할 IP 풀 설정이 이루어졌다. DHCP로 할당할 IP 주소 이외에 DNS 서버와 도메인 이름도 전달할 수 있다. 이 예제는 DNS 서버를 192.168.2.12로 지정하고 도메인은 ciscodomain.com으로 설정했다. 자신의 네트워크 상황에 맞는 정보를 입력하면 된다(그림 13.27).

이 단계의 설정은 선택사항이므로 해당 사항이 없다면 생략할 수도 있다.

다음 단계는 NAT 예외 설정이다. 현재 예제는 원활한 설명을 위해 NAT와 액세스 리스트 등을 모두 배제시켰다. 그러나 실무에서는 NAT가 설정되는 경우가 대부분일 것이다. 이때 VPN 트래픽에 대해 NAT 적용을 하지 않기 위한 설정이 필요하다. 이는 원격 접속 VPN 사용자의 정상적인 VPN 통신을 위해 VPN 내부 네트워크가 그대로 보여져야 하기 때문이다. 이 예제는 DMZ 네트워크의 서버와 통신이 요구되므로 인터페이스에 DMZ를 선택하고 DMZ 네트워크인 192.168.2.0/24를 입력 또는 지정한다.

또한 앞 절에서 설명한 것과 같이, 사용자의 VPN 통신과 인터넷 통신을 분리하기 위해 스플릿 터널을 설정해야 한다. 이를 위해 Enable split tunneling to let remote user have simultaneous...를 체크한다(그림 13.28).

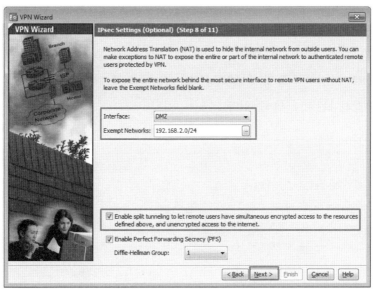

그림 13.28 NAT 적용 제외 및 스플릿 터널 설정

이제 모든 설정이 이루어졌다. 지금까지 마법사를 통해 설정한 모든 정보를 요약해 제공한다. 만일 설정한 정보 중 오류가 있다면 Back을 클릭해 수정하면 된다. 모든 정보

가 정확하게 입력되었다면 Finish를 클릭해 설정 값을 적용한다(그림 13.29).

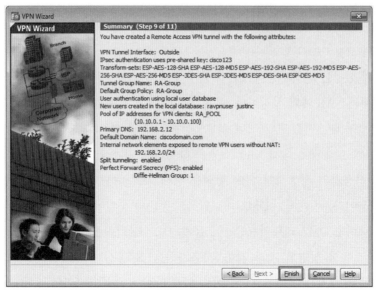

그림 13.29 원격 접속 IPSec VPN 설정 정보 요약

마법사를 통해 원격 접속 VPN 설정을 모두 마쳤다. 지금까지 살펴본 대로, 매우 간단하게 설정이 이루어졌다. 마법사를 통해 제공한 정보는 ASA에 의해 CLI 명령어로 변환되어 적용된다.

설정 13.8은 마법사를 통해 제공된 정보가 ASA에 의해 변환된 CLI 명령어를 보여준다. 무척 복잡하다는 것을 알 수 있다.

설정 13.8 CLI 명령어로 변환된 설정 정보

```
ip local pool RA_POOL 10.10.0.1-10.10.0.100 mask 255.255.255.0
access-list RA-Group_splitTunnelAcl standard permit 192.168.2.0 255.255.255.0
object network NETWORK_OBJ_10.10.0.0_25
  subnet 10.10.0.0 255.255.255.128
object network NETWORK_OBJ_192.168.2.0_24
  subnet 192.168.2.0 255.255.255.0
username justinc password 5NUFjfnriM3iu8VR encrypted privilege 0
username justinc attributes
  vpn-group-policy RA-Group
exit
username ravpnuser password cT0fgn3wzEu3pppp encrypted privilege 0
```

```
username ravpnuser attributes
  vpn-group-policy RA-Group
exit
group-policy RA-Group internal
group-policy RA-Group attributes
  vpn-tunnel-protocol ikev1
  split-tunnel-policy   tunnelspecified
  split-tunnel-network-list value RA-Group_splitTunnelAcl
  dns-server value 192.168.2.12
  default-domain value ciscodomain.com
exit
tunnel-group RA-Group type remote-access
tunnel-group RA-Group general-attributes
  default-group-policy RA-Group
  address-pool  RA_POOL
tunnel-group RA-Group ipsec-attributes
  ikev1 pre-shared-key **********
crypto ikev1 policy 70
  encryption aes
  authentication crack
crypto ikev1 policy 80
  encryption aes
  authentication rsa-sig
crypto ikev1 policy 90
  encryption aes
crypto ikev1 policy 40
  encryption aes-192
  authentication crack
crypto ikev1 policy 50
  encryption aes-192
  authentication rsa-sig
crypto ikev1 policy 60
  encryption aes-192
crypto ikev1 policy 10
  encryption aes-256
  authentication crack
crypto ikev1 policy 20
  encryption aes-256
```

```
  authentication rsa-sig
crypto ikev1 policy 30
  encryption aes-256
crypto ikev1 policy 100
  authentication crack
crypto ikev1 policy 110
  authentication rsa-sig
crypto ikev1 policy 120
crypto ikev1 policy 130
  encryption des
  authentication crack
crypto ikev1 policy 140
  encryption des
  authentication rsa-sig
crypto ikev1 policy 150
  encryption des
crypto ikev1 enable  Outside
crypto ipsec ikev1 transform-set ESP-3DES-MD5 esp-3des esp-md5-hmac
crypto ipsec ikev1 transform-set ESP-DES-MD5 esp-des esp-md5-hmac
crypto ipsec ikev1 transform-set ESP-3DES-SHA esp-3des esp-sha-hmac
crypto ipsec ikev1 transform-set ESP-AES-128-SHA esp-aes esp-sha-hmac
crypto ipsec ikev1 transform-set ESP-AES-192-SHA esp-aes-192 esp-sha-hmac
crypto ipsec ikev1 transform-set ESP-AES-128-MD5 esp-aes esp-md5-hmac
crypto ipsec ikev1 transform-set ESP-AES-192-MD5 esp-aes-192 esp-md5-hmac
crypto ipsec ikev1 transform-set ESP-AES-256-SHA esp-aes-256 esp-sha-hmac
crypto ipsec ikev1 transform-set ESP-AES-256-MD5 esp-aes-256 esp-md5-hmac
crypto ipsec ikev1 transform-set ESP-DES-SHA esp-des esp-sha-hmac
crypto dynamic-map SYSTEM_DEFAULT_CRYPTO_MAP 65535 set  pfs group1
crypto dynamic-map SYSTEM_DEFAULT_CRYPTO_MAP 65535 set  ikev1 transform-set
ESP-AES-128-SHA ESP-AES-128-MD5 ESP-AES-192-SHA ESP-AES-192-MD5 ESP-AES-256-SHA ESP-
AES-256-MD5 ESP-3DES-SHA ESP-3DES-MD5 ESP-DES-SHA ESP-DES-MD5
crypto map Outside_map 65535 ipsec-isakmp dynamic SYSTEM_DEFAULT_CRYPTO_MAP
crypto map Outside_map interface  Outside
nat (DMZ,Outside) 1 source static NETWORK_OBJ_192.168.2.0_24 NETWORK_
OBJ_192.168.2.0_24 destination static NETWORK_OBJ_10.10.0.0_25 NETWORK_
OBJ_10.10.0.0_25 no-proxy-arp route-lookup
```

ASA 설정을 모두 마쳤다. 마법사를 통한 설정이므로 비교적 일반적인 설정으로 진행되었다. 만일 세부적인 추가 설정이 요구된다면 수정 가능하다. ASDM 설정 창에서 Configuration > Remote Access VPN > Network (Client) Access > Group Policies를 차례로 선택하면 설정한 그룹 정책을 확인할 수 있다. 그룹 정책은 Edit를 클릭해 수정할 수 있다(그림 13.30).

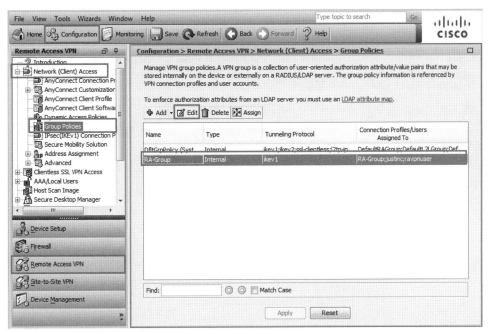

그림 13.30 설정한 그룹 정책 확인

또한 IPSec 연결 프로파일도 확인 및 수정 가능하다. 그룹 정책과 마찬가지로, Configuration > Remote Access VPN > Network (Client) Access > IPSec(IKEv1) Connection Profiles에서 확인 및 수정할 수 있다(그림 13.31).

이제 사용자 PC에서 VPN 클라이언트 소프트웨어를 이용해 VPN에 접속한다. 앞 절과 동일한 방법으로 VPN 클라이언트 소프트웨어를 이용해 VPN 네트워크에 접속할 수 있다. 다만 연결 정보 입력 시 VPN 피어의 IP를 입력하고, 설정한 그룹명을 정확하게 입력하는 것에 주의하자. 그림 13.32는 이 예제에 대한 연결 정보 입력의 예를 보여준다.

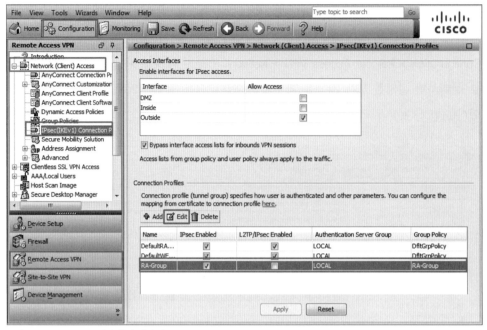

그림 13.31 IPSec 프로파일 확인 및 수정

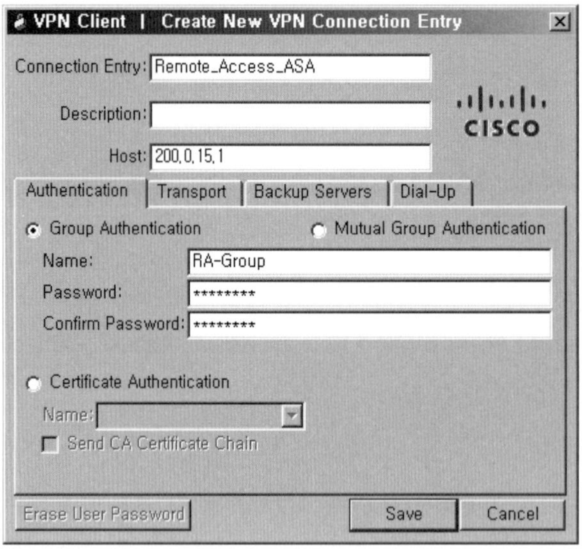

그림 13.32 VPN 연결 정보 입력

사용자 접속에 대한 자세한 내용은 앞 절에서 다루었으므로 이 절에서 더 이상 다루지 않는다. 사용자 PC를 VPN에 접속시킨 후, VPN 연결 정보를 확인해보자. VPN 연결 정보는 12장에서 설명한 CLI 명령어를 통해 확인할 수 있다. 그러나 이 절에서는 ASDM을 통해 VPN 정보를 확인한다.

ASDM에서 VPN 세션 정보를 확인하기 위해 Monitoring ➤ VPN ➤ VPN Statistics ➤ Sessions를 선택한다. 그러면 세션 타입 및 활성화된 세션, 그리고 누적 세션 수 등 다양한 VPN 세션 정보를 확인할 수 있다(그림 13.33).

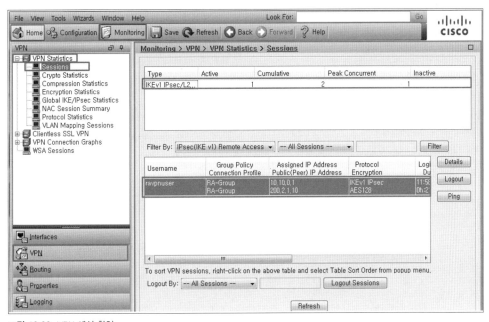

그림 13.33 VPN 세션 확인

이외에도 암호화 통계 등 많은 상세한 정보를 확인할 수 있다. 한편, 실무에서는 활성화된 터널 및 세션 정보가 매우 많을 수 있고, 터널 및 세션의 전체적인 추이를 그래프를 통해 명확하게 확인할 수 있다. 터널 및 VPN 세션 그래프는 Monitoring ➤ VPN ➤ VPN Connection Graphs에서 확인할 수 있다. 그림 13.34는 IPSec 터널을 확인하는 예를 보여준다. 그리고 그림 13.35는 실제 활동 중인 IPSec 터널과 IKE 터널의 수를 나타내는 그래프의 예다.

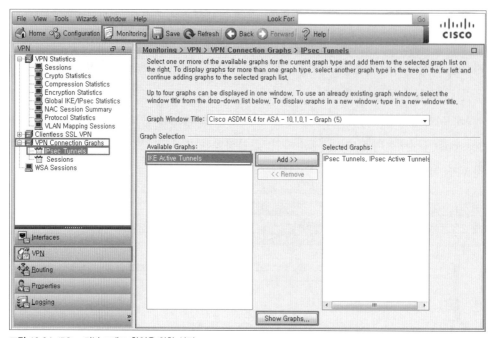

그림 13.34 IPSec 터널 그래프 확인을 위한 설정

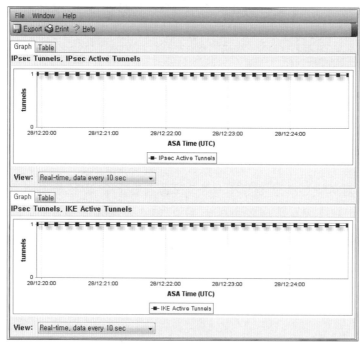

그림 13.35 터널 수에 대한 그래프 확인

지금까지 ASA의 원격 접속 VPN 설정과 확인에 대해 알아봤다. 마법사를 통한 간단한 설정이지만, ASDM을 통해 활동 중인 VPN 세션 정보를 확인할 수 있었다. 이 책을 통해 ASA의 VPN 설정과 확인에 친숙해지고, 이미 사용 중인 ASA VPN 게이트웨이에 대한 두려움을 없애는 것을 목표로 삼길 바란다. 그리고 마법사를 이용해 생성된 그룹 정책과 연결 프로파일의 수정 및 테스트를 통한 고급 설정에도 도전해보길 바란다.

14

SSL VPN

오랜만에 마치 전쟁과도 같은 업무로부터 벗어나 휴식을 취하고 있다. 가족들과 함께 멋진 휴양지를 찾아와서 좋은 시간을 보내고 있는 중이다. 그런데 갑자기 회사 상사로부터 전화가 왔다. 회사에 긴급한 일이 발생했다고 한다. 여행을 떠나왔으니 바로 회사로는 들어갈 수는 없다. 따라서 회사 상사는 VPN으로 회사 네트워크에 접속해 업무를 지원하라고 한다. 그러나 업무용 노트북을 가지고 오지 않아서 난감한 상황이다. 급한 대로 스마트폰으로 접속하거나 근처 PC방으로 향한다. 그러나 스마트폰에도, PC방의 컴퓨터에도 VPN 접속을 위한 VPN 클라이언트 소프트웨어가 설치되어 있지 않다. 어떻게 해야 할까?

앞 장에서 살펴본 EZVPN은 클라이언트 VPN이다. 이 말은 클라이언트 소프트웨어를 이용한 VPN 접속 방식이라는 의미다. 따라서 클라이언트 소프트웨어 없이는 VPN 접속을 할 수 없다. 위와 같은 상황이 발생한다면, 클라이언트 VPN은 무용지물이다. 이런 상황을 해결하기 위해 클라이언트 소프트웨어가 요구되지 않는 VPN 접속 방식인 SSL VPN을 사용할 수 있다. 이 장은 대표적인 클라이언트리스^{Clientless} VPN 접속 방식인 SSL VPN에 대해 살펴본다.

14.1 SSL VPN의 개요

SSL^{Secure Sockets Layer}은 원래 VPN을 위한 보안 기술이 아니다. SSL은 웹브라우저로 인터넷 검색 시 웹 서버와 사용자 간의 트래픽을 암호화해 보안에 취약한 인터넷상에서 정보 보안을 구현하기 위해 넷스케이프^{Netscape}에 의해 개발되었다. 오늘날 인터넷 뱅킹 등 거의 대부분의 온라인 거래에 사용되는 기술이 바로 SSL이다. 우리가 인터넷 뱅킹 등에 접속하면 https로 시작하는 주소를 확인할 수 있는데, HTTPS는 'HTTP Secure'로서 일반 HTTP에 SSL/TLS를 적용해 보안 서비스를 구현한 것이다.

SSL은 버전 1.0과 버전 2.0을 거쳐 오늘날 버전 3.0이 사용되고 있다. 버전 3.0은 IETF^{Internet Engineering Task Force}에 의해 TLS^{Transport Layer Security}라는 표준 프로토콜로 소개되었다. SSL/TLS는 보안의 목적인 비밀성, 무결성, 가용성 모두를 제공한다. 보안의 목적을 제공하기 위해 PKI^{Public Key Infrastructure}와 디지털 인증서^{Digital Certificate}를 통해 키 정보를 교환하고 암호화를 수행한다. SSL/TLS는 대칭형 암호화 키와 비대칭형 암호화 키 모두를 사용하는데, 키 정보 교환은 보안이 강화된 비대칭형 암호화를 사용하고 일반 사용자 데이터는 일반적인 대칭형 암호화를 사용한다(그림 14.1).

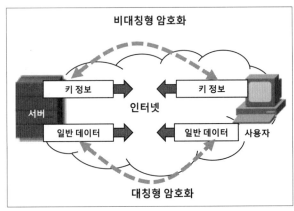

그림 14.1 SSL/TLS 암호화

이와 같은 SSL의 보안성을 VPN에 접목시킨 기술이 SSL VPN이다. 거의 모든 웹브라우저가 SSL을 지원하므로, 기본적으로 별도의 VPN 클라이언트 소프트웨어가 요구되지 않는다. 그러므로 SSL VPN은 VPN 클라이언트 소프트웨어가 설치되어 있지 않은 PC방 컴퓨터와 같은 대중용 PC나 스마트폰 같은 모바일 기기를 이용한 VPN 네트워크 접속을 지원한다. VPN 접속을 위한 소프트웨어가 요구되지 않는다는 특징은 SSL VPN의 최대 장점으로 부각된다. 또한 IPSec VPN과 같이 내부의 모든 네트워크로의 접속을 가능하게 할 뿐만 아니라, 특정 서버로의 제한된 접속만 허용할 수 있는 등 특화된 VPN 접속 기능을 제공한다. SSL VPN의 사용은 매우 간편하게 이루어지므로 기술적인 지식이 없는 사용자도 쉽고 편리하게 사용할 수 있는 것도 큰 장점으로 꼽힌다. 한편, SSL VPN

은 웹브라우저를 이용한 접속뿐만 아니라, 애니커넥트^AnyConnect와 같은 VPN 접속 소프트웨어를 통한 접속도 지원한다.

SSL VPN의 단점으로는 IPSec VPN에 비해 보안 기능이 약하고, 클라이언트 소프트웨어 없이 웹브라우저로 접속하는 경우에 웹 기반 응용프로그램^Web-based Application과의 파일 공유 및 이메일 서비스만 지원하는 등 지원 서비스가 제한되는 점을 들 수 있다. 그러나 이런 단점도 어느 정도 극복 가능한데, 애니커넥트와 같은 소프트웨어를 이용하면 IPSec VPN과 마찬가지로 모든 IP 기반 응용프로그램을 지원할 수 있다.

비록 SSL VPN이 IPSec VPN에 비해 보안에 다소 미흡하다고 할지라도, 여전히 만족할 만한 보안 기능과 편리하고 간단한 접속 기능을 갖췄기에 오늘날 인기 있는 VPN 기술로 사용되고 있다.

14.2 SSL의 동작

SSL은 편리하고 간단하게 보안의 목적인 비밀성, 무결성, 가용성을 지원한다. 어떻게 사용자의 그 어떤 조작도 없이 일반적인 웹브라우저를 통해 이런 보안성을 지원할 수 있을까? 이 절에서는 SSL의 동작에 대해 간단하게 알아보자.

우리 대부분은 인터넷 뱅킹을 이용해본 경험이 있을 것이다. 웹브라우저에 인터넷 뱅킹 주소를 입력하면 해당 은행의 웹사이트로 접속한다. 그리고 주소란에 보면 http가 아닌 https로 접속되는 것을 확인할 수 있다. https로 접속했다면 사용자의 PC와 은행 서버 간에 SSL을 사용한 보안 채널이 형성되었다고 받아들이면 된다. 어떻게 사용자도 인식하지 못한 상태에서 서버와 보안 채널을 형성할 수 있을까?

SSL의 동작은 클라이언트, 즉 사용자가 HTTPS(HTTP Secure) 접속 요청을 함으로써 이루어진다. SSL 서버는 TCP 443을 사용하므로, 사용자는 SSL 서버의 TCP 443과 3방향 핸드쉐이크를 시도한다. 3방향 핸드쉐이크가 완료되면 TCP 443과 사용자의 TCP 포트 간에 세션이 연결된다(그림 14.2).

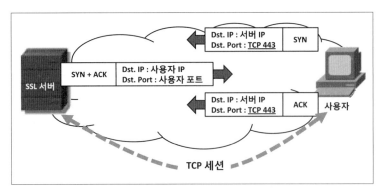

그림 14.2 TCP 3방향 핸드쉐이크

SSL 서버와 TCP 세션을 확립한 사용자 PC, 정확히 말해 사용자의 웹브라우저는 SSL 서버에게 사용자 헬로 메시지$^{Client\ Hello\ Message}$를 보낸다. 이때 보내지는 사용자 헬로 메시지는 SSL 버전 정보와 사용자 웹브라우저가 지원하는 암호화 리스트 정보 등을 포함하고 있다(그림 14.3).

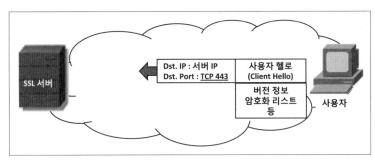

그림 14.3 사용자 헬로 메시지

사용자 헬로 메시지를 수신한 SSL 서버는 클라이언트를 향해 서버 헬로 메시지를 보낸다. 서버 헬로 메시지는 SSL 버전 정보를 비롯해, 클라이언트의 지원 암호화 리스트 중 선택한 암호화 방식을 알려준다. 또한 서버는 자신의 인증서^{Certificate}를 클라이언트에게 보내는데, 이 인증서는 서버의 공인 키$^{Public\ Key}$ 정보를 포함하고 있다(그림 14.4). 이 공인 키는 클라이언트상에서 암호화에 사용될 것이다.

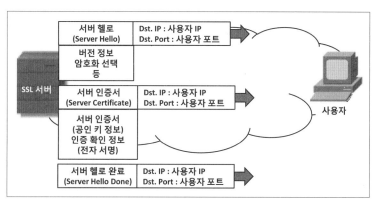

그림 14.4 서버 응답

SSL 서버로부터 인증서를 수신한 클라이언트는 인증서에 포함되어 있는 서버의 공인 키를 사용해 암호화와 복호화를 수행한다. 그런데 만일 클라이언트와 SSL 서버 간의 통신이 해커에 의해 가로채기당하면, 해커가 운용하는 가짜 SSL 서버가 가짜 인증서를 클라이언트에게 보낼 수도 있다(그림 14.5).

그림 14.5 해커의 서버가 가짜 인증서를 보낸다면?

이와 같은 위험이 존재하기 때문에 서버로부터 수신한 인증서가 정말 자신이 접속하고자 하는 서버로부터 수신된 인증서인지 확인할 필요가 있다. 이를 위해, 인증서에는 공인 키 정보뿐만 아니라, 인증서를 발행한 인증 기관과 해당 인증서의 유효기간을 표시해둔다(그림 14.6).

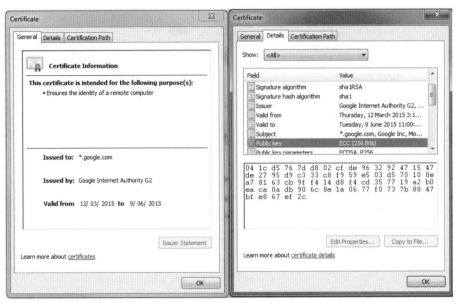

그림 14.6 인증서를 발행한 인증 기관 정보와 유효기간 정보, 공인 키 정보가 있다.

그렇다면 인증 기관은 확실한 것일까? 클라이언트가 어떻게 인증 기관을 신뢰할 수 있을까? 그림 14.7에서 볼 수 있듯이, 우리가 사용하는 웹브라우저에는 공인 인증 기관의 정보가 미리 포함되어 있다.

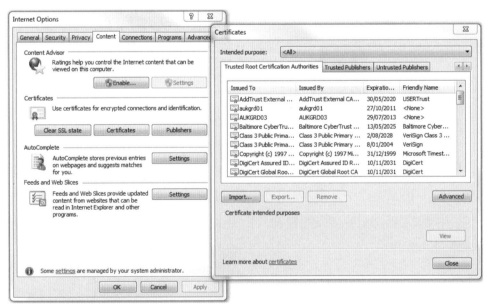

그림 14.7 웹브라우저에는 인증 기관 정보 리스트가 존재한다.

서버가 보내는 인증서에 나타나 있는 발행 기관이 이 웹브라우저에 포함되어 있는 인증 기관 리스트에 포함되어 있으면, 해당 인증 기관의 서버로 인증서 확인 요청을 수행한다(그림 14.8). 이때 인증 기관은 해당 인증서가 자신에 의해 발행되었고 유효하다는 사실을 전자 서명Digital Signature으로 통보한다.

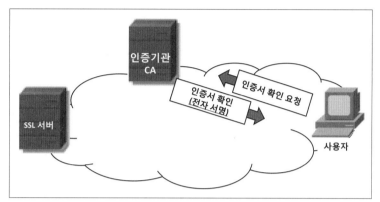

그림 14.8 인증서 확인 요청

서버의 인증서가 유효한지를 확인한 후, 클라이언트는 서버의 인증서가 확인되었다는 메시지를 서버로 보낸다(그림 14.9). 이 시점부터 클라이언트는 서버의 인증서로부터 공인 키를 확보하므로 실제 암호화와 복호화를 수행할 수 있게 된다.

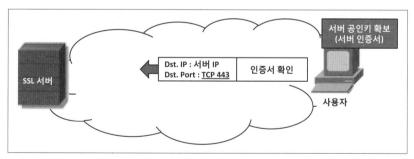

그림 14.9 인증서 확인

서버는 클라이언트로부터 인증서 확인 메시지를 수신했으므로, 클라이언트가 암호화와 복호화를 수행할 수 있다는 것을 인지한다. 그러므로 실제 응용프로그램의 데이터 암호화를 수행한다(그림 14.10).

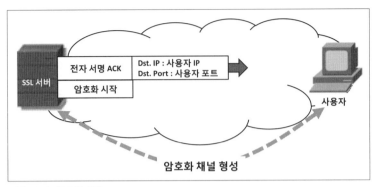

그림 14.10 암호화 시작

이와 같이 사용자 PC와 SSL 서버 간에 암호화 채널이 확립되고, 보안 통신이 가능하게 되었다. 암호화 채널 형성 과정을 따라가면서 자신의 PC에 설치된 웹브라우저의 인증서 정보와 인증 기관 리스트를 확인해보면 이해하는 데 도움이 될 것이다.

실제 SSL의 동작은 지금까지 제시한 과정보다 좀 더 복잡하다. 앞의 과정은 쉬운 이해를 도모하기 위해 중요한 과정만 언급했다는 사실을 유념하길 바란다.

14.3 SSL VPN의 종류

SSL의 보안성을 이용한 VPN 솔루션은 SSL의 편리성으로 인해 인기 있는 VPN 솔루션으로 자리잡았다. 일반적인 대부분의 응용프로그램이 웹 기반 응용프로그램이거나 이메일일 것이다. 그러므로 SSL VPN이 지원하는 응용프로그램에 제약이 있다 하더라도 제한된 서비스 또는 특정 서버로의 VPN 접속에는 SSL VPN이 최적의 VPN 솔루션일 것이다.

SSL은 기본적으로 사용자의 웹브라우저와 웹 서버 간의 통신을 보호하기 위해 개발된 프로토콜이다. 이를 보안 장비 제조사들이 VPN 기술에 접목시킴으로써 원격 접속 사용자가 편리하고 쉽게 VPN을 사용할 수 있다.

SSL은 웹브라우저를 바탕으로 동작한다. 그러므로 시스코에서는 SSL VPN이 WebVPN이라는 이름으로 사용된다. 그러나 시스코 SSL VPN은 반드시 웹 기반으로만 동작하는 것이 아니라, 그 동작 방식에 따라 세 가지의 SSL VPN 모드로 분류된다.

    1. 클라이언트리스 모드^{Clientless Mode}

2. 신 클라이언트 모드^{Thin Client Mode}

3. 네트워크 클라이언트^{Network Client} 또는 터널^{Tunnel} 모드

클라이언트리스 모드는 시스코 VPN 클라이언트 소프트웨어와 같은 VPN 클라이언트 소프트웨어를 사용하지 않는 모드를 의미한다. 비록 SSL VPN 클라이언트리스 모드가 사용자 PC의 웹브라우저를 클라이언트 소프트웨어로 사용하지만, 말 그대로 전용 클라이언트 소프트웨어가 요구되지 않는 모드라고 이해하면 되겠다.

클라이언트리스 VPN 모드에서는 웹 기반 응용프로그램에 대한 보안만 지원하고, 대부분의 일반 응용프로그램은 보호되지 않는다. 실제 SSL VPN은 사용자와 SSL 서버 역할을 수행하는 SSL 게이트웨이 간에 암호화 채널을 형성하는데, SSL 게이트웨이는 사용자와 서비스 서버 간의 HTTP와 HTTPS의 프록시^{Proxy}, 즉 대행자 역할을 수행함으로써 보안 기능을 제공한다(그림 14.11).

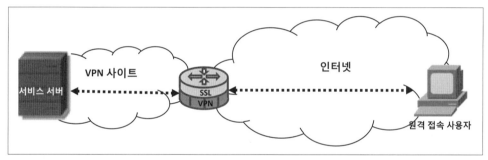

그림 14.11 클라이언트리스 모드의 SSL 게이트웨이는 대행자 역할을 수행한다.

신 클라이언트 모드는 '신^{Thin}'이라는 표현이 의미하는 대로 '가벼운' 형태의 클라이언트 소프트웨어를 사용한다. 여기서 가벼운 형태의 클라이언트 소프트웨어란 클라이언트리스 모드와 같이 웹브라우저를 사용하는 것을 말하는데, 이를 위해 자바^{Java}가 설치되어 있어야 한다. 다시 말하면, 완전한 형태의 전용 VPN 소프트웨어는 아니지만, 기본적인 웹브라우저의 형태도 아니기 때문에 이를 신 클라이언트 모드라고 부른다.

신 클라이언트 모드는 클라이언트리스 모드와 같이 웹 기반 응용프로그램은 물론이고, (비록 모든 일반 응용프로그램은 아니더라도) 일부 일반 응용프로그램도 지원할 수 있다. 기본적인 VPN 접속 방식은 클라이언트리스 모드와 유사하게 웹브라우저를 통해 VPN에 접속하지만, 인증 후에 자동으로 자바를 실행함으로써 신 클라이언트 모드가 진

행된다. 신 클라이언트 모드에서 지원하는 웹 기반이 아닌 일반 응용프로그램으로는 대표적으로 텔넷[Telnet], SSH, 시트릭스[Citrix], 이메일 등이 있고 이외에도 다수가 더 있다.

이와 같이 신 클라이언트 모드는 웹 기반 응용프로그램만 지원하는 클라이언트리스 모드의 단점을 극복하기 위해 소개되었다. 그러나 독자 여러분이 신 클라이언트 모드의 SSL VPN을 사용한다고 가정하자. 우리는 회사의 업무 환경에서 다양한 응용프로그램을 사용한다. 신 클라이언트 모드는 일반 응용프로그램의 일부만 지원하기 때문에 여러분이 사용하고자 하는 응용프로그램이 지원되는지 알기 어렵다. 그러므로 모든 응용프로그램을 지원하는 그 무엇이 요구된다. 이런 신 클라이언트 모드의 단점을 극복하기 위해 소개된 것이 터널 모드 SSL VPN이다.

터널 모드 SSL VPN은 시스코가 개발한 SSL VPN 모드인데, 이는 자바 기반의 클라이언트 소프트웨어가 요구된다. 여기서 독자들에게 한 가지 의문이 생길 수 있다. 클라이언트 소프트웨어가 요구되는데, 왜 IPSec의 강력한 보안 기능을 뒤로하고 굳이 SSL VPN을 사용하는 것일까? 그 이유는 사용자의 편리성 때문이다.

EZVPN의 VPN 클라이언트 소프트웨어는 사용자 PC에 미리 설치되어 있어야 한다. 그러나 터널 모드 SSL VPN의 클라이언트 소프트웨어는 그렇지 않다. 사용자가 SSL VPN에 접속하면, 서버로부터 자바 기반의 클라이언트 소프트웨어를 자동으로 다운로드하고 그 소프트웨어는 사용자 PC에 설치된다. 그리고 소프트웨어 설치 후, PC 리부팅도 요구되지 않으므로 사용자의 편의에 부합하는 VPN 접속 모드다. 이 터널 모드에서 사용되는 클라이언트 소프트웨어를 시스코는 애니커넥트[AnyConnect]라고 부른다. 터널 모드 SSL VPN은 모든 일반 응용프로그램을 지원하지만, SSL VPN의 특성으로 인해 보안성이 IPSec VPN에 비해 약하다는 단점은 그대로 존재한다.

지금까지 SSL VPN의 세 가지 모드에 대해 알아봤다. 이제 네트워크에서 사용하는 응용프로그램에 따라 적절하게 SSL VPN 모드를 결정해 사용하면 된다. 만일 VPN으로 사용하는 응용프로그램이 모두 웹 기반이라면 간단한 클라이언트리스 모드를 사용하면 된다. 그렇지 않다면, 응용프로그램에 따라 신 클라이언트 모드나 터널 모드를 사용하면 된다.

14.4 SSL VPN 설정

SSL VPN은 일반적으로 IOS 라우터 기반에서 드물게 사용된다. SSL VPN을 사용할 정도의 규모라면 전문 보안 장비를 설치해 사용하는 것이 일반적이다. 요즘 시스코가 통합 서비스형 라우터 2세대 장비를 출시함에 따라 라우터에서 보안 서비스를 이용하는데 큰 무리는 없지만, IOS 라우터의 SSL VPN 활용도는 높지 않다. 그러므로 이 장에서는 ASA를 이용한 클라이언트리스 SSL VPN과 클라이언트 SSL VPN 설정에 대해서만 알아보도록 한다.

한편, 원격 접속 IPSec VPN 설정과 마찬가지로, ASA의 SSL VPN 설정은 비교적 고급설정에 속한다. 그러므로 이 책에서 SSL VPN에 대한 자세한 내용을 언급하기에는 무리가 있다고 생각된다. 이 장은 SSL VPN의 간단한 설정을 통해 각 모드별 VPN 사용자의접속 환경을 확인하는 형태로 SSL VPN을 이해하는 데 주력하기로 한다. 그러므로 ASA의 SSL VPN 설정은 ASDM의 마법사를 통해 설정하기로 한다.

클라이언트리스 모드 SSL VPN 설정

클라이언트리스 모드 SSL VPN은 말 그대로 VPN 클라이언트가 VPN 접속 클라이언트소프트웨어 없이 웹브라우저만으로 접속할 수 있는 환경을 만들어주기 위한 설정이다.

그림 14.12는 SSL VPN 설정을 위한 구성도를 보여준다.

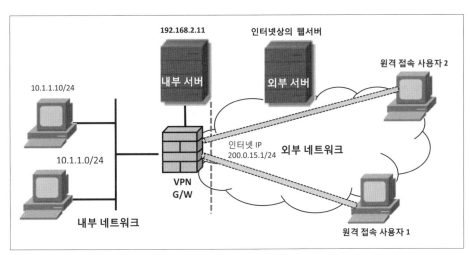

그림 14.12 SSL VPN 설정 구성도

시스코 ASDM의 마법사 기능은 매우 간편하게 ASA를 설정할 수 있도록 도와준다. 다만 가장 일반적인 설정을 지원하므로, 예외가 많은 시나리오의 경우에는 적절하지 않을 수 있다. 간편하고 일반적인 시나리오의 경우에는 ASA 설정법을 모르더라도 일반적인 지식만 있으면 쉽게 설정할 수 있다. 이 책에서 SSL VPN의 실습 예제는 ASDM의 VPN 마법사 기능을 통해 간단하게 설정하고 확인한다.

먼저 마법사를 실행한다. 클라이언트리스 SSL VPN 설정을 위해 VPN 마법사를 실행하자. 메뉴바의 Wizards > VPN Wizards > Clientless SSL VPN Wizard...를 클릭한다(그림 14.13).

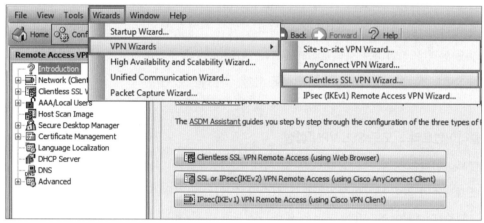

그림 14.13 클라이언트리스 SSL VPN 마법사 실행

마법사를 통한 클라이언트리스 SSL VPN은 총 6단계로 이루어진다. 마법사의 첫 번째 단계에서는 클라이언트리스 SSL VPN에 대한 매우 간단한 설명과 함께 일반적인 구성 형태를 나타낸 그림을 보여준다(그림 14.14). 본격적인 설정을 위해 Next를 클릭한다.

본격적인 설정의 첫 번째는 SSL VPN을 활성화할 인터페이스에 관련된 설정이다. VPN 연결을 위한 프로파일의 이름을 지정하고, SSL VPN을 활성화할 인터페이스를 지정한다. 그리고 인증서가 존재한다면 SSL VPN에 사용할 인증서를 지정한다. 여기서 VPN 연결 프로파일이란 우리가 이미 CLI 명령어로 설정해본 터널 그룹을 의미한다. 이름을 CLIENTLESS_SSL로 지정하고, 인터페이스는 Outside로 지정한 후 Next를 클릭한다(그림 14.15).

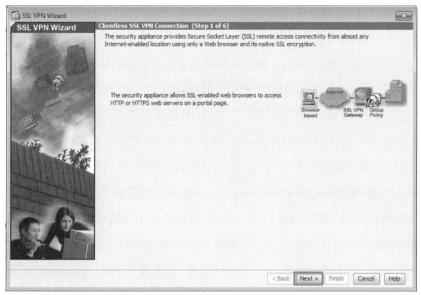

그림 14.14 마법사를 통한 클라이언트리스 SSL VPN 설정의 1단계

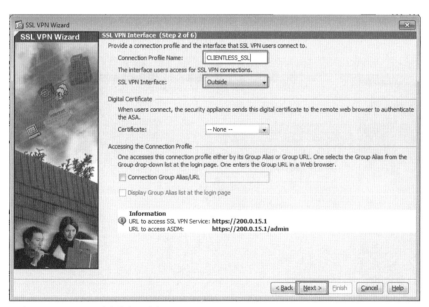

그림 14.15 SSL VPN 인터페이스 지정

참고로, 일단 ASA에 클라이언트리스 SSL VPN이 활성화되면 모든 사용자는 ASA
의 IP를 통해 VPN 네트워크에 접속된다. 사용자는 웹브라우저를 이용해 https://*ASA_
Interface_IP*를 통해 접속한다. 만일 ASDM 액세스가 해당 인터페이스에 대해 활성화

되어 있다면, ASDM 접속 역시도 https://*outside_IP*를 통해 이루어진다. 그러므로 SSL VPN 접속과 ASDM 접속을 위한 주소가 사용자와 관리자에 따라 분리되어야 한다. 클라이언트 SSL_VPN이 활성화되면, ASDM 접속은 https://*ASA_Interface_IP*/admin을 통해 접속할 수 있다. 마법사의 2단계 창에서 이에 대한 정보를 보여준다.

다음 단계는 사용자 인증^{User Authentication}이다. 사용자 인증은 VPN 접속을 시도하는 사용자를 인증하기 위한 설정이다. 인증은 AAA 서버를 이용할 수도 있고, ASA 자체에 설정된 로컬 계정 정보를 사용할 수도 있다. 만일 인증을 위한 AAA 서버가 마련되어 있는 경우에는 Authenticate using a AAA server group을 선택한 후 New를 클릭해 AAA 서버를 등록하면 된다. 만일 로컬 계정 정보를 사용하고자 한다면 Authenticate using the local user database를 선택하고, 새로운 사용자에 대해 계정 정보를 추가하면 된다.

예제는 로컬 계정 정보를 사용하는 설정으로 진행된다. Authenticate using the local user database를 선택하고 Username과 Password를 입력한다. 예제는 사용자 이름에 rauser, 패스워드에 cisco123을 입력한다. 패스워드 확인을 위해 두 번 입력한 후에 Add를 클릭해 새로운 사용자 계정이 오른쪽 박스로 이동하도록 하자(그림 14.16).

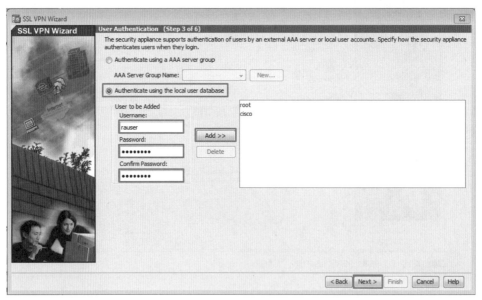

그림 14.16 사용자 인증 설정

이제 그룹 정책^{Group Policy}을 설정하자. 기존에 설정한 그룹 정책이 존재한다면, **Modify existing group policy**를 선택하고 원하는 정책을 지정하면 된다. 예제는 새로운 정책을 생성하기로 한다. **Create new group policy**를 선택하고, 그룹 정책의 이름을 CLIENTLESS_SSL_Policy로 입력하고, **Next**를 클릭한다(그림 14.17).

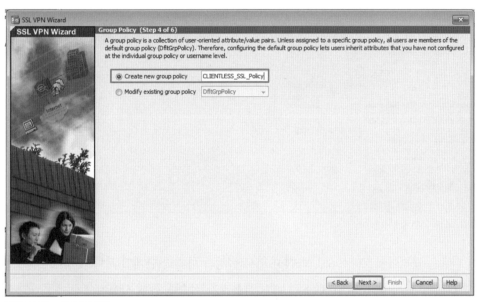

그림 14.17 그룹 정책 설정

참고로, 여기에서 생성되는 그룹 정책은 이후에 언제든지 수정할 수 있다. 그룹 정책 수정은 Configuration ➤ Remote Access VPN ➤ Clientless SSL VPN Access ➤ Group Policies에서 가능하다. 수정을 원하는 정책을 선택한 후 Edit를 클릭하면 수정을 위한 설정 창이 제공된다(그림 14.18).

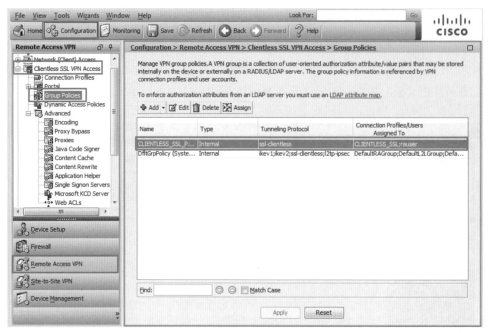

그림 14.18 그룹 정책 설정 수정

　다음은 클라이언트리스 SSL VPN 마법사 설정의 마지막 단계인 북마크 리스트[Bookmark List] 설정이다. 북마크 리스트란 SSL VPN 사용자가 접속했을 때 사용자에게 제공되는 웹 포털[Web Portal] 형태의 URL 리스트 정보다. 이미 설정된 북마크 리스트를 사용하고자 할 때는 드롭다운 메뉴[Drop-down menu]를 클릭해 선택하면 된다. 예제에서는 새로운 북마크 리스트를 생성하기로 한다. 새로운 북마크 리스트를 생성하기 위해 Manage...를 클릭한다 (그림 14.19).

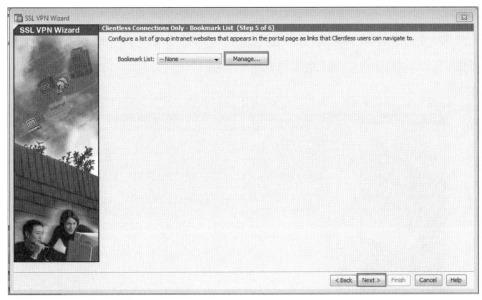

그림 14.19 북마크 리스트 설정

북마크 리스트 설정을 위한 새로운 창이 제공된다. 이 창에서 기존 북마크 리스트를 수정 및 삭제할 수도 있다. 새로운 북마크 리스트를 생성하기 위해 **Add**를 클릭한다(그림 14.20).

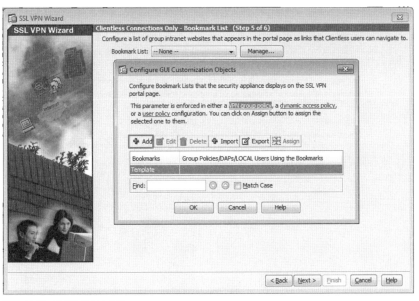

그림 14.20 북마크 리스트 생성

북마크 리스트 생성 창이 제공되면, 일단 해당 북마크 리스트의 이름을 지정하고, URL 추가를 위해 **Add**를 클릭한다(그림 14.21). 예제의 북마크 리스트 이름을 CLIENTLESS_SSL_Bookmark로 입력한다.

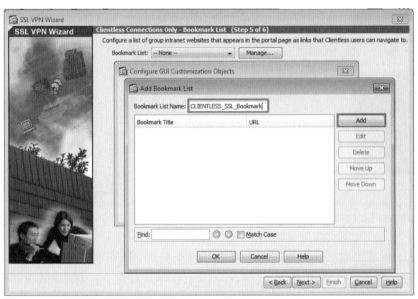

그림 14.21 북마크 리스트 추가

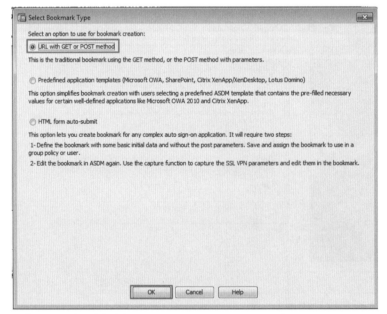

그림 14.22 북마크 타입 지정

이제 북마크 타입을 지정한다. 가장 간단한 형태인 URL with GET or POST method를 선택하고 OK를 클릭한다. 이는 일반적인 URL 형태의 입력을 통해 북마크를 지정하기 위한 설정이다(그림 14.22).

이제 첫 번째 북마크를 입력해보자. 북마크 타이틀에 해당 URL의 이름을 지정한다. 이 이름은 사용자가 SSL VPN 웹 포털에 접속했을 때 보여지는 북마크 이름이다. 이 예제에서 북마크 타이틀을 Internal_WEB으로 지정하고, URL은 http에 내부 웹 서버의 주소인 192.168.2.11을 입력한다. 그리고 OK를 클릭한다(그림 14.23).

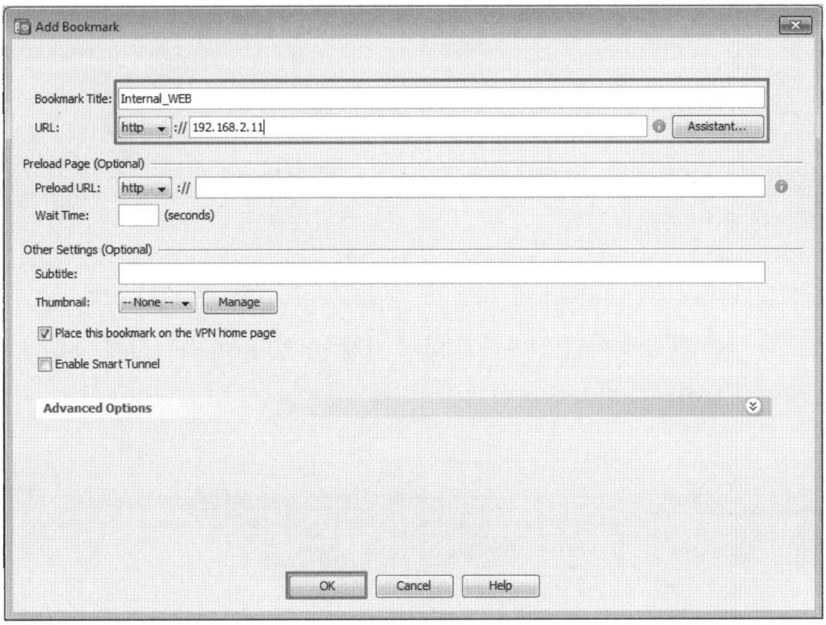

그림 14.23 북마크 추가(웹 서버)

북마크를 더 추가하기 위해 북마크 리스트 추가 창에서 Add를 다시 클릭한다. 북마크 추가 창에서 북마크 타이틀을 Internal_FTP로 지정하고, URL은 ftp와 192.168.2.11을 입력한 후 OK를 클릭한다(그림 14.24).

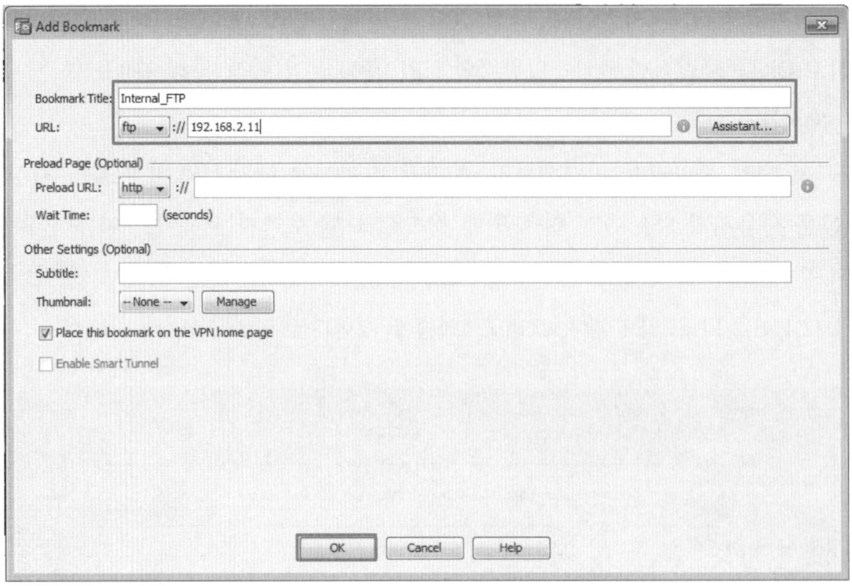

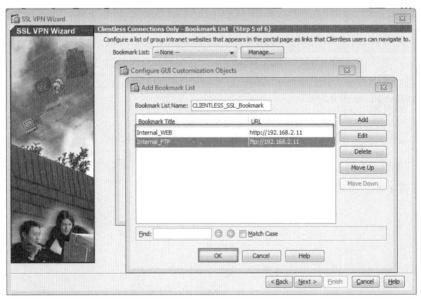

그림 14.24 북마크 추가(FTP 서버)

CLIENTLESS_SSL_Bookmark에 지정한 북마크를 확인할 수 있다(그림 14.25). 북마크 리스트는 사용 환경에 따라 얼마든지 더 추가할 수 있다. 이 북마크가 SSL VPN 사용자에게 어떻게 보이는지 뒤에서 확인해보자.

그림 14.25 설정한 북마크 타이틀 확인

설정한 북마크 리스트 CLIENTLESS_SSL_Bookmark가 선택된 것을 확인하고 OK를
클릭한다(그림 14.26).

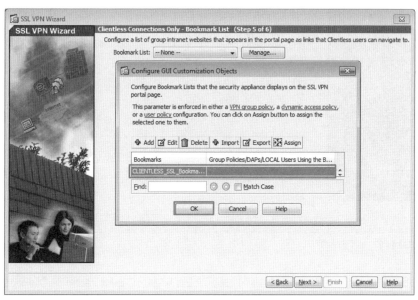

그림 14.26 북마크 리스트 지정

북마크 리스트에 CLIENTLESS_SSL_Bookmark가 선택된 것을 확인하고 Next를 클릭
한다. 이제 클라이언트 SSL VPN 마법사의 마지막 페이지다. 지금까지 설정한 모든 정보
의 요약 정보를 보여준다. 설정한 것이 모두 정확하다면 Finish를 클릭해 적용하면 된다
(그림 14.27).

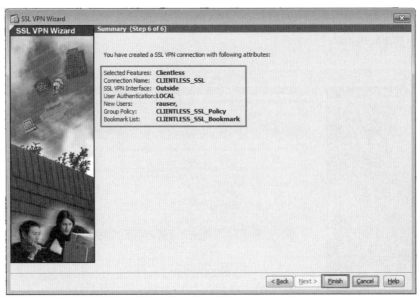

그림 14.27 설정 정보 요약

참고로, 마법사를 통해 설정한 VPN 연결 프로파일은 Configuration > Clientless SSL VPN Access > Connection Profiles에서 확인할 수 있다. 만일 수정이 요구된다면 해당 프로파일을 선택한 후 Edit를 클릭하면 된다(그림 14.28).

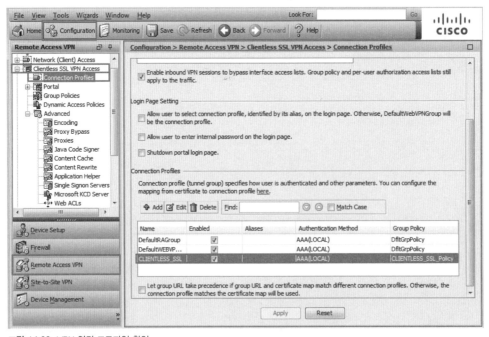

그림 14.28 VPN 연결 프로파일 확인

ASA에서 이루어져야 하는 설정은 모두 마쳤다. 이제 VPN 사용자 입장에서 SSL을 이용해 내부 네트워크로 접근해보자.

클라이언트리스 SSL VPN은 별도의 VPN 클라이언트 소프트웨어가 요구되지 않는다고 했다. VPN 사용자는 웹브라우저를 이용해 VPN 네트워크에 접속한다.

웹브라우저에 SSL VPN이 활성화된 ASA의 Outside 인터페이스의 IP로 HTTPS 접속을 시도한다. 예제는 Outside 인터페이스에 SSL을 활성화했다. 그러므로 웹브라우저의 주소 창에 https://200.0.15.1을 입력해 접속한다. ASA에 접속하면 인증서가 안전하지 않다는 경고문을 보여준다. 예제에서는 ASA의 자체 인증서를 사용하므로 웹브라우저가 신뢰할 수 없는 인증서로 받아들이기 때문이다. 만일 실무에서 공인 인증 기관으로부터 인증서를 받았다면 그림 14.29와 같은 경고문은 나타나지 않을 것이다.

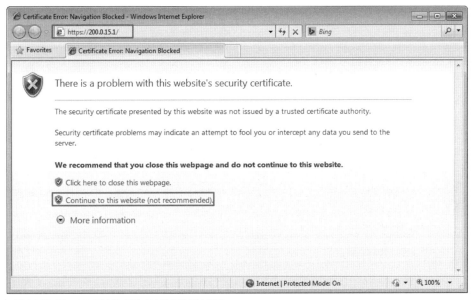

그림 14.29 SSL VPN 접속을 위해 ASA의 IP로 접속한다.

참고로, 앞에서 입력한 URL인 https://200.0.15.1은 ASA 인터페이스의 IP다. 그러므로 외부 네트워크로부터 ASDM 접속을 시도하는 경우에도 동일한 IP를 이용해 접속한다. 그러나 클라이언트 SSL VPN이 활성화되면 https://200.0.15.1은 SSL VPN 접속을 위한 주소 정보다. 만일 ASDM에 접속하고자 한다면 https://200.0.15.1/admin으로 접속하면 된다(그림 14.30).

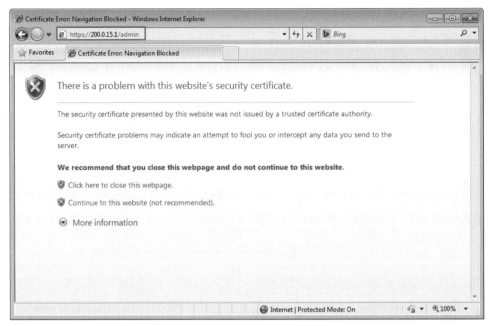

그림 14.30 ASDM 접속을 위한 URL

    ASA에 접속하면 SSL VPN 로그인을 위한 페이지가 제공된다. 사용자 정보를 입력하고 로그인을 시도한다. 사용자 이름에 rauser, 패스워드에 cisco123을 입력한다(그림 14.31).

그림 14.31 SSL VPN 로그인

로그인에 성공하면 ASA가 제공하는 SSL VPN 웹 포털이 나타난다. 이 웹 포털에 마법사의 북마크 리스트에서 설정한 북마크의 이름이 나타난다. 이와 같이, 북마크 리스트는 사용 빈도가 높은 사이트를 미리 설정해 사용자에게 편리함을 제공한다(그림 14.32). Internal_WEB과 Internal_FTP를 클릭해 해당 웹사이트와 FTP 서버에 접속해보자.

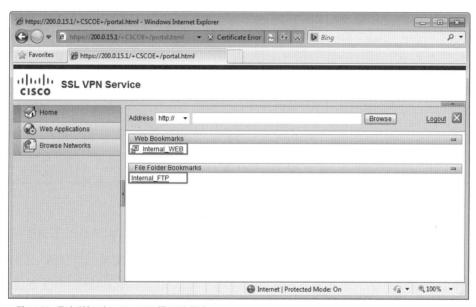

그림 14.32 클라이언트리스 SSL VPN 웹 포털 화면

Internal_WEB을 클릭하면 내부 서버팜에 위치하는 웹 서버(192.168.2.11)로 접속되는 것을 확인할 수 있다. 외부 네트워크에 위치하는 사용자가 SSL VPN을 통해 내부 웹 서버로 접속되는 것이다. 그러나 눈치 빠른 독자들은 주소란의 URL 정보를 보고 의아해할 수도 있다. URL의 주소는 내부 웹 서버의 주소가 아니라, 여전히 ASA의 Outside 인터페이스의 주소로 나타난다(그림 14.33).

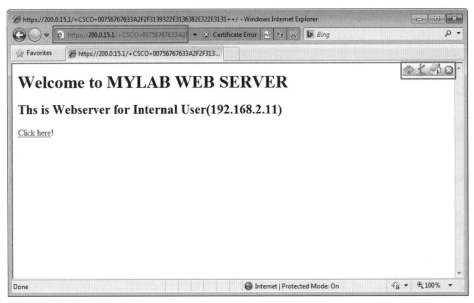

그림 14.33 주소란의 URL은 ASA의 IP다.

클라이언트 SSL VPN은 내부 네트워크와 외부 사용자 간의 직접 통신으로 이루어지는 것이 아니라, ASA가 그 대행자 역할을 수행하는 형태로 동작한다. 그러므로 사용자는 ASA에 접속하고, ASA가 사용자를 대신해 내부 네트워크와 통신함으로써 그 정보를 SSL 터널을 통해 사용자에게 전달한다.

다시 SSL VPN 웹 포털로 돌아가기 위해서는 오른쪽 상단에 있는 집 모양의 아이콘을 클릭하면 된다.

Internal_FTP를 클릭하면 마찬가지로 FTP 서버로 접속되는 것을 확인할 수 있다. ASA의 웹 포털이 제공하는 여러 가지 편집 기능을 이용해 FTP 서비스를 이용할 수 있다(그림 14.34).

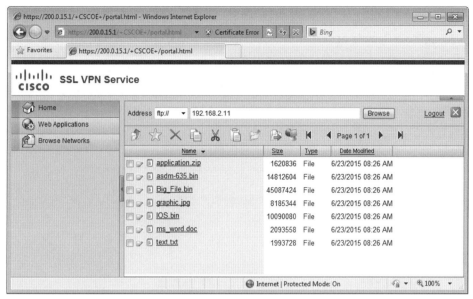

그림 14.34 FTP 서버 접속

　북마크 리스트에 제공되지 않은 서버나 서비스는 **Address**에 직접 서비스와 주소를 입력하면 된다.

　지금까지 클라이언트리스 SSL VPN을 마법사를 이용해 간단하게 구성해봤다. 그리고 사용자의 관점에서 VPN 네트워크에 접속하는 방법과 그 환경에 대해 알아봤다. 클라이언트리스 SSL VPN은 특정 클라이언트 소프트웨어를 필요로 하지 않고, 웹브라우저만을 이용해 VPN 네트워크에 접속할 수 있다. 그러므로 사용자는 언제 어디서나 VPN에 접속해 자신의 업무를 진행할 수 있다. 그러나 클라이언트리스 SSL VPN은 웹 서비스와 FTP 서비스 등과 같은 제한적인 애플리케이션 서비스만 지원하므로, VPN 클라이언트 소프트웨어가 여전히 필요할 수도 있다.

클라이언트 모드 SSL VPN 설정

클라이언트 VPN이란 VPN 접속을 위해 클라이언트 소프트웨어를 이용하는 방식을 의미한다. 그러므로 사용자 PC에 VPN 클라이언트 소프트웨어가 반드시 설치되어 있어야 한다. 이미 IPSec 원격 접속 VPN을 통해 클라이언트 VPN을 구성해봤다. 이 장에서는 SSL을 이용해 시스코 애니커넥트^AnyConnect 소프트웨어를 이용한 VPN을 구성해보기로 한다.

참고로, ASDM은 각 VPN 모드에 대한 간략한 설명과 설정법을 보여주는데, Configuration ➤ Remote Access VPN ➤ Introduction에서 확인할 수 있다(그림 14.35).

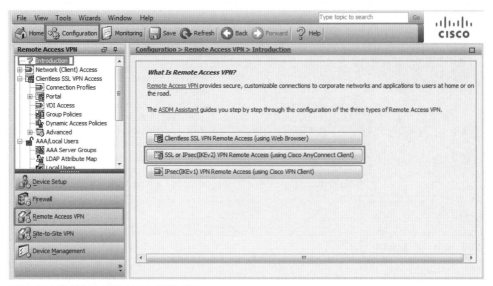

그림 14.35 원격 접속 VPN의 설명과 설정법 제공

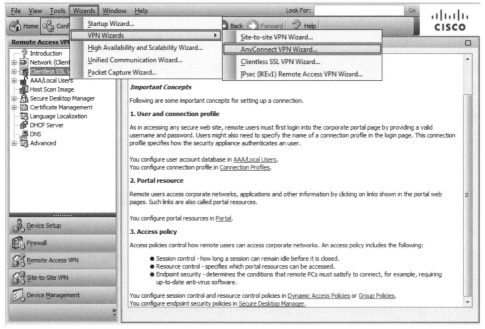

그림 14.36 애니커넥트 VPN 마법사 실행

클라이언트리스 SSL VPN의 설정과 마찬가지로, 마법사를 통해 간단하게 클라이언트 SSL VPN을 구현해보자.

VPN 마법사 실행을 위해 상단의 메뉴바에서 Wizards > VPN Wizards... > AnyConnect VPN Wizard...를 클릭한다(그림 14.36).

애니커넥트 VPN 마법사의 첫 번째 페이지도 애니커넥트 VPN에 대한 간략한 설명과 함께 일반적인 구성도를 보여준다. Next를 클릭해 본격적인 설정을 수행하자.

클라이언트 SSL VPN 설정에서도 가장 먼저 수행해야 할 설정은 VPN 연결 프로 파일 이름을 지정하는 것이다. 앞에서도 언급했듯이, 이는 CLI 명령어의 터널 그룹 Tunnel Group에 해당한다. 그림 14.37과 같이, Connection Profile Name에 CLIENT_SSL_ ANYCONNECT로 입력한다. 그리고 SSL VPN이 활성화될 인터페이스를 지정한다. 예 제에서는 Outside 인터페이스에 SSL VPN을 활성화한다. 다음 설정을 위해 Next를 클릭 한다.

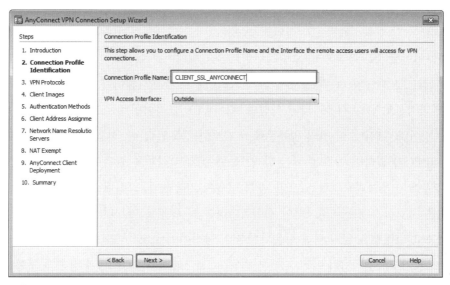

그림 14.37 VPN 연결 프로파일 지정

VPN 트래픽을 보호하기 위한 프로토콜을 지정한다. 예제에서 SSL VPN은 SSL을 통 해 사용자 트래픽을 보호하므로 VPN Protocols에 SSL을 체크하고 IPSec은 체크를 해제 한다. Next를 클릭한다(그림 14.38).

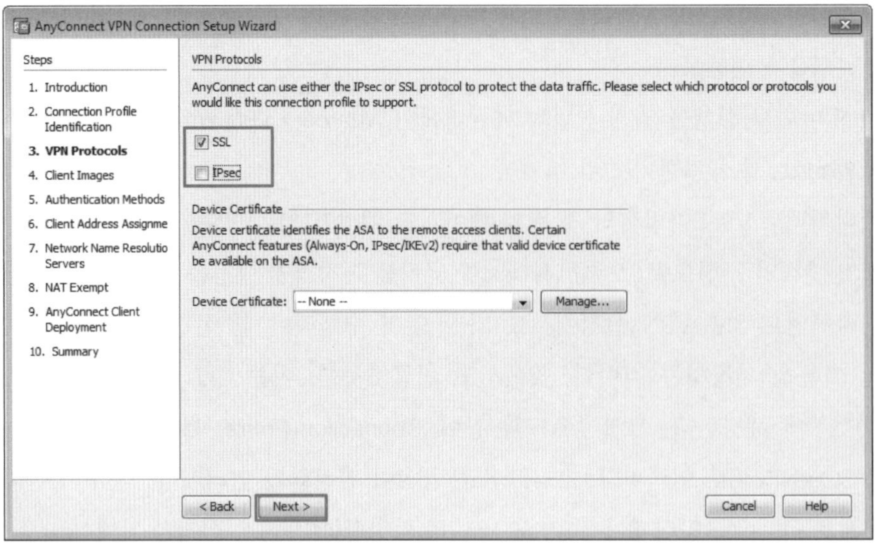

그림 14.38 VPN 프로토콜 지정

마법사를 통한 SSL VPN 설정의 다음 단계는 애니커넥트 소프트웨어를 지정하는 설정이다. 이 단계에서 해당 클라이언트 소프트웨어를 업로드하거나 지정해야 한다.

클라이언트 SSL VPN은 VPN 클라이언트 소프트웨어를 이용하는 접속 방식이라고 했다. 그러므로 사용자 PC에 반드시 VPN 클라이언트 소프트웨어가 설치되어 있어야 한다. 일반적으로 VPN 사용자라면 자신의 PC에 VPN 클라이언트 소프트웨어가 설치되어 있을 것이다. 그러나 이 장의 앞부분에서 제시한 경우와 같이, 사용자가 외출 중이라서 자신의 PC가 없다면 어떻게 해야 할까? 물론 앞에서 살펴본 클라이언트리스 SSL VPN의 경우에는 웹브라우저만 있으면 VPN 접속이 가능했다. 그러나 클라이언트리스 SSL VPN은 지원하는 응용프로그램이 제한적이라는 큰 단점을 가진다. 이런 단점을 극복하면서, SSL의 장점을 얻기 위해 사용되는 것이 클라이언트 SSL VPN이다.

사용자가 자신의 PC가 아닌, 다른 사람의 PC를 사용하거나 PC방과 같은 곳에서 공용 컴퓨터를 사용하는 경우에 VPN 클라이언트 소프트웨어가 설치되어 있을 것으로 기대할 수는 없다. 또한 설치를 위해 VPN 클라이언트 소프트웨어를 인터넷으로부터 다운로드하지 못할 수도 있을 것이다. 이런 경우를 대비해 시스코 클라이언트 SSL VPN은 ASA가 애니커넥트 소프트웨어를 자동으로 제공해줄 수 있다. 사용자가 SSL VPN 접속을 시도하고, 인증이 완료되면 자동으로 VPN 클라이언트 설치 유무를 확인하고, 설치되어 있지 않다면 자동으로 다운로드해 설치된다.

이때 ASA는 VPN 사용자에게 제공해주는 클라이언트 소프트웨어를 가지고 있어야 함이 마땅하다. 그러므로 만일 ASA가 클라이언트 소프트웨어, 즉 애니커넥트 소프트웨어를 가지고 있지 않다면 이를 사전에 ASA로 업로드해야 한다.

클라이언트 소프트웨어를 지정하기 위해 **Add**를 클릭한다(그림 14.39).

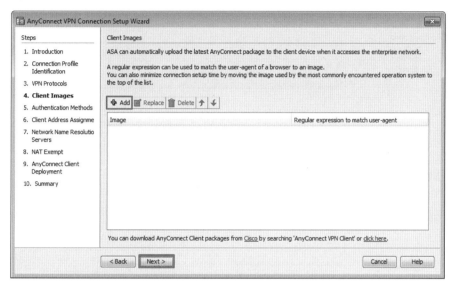

그림 14.39 클라이언트 소프트웨어 지정

이제 애니커넥트 클라이언트 이미지를 지정하기 위한 새로운 창이 열린다. **Browse Flash...**를 통해 ASA의 플래시 메모리에 저장된 애니커넥트 이미지를 등록할 수 있다. 예제에서는 현재 ASA의 플래시 메모리에 애니커넥트 이미지가 존재하지 않는 것을 전제로 진행한다.

현재 ASA의 플래시에 클라이언트 소프트웨어 이미지가 존재하지 않으므로 해당 이미지를 업로드해야 한다. ASDM은 자체적으로 업로드 기능을 제공한다. 따라서 TFTP 클라이언트 소프트웨어를 이용하지 않아도 되므로 편리하게 이미지를 업로드할 수 있다. 애니커넥트 이미지를 업로드하기 위해 **Upload...**를 클릭한다(그림 14.40).

당연한 소리지만, 클라이언트 소프트웨어 이미지를 업로드하기 위해서는 먼저 로컬 PC에 해당 이미지가 저장되어 있어야 한다. 예제는 로컬 PC에 해당 이미지가 있다는 것을 전제로 한다. 로컬 PC로부터 애니커넥트 이미지를 업로드하기 위해 **Browse Local Files...**를 클릭해 로컬 PC에 저장된 이미지를 지정한다(그림 14.41).

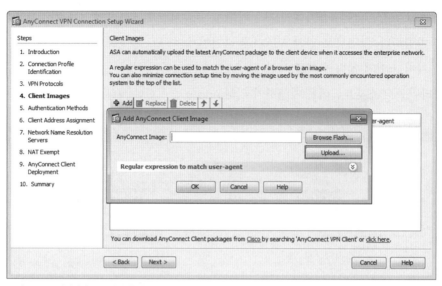

그림 14.40 애니커넥트 이미지 추가

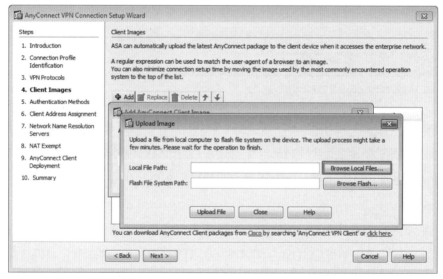

그림 14.41 로컬 PC로부터 이미지 파일 지정

로컬 PC의 이미지 파일을 지정하면 ASA에 저장할 위치를 지정한다. 기본적으로 디스크 0(Disk0:/)에 저장될 것이다. Upload File을 클릭해 업로드를 시작한다(그림 14.42).

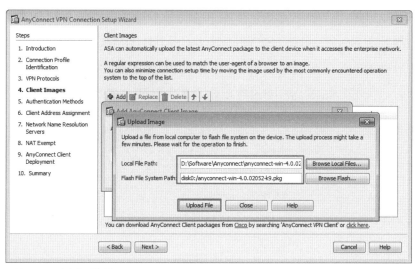

그림 14.42 이미지 파일 업로드

이미지 업로드가 완료되면 업로드된 이미지가 추가되기 위해 지정된다. OK를 클릭해 이미지 추가를 완료한다.

이제 업로드된 이미지가 클라이언트 이미지로 선택된 것을 확인할 수 있다(그림 14.43). 지정된 이미지는 SSL VPN 접속을 시도하는 사용자의 PC에 클라이언트 소프트웨어가 설치되지 않았다면 자동으로 해당 소프트웨어가 설치될 수 있도록 자동으로 전송된다.

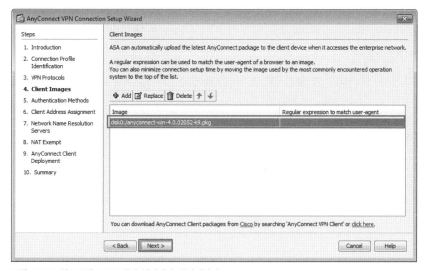

그림 14.43 업로드된 소프트웨어 이미지가 지정되었다.

다음으로, VPN 접속을 위한 사용자 인증 설정을 수행한다. 사용자 인증 설정은 앞에서 설정한 클라이언트리스 SSL VPN 설정과 동일한 방법으로 이루어진다. 사용자 인증을 위해 ASA에 설정된 로컬 인증 데이터베이스를 사용한다면, AAA 서버 그룹을 LOCAL로 선택하고 SSL VPN 사용자의 인증 정보를 입력한다(그림 14.44).

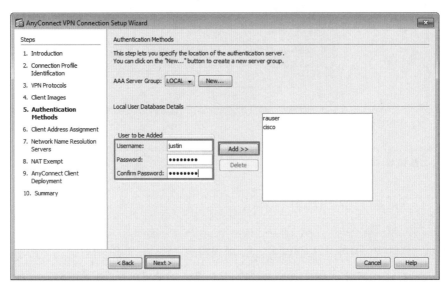

그림 14.44 VPN 사용자 인증 정보 등록

IPSec 원격 접속 VPN과 마찬가지로, 클라이언트 SSL VPN도 클라이언트 소프트웨어를 이용한 독립적인 터널을 형성한다. 그러므로 SSL VPN 접속을 위한 내부 접속 IP 주소가 할당된다. IPSec 원격 접속 VPN에서 IPSec 터널에 내부 IP 주소가 할당된 것을 기억할 것이다.

마찬가지로, 클라이언트 SSL VPN도 사용자에게 할당할 내부 IP 주소 할당 설정을 수행한다. SSL VPN 사용자에게 할당할 IP 풀을 지정한다. 기존에 설정된 IP 풀이 존재하지 않거나 새로운 IP 풀을 생성하려면 **New...**를 클릭한다(그림 14.45).

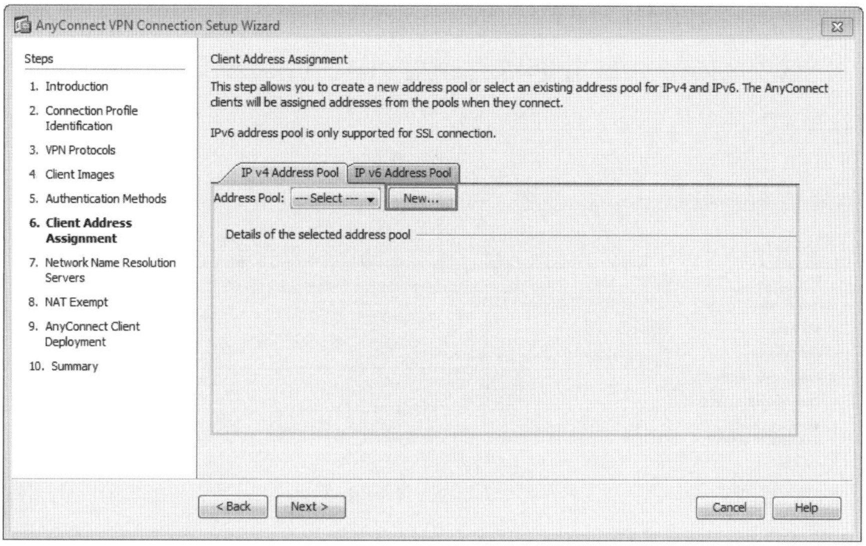

그림 14.45 사용자 주소 할당 설정

추가할 IP 풀의 이름과 사용자에게 할당할 시작 IP 주소, 마지막 IP 주소, 그리고 서브넷 마스크를 입력하고 **OK**를 클릭한다. 새로 생성한 IP 풀이 지정된 것을 확인할 수 있다 (그림 14.46). 클라이언트 SSL VPN 접속을 시도하는 사용자에게 지정된 IP 풀의 주소가 할당되어 사용될 것이다. **Next**를 클릭한다.

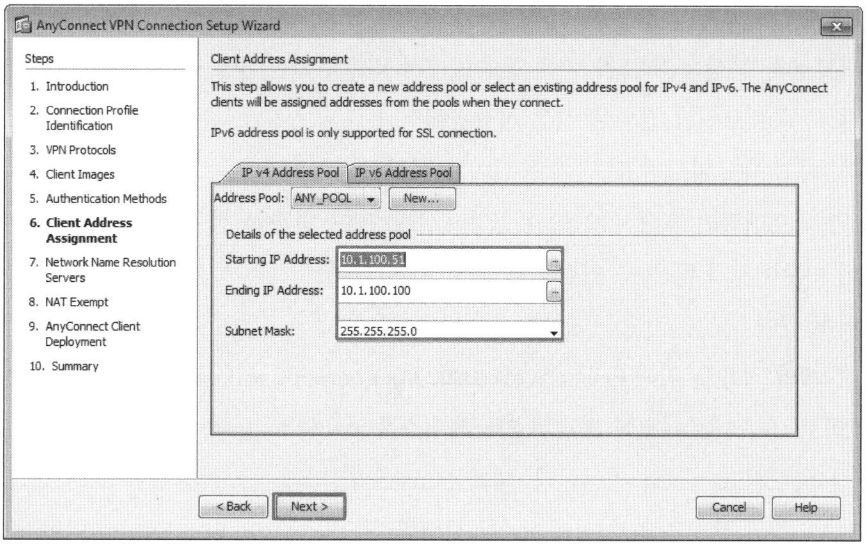

그림 14.46 IP 풀 지정

이제 내부 네트워크에서 사용하는 DNS 서버와 도메인 정보를 입력한다. 예제에서는 DNS 서버에 192.168.2.10을 입력하고, 도메인 이름은 mysecuritylab.com으로 입력했다(그림 14.47).

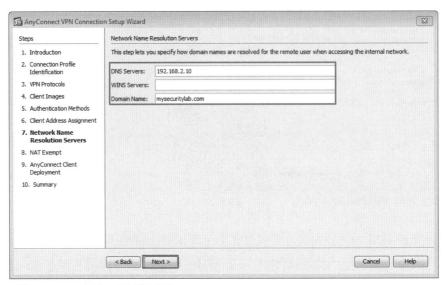

그림 14.47 DNS 서버와 도메인 정보 입력

이제 NAT 제외 설정이다. 앞에서 언급했듯이, VPN은 서로 떨어져 있는 사설 네트워크 간의 통신이 공중망을 통해 이루어진다. 일반적으로 사설 네트워크 내부로부터 외부 네트워크로의 통신은 NAT를 통해 공중망에서 라우팅되는 IP로 변경되어 이루어진다. 그러나 사설 네트워크 간의 통신은 공중망에서 유통되는 IP로 통신이 이루어지는 것이 아니라, 사설 네트워크의 IP 간의 통신이 논리적인 VPN 터널을 통해 이루어진다. 그러므로 VPN 트래픽이 NAT로 인해 공중망 주소로 IP가 변경될 경우에 VPN 사이트 간의 통신이 이루어지지 않을 수 있다. 그러므로 VPN 사이트 간의 통신은 NAT 적용에서 제외되어야 한다.

NAT 제외 적용을 위해 Exempt VPN traffic from network address translation을 체크한다. 그리고 내부 네트워크에 연결된 인터페이스를 Inside로 지정하고, NAT 제외 적용을 할 내부 네트워크 정보를 지정한다. 예제는 Inside 인터페이스에 연결된 모든 호스트에 대해 NAT 제외 설정을 하기 위해 any를 선택한다(그림 14.48). 다음 단계로 넘어가기 위해 Next를 클릭한다.

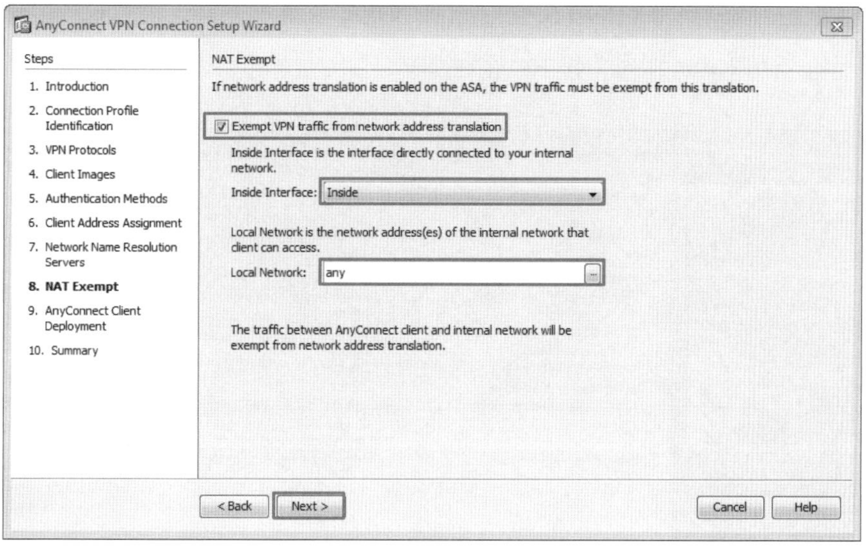

그림 14.48 NAT 제외 설정

클라이언트 SSL VPN에 요구되는 최소한의 설정이 모두 이루어졌다.

이제 클라이언트 SSL VPN을 위해 요구되는 애니커넥트 클라이언트 프로그램의 설치에 관한 정보를 보여준다. 사용자 소프트웨어 설치는 웹 접속을 통한 설치와 수동 설치 가운데 편리한 방법을 선택하면 된다(그림 14.49).

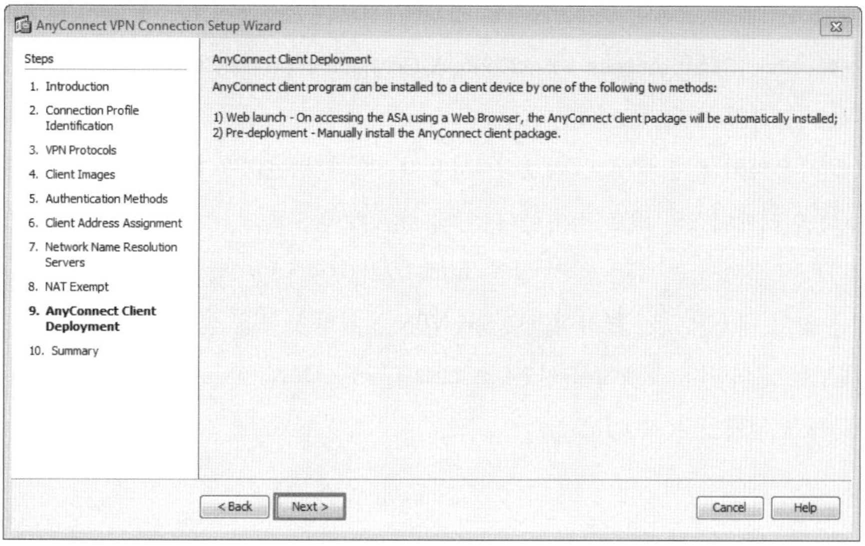

그림 14.49 애니커넥트 클라이언트 소프트웨어 설치 방법

마지막으로, 지금까지 이루어진 모든 설정 정보의 요약을 보여준다. Finish를 클릭해 해당 설정 정보를 ASA에 적용한다(그림 14.50).

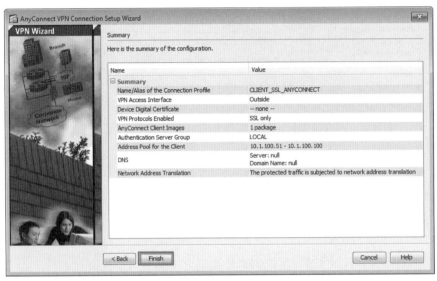

그림 14.50 마법사 설정 정보 요약

마법사를 통해 이루어진 설정이라 하더라도 추후에 수정 및 관리 등을 수행할 때를 대비해 설정한 정보가 어디에 위치하는지 알고 있는 것이 중요할 수 있다.

설정한 클라이언트 SSL VPN 연결 프로파일 정보는 Configuration ➤ Remote Access VPN ➤ Network (Client) Access ➤ AnyConnect Connection Profiles에서 확인할 수 있고 수정 역시 가능하다(그림 14.51).

이제 사용자의 입장에서 살펴보자. 사용자 PC의 웹브라우저 주소란에서 ASA의 Outside 인터페이스의 IP로 접속한다. 앞의 예제와 동일하게, SSL을 이용한 VPN이므로 HTTPS로 접속하는 것을 잊지 말자. https://200.0.15.1로 접속한다. 접속이 완료되면 인증 창이 제공되므로, 클라이언트 SSL VPN을 위한 그룹을 선택하고 사용자 이름과 패스워드를 입력한다. 예제에서 설정한 CLIENT_SSL_ANYCONNECT 그룹을 지정하고 인증 정보를 입력한다(그림 14.52).

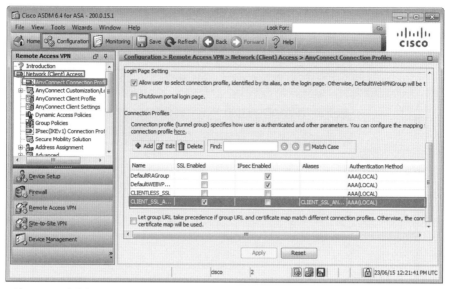

그림 14.51 클라이언트 SSL VPN 연결 프로파일

그림 14.52 클라이언트 SSL VPN 접속 시도

최초 접속 시 SSL VPN 사용에 요구되는 클라이언트 소프트웨어의 확인과 설치가 이루어진다. 설치는 액티브X^{ActiveX}와 자바를 이용해 ASA로부터 사용자 PC로 전송되어 수행된다. 그림 14.53은 설치 진행 과정을 보여준다. 설치 과정에서, 설치 유무를 확인하는 메시지가 나오면 **설치**를 클릭해 소프트웨어를 설치하도록 한다. 만약 설치 과정에서 Untrusted Server Certificate에 관련된 경고문이 나타나더라도 무시하고 설치를 진행

한다. 이는 웹브라우저에 ASA가 신뢰할 수 있는 서버로 등록되어 있지 않기 때문에 나타나는 경고문이다.

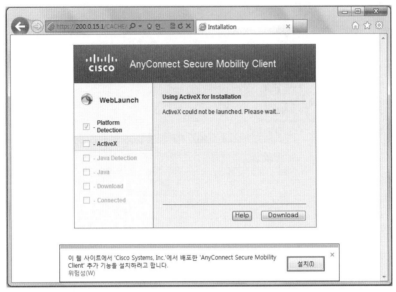

그림 14.53 애니커넥트 소프트웨어 설치

그림 14.54 SSL VPN 접속 완료

애니커넥트 소프트웨어의 설치가 완료되면 자동으로 VPN 연결이 이루어진다. 그림 14.54의 웹브라우저에 보여지는 것과 같이, 연결이 완료되면 윈도우 화면 하단의 시스템 트레이에 와 같은 모양이 나타난다. 시스템 트레이에 해당 아이콘이 보인다면 SSL VPN에 연결되었다는 것을 의미한다.

윈도우의 네트워크 연결 정보를 확인하면, 기존에 존재하지 않았던 네트워크 어댑터가 생성되고 새로운 IP 주소가 부여된 것을 확인할 수 있다(그림 14.55). 그리고 새로 부여된 IP는 VPN 사이트에 속한 주소라는 것을 확인할 수 있다. 이제 사용자는 VPN 사이트의 내부 사용자와 거의 동일하게 대부분의 서비스를 사용할 수 있다. 이제 VPN 내부 통신은 새롭게 할당된 사설 IP를 이용해 SSL 터널을 통해 이루어진다. 그러므로 내부 웹 서버에 접속 가능하다는 것을 확인할 수 있다.

그림 14.55 새로운 VPN 접속을 위한 네트워크 어댑터가 생성된다.

지금까지 SSL을 이용한 VPN 접속 환경에 대해 알아봤다. 클라이언트 SSL VPN은 클라이언트리스 SSL VPN의 제약을 극복하기 위해 사용된다. SSL VPN은 IPSec VPN과 비교해서 보안성은 약간 미흡하지만 그 편리성으로 인해 오늘날 널리 이용되고 있다.

이 책의 모든 실습 과정은 GNS3와 VMware 등의 각종 시뮬레이터를 이용해 진행되었다. 이 책의 부록에서는 새로운 GNS3 1.0 버전 및 VMware를 활용해 실습 환경을 구축하는 과정에 대해 알아보자.

A.1 네트워킹 시뮬레이터

과거에는 네트워킹을 학습하고 실습하는 데 많은 비용이 요구되었다. 그 이유는 실습 환경을 구축하기가 어려웠기 때문이다. 실제 장비를 구입하거나 대여를 통해서만 학습이 가능했기 때문이다. 그러나 GNS3라는 시스코 시뮬레이터가 소개되면서 더 이상 시스코 라우팅을 학습하는 데 많은 비용이 요구되지 않는다. 새로운 네트워크 장비의 시뮬레이터가 지속적으로 소개되고, 더욱더 진화하면서 오늘날 가장 큰 비용은 각 개인의 실습 PC가 아닐까 생각된다.

시스템 가상화^{System Virtualization}에 발맞춰 제조사에서도 각종 장비의 가상화 버전이 출시되고, 시험 버전^{Trial Version}을 무료로 제공하므로 거의 대부분의 네트워크 장비를 개인의 실습 PC 내에 설치할 수 있게 되었다.

지금부터 이 책의 실습을 진행하기 위한 각종 시뮬레이터와 그 장단점을 소개한다.

GNS3

시스코 시뮬레이터로 가장 유명한 것은 무엇보다 GNS3라고 말하고 싶다. GNS3는 오랜 시간 거의 대부분의 네트워크 엔지니어를 위한 실습 환경으로 존재해왔다. GNS3는 시스코의 IOS 라우터의 여러 모델을 지원하며 구동할 수 있게 했다. 또한 GNS3상의 가상 장비들 간의 연결은 물론이며, 외부의 물리적인 장비와 인터넷 연결까지 지원한다.

사실 엄격하게 말해서, GNS3는 독자적인 시뮬레이터가 아니다. 기존의 다이내믑스 Dynamips와 QEMU 등의 시뮬레이터는 명령 스크립트를 통해 실습 네트워크를 구성하는 방식이었기 때문에 입문자가 사용하기에 매우 어려웠다. GNS3는 이 시뮬레이터를 통합하고 그래픽 사용자 인터페이스GUI를 제공해 누구나 쉽게 실습 환경을 구축할 수 있도록 개발되었다. 여전히 GNS3는 다이내믑스와 QEMU 등의 각종 시뮬레이터를 구동시켜주는 사용자 인터페이스를 제공하는 프로그램으로서 존재한다.

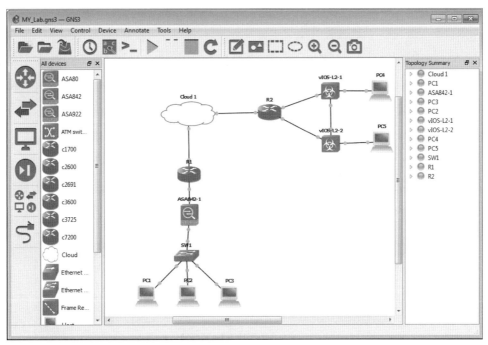

그림 A.1 GNS3

그러나 GNS3가 0.x에서 1.x대로 업그레이드되면서 더욱더 많은 시뮬레이터를 통합해 시스코 장비뿐만 아니라 거의 모든 제조사의 실습을 지원할 수 있게 되었다. 그러나 GNS3 자체에서 장비의 이미지를 제공하지 않으므로 사용자 스스로 이미지를 확보해야 한다. 또한 다이내믑스와 QEMU 자체는 CPU 사용량이 높기 때문에 10~20대 이상의 많은 실습 장비를 동시에 구동하기 어렵다는 단점을 가진다.

VMware

오늘날 VMware는 명실상부한 가상화 솔루션의 대명사다. VMware는 가상화 이미지를 구동해 시스템 내에 독립된 가상 시스템을 운용할 수 있게 한다. 하나의 물리적인 시스템에 CPU와 메모리의 조건이 만족되는 한, 무수한 가상 시스템을 운용할 수 있다. 또한 운용 중인 가상 시스템을 가상 링크를 이용해 서로 연결할 수도 있다.

가상화는 비용 절감을 위해 소개된 기술이므로 더욱더 발전하고 진화할 것이다. 이런 가상화 유행에 발맞춰 대부분의 네트워크 장비도 가상화 솔루션이 출시되고 있다. 가상 라우터, 가상 스위치, 가상 방화벽, 가상 서버 등 모든 가상화 솔루션은 VMware 제품에서 구동 가능하다. 물론 VMware 제품뿐만 아니라 오라클의 버추얼박스^{VirtualBox}도 가상 시스템을 구동하기 위한 제품이다.

VMware로 구동된 가상 장비^{Virtual Machine}는 VMnet이라는 가상의 링크를 통해 서로 연결할 수 있다. VMware 제품군에는 VMware ESXi, VMware Workstation, VMware VMPlayer 등 많은 제품이 있다. VMware ESXi와 VMware Workstation은 새로운 가상 장비 및 가상 링크 등을 자유롭게 생성할 수 있지만, 라이선스를 구매해야 하는 유료 제품이다. 참고로 VMware 홈페이지에서 거의 모든 제품의 30일 평가판을 무료로 다운로드할 수 있다. 개인 용도로 사용하는 경우에는 VMware Workstation의 사용이 일반적이다. 물론 성능이 좋은 별도의 PC가 있다면 ESXi 서버를 구축할 수도 있다.

그림 A.2 VMware Workstation

VMPlayer는 가상 장비와 가상 링크를 생성할 수 없지만, 이미 생성된 가상 머신을 구동하는 데에는 거의 제약이 없으므로 실습을 위해 손쉽게 사용할 수 있다. 다만 가상 링크를 생성할 수 없으므로 실습 네트워크를 구성하는 데 제한적일 수 있다.

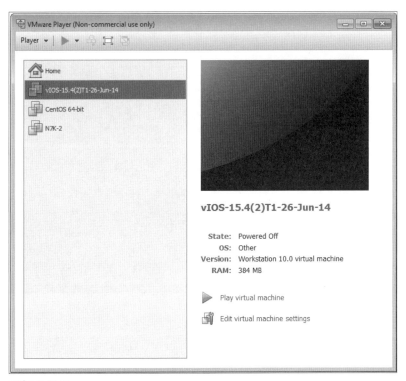

그림 A.3 VMPlayer

한편, VMware Workstation과 VMPlayer는 윈도우상에서 구동되는 프로그램으로서 제공되는 데 반해, VMware ESXi는 독립된 운영체제를 제공한다. 다시 말해, VMware ESXi는 윈도우나 리눅스 등과 같은 운영체제로서 구동되고, ESXi 환경하에서 가상 장비를 구동한다. 그러므로 일반적으로 VMware ESXi는 전용 서버상에서 구동되고, 가상 장비는 사용자 PC로부터 VMware VSphere라는 클라이언트 소프트웨어로 제어한다.

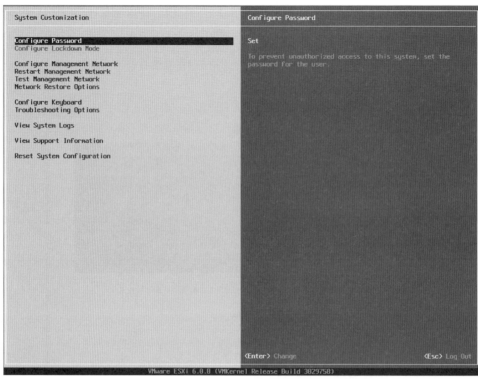

그림 A.4 VMware ESXi

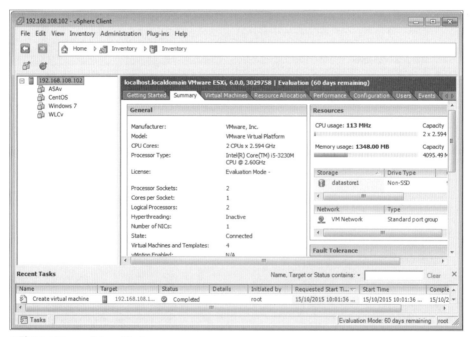

그림 A.5 VMware vSphere Client

VMware 제품군으로 가상 장비를 동작시키는 데는 거의 제한이 없다. 다만 사용자가 직접 가상 장비의 이미지 등을 확보해야 한다. 또한 가상 장비에 CPU와 물리적인 메모리를 할당해야 하므로 구동하는 PC에 충분한 CPU 성능과 메모리가 확보되어야 한다. 메모리는 최소 8GB 정도가 권장되며, 가급적 16GB를 갖춰야 쾌적하게 실습을 진행할 수 있을 것이다.

참고

GNS3는 CPU 사용량이 가장 대두되는 문제점인 데 반해, VMware는 메모리 사용량이 가장 큰 문제점으로 나타난다.

참고

VMPlayer에서 가상 링크를 추가할 수 있는 팁은 인터넷에서 쉽게 검색된다. 'How to create VMNet on VMPlayer'로 검색하면 가상 링크를 추가하는 방법을 찾을 수 있다. 이 책에서 이와 관련된 방법을 다루지 못하는 점은 양해를 바란다.

시스코 IOU/IOL

시스코 라우터/스위치를 테스트할 수 있는 최상의 시뮬레이터라 할 수 있다. IOU[IOS on UNIX] 또는 IOL[IOS on LINUX]은 GNS3에 비해, CPU나 메모리 사용량이 매우 적어서 다수의 장비를 동시에 구동하는 데에도 무리가 없다. 또한 웹 환경의 그래픽 사용자 인터페이스[GUI]를 제공해 직관적인 실습 네트워크를 구성할 수 있다.

한편, 실습 장비 간의 링크 연결이 GUI 환경으로 이루어지는 것이 아니라 스크립트 형태로 이루어지므로, 초급자가 약간의 어려움을 느낄 수는 있다. 그러나 장비 번호와 인터페이스 번호만으로 이루어진 매우 간단한 형태의 스크립트이므로 누구나 금방 적응할 수 있다.

시스코 IOU/IOL은 시스코 장비를 위한 가상 실습 환경으로는 최상의 조건을 제공한다. 그러나 기본적으로 시스코 IOU/IOL은 시스코의 내부 테스트용 솔루션으로 존재한다. 이 말은 시스코 IOU/IOL의 외부 유출 및 사용은 기본적으로 금지되어 있다는 의미다. 이런 이유로 내가 이 책에서 시스코 IOU/IOL을 자세히 다루지 못함을 양해 바란다.

이외에도 오라클의 버추얼박스^{VirtualBox}와 유니파이드 네트워킹 랩^{Unified Networking Lab} 등 가상화를 통해 실습 가능한 다양한 프로그램을 이용할 수 있다.

오라클의 버추얼박스는 VMware의 오라클 버전이라 생각하면 쉽게 이해할 수 있다. 오라클의 버추얼박스는 GNS3 버전 1 환경하에서 쉽게 연동할 수 있다는 장점이 있다.

한편, 유니파이드 네트워킹 랩은 시스코 IOU 장비뿐만 아니라, 각종 VM 즉, 가상 장비 및 QEMU 호스트 등의 구동을 통합시킨 통합 네트워킹 실습 도구라 할 수 있다. 그러나 현재까지 베타 버전을 제공하고 있고, 가상 장비 추가 등의 프로그램 설정이 그리 쉽지 않다는 것이 단점이다.

지금까지 소개한 모든 실습 프로그램은 가상 장비를 구동하고 가상 장비 간의 연결성을 제공하는 프로그램이다. 그러나 그 어떤 프로그램도 네트워크 장비의 OS는 제공하지 않으므로 각 장비의 OS는 사용자 스스로 확보해야 한다는 점을 참고하길 바란다.

각 실습 도구에 대한 자세한 설명은 인터넷을 통해 쉽게 검색할 수 있다. 또한 저자의 독자 지원 카페(http://cafe.naver.com/ciscorouting)를 참고하고, 궁금한 사항에 대해서는 질문하길 바란다.

A.2 GNS3 버전 1.x 설치 및 구성

GNS3는 오픈소스 소프트웨어로서 인터넷에서 누구나 쉽게 다운로드할 수 있다. GNS3는 버전 0.x에서도 충분히 만족할 만한 기능을 제공했는데, 버전 1.x로 업그레이드된 이후에 더욱 편리한 기능을 제공한다. GNS3는 http://www.gns3.net/에서 회원 가입 후 다운로드할 수 있다. 버전 0.x와 마찬가지로, 버전 1.x 설치를 위한 윈도우 버전과 맥 버전, 리눅스 버전 등을 제공하므로 자신의 PC 환경에 맞는 파일을 다운로드하길 바란다. 이 부록에서는 윈도우 버전의 설치 과정을 다룬다.

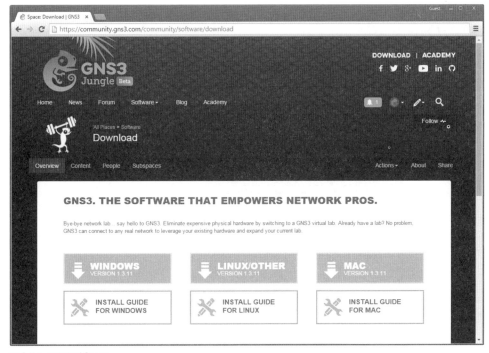

그림 A.6 GNS3 다운로드

윈도우 버전을 다운로드한다. GNS3의 기능을 사용하는 데 필요한 모든 소프트웨어를 포함하고 있는 올인원 설치 파일이 다운로드된다. 올인원 설치 파일을 더블 클릭해 설치한다(그림 A.7).

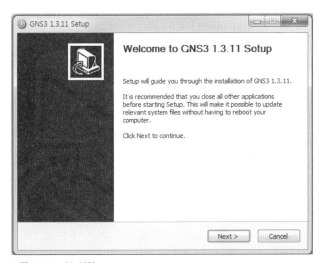

그림 A.7 GNS3 설치

소프트웨어의 라이선스 동의를 묻는 창이 나타난다. 라이선스에 동의한다는 의미로 I Agree를 클릭한다(그림 A.8).

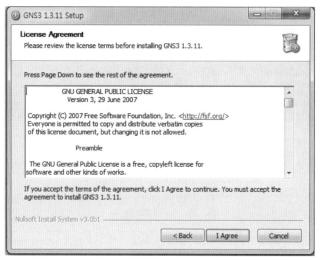

그림 A.8 라이선스 동의

이후 일반적인 소프트웨어 설치와 거의 비슷한 과정이 진행된다. Next를 클릭해 설치를 계속 진행한다.

설치 시 GNS3에 설치될 세부 소프트웨어를 지정할 수 있다(그림 A.9). 기본적으로 설치가 권장되는 소프트웨어가 지정되어 있으므로 Next를 클릭한다.

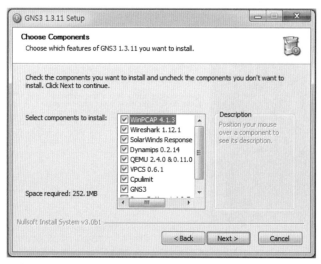

그림 A.9 설치 소프트웨어 선택

GNS3를 설치할 위치를 지정한다. 기본적으로 C 드라이브의 Program Files\GNS3로 지정된다(그림 A.10). Install을 클릭하면 GNS3가 설치된다.

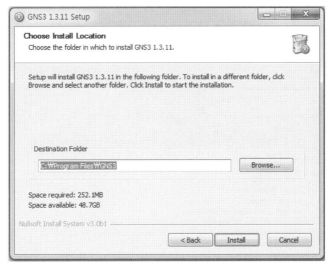

그림 A.10 GNS3 설치 위치 지정

GNS3의 설치는 WinPcap 설치로부터 시작된다(그림 A.11). WinPcap은 네트워크 인터페이스 카드, 즉 LAN 카드와 같은 NIC를 다양한 용도로 사용하게 하는 소프트웨어다. 설치를 위해 Next를 클릭한다.

그림 A.11 WinPcap 설치 옵션

WinPcap 설치가 끝나면 패킷 분석 툴인 와이어샤크^{Wireshark}와 모니터링 툴인 솔라윈즈^{SolarWinds}가 설치된다. 이 소프트웨어는 GNS3 구동에 필수적인 요소가 아니므로 원하지 않으면 Cancel을 클릭해 취소해도 된다.

GNS3의 설치가 완료되었다(그림 A.12). Next를 클릭해 GNS3의 설치를 종료한다.

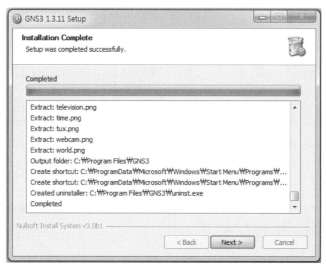

그림 A.12 GNS3 설치 완료

이제 GNS3를 실행해 가상 네트워크를 구성함으로써 실습할 수 있다. 그러나 GNS3 사용을 위해 GNS3의 세부 구성 요소를 설정해야 하므로 GNS3의 기본 사용법을 통해 세부 설정을 수행한다.

A.3 GNS3의 기본 설정

GNS3를 설치하고 처음 실행하면 프로그램 설정 절차를 보여준다. GNS3를 사용하기 위해서는 기본 설정으로 시뮬레이션에 사용할 IOS를 지정해야 한다. 그리고 각 시뮬레이션 프로젝트와 기타 설정을 수행한다. 필수적인 설정으로 IOS 이미지와 가상 장비를 설정해야 한다. 이 장에서 GNS3의 기본 설정에 대해 알아보자.

GNS3를 구동하면 프로그램의 화면과 동시에 New project 창이 나타난다. 이 창에서 새로운 가상 네트워크에 대한 프로젝트를 생성할 수 있고, 저장된 프로젝트를 불러올 수도 있다. GNS3 설치 후 처음 구동된 상태에서 요구되는 기본 설정을 해야 하므로

Cancel을 클릭해 프로젝트 저장을 취소한다.

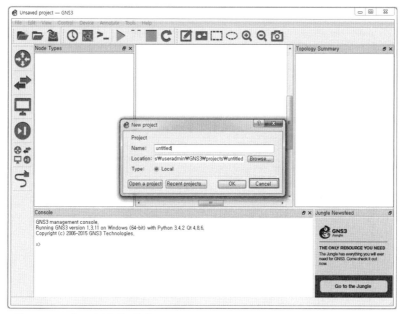

그림 A.13 프로젝트 저장을 취소한다.

이제 GNS3의 기본 설정을 해보자. 기본 설정을 위해 메뉴바의 Edit ＞ Preferences…를 클릭한다(그림 A.14).

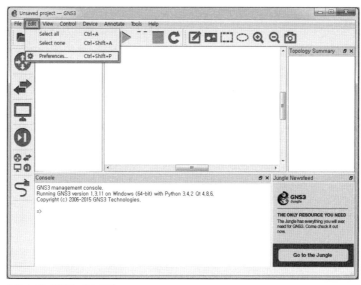

그림 A.14 GNS3 기본 설정

GNS3의 기본 설정은 일반^{General} 설정을 비롯해 다이내밉스, QEMU, 버추얼박스 등의
설정으로 이루어진다. 그림 A.15는 요구되는 GNS3 설정 항목을 보여준다.

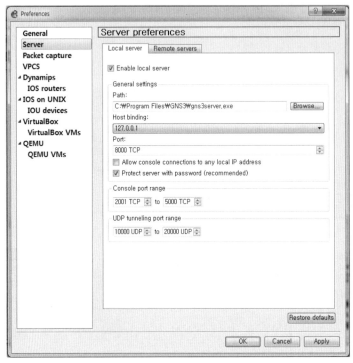

그림 A.15 GNS3 설정 항목

모든 항목에 대한 설정이 반드시 이루어져야 하는 것은 아니다. 일반(General) 설정과
서버(Server) 항목, 패킷 캡처(Packet capture) 및 VPCs 항목은 기본값으로 두어도 상관없
다. 그러나 다이내밉스(Dynamips)와 QEMU 등 나머지 항목은 가상 네트워크에서 사용할
장비를 등록해야 하므로 반드시 설정이 이루어져야 한다.

IOS 라우터를 먼저 추가해보자. 그림 A.16에서 보는 것과 같이, 현재 사용 가능한
IOS 라우터는 존재하지 않는다. 여기에 실제 장비에서 구동되는 IOS 이미지를 추가해
보자.

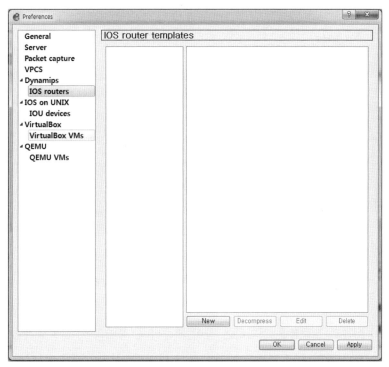

그림 A.16 추가된 IOS 라우터가 존재하지 않는다.

참고

수차례 언급했듯이, 시스코 IOU/IOL을 제외한 모든 실습 프로그램은 네트워크 장비의 이미지를 제공하지 않는다. 장비의 OS 이미지는 독자 스스로 확보하길 바란다.

라우터 IOS 이미지를 추가하기 위해 **New**를 클릭한다. IOS 라우터 추가를 위한 New IOS router template 창이 제공된다. 그림 A.17과 같이, **Browse...**를 클릭해 라우터 IOS 이미지를 선택한다.

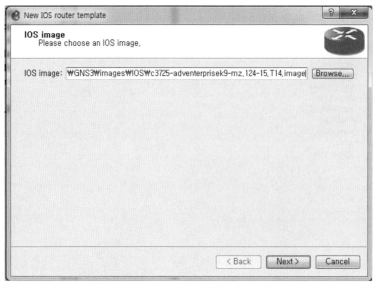

그림 A.17 라우터 IOS 이미지 지정

라우터의 이름과 플랫폼을 정의하는 창이 제공된다. 장비의 이름과 플랫폼은 기본값 그대로 두어도 상관없다. 플랫폼은 지정한 IOS 이미지로부터 자동으로 선택된다. 만일 장비 모델명이 상이하게 선택되었다면, 드롭다운 메뉴를 클릭해 원하는 플랫폼을 선택 하면 된다(그림 A.18). **Next**를 클릭한다.

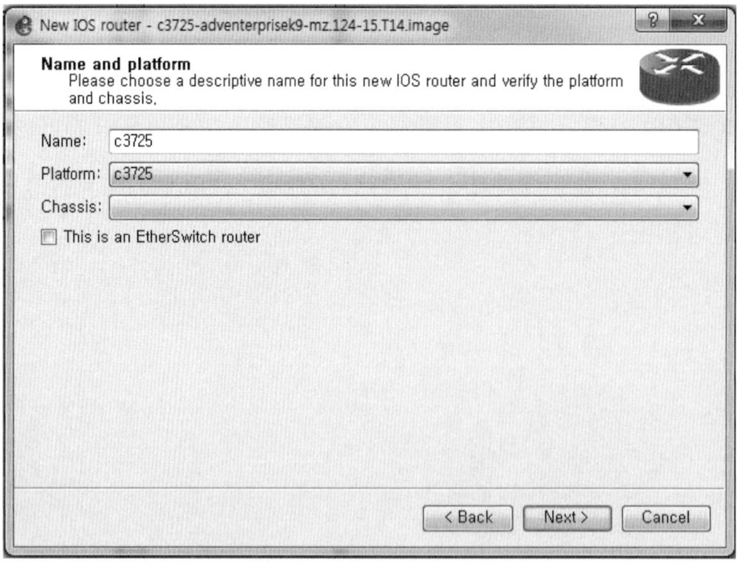

그림 A.18 장비 이름과 플랫폼 지정

해당 가상 라우터의 기본 메모리 용량을 지정한다. 기본값으로 두어도 동작에 무리가 없다. 메모리 용량은 추후 수정할 수 있다. Next를 클릭한다(그림 A.19).

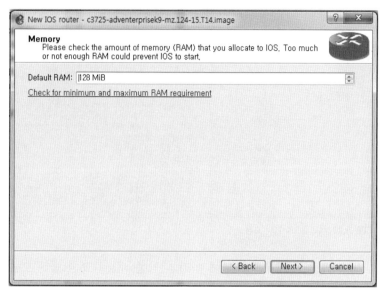

그림 A.19 가상 라우터의 기본 메모리 할당

이제 가상 라우터의 네트워크 어댑터를 지정한다. 네트워크 어댑터는 라우터의 인터페이스를 제공하는 라우터 모듈^{Module}로 이해하면 될 듯하다. 그림 A.20은 슬롯 0에 FastEthernet 인터페이스를 제공하는 GT96100-FE가 실장^{mounting}된 것을 보여준다. 시스코 C3725 라우터가 슬롯 2까지 제공하므로 슬롯 2까지 드롭다운 메뉴가 활성화된 것을 알 수 있다. 네트워크 어댑터는 기본적으로 제공되는 모듈을 제외한 나머지 슬롯은 그대로 두기를 권장한다. 네트워크 어댑터의 실장은 PC의 자원에 영향을 주기 때문에, 향후 실습 시 필요에 따라 추가하길 권장한다.

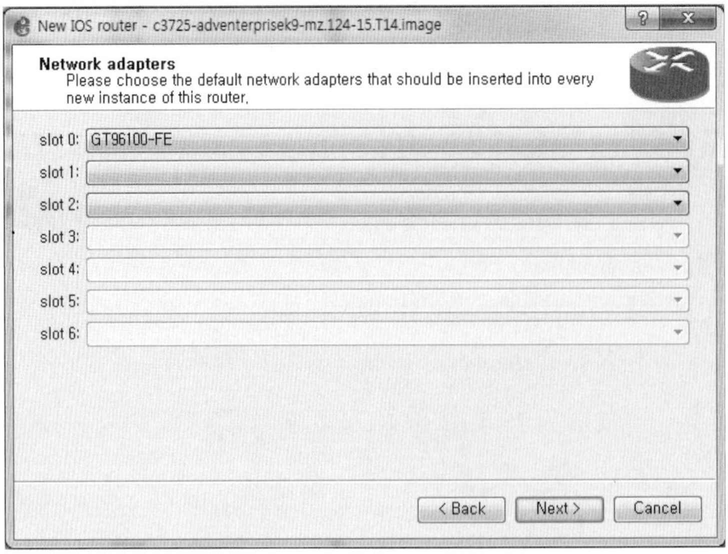

그림 A.20 네트워크 어댑터 지정

GNS3의 다이내믹스는 라우터 모델에 따라 다양한 네트워크 어댑터 모듈을 제공한다. 실습 네트워크를 구성할 때 필요한 모듈을 추가할 수 있다. 표 A.1은 GNS3에서 지원 가능한 모듈을 보여준다.

표 A.1 GNS3에서 사용할 수 있는 모듈

모듈명	모듈 설명	지원 라우터
WIC-1T	1포트 시리얼 모듈	C1700, C2600, C3725
WIC-2T	2포트 시리얼 모듈	C1700, C2600, C3725
WIC-1ENET	1포트 이더넷 모듈	C1700
NM-1E	1포트 이더넷 모듈	C2600, C3600
NM-4E	4포트 이더넷 모듈	C2600, C3600
NM-1FE-TX	1포트 패스트 이더넷 모듈	C2600, C3600, C3725
NM-16ESW	16포트 스위치 모듈	C2600, C3600, C3725
NM-4T	4포트 시리얼 모듈	C3600, C3725
C7200-IO-FE	1포트 패스트 이더넷 모듈 (슬롯 0)	C7200
C7200-IO-2FE	2포트 패스트 이더넷 모듈 (슬롯 0)	C7200
C7200-IO-GE-E	1포트 기가 이더넷 모듈 (슬롯 0)	C7200
PA-FE-TX	1포트 패스트 이더넷 모듈	C7200

(이어짐)

모듈명	모듈 설명	지원 라우터
PA-2FE-TX	2포트 패스트 이더넷 모듈	C7200
PA-4E	4포트 이더넷 모듈	C7200
PA-8E	8포트 이더넷 모듈	C7200
PA-4T+	4포트 시리얼 모듈	C7200
PA-8T	8포트 시리얼 모듈	C7200
PA-A1	1포트 ATM 모듈	C7200
PA-POS-OC3	1포트 POS 모듈	C7200
PA-GE	1포트 기가 이더넷 모듈	C7200

각종 모듈은 가상 네트워크 구성 시 필요에 따라 추가할 수 있으므로 Next를 클릭한다. 모듈 관련 설정이 끝나면 IDLE PC 값을 설정하는 창이 제공된다(그림 A.21).

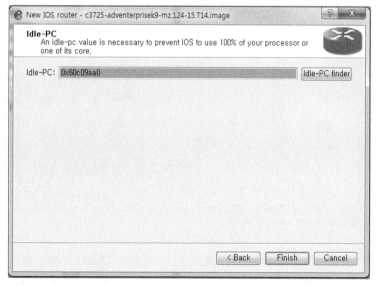

그림 A.21 IDLE PC 설정

다이내밉스는 CPU 사용량이 매우 많다. 그러므로 IDLE PC로 해당 가상 라우터가 동작되는 프로세스를 지정해야만 불필요하게 CPU 사용량이 높아지는 것을 방지할 수 있다. Idle-PC finder를 클릭하면 자동으로 적절한 IDLE PC를 찾을 수 있다. 일단 적절한 IDLE PC가 적용되면 추후 재설정할 필요가 없다. 그러나 IDLE PC는 IOS 파일의 이름과 IOS가 저장된 폴더 및 폴더 이름 등에 연관이 있으므로, 만일 IOS 파일명이나 저장 폴더에 변화가 있다면 재설정해야 한다. 만일 IOS 장비를 구동했을 때 CPU 부하가 많다면 적절하지 못한 IDLE PC가 적용된 것을 의심할 수 있으므로 재설정하길 바란다.

IDLE PC 적용이 마무리되었다면 **Finish**를 클릭한다.

이제 IOS 라우터 메뉴에서 C3725 라우터가 확인된다(그림 A.22). 이것은 지금부터 GNS3상에서 C3725 라우터의 사용이 가능함을 의미한다. 다른 플랫폼의 IOS 이미지가 있다면 같은 방법으로 추가하면 된다.

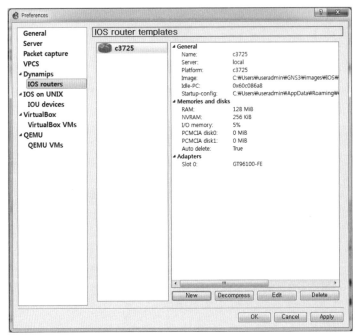

그림 A.22 C3725 라우터가 확인된다.

이제 ASA 이미지를 추가하기 위해 QEMU를 설정한다. **QEMU VMs**를 클릭해보자. 라우터 IOS 이미지를 추가하는 화면과 비슷한 화면이 나타난다(그림 A.23).

그림 A.23 QEMU 이미지 추가

ASA 이미지를 추가하기 위해 **New**를 클릭한다. 새로운 QEMU 이미지 추가를 위한 창이 제공된다. **Type**을 클릭하면 추가하고자 하는 QEMU 이미지의 종류를 선택할 수 있다. ASA 8.4 이미지를 추가하기 위해 ASA 8.4(2)를 선택하고 **Next**를 클릭한다(그림 A.24).

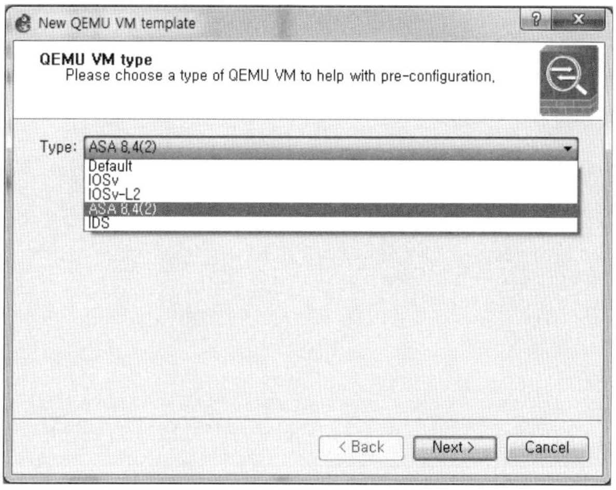

그림 A.24 QEMU VM 타입 지정

다음 단계로, 추가하고자 하는 QEMU 장비의 이름을 지정한다. 예제에서는 ASA84로 지정했다(그림 A.25). **Next**를 클릭한다.

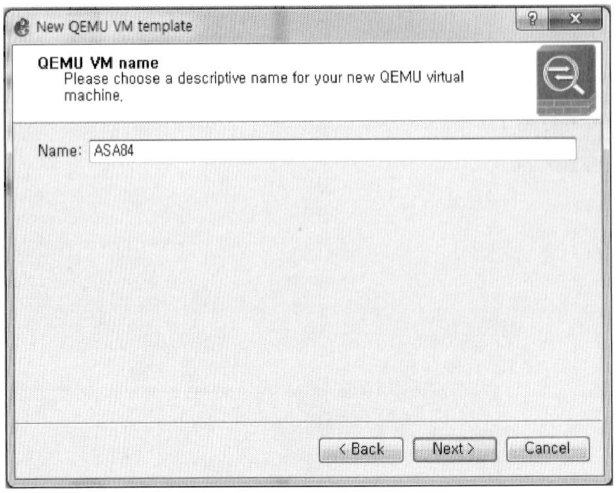

그림 A.25 QEMU 장비 이름 지정

다음으로, QEMU 실행 파일과 추가하는 QEMU 장비의 메모리를 할당한다. 메모리는 ASA 8.4 이미지의 최소 요구사항인 1024MB로 설정된다(그림 A.26). 참고로, 실습 환경의 ASA는 최소 요구사항보다 더 적은 메모리를 할당해도 실습에 큰 무리가 없다. PC의 메모리에 여유가 없다면, ASA 8.4는 512MB, 그리고 ASA 9.0 이후 버전은 1024MB로도 가상 ASA를 구동할 수 있다.

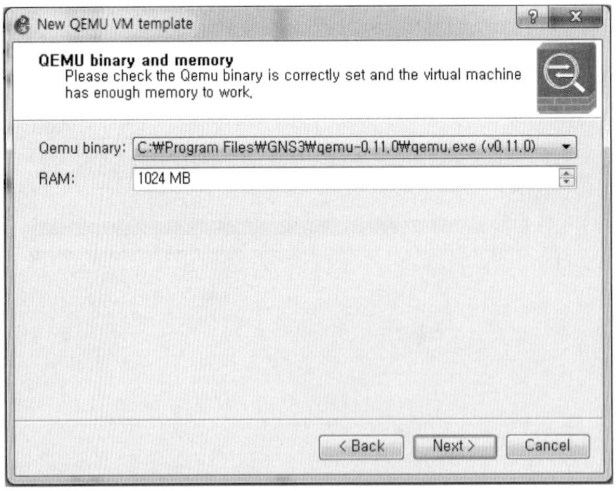

그림 A.26 QEMU 실행 파일과 가장 장비의 메모리 설정

이제 ASA의 이미지 파일을 지정한다. **Browse...**를 클릭해 저장된 ASA 8.4 이미지를 선택하자(그림 A.27). QEMU 장비의 OS 이미지는 두 개의 파일로 이루어져 있다. 첫 번째 Initial RAM disk (initrd)는 실제 OS 이미지 파일이고, 다른 하나는 장비의 커널^{Kernel} 이미지 파일이다.

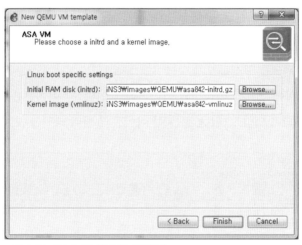

그림 A.27 ASA 8.4의 이미지를 선택한다.

Finish를 클릭해 QEMU 장비 추가를 위한 설정을 마친다. 이제 ASA가 사용할 준비가 되었다(그림 A.28). 마찬가지로, 다른 QEMU 장비도 동일한 방법으로 추가하면 된다.

그림 A.28 ASA 추가 완료

모든 장비 추가가 완료되면 Apply 후 OK를 클릭한다.

버추얼박스나 IOU 설정은 필수적인 것이 아니므로 지면 관계상 그에 대한 설명을 생략한다.

A.4 GNS3의 실습 네트워크 구성

부록의 앞 절을 통해 이 책의 실습을 위한 최소한의 실습 장비를 준비했다. 이제 GNS3 상에서 실습 네트워크를 구성해보자.

GNS3의 왼쪽 바에 네트워크 장비의 아이콘이 보인다. 각 아이콘은 각 네트워크 장비 타입에 따라 분류되어 있다. 그림 A.29는 각 아이콘의 장비 타입을 보여준다.

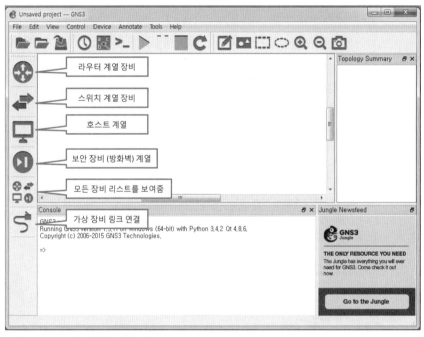

그림 A.29 GNS3의 네트워크 장비 타입

자! 이제 본격적인 실습 네트워크를 구성해보자. 그림 A.30은 6장, 'NAT'에서 제시한 예제 구성도다. 이 구성도를 만족하는 실습 네트워크를 구성해보자.

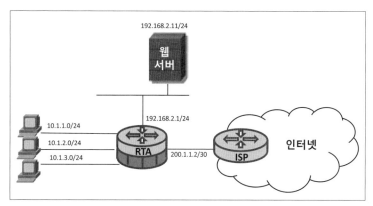

192.168.2.11/24

웹
서버

192.168.2.1/24

10.1.1.0/24
10.1.2.0/24
10.1.3.0/24

RTA

200.1.1.2/30

ISP

인터넷

그림 A.30 NAT 설정을 위한 예제 구성도

구성도의 네트워크 장비는 두 대의 라우터로 이루어져 있다. GNS3에 라우터를 추가하기 위해 왼쪽 바의 라우터 모양 아이콘을 클릭한다. 앞 절에서 추가한 C3725 라우터가 보인다. 만일 더 많은 IOS 이미지를 등록했다면 더 많은 장비를 보여줄 것이다.

원하는 라우터를 화면 중간으로 드래그 앤 드롭$^{Drag\ and\ Drop}$한다. 현재 C3725 라우터만 존재하므로, C3725 라우터를 드래그 앤 드롭한다(그림 A.31).

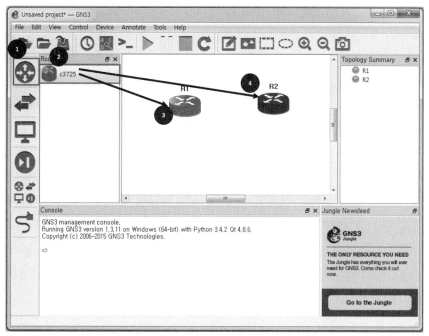

그림 A.31 라우터를 드래그 앤 드롭한다.

두 대의 라우터가 추가되었다. 이제 내부 네트워크에 위치하는 호스트를 추가해보자. 내부 호스트는 가상 PC$^{VPC, Virtual PC}$를 추가해 테스트할 수 있다. VPC는 실습 환경 내부의 사용자 PC 역할을 수행한다. VPC는 사용자 PC의 도스 창과 같은 환경을 제공하는데, 이는 기본적인 핑이나 트레이스 루트 테스트를 수행할 수 있다.

세 대의 VPC를 추가한다. 모니터 모양의 아이콘을 클릭하면 VPCS가 확인되는데, 동일한 방법으로 드래그 앤 드롭한다(그림 A.32).

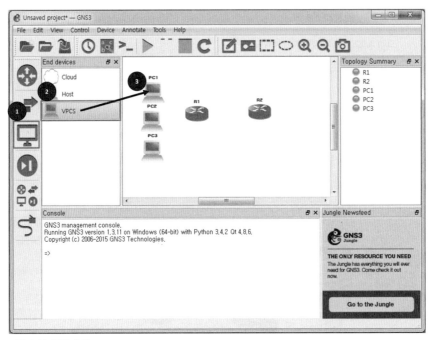

그림 A.32 VPC 추가

이제 라우터 R1 아이콘을 마우스 오른쪽 클릭해보자. 그림 A.33에서 보듯이, 개별 장비에 대한 설정 및 실행 등을 수행할 수 있다. 장비 이름을 변경할 수도 있고, Configure를 클릭해 가상 장비의 자원을 재조정할 수 있다.

장비 모듈을 추가하기 위해 Configure를 클릭해보자. Router C3725 Group의 R1 > Slots를 클릭한다. Slot 1의 드롭다운 메뉴를 클릭해 추가하고자 하는 모듈을 선택한다. 예제는 스위치 모듈인 NM-16ESW를 선택했다(그림 A.34). 모듈 추가를 완료하기 위해 Apply 후 OK를 클릭한다.

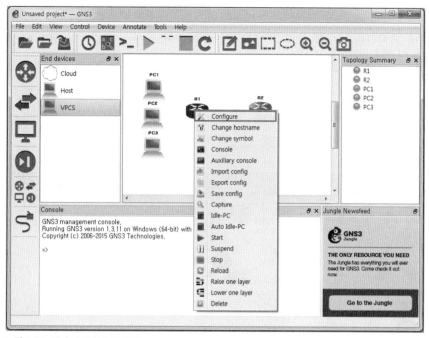

그림 A.33 개별 장비 설정 및 실행

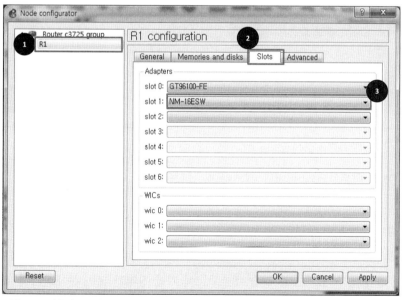

그림 A.34 라우터 모듈 추가

이제 R1과 R2를 서로 연결해보자. 가상 장비 간의 링크 연결을 위해 왼쪽 메뉴바의 최하단에 위치하는 케이블 모양의 아이콘을 클릭한다. 마우스 포인터가 십자 모양(+)으로 변경된다. 링크를 연결하고자 하는 장비를 클릭하면 사용 가능한 인터페이스의 리스트를 보여주는데, 링크 연결을 원하는 인터페이스를 클릭한다. 그리고 링크가 연결될 상대 장비를 클릭해, 마찬가지로 원하는 인터페이스를 클릭하면 링크 연결이 완료된다(그림 A.35). 이와 같은 방법으로 VPC와 R1도 연결한다.

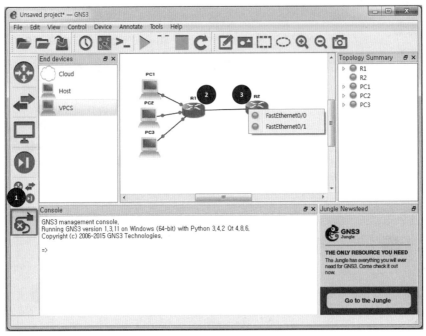

그림 A.35 링크 연결

이제 DMZ 네트워크의 서버를 제외하고, 실습을 위한 최소한의 실습 네트워크를 구성했다.

가상 장비의 구동은 상단의 **Play** 버튼을 클릭해 모든 장비를 일괄적으로 구동할 수 있고, 각 가상 장비의 마우스 오른쪽 클릭을 통해 개별적으로 구동할 수 있다. CPU 부하가 과도하게 발생할 수 있으므로, 실습 네트워크에 가상 장비가 많이 존재한다면 개별적인 구동을 권장한다.

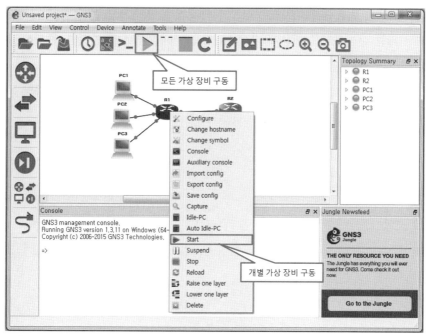

그림 A.36 가상 장비 구동

장비 구동 후, 구동된 가상 장비를 마우스 오른쪽 클릭한 후 Console을 선택하면, 기본적으로 Putty가 실행되어 가상 장비로의 콘솔 접속이 이루어진다. 이제 가상 장비의 본격적인 실습이 가능한 상태가 되었다(그림 A.37).

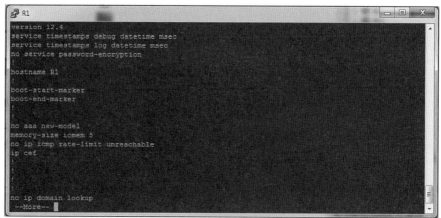

그림 A.37 콘솔 접속

ASA 방화벽을 이용한 네트워크 구성도 이와 동일한 방법으로 이루어진다. DMZ 네트워크의 서버는 클라우드를 이용해 VMware 또는 버추얼박스로 연결할 수 있다. 그리고 인터넷 라우터 역할을 수행할 R2를 실제 인터넷에 연결할 수도 있다.

VMware 활용 및 인터넷 연결 등의 심도 있는 실습 네트워크 구성은 저자의 독자 지원 카페(http://cafe.naver.com/ciscorouting/)를 통해 설명하겠다.

찾아보기

에이콘출판의 기틀을 마련하신 故 정완재 선생님 (1935-2004)

초급자를 위한
시스코 네트워크 보안 완전 분석

초판 인쇄 | 2015년 10월 22일
2쇄 발행 | 2020년 7월 10일

지은이 | 정 철 윤

펴낸이 | 권 성 준
편집장 | 황 영 주
편 집 | 이 지 은
디자인 | 박 주 란

에이콘출판주식회사
서울특별시 양천구 국회대로 287 (목동)
전화 02-2653-7600, 팩스 02-2653-0433
www.acornpub.co.kr / editor@acornpub.co.kr

한국어판 ⓒ 에이콘출판주식회사, 2015, Printed in Korea.
ISBN 978-89-6077-780-4
ISBN 978-89-6077-449-0 (세트)
http://www.acornpub.co.kr/book/cisco-network-security

이 도서의 국립중앙도서관 출판시도서목록(CIP)은 서지정보유통지원시스템 홈페이지(http://seoji.nl.go.kr)와
국가자료공동목록시스템(http://www.nl.go.kr/kolisnet)에서 이용하실 수 있습니다.(CIP제어번호: CIP2015028396)

책값은 뒤표지에 있습니다.